羅光全書

冊廿三

基督傳

聖母傳

天主教教義

天主的使者

臺灣學生書局印行

冊廿三總目錄

廿三之一 基督傳

廿三之二　聖母傳

廿三之三 天主教教義

第一編天主

第三章 三位一體

第四章 天主創造宇宙萬物……五三五

第二編 人

第五章 人

第六章 耶穌基督……五六九

第十章 人的歸宿

第三編 公教會

第四編 倫理

第十七章　誡律……七九三

第五編 精神生活

廿三之四 天主的使者

教會與人類的救恩

大公會議與傳教工作……九一九

傳播福音與促進發展

愛的祭祀

羅光全書

冊廿三之一

基督傳

臺灣學生書局印行

序

羅蒙席焯炤著作之富，令人驚異不止。一般作者，大都所著愈多，其內容即逐漸減色。因爲人之才力有限，一生能有一二部命世作品，已屬萬幸，今蒙席意文漢文著作，除雜誌文章以外，已有二十部之多，是不是部部皆精心之構，我不敢說。惟觀其近著如陸徵祥傳，如生活的體味，如中國哲學史及最近出版之公教教義等書，確實是愈出愈好，多多益善。這是一種非常的現象，其原因究竟何在?照我的觀察，其主因有二。第一、蒙席平素好學如渴，手不釋卷，所以其學力愈精愈厚，無怪其後來所寫，較前尤美，所謂用宏取精，其材料愈富，其選擇愈覺左右逢源。第二個原因，是蒙席愛主之心，久而彌篤。而吾主之寵，亦久而彌盛。吾人若專恃本性上的智能學力，很容易塞絕。惟恃聖寵，則日新又新，無有止境。惟知止而後能無止，惟至誠而後能不息。這便是超性生活的好處。此書乃蒙席最新作品，其對象況且是吾主耶穌；以蒙席之愛主情深，吾主豈能不賜以洞見卓識，變水爲酒。蒙席從前所出的書，實爲這部書的前奏，讀者應作如是觀也。希望讀者因欣賞此書，進而身體立行，才不負蒙席的一番苦心。是爲序。

吳經熊　民國四十五年六月二十一日

基督傳

目錄

一、預許救主

「浩浩昊天，不駿其德，降喪饑饉，斬伐四國。旻天疾威，弗慮弗圖，舍彼有罪，既伏其辜，若此無罪，淪胥以鋪？」（詩經　雨無正章）

「悠悠昊天，曰父母且，無罪無辜，亂如此憮。昊天已威，予慎無罪；昊天泰憮，予慎無辜。」（詩經　巧言章）

無辜遭禍，向天呼冤，這是天下古今常見的慘事。爲何人生常多苦痛，無辜的人屢屢遭禍呢？

我們翻開舊約的第一冊書：創世紀，可以得著答案。天主對亞當說：

「你既然聽了你妻子的話，吃了我不許你吃的果實；爲了你，地要遭受詛咒，你必須終生勤勞，方能得到地產餬口。地要給你生出荊棘蒺藜來；你要吃田間的蔬菜，你必須汗流滿面，才能得食。這樣一直到你歸到土中，因爲你是由土來的。」（第三章第十七節至第十九節）

人類的原祖亞當、厄娃違了天主的禁令，遭了天主的咒罵。因爲這種咒罵，自然界的物體要迫害人，人自己的慾情也要危害人；並不是「浩浩昊天」常在作孽害人！原祖的違命，不單是使地生荊棘，人要歸土；而且是「絕天地通」，天主不歆享人的祭祀，人死後靈魂也不能升天。

幸而當天主咒罵亞當、厄娃時，天主也許下：你們的後裔裏將來有一個要打敗誘人作惡的邪魔，替人贖罪，使人再得天主的祝福。

天下的各種民族，在他們的初期古史裏，都有因著天災而獻祭贖罪的思想。罪的觀念，印刻在各種初民腦海裏，有罪則當贖免，古代各種宗教於是殺牲獻祭。

違犯天命的罪，豈是宰殺牲口所能除免呢？代人贖罪的該當是一位身價等於天主的救世者。

降生前兩千年，天主向以色列民族的始祖亞巴郎說：「我和你立個盟約，你將成爲萬民之父。」（創世紀 第七章第十四節）「靠著你的一位後裔，天下萬民將得祝福。」（創世紀 第二十六章第十七節）使天下萬民再得天主祝福者，乃是救世主。天主第一次對於開始所許給原祖的救世主，明白地說出將出生在亞巴郎的子孫裏，將是以色列種人。

再過一千年，天主又和猶太的達味王訂立盟約：「我與僕達味，曾訂一盟誓：保定爾宗

室，皇輿永不替。……達味之宗室，天地共長春。……後嗣必常興，宗室如大明，明證懸中天，有如月之恒。」（聖詠 第八十九章）

達味的這位後嗣，將來踐登達味的王位，永壽無疆，不是以色列史上的一位國王，乃是常生的救世主，天主又說明救世主將是達味的後裔。

達味死後兩百年，以色列的一位先知依撒意亞寫了一冊預言詩，預言救世主的遭遇。他稱讚救世主為厄瑪努耳（和天主同在），為和平之王，為居魯士（國王名），為受迫害的苦人。他歌唱救世主降生後，沙漠的世界要變成陽春的花園，一切苦命的人要得到幸福。他又悲歌救世主的痛苦，救世主將被控告，將被判死刑，要像羔羊被牽入屠場，因為他要肩負人類的罪惡。依撒意亞並且指出救世者將由一位貞女懷孕而生。

「淑哉貞女，懷孕誕生，人將呼之，厄瑪努耳。」（第七章第十四節）

和依撒意亞同時的另一位先知米該亞，又預言了救世者降生的地方：

「厄弗辣大，白冷，猶太諸邑中，爾非最可輕；當有王者自爾出，彼將牧我以色列民。」（第五章第一節）

降生前五百八十七年，迦太基人佔據了耶路撒冷，把猶太王和猶太人遷徙到巴比倫；猶太人成了亡國奴，達味的子孫作了階下囚。猶太人這時想起了先知們的預言，常念著天主和祖先所訂的盟約，三十年後波斯王居魯士崛興，猶太人以為他是依撒意亞歌讚的居魯士希望他來解危。波斯王果然滅了巴比倫王國，解放了猶太人。

但是從此以後，猶太人不再成爲自主的獨立國了。把握猶太的政權的，先有波斯人，後有希臘人，以後是羅馬人。稱爲猶太王的，也不是達味王的子孫。

降生前四十年的秋天，羅馬元老院決定冊封黑落德（希律）爲猶太王。黑落德爲依杜墨雅種人，在猶太人的眼裏，他算是沙漠裏的半野蠻人。仗著父親安提帕特（Antipatro）曾爲猶太王的朝臣，便篡奪了猶太的王位。

以色列人這時又作了亡國奴了，全國爲羅馬帝國的屬地，國王爲一異種人。以色列人不甘心屈服，屢次謀叛，謀叛的首領常自稱爲天主所許的救世主。但是每次叛變，每次失敗，自稱爲救世主的人，暴露自己不是救世者。然而越失敗，以色列人越希望救世主，天主和達味所訂的盟誓，難道能夠成爲虛文？達味的後嗣一定要復興，天主所許的救世主，不久要降臨，他必再興達味的王位，驅逐異族統治者。

當漢哀帝建平年間，一個夜晚在猶太京都耶路撒冷南面九公里的白冷郡，幾個守夜看羊的牧童，忽然看見天空中異光四射，光中有白衣飛騰的天使，牧童驚惶仆地，埋頭不敢仰望。天使向牧童們說：

「你們不要害怕，我來給你們報告喜訊，救世主基督，剛纔誕生在達味的故鄉。你們看

見一個襁褓裹體，臥在馬槽的嬰兒，便是。」（路加第二章第十節、第十一節）

牧童抬頭望天，天空中天使成隊，合聲唱著說：「天主受享榮福於天，良人受享太平於地。」

牧童趕急回城，在城外一個山洞裏。果然找到了一個襁褓裹體臥在馬槽的嬰孩。立時俯身下拜，敬禮新生的救世主。嬰孩的父母穿著敝衣舊裳，是一對窮苦人家的男女。牧童們長了膽氣，看著這對男女是和他們同等的寒門，便把剛纔在郊外所見的奇景告訴了這一對夫婦。㈠

白冷郡那時擠滿了旅客，達味王的後裔都遵著羅馬皇的號令，回到原籍，報名戶冊。這一夜天主所許給祖宗達味王的復興後嗣誕生了，達味族人應當歡欣踴躍，他們不是又要成為王族，以色列人不是又要獨立了嗎！

可是大家聽見回城牧童所報的喜訊，竟置罔聞，誰也不往山洞去拜望新生的基督。大家不信復興達味王位的人，怎麼能生在城外一個山洞裏呢？達味族人雖是早已落為草莽，但是族裏仍舊有名門貴家，怎麼一位復興之主竟生在一個寒門無聞的家裏？大約是牧童們在捏造「救世主」的新聞！

然而這次救世主誕生的新聞，不是人所捏造的，是由天主的天使所報告的。救世主由天而來，人們不能知道，只有天上的天使能夠報告喜訊。猶太人在五百年的國難中，心目中只有本國的災難，日夜希望一位復國的英雄。他們不能注意一位無聲無色，窮苦柔弱的嬰孩。因此救世主「既降臨於自己的領土裏，自己的百姓都不容納他」。（若望 第一章第十一節）

註：

㈠ 路加福音 第二章第一節至第二十節

二、貞女生子

中國古代的傳說，多有女子感於神靈而生偉人的故事。《竹書紀年》述說玄妙玉女，八十未字，感於太陽日精，懷孕老子。《魏書》〈釋老志〉記載王妃淨妙，夢老子乘日精入口，乃生釋迦牟尼。還有古代堯王、舜王、禹王也說是感於神靈而生：

「堯母慶都，感於三河之赤龍，負圖而出，與之合昏而生堯。」（繹史 卷九）

「舜母握登，感大虹而生舜。」（宋書 符瑞志）

「禹母修紀，感命星貫昂，夢接而生禹。」（繹史 卷十一）

這些感於神靈的故事，不出於正史，沒人信以為真。外國的傳說，也多這類的神話，國家民族的偉人，多為鬼神的投胎。

雖說這類傳說本不足信，但是它代表人類的一種普遍心理。人類都信凡是救世的偉人，不能是一個凡人，救世的功績越高，這位救世者的本身，越神奇。他必定該是神，神的降生，則不能同於凡胎。

中國的帝王和孔子、老子，印度的釋迦以及全世界各種民族的偉人，實際上都不是真命的救世主，他們誕生的神奇，也不過是怪誕的神話。

但是當人類的真正救世主降生時，他降生的神奇，則不能是神話而該是正史了。天主預先說明了救世主將是亞巴郎後代的以色列種人，將是達味王的後裔，將由童身的貞女而生，將降生在白冷。

後來在白冷果真生了一個嬰孩，天使告訴牧童說他就是天主所許的救世主。

這位產生嬰孩的女子，即是一位童身的貞女，名叫瑪利亞，她的丈夫名叫若瑟。若瑟的父親名雅各伯，由雅各伯直溯到撒羅滿，撒羅滿是達味的皇子。

瑪利亞的父名若亞敬，母名安娜。按猶太同族相婚的制度，瑪利亞和若瑟爲同族，同爲達味的後裔。他們倆人又是同鄉，生在納匝肋城。

納匝肋城屬於巴肋斯坦的加里肋亞省，距耶路撒冷一百四十公里。當時人有句俗話：「從納匝肋能出甚麼好事！」（若望 第一章第四十六節）

若瑟在這座不能「出甚麼好事」的城裏，操作木匠。巴肋斯坦的木匠有如中國鄉間的木匠，不專開木匠舖，是到人家家裏修理門窗，做做凳椅。

若瑟和同鄉女子瑪利亞訂婚。猶太的男女，訂婚後可以同居，生子生女，和婚生子女一般。

瑪利亞訂了婚，沒有和若瑟同居，她自守家門，靜嫺少出。一天，天主的天使忽然白晝顯形，恭敬地向她說：

「敬祝萬福，你滿被天主的聖寵，上主常和你同在。」（路加 第一章第二十八節）

瑪利亞驟見天使，心中驚訝害怕，不敢答覆。天使又說：

「瑪利亞，請不必害怕！您已見寵於上主。因此你將懷孕，產生一子，給他起名叫耶穌。他乃是宇宙間最大的，將稱為最尊者的兒子。天主要把達味的王位賜給他，他在雅各伯的後裔裏，永享王位，國祚無疆。」（同上 第三十節第三十三節）

貞女立時明白天使所說的是祖先們所望的救世主，天使所用的辭句，都是古經上關於救世主的預言。但是她早已許下守貞誓願，終生不和男子同居。她便問天使說：

「我（守貞）不識男人，這事怎麼能成呢？」

「聖神將降臨您身，」天使答道：「至尊者的德能將庇蔭你。因此你所生的，稱為天主子。你的表姊依撒伯爾年老荒胎，如今卻已懷孕六個月了。在天主方面，沒有不能成就的事。」

「我是上主的婢女，對於我，一切都按你所說的話去做罷！」

瑪利亞俯首承命，接受天主的定奪。（同上 第三十四節第三十八節）

天使隱身不見了，天主聖神的神能在她的胎裏結成了胎兒。胎兒和天主聖子相合，稱爲至尊者天主的兒子。

若瑟不知道這樁秘密，瑪利亞沒有向他述說天使的話，而且她在見了天使以後，立時動身去拜訪表姊依撒伯爾，在表姊家裏住了三個月。

從表姊家裏回來，瑪利亞懷孕的形跡漸漸顯露，旁人不以爲奇，若瑟則很爲驚訝。他不信瑪利亞有外遇，可是她胎中懷了孕。梅瑟的法律規定：若是一個許配的女子，有了外遇而失童身，應該用石頭打死。丈夫知情不告與之同罪。倘若已經許配的女子因著強姦而失身，強姦的男子則應當處死。（申命紀 第二十二章）

聖經稱若瑟爲正人君子，他不信瑪利亞失節，也不知道她是否被姦，又不能和有孕的女子成婚，乃決定私下和瑪利亞解除婚約。

天主的天使又來了，在夢中給若瑟顯形，告訴他說：

「達味的後裔若瑟，你不必怕娶瑪利亞爲妻。她胎中所懷孕的，來自聖神。她將生一兒

子，你給祂取名叫耶穌。祂要把百姓從罪惡中救出來。」（瑪竇 第一章第二十節第二十一節）

一夢醒來，若瑟深信天使所言，便擇期和瑪利亞完聚。

完聚後數月，羅馬帝國統治小亞細亞的總督發佈命令，清查猶太的戶口，猶太全國的人民，各按支派，回到祖宗的原籍，報名入冊。清查戶口專員名季黎諾，他後來任小亞細亞總督時，舉行第二次戶籍登記。

若瑟夫婦兩人都出於達味王族，達味的原籍爲白冷城，若瑟帶著妻子，走往白冷。

白冷在達味登極以後，成爲名鎮，且處在京城的近郊，作爲京城的堡壘。後來以色列人累遭戰禍，常受外國人的統治，白冷城遂變成了小鎮，戶少人稀。當達味族人回籍報名時，城中無容身之地。若瑟和瑪利亞到了白冷，只得在城外山洞棲身。

鎮外路傍排列著關放牛羊的山洞，「洞口接著大路，洞內寬敞，夜間關鎖牛羊。靠壁一個石槽，槽裏置草置水。洞上一屋，屋僅一房，由洞口石梯登屋，屋內住著石洞的主人。若逢夜間牛羊欄柵山上，山洞空曠，可供遠來孤旅的寄宿。」（羅光 聖母傳 第八章）

這時瑪利亞已到了分娩的時候，在山洞裏生下了嬰孩。她自己用帶來的襁褓包裹嬰兒，放在乾燥的馬槽裏。

夜間，山上的牧童來到洞裏，述說看見了天使，得了救世主降生的喜訊，趕來朝拜。㈠

這一年後來爲世界紀元。按第六世紀小提阿尼西的推算，時當羅馬建國的七百五十四年，西漢平帝元始初年。但是近代考據家都認爲紀元元年最少該提前五年。小提阿尼西計年是根據路加福音記載耶穌受洗時年約三十，當羅馬皇帝提庇留在位的第十五年。然而年約三十，也可大於三十。提庇留在位的年數，可以按他立爲皇帝之年起算，可以按正式當國之年起算。況且耶穌生時的黑落德王死於羅馬建國七百五十年。

生年作爲世界紀元的嬰兒，生在一個污穢的牛羊洞裏，他死時更爲淒慘，被國家官吏釘在死刑的木十字上。他一生沒有鼓動以色列人叛變，爲爭達味的王位；他所行的，只是宣傳天國。

然而也只有他，可以宣傳天國，因爲他是「不由血氣，不由肉慾，不由人意，祇由天主而生。」（若望 第一章第十三節）

註：

㈠ 路加福音 第一章第二十六節至第二章第二十節
瑪竇福音 第一章第十八節至第二十五節。

三、猶太之王

耶穌生後的八天，按照猶太古禮舉行割損禮，取名耶穌。割損禮是天主和亞巴郎訂立誓約的標記。天主曾誓許恩賜亞巴郎的後裔，繁榮興盛，但命令亞巴郎「你們族中代代的男子，生下第七日，都要受割損禮。……我立約的標記，刻在你們肉體上，萬世不渝。」（創世紀 第十七章第十二節第十三節）

天主和亞巴郎的誓約，即是使天下萬民得福的救世主要出生在他的後裔裏。在耶穌身上刻了天主誓約標記的那一天，天主的誓約已經滿全了。

猶太的婦女，按照梅瑟的法律，生了男孩，「七天之內，她是不潔的人。……第八日，嬰兒受割損。但爲潔淨自己的血，她還該居家三十三天，未滿取潔的日期，她不許摸聖物，也不許進聖所。……滿了取潔的日期，她爲新生的男孩或女孩，應在會堂門口獻給司祭一隻一歲的羔羊當作全燔祭。又獻一隻雛鴿或一隻斑鳩，當作贖罪祭。……若她不能備置一隻羔羊，便可帶上一對斑鳩或一對雛鴿，一隻獻全燔祭，一隻獻爲贖罪祭。」（肋未紀 第十二章第二節至第八節）

耶穌滿了四十天，由母親瑪利亞抱往耶路撒冷聖殿。若瑟攜著一對雛鴿，獻於司祭，又拿出九文錢，作爲長子的贖身價。瑪拉基亞先知曾預言說：「我遣派我的使者，在我前面打掃道路，那時你們所要求的君王，所盼望的訂約使者，就要進入聖殿。」（第三章第一節）

聖殿內那時正宰殺牛羊，奉獻祭祀，司祭們和參禮的以色列人，誰懂得那一對貧窮夫婦所捧入聖殿的嬰兒，就是先知所預言的訂約使者呢？這位使者將用自己的血肉作爲犧牲，獻於天主，使人知天主訂立一項和平的盟約。

在衆人都不注意之中，瑪利亞看見一個白髮老者，銀髮飄飄，走來請允接抱嬰兒。老者名叫西默盎，他接過嬰孩，舉目向天，作歌感謝天主說：

「求我主宰，履爾所示，放爾僕人，安然謝世，既見救恩，實爾所備，普天生靈，咸仰其衷；萬國之光，以色列之輝。」（路加 第二章第二十九節至三十二節）

這位老者曾經得了天主聖神的諾言；在他去世以前，他要親眼看見到救世主。這一天天主聖神又啓示了他，救世主已被抱進聖殿。他認識了救主，親眼見到，他想今後只有安然謝世了。

一個八十四歲的寡婦亞納，也因聖神的指導，來到聖殿朝見救世主，這兩位老人一男一女，代表以色列民族。以色列人兩千年來等候天主所許的救世主，如同這兩位老人，終生祈禱，盼望救世主早日降來。到了垂暮之年，他們終歸能夠有親眼見他的幸福。

西默盎把嬰孩送回瑪利亞懷中，嚴肅地向她說：「這個嬰孩的誕生，關係以色列的興亡禍福，他將成爲天下的正鵠，作爲眾矢之的，一口利劍也要穿透你的心靈。天下人心的向背，從此將要顯明昭著了！」（路加第二章第三十四節第三十五節）(一)

剛從耶路撒冷回到白冷，西默盎的話就開始應驗。波斯的三個天文術士，訪尋到門上，獻禮朝賀。同時黑落德王定下毒計，謀加殺害。

波斯的天文術士觀察天象，閱讀天象書籍，知道以色列人有救世新王要降生的傳說，新王生時將有異星現於天空。一夜忽見天空現出異星，三位天文術士斷定猶太新王已誕生了，便即動身來猶太尋訪。登了程，忽有一顆異星，遙遙旌旌地在他們前面動著，作他們的嚮導。

三位天文術士同隨行的人，曉行夜宿，不覺已進入了猶太國境，異星常在前面引路，一齊走到了耶路撒冷京都的城頭，異星忽然隱沒了。他們三人想已抵了目的地，猶太的新王，必是生在京城，京城的人民一定知道新王的消息。

他們進了都城，逢人便問：猶太的新王，誕生在那裏？耶路撒冷的猶太人瞠目不知所對。猶太王不是黑落德嗎？誰敢問有新生的猶太王呢？黑落德是刀下不留情的。他們只好指點這些波斯人去問黑落德自己，三個天文術士便進了王府，謁見黑落德王問說：

「新生的猶太王在那裏？我們在東方見到了他的星辰，我們特別地來朝見他」（瑪竇第二章第二節）

黑落德雖然是沙漠裏的依杜墨雅人，他對於猶太人的風土人情，早已認識。他知道猶太人幾百年來等候先知們所說的救世主，等候他來復興達味的朝代。如今波斯天文術士說是看到了猶太新王的星辰，所謂新王一定是猶太人所等的救世主了。黑落德便召集京城裏的司祭長和經學士，命他們按據經書，說明救世主出生的地方。經學士們答應說：該是白冷郡，米該亞先知早就預言了。

三個波斯天文術士，走向白冷郡，以前引路的異星如今又出現了，引他們到了白冷新生救世主的住所。他們進到裏面，朝拜了嬰孩，獻上禮物。(二)

黑落德很注意新生的猶太王，他曾吩咐波斯的天文術士，回去稟告尋找新生猶太王的下落。可是天使在夜間夢裏，告訴波斯天文術士不要回報，因爲黑落德有心要謀殺新生的救世主。黑落德看波斯天文術士一去不返，怒被他們所欺，下令把白冷郡郡內兩歲以下的小孩，全體殺死。他想這是萬全之計，新生的猶太王，一定死在他的刀下，他可以高枕無憂了。

可是天主的天使，又在夢裏吩咐新生救世主的父親，深夜引著妻子和小孩，逃往埃及。黑落德性最疑忌，最怕人奪他的王位，他殺了自己的愛妻斬了自己的三個兒子，後來在病重垂危時，他怕猶太人對他的喪不舉哀，下令拘禁全國富豪巨紳於行宮，吩咐他自己的妹子，當他一嚥了氣，即盡殺行宮的人士，這樣猶太人雖不哭他也得哭自己的親人。

黑落德對於謀叛的猶太人，更是越殺越凶；有一次他把三千個叛軍和叛民，都釘死在十字架。這次他聽說生了猶太的真命太子，下令殺死新生之王，禍延白冷郡的幾十個無罪小孩，在他絕對不會有痛惜之心。

這樣凶暴的依杜墨雅人，統治猶太，以色列人更加思念先知們的預言。先知們都曾說要來的救世主，將是復興猶太之王。

天主向達味許下救世主時，曾說：「保定爾宗室，皇輿永不替。」達味自己也曾預先歌讚救世主的王業說：「天主語吾主，安坐我右邊，俟我為爾克諸敵，令彼俯伏爾足前。主必自熙雍，授爾以天權，統治爾敵人，子民咸將心悅誠服獻其身。」（聖詠 第一百一十章）

古經聖詠歌詠救世主的詩篇，莫不描寫他的王威：「美辭湧心府，作頌頌吾主。……赫然驅車出，所向誰能當。右手施奇蹟，戡亂如探囊，爾箭何鋒利，射敵敵皆僵。猗歟救世主，皇圖永熾昌。」（聖詠 第四十章）

依撒意亞曾稱讚救世主說：「王權負在他的肩上，他的名字將是：神奇的謀士，強有力的天主，永遠之父，和平之王。」（第九章第五節）

加俾厄爾天使來報聖母瑪利亞時，不是說：「天主要把達味王的王位給他」嗎？

「猶太之王」在猶太人的心目中，和「救世主」同一意義。日後猶太人加給耶穌的罪名，即是他自稱猶太王。羅馬的鎮守使比拉多寫在耶穌十字架上的名標，也說：「猶太王納匝肋人耶穌」。

猶太人在不願意承認他爲救世主時，無形中承認他是應驗古經預言的救世主。古經預言耶穌爲猶太人之王，然而耶穌終生沒有作以色列國的國王。可是當比拉多在審判耶穌，問耶穌說：「你當真是猶太王嗎？」耶穌答說：「我的國家不屬於這個世界！」比拉多再問說：「那麼你真是王嗎？」耶穌答道：「你說得對！我正是爲著這種使命而生，爲著這種使命而降世！」

耶穌至終保持古經的預言。他既是救世主，他便是猶太王。他的人民，將是亞巴郎的子孫。但是所謂猶太人，所謂亞巴郎的子孫，不是血統的猶太人，和血統的亞巴郎子孫，乃是就信仰天主而說。凡是同亞巴郎信仰天主所許的救世主的人，便是亞巴郎的子孫，稱爲精神猶太人。

耶穌爲精神的猶太人之王，他的國家不屬於這個世界。

註：

(一) 路加福音 第二章第二十一節至第三十八節。

(二) 瑪竇福音 第二章。

四、木匠之子

黑落德既下令斬殺白冷的嬰兒，派出兵卒。天主的天使當夜在夢中吩咐若瑟說：

「趕緊起來，帶著嬰兒和他的母親，逃往埃及，住在那邊，等候我的吩咐；因為黑落德要搜尋嬰兒，將他殺死。」（瑪竇 第二章第十三節）

若瑟夢中驚醒，馬上攜家動身，連夜離開白冷，逃往埃及。

瑪利亞抱著嬰孩，坐在驢背，由若瑟引著，和同行的旅客走過沙漠。若瑟到了尼羅河套，寄居在以色列僑胞家裏，做些木匠活計，得錢度日。

在埃及住了幾個月，一天夜間天使又在夢中吩咐若瑟說：「起來！帶著嬰兒和他的母親回以色列國去，謀殺嬰兒的人已經死了。」（瑪竇 第一章第二十節）

黑落德害了腸胃頹爛症，肚痛腹腫，蛆蟲夾在膿裏，氣味難聞，口裏常是叫渴。一天，痛苦不堪，他持刀自刺，左右侍者連忙抱住他的手，自殺未成。嬪妃們在側嚇的號淘大哭；哭聲動行宮。被囚在牢獄的太子，以為父王駕崩了，迫令獄卒開門。黑落德一聞這訊，勃然大怒，枕臂而坐，改草遺詔，斬太子於獄，立王子阿爾赫勞為太子，分封王子安提帕和斐理伯爲侯，再過七天，他斷了氣。

若瑟同瑪利亞攜帶耶穌，進了猶太境，聽說阿爾赫勞繼承父位，心中疑慮不定，不知該在何處安居。阿爾赫勞的殘暴，不下於乃父。天使又在夢中指示若瑟，攜家回納匝肋。納匝肋人都認識若瑟和瑪利亞，大家看見他們夫婦倆口帶著一個小孩回來了，都來向他們道賀，問問他們這幾個月來的經過。

若瑟回到舊日的老房裏，拿出鋸鑿繩墨，同往日一樣每早出門到人家做工。瑪利亞在家汲水磨麵，照看小孩。

猶太人的罷工禮日是在每週星期六日。罷工日，午前午後，男女到會堂祈禱。「午前，先誦申命紀上的誡律，後誦十八段祝福經文，會堂會長展開古經，誦讀古經一段，請一個人解釋。然後司祭起來，祝福會眾，散會。午後，集會時，三個人念梅瑟律法三章。」（羅光聖母傳 第十一章）

猶太的男子年滿了十二歲，住在離耶路撒冷一天路程以內的，按例每年至少三次該往耶路撒冷，參拜聖殿，恭與慶典。三次朝聖期爲巴斯卦逾越節、五旬節、帳棚節。離耶路撒冷一天路程以外的以色列人，則在聖節期，可以自由上京朝聖。

納匝肋離耶路撒冷一百四十公里，有三四天的路程。納匝肋人每逢聖節，卻常結隊往耶路撒冷京城，在聖殿參與典禮。

梅瑟曾禁止猶太人在各處建造聖殿，全國只能有聖殿一所。撒羅滿王第一次建造聖殿，金壁輝煌，樑柱都是沉香寶木。

當耶穌十二歲時，若瑟和瑪利亞引他上京，度巴斯卦逾越節。這時的聖殿，早已不是撒羅滿王的聖殿了，乃是黑落德王所建，富麗堂皇，不亞於昔。

納匝肋上京朝聖的人，「三五成群從家中出發，走上大路，小隊合成大隊，越合越多，駱駝驢馬，塵埃塞路。熱心的婦女，跟隨丈夫出門，遇到三五伴侶，結成女子隊伍，男隊女隊唱著聖詠，冒著炎日，曉行夜宿，向著耶路撒冷聖京。」（羅光 聖母傳 第十一章）

巴斯卦節為猶太人一年裏最大的聖節，大禮七天。若瑟和瑪利亞過了七天大禮，動身回鄉，和別的納匝肋男女分隊而行。走了一天的路程，晚晌男女相會家家合宿旅舍。這時，若瑟和瑪利亞纔發現失落了耶穌。

夫妻兩口連夜回耶路撒冷，次日走遍大街小巷，不見耶穌的蹤影。第三天再往聖殿尋找，在講解經書的長廊裏，找著了耶穌。耶穌坐在那裏聽經師們講經，動語發問，句句驚人。瑪利亞向耶穌說：

「我兒，你怎麼這樣待我們？你父親和我，尋你尋的多麼苦！」

「你們為甚麼尋我呢？」耶穌反問說：「難道你們不知道我應該在我父親的事情裏

嗎？」（路加 第二章第四十八節）

若瑟和瑪利亞呆住了；不懂得這話究竟有甚麼意思。他們知道他的父親是天主，但是不知道天主吩咐十二歲的耶穌該做的事，可是耶穌也不再分辯，好好地跟著他們，回到納匝肋，事事聽他們吩咐，一點也不顯出例外，甚麼特出的事情也不做，一直到三十歲。納匝肋人都稱他是木匠的兒子。（路加 第二章第四十一節至第五十二節）

猶太人那時正殷殷切切地等候著救世主，因為他們的國運，更是一天不如一天。黑落德死後，三個王子分治巴肋斯坦。太子阿爾赫勞繼承父位，統治猶太省；王弟安提帕為加利肋亞侯，治加里肋亞省；王弟斐理伯為依突勒雅侯，治依突勒雅和特辣曷尼省。

黑落德王剛一駕崩，猶太人伏闕上書，請阿爾赫勞懲辦協助前王為虐的奸臣，阿爾赫勞不允。猶太人退守聖殿，聲言造反，和王兵械鬥，三千人被殺。

一亂既平，阿爾赫勞赴羅馬請封王號，猶太全省乘機叛變，叛兵首領名猶達，自稱救世主之默西亞。羅馬兵進攻巴肋斯坦，彈壓叛兵，燒燬堡壘，擒捉了叛兵兩千，都釘死在十字架。猶達的餘黨散歸民間，組成「激厲派」一黨（Eeloti）。

阿爾赫勞即位的第六年，猶太人苦於他的暴政，派人赴羅馬，向羅馬皇奧古斯都呼冤。羅馬皇下令，命阿爾赫勞親到羅馬辯訴，然後把他廢除，充軍維也納，他所屬的國土，改為羅馬皇國的一省，由一鎮守使統治。

安提帕侯有先父好大喜功的遺風，大興土木，修建城池，名以羅馬皇和羅馬皇后之名，以取悅羅馬人。在加里肋亞湖岸造了自己的京城，名爲提庇留城，把加里肋亞湖也改稱提庇留湖，爲恭維羅馬皇提庇留。在耶里哥城對面，修了一座雕樓堡壘，先名爲黎維雅堡，後改名裘莉雅堡，爲恭維羅馬皇奧古斯都的兩位皇后。

當耶穌在三十歲左右時，安提帕侯赴羅馬。羅馬城中那時有他的一個同父異母弟，和另一個封侯的弟弟同名，名字也叫斐理伯。這一個賦閒的弟弟娶有一個妻子，名叫黑落狄雅。安提帕到羅馬時，弟婦黑落狄雅心羨安提帕的榮華，安提帕心慕黑落狄雅的姿色，兩人便勾通情意，結爲夫婦。

安提帕攜黑落狄雅回加利肋亞，猶太人恨這事大傷風化，敢怒不敢言。只有授洗若翰，上闕登庭，面斥安提帕侯：「按理你不能娶納這個婦人。」（瑪竇第十四章第四節）

這時猶太省的羅馬鎮守使，名般雀比拉多。以往的鎮守使尊重猶太不敬神像的風俗，不拿羅馬皇像供在耶路撒冷。羅馬皇嘗自尊爲神，全國各城都應供奉皇帝御像。比拉多到任，一天晚上，命令軍士乘著黑暗捧著羅馬皇像的軍旗入耶路撒冷。天明，猶太人一見皇像，全城鼎沸，大家成群結隊，趕往鎮守使駐在地凱撒肋雅城，七日七夜，伏在鎮守使署前，懇請撤去皇旗。比拉多盛怒，在第八天，派軍包圍請願的人，下令如再請者即殺。猶太人一齊僵身伏地，引頸就死。比拉多膽怯，收回成命，將皇旗撤退。

猶太人在異族的壓迫下，愛國愛教的心越激烈。因此救世主的名詞，常懸在他們心目中，然而他們不知道，天主所許的默西亞，「他已經站在你們當中，你們卻不認識他。」（若望 第一章第二十六節）認識耶穌的人，也只知道他是「木匠若瑟的兒子」（路加 第三章第二十三節）

五、前驅若翰

當耶穌三十歲左右時，猶太全國的人都震動了，傳說在約旦河河畔出現了一位先知，莫非就是大家所等候的救世基督。

這位先知，形態不同於常人。他身穿一張駱駝皮，腰繫一條皮帶，蓬髮糙鬚，只吃蝗蟲和野蜜，是一位不屑與人居的隱者。

他出現在約旦河畔，向眾人講道，他的話急烈地有如口中噴火。

「蝮虺的惡種，誰告訴了你們去逃避臨頭的大禍呢？你們該當結悔過的善果！再莫說我們有亞巴郎作祖宗。我告訴你們，天主能夠把這些頑石化作亞巴郎的後裔呢！於今斧頭已經放在樹根上了，凡不結果的樹，均要被砍去作柴燒。」（路加 第三章第七節至第九節）

聽的人大為動心，向他請教說：「那麼該怎麼辦呢？」他告誡他們，誠心悔罪。有衣有食的人，和沒有衣食的人分衣分食；當兵的人，不要欺誣人；作稅吏的人，不要索取分外的稅糧。

為表示洗心革面，悔罪自新，他下到約旦河裏，給悔過的人行洗禮。

大家因此便稱他爲授洗者。他的本名叫做若翰，是匝加利亞和依撒伯爾的兒子。依撒伯爾即是瑪利亞的表姊，匝加利亞是耶路撒冷殿的司祭。

在瑪利亞接受天使報訊的前六個月，匝加利亞輪次在聖殿裏供職。一天薄暮，他進到聖所裏供香，忽然看見一位天使顯形站在祭壇的右邊，他驚惶失措。天使向他說：

「你的妻子依撒伯爾將要懷孕，生一兒子，你應替他取名若翰。這個兒子不但要使你喜樂，普天下的人要因他誕生，歡忻鼓舞。……他從胎中已飽濡聖神，將引以色列子孫歸向所敬的上主天主。他要用厄里亞的風度，作上主的前驅。」（路加 第一章第十三節至第十七節）

匝加利亞和依撒伯爾一生希望得一兒子，但因著依撒伯爾荒胎，到老沒有子嗣，驟然聽到天使的話，匝加利亞不相信，詰問天使說：

「這樁事怎麼可以證實呢？我已經老了，妻子也年高。」

「我教的事，屆時必驗。」天使責備他說：「你既不信，你就口啞不能說話，一直到事情實現的一天。」（路加 第一章第二十節）

後來依撒伯爾果然老年懷了孕，退居愛因加林（Ain Karin）的山中。

愛因加林地處耶路撒冷的西面七公里，爲一小山村。瑪利亞從天使口中，得知表姊有孕，立刻從納匝肋動身，旅行四天，纔到愛因加林山村中。當她進門問安時，依撒伯爾頓覺胎裏的嬰兒，三喜三躍，她心中得有聖神的啓示，透徹表妹身中懷著普天的救世主，便慶幸說：

「女子中你是幸福可讚美的，你胎中的美果也是幸福可讚美！我怎麼有這樣大的幸運，承蒙我上主的母親來訪問呢！剛纔你的聲音一進我耳，我的胎兒歡樂欣躍。你能夠篤信，所以你真有福。上主所許的，終必成就。」（同上 第四十二節至第四十四節）

瑪利亞舉眼望天，唱歌感謝天主：

「吾魂讚上主，中心不勝喜，感荷救主恩，眷顧及賤婢。行見後代人，稱我多福祉……」（同上 第四十六節）

表姊表妹兩人，共同相處了三個月。依撒伯爾生了兒子，鄰居齊來賀喜。第八天行割損禮時，大家建議給他起他父親的名字，叫小匝加利亞。依撒伯爾堅持不可，要起名若翰。大家拿著刀筆木簡，詢問他父親的意見，匝加利亞寫下若翰該是兒子的名字，同時，他的舌頭又靈活了，他唱歌讚頌天主的仁慈：

「可頌者主，以色列天主。厥民見贖，恩德不富？救主崛興，達味之府，先知夙言，今乃見符。……兒乃先知，至尊遣汝；爲主開道，預備厥路；導民於正，福音是布；蕩污滌穢，宿罪攸除。憑主慈腸，東方已曙；久困晦冥，明光倏著；引我安履，和平之路。」（同

上 第六十八節至第八十節）

鄰居人不勝驚訝；老年生子，已經稀奇，匝加利亞忽然啞口，忽然又開口，更是令人莫解。大家彼此互相問說：「這個小孩將長成怎樣的一個人呢？天主的大能不是顯在他身上嗎？」（同上 第六十六節）㈠

但是若翰卻是三十年無聞於世，隱居曠野，酒醴酪漿，從小不入口。

三十歲時，他出現在約旦河岸，講道授洗。約旦河發源於赫爾孟山，由加利肋亞湖流至死海，橫貫猶太省，委宛曲折，長約三百二十公里。

耶路撒冷京城的教會首長們，聽到了全國人都談論著若翰在河濱授洗了，打發人來查看，盤問若翰說：「你是不是我們等候的救世主？」

若翰立刻堅決地否認自己是救世主。派來的人又問他是不是厄里亞？是不是另一位先知？若翰都否認說不是。派來的人於是盤問他，用甚麼名義他敢授洗呢？若翰乃說明自己是依撒意亞先知所預言走在救世主前面的前驅。

「我只用水洗你們，將來要來一位威力超乎我以上者，他將用靈火和聖神洗你們。我就是替他解鞋帶，也不敢當。」（路加 第三章第十六節）㈡

若翰的自謙，只是對於其真正的救世主，在母胎時他已經對尚在母胎的救世主致敬。對於別人，他表示厄里亞先知的剛強。在約旦河岸向當時把握政教兩權的法利塞黨和撒杜塞黨人，罵他們爲蝮虺惡種，命他們及早改悔。

安提帕侯這時娶了黑落狄雅，若翰面見安提帕，指斥他不宜收娶弟婦，安提帕老羞成怒，把他拿下，禁錮在死海邊的馬格龍苦牢裏。

安提帕的殘暴，不像他先父黑落德的酷烈。他雖厭惡若翰的直言不諱，但也敬畏他是先知。若翰被禁在牢裏，徒弟們可以自由看望，安提帕到馬格龍行宮時也去見若翰，向他請教，可是黑落狄雅則恨死了他，深怕他說服了安提帕，使她成一個棄婦。

一天，安提帕侯慶壽，大開筵宴，闔朝文武大官都在座。席間，黑落狄雅和前夫所生的女兒撒羅默就筵前起舞。舞衣翩躚，大快父侯之心。安提帕當眾問女兒願請何賞，宣誓所求必與，就是半壁江山也不吝惜。撒羅默飛奔內宮，詢問母親該有何求，旋即奔回，口稱求以若翰的頭顱見賜。安提帕面色一變，心中不悅；但礙於滿座客人的情面，不好收回成言，便命差役入獄，斬殺若翰，捧來人頭。撒羅默接了，捧著往見母親，淫婦持針，亂刺若翰的舌，以洩心恨。㈢

徒弟們得到了凶信，入獄收屍，照禮安葬。黑落狄雅從此放了心，可以安做諸侯夫人了。後來又以諸侯夫人尚過低微，勸安提帕往朝羅馬皇，請封王號。羅馬皇加里古拉卻下令褫奪他的封域，罰他充軍到法國里昂，夫婦兩口，死在流所。

當耶穌出門傳道時，若翰尙活，一次耶穌向聽眾們稱讚若翰說：

「以前你們往曠野裏去看什麼呢？你們去看一根隨風顛倒的蘆茅嗎？你們究竟去看誰呢？去看一個身穿錦繡的人嗎？身穿錦繡口吃珍饈的人，是住在王宮裏。那麼你們去看一位先知嗎？我以爲這是對了。但是他不僅是一位先知，經書所說：我打發使者在你前面，替你預備道路。他便是這位預備道路的使者。」（路加 第七章第二十四節第二十七節）㈣

若翰被殺了，他已經盡了自己的使命，他曾替救世主授洗，他曾向徒弟作證他是救贖世罪的天主了。他被禁在牢獄時，救世主已經在以色列人中講道顯靈。若翰的徒弟們，心中不服，若翰乃向他們說：「人若是沒有從天有所得，他自己可以有甚麼呢！我不是基督！我是奉命作他的前驅。……他該當日益增長，我則該日益減損。」（若望 第三章第二十七節至第三十節）

註：

㈠路加福音　第一章第五節至第二十五節。第五十七節至八十一節。

㈡路加福音　第三章第一節至十八節。瑪竇福音　第三章第一節第十二節。馬爾谷福音　第一章第一節至第八節。若望福音　第一章第十五節至第三十四節。

㈢瑪竇福音　第十四章第一節至第十二節。馬爾谷福音　第六章第十四節至第二十九節。路加福音　第九章第七節至第九節。

㈣瑪竇福音　第十一章第一節至第十一節。路加福音　第七章第十八節至第二十八節。

六、靈肉之戰

當若翰在約旦河畔授洗時，一天在請求洗禮的人中夾著一個人，這個人名叫耶穌，耶穌和他本是表兄弟，但是從他隱居曠野以後，他和表弟再沒有見過面，彼此不相識。第一次他遇耶穌時他尚在母胎，耶穌也尚在母胎，可是天主聖神啓示他，他在母胎三喜三躍。於今耶穌來請授洗了，天主聖神又啓示他，來者，就是他該作前驅的救世主，他連忙向耶穌說：

「我應該從你受洗，你怎麼可以從我受洗呢？」

「你不必推辭！」耶穌答應說：「我們應該滿全一切律法。」

若翰便同耶穌一齊下到河裏，杓水灌至耶穌頭頂，替他行洗禮。耶穌剛出水上岸，若翰忽見天主聖神顯成白鴿形，飛停耶穌頭上。天空又有聲音說：

「這是我的愛子，他很中悅我心。」（瑪竇 第三章第十五節至第十七節）

旁人既沒有見到白鴿，也沒有聽到話語，只聽見天空似乎有小雷響。

耶穌受了洗，離開人群就走了。若翰告訴門徒說：

「他是除免世罪的天主羔羊。我曾說後我而來，先我而成者就是他。我素不識他的面，但是我們到這裏來講道受洗，正是爲顯揚他於以色列人。」

「我看見聖神作鴿狀自天而降，飛停他的頭上。我雖然素來不認識，但是遣我來授洗者曾啓示了我說：你看見聖神降臨，停留在他身上的，他就是將以聖神而授洗者。我既然親自看見了，我就見證他是天主的聖子。」（若望第一章第二十九節至第三十四節）㈠

耶穌沒有在約旦河邊停留，他隨著天主聖神的指引，走進曠野，在曠野長齋祈禱，四十晝夜不進食品。

先驅若翰在講道授洗以前，隱居曠野數十年。他沒有從人學道，他是從天主學道，所以他後來教訓徒弟們說：「人若是沒有從天有所得，他自己可以有甚麼呢？」若翰所該講的在見證耶穌爲基督救世主。基督救世主是自天降來的，爲見證他，也只有從天上得有的智識才能作證。

耶穌如今要講道了，他所要講的是天主聖父的天國大道。他既是來自天上，既是天主聖子，聖父的大道，已經存在他心中。但是在講道以前，他願意退居在曠野無人的地方四十天，獨自和聖父相對。

第五世紀時，有一些隱修士，在耶里哥城的附近，找到了一個荒山，根據古來的傳說，那座山即是耶穌四十天守齋的地方，名叫「四旬山」（Djebel Qarantal），隱修士們在山麓的石巖裏，挖掘山洞，在洞內長齋苦修。

「四旬山」是一座白灰色的石山，石壁上道道裂痕，童頂濯濯。在這座山上，白天所見的是一片荒地砂磧，夜間只有藍天的星辰。

耶穌守了四十晝夜的長齋，腹中饑餓。魔鬼早已追隨著他的蹤跡，日夜觀察他的行動。在約旦河畔曾聽見天空所來的聲音，後來又聽見若翰向徒弟們所說的話，魔鬼因此很懷疑耶穌是天主聖子，是救贖人類罪惡的救世主。救贖人罪豈不是征服魔鬼？是他的仇敵。魔鬼便來試探他說：

「你若是天主聖子，你爲什麼不命這些石頭變成麵包呢？」

「經書上不是說過嗎？」耶穌答說：「人的生命不單靠飲食，更要靠天主口中所發的誡命。」

耶穌和魔鬼的第一次衝突，是靈肉的衝突。長齋以後，肉體饑餓，第一件事當然是用食物充饑，荒野裏沒有食物，魔鬼便誘耶穌把石頭變成饅頭。這不免小題大作了。難道下山不能找到麵包？何必要輕用天主的神力呢？耶穌因此告訴魔鬼：人爲生活，不單是只靠著飲食，還該看天主的誡命若何。求食而違誡命，則求之不得其道，寧可不食。

孔子曾說：

「富而可求也，雖執鞭之士，吾亦為之；如不可求，從吾所好。」（論語 述而篇）

「飯疏食，飲水，曲肱而枕之，樂在其中。不義而富且貴，於我如浮雲。」（述而篇）

人的義德在於守天主的誡命。違誡而求飲食那是反賓爲主，輕重顛倒。

孟子說：

「饑者甘食，渴者甘飲，是未得飲食之正也，饑渴害之也。豈惟口腹有饑渴之害，人心亦有饑渴之害。人能無以饑渴之害為心害，則不及人不為憂矣。」（孟子 盡心上）

飲食之欲，不應該危害心的生活，心的生活在於仁義，仁義以天主的誡命爲準則，那麼人的生活，要看天主的誡命若何。

魔鬼第一次失敗。在一瞬間，舉耶穌到耶路撒冷的聖殿殿頂，再試探他說：

「你若是天主聖子，你爲什麼不從這裏一躍而下呢？經書上說：主將派遣天使，用手接抱你，連你的腳也不會碰著石頭。」

「經書也說：你不要試探天主！」耶穌答覆了他。

第二次衝突，是完全站在精神方面了。精神上的過失，普通常是好大喜功。聖殿前面有許多人來來往往，驟然一個人自殿頂翩翩落地，毫髮無損，一定取得大家的讚賞呼爲靈蹟。但是天主決不願意以自己的神能，去支持人的誇大狂。人以靈蹟而自誇，他便不是天主的信徒，而是魔鬼的信徒。耶穌既然是天主之子，他更不會自誇以炫人了。

魔鬼又引耶穌飛升一山巔，四面寥拓，舉目無垠，魔鬼向耶穌說：

「只要你向我屈膝，這一切城池我都給你。」

「撒旦，滾開！」耶穌叱退魔鬼說：「經書有云：你當誠心服侍你主天主。」（瑪竇第四章第一節至第十一節）

第三次的衝突，不是人生某一方面，而是在人生的終向。人生的終向，只有一個：歸向天主。魔鬼引誘厄娃和亞當犯罪吃禁果子，違背天主而歸向他。救世主降世，使命就在把人類重新引歸天主「誠心服侍天主」。耶穌因此馬上叱退魔鬼，不容申辯。

魔鬼走了，天主的天便，顯形獻食。(二)

註：

㈠瑪竇福音　第三章第十三節至第十七節。馬爾谷福音　第一章第九節至第十一節。路加福音第三章第二十一節至第二十二節。若望福音　第一章第二十九節至第三十四節。

㈡瑪竇福音　第四章第一節至第十一節。馬爾谷福音　第一章第十二節至第十三節。路加福音第四章第一節至第十三節。

七、收徒傳道

從曠野出來，耶穌經過約旦河濱。若翰還在那裏講道授洗，他看到耶穌，便向身邊的兩個徒弟說：

「你們留心記著：他就是天主的羔羊。」（若望 第一章第三十六節）㈠

兩個徒弟：一個名叫若望，一個名叫安德肋，他們聽了教師的話，便想認識「天主的羔羊」。羔羊用爲祭祀，天主的羔羊應該是自獻於天主爲贖人罪的救世主。

耶穌一轉身，看見他們倆人跟在後面，便問他們的來意。他們答說：

「先生，你住在那裏？」

耶穌說：「你們來看看。」他們便同耶穌住了一宿。（同上 第三十八節至第三十九節）

當然不是一宿無話，這一宿是耶穌第一次傳道。耶穌的住宿，能夠是一個山洞，能夠是一家人家的陽台，也能夠是露天的樹下。在這種臨時的住宿裏，耶穌給若望、安德肋講以色列先祖們所希望的救世主。他不說明他自己的身份，但是兩個聽講的人都已經信他是救世主了，他們決定離開若翰變成他的徒弟。

第二天，安德肋找著自己的兄弟西滿，告訴他說：「我們已遇到了救世主。」立刻引他去見耶穌。耶穌一見西滿，雙眼注視他，對他說：

「你不是若望的兒子西滿嗎？以後你該改名叫做伯多祿。」（同上 第四十二節）伯多祿意即基石。在剛見面時，耶穌便決定伯多祿的使命，日後要成他所立的教會的基石。

若望、安德肋、西滿，三人都是提庇留湖濱的漁夫，住在貝特賽達城裏，因爲仰慕授洗者若翰大名，特來向他領教。因著若翰的指導，他們認識了救世主基督。

沿著約旦河，耶穌和三個徒弟往提庇留湖南岸，乘船渡湖，對岸就是貝特賽達。

一行四人，到了貝特賽達城，在城中路上，遇著一個人，名叫斐里伯。耶穌向他說：「你來跟我！」斐里伯就跟著他走。一路上再聽耶穌的談論，心中信他是先知們所預言的基督。趕快去尋他的知心好友納塔乃耳，他對納塔乃耳說：

「梅瑟書上和其他先知書上所預言的救世主，我們已經遇到了。他就是納匝肋若瑟的兒子耶穌！」

「從納匝肋可以出甚麼好事？」納塔乃耳很希罕地問他。

斐里伯更不答話，拉著納塔乃耳說：「你來看一看！」

耶穌等納塔乃耳走到跟前，點頭微笑說：

「好一個純正的以色列人，心裏沒有詭詐！」

「你怎麼知道我呢？」納塔乃耳反問耶穌。

「斐里伯沒有招呼你以前，你在一顆無花果樹下，我已經看到了你。」

「先生，」納塔乃耳睜著兩顆驚罕的眼睛，恭敬地答覆著：「你真是天主之子，你是以色列之王。」

「我只說看見你在無花果樹下，你就信我？將來你要看到更大的事呢！」（同上 第四十五節第五十節）

納塔乃耳在無花果下，一定有種秘密，爲旁人所不能夠知道的。

耶穌看見納塔乃耳信服了，便對五個徒弟說：

「我實話告訴你們；你們要看見天門洞開，天主的天使在人子的頭上，飛上飛下。」（同上 第五十一節）

「人子」是誰呢？徒弟們懂得是耶穌的自稱。天使報告耶穌降生的喜訊時，稱他是天主子；若翰作證耶穌爲贖罪的羔羊時，也稱他是天主子。剛才納塔乃耳表示自己的信仰時，也稱他是天主子；耶穌如今自稱人子。

究其實，耶穌更該說不是由人所生，他是由天主聖神的德能而成人。如今他捨「天主子」的稱呼而自稱人子，自視爲整個人類的代表。原祖違命犯罪，「人」成了罪人；救世主降來，是要代表整個的「人」，在天主前認罪求恕作新的人類。後來保祿宗徒稱亞當的「人」爲「舊人」，耶穌的「人」爲「新人」。（致羅馬人書 第五章第六章 致厄弗所人書第四章）

「人子」即是代表造作新人的救世主。

在猶太人的心目中，「救世主」等於猶太王。當日發動反抗羅馬的猶太革命首領們，常自稱「救世主」。真命的救世主不是來恢復猶太的帝國，是來救贖人類，便自稱「人子」。

註：

㈠ 若望福音 第一章第三十五節第五十一節。

八、初行靈蹟

在納匝肋的東北，約十公里，有座小鎮，名叫多福加納（Kefr-kenna），居民約一千二百人。鎮上希臘派的基督教堂中，保存兩口大古缸，題名爲耶穌初次顯靈變水爲酒的水缸，考古家則說只是古代授洗的兩口水缸。

原來多福加納就是聖經上的加納城。加納城雖小，城中有巴肋斯坦希有的花和水泉，稱爲加里肋亞省的花園。

在加納城裏，住著耶穌的一家親戚。這家親戚舉行結婚喜事，請了瑪利亞，也請了耶穌去吃喜酒。

猶太人的結婚喜事，很是熱鬧。新郎由親友伴著，薄暮往女家迎婚，新娘偕女友出迎新郎。在女家行禮畢，迎婚隊由鼓吹手前導，奔往男家。男家設宴款待親友，多至八天，少亦三日。

成婚的當天，耶穌沒有到。耶穌到時，喜筵已將完結。

賓主在座，舉杯談笑。大家都驚訝這位忽然作了傳道師的鄉親，又看他帶來了五個徒弟，徒弟中的納塔乃耳本是加納人。於是席上多了談話的資料，談興更濃。

瑪利亞卻理會了一件事，她理會到司席的人不斷的眼看著新郎，新郎也常眼看司席，彼此面上都帶緊張不安的神氣。席上客人喊添酒，酒卻不見來，她知道主人家的酒吃盡了。喜事缺酒，將傳爲笑話，若是耶穌沒有帶來五個徒弟，大約酒可以吃到席終。

她起身走近耶穌，手招他離席出來，告訴他說：「酒沒有了！」

耶穌表示驚訝：這事於他何干？便答覆說：

「太太，（對於這事）與你與我何干？我的時候還沒有到呢！」（若望 第二章第三節、第四節）

耶穌懂得母親不是叫他買酒，乃是請他顯靈。四福音傳從沒有述說耶穌在納匝肋家居時，行過靈跡。但若是在家中真的一次也沒有行過靈跡，瑪利亞怎麼忽然請他顯靈呢？大約是以往家中偶然缺少臨時的急需，耶穌曾經不聲不響地顯靈補助。瑪利亞如今不忍新郎新婦作人笑柄，因此請他暗中顯靈。

但是耶穌如今已不是暗中顯靈的時候了，如今他的一言一行，都要爲徒弟們的師表。然而他的徒弟這時尚未齊全，如今僅只有五個人。可是母親瑪利亞體貼人的好心不可辜負。母親瑪利亞且已經吩咐僕人們，聽候使喚。耶穌於是吩咐僕人們把階台上的六口洗手水缸，換上清水。

猶太人的習慣，按禮在入席吃酒以前，先要淨手。設宴主人在廳外階台上，常排設洗手水缸。加納新婚家的洗手缸，一排共六口，每口可容水兩三罇。

僕人既換上了清水，忽又聽見耶穌吩咐，用壺汲水，拿去叫司席嚐。他們不懂這有甚麼意思，莫非是一種新婚時取笑主人的玩戲？他們把壺給司席一嚐，司席大爲罕異，連忙向新郎說：「人家都先拿好酒敬客，等客人們酒意醺醺了，再拿次等酒出來，你卻竟把美酒留在後頭呢？」（同上　第十節）㈠

新郎比他更爲罕異，不知道這種酒從何而來。僕人們眼睜睜地望著耶穌，他們明明知道酒是由水變成的。

五個徒弟當然也看出了這個靈跡，同席的人不久也知道了，闔城的人馬上也風聞了。若望自己述說：「在加里肋亞的加納，耶穌開始行了靈蹟，顯揚了自己的聲譽，徒弟們乃誠心信服。」（同上　第十一節）

第一次顯靈，在新婚的喜宴上，算是最近乎人情了。耶穌假使是一個冒稱救世主的奸雄，聖經假使是一冊僞造的神話，爲第一次顯靈，必定要在別一種更莊嚴的場面裏。一位真命的救世主，則知道體貼人情，不辭在家常婚宴裏，無聲無色地顯第一次靈跡。

究其實結婚並不是家常小事，孔子曾以爲人倫的大典，「合二姓之好，以繼先聖之後，以爲天地宗廟社稷之主。」(禮記 哀公問)耶穌後來更以婚姻爲聖事。他要立的天國,信民雖由聖洗而生,但在聖洗以前,先要生自父母。因此婚姻是爲繼續天國先聖之後,爲天主生信民。耶穌在開始傳道時,用第一個靈跡;聖化傳生天國信民的婚姻。

註:

(一) 若望福音 第二章第一節至第十一節。

九、初顯威權

當中國商朝武丁的時代，以色列人僑居埃及，遭埃及人的忌視，受埃及王的虐待。以色列人替埃及王做苦工，但是他們生下來的男孩，都該抛在尼羅河裏淹死。

天主曾經許下亞巴郎，他的子孫多如恒河之沙，如今亞巴郎的後裔要絕種了，豈能坐視不救？便遣梅瑟率領以色列人出埃及。

埃及國王法郎堅拒不放，梅瑟乃大顯靈異。埃及王仍舊心硬如石。最後，一天晚上，天主打發天使飛遍埃及全國，盡殺埃及各家的長子，同時，命以色列人，當晚閉門在家，每家殺一羔羊，把羊血塗在門框，天使便過門不入，不加殺戮。又命以色列人束備行裝，負袋持棍，立著分食羔羊肉。天明，把剩餘的羊肉羊骨焚燬，出門就路，埃及全國家家遭喪，哭聲震天，法郎催促梅瑟迅速登程，領著猶太人離開埃及。

猶太人後來每年紀念這樁大事，舉行巴斯卦節。「巴斯卦」的意義爲「過去」，爲表示當年斬殺長子的天使，過門不入，從此猶太人出了埃及國境，脫離奴役之地。因此巴斯卦節可以稱爲逾越節。

耶穌在加納顯靈以後，巴斯卦節已近，他引著徒弟們往耶路撒冷京城朝聖。

這時的耶路撒冷聖殿，爲黑落德王所修。在耶穌降生前二十年，黑落德大興土木，動工修殿，建築九年，殿成。殿內的裝飾，則續修八十年。

聖殿分聖所和庭院。聖所高居山坡，爲司祭獻祭之地。庭院依山高下爲三處，每處成天井形，中爲廣庭，四周有長廊，山下的第一庭院，名「異民庭院」，各色人都可以出入，中山的第二庭院名「婦女庭院」，爲猶太婦女參禮之地。最上的第三庭院名「猶太人庭院」，爲猶太男人參禮之地。

在「異民庭院」的廣庭裏，聚齊許多小販，賣牛羊鴿子，供朝聖者獻祭的犧牲。庭中又設有錢攤，爲外省朝聖的猶太人兌換銀錢。因爲不能拿鑄有羅馬皇像的錢，獻於聖殿，因此廣庭中人聲嘈雜，穢物狼藉。

耶穌從十二歲以後，每年常來京朝聖，常從這座人畜嘈雜的庭院裏走過，心中常是怒氣填胸，忍而不言。天主的聖殿，怎麼能夠變成一種趕集的場所？褻瀆聖殿的莊嚴！

這次他上京，引著徒弟們走入殿門，怒形於色，抓起幾根繩索，辮成鞭子，奮鞭驅逐牛羊，把錢攤推翻，吩咐賣鴿子的人，趕緊連人帶鴿籠滾出去。他高聲向大家說：

「趕快收拾出去，不要把我聖父的殿堂變成趕集的場所！」（若望 第二章第十六節）

但是惱了聖殿的司祭們！誰敢在聖殿裏干涉殿裏的行政？聖殿歸司祭們管理，牛羊鴿販由他們准許販賣。就是天主派遣先知來時，先知也先該證明自己是先知。這個在殿裏驅逐小販的人究竟是誰呢？也們便來質問耶穌說：

「你用甚麼靈跡，證明你有作這事的權力？」

「你們試把這座殿宇拆了，」耶穌答說：「我可以在三天以內重新蓋好。」

「這座聖殿修了四十六年才成，你說你能夠在三天以內重新蓋好？」（同上 第十八節至第二十節）㈠

三天裏重新蓋好四十年才修成的聖殿，司祭們認爲這是開玩笑。天主的先知豈能以天主的聖殿作兒戲！司祭們相信他是一個精神失常的人，不配注意。

耶穌的徒弟們當時也不懂耶穌的話意，直到耶穌死後第三日復活了，他們才懂耶穌當日所說的殿宇，不是指著聖殿，是指著他自己的身體。

司祭們要求一個靈跡，證明他是天主所派的使者，耶穌答說：你們殺死我，我三天以後要復活。復活便是他自己證明是救世主的證據。

耶穌只用聖殿作譬喻，他知道司祭們不會懂；然而司祭們不能說他沒有答覆。

在第一次和司祭們對話時，就表示他已經看到最末一次和司祭對話的光景。三年後，在逾越節時，司祭們要判處他死刑，民眾們要喊把他釘死。

死後第三天他再復活，復活證明他是天主聖子。

註：

(一) 若望福音 第二章第十二節至第二十二節。

一〇、新生之道

耶路撒冷全城，紛紛傳說：納匝肋的耶穌，顯靈顯異。一天夜間，城中名紳尼苛德摩來訪耶穌。他說：

「先生，我們很明白你講道救人，是奉有天主的使命；假若沒有天主的助佑，你所行的靈跡，誰能夠作呢？」

「我實話告訴你，」耶穌答說：「若是一個人不再生一次，必不能看見天國！」

耶穌的答話驚人，有如佛家所說的當頭棒喝。尼苛德摩是京城名紳，是法利塞黨巨子，滿腹經籍；若不拿驚人的辭句，提起他的警覺，他決不會深加思索。

尼苛德摩一聽「再生」，茫然不知所對。他問耶穌說：

「我已經老了，怎麼能夠再生一次呢？難道我要再投母胎嗎？」

向一個中國人說再生，馬上就想佛教所說的投胎，人死了再投胎，投胎又再生。尼苛德摩也往這方面想，但是，他是不相信。

耶穌很鄭重的答說：

「我確實告訴你，假使一個人不因聖神和水而再生，必沒法可以進天國。生於血肉的人，屬於血肉，生於聖神的人，屬於聖神。我實話告訴你，人必定該當再生。你以這事爲奇嗎？當天風悠然而作時，你聽到風聲，你不知道風從那裏來，又往那裏去。因著聖神而再生，也是不著形跡。」

耶穌所說的再生，連中國人也不懂了。這種再生，不是投胎，不是生於血肉，而是因聖神和水而生，而且不著形跡，因此我們不希奇尼苛德摩驚問說：

「怎麼能夠有這樣的事實？」

「你是一位以色列的教師。」耶穌答說：「你也不懂這端道理？我確實告訴你；我所說的，是我所知道的；我所作證的，是我所見到的；可是你們不願採納我的話。我給你講地上的事，你尚且不信，我若給你講天上的事，你怎麼能夠相信呢？天上的事，只有自天上來者能夠講。從地上沒有誰升到天，從天上則有人子降到地上，而又常留在天上，只有他能講天上的事。」

耶穌所說的再生，是生在地上，不是說死後升天。然而這種再生，雖然是再生於人世，這種生命是從天上來的，只有從天上降到人世的救世主，才能夠講。耶穌繼續說：

「梅瑟昔日在曠野裏，爲救違命而遭毒蛇咬傷的人，曾奉天主的命，豎起一條銅蛇。被咬的人，眼望銅蛇，毒氣盡除。因此，人子也將被豎起來，使信服他的人得免淪亡，能得常生。」

耶穌越說越離奇了，先前說人要因聖神和水而再生，如今又說人子要像銅蛇，被舉在架上，使信服的人得常生。尼苛德摩愈聽愈迷惑。但是誰若聽過洗者若翰的話，如今再聽耶穌的話，意義就明白了。若翰曾說：「我只用水洗你們。將來要來一位，威力超乎我以上，他將用靈火和聖神洗你們。」（路加 第三章第十三節）若翰又曾指著耶穌向徒弟們說：「你們留心記著，他就是天主的羔羊。」（若望 第一章第三十六節）那麼耶穌所講的再生，即是用水和聖神的洗禮。洗禮有什麼意義呢？是為洗除罪惡。人怎麼能夠洗除罪惡呢？是賴著天主的贖罪羔羊。耶穌說人子要像銅蛇被舉在架上，是預先說明他要被釘在十字架上。他所以要被釘，即是為捨生作贖罪的犧牲。曠野裏被毒蛇咬傷的人，眼睛一望銅蛇，馬上消毒。世上因著蛇魔誘騙而染有原罪的人，只要信仰被釘死的救世主，立刻消除罪惡。怎麼表示信仰呢？在領聖神和水的洗禮。沒有領洗以前，是負罪的舊人，領了聖洗，則成為新人了。

舊人和新人的分別，在於有罪和沒有罪，這在外面是不顯露形跡的。有罪的人，是魔鬼的信徒，要永遠淪亡。洗除罪惡的人，是天主信徒，「天主給他們以機緣，使能成為天主的兒女。使這輩信賴他的名字的人，不由血氣，不由肉慾，不由男人的願欲，祗由天主而生。」（若望 第一章第十二節第十三節）信仰天主而受洗的人，因著聖神而生於天主，成爲天主的義子。

如今我們可以懂得耶穌所講的再生了，再生是他的洗禮。洗禮能使人的靈魂，成爲天主的義子；因爲他自己寧願爲人犧牲性命。耶穌乃說：

「天主竟不惜以自己的唯一聖子，賜給世人，使信他的人，得免淪亡，能得永生。可見天主愛惜世人之情很深。天主遣派聖子降世，不是爲審判世人的罪惡，懲罰世人，乃是爲救拔世人。因此凡信服聖子的人，不會遭譴責。但若不信服他，則就有罪了，因爲人竟不信天主的唯一聖子。」

人既稱爲天主的義子，人的生活便該同於天主的生活。人從父母得來的，是血肉的生命，是人的生命。人若信服天主，領受洗禮，人便得有天主的生命。以人而有天主的生命，豈不是再生一次？這是一種最奇特的新生。凡是收養義子的人，都因爲愛護這個義子；天主收人爲義子，也完全因爲愛人。況且天主爲收養人作義子，先犧牲了自己唯一的聖子，天主愛人之情，還不是深且厚嗎？唯一聖子，不是天主的義子，乃是天主的真子。只有天主的真子，才能使人有天主的生命，因爲若自己不是天主，自己沒有天主的生命，怎麼能以天主的生命給人呢？聖子既來給人以天主的生命，人若不信他，便不能夠有這種生命。沒有天主的生命，就不能進天主的天國，要因著罪惡永遠淪於地獄的苦海中。淪亡的人，不能抱怨天主沒有救拔他們，只該抱怨自己拒絕了天主的真理，不願信服。耶穌因此再向尼苛德摩說：

「真理的光明既然降臨人世，人世卻因自己行爲暗昧，心愛黑暗，厭惡光明；這就是世人不願信服天主聖子的罪惡。行爲暗昧的人，必定厭惡光明，不敢相近，因爲他怕光明照出他行爲的邪僻。履行真理的人，自然愛和光明親近，在光明裏更可見到他的行爲和天主相契合。」（若望　第三章第一節至節二十一節）㈠

天主這樣愛人，按理說人們必定都信服他的聖子，以得享受天主的生命。但是正在罪惡中的人，不喜歡人家指責他的罪惡，也不承認自己是在罪中，因此也不信有一位替他贖罪的天主聖子。

尼苛德摩是不是信服耶穌是天主聖子呢？他不是一個愛黑暗而拒絕真理光明的人，三年後，耶穌被釘死了，徒弟們逃散，尼苛德摩卻來收斂屍體，可知耶穌的新生大道，打動了他的心。

註：

㈠　若望福音　第三章。

一一、井邊婦女

撒羅滿王在以色列的歷史上，有似中國的唐太宗，政治修明，國威遠揚。但是他到了老年，荒淫無道，人民怨聲載道。駕崩後，太子勒哈貝罕剛一登基，人民請願減稅輕刑。新王拒絕人民的請求，猶太國遂裂成兩國，勒哈貝罕僅保全了南部的猶太國，和耶路撒冷京都。北部由雅洛貝罕作王，號稱以色列國，國都建於撒瑪黎雅。雅洛貝罕恐怕自己的百姓往耶路撒冷朝聖，再要歸順猶太王，他便鑄造兩隻金牛，奉爲神明，率領人民，殺牲禮拜。從此猶太和以色列，兩國對立，在宗教上也互相衝突。

耶穌降生前七百二十四年，以色列王曷舍亞被亞述王沙耳乃色所擒，以色列國廢爲亞述的一省，以色列人民三萬被俘作奴。亞述國民亦移入以色列，這些外來移民和流落的以色列民同居同婚，結成後代的「撒瑪黎雅人」。

南部猶太國的耶路撒冷京城，也屢遭外患，降生前五百八十七年，京城被迦太基王拿步高所破，國王漆德克雅被剜了眼，囚送巴比倫城，猶太國民除耕地的農夫外，也都被擄到巴比倫。五十年以後，巴比倫被波斯所征服放回猶太俘虜，重修耶路撒冷聖殿。

當猶太國民重新修建京城聖殿時，不許撒瑪黎雅人參與修殿工作，鄙棄他們爲異教人。撒瑪黎雅人積恨成仇，在撒瑪黎雅城外革黎斤山上修建祭壇，設立祭司舉行祭典。

由加里肋亞往耶路撒冷，撒瑪黎雅爲必經之道，撒瑪黎雅人對於加里肋亞上京朝聖的人，輕則鄙視不理，重則嘲笑怒駡。

耶穌在耶路撒冷度了巴斯卦節，領著徒弟回加里肋亞，道經撒瑪黎雅，走到息哈爾城，時已正午。耶穌打發徒弟們進城買食，自己坐在城外的井畔休息。

息哈爾城外的這口井，爲以色列人的勝地，因爲是亞巴郎的孫子雅各伯所掘的。

耶穌坐在井畔，肚飢口渴，因著長途的跋涉，他身體困乏。坐了片時，一個撒瑪黎雅婦女走來汲水，耶穌便向她討水喝。撒瑪黎雅婦人看了耶穌一眼。他的服裝和口音，不是加利肋亞的猶太人嗎？因此她很驚訝地答道：

「你是一個猶太人，你怎麼向我一個撒瑪黎雅婦人要水喝？」

猶太人最看不起撒瑪黎雅人，寧願忍飢擔渴，決不向撒瑪黎雅人通話，以致染著污穢。

耶穌懂得撒瑪黎雅婦人的心理，不責備她的失禮，而且向她說：

「妳知道天主今天所給妳的大恩，使妳今大有這種的好機會嗎？妳若知道向妳要水喝的是誰，妳必定向他要水喝，他會給妳一種活水。」

「先生，」婦人驚訝說：「你又沒有汲水桶，這個井又深，你怎樣能有活水呢？我們的祖先給我們掘下了這口井，他自己和他的子孫以及他們的畜生，都喝這口井裏的水；你說你有活水你難道比我們的祖先還更大嗎？」

一個向婦人討水喝的人，卻說自己有活水，吩咐汲水的婦人轉而向他討水喝。這個婦人很可以想他是在取笑她。你既然有活水，又何必向我討水呢？但是耶穌的面色和語氣，特別引人起敬。撒瑪黎雅婦人很誠心地開始向耶穌請教。耶穌便答覆說：

「喝了這口井的水，不久仍舊要口渴；喝了我所給的活水，卻永久不再口渴。我所給的活水，在人心裏自成一個水泉，滾滾不息，流入長生。」

「先生，何不把這水給我！」婦人認真地說：「叫我不再口渴，我可以不再來打水了。」

耶穌在耶路撒冷同尼苛德摩談話時，用「再生」的一個名詞，打動尼苛德摩的好奇心，向他講了救贖的大道。如今同一個汲水的撒瑪黎雅婦人，就近取譬，用活水去提起這個婦人的注意。婦人以活水爲水，聽到喝了不渴，能夠逃避每天來打水的勞累，便求之不得了。耶穌以活水比喻新生，人一得了新生，這種新生命將繼續發育，好比一個長流不息的水泉，一直流入長生。但是撒瑪黎雅婦人，還沒有到理會這種道理的程度，耶穌爲打動她的心，乃用昔日感動納塔乃耳的方法，顯出自己有知人隱密的能力。便向婦人說：

「你去叫妳的丈夫來。」

「我沒有丈夫。」

「妳說沒有丈夫，倒也是實話。妳有了五個男人，如今妳所有的這一個，也並不是妳的丈夫。」

一個婦人聽見一個陌生的人，低聲靜氣地說出她的穢事，她會面紅耳赤，羞愧無地自容，但不敢動怒，她覺得指出她的秘密的人，不是一位尋常的凡人，她心中激起想向他領教的好奇心。這個撒瑪黎雅婦人馬上稱耶穌爲先知，拿宗教上的一個大問題，向他發問：

「先生，我知道你是位先知。我請問你，我們的先祖在這座革黎斤山上，敬拜天主，你們猶太人卻說應該在耶路撒冷敬拜天主，爲甚麼有這種分別呢？」

「婦人，妳可以相信我的話，如今已到了時候，爲敬拜聖父，也不在這座山上，也不在耶路撒冷行敬禮了。不過，你們撒瑪黎雅人敬拜天主，但是不認識天主，我們猶太人則認識所敬拜的天主，而且救贖的大恩是要從猶太而來。但是如今已到了時候，凡是崇拜聖父的人，要真心至誠，不要只行外面的儀禮。天主乃是神明；敬禮天主，也該以精神和誠心。」

耶穌的話，一點也不帶猶太人的傲氣，並不痛罵撒瑪黎雅人爲邪教。撒瑪黎雅人不像猶太人有舊的經書，可以知道天主的訓令和誡律；他們只有一種好心，願意敬禮天主。耶穌就根據這點好心指導他們。猶太人敬禮天主，本是名正言順，一切都有天主的訓令作根據。然而猶太人的敬禮，也只是一種前奏曲，爲預備敬拜天主的真正敬禮。真正敬禮由天主聖子來欽定，以內心的至誠爲基礎。撒瑪黎雅婦人頗懂得這端道理，她說：

「我知道救世主將要來了，救世主即是基督，他來了以後，就要教訓我們這一切的事。」

「和妳談話的人就是！」耶穌答說。

這是第一次，耶穌自己聲明是救主。而且說的很明顯。後來在公開講道時，他常避免這樣聲明。在民眾面前，他從來不明明說是救世主。他知道猶太民眾相信救世主要作猶太王，容易引起誤會。但是這個撒瑪黎雅婦人，相信救世主要來教訓敬禮天主的大道，耶穌鼓舞她的信心，便直接說明自己的身份。婦人一聽，並不以爲不可信，她已經看到耶穌有發人隱事的奇能，她立刻有許多事想請教。不幸，進城買吃食的徒弟已經回來了，婦人捨了水壺，一逕跑進城去，逢人便說：自己在井邊遇到一個奇人，他把她生平的隱秘事都說出來了，大家可以去看一看，他或許是救世主。

徒弟們買了吃食，請耶穌用飯。耶穌卻說：「我有我的食物，你們不懂得是甚麼？」

徒弟們彼此互相看著？他們的教師同一個撒瑪黎雅婦人談話，已經夠稀奇了，如今又說他自己有吃食的東西，不更稀奇了嗎？莫非他竟從那個婦人或另一個撒瑪黎雅人，接了東西吃？但是他們不敢問，只是睜著眼看他。

耶穌慢慢給他們解釋說：

「我的飲食，在執行遣我來者的旨意。你們看這一遍田野，再過四個月不就是收穫的時候了嗎？收穫的人把麥收到倉裏，和種麥的人，同享豐年。俗語說：一人播種一人割麥。我打發你們出去，你們將收穫別人所播種的麥子。別人工作了，你們去收他們的果。」

陶淵明自傳說：「讀書不求甚解，偶有所得，便欣然忘食。」（五柳先生傳）思想家和發明家，在能成功自己的理想時，都是要欣然忘食。耶穌的理想，在教人信他又信天主，因此得救；這一點也是聖父遣他降世的宗旨。如今遇到一個誠心信服的撒瑪黎雅婦人，眼中又看到後來多少要誠心信他的人，他也就欣然忘食了。這一切信他的人，好像一片田野中的麥穗，等待人去收穫。徒弟們就是將來去收穫的人，他們要把這些信徒引進教會。但是播種麥穗的人不是徒弟們，乃是天主自己；因爲使人相信，只有天主能夠做到。徒弟們不過是去把成熟的麥穗割下來，運進倉裏。徒弟們收到了一個信徒，算是割了一根麥，他和天主要因此同樂。

耶穌和徒弟們正談著話，從息哈爾城裏來了許多人，他們請耶穌到城裏小住數天。耶穌接納了他們的好心，在城裏住了兩日，向城裏的人講論天主大道。

城裏人得意洋洋，高興自己見到了救世主；在井畔和耶穌談過話的婦人，更是自己稱功。城裏人們便對她說：「我們相信他，並不是因爲妳說的話才信。我們如今親自聽見他講道，我們確實知道他是救世主。」（若望 第四章）

一二、離棄家鄉

從息哈爾城回到加里肋亞省，耶穌道經加納。加納人誰不記得前不久變水爲酒的靈跡？有安提帕侯的一個近侍官，趕來請求耶穌顯靈，治好他的重病的兒子：

「先生，請在我兒子尚活著時，趕緊駕臨寒舍。」

「你回去罷！」耶穌答說：「你的兒子已經好了。」（若望 第四章第四十八節至四十九節）

這個近侍官是從葛法翁城趕來的，聽了耶穌的話，毫不疑惑就動身回家。走到半路，遇著家裏的僕人來報，小主人已經好了，不必麻煩耶穌了。近侍官詳細詢問僕人：小主人病好的時辰。僕人說在昨天午後一點鐘時，熱度忽然消退了。近侍官知道正是耶穌吩咐他安心回去的一刻，因此他和他的家人，後來堅心相信耶穌爲救世主。(一)

從加納鎮耶穌往葛法翁城。葛法翁爲提庇留湖濱的一座較大的城市，處在安提帕侯和斐理伯侯的國境交界點，當猶太和敘利亞交通的要道，城裏設有關卡，商業頗爲繁盛。在降生後六百六十五年，這座城毀於地震，遺跡蕩然無存，連城名都堙沒不聞了。近代考古學者考證出現名「鴻」（Tell Hum）的古蹟地即是這座城的原址，在地中發掘一座會堂的遺跡。

在這座會堂裏，耶穌開始他向民眾講道的生活，聽眾們立刻覺得他的講道，跟經師們和法利塞人的講道不同，「因爲他說話，像是一個具有威權的人。」（路加 第四章第三十二節）

耶穌的本鄉納匝肋人，早已風聞到他在加納和耶路撒冷所顯的靈跡，如今聽說他在葛法翁城講道，並不回納匝肋城，便抱怨他輕看自己的本鄉。

一天，耶穌獨自回家探親，在家中小住。星期六罷工禮日，進入會堂行禮。會堂會長請他講解古經。耶穌一開卷，遇到依撒意亞先知書第六十一章，念著說：「上主之神，臨我之身，恩膏沐首，大命是膺。天主遣我，所爲何因？窮苦無告，得聆福音；俘囚獲解，瞽者復明；困者以解，屈者以伸；揭布上主，開恩之春。」

念完了經文，耶穌把經卷起來，向會眾們解釋。先知所說的，指著天主要遣派的救世主，先知這一段話，如今都應驗了。

本鄉人可以相信他是一位先知，但是耶穌卻言外有意，自視爲救世主。他們彼此議論著說：「他不是木匠若瑟的兒子嗎。」（路加 第四章第二十二節）「他的母親不叫瑪利亞？他的堂兄表弟不叫雅各伯、若瑟、西滿、猶達？」（瑪竇 第十三章第五十五節）

「你們必定要用俗話說：大夫，請你先醫你自己，叫我先在本鄉多行靈跡，治好抱病的人。可是我要告訴你們，沒有一位先知為本鄉人所看重。厄里亞先知時，三年天不下雨，遍地饑荒，以色列人裏有多少寡婦，厄里亞卻奉天主命，去救漆冬匝爾法特的一個寡婦。厄里叟先知時，以色列國裏有多少患癩病的人，沒有一人求先知治好了癩病，獨有敘利亞的納阿曼，求先知把癩病治好了。」（路加第四章第二十三節至二十七節）

納匝肋人頓時怒從心起：這個木匠的兒子，膽敢罵他們不是天主所眷顧的人！他既是妄自尊大，自比救世主，自比厄里亞和厄里叟先知，而且還引經據典，罵自己的鄉村父老！他們一擁而上，把耶穌拉出會堂，推到城外山上，要摔他到山坡下，叫他跌死。耶穌在坡上舉目四面一掃，納匝肋人忽然呆住了，大家起了戒心，誰也不敢推他。耶穌從從容容地從他們中間走出來。

三年後，在蒙難前夕，差役兵士們拿著刀鎗來捉他。耶穌只說了自己的名字，差役兵士們都退倒在地上。他既是天主，只要稍露他的神威，受造的人怎麼能承當得住？

耶穌走出人群，從此永離納匝肋，再不回故鄉了。

若望福音傳因此標明說：「先知不見重於故鄉。」（第四章第四十三節）先知不見重於故鄉，因為先知不是高官大吏。當蘇秦掛六國相印回到家鄉時，看見自己的嫂子長跪路傍，便向她說：「嫂，何前踞而後卑耶？」嫂子直爽地答說：「以季子位尊而多金也。」

位尊而多金時，衣著錦繡還鄉，本鄉人都要「郊迎三十里」，都不敢「正目而視」了。可是先知代天主傳道，救世主則更是自傳天主之道，斥責人民的壞表惡習，自舉於人之上，而又沒有一官半爵。鄉人們便都要說：你是我們中間的一個窮小子，你竟敢指責我們？況且耶穌自視爲救世主，納匝肋人和別的猶太人有一樣的見解：「救世主來時，沒有人知道他的來歷，你的來歷，我們則知道很清楚！」（若望 第七章第二十七節）

耶穌後來一天對著耶路撒冷京城，流淚嘆息說：「倘若你今天能夠恍然了悟平安幸福的所在，你們多麼幸運！奈何你的眼睛到今天還是蒙蔽著！」（路加 第十九章第四十二節）耶穌走出納匝肋時，也必定悲憤填胸，哀惜本鄉因著拒絕他的大道，將遭天罰。人誰不愛本鄉！耶穌是天主聖子也是瑪利亞的兒子，他豈能沒有愛鄉土之心？他離棄鄉土，是鄉人先離棄了他。

見棄於本鄉的人，爲人世最可痛心的事。耶穌離了納匝肋，成爲漂流的人，他後來向人說：「狐狸有穴，人子卻沒有枕頭之地！」（路加 第九章第五十八節）

註：

㈠若望福音　第四章第四十六節至第五十四節。

㈡瑪竇福音　第十三章第五十三節至第五十八節。馬爾谷福音　第六章第一節至第五節。路加福音　第四章第十六節至第三十節。

一三、選收宗徒

葛法翁城從此成爲耶穌駐足之地，作爲他三年講道的中心，如今發掘出的葛法翁會堂遺址，當年曾見到多少的靈跡。

一次罷工禮日，耶穌在會堂講道，堂中一個附魔的人，大聲喊說：「啊！納匝肋的耶穌，我與你何干？你爲甚麼要來毀滅我呢？我知道你是誰，你是天主所聖的。」（路加第四章第三十四節）

耶穌叱他說：「不許作聲！你快離開這個人！」（同上第三十五節）附魔的人應聲倒地，過了片刻，他安然地起來，魔鬼已離他走了。會堂裏的人不勝驚訝。

西滿伯多祿的岳母，住在葛法翁城裏。這一天耶穌從會堂出來，往她家裏用飯。耶穌到家時，家中人說西滿岳母害瘧病，請他退瘧。耶穌用一句話退了瘧病，老婦立刻起床，下廚造飯。

平日，耶穌在外，隨處宣講。一天，耶穌立在提庇留湖濱，來聽講的人很擁擠。耶穌登西滿的漁艇，從艇上向眾講道。

講完了道，耶穌向西滿說：「把船划到深處，下網捕魚。」西滿答說：「我們昨晚勞累一個通宵，沒有打到一條魚，現在遵你的命，我們再下一網。」（路加 第五章第四節五第五節）

網一下，立刻沉重非常，拉起來，大魚滿網。西滿忙即招呼伙伴，另駕一船來助。一網魚裝滿了兩隻船，船幾乎被壓沉水中。

西滿伯多祿驚惶失措，跪伏在耶穌足前，向耶穌說：「主子，請你走開罷！我是個罪人，當不起你住在這裏！」耶穌答說：「你不要怕！從今以後，你要作人靈魂的漁父了。」（同上 第八節至十節）

當天，同西滿在船上的，有安德肋，雅各伯，若望。他們便一同拋了漁船，一心跟隨耶穌。

他們拋了漁船，不是看著一網兩船魚的靈蹟，以為可以靠耶穌不勞而獲了。他們是信服耶穌的神能，一心願意聽耶穌的指使。將來究竟是怎麼樣，甚麼叫做人靈魂的漁父，他們一點也不明瞭；但是他們知道這位神能極高的教師，既然叫他們跟他，他自然有安排。

過了幾天，在葛法翁的關卡上，耶穌看到一名稅吏，名叫肋未瑪竇。耶穌招呼他說：「你來跟我！」（同上 第二十七節）肋未立時離開稅案，變成了他的徒弟。

信服耶穌人，一天多似一天。每到一處，常有一班人陪著他；這班人無形中便都成爲他的門徒。但是耶穌知道傳道的時間，只有將近三年的工夫。他去世以後，他的事業不能靠這班一時合一時散的門徒去繼續。他要訓練一批人，指定他們作自己將要創立的教會之負責人，繼續他的教化。

一夜，耶穌獨自上山，通宵祈禱。天明，下山，召集門徒，從他們中間揀選了十二人，稱爲宗徒。十二人的名字是：伯多祿、安德肋、雅各伯、若望、斐理伯、巴爾多祿茂（納塔乃耳）、瑪竇、多默、雅各伯、西滿、猶達、猶達斯依斯加略。

這十二個人後來成了一個專門名詞「十二人」。福音傳稱呼「十二人」時，即是指的他們。

十二個人中，最少有四個是漁夫，聖經明明說他們拋了漁網去跟隨耶穌：這四個人是伯多祿和安德肋兩兄弟，雅各伯和若望兩兄弟。伯多祿性情直率，安德肋謹慎老成，雅各伯坦白呆板，若望文雅溫柔。十二個人有三個是耶穌的親戚，即阿耳斐的兒子雅各伯，激厲黨人西滿和猶達。阿耳斐的兒子雅各伯，虔守教禮，專事祈禱。西滿爲激厲黨人，激厲黨抵抗外族的異端邪說，保持祖傳的教規。猶達也有納匝肋的鄉土氣味，好祖傳，易暴動。十二個人中的其他五個人：瑪竇爲稅吏，頗識文墨。巴爾多祿茂出身加納，心無詭詐。斐理伯生於貝特賽達城，或係小販商人。多默別號雙生子，生性倔強。猶達斯依斯加略，貪財好勢，日後竟至負責教師。

這十二個人，可以說都是無聲無臭的平民，而且是道地的猶太平民，心目中只想著猶太的救世主，將作猶太國王。他們跟隨耶穌，希望能分享猶太國的高位。若望和雅各伯曾暗使自己的母親，央求耶穌，把他們兩個：一個排在他右邊，一個排在他左邊，作他的左臣右相（馬爾谷 第十章第三十七節）。因此激起別的十個人的公憤。伯多祿早就自知為十二人之首領，向耶穌說話，常以十二人的代表自居。一次，他問耶穌說：「我們捨了一切所有的東西，來跟隨你，我們將有甚麼報酬？」（瑪竇 第十九章第二十七節）

他們十二個人的耆望很高，但是對於耶穌所講的大道，則懂得很少。耶穌向眾人講道之後，他們常要私下請求解釋。一天，他們又請求解釋，耶穌斥責說：「到如今你們還是沒有頭腦，甚麼也不懂？」（瑪竇 第十五章第十六節）耶穌復活了以後，尚對他們說：「我還有許多道理，想給你們講說，但是你們如今不能懂得；等到真理之聖神降臨以後，必要開導你們，叫你們懂得各端真理。」（若望 第十六章第十三節）

聖神降臨時，不單是要開導宗徒們的智慧，還要加強他們的勇氣。當耶穌講道顯靈時，他們似乎勇氣十足，若望一次給耶穌報告說：「夫子，我看是一個人以你的名義驅魔，他並不是我們中間的人，我便禁止了他。」（馬爾谷 第九章第三十八節）又一次若望和雅各伯因見到撒瑪黎雅的一座市鎮的人，不款留耶穌，怒從心起，對耶穌說：「主子，你願意我們召呼天火下降，焚燒這些無禮之徒嗎？」（路加 第九章第五十四節）在這兩次，耶穌都斥責他們過於衝動，不認識他應事接物的精神。

因為過於衝動，便都沒有真正的勇氣。在耶穌後來遭難，被差役捕捉持，不用說猶達斯負賣了耶穌，別的十一個宗徒，也「都拋棄了耶穌，四散逃命。」（瑪竇 第二十六章第五十六節）

然而，除猶達斯以外，十一個宗徒有一種最可取的優點：他們是真心信服耶穌。一天，耶穌講論聖體大道，聽眾都以為不近情理，相率離開耶穌，連門徒中也有許多人走了，耶穌便向他們十二個人說：「你們是不是也想走呢？」伯多祿答說：「主子，我們往投誰呢？你是有常生之道。我們相信而且知道你是天主聖子。」（若望 第六章第六十八至六十九節）

這種誠心相信，是他們最可貴的長處。其餘的弱點，天主聖神後來一次就給他們洗除了。正是因為他們愚魯無識，怯首畏尾，日後他們傳道，走遍天下，才顯出來他們完全倚靠天主，而天主的事並不仗恃人的才智。耶穌曾因著這十二個粗莽的人，向聖父說：「聖父，我很感謝你！你把你的奧義，給明智的人隱藏起來，卻啓示給愚昧無知的人。」（瑪竇 第十一章第二十五節）耶穌並且常常鼓勵他們：「二三小子，你們不要懷疑害怕，聖父已高興把天國授給你們。」（路加 第十二章第三十二節）

他們十二個人稱爲宗徒，宗徒即是說天主所遣派的人。耶穌在復活以後，正式給他們這種任命狀：「如同聖父遣派了我，我也同樣遣派你們。」（若望 第二十章第二十一節）

聖父遣派聖子耶穌，爲救贖世人，爲創天國。耶穌派遣宗徒們爲繼續救世大業，爲推廣天國的境界。

在歷史上，平民一躍而爲帝王，大家嘆爲盛事；劉邦、朱元璋豈不是一世之雄？然而平民爲帝王，因爲有了王者之佐。以平民而化天下，則更爲天下之難事；孔子千古受人尊敬，正是因爲以平民而爲萬世師。耶穌救人類而創立教會，用天主聖子的上智和神能，在他本是易如反掌。然而他卻願用這十幾個愚夫，造成曠古的奇舉。聖保祿宗徒後來說明這種奇舉的意義：「世俗所視爲愚者，天主則簡拔之，以愧衆哲；世俗所視爲弱者，天主則簡拔之，以勝強有力者；世俗所認爲卑微不足道而視若無物者，天主則簡拔之，以毀滅有名無實之徒；庶幾血肉之身，無敢自炫自誇於天主之前。爾等得優遊於耶穌基督之中，天主之恩也；而耶穌共督實已成爲吾人之智慧，正義，聖德與救贖矣。經云：誇耀者，誇耀天主可也，此之謂歟。」（吳譯 聖保祿致格林多人前書 第一章第二十七節至三十一節）

註：

㈠路加福音　第四章第三十一節至第三十七節。馬爾谷福音　第一章第二十一節至第二十八節。

㈡瑪竇福音　第八章第十四節第十五節。馬爾谷福音　第一章第二十九節第三十一節。路加福音　第四章第三十八節第三十九節。

㈢路加福音　第五章第一節至第十一節。瑪竇福音　第四章第十八節至第二十二節。馬爾谷福音　第一章第十六節至第二十節。

㈣瑪竇福音　第九章第九節。馬爾谷福音　第十一章第十三節。路加福音　第五章第二十七節至第二十八節。

㈤瑪竇福音　第十章第一節至第四節。馬爾谷福音　第三章第七節至第十九節。路加福音第六章第十二節至第十七節。

一四、新舊衝突

以色列民族爲世界上民族思想最強的民族，亡國兩千年，散居世界各地，仍舊不和他種民族同化，今日尙且能夠重新組織以色列國。

當耶穌傳道時，巴肋斯坦已經成爲羅馬帝國的屬地，政治操在外國人的掌握裏。猶太人因著排外，對於祖傳的宗教和習俗，愈加保守。凡稍有損傷祖風的人，即視爲賣國的奸徒。因此社會上形成兩大黨派：一爲極端的保守派，號爲「法利塞黨」；一爲與羅馬人的合作派，號爲「撒杜塞黨」。

法利塞黨主張極端的國家主義，死守祖宗成規，因此在民間具有強大的號召力，爲社會上的指導階級。黨徒都自視爲教師，解釋經文律法，創造無數的禮規條例，但是他們只重虛文，寧可殺人，不可違背儀禮。而且龐然自大，傲氣凌人。

撒杜塞黨爲猶太的富豪和官紳，黨人接受羅馬皇帝的統治，作官作吏。他們任意解釋教律和禮規，破壞祖傳的禮法。耶路撒冷聖殿的司祭，多爲這派的黨徒。

另有一派的人，在當時猶太的社會上，也具有號召力，這派人是經師，或稱法律學博士。他們專於舊約的經學，設座授徒，講論梅瑟律法。但是他們意見多屬法利塞黨的學說。這三派人共同組成耶路撒冷的「最高公會」。掌握猶太教會的統治權。「最高公會」會員七十一人，由總司祭長任會長。

若翰既在約旦河岸講道授洗，最高公會立即派人去盤問若翰用什麼名義舉行洗禮。耶穌又繼若翰講道顯靈，最高公會便常派人去觀察，凡有一言一行，不合祖傳的禮法，馬上出面盤詰。因此耶穌在三年傳道時，屢次和法利塞經師，撒杜塞的各派人，發生激烈的辯論。

耶穌選了十二個宗徒以後，成天在城鄉講道。一天，一個害癩病的人，走來跪伏耶穌足前，哀求他顯靈。耶穌伸手撫著他說：「好罷！我就願意你痊癒，你一身潔淨了。」害癩病的人，立時病好了。耶穌又吩咐他說：「你去見司祭，遵照梅瑟的法律奉獻祭禮，證明你的病已經好了。」（馬爾谷 第一章第四十一節至第四十四節）㈠

爲顯靈，耶穌只一撫摸就夠了；但是他卻細心地囑咐病好了的人，遵守梅瑟的法規，可見耶穌並不輕視祖傳的遺訓。而且他自己還特別聲明一次說：「你們不要以爲我來，要廢棄律法和先知們的訓言。我來不是破壞律法，乃是爲成全律法。我確實告訴你們，天地可滅，律文上一點一畫也不可廢棄。」（瑪竇 第五章第十七節至第十八節）

然而耶穌和法利塞人以及經師們的衝突，卻常在遵守律法的問題上。他們責備耶穌不守成法，耶穌則反駁他們所造的條例，有違法律的精神；有時耶穌且聲明自己有廢棄或創制法律的權力。

治好癩病人的幾天後，耶穌坐在葛法翁的一家人屋裏講道，門前擁擠得水洩不通。有四個人抬來一個癱子，想求耶穌治好他。門前既不能進去，四個人便從屋外的石梯，把病人抬上屋頂平台，撤去磚木，翻開一個大洞，用繩索把病人連床縋放耶穌足前。耶穌鑒著他們的誠心，向癱子說：「你的罪赦了。」在座有幾個經師，他們立刻腹誹說：「他怎敢妄言呢？竟出言褻瀆天主！除天主以外誰敢赦罪？」耶穌明燭他們的惡意，便逕直問他們說：「你們為什麼妄議是非呢？給癱子說罪赦了，或是叫癱子起來，背著床回去，這兩件事那一件更容易呢？如今為叫你們知道人子在世有赦罪的權力；癱者，我命你起來，背著你的床，走回家去！」癱子應聲而起，背著床走出門去。旁邊的人讓開去路，大家睜眼屏氣，驚訝恐懼地說：「這樣的靈跡，從來沒有見過。」（馬爾谷 第二章第一節至第十二節）(二)

除天主以外，誰也不能赦罪，這是大家公認的真理，經師們立刻結論說耶穌妄稱天主；耶穌卻用一個靈蹟證明自己有赦罪的權，自己是天主。但是法利塞人和經師們擯棄這種結論。

肋未瑪竇蒙了耶穌的招呼，成了耶穌的門徒，他便在家裏設宴，款待耶穌。同席人有瑪竇的僚友稅吏，稅吏在法利塞人眼裏，算是媚外的賣國賊；一個守法的猶太人，和他們絕對不能通往來，怎麼還能夠同席呢？可是法利塞人不敢直接去詰問耶穌，便向耶穌的門徒說：「你們的教師爲什麼竟和罪人同席而座呢？」他們說話的聲音，故意提高，好叫耶穌聽見。耶穌當然聽到了他們的嘮叨，便答應說：「好人用不著醫生，病人則需要他。我來不是爲找義人，是爲找罪人。」（同上 第十五節至第十七節）㈢

假使人世的人都是義人，那又何必要有救世主呢？正是因爲在原罪以後，人都成了罪人，才要緊有位救世主，救世主既是來救人的，罪惡深的人更需要他的救贖，他便更加親近罪惡深重的人，想幫他們得救。

法利塞人常守齋克己，洗者若翰原是長齋度日。耶穌沒有告誡自己的門徒守齋。法利塞人便質問他這是什麼道理？耶穌給他們講一個譬喻，一家人辦結婚的喜事時，新娘新郎的親戚朋友來赴宴，必定不會守齋。若新郎一旦忽然被人綁去，親戚朋友就要守齋示哀了。耶穌又說新酒不可以裝在舊缸裏，不然新酒要漲破了舊缸。新布不能補在舊衣上，不然縫上的新布要扯破舊衣。（同上 第十九節至第二十二節）

耶穌自比新郎，門徒和他同在時，應當喜樂。等他一旦被人謀害了，門徒們就要守齋悲哭了。況且耶穌的教義，係新傳的大道。猶太舊教的禮規，沒有控制的能力。㈣

一天，是個罷工禮日，耶穌和門徒們從遠處回城，路過鄉間的麥田。門徒們肚子饑餓，順手摘些麥穗，擦去穗殼，把麥粒抛入口中。法利塞人一見，深怪耶穌有失教規，禮日走遠路已算違法，禮日摘麥粒是聞所未聞。他們馬上對耶穌說：「你難道沒有看見你的門徒違犯罷工日的禁例？」

耶穌坦然答覆說：「你們難道也沒有念過聖經？經書上記載當達味逃難時，司祭沒有麵包可以給他充飢，便拿獻祭的麵餅給他。按禮獻祭的麵包只有司祭可以給，如今達味吃了，跟隨他的護兵也吃了，經書不以他爲違法，況且罷工禮日是爲人而設的，並不是人爲罷工禮日而造的。而且「人子」還是罷工禮日的主人呢！」（同上 第二十三節至第二十八節）㈤

法律有常有變。孟子曾說：「嫂溺不援，是豺狼也。男女授受不親，禮也；嫂溺援之以手，權也。」（離婁上）禮日該當罷工，這是禮法的常規；飢餓時即摘麥粒，這是暫時的權變。不守禮法，是罪；死守禮法而不通權變，以禮法而殺人，那也是罪。而且在耶穌一方面，更無所謂權變，罷工日是天主所命的，他是天主，他可以廢除罷工日。

進了城，走入會堂，堂裏有一個手癱了的人，大家屏聲靜氣看他是否在罷工日醫病。耶穌看出他們的惡意，叫癱手的人站在會堂當中，然後向眾人說：「罷工日該做善事，還是當作惡事？該救人呢？還是該殺人？」眾人默然不答。耶穌怒目週圍一看，吩咐癱手人說：「伸出你的手。」剛一伸手，手已好了。耶穌面變愁容，「哀惜眾人的痲木不仁」！（馬爾谷 第三章第一節至第五節）㈥

註：

(一) 馬爾谷福音 第一章第四十節至第四十五節。瑪竇福音 第八章第一節至第四節。路加福音 第五章第十二節至第十六節。

(二) 瑪竇福音 第九章第一節至第八節。馬爾谷福音 第二章第一節至第十一節。路加福音第五章第十七節至第二十六節。

(三) 瑪竇福音 第九章第十節至第十三節。馬爾谷福音 第二章第十五節至第十七節。路加福音 第五章第二十九節至第三十二節。

(四) 瑪竇福音 第九章第十四節至第十七節。馬爾谷福音 第二章第十八節至第二十二節。路加福音 第五章第三十三節至第三十九節。

(五) 瑪竇福音 第十二章第一節至第八節。馬爾谷福音 第二章第二十三節至第二十八節。路加福音 第四章第一節至第五節。

(六) 馬爾谷福音 第三章第一節至第六節。瑪竇福音 第十二章第九節至第十四節。路加福音 第六章第六節至第十一節。

一五、山上新道

在提庇留湖畔，靠近「七泉」，有座高至一百五十公尺的小山，小山名字叫做「真福山」。相傳耶穌在這座小山上，宣講了八端真福的大道。

耶穌和法利塞人的衝突，天天加多，越來越顯明。耶穌知道已到了自己新教教義的時候了，他該當把自己的新道，向眾人講述明白，叫門徒和仇人，都明瞭他究竟講的是甚麼。

一天耶穌引著眾人，登上小山，大家席地坐在草上，他高聲向他們講說：

「安守貧苦的人是真福的人，因爲天國是屬於他們的。悲哀痛哭的人是真福的人，因爲他們要享有安慰。溫和良善的人是真福的人，因爲他們要取得大地人心。慕義如飢渴的人是真福的人，因爲他們要得有滿足。慈善施惠的人是真福的人，因他們是要受到慈惠。清心潔慾的人是真福的人，因爲他們將要享見天主。和平不爭的人是真福的人，因爲他們將稱爲天主義子。爲義被難的人是真福的人，因爲天國是屬於他們的。」（瑪竇第五章第三節至十節）

這是天地間一篇最大的翻案文章，也是人世最徹底的一次革新。《書經·洪範》曾陳說人的禍福：「五福：一曰壽，二曰富，三曰康寧，四曰攸好德，五曰考終命。六極：一曰凶短折，二曰疾，三曰憂，四曰貧，五曰惡，六曰弱。」書經的五福六極，是世界各民族的共通思想。如今耶穌把禍福倒過來了，以禍福，以福爲禍。

「禍哉你們富人們，因你們享盡了你們的安逸！禍哉你們飽食的人們，因爲你們要受飢餓！禍哉你們歡笑的人們，因爲你們要悲哀痛哭！禍哉你們受人讚譽的人們，因爲讚譽你們的人，他們的先人也曾這樣讚譽先知（後來卻成了殺害先知的罪徒）！」（路加 第六章第二十四節至二十六節）

老子曾教人說：「明道若昧，進道若退，夷道若顛，上德若谷，大白若辱，廣德若不足，建德若偷，質真若渝，大方無隅，大器晚成，大音希望，大象無形，道隱無名。」（道德經 第四十一章）中西的人，都以老子最善於顛倒正反；但是老子的正反，還只是空洞的理論，耶穌則是拿人的生活，切實地調換價值。人世的人，大家求福求富貴；可是大多數偏求不著，墮在貧窮痛苦中，悲怨自己的命運。耶穌劈頭一句，稱窮人爲福人，悲富人爲遭殃。

猶太人當日聽到這般議論，心中驚疑不定；然而發這篇議論的人，顯靈治病，他的話應該是確實可信。他們抬頭一看，下面有一湖清波，湖畔有房屋櫛比的城市。他們知道這塊土地，是天主許給他們祖宗的福地。天主昔日祝福他們的祖先時，常是祝福他們的土地肥沃，能得豐收。如今天主所遣的救世主，卻換了論調，他們便知道耶穌所傳的道，跟祖先們所信的有些不同了。

但是貧苦羞辱，怎麼能成爲福呢？孔子稱讚顏回：「賢哉回也！一簞食，一瓢飲，在陋巷，人不堪其憂，回也不改其樂。」（論語　雍也）然而孔子和顏回只是安貧，並不是以貧爲真福。孟子曾說：「生亦我所欲也，義亦我所欲也，二者不可兼得，舍生而取義者也？」（孟子　告子上）舍生取義乃迫於不得已，並不是以舍生爲樂。耶穌卻說：「你們若是因著我的緣故，被人詬罵，遭人迫害，受盡各端的誣衊，你們便是真福的人，你們應當歡喜踴躍；因爲你們在天堂的賞報，必定很豐厚。」（瑪竇　第五章第十一節至十二節）

耶穌的新道，是拿天堂和人世相對。在救世主沒有來以前，天堂沒有人的份兒，猶太舊約也只談人世。在人世裏，富貴安樂當然是福，貧窮憂傷當然是苦。耶穌救世即是爲把天堂再賜給人，他的新道便以天堂爲終向了，人世的富最易使人失天福，所以是窮；人世的窮，最容易使人得天福，所以便是福。耶穌的真福大道，乃翻轉了人世的評價。「你去賣盡你家產，把錢施給窮人，你來跟隨我，你便也積寶於天。」（馬爾谷　第十章第二十一節）

積寶於天，難道不又是落於利益主義嗎？顏回安貧，孟子舍生取義，都不在於賞報。然而孔、孟、顏回爲仁義而行仁義，是爲守天道。耶穌所講天堂的賞報，也即是爲永遠遵行天主聖意，永遠愛天主。天堂的天福，在於欣享天主。所以他稱：「清心潔慾的人為真福人，因為他們將要享見天主。和平不爭的人為真福人，因為他們將稱為天主義子。」

以「享見天主」「稱為天主義子」作人的真福，這真是天地間的新道。為追求這種真福，該有新的途徑。新的途徑不僅是梅瑟的法律，乃是耶穌的新律，即是「愛」。

梅瑟的法律，是外面的規則，修正外面的行動。愛是發自內心，為守愛的規律，先該正心。因此耶穌告戒聽眾們說：「我確實告訴你們，若是你們的仁義，不見得比經師和法利塞人的仁義高，你們必定不能進入天國。」（瑪竇 第五章第二十節）法利塞人一聽這話，登時怒從心起。耶穌安然地講說他的新道：

「你們曾聽見舊律說：不要殺人！……我卻告訴你們：凡是惱怒兄弟的人就要受罰！……幾時你到祭壇前獻禮，若是想起來你和一個兄弟有隙，你便放下禮物，先去和他和好了，再來獻禮！」（同上 第二十一節至第二十四節）

「你曾聽見舊律說：不要犯姦！但是我告訴你們，凡是看見一個女人，心起淫念的，他心中已經犯了姦！」（同上 第二十七至二十八節）

「你們曾聽見舊律說：不要違背誓言，你向天主宣的誓，都該實行。我卻告訴你們，不要發誓！……你們說話，該當是為是，非為非，多說一句都是妄言。」（同上 第三十四

節第三十七節）

「你們曾聽見舊律說：眼睛賠眼睛，牙齒賠牙齒。但是我告訴你們，不要和惡人相抵抗。有人打你的右臉，你拿左臉也給他打。有人和你相爭，要奪你的外衣，你把裏衣也給他。」（同上　第三十八節至三十九節）

「你們曾聽見舊律說：愛你的親友，恨你的仇人。我卻告訴你們，該愛你們的仇人。替侮辱你們的人行祈禱。這樣你們纔可以成爲你們天父的兒女。天父叫太陽出來，照著善人也照著惡人。」（同上　第四十三節至四十五節）

法利塞人和經師們臉上掛出了鄙視的神氣，也顯出譏笑的冷笑。這個納匝肋的鄉下人，自視比梅瑟還大！竟口口聲聲地說「我告訴你們」，他有什麼權力來發號施令呢？他還敢指責梅瑟的律法不完全，他要拿它改良！

耶穌卻越說越緊了，他從梅瑟律法說到法利塞人身上了。他向眾人侃侃地說：

「你施濟人時，不要效法那班僞君子在會堂中，或在大街上，吹著號角去施濟，以自炫於人。……你施濟時，要使你的左手不知道你的右手所做的事……」

「你行祈禱時，不要效法那班僞君子，他們喜歡站在會堂中間和大街上行祈禱，叫大家看見。……你行祈禱時，你進到你的寢室，關上門，私自地祈禱你的天父……」

「你守齋時，不要面作憂色，像那班僞君子故意裝作悲哀的神氣，生怕人不知道他們是

在守齋。……你守齋時，要梳洗頭髮，整理你的面容，不要叫人看出你是在守齋。」（瑪竇 第六章第二節至第十六節）

耶穌一針見血，說破了法利塞人的病症。法利塞人不單是只知道拘守外面的禮節。而且他們守禮守法，還是因爲圖人的讚美。孔子曾說：「禮云禮云，玉帛云乎哉！樂云樂云，鐘鼓云乎哉！」（論語 陽貨）談禮樂僅僅看玉帛和鐘鼓，算是捨本逐末，失去了禮樂的意義。施濟，祈禱，守齋專爲圖人的稱譽，更是反乎行善的本意了。

耶穌乃教導門徒們，守法行善的根本在於正心？

「眼睛好似身體的燈光，你的眼光若是正直，你一身也就正直。你的眼光若是邪僻，你的一身也就邪僻。因此若是內心的光明，昏暗迷糊，那麼你一身的昏暗，將要是多麼厚呢！」（瑪竇 第六章第二十二節至二十三節）

心的正在正於一，人願意正心就要一心歸向天主，凡百善都要爲愛天主而作。法利塞則想一面敬天主，一要又討世人的好，結果必定是見惡於天主。耶穌所以說：

「一個人不能事奉兩個主人，他或者是愛這一個恨那一個，或者是附合這一個拋棄那一個。因此人便不能事奉天主又事奉錢財。」（同上 第二十四節）

「你們謹慎小心，你們修德行善，不要爲求炫耀眾人的耳目；不然，你們便不能希望你

們在天大父的賞報了！」（同上　第一節）

在天大父所掌管的，不單單是天國的精神幸福。人世的一切事物，那一件又不是在天主的掌握中呢？人若一心事奉天主，他也不會缺乏生活的需要物。

「因此我告訴你們，你們不必要憂心焦慮用甚麼飲食去養生，用甚麼衣服去蔽體。生命難道不貴於飲食，身體難道不貴於衣服？（生命和身體乃是天父造的。）你們爲什麼不看一看天空中的飛鳥，不耕不稼，沒有倉庫的積糧，你們在天的天父，尙且養活他們；你們較比飛鳥，不是貴重的多嗎！況且你們中間，誰能夠憑自己的思慮，叫自己的身體加高一寸，或把自己的壽命延長一分呢……」

「唉呀！你們的信心怎麼這樣薄弱？你們不必憂慮，說我將有甚麼可吃，有什麼可穿。這是那班沒有信仰的人所做的。你們要緊有衣食，天父豈有不知道的！你們只該先去追求天國和天國的仁義，其餘別的一切，都會加給你們。你們不必替明天憂慮，明天有明天的憂慮，今天一天的憂慮，已經足夠受了。」（同上　第二十五節至第三十四節）

佛教勸人絕慾，絕慾以免痛苦。但是人不能變成槁木死灰，人便不能完全絕慾，便也不能免於痛苦。道家教人無爲而靜，絕聖絕智；然而人的好動好求，乃是人的天性。儒家乃以仁義設教，引人先義而後利，耶穌則指出仁義的根本，仁義的根本是天主，人求仁義即是事奉天主愛天主，人愛天主，天主豈能不愛人？一草一木，一禽一獸，天主所造，天主尙且給以生活的需要，難道對於爲萬物之靈的人，反倒加以虐待？然而人世爲甚麼有許多災禍呢？那是因爲人只想求衣食而忘了仁義，越求衣食越不得衣食。爲得衣食，該先愛天主而行仁義。

行了仁義，還該祈禱，祈禱是把自己的需要，向天主陳說。世上的父親，聽見孩兒們要東西都盡其可能給孩兒所要的東西；在天的天父，難道要拒絕他的兒女的祈禱？

「你們求，求則必與；你們求索，必有所獲！……你們中間豈能有一個人，聽見兒子要麵包，卻給他一塊石頭，聽見兒子要魚，卻給他一條蛇？你們這些爲惡不義的人，還知道拿好東西給兒女，難道你們在天之父，就不知道拿好東西給你們？」（瑪竇 第七章第七節至第十一節）

在八端真福上，耶穌翻轉了古今的成說，在天父一端上，則是說了曠古所未聞的教義。人爲天主的兒女，父子相愛。因著天父的愛，人便有了幸福。

人既同是天父的兒女，彼此都是兄弟。人既愛天父，就該彼此相愛。耶穌再聲明這一點說：

「凡你們願意人家給你們做的事，你們也該給人家做。法律和先知們的訓言，都包括在這兩句話裏。」（同上 第十二節）

「你們不要責備人，免得你們要受責備；因爲你們所責備人的，同樣的責備必要加諸你們。你們用甚麼繩索量人，將來必有同樣繩索來量你們的。爲甚麼你對於兄弟眼中的芥末，你看的清楚，你自己眼中橫著巨木，你倒不覺得呢？你眼中既橫有巨木，你又怎麼敢向兄弟說：讓我替你拿去眼中的芥末呢？僞君子呀，你何不先除去你眼中的巨木，然後再設法洗去兄弟眼中的芥末！」（同上 第一節至五節）

孔子曾說：「己所不欲，勿施於人。」（論語 衛靈公篇）耶穌教人己所欲的，必施於人。孔子說：「君子求諸己，小人求諸人。」（論語 衛靈公篇）又說：「君子躬自厚而薄責於人。」（論語 衛靈公篇）耶穌也稱厚責兄弟而薄責己的人爲僞君子。

僞君子爲人險惡，外面以假善誘人，裏面則居心不良。耶穌告戒徒弟們說：

「若有外穿羊毛，內藏狠心的人，來到你們中間，假充先知，你們該當好好提防他。你們留心看他的行實，就可以辨別；因爲荊棘不能結葡萄，蒺藜不能產無花果。好樹結好果，惡樹結惡果。」（同上 第十五節至第十七節）

信服耶穌的大道，苦志力行，心能結收善果。但是耶穌的大道，並不是安逸的坦途，乃是山路窄門。走這條路的人，要經過許多盤根錯節。然而就是因爲經過盤根錯節，他的仁義紮的根基深，雖經大風大雨，也將屹立不搖。

「凡聽見上面的大道，篤志力行的人，好像一個有見識的人在磐石上起屋，發大風，下驟雨，漲洪水，一齊衝打新屋，新屋仍舊屹立不搖。若是聽道而不實行，則像在沙上修房子，大風驟雨一到，房屋就要垮下來，不可收拾。」（同上 第二十四節至第二十七節）㈠

當日聽了耶穌講道的人，心中驚訝道理的新穎，言語的透徹，耶穌講道不像經師和法利塞人，只拿律法的文句咬文嚼字。耶穌所講的，是自己的新道，是用權威，向人宣佈誡命。廿世紀以後的人，如今念山中聖訓，還是驚訝道理的新穎。廿世紀裏的人世一切問題，都可以在這篇聖訓裏得有答案。

註：

㈠ 瑪竇福音 第五章第二十一節至第七章第二十八節。路加福音 第六章第二十七節至第四十九節。

一六、新道精神

從「真福山」耶穌回到葛法翁城。羅馬駐軍的一名百夫長打發城中的長老來見耶穌，央求他顯靈，醫好百夫長的一個僕役。長老們特別稱讚百夫長愛護以色列人，捐資修建會堂。耶穌便動身和長老們往百夫長家裏去。

猶太人當時最恨羅馬軍隊，誰也不願意和他們有來往。百夫長聽說耶穌要往他家裏來，怕有損耶穌的聲譽，便急忙遣人半途來迎耶穌，辭謝他說：「夫子，千萬不要勞駕。你枉駕敝寓，我實在不敢當。我自己尚且不敢冒昧親自來見，你只要說一句話，下僕一定好了。我是屬人權下的，兵士們又是屬於我的。我向一個兵士說：你去！他立刻就去。向另一個兵士說：你來！他立刻就來，我吩咐下人，下人也必定聽命！」耶穌聽見人述說了百夫長的這一段話，臉上表示驚異，轉身向跟他的眾人說：「實話告訴你們，這樣的信德，在以色列人裏面我也沒有見過！」（路加 第七章第一節至第九節）耶穌就遣發來人回去，他們到家時，僕人已經好了。

在山中的新道裏，耶穌說該愛自己的仇人。羅馬人是以色列人的仇敵，耶穌並不拒絕一個羅馬百夫長的請求。在耶穌的眼裏，無所謂猶太人羅馬人，他所看到的，是整個負罪的人類，他要使一切的人都得救，因此他在百夫長所遣的人轉身回去了以後，再向跟前的人說：「因此我又告訴你們，將來必定有無數的人，從東西各方走來，和亞巴郎、依撒格、雅各伯一齊坐在天國裏。本國的人民，卻反被投入無明之域，將有痛哭切齒的苦楚。」（瑪竇第八章第十一節至十二節）㈠

猶太人自稱天主的子民，看天國爲自己的本國。耶穌預先告訴他們：他們的祖先亞巴郎將同別國的人民，同享天國的福樂，猶太人將被投入地獄；因爲別國人將同羅馬的百夫長一樣，具有信心，猶太人反而不信。

不久，耶穌從葛法翁赴納因鎮。納因居納匝肋城東南，距約八公里，算是耶穌的鄰鎮，他少年時，多少次走過鎮上。

納因鎮位於赫爾孟山畔。耶穌領著宗徒們登山入鎮，在鎮口遇著一隊送殯的人。

猶太人的墳墓，常是石洞。葬時不用棺材，死屍用長布包裹，抬進洞裏。然後用石頭關閉洞門。

納因鎮口送殯的人，抬著一個年青人的屍身，年青人是一個寡婦的獨子，寡婦跟在屍體後流淚痛哭，旁邊送葬陪哭的女人們，也聲聲地叫號。耶穌停步不動，定睛看看那個痛哭的寡婦，臉上表示很不忍的同情。他向前走了幾步，對那寡婦說：「你不要哭」抬屍體的人，知道他是顯靈的耶穌，便立時停住不動。耶穌走到屍體跟前，很莊嚴地向那個僵臥的死屍說：「年青小子，我命你起來！」死屍應聲而起，睜眼四面看著，像是做夢纔醒，馬上叫他母親。耶穌拉著年青人的手，領他到他媽媽跟前，好似是給他媽媽送禮，把他交給了他母親。送殯的人大驚失色，心生害怕。耶穌安安然然領著徒弟們往鎮上走，送殯的人定了定神，也跟著耶穌入鎮，大家高聲唱聖詠，讚美天主。全鎮的人立時都出來擁著耶穌，彼此興高彩烈地說：「天主眷顧了自己的子民，叫我們當中，踴起了一位偉大的先知。」（路加第七章第十六節）㈡

天下最痛心的事，莫過於母親哭夭傷的兒子。若說一個寡母哭獨子，則又是天下最傷心事中最傷心的了。耶穌沒有等那寡婦或別一個人來求顯靈，自動復活了年青人。耶穌不是口頭說空話，他曾說：「悲哀痛哭的人是真福的人，因爲他們要享有安慰。」

回到葛法翁以後，納因復活死人的奇蹟，已是戶戶皆曉的了。於是一個法利塞黨富翁，來請耶穌到他家裏赴宴。

猶太的風俗，主人請客，客到時，獻水給客人洗腳淨手，然後和客人親吻，拿香油敷在客人頭髮上。坐席則效法羅馬的風俗，桌爲半圓形，矮低，主人客人環桌側身臥在毯上，左腕枕一團墊，頭近桌，腳向外，右手拿食物入口，飯廳多爲入門正廳，吃飯時，門戶敞開，外人可以駐足觀看。

邀宴耶穌的法利塞人名叫西滿，他對於耶穌，自尊自大，打起貴人請平民來赴宴的神氣。耶穌來了，他不按禮接待，也不獻水，也不親吻，也不敷香油。耶穌坦然不以爲意，談笑週旋，應請入席。

西滿忽然變了氣色，臉上怒容滿面。他看見門口走進一個抱著香油瓶的女子，女子伏在耶穌腳後，無聲痛哭，雙淚好似泉湧，淚滴落在耶穌腳上，女子拿自己的長髮不斷地揩拭，然後用嘴吻足，再把香油敷在腳面。

西滿認識這個女子，她是城中著名的風塵婦女。風塵婦女大膽闖入他家，耶穌竟又讓風塵婦女摸腳。西滿又氣又恨，他心中想說：「若是他知道摸腳的女人是怎樣的一個女人！」他忽然聽見耶穌叫他：

「西滿，我有一句話向你說。」

「先生請講。」西滿連忙答應。

「一個債主有兩個債戶。」耶穌說：「一個欠他五百兩，一個欠他五十兩。兩個人都不能夠償還，他便都免了他們的債。你看兩個債戶，那一個更愛債主呢？」

「我想該是那個免債最多的。」西滿冷淡地答著，他以爲耶穌有甚麼高明的意見要向他說，所說的卻是這些算爲小孩的玩意兒。

「你說的對！」耶穌認真地看著他說：「你看見這個女子嗎？我來到你家裏，你沒有用水洗我的腳，這個女子卻用自己的眼淚洗我的腳，又用自己的頭髮揩拭。你沒有向我行禮，親吻迎接我，這個女子從進門以後，就不斷吻我的足。你沒有按賓禮拿香油敷我的頭髮，這個女子卻在我的腳上敷香油。因此我告訴你，她所有的罪都赦了，因爲她愛戴的心很深，那些少蒙赦罪的人，他們的愛戴的心就也淺。」轉首再對那個女子說：

「你的罪已經赦了！」

同席的人又竊竊私議：「他是誰？他竟能夠赦罪？」

耶穌置若罔聞，吩咐那個女子說：

「你的信德救了你，你安心回去吧！」（路加第七章第三十六節至第五十節）㈢

「慕義如飢渴的人是真福的人，因爲他們要得有滿足。」一個風塵女子，相信耶穌的道理，回心向善。她悔罪向善的誠心，如飢如渴，打破一切的藩籬。結果心滿意足，風塵的女子赦罪成了善人。

註：

㈠ 瑪竇福音 第八章第五節至第十三節。路加福音 第七章第一節至第十節。

㈡ 路加福音 第七章第十一節至第十七節。

㈢ 路加福音 第七章第三十六節至第五十節。

一七、親戚鄰居

納匝肋人再看不見耶穌回鄉，也沒有聽說他暗中來家探看母親；但是每天都有人來傳說他顯的靈跡。納因鎮起死回生的奇事，那個沒有聽到呢？

納匝肋人尙有點沾沾自喜的心。這位顯靈的先知，那個不說他是納匝肋人呢！上一次，他們怒火衝心，喊叫打死耶穌，但是骨子裏他們很關心這位同鄉人，他們還是想請他回到本鄉，顯靈講道。不然，他們對著葛法翁、納因、加納各城的人，不是失了面子嗎？

耶穌的親戚鄰居們又聽說耶穌和法利塞人屢起衝突，法利塞人已經存心要殺他，他們又聽說耶穌被人包圍，整天講道醫病，連吃飯都沒有時間。他們便說：「他不是瘋了嗎？何必自己去冒這種危險！」（馬爾谷 第三章第十九節）

聖母瑪利亞豈不認識自己的獨子！他目前居孀，何嘗不希望耶穌在家裏和她同住！但是她心裏明白耶穌是誰：耶穌有自己天父所給的使命，該當救世救人。

親戚鄰居則天天述說耶穌和權貴們的衝突，特別加以渲染，似乎危險萬狀。那時洗者若翰已被安提帕侯捕捉，監禁在牢獄裏。親戚鄰居們說是耶穌早晚也要被捉了，應該趕緊勸他回來避難。

瑪利亞心中憂急萬分，一天，決定同親戚鄰居們往葛法翁城去找耶穌。同行的親戚裏有耶穌的表兄弟和堂兄弟姊妹。

他們進了葛法翁，找到了耶穌的寓所。但是屋前屋後擁滿了人，沒有路可以進門。親戚們便向附近的人說：教師的母親來了，煩通信進去，請教師出來相見。

旁人馬上把這個消息，一口一口的傳了進去。站在耶穌近邊的人，便告訴他說：「你的母親和兄弟們，在外面等你說話。」

耶穌看著那個傳話的人說：「誰是我的母親？誰是我的兄弟？」然後伸著手，指著四週的人說：「這就是我的母親和兄弟！凡是遵行天主旨意的人，他們都是我的弟兄姊妹和母親。」（馬爾谷 第三章第三十一節至三十五節）(一)

他的母親瑪利亞因爲愛他，希望他回家休息。他的堂表兄弟和疏遠的親戚們因爲懷疑他，想逼他回去躲難。他的鄰居和同鄉們因爲嫉妒他，想強迫他回納匝肋。況且他的親戚鄰居心底裏並不信服他的神能，想他是神經錯亂的瘋子；耶穌那有心和他們談話呢？

況且這時耶穌正和法利塞人起辯論，法利塞人罵他是附了魔的瘋子，仗著魔王「貝耳則步」的鬼力，治病驅魔。耶穌答應他們說：

「一個國家，分裂不合，一定要遭滅亡。一個家庭，分裂不合，一定也要敗落。若是魔鬼自相驅逐，魔鬼不是自相分裂了嗎？他們怎麼樣能夠保存自己的勢力呢？」

「我實話告訴你們，人所犯的一切罪惡，都可以蒙赦；惟有誹謗聖神的罪，罪將不赦。」（同上　第二十三節至第二十九節）㈡

耶穌顯靈講道，是因著天主聖神的神力；法利塞人竟以爲他是仗著魔王的鬼力。這是誹謗聖神，以聖神爲魔鬼，罪將不赦。誹謗聖神即不信聖神，也便是不信天主，不信天主，眞是像孔子所說：「獲罪於天，無所禱也。」（論語　八佾）

耶穌因此最不喜歡有疑心的人；親戚鄰居而有疑心，更使他不樂意。

每天早晚，常有人來到耶穌的老家，同他的母親瑪利亞申辯，堅持說耶穌精神失常，自己不能作主。

親戚鄰居們盛氣而來，竟不得和他見面，也就怏怏而去，從此和他決裂了，讓他去撞危險。等到耶穌後來被捕被釘死，他們得意揚揚地指責他，沒有聽他們的忠告。

聖母瑪利亞在葛法翁少留些時，關心耶穌的起居，看有誰照顧他衣食。

前次用香油敷擦耶穌腳的女子：瑪達肋納的瑪利亞，這時跟隨耶穌聽道。又有安提帕侯的宮長雇撒的妻子約安納和一名貴婦蘇撒納，還有別的幾個女子，也在耶穌周圍，她們用自己的私蓄，供給耶穌的日用。

這幾個女子，都曾親身受過耶穌的恩惠，或是治病或是祛魔。瑪達肋納的瑪利亞曾附了「七魔」，耶穌把她救了出來。

以色列的婦女，有用私蓄供給教師日用的習俗。耶穌後來一次責罵法利塞和經師們，說他們吞吃寡婦的家產，便是指的他們假名設教，濫用寡婦們的好心，騙取資財。

聖母瑪利亞乃安心回了納匝肋。她當然也想留在耶穌身邊；但她怕妨害耶穌的自由，耶穌行止無定，有時和徒弟們在野外露宿，那有時間照顧母親呢？而且她也怕給耶穌的敵人授以話柄：說他的母親是個鄉鎮的愚婦，他怎麼知道講道教人呢？或者說：「這個人，我們知道他的來歷，至於救世主基督，則沒有人可以知道他的來歷。」（若望 第七章第二十七節）

註：

㈠ 瑪竇福音 第十二章第四十六節至第五十。馬爾谷福音 第三章第三十一節至第三十五節。路加福音 第八章第九節至第二十一節。

㈡ 瑪竇福音 第十二章第二十二節至第三十二節。馬爾谷福音 第三章第二十八節至第三十節。路加福音 第十一章第十四節至第二十三節。

一八、天國妙喻

前驅若翰被安提帕侯囚在馬格龍牢裏，徒弟們時常去看望他，述說耶穌講道顯靈，遠近的人都信服，但是耶穌並沒有聲明自己是天主所遣的救世者。

若翰看到徒弟們有點疑心也有點嫉妒，他便像原先遣發若望安德肋一樣，又打發兩個徒弟，去訪問耶穌。

耶穌留住他們兩人，聽他講道，然後再打發他們回去：

「你們就把所看見的和所聽到的，回去報告教師：瞎子看見，跛子走路，癩子除病，聾子聽見，死人復活，窮苦的人得聽福音。凡不疑怪的人，纔是有福的人。」（路加 第七章第二十三節）(一)

耶穌並不是責備若翰，疑怪不信。而且他在若翰的徒弟走了以後，向眾人稱讚若翰志氣剛強，聖德高出以往的先知。耶穌知道若翰的徒弟，疑怪不信；因此他引用依撒意亞先知預言救世主的話，答覆他們，他雖然不公開聲明自己是救世主基督，但是依撒意亞先知對於救世主的預言，在他身上已經應驗了，人便應該信服他是救世主。

耶穌不聲明自己是救世主，因爲猶太人誤信救世主爲猶太復興之王，免的使他們因著誤會而釀成政治風潮。救世主固然在古經舊約上稱爲以色列民之王，但是救世主的國家乃是天國，救世主的百姓，乃是精神上的以色列民。

耶穌在葛法翁週圍講道，常常講論天國。天國的理論，高深神妙，不是漁夫農民和商販所能懂的。耶穌講論天國，乃用很淺近很活潑的譬喻，去發揮高深的妙理。他引用猶太人每天常見的事情作實例：漁夫打魚，農夫播種，婦人烤麵，牧童放羊等等事情，演成有趣的譬喻。

「一個農夫出去播種，一些種子落在路邊，被飛鳥啄了。一些種子落在石巖上，沒有積土，不能下根，萌了芽就被太陽曬死了。一些種子落在荊棘裏，發芽長大，卻被荊棘掩蔽，不見天日，不能結果。一些種子落在好土裏，發育結實，有結百倍的，有結六十倍的，有結三十倍的。」（瑪竇 第十三章第四節至第八節）㈡

宗徒們請問譬喻所指的是什麼，耶穌給他們解釋，種子譬喻天國之道，種子所落的地方，譬喻聽道的各等的人，有聽道不留心注意的人，有聽道行善而缺少恆心的人，有聽道實行而俗慮過多的人，這幾等人都不能結善道的果子。惟有聽道而努力實行的人，纔能結百倍、六十倍、三十倍的善果。

「天國又像一個人在田裏播了麥種，黑夜，回家安息。他的仇人偷偷走來，在麥種上撒莠子。麥子長成了，結了麥穗；莠子也長成結了實。僕人們這時纔看出麥子中間長有莠子，便對家主說：你在田裏所播的種，不都是麥子嗎？從那裏來了這些莠子呢？家主答說：這是仇人幹的事。僕人們連忙說：那麼我們去把莠子拔了。主人說：不要去！你拔莠子恐怕要傷了麥子。讓它們都長熟罷。割麥時我吩咐先割莠子，束縛起來，投到火裏去燒，麥子則收藏到倉裏去。」（同上 第二十四節至三十節）

在天國裏有善人也有惡人，惡人是天主的仇人，魔鬼所播種的惡道而成的。善人和惡人一同在世上活著；但是有一天，天主要罰惡人入火獄，把善人收藏入自己的天庫中。

「天國又像一粒芥子，在百草的種子裏是最小的。芥子種在土裏以後，生長起來，蔚然好似株小樹。天上的飛鳥也落在枝上休息。」（同上 第三十一節至三十二節）

天國之道，在開始時信的人很少。後來越加越多，天國要成爲世上的一株樹木。

「天國又像一撮酵母摻在三斗麵裏，三斗麵都完全發酵。」（同上 第三十三節）

酵母發酵麵粉，天國之道激發人的精神，使人的生活有新的味道。

「天國又像埋在地下的寶藏，一個人偶然發現了，便趕快掩住，回去變賣了自己的家產，把掩有寶藏的一塊地買來發掘。」（同上 第四十四節）

「天國又像珠寶商人找尋珍寶，找到了一顆希世珍珠，他便把所有的珠寶都賣了，去買

那顆珍珠。」（同上 第四十五節）

識貨的人，知道寶藏和珍珠的可貴。有心人也就知道天國大道的可貴，寧願犧牲自己的一切，去實行這種大道。

「天國又像下在海裏的漁網，漁網拉上岸時，裏面好魚壞魚都有。漁夫把好魚留下，把壞魚又拋入海中。」（同上 第四十七節至四十八節）㈢

麥子和莠子，好魚和壞魚，譬喻天國的人也有好有壞。天國不是天上的天堂，乃是世上的教會，信教的人有的是麥子或好魚，也有的是莠子或壞魚。但是在天國完成的一日，善惡將要判明，耶穌自己說：

「將來世界末日時，天使分發四方，把惡人從善人裏抓出來，投進火獄裏，他們要切齒痛哭。」（同上 第四十九節至五十節）

註：

㈠瑪竇福音　第十一章第二節至第六節。路加福音　第七章第十八節至二十三節。

㈡瑪竇福音　第十三章第一節至第二十二節。馬爾谷福音　第四章第十八節。路加福音第八章第四節至十四節。

㈢瑪竇福音　第十三章第二十四節至第四十八節。馬爾谷福音　第四章第二十六節　至三十三節。

一九、神威奇能

耶穌日間講道，夜間退到僻靜山間，祈禱，露宿。

一天，坐在伯多祿的漁船上講道，講到日已西沉。遣散了眾人，命徒弟們划船往湖的對岸，那面是無人的荒郊。

提庇留湖是一個可愛可怕的怪湖。划船下湖時，可以是「波浪不驚，上下天光，一碧萬頃。」在夜間更可是「長煙一空，皓月千里。」但是剛到湖心時，突然可以升起一團烏雲，平水掀起一陣風暴，那時便要「陰風怒號，濁浪排空。……檣傾檝摧」了。（范仲淹 岳陽樓記）

這種變化無常的湖景，便是慣於水性的漁夫也要提心吊膽。這一夜耶穌叫徒弟們開船時，湖波不興，船行如履平地。他側臥船梢，靠著粗布的枕頭，安然地睡覺。

船到湖心，暴風忽起，波浪幾乎要把船埋在水裏。徒弟們棄槳拋舵，驚惶失措，趕快摧醒教師，大呼救命：

「夫子，夫子！我們要死了！」

耶穌睜眼，站起身來，伸手向海一揮，命湖浪止息。登時風平浪靜，星月湖天。耶穌轉身向徒弟們說：

「你們的信德何在？」

徒弟們比看見風浪時更驚異了，彼此張口不敢作聲。等耶穌再臥下了以後，他們又划槳把舵，纔竊竊私語說：

「他到底是誰呢？風和海都聽他的命令！」（路加 第八章第二十五節）

湖的對岸是東岸革辣撒區，地近谷爾息城（Kursi）

耶穌登岸，那時已經是深夜。微微的星月下，忽然有一個黑影從山洞奔出，大聲號叫：

「耶穌，至尊天主的聖子，我和你有甚麼相干？我因天主的聖名，請你莫來爲難我！」

「污穢的魔鬼，離開這個人！」（馬爾谷 第五章第八節）

那個人是一個附了魔的人，赤身裸體，日夜常住在山間的空墓裏，別人用鐵索也綁不住他。

「你叫甚麼名字？」耶穌厲聲問著魔鬼。

「現名叫「軍旅」，因爲同我一齊的很多。求你不要驅我出境；許我附在這一群豬身上，可不可？」

耶穌剛說了可以，在附近山上放的一群豬，忽然大聲叫號，狂奔亂跑，一齊從山崖奔入湖裏，淹死在水中。淹死的豬，大約有兩千頭。放豬的人趕快逃回鎮內。

附魔的人這時神志清明了，把自己的衣衫已經好好穿上，坐在耶穌足前，安靜不作聲。那群豬的主人得了牧童的報告，慌忙和鎮裏的人跑來觀看，只見湖裏隱沒地漂滿了豬屍，又見原先附魔的人端端地和耶穌坐在一起。他們心裏起了害怕，害怕耶穌的神力，便求他不要留在他們的村裏，仍舊回到對岸的城裏去。㈠他們有孔子所說「敬鬼神而遠之」（論語 雍也）的心理。

耶穌下岸登舟，袪了魔的人要求追隨作徒弟，耶穌沒有收他，命他回家去。

船回到對岸，岸上已經有許多人在等候了。

眾人看見耶穌下了船，一擁而上，圍住聽道。從人叢裏忽然擠進一個人，一頭汗，一臉淚。這個人是會堂長，名叫雅依洛。他跑來跪著請求耶穌快到他家裏去，他有一個十二歲的女兒，病重垂危，命在旦夕。耶穌立刻動身。

前後左右，人眾擁擠不堪。耶穌突然停步，問說：

「誰摸了我的衣？」

「這樣多的人，擠的不堪，夫子還問誰摸你的衣？」徒弟們又氣又好笑地回答著。（馬爾谷 第五章第三十一節）

「必定有人摸了我的衣，因爲我覺得有股力量從我流出。」耶穌一面說一面四週看。（路加 第八章第四十六節）

這時一個婦人，從人叢裏走出，跪在耶穌足前，承認是她摸了他的衣，她患血漏病已經十二年，經過許多醫生，花了無數的錢，病勢則是愈弄愈壞。剛纔她想若是能夠摸一摸教師的衣邊，自己的病一定可以好。她擠進來，摸了他的衣，自己的病立時就好了。耶穌安慰她說：

「你的信德救了你，你安心回去，你的病不再纏擾你了。」

人叢裏又擠進了一個人，慌忙向會堂長說：

「女兒已經死了，不必麻煩教師了。」

「不要怕，你只要信就夠了！」耶穌囑咐會堂長。

他仍舊往前行走，將到會堂長家時，便吩咐眾人都站住，只許伯多祿、若雍、雅各伯同他進去。雅依洛家裏紛紛亂亂，哭喪的人連聲悲號，耶穌對他們說：

「你們哭甚麼呢？女孩子並沒有死，她是睡著了。」

哭喪的人真的轉哭爲笑了，但是爲笑他說話不近人事。耶穌便叫他們都出去，他同雅依洛夫婦和三個徒弟，走進寢室。看到死在床上的女兒，耶穌拉著她的手，叫她說：

「女孩，我命你起來！」

十二歲的女孩子，應聲而起，睜眼看著父母。耶穌囑咐拿東西給她吃，又囑咐不要把這事傳揚出去。㈡

死人復活，怎麼能夠不傳揚出去！剛才笑他的哭喪人，開始都嚇的像寒蟬不作聲，定了一定神，便四出傳揚自己所見的奇蹟。

註：

㈠瑪竇福音　第八章第二十三節至第三十四節。馬爾谷福音　第四章第三十五節至第五章　第二十節。路加福音　第八章第二十二節至第三十九節。

㈡瑪竇福音　第九章第二十節至第二十六節。馬爾谷福音　第五章第二十一節至第四十三節。路加福音　第八章第四節至第五十六節。

二〇、遣徒傳道

耶穌傳道已快一年了，他的名聲傳遍巴勒斯坦，遠近的人成群結隊來聽他講道，求他醫好他們的病症。猶太全國家家戶戶都談論這位顯行靈跡的教師。

這時已是廣傳他的教義的時機，但是他不能分身各處，乃派所選的十二名宗徒，兩人一組，往猶太各處宣講。吩咐他們不要往撒瑪黎雅，也不要出猶太國境。

以色列人是習慣聽先知和經師們宣講的民族，以往的幾百年裏，代代都有天主所派的先知，向他們宣講天主的大道。以色列人亡國以後，雖不見再有先知來了，但是常有經師和法利塞人向他們講論律法，解釋經典。

然而這次來的講道師，和以往講道的人不同，以往先知和經師們所講的，是在遵守天主的約法，耶穌的徒弟，則是講天國的新道。「你們出去宣講，告訴人們說天國已臨近了。」（瑪竇第十章第七節）

天國的大道，以世俗的福為苦，以世俗的苦為福。宗徒們出去宣講時，先該身體力行。耶穌告訴他們，在出外講道時，不要身上帶著銀錢，也不要有兩件更換的衣服，而且連旅行的手棍和長袋都不帶；將來自然會有人照管他們的衣食。每到一家，祝這家享受平安；家中若有病人，就顯靈醫病，若到一家或一城不願意收納他們，馬上離開這家這城，連他們地上的灰也不要帶來，表示斷絕關係。日後這一家這一城，將要遭受天主嚴罰。

但是宣講天國大道的人，不會處處受人接納，更不會到處受人擁護。教師自己日後要被人謀殺，徒弟們也更要受人的迫害。耶穌預先告誡他們說：

「我派你們出去，好似把綿羊送入豺狼群裏。你們應該像蛇一般的靈變，像鴿子一般的純良。你們小心提防著，因爲人們要把你們捕送公會，在會堂裏鞭撻你們。爲我的緣故，你們要被人解送到官府和君王的跟前，當著他們以及普世的人，爲我作證。」

「你們被解送時，不要憂慮該怎樣答覆，該怎樣說話。到了那時，你們必定知道該說甚麼；因爲那時說話的不是你們，乃是聖父的聖神，假你們的口說話。」

「將來會有兄弟告發兄弟的，有父親告發兒女的，還有兒女告發父母的，要把被告的人處死；爲著我的名字，你們將爲家人所棄。」

「徒弟不能勝過教師，僕人不能優於主人；假使徒弟能夠和教師相等，僕人能夠同主人並列，那已經算是好事了。如今主人既被呼爲魔王，僕人可以有甚麼好的稱呼呢？但這一切都不足怕……那些只能殺害身體不能傷害靈魂的人都不足怕。只有能夠兼殺身體靈魂於地獄裏的，纔真真可怕。」

「一對麻雀，不是只售一分銀子嗎？但若是你的聖父不許可，沒有一隻麻雀可以掉在地上。你們腦上的頭髮，都是計過數的，因此不必過於憂慮，你們不是比麻雀貴重嗎？凡在人面前，作證信服我的，在天父跟前，我也作證認識他。凡在人面前，不作證信服我的，我在天父前也不作證認識他。」

「你們不要想，我來是爲賞賜和平，我來是爲激起戰爭。爲著我，將來兒子要反對父親，女兒要反對母親，媳婦要反對翁姑，一家以內，互成仇敵。」

「愛父母過於愛我的，不算我的徒弟。愛子女過於愛我的，不算我的徒弟。不背負十字架追隨我的，不算我的徒弟。自求保全生命，必喪失生命。自願爲我喪生的，則能保全生命。」

「人若接納你們，即是接納我，也即是接納遣我來的。以先知待先知，有待先知的報答。以義人待義人，有待義人的報答。若因你們是我的門徒，施一杯水給你們中間最小的一個喝的，我確實告訴你們，施一杯水的人必有報酬。」（瑪竇 第十章第十六節至第四十二節）(一)

從來沒有一位創業的偉人，在遣發徒弟時，說過這樣不吉祥的話。假使基督是以色列王，他遣發門徒的訓詞，該是一篇誓師詞。《書經》的〈湯誓〉說：「爾尚輔予一人，致天之罰，予其大賚汝，爾無不信，朕不食言。爾不從誓言，予則孥戮汝，罔有攸赦。」泰誓也說：「爾尚弼予一人，永清四海，時哉弗可失！」耶穌不許給門徒們，將凱旋而歸，他告訴他們將被辱被殺。但是他另外許給門徒一樁事，那是世上的人，沒有一個敢說的：「自願為我喪生的，即能保全生命。」

湯、武出師時，可以許下，凡輔佐他們成業的人，將來可以分封國土。但若是一個人死在戰場，他便無法領取湯、武的賞報了。耶穌許徒弟們，就在他們為他死時，他們領取報賞。他不是許給門徒死而猶生，名傳千古；他是許給門徒們，死而得生；死於世界，生於天堂。以天堂永生許人，耶穌便不能是凡人。他既不是凡人，他纔能說：愛父母超過愛他的人，不足稱為他的徒弟。中國古代的遺訓，在忠孝不能兩全時，該捨孝而盡忠。若是在敬天和敬父母有衝突時，當然該是捨敬父母以敬天了。耶穌的話，並不是不入耳的狂言了。

他既是天主，他纔能給與徒弟們超凡的神力。十二個徒弟出去宣講，到處呼著教師耶穌的名字，驅逐魔鬼，醫治百病。他們回來時，興高彩烈地向教師述說所行的一切奇事。他們早已忘記了教師所作的訓言，欣喜眼前的勝利。耶穌因此向他們說：「你們同我一起往曠野僻靜處，暫時休息一下罷！」

在靜處休息時，徒弟們得意洋洋的心情，可以漸漸冷靜下去。不然，他們很可以想：凡百事情，都將順利進行，他們的教師，就可一躍而登以色列的王位。
雖然耶穌加意謹慎，避免政治色彩，安提帕侯已經很懷疑他了。安提帕侯剛殺了洗者若翰，聽人報告耶穌大行靈異，心中懷疑莫非耶穌就是若翰復活再生了，更好還是連耶穌也殺了。有人把安提帕侯的疑心，報告了耶穌。耶穌率領徒弟，暫時離開安提帕的國境，乘船渡湖，往斐理伯侯的境內貝特賽達城。

註：

㈠　瑪竇福音　第九章第三十五節至第十章第四十一節。馬爾谷福音　第六章第六節至第十一節。路加福音　第九章第一節至第五節。

二一、五餅二魚

由葛法翁到貝特賽達，陸路水路都通，路途的時間相等。民眾看見耶穌乘船向貝特賽達，大家便由陸路也走向那城去。耶穌的船一靠岸，岸上已擁滿了人。耶穌看著他們，心中很有感傷。他憐憫那些人好似一群失了牧童的羊，沒人照管，沒人引導。

天主在舊約上曾許下他自己是以色列人的牧童，他要引導照管他們。舊約古經說：「吾主上主這樣說：就如牧童在羊群失散的那一天，去尋找他的羊群，同樣，我也要去尋找我的羊群，把那些曾在陰雲與幽暗的日子裏四散的羊群，從各地救回來。……我要牧放他們在茂盛的草場上，在以色列高山上將有他們的安息處……凡是失落的，我要尋找；迷路的，我要領回；受傷的，我要包紮；病的，我要療養；那肥胖與強壯的，我要保護，我要按正義牧放他們。」（厄則克耳先知書 第三十四章第十二節至第十五節 思高譯本）

以色列人因著自己的罪惡，被天主捨棄了，如同失散了的羊。耶穌如今想從各地把他們找回來，再牧養他們。他看著岸上鵠候他的人，便打消引徒弟們去休息的計劃，登岸上山，講道顯靈。

不覺一天就過去了，太陽已經西沉，湖水漾著紅光，宗徒們告訴耶穌遣散眾人，各去買食物。耶穌答應說：

「你們拿東西給他們吃！」

宗徒們不勝驚訝，瞠目相同。難道耶穌不知道他們也是空囊空肚嗎？他們拿甚麼給這些人吃？耶穌看出了他們的狼狽，便問斐理伯說：

「從甚麼地方可以買麵包給這些人吃呢？」

「兩百銀錢的麵包，也不夠每人分吃一小塊！」斐理伯估計著。

「這裏有一個小孩子，」安德肋插嘴說：「帶有五塊大麥餅和兩條小魚，可是這點東西，爲這麼多的人，算得甚麼？」（若望 第六章第五節至第九節）

耶穌卻吩咐把小孩子的麥餅和魚買來，又吩咐叫眾人坐下，五十個或一百個坐成一堆。這時已是巴斯卦逾越節的時季，山地遍是青草。

接過麥餅和魚來，耶穌舉目向天，給予祝福；然後遞給徒弟們，按每個人所要，分給眾人。坐在草地上的人，婦女不算，男子大約五千人，每個人都分得了魚和麥餅，都飽吃了一頓。徒弟們看到手上的麥餅和魚，隨分隨添，手頭總不空。等到再沒有人要時，麵包和魚纔分完。耶穌乃叫他們去把剩下的麥餅收起來，一共收了十二筐。十二個宗徒，每人收了一筐。

五千吃麥餅的人，都知道耶穌沒有帶麥餅上岸，也知道在山上沒有麥餅和魚可買；宗徒們分麥餅和收麥餅時，到處講述手中麥餅和魚越分越加的奇蹟，於是他們在吃飽了以後，都手舞足蹈地說：

「他真真是我們祖先所說要來的救世主！」（同上 第十四節）㈠

耶穌知道若是再等片刻，吃了麥餅的人大家必定要歡呼他是救世主，是猶太的國王，要像以色列人歷史上所記載的將士擁戴統帥爲王，拿甲冑衣服堆成高座，把統帥擁到座位上，坐受朝賀。五千男子再加一兩千婦女小孩，在飽食奇餅以後，還不能堆衣爲寶座嗎？

耶穌連忙命宗徒們上船，而且聖經說耶穌逼著他們上船去。十二個宗徒當然也有民眾們的熱誠，很高興時機的巧妙，在野外山上，大家能夠自由擁戴新王然後大家凱旋般進入城市。新王既具超凡的神能，那怕羅馬軍隊和安提帕侯的士卒不投降呢？他們十二個人，已經在心中預想每人的高官貴爵了，可是耶穌不由分說，命令他們立刻上船，連夜渡湖回葛法翁。他自己獨自一人，單身走入深山。

湖中起風，水浪迎船。宗徒們划船逆風而走，划到四更天，只走了十里。

四更時，黑暗裏隱約看見一個人影，踏著湖水而來。徒弟們想是見了鬼，大驚大喊。忽然他們聽見自己教師的聲音說：

「你們安心罷！是我，不要怕！」（瑪竇 第十四章第二十七節）

「如果是你，主，你叫我也走到你那裏去！」伯多祿喊說，他像小孩子看見爸爸、媽媽，做了一件有趣的事，要學著做。能夠在水上走，豈不是有趣味嗎？

「你來！」耶穌答覆說。（同上 第二十八節至第二十九節）

伯多祿從船裏踏上水面，真真在水上一步一步地走！可是他又像小孩子學步，離了母親的手，走了幾步路，心中怕了。伯多祿看到四面的風浪，心中疑惑恐懼，隨即兩腳陷入水中，全身往下沉，他登時大呼求救：

「主，請救我！」

耶穌伸手把他拉出，責備他說：

「信心淺薄的人，你爲甚麼生疑呢？」（同上 第三十一節）

兩人一齊登舟，風波立時止息。船上的徒弟們朝拜說：

「你真是天主子！」（同上 第三十三節）㈡

徒弟們在幾小時以內，接二連三地看著驚心動魄的奇事。先有五餅二魚飽餐五千多人，後有步行水面，如今又是風平浪息；雖然他們已見慣了靈跡，但是他們這時感覺到自己的教師，神力過於偉大，他們在他跟前，微小不堪！

註：

㈠瑪竇福音　第十四章第十三節至第二十一節。馬爾谷福音　第六章第三十二節至第四十四節。路加福音　第九章第十節至第十七節。若望福音　第六章第一節至第十五節。

㈡瑪竇福音　第十四章第二十二節至第三十六節。馬爾谷福音　第六章第四十五節至第五十六節。若望福音　第六章第十六節至第二十節。

二二、天上神糧

船抵葛法翁時，太陽早已上升了。當昨晚耶穌命徒弟們上船時，眾人看見荒涼的湖濱僅只有徒弟們的一個漁船，徒弟們開了船，耶穌並不在船上。因此有些人便在山上露宿了一夜；第二天清晨，四處尋找耶穌，卻不見他的形影。同時昨晚步回葛法翁的人，向人述說耶穌增加麥餅和魚的奇事，有些人在天未亮時，就駕船來到昨天顯靈的地方，上岸尋他。但是大家都找不到耶穌，只好一同上船回葛法翁。進了城，卻聽說耶穌在會堂裏講道，他們不勝驚異，跑去問他說：「夫子，你甚麼時候來的？」

耶穌答應說：

「我確實告訴你們，你們追尋我，並不是因爲見了靈跡，乃是因爲吃餅吃飽了。我勸你們不要去找這種容易腐壞的糧食，你們該當追求永生的食糧。這種食糧，只有受天主聖父指證的人子，能夠賜給你們。」（若望 第六章第二十六節至第二十七節）

猶太人被耶穌迎面澆了一頭冷水，心中不快，而且聽見耶穌明明指責他們是想不勞而食，心裏便有些氣憤了，便反問耶穌說：「怎麼樣算是作天主的事呢？」

他們語中是說：你既以爲我們尋你爲想吃餅，那麼我們要作甚麼事纔算是追尋天主呢？

「信天主所遣的使者；即算是作天主的事。」耶穌直接答覆他們。

「你有甚麼靈徵，使我們見而相信呢？你究竟作了甚麼大事？我們的祖先們豈不是在曠野裏也吃過天賜的糧食瑪納嗎？」

在猶太人看來，五個麥餅和兩條魚，飽食五千多人，不算是了不起的大事。他們的祖先們，四十年的工夫，在曠野裏，每天收到天上降下的「瑪納」，作麵充飢。耶穌爲證明自己是天主所遣的救世者，應該行幾件曠古未聞的奇蹟。

耶穌便再答覆他們說：

「我確實告訴你們，梅瑟並沒有將天糧給你們；因爲只有我的聖父可給你們真正的天糧。天主的食糧，不是別的，乃是從天降來能給人生命的食糧。」

話又說到題上了，猶太人要求一種比天降瑪納還更大的奇蹟，耶穌如今說梅瑟所降的瑪納，不是真正的天糧，他的聖父則有比瑪納更好的天糧。猶太人就直截了當地說：

「主啊，請你常常拿這種食糧給我們罷！」

「我就是生命的食糧。」耶穌鄭重地聲明說：「歸向我的人不再有飢餓，信服我的人不再有口渴。可是我告訴你們，你們雖親眼看到我，你們並不信服我。凡是聖父所賜於我的人，他們必定來歸向我，我決不拒絕他們。」

猶太人覺得有些莫明其妙，耶穌剛纔說天上聖父有真正的天糧，如今卻說他自己就是這種天糧，還要責斥他們不信他。猶太人便彼此議論紛紛：

「這個人不是若瑟的兒子耶穌嗎？他的父母，我們不都認識嗎？怎麼他說他是從天降來的呢？」

「你們不必私下議論。」耶穌答應他們說：「若是我的聖父不召叫一個人，這個人便不能歸向我。凡歸向我的人，我必定在末日使他復活。……我確實告訴你們，信我的人一定得永生；因爲我真是生命之糧。你們的祖先昔日在曠野裏吃了瑪納，如今已都死了；我這種天糧是從天降來的，吃了的人將來不會死。我就是從天降下的活糧。誰吃了這種活糧，將永遠生活。我所賜的食糧，即是我的肉軀，要爲世人的生命而犧牲。」

猶太人認爲越聽越離奇了，先聽說他是由天而降，如今又聽說他的肉軀即是永生的糧食。他們不但是私下議論，且大聲爭論了：

「這個人怎麼能夠拿他的肉軀來給我們吃呢？」

「我確實告訴你們。」耶穌裝作沒有聽見他們的爭論，繼續往下說：「你們假使不吃人子的肉，不飲人子的血，你們便不能有生命。凡吃我的肉飲我的血的人，乃得永生，我在末日，必叫他復活。我的肉真是食物，我的血真是飲料。吃我的肉飲我的血的人，他將存在我內，我將存在他內。」

猶太人聽了這些話，很不入耳，更不懂得有甚麼意思。一面搖頭一面議論，於是都走出會堂，不再聽耶穌講道了。就連耶穌的徒弟們，也覺得他的這些話反乎人情，彼此很敗興地說：「這些話太生硬了，誰可以懂呢！」耶穌卻向他們說：

「這些話使你們心亂？將來你們若看見人子昇到他原居的處所，你們還要更加心亂嗎？給人生命的是神明，不是肉體。剛纔我所說的話，是神明是生命。但是你們中間有些人不相信！」

有些徒弟們真的不相信了，他們也就離開耶穌，不再從他領教了。耶穌心中不勝悲傷，臉上顯出悽然的神色。他再問十二名宗徒說：

「你們也想走嗎？」

「主，我們往投誰去？你是有常生之道。我們相信而且也知道你是天主聖子。」伯多祿挺身代替同伴答覆耶穌。

「你們十二個人，不是我親自選的嗎？你們當中卻有一個魔鬼。」耶穌今天一點也不留餘情，說話說得徹底。

十二名宗徒裏，有一名猶達斯，他就不信耶穌，伯多祿雖然好心願意代表全體同伴，向教師表示信心。教師卻指明，他所願代表的人中，有一個人和他所談的話不相同。

僅僅隔了一天！昨天大家因著增加麥餅的奇蹟，心情熱烈，要擁奉他作猶太王。今天因著天糧的道理，大家都敗興散走，連剩下的十二個親信門徒裏，還有一個人不信他！

但是他說話最徹底，不肯妥協。他的肉他的血，真正要充作人的糧食，使人得永生。誰不信誰就走，他並不挽留，因爲他們不是聖父所召叫的人。耶穌不是來收買人心，他來是爲宣講聖父的真道。後來他真的犧牲了他的肉軀，真的立定了聖體聖事，拿自己的血肉作信徒的飲食。後代也有千千萬萬的人，說他：「怎麼能夠拿他的肉軀來給我們吃呢？」他的話乃是一種象徵。

耶穌讓這些人離開他的教會，因爲他們不是聖父所召叫的人。

聖父所召叫的人，是由伯多祿和他的繼位人作代表，相信耶穌的聖體聖事，敬禮他是天主聖子。㈠

註：

㈠　若望福音　第六章第二十二節至第七十一節。

二三、父爲子證

猶太人的五旬節期近了，耶穌上京。

五旬節爲巴斯卦逾越後的第五十日，猶太人在這一天舉行新麥感恩禮，爲全國的大節日。

大節的當天，耶穌走到耶路撒冷的貝特匝達水池邊，站著觀看往來的衆人。貝特匝達水池處在耶路撒冷城的「羊門」附近。「羊門」爲羊群進出的城門，附近有一水池，池側有五條遊廊。水池處於一小峰側，小峰名「膀削」，本地土名貝特匝達，水池因此名貝特匝達池。

貝特匝達池的五條走廊裏，臥滿了各色各種的病人。他們等著池中水動，爭先跳下池中；第一個跳下去的人，可以除淨百病。池水是地下礦水泉，時斷時流，水剛流出時，有治皮骨各病的靈效。猶太人相信，天使按時開水，第一個下水的人，沾恩治病。

在那一群病人裏，有一癱子，他患癱瘓已經三十八年。耶穌問他說：

「你願意好嗎？」

「先生，沒有人扶我下池。等我下去時，好些人已經先下去了！」癱子的答語很淒涼，但是他看著耶穌，希望他有好心扶他下水。

「起來！背你的臥榻出去！」耶穌忽然命令他說。（若望 第五章第六節至第八節）

癱子雖然不認識耶穌是誰，但是看見他神氣軒昂，兩眼發光，立刻一躍而起。他站了片刻，一身都呆木了。三十八年後一旦又能夠直直地站著，他不敢相信，他又想歡呼，卻不能開口。過了這一片刻的怔驚，纔知道自己果真病好了，把木榻往肩上一舉，大踏步地向外走，也顧不得向顯靈的人謝恩。

剛走了幾步，旁邊的人阻止他說：「節日罷工，不許背榻！」好了的癱子心中喜氣洋洋，大聲答覆說：「治好我的病那一位先生，命我背榻出去！」旁人便問：「命你背榻的人是誰？」好了的癱子這時纔想起自己應該問問那位先生的大名。可是耶穌早已走開了，在人叢裏再不見他的背影。好了的癱子只好放了木榻，走往聖殿參與祭禮。

干涉癱子背榻的人，一定不是普通的猶太人，必然是司祭或是法利塞人。他們聽到癱子說治好他的病的人命他背榻，已經推測到是耶穌，便不屑問他顯靈者是誰，只問他命他背榻的人是誰。

好了的癱子在聖殿裏遇到了耶穌，耶穌警告他說：

「你看，你的病好了，小心不要再作惡犯罪，不然，恐怕將來後禍勝於前禍。」（同上第十四節）

好了的癱子懂得這句話的意義。這位顯靈治病的先生，而且是位先知，知道他的隱惡。這位先知一定是大家所說的那位納匝肋的先知了。好了的癱子便返回貝特匝達池，告訴大家治好他的病的人，是納匝肋的先知耶穌。

司祭和法利塞人於是趕往聖殿，詰問耶穌，攻擊他破壞禮規：他不單是在罷工日治病，又命人背榻走路。耶穌安詳地答說：

「我的聖父至今常是工作不停，我便也繼續工作。」（同上 第十七節）

法利塞人切齒怒恨：這個目無王法的邪徒，犯了禮規，不認錯，竟敢大膽妄稱天主為父，自與天主平等！若讓這種人胡作妄為，猶太人不是要遭滅亡了嗎？應該早日拿這個邪徒處死。「於是便想把他殺了。」（同上 第十八節）

耶穌卻繼續說：

「我確實告訴你們，我單獨不能做任何事情，我看見聖父做什麼事，我纔做什麼事。因此，聖父所做的，我也做。……好比聖父起死人養生人，我也隨我所願，賦給人生命。父不審判人，把審判權交給了子。為的是使眾人敬子如敬父。凡不敬子的人，即是不敬遣子來的聖父。……我確實告訴你們：時候快要到了，目前已經就是時候，凡死去的人要聽到天主聖子的聲音，聽到這種聲音的人要死中再生。……你們不要驚怪，將來有一天，凡在墳墓中的死人都要聽到天主聖子的呼聲，出來受審，善人復活永享再生，惡人復活永受刑罰。」（同上 第十九節至第二十九節）

法利塞人怨恨耶穌，妄自尊大，比擬天主。耶穌更進一步，說明自己，行天父之所行，執天父之大權。將來審判世人的，不是天父而是他。法利塞人若不信服，將來有一天要受判永罪。

當然法利塞人不接受耶穌的這一段聲明，他們反駁他自稱天主子，自己爲自己作證，證據不足爲憑。耶穌辯駁說：

「若是我自己爲自己作證，我的證據當然不足爲憑。然而我有另外爲我作證的，而且我知道他的證據確實可信。你們從前不是遣人去看若翰嗎？若翰就曾爲真道作了證。但是我本不求人替我作證，我提若翰是願意你們可因此相信而得救。……爲我作證的，有較比若翰更大的。因爲聖父所給我履行的事業，即是我如今所行的事業，這種事業就見證我是聖父所遣來的；況且聖父自己也爲我作證。你們聽不到聖父的聲音，看不見聖父的形容，你們心中也不存聖父的大道，原因就是你們不信聖父所遣的使者。你們窮索經書，想求永生；可是經書沒有一冊不爲我作證。你們卻偏偏不願意歸順我，以得生命！……你們不要想我要在

聖父前面控告你們，控告你們的另外有人，即是你們所信賴的梅瑟。」（同上 第三十一節至第四十節、第四十五節）

法利塞人的金科玉律，不是梅瑟的律法嗎？梅瑟的律法則常說到天主要遣的救世主。假使他們真信梅瑟的律法，他們便也該信耶穌了。

「你們若真信梅瑟，便也該信我；因爲梅瑟所寫的，即是指著我。如今你們既不信梅瑟的書，那怎樣能信我呢？」（同上 第四十六節至第四十七節）

說猶太人不信梅瑟，那是一切侮辱中最大的侮辱。法利塞人更是以保護梅瑟律法而自豪，如今聽耶穌說他們不信梅瑟！「是可忍也，孰不可忍也！」（倫語 八佾）

「我不求人的讚美。」耶穌再加按語說：「而且我知道你們心中沒有愛天主之心！」（同上 第四十一節）(一)

法利塞人一心要保教保國；猶太的教和國，乃是天主的教，天主的國。耶穌竟責斥他們心中沒有愛天主之心。法利塞人從此和耶穌完全決裂了。

註：

(一) 若望福音 第五章。

二四、正心爲上

耶路撒冷的司祭和法利塞人，遣派偵探，四處追踵耶穌，找尋他的罪名。耶穌自覺不妙，從京都回到葛法翁小住後，便動身往國外的提洛和漆冬城。

在葛法翁他和耶路撒冷的偵探，已經起了衝突。

猶太古禮在飲食前，先行洗手。耶穌和徒弟們不守這種禮規。偵探們便質問他說：「你的門徒爲什麼違反祖先遺傳，飲食以前不洗手？」

「你們爲甚麼違背天主的誡律以守祖先的成規呢？」耶穌反問他們說：「天主的誡律命你們敬禮你們的父母。詈罵父母的人，死無赦。你們卻說：人只要向父親或母親聲明：你可以向我索取的奉養金，我已獻爲聖殿禮物；這個人便沒有養親的責任了。這不是用人的慣例去廢棄天主的大誡嗎？假善的僞君子們，依撒意亞先知描寫你們真描寫的好，先知代天主說：這些人只在口頭敬禮我，他們的心離我很遠。空空向我舉行敬禮，他們所講的則是人的慣例和禮規。」（瑪竇 第十五章第二節至第九節）

耶穌說到這裏，轉身招呼徒弟們走向前，然後大聲告誡說：

「你留心聽著，沾污人的，不是進口的東西，乃是出口的東西。」（同上 第十節）

偵探們滿臉羞慚，雙眼冒火，忍聲吞氣地走開了，徒弟們告訴耶穌說：

「法利塞人聽了這些話，心裏很見怪，夫子理會了嗎？」

「讓他們去罷！」耶穌答說：「凡不是我的天父所植的樹，終歸要被拔去。那班人自己本是瞎子，還要引導別的瞎子。瞎子引瞎子，不是一齊要掉在坑裏的嗎？」（同上 第十二節至第十四節）

伯多祿馬上想到他並沒有懂得耶穌剛纔所說的，他不也是瞎子？趕快向耶穌說：

「請夫子解釋一下進口出口的譬喻。」

「你們到如今還沒有腦袋？」耶穌嘆息說：「難道不知道進口的東西，通過肚腹便流到廁所去嗎？至於出口的東西，是從心裏發出來的。從心裏發出來的有淫念、謀殺、通姦、苟合、偷竊、誣害、瀆神；這一切都是沾污人的。不洗手吃飯，有甚麼沾污人的地方？」（同上 第十五節至第二十節）(一)

耶穌引著徒弟們往提洛、漆冬。提洛、漆冬為腓尼基的兩座城池，地臨地中海。提洛居南，漆冬居北。兩城的居民都不是猶太人。

耶穌先到提洛，隨行的只有十二名宗徒。忽然一個本地女人，跟在後面大聲喊說：

「主啊！達味王的後裔，請你垂憐我。我的女兒為魔所附，受苦的很！」（同上 第二十二節）

耶穌裝作沒有聽見，繼續往前走；那個婦人也繼續跟著喊。徒弟們開始不作聲，心中稀奇教師不理那個婦人，後來聽見婦人喊叫不停，便生厭心又怕招惹旁人的批評，便向教師說：

「夫子，有一個婦人跟在後面喊，不如打發她走罷！」

「我被遣來的使命，只是為以色列家所散失的羊群。」耶穌嚴肅回答了他們。

「主啊！求你救援我吧！」婦人來到跟前，跪下求救。

「把孩兒們吃的麵餅，拿給狗吃，不成好事。」耶穌不應允她的懇求。

「主啊！那當然不好！不過主人桌上掉下的餅屑，小狗是可以吃的！」婦人表示了她十二分的誠心。

「啊，你這個婦人，信德真大！」耶穌喜形於色地說：「就照你所希望的做罷！」（同上 第二十三節至第二十七節）

那個婦人的女兒當時就祛了魔鬼，恢復常態。㈡

救世主是天主在先許給以色列人祖先的，救世主而且是以色列人，他的使命開始是為救以色列。在以色列人拒斷救恩，釘死救世主在十字架以後，耶穌的徒弟乃向別國人民宣傳救贖的福音。一個腓尼基的客納罕婦人，不是以色列人；但是她的信德，不在以色列人以下；因此終歸於索得了靈跡。

從提洛耶穌往漆多，由漆多折回提庇留湖濱。附近居民知道他回來了，扶著病人來求醫治。

有人帶來一個又聾又啞的人，求耶穌撫摸。耶穌把他領到一邊，用手指探他的耳朵，再沾點唾沫抹他的舌頭，向天嘆了一口氣，然後命他說：「開開罷！」聾啞的人，又開口說話，又開耳聽話了。㈢

耶穌在湖畔荒郊裏講道，三天不進城市。聽講的人三天雲集不走。第三天，耶穌對徒弟們說：

「我憐惜這班人，跟了我三天工夫，在這裏沒有東西吃。打發他們空腹回去，恐怕有人要餓倒了！」

「在荒野裏，怎麼能有那些麵包，給這麼多的人吃呢？」徒弟們也很覺爲難。

「你們有多少麵包？」耶穌問說。

「七塊麵包，幾條小魚。」（瑪竇第十五章第三十二節至第三十四節）

耶穌叫他們吩咐大家席地坐下。他拿著麵包和魚，舉手祝福，交給門徒分與眾人。坐在地下的人，婦女小孩不算，男子大約四千人。眾人都吃飽了，剩下的麵包還收了七筐。耶穌遣散眾人回家，他率領徒弟們坐船往瑪加丹（Magedan）㈣

註：

㈠ 瑪竇福音　第十五章第一節至第二十節。馬爾谷福音　第七章第一節至第二十三節。

㈡ 瑪竇福音　第十五章第二十一節至第二十八節。馬爾谷福音　第七章第二十四節至第三十節。

㈢ 馬爾谷福音　第七章第三十一節至第三十七節。

㈣ 瑪竇福音　第十五章第三十二節至第三十九節。馬爾谷福音　第八章第一節至第十節。

二五、聲明信主

京城的偵探尾隨耶穌。耶穌在瑪加丹登岸後，他們立刻向他挑釁。瑪加丹地名如今已不傳了， 註釋家大都以爲是提庇留湖西岸的 el-Medydel，有的則說是湖東岸的 Maad。

在瑪加丹法利塞人要求耶穌顯一靈蹟，證明自己是天主所遣的救世主。耶穌答覆他們說：

「一個惡貫滿盈的人世要求靈蹟，那就只有給他們約納先知的所有的靈蹟。」（瑪竇第十六章第四節）

「如同約納在鯨魚腹裏困了三晝夜，人子也要在地腹裏三晝夜。」（瑪竇 第十二章第四十節）㈠

法利塞人啞口無言，他們不懂這個靈蹟的意義，因爲他們沒有先見之明。宗徒們也不知道耶穌所指的是甚麼事，等到耶穌死後第三日復活了，他們纔明瞭耶穌是以約納三天後脫出魚腹，象徵他自己死後第三天走出墳墓。

「在審判的那一天，尼尼微人要起來控告這一代人的罪；因爲他們聽到約納的教訓，悔心改惡，這一代人如今所聽到的，是比約納更大者在講道！」（瑪竇 第十二章第四十一節）

這一代人實在是惡貫滿盈了，他們的處境較比他們的祖先們更壞，魔鬼控制了他們的惡心。耶穌設一比喻說：

「一個魔鬼被逐出去了，在荒郊裏徘徊不安，找不到一處安身的地方，他乃說：我還是回到原先所住的地方去。但是，當他回來時，看見原先的房子，雜亂的東西都搬空了，房裏打掃清潔，牆壁也粉飾好了。魔鬼便去叫七個比他更凶的魔鬼，一齊打進那間房間。於是這個人後日的景況，比前日的景況更壞了。眼前這個作惡的世代，就是這樣。」（同上 第四十三節至第四十五節）㈡

耶穌離開了法利塞人，率領徒弟們再上船往貝特賽達。船順風而行，耶穌坐著和徒弟們談道。

「你們留心提防法利塞人的酵粉。」耶穌警戒徒弟們說。

「這是責備我們沒有預備麵包了！」徒弟們彼此私下議論著。

「你們這班小信心的人！你們憂慮沒有麵包？還不懂我所講的話！難道就不記得五塊麥餅吃飽了五千人，剩下了多少筐？七塊麵包吃飽了四千人，又剩了多少筐？我說留心提防法

利塞人的酵粉，不是指的麵包，這一點你們也不懂？」（瑪竇 第十六章第六節至第十節）

徒弟們經過這一棒喝，纔省悟教師是提醒他們，不要沾染法利塞人的習氣。㈢

在貝特賽達上了岸，耶穌治好了一個瞎子。在治好以前，耶穌引他到村莊以外，拿唾沫擦在他的眼上，用手拍拍他說：

「你看見東西嗎？」

「我看見有人在走，這些人像樹一般的大！」瞎子驚訝地說。（馬爾谷 第八章第二十四節）

耶穌再摸一摸他的眼睛，瞎子睜眼四週一看，一切看得清楚。耶穌吩咐他回家，不要往村裏去。㈣

從貝特賽達，耶穌折回斐理伯區的凱撒勒雅城。凱撒勒雅城是斐理伯侯所建，取羅馬皇提庇留凱撒的名字。在這一區裏認識他的人不多，耶穌能夠得享一刻的清閒。一邊走路，一邊和徒弟們談笑。

徒弟們跟他已經一年多了，每天經他面訓耳提，時時看他顯行靈蹟。耶穌願意試一試他們，究竟對他有什麼觀念。以後的年月，困難愈多，阻力越大；因爲耶路撒冷的權貴，一定要步步逼著他，叫他沒有安身的地方。如今應該堅定徒弟們的信心，使他們觀念清楚。

耶穌忽然停了步，問徒弟們說：

「人家說我是誰。」

「有人說你是若翰。」

「有人說你是厄里亞。」

「有人說你是耶肋米亞。」

「有的說你是先知裏面的一位先知。」

「可是你們以爲我是誰？」

「你是基督，永生天主的聖子！」伯多祿昂著頭，直爽地高聲答覆著。

「若望的兒子西滿，你是有福的人！」耶穌莊嚴地向伯多祿說：「血肉之人不能拿這樁大道啓示你，啓示你的，乃是我在天的聖父。我因此也告訴你：你是塊磐石，在這塊磐石上，我要建立我的教會，陰間的勢力不能駕乎其上。我把天國的鑰匙也賜給你。凡是你所拘束的，在天也認爲被拘束；凡是你所開釋的，在天也認爲被開釋。」（瑪竇第十六章第十三節至第十九節）

這一段簡單的對話，是耶穌救贖大業的關鍵。後代能有繼續宣傳耶穌福音聖經的人，全靠耶穌在伯多祿的權力上，建立了他的教會。

徒弟們聲明信教師是天主聖子，是救世主基督。但是耶穌也知道徒弟們對於基督所有的希望；他們希望基督升登猶太的王位。耶穌乃第一次明白說出自己的命運：他要在耶路撒冷被司祭們和法利塞人所謀害，他們要捕拿他，凌辱他，終至殺死他。但是死後第三天他要復活。

徒弟們一時毛骨悚然，大家屏住了氣息；事情要弄到那般悲慘的田地呢？他不是天主聖子嗎？既能復活又何必被殺死呢？伯多祿忍無可忍，拉住教師到一旁，力勸說：

「主，萬無此理，這般遭遇決不能臨到你的頭上！」

「魔鬼，退開去！」耶穌推開他說：「你敢引我作惡？你只知道體貼人情，不懂得履行天意！」隨即告誡徒弟：

「誰願意跟隨我，該當克己，肩負自己的十字架跟著我走。誰若愛惜自己的生命，便要遺失自己的生命。誰若爲我捨生，他將取得生命。假使一個人富有天下，卻喪失自己的靈魂，財富爲他有甚麼益處？他拿甚麼去贖自己的靈魂呢？」（同上第二十二節至第二十五節）

耶穌的話越來越森嚴，徒弟們不寒而慄。救世主踐登王位的美夢，早如秋風掃落葉被這一段話掃空了。徒弟們心中所留下的，有慘苦的十字架，有冷酷的死亡。

耶穌換轉話頭，拿一種新的希望送進徒弟們的心中：

「人子是要踏乘聖父的光榮，率領天使從天降來，按人的行爲，施以報應。我確實告訴你們，現在站在我眼前的人，必定有人在死以前，可以看見人子駕臨自己神國的威儀！」

（同上 第二十七節至第二十八節）

救世主雖不登猶太的王位，雖將遭受殺戮，他的威權卻更大更高，他將爲天國之君，審判萬民。徒弟們在那時將有永生的賞報。況且耶穌不久就要把自己的威權顯示給幾個徒弟，堅定他們的信心。㈤

註：

㈠ 瑪竇福音 第十六章第一節至第四節。瑪竇福音 第十二章第三十八節至第四十節。馬爾谷福音 第八章第十一節至第十二節。路加福音 第十一章第十六節、第二十九節、 第三十節，第十二章第五十四節。

㈡ 瑪竇福音 第十二章第四十三節至第四十五節。

㈢ 瑪竇福音 第十六章第四節至第十一節。馬爾谷福音 第八章第十三節至第十五節。

㈣ 馬爾谷福音 第八章第二十二節至第二十六節。

㈤ 瑪竇福音 第十六章第十三節至第二十八節。馬爾谷福音 第八章第二十七節至第九章 第一節。路加福音 第九章第十八節至第二十七節。

二六、顯示聖容

從斐理伯耶穌繞到低加波利，然後進加里肋亞。第六天，引著徒弟們到大博爾山。夜間，由伯多祿、若望、雅各伯三人陪著，登山祈禱。

大博爾週圍沒有連綿的山脈，孤峰獨出，屹立五百多公尺高。山路如羊腸出沒於樹林灌木中，山頂有平台，可以縱目千里。

耶穌登上山頂平台，跪地祈禱。三個徒弟鋪開大氅，席地安睡。忽然白光射眼，三個徒弟從夢中驚醒。睜眼一看，白光發自教師全身。教師的臉面光耀如同太陽，一身衣服素白如同白雪。

白光逼著眼睛，不能久看，三個徒弟睜眼閉眼，心中又驚又喜。忽而看見兩位長者，長鬚皓眉，站在耶穌左右，共相談論。從兩位長者的形貌，他們知道一位是梅瑟，一位是厄里亞。

伯多祿情不自禁，脫口喊說：

「主啊，我們留在這裏是多麼快樂！你若願意，我們就搭起三座帳幕，一座爲你，一座

為梅瑟，一座為厄里亞。」（瑪竇 第十七章第四節）

事後伯多祿承認當時自己不思不想，不知說些甚麼。他們三個人像是出了神，忘記了周圍的一切。

伯多祿剛說了話，天空降下一朵彩雲，圍住了耶穌和同他說話的梅瑟、厄里亞。雲都發出聲音，聲如巨雷：

「這是我的愛子，他中悅我的心，你們該當聽從他。」（同上 第五節）

三個徒弟嚇的滿身戰慄，伏地不敢抬頭。猶太人常說，誰見了天主就要絕命。三個徒弟害怕面對天主，馬上要喪失魂魄。

過了片時，他們聽見有聲音喊說：

「你們起來，不要害怕！」

這次的聲音，是他們熟識的聲音，是教師在喊他們，同時又覺到教師在拍他們的肩背。他們抬起頭，星月皎然，面前站著如同平日的耶穌。

剛纔的白光，白光中的人物，是真的呢是作夢呢？他們不敢動問。耶穌領著他們下山，路上警戒他們：

「人子沒有從死中復活以前，莫把方纔所看見的事告訴別人！」（同上 第九節）

剛纔的事所以是真的事了，不是他們作夢。他們漸漸長了膽氣，問問這事的意義。白光中見了厄里亞，是不是厄里亞按照猶太人的傳說，要來在救世主以前呢？他們便問說：

「經師們說厄里亞要來在救世主以先，這是甚麼道理？」

「厄里亞固然該來，整頓一切的事。」耶穌答說：「可是我告訴你們，厄里亞已經來了，大家卻不認識他，任意難爲他。人子將來要遭遇強橫逆難，也將同他一樣。」（同上第十節第十一節）

徒弟們懂得耶穌所說的厄里亞，是指的洗者若翰。若翰這時剛被安提帕侯所殺，徒弟們覺到教師的話很不吉利，他們便啞口不言了。㈠

但是大博爾山上的奇景，深深的刻在三個徒弟的心中。伯多祿老年時寫信告誡信徒們說：

「我們宣講我主耶穌基督的神威德能，和他的重新降臨，並不是根據幻想虛構的小說傳記，是根據我們親眼所看見的威靈。當他身受天主聖父的神威光臨時，有聲音自天降在他身上：這是我的愛子，他中悅我的心。這種聲音是我們和他同遊聖山時，親耳聽見從天發來。我們因此越加信服先知的預言。」（聖伯多祿第二書　第一章第十六節第十七節）

先知達味，早已講過大博爾山：

「大博爾與赫爾孟，論名不勝喜，聖臂具大能，神權無比擬。」（聖詠 第八十九篇）伯多祿曾於今在山路上，在晨光熹微裏和他們談話的耶穌，片刻以前顯有天主的神威。伯多祿曾聲明耶穌是天主聖子，於今天主親自從天肯定這樁大道。伯多祿越想越覺得稀奇。將來有一天，若望要在另一座小山坡上，看見耶穌夾在兩個罪徒當中。耶穌身上沒有白雪般的衣裳，乃是裸露身體，遍身血污，懸在十字架上。在那一天，若望大約想起大博爾山，也想起耶穌預言了自己的遭遇。

耶穌走下大博爾山，天已大明，看見眾人圍住他的宗徒們，宗徒們都有倉皇失措的神氣。耶穌走到跟前，眾人閃開兩旁，人叢中間臥著一個附魔的青年。青年人的父親連忙跑到耶穌足前跪下，懇求治好他的兒子，因爲宗徒們不能驅除魔鬼。耶穌嘆息說：

「這種缺乏信德乖戾作惡的世代，我留在你們中間能有多久？我還多久要容忍你們！把你的兒子領來罷！」（瑪竇 第十七章第十六節）

耶穌呵斥魔鬼出去，魔鬼離了青年，癲癇的青年立時好了。

宗徒們在路上私問教師說：

「爲什麼我們驅不了那個魔鬼呢？」

「因爲你們缺少信德。我告訴你們，假使你們若有像一顆芥子小的信德，命這座山移開，山就會聽命移開；凡你們所命的事，沒有不成的。不過，剛纔這類的魔鬼，不守齋祈禱，也不能驅除。」（同上 第十八節至第二十節）

耶穌目光中，已經常看著自己的死期，他死後雖然又要復活，但是傳道顯靈都將由宗徒們擔任了。如今人們還不信他的宗徒，宗徒們自己也沒有信心，耶穌因此浩嘆說：「我還多久要容忍你們！」㈡

在大博爾山看見奇景的三個門徒，沿途悄悄地把事都講給同伴聽了。教師吩咐不許告訴人，但是三個徒弟以爲告訴同伴是應該的事。

大家聽到教師在山上所顯的神威，而且梅瑟和厄里亞都來奉承他，他們喜樂的手舞足蹈了。他們教師就是天主所遣的救世主，他必定要恢復猶太王國。於是他們彼此中間起了爭論，爭論他們中間誰是大，誰是先。

耶穌讓他們在背後悄悄議論，他心中不勝浩嘆：「我還多久要容忍你們！」

註：

㈠瑪竇福音　第十七章第一節至第十二節。馬爾谷福音　第九章第二節至第十三節。路加福音　第九章第二十八節至第三十六節。

㈡瑪竇福音　第十七章第十四節至第二十節。馬爾谷福音　第九章第十四節至第二十九節。路加福音　第九章第三十七節至第四十三節。

二七、訓誨宗徒

耶穌回到葛法翁城，羅馬皇的稅吏已經在等著他。京城的偵探和稅吏們商議停當，要試探耶穌是否納稅。

不納稅，是違背國法，形同叛逆。給羅馬皇納稅，則又是自認賣國，將失去民眾的信仰。

耶穌剛進寓所，稅吏便叫伯多祿出來，問他說：「你的教師不納稅嗎？」伯多祿豎起鬍鬚答說：「當然」就一氣走進屋內，報告耶穌。耶穌問他說：

「西滿，你想一想，一個國王向誰徵稅呢？向自己的兒子還是向別人？」

「當然是向別人課稅！」

「那麼，皇子是可免稅的了！但是我們不要引人驚怪！你往湖邊去鈎魚罷，在第一尾鈎上的魚的嘴裏，你要找到一枚錢，就掏去替我和你還了稅罷！」（瑪竇第十七章第二十二節至第二十六節）㈠

耶穌坐在寓所裏，微笑地問徒弟們說：

「你們在路上講論甚麼事?」

徒弟們面面相覷彼此都不說話。剛纔在路上，他們是爭論他們中間誰大誰小。在這一點上，教師是不容情的。

耶穌叫來一個小孩子，手撫摸他的頭，然後環顧徒弟們說:「我確實告訴你們，你們若不虛心，變爲赤子小孩，你們便不能進天國。惟有自謙自卑像小孩著，纔是天國裏的大人。」(瑪竇 第十八章第三節)

「誰若想居在別人以上，便應該自居人後，爲別人服務。」(馬爾谷 第九章第三十五節)

耶穌的使命，不是來爲人上，是來爲救人，爲人服務。徒弟們該注意的，不是誰大誰小，是使人不遭喪亡。猶如:

「一個有百頭羊的人，若是失落了一頭，他難道不暫時安置了他的九十九頭羊，自己去找尋那一頭失蹤的羊嗎?他若能找得了，他心中的快樂，我確實告訴你們，必定較比有那九十九頭沒有失去的羊還大!你們在天聖父，不願失落一個小子，他的心也是這樣。」(瑪竇 同上 第十二節至第十四節)

小子赤子之心，乃人世中最可寶貴的。誰若因著耶穌的名字，收納一個小孩，就等於收納耶穌。假使若是一個惡心人引小孩作惡，那更好拿引小孩作惡的人，用磨石繫在頸上，沉在深淵裏淹死。

「你們小心莫輕看一個小孩；因為我告訴你們，小孩們的護守天神，在天堂得瞻仰我天父的聖顏。」（同上 第十節）(二)

天主為愛護每一個人，特遣一位天神，照顧護守他。宗徒們彼此，還不該彼此相愛嗎？彼此相愛，相愛以德，孔子曾說：「愛之能勿勞乎，忠焉能勿誨乎！」（論語 憲問）耶穌教誨門徒們該當彼此規過勸善。

「兄弟有過，該當等他單獨無人時，好言規勸他。他若聽勸，你就保全了你的兄弟。若不聽，你再叫一兩個兄弟同去勸他……若再不聽，則報告教會。若又不聽，則絕之，待之如外教人。」（同上 第十五節至第十七節）

門徒們日後都是教會的主管人。教會主管人不單有權可以警戒信徒，而且具有赦罪或定罪不赦的權力。

「我實話告訴你們，你們在地上所束縛的，在天也見束縛；你們在地所釋放的，在天也見釋放。」（同上 第十八節）(三)

若望因此插口說：

「夫子，我們曾看見一個人，奉你的名字驅魔，我們見他不是我們中間的人，便禁止了他。」

「不要禁止！」耶穌教訓他說：「一個人奉我的名字行靈蹟，他不會轉臉毀謗我。誰不反對我們，就算相幫我們。」（馬爾谷 第九章第三十八節至第四十節）㈣

門徒們請教師教導他們行祈禱，洗者若翰也曾教導自己的門徒，祈禱天主。耶穌告他們說：

「行祈禱時，不必多言，不要像外教人行祈禱，他們以爲經文冗長，必蒙垂聽。你們千萬不要效法他們。因爲你們行祈禱以前，你們的聖父已經知道你們的需要。」

「祈禱時，應該說：我們在天的聖父，我們願你的聖名受稱揚。願你的神國早臨。願你的意旨見行於地如同見行於天一樣。求你賞賜我們今日所需的糧食。求你寬恕我們的惡失，如同我們也寬恕開罪我們的人的過失。求你莫引我們陷入誘惑裏。求你從災禍裏救出我們。」（瑪竇 第六章第七節至第十三節）㈤

天下沒有一篇祈禱經文，像這篇經文的簡單莊嚴！所求的是天主的光榮，所求的是免於罪惡；對於物質的要求，僅只說了一句。經文中充滿愛天主之愛和愛人之情。這篇經成了宗教經文中最高的經文每天在地球上，不分東西，常不斷地有人虔誦著。

耶穌又教訓門徒們，祈禱要有恆心。他講述兩個譬喻。有一個人半夜裏來了客人，家裏沒有麵包款客，急忙趕到鄰居家裏借麵包，鄰居已經閉門安睡。他敲著門，鄰居從房內答應說，小孩們一起睡在床上，自己起來怕驚醒小孩們，請他轉去不要再敲了。那個人卻繼續敲門，而且越敲越急，鄰居只得起床，拿麵包給他，請他快些走。又有一個縣官，不畏天不怕人，素不理人民的訴訟。一天一個寡婦來訴冤，縣官置之不問。第二天寡婦又來叫冤，縣官驅逐她出去。可是以後每天，寡婦天天登堂叫喊。縣官厭她纏攪不休，只得收了狀子，替她昭雪冤苦。耶穌囑咐門徒向主求恩，應該有這樣的恆心：

「你們注意這一點，這個不義的縣官，尚且這樣辦了；天主豈能不聽自己所招選的人民，日夜呼籲，不爲他們昭雪呢？又豈能漠視人們的困苦。長久不理？我確實告訴你們，天主必定迅速替他們雪冤。」（路加 第十八章第六節至第八節）㈥

在十二個宗徒以外，耶穌又選了七十二門徒，遣發他們兩個兩個一隊，出去傳道。七十二人傳道回來，興高采烈，告訴耶穌說：

「藉著主的名字，魔鬼也受我們的約束了。」

「你們不要以爲魔鬼服從你們，心中高興。你們應該以爲你們的名字已經寫在天上，心中慶幸。」（路加 第十章第十八節至第二十節）

降服魔鬼，顯靈治病：爲本人並沒有利益，若是心中沾沾自喜還不免有驕矜的罪惡。門徒所該慶幸的是他們已經是被選升天的人。耶穌自己也爲這事慶幸，因爲這是他的救贖事業的成效。他那時心中勃然喜悅，感謝聖父：

「偉哉聖父，天地大主，你令世上的明智人不明妙理，卻把妙理啓示無識的赤子。你高興樂意這樣做，事情真爲奇妙！父把一切已交給子，識認子的只有父，認識父的只有子，和一班受了聖子啓迪的人。」

這一班漁夫小販們即是受聖子啓迪的人，他們受了選，去宣傳天主的大道；學者貴人們，反倒不受天主的提拔。

「一雙眼睛能夠看見你們所看見的奇蹟。這雙眼睛真算有福氣。我確實告訴你們，古來有多少先知和君主，希望見你們所見的，聽你們所聽的，他們都沒有見到，也沒有聽到。」（路加 第十章第二十一節至第二十四節）

十二名宗徒和七十二名門徒，當時懂得了自己的福氣嗎？世俗的見識，那時仍舊蒙蔽他們的心靈。他們常是希望基督踐登猶太的王位。等到耶穌死而復活，已經不能作人世的王了，他們纔開始看重天國，纔慶幸自己蒙選的大恩。

註：

㈠瑪竇福音　第十七章第二十四節至二十七節。

㈡瑪竇福音　第十八章第一節至第十四節。馬爾谷福音　第九章第三十三節至第五　十節。

㈢瑪竇福音　第十八章第十五節至第二十節。

㈣馬爾谷福音　第九章第三十八節至第四十節。

㈤瑪竇福音　第六章第七節至第十五節。路加福音　第十一章第一節至第四節。

㈥路加福音　第十一章第五節至第十三節。

二八、愛仇恕怨

伯多祿問耶穌說：「夫子，若有一個兄弟屢次開罪我，我該當寬恕他多少次數？七次夠不夠呢？」

「我不說七次，而說七十七次！」

愛德不能拿數目計算。人家的長處，恩惠和惡失，或者可以拿數目計算：但是耶穌救人愛人，不是教人看別人的長處和短處，乃是教人看天主的美善。天主的美善大無限量。

耶穌乃講一譬喻。

昔日有一位國王，招集宮裏的近侍們，叫他們清理每人所管的賬目。查出一個近侍，虧欠銀子一萬兩。國王命鬻賣他的妻子兒女，並賣他本人，給人做奴，爲償清賬目。近侍乃覲見，伏地叩頭，千言萬語，伏乞天顏開恩展期，容他籌款還債。國王看見他的哀苦情形，動了慈心，連全部債銀，整數豁免。近侍收了眼淚，叩頭謝恩而出。

走出宮門，在門前遇到一個同僚。他馬上想起同僚欠他銀子一百兩，攔路把同僚擋住，逼他償還銀子。同僚跪下哀請展期，他厲聲拒斷。強拉同僚到官，控告逃債不償，逼迫同僚入獄。別的同僚大抱不平，奏知國王。國王聽後大怒，立刻下令捕拿殘忍的近侍，怒目責罵他說：「狠心的惡奴，你求我，我寬免了你的重債；你難道不可以憐惜你的同僚，像我憐惜你一樣？」國王吩咐拿他下獄，罰他償還萬兩銀子，一分不容短少。

耶穌乃警戒門徒說：「假使你們不真心寬恕你們的兄弟，我的在天聖父，也要這樣待你們。」（瑪竇 第十八章第三十五節）㈠

一位經師不服耶穌的教訓，故意從中挑撥，帶著諷刺的口氣問說：「誰是我的兄弟？」

耶穌注視了經師一眼，乃講出千古傳誦的一個奇妙譬喻。

一個加里肋亞的猶太人從耶路撒冷往耶里哥，夜間趕路，半途遇到竊盜。竊路強人要了買路錢，剝了他的衣服，用刀刺傷他的身體，把他半死半活的拋棄在路邊；他們便奔入曠野去了。

一名司祭，第二天打從那條路上過，看到路邊臥著血肉模糊的一個人，嘆氣呻吟，停步看了一眼，昂然不顧而去。不久又來了一名肋未族人的助祭，一眼看到遭了竊盜的人，心中膽虛，提步加緊走開。最後一個撒瑪黎雅人，走到了僵在路傍的猶太人跟前，看見他傷重的情況，大動於心，勒住了馬，跳下地來，拿油敷在他的傷口，用布纏住。然後取出大氅，裹住他的身體，扶他上馬。走到前面一座客店裏，吩咐店中伙計拿清水洗傷，安排床舖給安息。第二天早晨，撒瑪黎雅人動身趕路，拿出兩錠銀子，交給客店主人，作遭竊的人的醫藥費，又囑咐主人，用心侍候，多費的錢，等他轉來時，一併償還。

耶穌乃問經師說：

「上面所說的三個人中，你看那一個人算是遭難人的兄弟？」

「那個有慈心憐憫他的人，算是他的兄弟！」經師答說。

「你去罷！你也照樣去做！」（路加　第十章第三十六節）(二)

經師雖是被逼，尚不願口中說出撒瑪黎雅這個名字，僅僅說那個有慈心的人；猶太人不能看撒瑪黎雅人爲兄弟！耶穌則命他去效法這個慈心的撒瑪黎雅人，以仇人猶太人爲兄弟，慈心憐憫自己的仇人。

子夏曾對司馬牛說：「商聞之矣。……四海之內，皆兄弟也。」（論語　顏淵）然而四海之人，彼此卻常是陌生人，兄弟之道要有彼此相助相愛的實事，纔可以覺出是兄弟。因此耶穌問經師在看見遭了竊盜者的三個人中，那一個算是他的兄弟，經師答說是那個憐憫了他的那個人。前面走過的司祭和助祭本都是猶太人，和被竊的人爲同胞兄弟，他們漠不關心的態度，連一個猶太經師，也不能承認他是被傷的猶太人的兄弟了。

儒家以天地好生之愛爲仁，人以天地之心爲心，人便該仁民而愛物，耶穌之道，以天主愛人之愛爲仁。天主愛人，遣聖子救人而以人爲義子，人乃同是一父之兄弟。子心同父心，人之仁乃是以天主義子之愛而愛天主而愛旁人。耶穌之仁愛，乃真是父子兄弟之愛，而不是物我同體之愛。物我同體，人同於物；㈢人與天主為父子，則人類於天主。耶穌之仁愛，乃是超乎人性之愛，乃能包括人的仇人。

「你們若僅僅愛那些愛你們的親人，這算甚麼恩愛？與敵為奸的稅吏，不是也這樣作嗎？你們若僅問候自己的兄弟，這算甚麼過人的善舉？不信天主的人不是也做這事嗎？你們則應該達到至善，如同你們在天聖父的一樣慈善。」（瑪竇 第五章第四十六節至第四十八節）

聖父的慈善，遍愛天下人類，人的慈善便在愛親友又愛仇人。

註：

㈠ 瑪竇福音　第十八章第二十一節至第三十五節。路加福音　第十七章第四節。

㈡ 瑪竇福音　第十章第二十九節至第三十七節。

㈢ 王陽明全書：「大人之能以天地萬物為一體也，非意之也，其心之仁本若是其與天地萬物為一也。」（大學問）

二九、帳棚聖節

以色列人由梅瑟引出埃及，往巴肋斯坦時，在曠野裏徘徊了四十年。四十年光景常住在帳棚裏。後來他們佔據了巴肋斯坦，建立了國家，爲紀念曠野的生活，爲感謝天主的助佑，以色列人世世代代每年在秋季舉行帳棚節。

逢帳棚節時，猶太人結隊往耶路撒冷朝聖，每人右手拿著一根樹枝，耶路撒冷，頓變成一座森林。

耶穌自斐理伯的凱撒勒雅城回到葛法翁後，不久，帳棚聖節已近，耶穌的親戚們來約他一起往耶路撒冷，勸他乘機在京城裏多顯靈跡，招人信服。但是他們自己心目中，還不大相信他。耶穌拒絕和他們同行：

「你們自己去過節罷！我的時機還沒有到，聖節時，我不打算去。」（若望 第七章第八節）

親戚們動身後，耶穌私自也動身往耶路撒冷，沿途不聲不響。經過撒瑪黎雅時，撒瑪黎雅人沒有表示歡迎，也不爲他預備旅社，徒弟們大怒，若望和雅各伯勸教師召呼天火，焚燒撒瑪黎雅人城邑。耶穌呵責道：「你們倒是有甚麼心理？人子之來，不是爲毁滅人，乃是爲救拔人。」（路加 第九章第五十五節）㈠聖節開始時，京都來從各方的朝聖人，議論紛紛，都講著耶穌，有的說他是善人，有說他是妖言惑眾。大家都找他，「他究竟在那裏呢？」卻又都不敢公然訪問，因爲京城的教會首長已經禁止人信從他。

八天節期過了一半，耶穌忽然出現於聖殿，當眾宣講。聽講的人驚奇他講話的高妙，又知道他原來出身是無學的木匠，彼此交頭接耳地說：

「這個人從來沒有入過學，怎麼他知道經書呢？」

「我的道理不是我自己的。」耶穌便直接答覆他們：「乃是遣我來者的道理。只要一個人誠心履行天主的誡律，他就能夠辨別我的道理，究竟是天主的，還是我自己的。凡是憑自己而講道的人，一定追求自己的光榮。若是一個人只追求遣他來者的光榮，他的話一定是真的，他不會背乎正義。」

耶穌屢次聲明，他的一舉一言，都是遵行天主聖父的旨意。猶太人很容易辨別他講的道，真正是天主的道理。但是猶太人已經忘了天主的誡律，已經不認識天主，他們也就不認識天主所遣的救世主了。

「昔日梅瑟不是給你們立了誡律嗎？你們中間竟沒有人遵守這種誡律！你們究竟爲甚麼

想殺我呢？」

「你中魔了，誰想殺你。」聽眾們怒憤地回答說。

想殺耶穌的，不是那班來自各方的朝聖人，是京城的首長和法利塞人。這班人派有偵探夾在當時人叢裏聽講。偵探們一聽耶穌說有人要殺他，彼此竊語道：

「他果不是司祭長們所要殺的人嗎？為甚麼他如今公開講道，卻沒有人對付他呢？難道當局也信他是救世主基督嗎？基督來時，沒有人知道來歷；這個人的來歷，我們知道清楚。」

「你們知道我是誰，」耶穌又針對著他們的私議作答：「也知道我的來歷；可是我並不是我自己來的，乃是有遣派我者。他確實是真實無妄。你們當然不認識他，我則認識他，因為我是從他那裏來的。」

偵探們惱羞成怒，怨他箭直指責他們，想動手捕捉他。但是聽見周圍的民眾紛紛說：「基督降生時，所行的靈蹟，難道還能多於這個人所行的靈蹟？」偵探們膽虛，不敢造次，怕招惹眾怒。耶穌卻似乎安慰他們，不必急燥：

「我同你們在一起的時間，還只有片刻了。我要回去見遣我來者。那時你們再尋我，已找不著。我所在地方，你們不能到。」

聖節的第八天正期，典禮更形隆重，司祭們排隊奏樂，捧著金壼往史羅亞池取水，取水回殿，把水傾在祭壇上。

耶穌站在聖殿裏，高聲講說：

「誰若口渴，可到我這裏來喝水。凡是信我的人，要像經書所說：從他們懷中，活泉湧出，長流不息。」

在長年乾旱的巴肋斯坦，活水是最被重視的寶貝。雅各伯古井畔的撒瑪黎雅婦人，一聽見耶穌有活水，立刻求他把活水賞給他。然而耶穌的活水，乃是精神生活的活水，是指的天主聖神。

眾人聽說耶穌有活水，大家說：

「這個人確實是位先知。」

「這個人乃是救世主基督。」有的人又爭辯說。

「基督怎麼會生在加里肋亞呢？」別的人又辯論道：「經書上不是說基督爲達味的後裔，要來自達味的故鄉白冷城嗎？」

偵探們聽到這些爭辯，回去報告法利塞人和司祭長。司祭長們責備他們爲什麼不下手，捕捉耶穌。偵探們說：

「從來沒有一個人講道，像他那樣講的好！」

「難道你們也被他迷惑了？」司祭長們氣的臉色發青，倒豎虎鬚，厲聲責罵他們：「在學者，紳士，和法利塞人中，有誰信他呢？惟有下流的平民，不懂誡律，纔相信他。這種平民真可痛恨！」

不料就是在紳士法利塞人中，坐著從前深夜來訪耶穌的尼苛德摩，這位紳士心中是信耶穌的。他便反駁司祭長們說：

「還沒有起訴，又沒有審查他的行動，按法不能判他的罪。」

在座的法利塞人都睜開眼看他。在他們中間竟有人替耶穌辯護，他們真不敢相信自己的耳朵。大家一齊開口攻擊尼苛德摩了：

「你難道也是加里肋亞人？你去翻一翻經書，就知道加里肋亞不是出先知的地方！」

大家氣憤憤地散了會。捕殺耶穌的議案，未得通過：因爲耶穌殉難的時候，還沒有臨到。㈡

註：

㈠ 路加福音 第九章第五十一節至第五十六節。

㈡ 若望福音 第七章。

三〇、寬赦姦婦

法利塞人決不死心，他們要設計，逼著耶穌自招罪刑。第二天他們已經給他排佈了一個死陣，四門都是陷井，他們算定他絕無走脫的生路。

當夜，耶穌領著徒弟們出城，過了翠柏澗，到橄欖山裏露宿。法利塞人卻派差役在早已知情的一雙淫濊男女的住屋前暗藏，等到奸夫進屋後，一擁而入，把奸婦拿住，帶來拘禁。

第二天清晨，耶穌進入聖殿，照常坐著向人宣講。

過了片刻，忽然聽見人聲喧嘩，大家轉頭一看，只見一叢人擁著一個婦人走向前來。到了耶穌跟前，法利塞人把婦人推出立在眾人和耶穌之間，然後莊重地問耶穌說：

「夫子，這個女人在犯姦時，被捉住了，按照梅瑟的律法，罪該被石頭打死；你的意思怎麼？」

耶穌昂頭一看，面前的法利塞人臉上裝出沉重的面色，後面的司祭和差役們滿臉猙獰的苦笑，他們大家心中都是得意洋洋，已經預備著要看耶穌進退兩難的情形：說不該死，則觸犯律法；說該死，則喪失民眾對新道的信心。

耶穌一聲不響，出乎尋常地弓著腰在地上，用手指寫字。法利塞人這時不想他沒有讀書，不知道寫字了；各人卻爭著俯首看他寫的是什麼。

耶穌剛寫完一句話，看的人中就有一個驟然面熱的耳赤，心抖抖不安。耶穌寫完第二句，又有第二個人心驚肉跳。旁觀的人只知道他寫的是地名或人名，心驚的人則知道耶穌暗指他的隱惡。如今是法利塞人和司祭們，覺得進退爲難了。他們便高聲接二連三催耶穌答覆。耶穌挺起身來，眼光向四週一掃，嚴肅地答說：

「你們中間誰沒有罪惡，就第一個拿石頭打她。」

立刻又弓著腰在地上寫地名人名，再不抬頭看人。旁邊的人則從他的手指上，知道他在觀察他們的心蘊。地上所寫的字，叫他們過於不能自安，便一個一個無聲地溜開。若望當時親身在場，他在福音傳上說明，先溜走的是年老的人。

舊約古經記載美婦蘇撒納被兩個謀姦不遂的長老誣告犯奸，判處石擊死刑。達尼爾先知因著天主的啓示，揭破長老的隱惡，先向第一個說：「你這個一生作惡的老妖，你以前所作的罪，現在都到你身上。你執行不義的裁判，處決無辜，釋放罪徒。」又向第二個說：「客納罕人的惡種，美色迷了你的眼，淫慾顛了你的心。你逼迫以色列的女子，她們怕你，只得隨合你；猶太的女子豈能忍受你的邪惡？」兩個長老終於被石頭擊死，蘇撒納昭雪了冤污。

（達尼爾書　第十三章）

年老的法利塞人看著耶穌寫在地上的字，當然想起達尼爾書上的兩個長老，恐怕自己遭了連累，三十六計走爲上策，趁耶穌不看時都溜走了。

那個犯姦的女人，垂頭站在原處，寸步不敢動。她是覺得羞愧無地容身。

耶穌等到捉拿婦女的那班人都溜走了，然後伸起身上，看著婦人說：

「女子，那班人那裏去了？沒有誰定了你的罪？」

「主，沒有人！」女子低聲回答。

「我也不定你的罪。你去罷！不要再作惡了！」（若望　第八章第一節至第十一節）

耶穌的語聲，帶著淒傷，面上顯出很大的慈祥。徒弟們和聽講的人，這時候伸了一口氣。法利塞人和司祭長們，自以爲設了一個不能破的死陣，必定擒拿了耶穌。他們沒料到被他們包圍的，是一位有升天入地的明智的救世主，使他們的死陣不攻而自破。

三一、天主聖子

被赦的姦婦走了以後，耶穌渡到聖殿的銀庫院裏，許多人圍繞著他，他站住向眾人說：

「我是世上的光明，追隨我的人不會在黑暗裏行走，他們有生命的真光。」

「你自己講你自己，你的話不足爲據。」法利塞人又提出他們的舊問題。

「我雖說我自己，我的話是實話。」耶穌答覆說：「我知道我從何處來，將來要往何處去；你們則不知道我的來處和去處。你們評判時，只看外面的形相。我不評判人；但我若評判時，我的評判沒有不真的，因爲我不是單獨一人，遣我來的聖父，常同我在一起。按照你們的律法，兩人作證，證據有效。於今爲我作證的，有我自己，還有遣我來的聖父，也爲我作證。」

「你的聖父在那裏？」法利塞人輕蔑地詰問說。

「你們不認識我，當然也不認識我的聖父。」

耶穌不直接答覆法利塞人的盤問；他即使直截了當地說明聖父的所在，法利塞人也不會信：他們難道不知道天主無所不在嗎？但是他們不信天主是耶穌的聖父。舊約古經沒有講述天主一體三位的妙理，守舊的法利塞人，決不能信耶穌是天主又是人。不相信耶穌是天主又是人，便也不能認識天主而相信天主了。不信天主，則是死亡的罪孽。

「你們是由地下出來的，我則是天上降來的。你們屬於這個世界，我則不屬於這個世界。因此我說，你將死於罪孽之中。你們倘若不信我，那一定是要死於罪孽中了。」

「你究竟是誰呢？」猶太人又來質問他了。

信耶穌是天主聖子的人，知道耶穌的話，說的很明顯。他是從天上降來的天主聖子，也是屬於天上的，不屬於地下的人世。猶太人則以為這些話很晦澀暗昧，他明明生納匝肋，又說甚麼從天上，不屬於這個世界呢？便帶譏刺地問他究竟是誰。

「和你們根本就不足講這事！」耶穌又不直接答覆。……

「等到一天，你們把人子豎立起來，你們就知道我是誰了。我從沒有擅自行動，我是傳述聖父之教。」

目前儘管焦費唇舌，向法利塞人說明自己是天主聖子，必定是徒勞無益。有一天，事情將會證明他是誰。就是在法利塞人以為把他斬滅了的那一天，他被判成罪犯被釘在十字架上的時候，事情要證明他不僅僅是一個人，而又是天主，他能從死中復活，能夠發揚他的教義。

耶穌的教義，不是自己的，乃是傳述聖父之教；因此他說：

「你們若能確實遵守我的教義，便真正是我的信徒，你們就能了悟真理；真理將使你們成為自由人。」

「我們是亞巴郎的子孫。」猶太人喊說：「並沒有作人的奴隸，你為甚麼說我們要取得自由呢？」

以色列人正是因為亡了國，最恨人稱他們為亡國奴。同時他們所希望於救世主的，也正在取得國家的獨立。他們聽到耶穌的話，不知道耶穌是在譏刺他們，或是話中有因，便大聲追問。耶穌答說：

「我坦白地告訴你們，凡是犯罪的人，即是作罪惡的奴隸。凡是作奴隸的人，不是一生常住在家裏；只有家主的兒子，能夠一生常住在家裏。若是家主的兒子，願意賞給你們自由，你們便脫離奴隸而成自由人了。」

救世主降世的工程，不是救出猶太人脫離羅馬皇帝的統治，乃是救人脫離魔鬼和罪過的虐待。亞當違命犯罪以後，人類完全成了魔鬼的囚徒，許多人而且作自己慾情的奴隸。天主聖子降來，叫人恢復自由，成為天主的義子，能夠常住在天主的天國裏。

「我知道你們是亞巴郎的子孫，不過我也知道你們想殺我。你們不容納我的教義；可是我所講的，是我在聖父那裏所親見的。你們所做的，也是仿效你們的父親。」

「我們的先父是亞巴郎！」猶太人怒聲喊叫。

「假使你們真是亞巴郎的子孫，你們應該仿效亞巴郎的言行。可是你們如今聽到我講天主的真理，你們卻想殺我；這不是亞巴郎所願意做的事。你們所做的，正是你們父親所做的事。」

「我們又不是私生子，怎麼不是亞巴郎的子孫。我們的父親只有一位，就是天主。」猶太人憤急地大嚷。

耶穌口口聲聲地稱天主爲父，猶太人想他是輕看他們以亞巴郎爲父。他們乃想到，亞巴郎的子孫，本來都可稱天主爲父親。

「倘若天主真是你們的父親，你們就該愛我了。」耶穌聲平氣和地說：「因爲我所以來到這裏，是從天主那裏來的。」

「你們的父親不是別的，即是魔鬼。你們這個父親的旨意，你們奉行無遺！他從開始，就是殺人的元凶，從來沒有一刻工夫，他不立足在真理之中。因爲他心中本來沒有真理，誑言撒謊乃是他的本性。他爲誑妄，也爲誑妄的父親。」

「我所講的，真實無妄，你們不信我。你們中間究竟誰能夠證明我是邪妄不正呢？我向你們講真理，你們爲甚麼不信呢？本乎天主的人，必定樂意聽天主之道；於今你們充耳不聞，是因你們不在乎天主。」

猶太人是忍無可忍了！堂堂亞巴郎的子孫，被罵為魔鬼的兒子。他們便反罵說：

「我們說你是撒瑪黎雅人，是附了魔，我們不是說的對嗎？」

「我不是附了魔。」耶穌神色憂傷地說：「我是尊崇聖父，你們卻反而侮辱我。我不求我的光榮；但審判你們的天主要賜給我的光榮。因此我明白告訴你們，凡遵守我的教義的人，永遠不嚐死的滋味。」

「如今我們知道你真正附魔了！」猶太人們呵呵大笑：「亞巴郎死了，先知們也死了，你卻說：凡遵守我的教義的人，永遠不嚐死的滋味，那麼你較比我們已故的祖先亞巴郎和已故的先知們還更大嗎？你把自己作成怎樣的一個人呢？」

「我若光榮我自己，那算甚麼光榮呢？」耶穌嚴詞正氣說：「光榮我的乃是我的聖父，我的聖父不是別的，就是你們所稱為你們的天主。可是你們實在不認識天主，我則認識天主。」

「你們的祖先亞巴郎曾心中歡樂，希望著見我的日子。他果能親眼看到了，他是心滿意足。」

「你連五十歲也不到，你曾看見亞巴郎？」猶太人更嗤笑他了。

「我確實告訴你們，亞巴郎沒有生以前，我已經在。」耶穌用決然的口氣加以聲明。

猶太人氣極了，都到天井裏搶石頭，喊著要打死耶穌。耶穌身夾在人叢裏，走出聖殿。

（若望 第八章第十二節至第五十九節）

真理使人得自由；沒有真理，即沒有自由。這句話是人類歷史的千古定論。

三二、胎生盲人

耶路撒冷聖殿的一座大門邊，常常坐著一個瞎眼的乞丐。

一天，耶穌和徒弟們從門口經過。徒弟中有人問說：

「夫子，這個人生來瞎眼，是誰的過呢？是他本人有罪，還是他的父母有罪？」

猶太人像我們中國人，相信疾病災殃，必是前惡的報應。父母的善惡，將來要爲兒孫造福。

耶穌答覆說：

「也不是因爲他本人有罪，也不是因爲他父母有罪，乃是天主願意在他身上，表彰自己的功德。」

耶穌的這句話，安慰了後代千千萬萬的病人。疾病並不常是天主的刑罰，乃是天主所給的試驗。在病人身上，天主要試驗病人的德性，表彰天主助人忍苦的神力。

「我在世上，即是爲世上的光明。」耶穌又繼續說。

瞎子所需要的，即是光明，徒弟們聽了，知道耶穌要在胎生的盲人身上，表彰天主的德能，顯行靈蹟了。

耶穌而且說明，立時要行靈蹟，因爲他的時間已經很短促。徒弟們眼中，尚存著前番聖殿裏的人，搶石頭打死他的情景，感覺到週圍的空氣很緊張。耶穌說：

「趕著白天尚在，我應該盡量做遣我來者的事業。等到黑暗一到，就不能做了。」說了這句，耶穌吐唾在地，用手指沾吐唾和泥，塗在瞎子的眼上，吩咐他說：

「你去罷！到史羅亞水池裏洗洗眼。」

胎生瞎子早已聽到耶穌顯靈的大名，立時撐著手杖，摸著走到史羅亞池邊。摸水把眼一洗，兩眼忽開，驟見天光人物，喜極而躍。摔了手杖，跳著奔回家去。鄰居見他奔跑，大家說：

「這不是常坐著討吃的瞎子嗎？」

「不是他，大約是一個像他的人。」有的人懷疑。

「就是我！」開眼的瞎子，高聲答覆他們。

鄰居們立時都跑出來，包圍著他，問長問短：

「你的眼睛怎麼開了？」

「那個名叫耶穌的人，用唾調泥，塗在我眼上，叫我往史羅亞池洗眼，我洗了，就好了。」

大家一聽耶穌的名字，面色忽然變了。司祭長們和法利塞紳士們，早已禁止傳說耶穌顯靈。而且這一天，又是罷工禮日，禮日是不許顯靈醫病的。鄰居們爲交待清楚，便帶開了眼的瞎子，去見法利塞人。

「他敷泥在我眼上，我洗了後就好了。」

單單作了這點舉動？這便是靈蹟了。靈蹟和罷工律怎麼能夠配合在一起呢？

「這個人既不守罷工日，他必定不是天主所派來的。」

「一個罪人又怎麼能行靈蹟呢？」

法利塞人中間起了爭論，彼此相持不下。於是問開了眼的瞎子說：

「你以爲開了你的眼的人，是怎樣的一個人？」

「是一位先知。」開眼瞎子直爽地答覆。

因爲瞎子答的很直爽，法利塞人疑心中間有弊。按著他們的想法，瞎子很可能是假裝的。派人立刻去傳他的父母來，對證清楚。

傳來了兩個老年人，頭髮都已白了。裹在身上的大氅，破舊不堪；顯然是一對窮苦夫妻。法利塞人指著開眼瞎子問他們說：

「這個人是不是你們生來瞎了眼的兒子，爲甚麼他於今能夠看見了？」

「這是我們的兒子。我們知道他是生來瞎眼的，至於說於今他怎麼可以看見，誰開了他的眼，我們都不知道。他已經成年了，可以直接問他。他自己的事，他當然知道自己述說。」

兩個老年夫妻，豈能不知道是耶穌開了兒子的眼？但是他們害怕那班紳士。他們若說耶穌顯靈，怕紳士們要把他們開除在猶太教的教藉。

法利塞人於今更是進退維谷了：瞎眼是真的，眼睛開了也是真的，開眼的人違了罷工律，也是真的。這樁案子怎麼了結呢？只得再把開眼瞎子叫上來，假作好心勸他說：

「你好好說實話，光榮天主。那個人，我們明明知道是個罪人。」

「他是不是罪人，我不知道。我所知道的，是我生來瞎眼，於今可以看見。」

就是這樁千真萬鑿的事實，無法解釋！法利塞人又問說：

「他在你身上施了甚麼手術，使你的眼開了？」

「剛纔我已給你們說了，你們不聽，於今又問我作甚麼？莫非你們也要作他的徒弟？」

父母怕這輩狐群狗黨的紳士，吞吞吐吐不敢說話，把開了眼的瞎子急怒了，他便故意挖苦他們：

「你是這個人的徒弟，我們是梅瑟的徒弟。我們知天主曾和梅瑟說過話。至於這個人，我們不知道是從那裏來的。」

「你們說不知道他從那裏來的？然而他卻開了我的眼，這不真是怪事嗎？我們誰不知道天主不聽罪人的祈求；只有敬事天主又遵行天主旨意的人，天主纔聽他的祈求。從來未曾聽說，一個人能開胎生瞎子的眼。假使這個人不是來自天主，他又怎能作這種奇事呢？」

「你這個生來滿身罪惡的小子，敢來教訓我們？」

法利塞人氣的咆哮如雷，大家都跳了起來，舉起腿，把開眼瞎子踢了出去。

耶穌在半路上等著他，嘉獎他的誠樸和勇敢，對他說：

「你信天主嗎？」

「先生，誰是天主子呢？我本想信他。」開眼瞎子誠心相問。

「你已經看見他，和你說話者就是。」耶穌說時，又光照了他明悟。

「主，我誠心信服。」開眼瞎子說了這話，便俯身在地，叩頭頂禮。

耶穌嘆息說：

「我降來人世，執行一種判別：使不看見的人能夠看見，使自以爲眼明的人轉成了瞎子。」

一個被法利塞人罵生來滿身罪惡的瞎子，因爲得了靈蹟能見天日，很坦白率直地相信天主聖子，得見天主的大道。法利塞人自以爲深通天主的道理，卻閉著眼睛，不看靈蹟，不信天主聖子。旁邊正站著法利塞人的偵探，懂得耶穌的話中有因，便質問說：「我們難道也是瞎子？」

「若真是瞎子，倒也沒有罪了。如今你們自以為眼光炯炯，你們的罪就不可赦了。」（若望 第九章）

自充明師，自作聰明，不聽勸導，不信真理的人，這輩人是沒有得救之道，自趨喪亡。

三三、信徒之道

帳棚節畢，耶穌離開京城，先赴伯達尼村。

伯達尼村離耶路撒冷約七里的路程，處在橄欖山的東面，村中有一家人，是耶穌的好友。每當進京或在京久留時，耶穌必到這家人裏休息。這一家共三口，一兄兩妹，兄名拉匝祿，大妹名瑪爾大，小妹名瑪利亞。

這次耶穌來到他們家裏，瑪爾大親自下廚造飯，忙著預備盤餐，她算是家中主婦，心中所慮的要菜蔬都適合教師的口味。

瑪利亞小姐則在教師來家時，常是坐著聽他的談論，她聽著出神，忘飲忘食，心中滿心快樂。這次，她又坐在耶穌的足前，忘懷了天地，只凝神靜聽教師的言語。

不久，瑪爾大小姐站在門項，面上帶有又氣又笑的神面。她氣妹妹的不思不慮，又笑她妹妹的癡憨，於是便向耶穌說：

「夫子，我的妹妹讓我一個人作事，你也不管嗎？你吩咐她來幫忙。」

「瑪爾大，瑪爾大，你操心多少事呢？只有一樁事是要緊的！瑪利亞選到了這樁上乘的

事，誰也不能強迫她放下。」（路加 第十章第四十二節）(一)

瑪爾大轉身下廚，心中對耶穌稍爲生怨。他盡主婦之道，竭心理家，難道不及天想霏霏的妹妹？她又何嘗不喜歡坐在教師足前，聽他的高論，但是難道大家就都不飲食了嗎？賓主之誼何在？

耶穌的話卻是前後一貫。從前在曠野裏，守了四十天的齋，魔鬼勸他變石頭作麵包充飢，耶穌答以人不單靠麵包纔生活，更靠天主所談的聖諭。

又一次在撒瑪黎雅井畔，歸化了一個風塵婦人，徒弟們捧上買來的食品，耶穌答說他有別樣食品，即是遵行聖父聖意。

瑪爾大忙著預備盤餐，瑪利亞所選的，當然是上乘事。

耶穌並沒有說人要完全拋棄飲食；上乘事固然好，下乘事也不可廢。人要各按各人所得於天的，各行其事。

離開伯達尼後，耶穌不回加里肋亞，乃在猶太境內週遊。路上，一個人向耶穌說：

「你往那裏去，我也往那裏，無論到甚麼地方我都要追隨你。」

「狐狸有洞，鳥雀有巢，人子獨沒有枕首的地方。」（路加 第九章第五十八節）(二)

耶穌從來沒有用豐衣足食，高爵厚祿，逗引人來作他的徒弟。他所許給十二名宗徒的，是峻板的狹路和死刑的十字架。

一天，路上遇著一個青年人，眉目清秀，心地坦白，耶穌喜歡他，想招他作門徒，對他說：

「你來跟我！」

「夫子，請你容許我先回家殯葬死人，你只去宣傳天主的神國。」（同上 第六節）(三)

父子之道當然不可廢，但是天主若另有所命的事，則該當捨父親而從天主。天主的召叫，有如閃電，一過即逝。人若沒有斬鐵斷釘的決心，不能隨從天主的召叫。

在路上，耶穌遇到另一個人，他有心追隨耶穌，向耶穌聲明自己的誠意：

「夫子，我很想追隨你；但請你容我先回家告別親友。」

「手扶著犁耙，頭往後面看的人，不配進天主國。」（同上 第六十二節）(四)

耶穌的話，不容人猶豫。追隨他是犧牲的苦事；人若是讓家庭的人情入心，利害的觀念便隨之而起，人便要畏難而退了。

耶穌講一譬喻說：

「一個人設了盛大的筵席，柬請了許多賓客。宴日，打發僕人去催客說：一切都預備好了，請即動駕。不料客人們同聲辭謝。頭一個說：我買了一塊地，該去測看，請恕我不能來。第二個說：我買了十頭牛，該去試試，請恕我不能來。另一個說：我剛娶了妻，所以不能來赴宴。」

「僕人們回家告訴主人：主人勃然大怒，對僕人們說：你們快進城去，到街頭巷尾，凡是貧人跛子瞎子，和殘廢人，都引他們來。」

「不一時，僕人們又報告說：主，我們已經遵命做了，但尚有空位。主人說：你們出去，到大路上到田間籬邊，凡遇著的人都強拉了來，務必要滿堂滿座。我確實告訴你們，先前所柬請的客人，沒有一個可以嚐我席上的珍味。」（路加 第十四章第十六節至第二十四節）㈤

被天主的召叫，推委不從，便開罪天主。在人世的宴會裏，尚可藉故推辭；在天國的宴會裏，一經辭卻，再不能進天國。

天主為召叫人們進天國，不是遣派僕人去推請，乃是遣派自己的聖子，捨生捐軀。耶穌即是被遣的聖子，他為講明自己召叫人們進天國的苦衷，比譬自己是位牧童。巴肋斯坦是個遊牧的區域，猶太人的祖先都作過牧童，他們懂得牧童愛護羊群的心情。耶穌說：

「我是一個誠實的牧童，誠實的牧童不惜犧牲自己的性命，去保護自己的羊。假若是只是一個傭工，不是真正的牧童，羊群不是他自己的；他一看見豺狼，必定是一個誠實的牧童，我認識我的羊，羊也認識我。好似聖父認識我，我認識聖父。況且我為我的羊，要捨我的生命。我還有別的羊，沒有加入於今的羊棧，我也該引導那些羊，使他們聽到我們的聲音，一齊合成一個羊棧，屬於一個牧童。」

「聖父愛我，即是因爲我犧牲性命；但是我要再取生命而復生。我犧牲性命，純粹出於自願，沒有強迫我的。我能捨生，我也能再收回。這一點乃是我從聖父所得的命令。」（若望 第十章第十一節至第十八節）㈥

耶路撒冷的司祭長和加里肋亞安提帕侯，迫害耶穌的風聲那時一天緊於一天。死字常在耶穌的眼前，常在耶穌的話語中。但是耶穌說的很清楚，犧牲性命是他自願的，因爲他接受了聖父救人的使命。爲召叫人進天國，他甘願捨棄自己的生命。人們爲進天國，便要經過他的招選；只有信他的人，纔進天國了。

「我確實告訴你們：一個人進入羊棧，不由棧門進去，而從他處越牆而入，他必定是賊，是強盜。只有由棧門進去的人，纔是牧童。」（同上 第一節至第二節）

「我確實告訴你們：我是羊棧的門。……凡由我而進棧的，必蒙恩澤，且得自由出入，優遊於牧場之中。」（同上 第七節至九節）

徒弟們要繼續耶穌的使命，要作耶穌羊棧的牧童。他們後代的繼位人，也該是耶穌所選的牧童，不是冒充牧童的強盜。耶穌是唯一的，羊棧的門也是唯一的。若是自稱爲耶穌羊棧的牧童，彼此分門別戶，其中必有是越牆來而入的賊盜了。

註：

㈠ 路加福音 第十章第三十三節至第四十二節。

㈡ 路加福音 第九章第五十七節至第五十八節。

㈢ 路加福音 第九章第五十九節至第六十節。

㈣ 路加福音 第九章第六十一節至第六十二節。

㈤ 路加福音 第十四章第十五節至第二十四節。瑪竇福音 第二十二章第一節至第十四節。

㈥ 路加福音 第十章第一節至第十八節。

三四、赦罪恕惡

牧童愛惜自己的羊恐走失了一頭。假若走失了一頭羊，他就要四處尋找；降來人世爲作人良牧的救世主，他的心情必定是愛惜罪人的心情。

法利塞人屢次譏笑耶穌，同罪人在一處起坐。在他們眼中，漁夫是無知無識的下賤人，稅吏更是公開的罪人。耶穌所收的人多半是漁夫，而且也有稅吏。

這一次耶穌週遊猶太時，坐臥無定處，一天三餐也不擇地方。耶路撒冷的偵探，又指責他和罪人同席。耶穌乃大發議論，講了幾個驚人的譬喻。

「一個人若有一百頭羊，不幸喪失了一頭，難道他不暫時把九十九頭羊安放在野外，去找尋那失了的一頭羊，想把它找著嗎？找著了以後，很高興地把羊放在肩上，背著回來，歡呼鄰友親戚說：失落了的羊已經找到了，你們來同我一起快樂罷！因此，我告訴你們，一個罪人回頭，較比九十九個不悔改的義人，更使天主喜悅。」（路加 第十章第四節至第七節）

(一)

一百頭羊裏喪失一頭，不可算爲多，或許尚不足顯明天主愛人的心情。耶穌再作一個譬喻說：

「一個婦人，有十塊銀錢，忽然失落了一塊，難道她不燃著燈，掃地翻箱，四下裏尋找嗎？找著了以後，高興對四鄰親友說：我掉的一塊錢又找著了，你們同我一起快樂罷！我告訴你們，上主的天神看見一個罪人回頭，他們也是這樣喜樂。」（同上 第八節至第十節）

㈡ 只有十塊錢的婦人乃是個貧婦，她若失落一塊錢，決不會像富人把事不放在心上。她在她黑暗少見天日的房裏，必定找遍各個角落。聽耶穌講述這些譬喻的人群裏，必定有親身經歷這種境遇的牧童和婦人，或者是看見鄰居曾有這類的遭遇，他們深切了解耶穌言詞的意義。

牧童愛羊，貧婦愛錢，愛心尚不純潔。人心最純潔的愛情，莫如父母愛兒女。

耶穌又講一譬喻說：

「一位老翁有兩個兒子，少兒風流無度。一天他向老父說：父親，請把我可以繼承的財產，提前分給我。老翁只好把兩子的財產分開。」

「少兒得了錢，離家遠遊，隨處花天酒地，任意揮霍。賭友妓女，將他的錢吞光。不幸，天旱不雨，遍地饑荒。這個一貧如洗的青年，流落鄉間，替一富家人牧豬。睜眼看著豬豆莢，想吃也不能得。難中他想起家中的父親：在父親家裏，所有的傭工，飽食暖衣，我卻在這裏作餓莩。終而下了決心：我回家去罷！我向父親說：兒子得罪上天，開罪父親，不配稱爲你的兒子了，今後收我作個僕人。」

「青年人動身回鄉，剛進村，望見家門時，倚門遠望的老父馬上認識幼兒回家，心神感動，趨出迎接，緊抱兒子的頸項親吻。」

「少兒說：父親，兒子得罪上天，開罪父親，不配稱爲你的兒子了。今後你收我作僕人罷！」

「老父吩咐僕人們說：快去，拿好的衣衫給他換，取戒指給他戴，找靴給他穿。快去牽一頭肥牛宰了，預備設喜酒；因爲我的兒子死了，如今又活了。」

「正設宴時，長子從田間歸來，沒有進門，即聽堂上有鼓樂的聲音，叫過一個僕人問明家中有何喜事。僕人答應說：大爺的弟弟回來了，老爺喜歡二少爺平安歸家，殺了一頭肥牛吃喜酒。」

「長子心中憤怨不平，怒不進家門。老翁連忙出來勸解。長子答說：兒子事奉父親多年，從來不敢違命。父親沒有給過兒子一隻羔羊，叫兒子和朋友們喝酒。於今父親另一個兒子，嫖賭了家產，回來了，父親竟殺牛作慶！」

「老父答說：我的兒，你同我常在一起，我所有的都是你的。你的弟弟則是已死了而又

活了，我們該歡樂慶賀。」（同上 第十一節至第三十一節）㈢

天下最動心的事，有過於這位老翁款待幼兒的心情嗎？他只怕自己一生，不能再見幼兒一面。如今幼兒竟回來了，爲他是天下最可喜慶的大事。至於兒子浪費了錢，壞了家門的聲譽，這一些事，他都忘了。唯一的事，是失了的兒子，已經又找到了。

天主愛人的心情，情深有如這位老翁！天下還有甚麼人，不敢回心向他呢？聖女德蘭因此說；「即我良心上，有世間種種能犯之罪過，仍不失我絲毫靠托之心。心中一面惱恨罪過，一面投奔救世主懷中。救世主待蕩子回頭，我知道他如何疼愛。又聽見他和瑪達肋納瑪利亞和捆送的淫婦，和撒瑪黎雅婦人，所說的話，絕沒有人能嚇阻我了。我深知他怎樣憐愛，怎樣仁慈。世間罪惡縱然多，一與耶穌相接，便如一點雪花，投入洪爐，頃刻間罪惡消除，無蹤無影。」（靈心小史 第十章）

然而世上像長子那般心情的人，所在多有，長子憤怨父親鍾愛幼弟，不能說不合理，但是他只講理不講情。世上還有一班情理都不講而只知自誇的法利塞人，他們更要深惡痛絕放蕩青年了。

耶穌又用一個譬喻描寫這類自誇的法利塞人說：

「一天，兩個人進殿祈禱：一個是法利塞人，一個是稅吏。法利塞人站在祭壇前，昂然直立，心中默念說：天主，我感謝你，叫我沒有和眾人同流合污，不像別人貪污，不義，姦淫；我也感謝你，叫我不像後面那個稅吏。我每週守齋兩次，每年損獻收獲的十分之一。」「那個稅吏遠遠立在殿角，不敢走近祭壇，頭也不敢仰。他用手搥自己的胸口說：天主，求你憐憫我這個罪人。」

「我確實告訴你們，這個人出殿歸家時，他的罪赦了，成了義人。那個法利塞人反不及他。因爲自高的人必見抑，自抑的人必見升。」（路加 第十八章第九節至第十四節）㈣

天主所貴的，在於人心。行善以自誇，心不在天主，善事變成惡事。行惡而自悔，傾心歸天主，罪惡得消除。善與不善，繫於人心的歸向。

孔子曾說：「已矣乎！吾未見能見其過而自訟者也！」（論語 公冶長）又說：「過而不改，正謂過矣。」（論語 衛靈公）天主不僅是等著罪人改過，天主乃是如同牧童，親自去找回失路的罪人。罪人犯罪，是傾心於世界，罪人回頭，是轉心傾向天主，天主豈能拒絕他。

註：

㈠ 路加福音 第十五章第一節至第十節。瑪竇福音 第十八章第十二節至第十四節。

㈡ 路加福音 第十五章第八節至第十節。

㈢ 路加福音 第十五章第十一節至第三十一節。

㈣ 路加福音 第十八章第九節至第十四節。

三五、忠於天主

耶穌坐在人群裏，口若懸河，講論天主的聖道。美妙的譬喻，一個比一個更動人心。一個婦人禁不住心中的驚訝，啓聲讚嘆說：

「懷孕你和乳養你的母親，真有福氣！」

婦人的福氣，全在乎兒子的好壞。兒子升官拜爵，母親立刻得有誥封。有一個像耶穌這般博學大能的兒子，他的母親還不是最有福氣的人嗎？

耶穌卻指點她說：

「凡一個從天主聖道，身體力行的人，他更有福氣！」（路加第十一章第二十八節）

㈠

不是一個兒子的博學大能，真能使母親有福。博學大能尚不能使一個人自己有福氣。人的福氣，在行仁義，力守天主的聖道。

耶穌乃告誡門徒說：

「束好你們的腰帶，點好你們的燈，你們要像僕人等候家主赴畢婚筵回家。家主回來一叩門，立時給他開門。主人看見你們醒著等他，你們便有福氣了。我可以告訴你們，家主必設一桌豐筵，酬報你們。他並且要自己束帶侍候你們。」（路加 第十二章第三十五節至第三十節）

伯多祿一聽家主豐筵相待，知道耶穌日後真要這樣報告徒弟們的忠心。他便問教師說：「夫子，這個譬喻，是爲我們說的，還是爲眾人說的？」

「按你的推測，誰是一個忠實精明的管家，主人可以托他管理全家，叫他按時發糧食呢？」耶穌反問伯多祿。

主人家裏有僕人有管家；僕人的忠心，在時刻侍候主人，管家的忠心，在善於治理家政，僕人和管家，若是忠心時，都能有主人的賞報。因此耶穌的宗徒和信眾，都可以享受天堂的豐筵。

「假使這個管家心裏想著，主人一時不會回家，於是任意鞭扑僮僕，飽食醉酒，不料主人出乎意外，在不等候他回來的時候回來了，他必定痛絕這個管家，罰他和不忠信的人同罪。」（同上 第四十一節至四十六節）(二)

宗徒們日後都要代替耶穌，治理他的教會，將來繼他們職位的人，也都是耶穌教會的管家。這一切的人，若不忠於自己的職守，免不了要遭耶穌的罰。至於別的信徒，也都該當勉力行善。耶穌又講一個譬喻說：

「昔日有一個人，將出門遠行。他招集自己的僕人，把自己的家產託給他們。按照他們的才智託給一個人五千金，託給另一個人兩千金，又託給一個人一千兩。吩咐了一切，他動身走了。受託五千金的僕人，拿錢出去生利，獲利五千。受託兩千金的僕人，也獲利兩千。受託一千金的僕人，卻去掘了一洞，拿主人的錢藏在洞裏。過了很久的時候，家主回來了，便和僕人清理賬目。」（瑪竇 第二十五章第十四節至第十九節）

家主對於生利五千和生利兩千的僕人，很加稱揚，以爲他們既忠於小事，將來要託給他們大事，賞賜他們和主人同享快樂。

「受託一千金的僕人也來了，他說：素來知道主人刻薄寡恩，沒有播種的地方，也要收獲，沒有散發的東西，也要聚斂。他因此怕走失了主人的銀錢，謹慎地把一千金埋在地下，於今以原數奉還。家主怒說：你這個惡懶的僕人，你既然知道我是沒有播種也要收獲，沒有散發也要聚斂，你爲甚麼不拿我的錢放在錢莊生利，等我回來時，可以本利兼收呢？便命把所付託他的一千金，拿給那一個本利一萬金的僕人。

「因爲得有付託的人將更多有付託，沒有付託的人將連原先所有付託，一併被收去。」

「主人又命說：你們把這個無用的僕人，投到外面黑暗的陰間，那邊有切齒痛哭之苦。」（同上 二十四節至第三十節）㈢

每個人的才賦，是天主付人的本錢；人該用才賦去行善。若使一個人浪費自己的天賦才能去作惡，較比埋錢不生利的僕人更爲不忠了。

天主並不是希望享受人們的善功，好似家主享用僕人的利息；但是凡是人付託別人一樁事，沒有不希望付託的人，好好辦理的，表示自己的忠信。天主所欣賞的，即是人的一點忠心。

「昔日有一個富翁家裏的管家，被人在主人跟前告發浪費財物。主人叫他來，吩咐他說：我聽見人告你，到底這怎麼一回事呢？你給我把賬目交付清楚，以後你不用管我的家了。管家的人一聽，心中思慮說：主人不用我管家了呢？耕田我沒有力氣，討飯我又害羞！我想起了該怎麼辦，叫我失了管家的職務以後，有人收留我到他們家裏。」（路加第十六章第一節至第四節）

管家想出了甚麼辦法呢？他招集主人的債戶，按每人所欠的債，減除大半，假寫債券。他拿主人的錢，收買這班人，等他流落時，他們能夠收留他。

耶穌收束這個譬喻說：

「這個管家固然是不義；但是他的善於打算，連他的主人也不能不嘆服。」

「世俗之子的鑽營，較比光明之子謀仁義，常更懂敏。因此我勸你們。要用世俗不義之

財，廣結恩友，等你死時，他們能引你進永生之宅。」（同上　第八節至第九節）

天賦才能，應該用爲行善；手上的金錢，更該施給窮人。施給窮人的金錢，本係天主的金錢；人拿天主的金錢，積蓄善德，死時受天主的審判時，施濟的善德，可以抵消罪債。人爲行善，所用的才能和金錢，都爲天主所賜；人行了善，又有甚麼可矜誇的呢？法利塞人的可惡，就在於矜誇自己的善舉。耶穌警戒徒弟們說：

「你們中間誰有一個僕人，替你耕了田，從田間回來，你馬上會向他說：你來坐到席上吃飯罷？你一定向僕人說：你去替他預備飯，束著腰帶服侍我，等我吃喝了以後，你纔吃喝。僕人遵命了以後，你難道向他道謝？」

「因此，你們作了一切該作的事，還該向天主說：我們乃是無用的僕人，我們不過是奉命做了該做的事！」（路加　第十七章第七節至第十節）

在天主前，誰也不敢稱功，誰也不能頌德！在人前，人也不能誇功頌德。有心自誇，功德已經不是功德了！

註：

㈠ 路加福音 第十一章第二十七節至第二十八節。

㈡ 路加福音 第十二章第三十五節至第四十八節。

㈢ 瑪竇福音 第二十五章第十三節至第三十節。馬爾谷福音 第十三章第三十三節至第三十五節。路加福音 第十九章第十二節至第二十七節。

三六、貧富真義

一天，耶穌講完了道，聽眾心中驚服他的道理。一個年青人走來很誠心地跪地問他說：「善夫子，我當做何事，纔可以得永生？」「爲甚麼稱我爲善呢？善者惟一，即是天主。」耶穌答應說：「你知道天主的誡律；莫要姦淫，莫要殺人，莫要竊盜，莫要妄證，莫要欺詐，孝敬你的父母。」「夫子，這一切，我從小就遵行了。」「你還缺少一點，你該賣盡你的家產，施諸窮人，把寶物積在天上，然後來追隨我！」

（馬爾谷 第十章第十七節至第二十一節）

耶穌喜歡這個青年人的坦白，想收他作自己的門徒。年青人愁容滿面，一語不發，很沮喪的走開了；因爲他擁有萬貫家產。他曾聽見耶穌說，該當用不義之財，廣結恩友，等死時可以被引入天國；他便問耶穌這種用財之道，不料耶穌卻囑咐他賣盡家產，然後來跟隨他，度著雲遊無定的生活。他心中很失望，他只有施濟之心，沒有捨財的勇氣。

耶穌淒然向徒弟們說：

「富人進天國，難哉！難哉！駱駝穿過針孔，較比富人進天國還更容易！」

「那麼誰又能得救呢？」徒弟們很驚訝地問說。

「在人當然不能做到，在天主則無所不能。」

富人並不是不能得救，但是任憑人自己去做，富人是要隨著財富而喪亡的。人不能事奉兩位主人：不能事奉天主又事奉金錢。神貧的人是真福的人，因爲他的精神不繫在財富而繫在天主。伯多祿因此問說：

「我們捨棄了一切所有來跟隨你，將來有甚麼報答呢？」

「我確實告訴你們，你們既跟隨了我，將來在復活的一天，人子高坐在光輝的寶座時，你們將登十二寶台，審判以色列十二支人民。」

「而且無論誰爲著我，捨棄了自己的房屋、兄弟、姊妹、父母、子女、田地，將來他必有百倍的報答，還要享得永生。」（瑪竇 第十九章第二十七節至第三十節）(一)

耶穌若不是天地萬物之主，他不能給徒弟們許下這種報答。但是他既不看重財物，他爲何又許給徒弟們百倍的報答呢？這不是教人輕財，而是教人愛財了。然而耶穌所許的報答，是天國的福樂。在天國的永生裏，甘貧的人將享受愉快的精神樂。

貧人得報，富人得罰；耶穌再用一個譬喻，描寫得情形如畫。

「昔日有一個富翁，衣綢披緞，每天宴樂，席上常是珍饈滿桌。門前臥著一個乞丐，名叫拉匝祿，滿體膿瘡。乞丐呼求一點殘羹冷麵，也沒有人給他，只有狗圍著舐吮瘡膿。」

「過了不久，乞丐死了，天神送他到先祖亞巴郎所居的福地。又過了不久，富翁也死了，被葬在地獄火坑裏。他偶然舉目上看，遠遠看見拉匝祿坐在亞巴郎懷裏，便大聲呼號說：祖宗亞巴郎，求你可憐我罷！我住在火坑裏，苦不堪言，求你吩咐拉匝祿用指頭沾滴水涼涼我的舌頭。」

「亞巴郎答說：我的兒，你該想想你生前若何享樂，拉匝祿若何受苦。於今他得了安慰，你身受罪罰。你和他的中間隔有一道深淵，不通往來，你也不能來，他也不能去。」

「富翁說：祖宗，既是這樣，請你打發拉匝祿往我家裏去，把這種遭遇告訴我五個兄弟，千萬別叫他們來到這個苦海裏。」

「亞巴郎答說：他們有悔悉的律法和先知們的訓言，可以遵循。」

「富翁苦求說：祖宗，這樣很不妥當。若有死人從死中復活去告訴這等事情，他們必定幡然悔悟。」

「亞巴郎堅決地說：若是他們不聽梅瑟和先知，就使一個死人復活了去說這些事，他們也不會悔悟。」（路加 第十六章第十九節至第三十節）

聽眾們都毛髮聳然。火坑裏燒得脣焦舌敝，僅只求一滴水，也不能得，較之生前的食必珍饈，報應若何符合呢？然而最令人毛髮聳然，不寒而慄的事，是富人若是心在金錢，就連死人復活了來勸他，他不會悔悟。金錢迷人心，深得可怕！

「昔日有一個富翁，一年田間收成很好，他自己打算著說：我沒有囤麥的地方，怎樣辦呢？最後他想出了辦法。有了，我把舊倉毀了，另修一座大倉，百穀收成，都可藏在倉裏。我可以安慰我的靈魂說：魂呵！你有這麼多的財產，足以供養你的餘年，以後你可以安心飲食，多享宴樂。」

「不料天主卻說：愚蠢的東西，今晚我就要索你的魂，你預備的百穀財物，將歸誰呢？」（路加 第十二章第十六節至第二十節）

誰聽到這種事不驚心動魄呢？或有人安慰自己，這些話不過是個譬喻。但是人命不是在天主掌握中嗎？世上多少人正在積了財，想安享快樂時，驟然嚥了氣，錢財都讓給別人呢？耶穌所以曾教訓人，不要積蓄容易毀壞，容易被盜竊，容易喪失的財富，應該積富於天。天富永不會失落。

「你們莫積世上的財富，蟲要蝕，鏽要毀，賊要偷。你們該積天上的財富，蟲不蝕，鏽不毀，賊不偷。你們的寶貝何在，心也何在。」（瑪竇 第六章第十九節至第二十一節）

天上的財富為仁義，世上的財富為金錢。我的金錢可以被人盜竊，我的仁義誰能盜竊呢？

註：

㈠瑪爾谷福音　第十章第十七節至第三十一節。瑪竇福音　第十九章第十五節至第三十節。路加福音　第十八章第十八節至第三十節。

三七、聖殿週年

十二月，耶路撒冷殿建立週年聖節，猶太人舉行八天大慶。耶路撒冷聖殿爲以色列民族的象徵。聖殿的興廢，反映以色列民族的盛衰，而且聖殿也象徵天主和以色列民族的親近，沒有聖殿，即是遠離天主。以色列人最愛護耶路撒冷的聖殿。耶穌時代的聖殿週年節，爲紀念一世紀前民族英雄瑪加伯逐去異族的統治者，肅清聖殿，重行祭祀。

帳棚節以後，耶穌在猶太境內雲遊了三個月，聖殿週年節時，回到耶路撒冷。節期時，一天，耶穌立在撒羅滿長廊裏，猶太人擁來圍住他，人聲嘈雜地喊說：「你叫我們的心懸著不安，究竟要等多久呢？你如果真是救世主之基督，請你明白告訴我們。」

「我從前告訴了你們，你們不願意相信。」耶穌平和地答覆說：「我因著聖父的名義所行的事蹟，已足夠作我見證了——你們卻仍舊狐疑不信，可見你們不是我羊棧裏的羊。」「我的羊喜歡聽我的聲音，我認識他們，他們也只跟著我走。我要使他們得永生，總不

遇著淪亡的危險。」（若望 第十章第二十四節至第二十八節）

為甚麼耶穌所答不對所問呢？猶太人問他是救世主否，耶穌卻說他已經答覆了，他只要明明說是救世主，猶太人當然信他了。但是耶穌是有先見之明的，他知道即使說明了，猶太人也不會信。因為猶太人所要的救世主，乃是復興猶太的國王。真正的救世主，是救人類的天主聖子。耶穌不是已經說明自己是天主聖子嗎？願意相信的人，就可以相信。

法利塞人著實等候耶穌聲明是救世主基督，而且猶太人的發問，誰說不是他們唆使的呢？當耶穌證明自己是基督時，法利塞人立時可以在羅馬鎮守使前控告他革命造反，以往謀叛自稱基督的人，都遭了殺戮，耶穌不是自投羅網嗎？用不著他們多費心思，假造罪名了。

耶穌卻不自投羅網，他只說奉有聖父的使命。凡信他的人，成為他的羊，受他的愛護。

「我的羊，誰也不能從我手中奪去；因為羊是聖父授給我的。而且聖父所授給我的，有較比宇宙萬有還更貴重的。」（同上 第二十八節至第二十九節）

上一次耶穌已經說了，聖父把審判宇宙的大權交給了他。聖子掌管宇宙，審判萬民，那麼還有誰能違抗他的命令呢？聖子所保護的信徒，誰能傷害呢？

「我聖父手中所有的事物，誰能從他手中奪去？子與父，同是一體。」（同上 第二十九節至第三十節）

所謂聖父交給聖子以掌管審判宇宙之權，所謂交給，乃是人事方面的形容；聖子同聖父，實乃一體，聖父所有即是聖子所有，聖子所有即是聖父所有。

猶太人一聽耶穌說：子與父同是一體，恨他僭稱天父，又跑往聖殿天井裏搶取石頭，要拋石擊他。耶穌坦然問他們說：

「我所顯的靈蹟善工，莫不是來自聖父，你們為甚麼要拋石打我呢？」

「為你的善工，我們不擊你；我們擊你，是你明明是人，竟敢妄稱天主！」猶太人喊說。

「你們的律法上不有句話說：我稱你們為神嗎？」耶穌又答覆說：「律法所指的是遵守天主訓諭的義人；義人既可稱為神，在經文上有根據。如今聖父所特別聖化，遣派降臨人世者，自稱為天主子，你們便以為他為僭妄不法？我若不行天主的事蹟，你們可以不信。我行了天主的事蹟，你們不信我，也該相信事蹟。事蹟證明父在我以內，我在父以內。」（同上第三十一節至第三十八節）

猶太人不關心一位與天主同體的救世主。猶太人所關心的，是復興猶太王國的基督。耶穌既不是猶太的基督，口口聲聲說自己和天主同體；猶太人嫌他出言不遜。要捕他送官。

耶穌逃出聖殿，離開猶太，走到約旦河對岸的培勒雅暫避。㈠

註：

㈠ 若望福音 第十章第二十二節至第四十節。

三八、夫婦節操

培勒雅（Perea）在約旦河的對岸，境內有猶太人也有外族人，他們不屬於耶路撒冷的總司祭。

耶穌在培勒雅過冬，隨處講道顯靈。培勒雅的對岸是昔日若翰授洗的地點，附近人曾聽過若翰嚴詞責人的吼聲。若翰曾向人作證耶穌爲天主的羔羊。培勒雅人如今多有信服耶穌的了。

耶路撒冷的偵探又隨蹤跟到培勒雅，一天，向他提出一個難題：

「人可以任意藉故休妻離婚嗎？」

以色列人有梅瑟的律法，律法上說：

「若是一個人娶了妻子，同居以後，發現女人身上有難見人的壞處，因此心中不愛女人。他可以寫封休書，交給女人，叫她離開家門。女人出了男人的家門，就成爲自由的人，可以改嫁他人。」（申命紀 第二十四章第一節）

「難見人的壞處」，語話很籠統。猶太人的經學博士不下於現代的法律博士，他們很能隨從自己的喜好，解釋律文。猶太經學大師西肋爾（Hillel）和門徒們，以爲女人身上難見人的壞處，可以是宴客時，菜蔬烹調不適口，丈夫當著客人失了面子。也可以是男人遇著一個更漂亮的女人，看著自己的女人面貌難於見人，在這些情形下，男子就有理由可以出妻。但是另一位經學大師尙馬益（Schammaj）和門徒們，則認爲所謂女人身上難見人的壞處，該爲重大的殘廢疾病。

耶路撒冷的偵探，很精通這些經學博士的高見。他們如今想試探耶穌：耶穌是反對梅瑟呢？是反對西肋爾呢？是反對尙馬益呢？無論反對何人，都將引起仇恨。

耶穌嚴詞反問偵探們說：

「你們沒有讀過經書嗎？經書上明明說：天主造人，一男一女。而且說：因此男人將離開自己的父母，同妻子相合，兩人合成一體。」

「那麼夫妻不是兩人，乃是一體。天主所結合的，人怎麼可以分離呢？」

「然而梅瑟爲甚麼叫人寫休書出妻呢？」偵探們心喜他掉在圈套裏了。洋洋得意地詰問耶穌。

「梅瑟是因爲你們這等人心硬不化，姑且容許你們出妻。」耶穌再嚴詞答覆他們說：「但是在開始時並不是這樣！」

「我告訴你們，除非妻子不貞有外遇，纔可以出妻。別娶的人，則犯姦罰；娶被出妻的人，也犯姦罪。」（瑪竇 第十九章第四節至第九節）

耶穌的話，不附和西肋爾，也不附和尙馬益，而且他又不反對梅瑟。但是他所說的「我告訴你們」，完全是一種新律，偵探們不知道如何答覆。

「天主造人，一男一女」，這是古經創世紀上的話。但是「天主所結合的，人不能分拆」，偵探們從來沒有聽見這種妙論。至於說出妻再娶，都算爲犯姦，這種快刀斬亂麻的斷語，把猶太經學博士們亂麻一般的意見，一刀兩斷。偵探們更是如聞霹靂，啞口無言。

不僅是偵探們，因這話來的很突很新，瞠目不知所對；宗徒們也心中驚疑。他們問教師說：

「男女的關係，這樣嚴格，那不如不娶妻了！」

「這話不是每個人都能接受的！」耶穌答說：「只有得蒙天主賞給這種恩寵的人，纔可以接受這話。有的人，生來是閹者；有的人，被人閹割；有的人則自願如同閹者，全身以求天國。誰能接受這句話，就接受這句話。」（同上 第十一節至第十二節）㈠

福音上最受現代社會攻擊的話，大約要算這兩段了。

「天主所結合的，人怎麼可以分拆！」羅馬公教兩千年來執行耶穌這句訓言，禁止離婚。廿世紀中，在羅馬公教的四週都是離婚的呼聲，有的像猶太的尙馬益，有的像猶太的西肋爾。但是他們大家都鄙視耶穌的這句訓言。

公教的信徒，也有像當日宗徒們驚疑不定的人：「男女的關係，這樣嚴格？」耶穌當日沒有因著門徒的驚疑，改變自己的訓言。羅馬公教也不會徇從信徒的私情，改變耶穌的戒律。

「誰能接受這句話，就接受這句話。」現代的文明人，很憐惜羅馬公教的聖職人員和修士修女們終生獨身，他們認爲獨身生活是中世紀黑暗時代的桎梏，現代的文明人應該早已脫出這種黑暗了。還有更前進的文明人，責罵公教的獨身貞操，削弱國家民族。按照現代文明人的高見，男女應當自由戀愛，避妊以滿足獸慾。耶穌當時最厭惡法利塞僞君子；羅馬公教因此也不會聽信現代文明僞君子的狂言。

宗徒們當日驚疑教師答詞的嚴峻，日後他們卻都實踐了獨身的教條。聖保祿宗徒且囑咐信徒說：「我固願大家都像我一樣（不娶）；可是每人得於天主的恩賦不相同，甲是這樣，乙是那樣。」（致格林人前書 第七章第七節）「男娶女嫁，本不是罪惡；但是他們將多有肉身的痛苦。沒有妻子的人，能夠是這樣，專心事奉天主……沒有丈夫的女子和未嫁的處女，更可以專心事奉天主，追求神形的聖潔。」（同上 第二十七節至第三十四節）

「誰能夠接受這句話，就接受這句話。」獨身生活是天主的聖召，奉有天主聖召的人，纔能獨身守貞以事天主。正當耶穌在和門徒講論男女的關係時，一些婦女帶著小孩，來請耶穌祝福。門徒們走去攔住他們，嫌小孩們吵鬧不安。

耶穌吩咐他們說：

「讓小孩們到我這裏來，不要阻止他們。天國就是屬於他們的。我確實告訴你們，凡不以赤子的童心接受天國者，決不能進天國。」（路加 第十八章第十六節）㈡

耶穌舉手撫著每個小孩的頭，祝福他們，抱著他們親吻，然後放他們走開。

淫慾不潔的人，詭辯的偽君子們，都沒有赤子的童心。他們不能懂得男女的正當關係，他們不能進天國。

註：

㈠瑪竇福音　第十九章第三節至第十二節。馬爾谷福音　第十章第二節至第十二節。路加福音第十六章第十八節。

㈡瑪竇福音　第五十九章第十二節至第十五節。馬爾谷福音　第十五章第十三節至第十六節。路加第十八章第十五節至第十七節。

三九、復活死友

伯達尼村裏的那家友人，忽然蒙了大難。拉匝祿罹得重病，命在旦夕。馬爾大和瑪利亞急忙打發人渡過約旦河，來給耶穌報訊：「主啊，你的愛友病了。」

「這病不至於死，只是爲顯揚天主，也爲顯揚聖子。」耶穌用這幾句神秘的話，遣發了來人回去。他仍舊留在培勒雅。但是拉匝祿竟嚥了氣，兩個妹妹哭的死去活來，住在耶路撒冷的親友們，也都下鄉來安慰她們。

耶穌這時忽然告訴門徒們，要動身去看拉匝祿。這日已是打發來人回去後的第三天。「夫子，猶太人正想用石頭擊死你，怎麼又要往猶太去？」門徒們都一齊勸他，他們怕自己冒險。

「一天中間，不是有十二個時辰嗎？」耶穌安靜地說：「人若白天走路，乘著陽光，不會跌倒。若是夜間走路，昏黑無光，他就會跌倒了。」

耶穌早已說過：他自己捨生是出於甘心誠願。他若不願時，誰能害他！到了聖父所定的時辰，他將甘心捨自己生命；他自己知道這種時辰還沒有到，徒弟們有甚可怕呢？但是徒弟們不懂這段話的意思。

耶穌乃說：

「我們的朋友拉匝祿睡覺了，我要去喚醒他。」

「主啊，」徒弟們高興地說：「若果是睡覺了，病不是好了嗎？何必去呢？」

「拉匝祿已經死了！」耶穌悽然答應他們說：「但是我這次不在那裏，爲你們是椿可慶的事，因爲這樣可以堅守你們的信德。你們都同我去罷！」

「我輩都同夫子去罷！要死，就和他一起死。」多默憤然地說。同伴們經他一激，大家壯了膽，不再阻撓耶穌動身，一齊渡河往伯達尼。

從耶穌所在的地方往伯達尼，步行有一天的程。當耶穌一行人抵伯達尼村口時，拉匝祿葬在墳洞裏已經四天了。

走到村口，耶穌停了步，打發人去報告馬爾大。馬爾大一聽耶穌來了，立時奔到村外，望見耶穌，伏地拜說：

「主，你若在這裏，我的兄長怎麼會死呢！因爲我知道，凡是你所求的，天主莫不應允。」

「你的兄長一定要復活。」耶穌安慰她說。

「我知道在最末的一天，大家都要復活，我的兄長一定也要起來。」

「我是復活，我是生命。凡是信我的人，雖是死了仍舊生活。凡活著而信我的人，則永遠不死。你信不信呢？」

「主啊，我本來就信你是天主聖子，是該當降臨的基督。」

馬爾大說了這句，轉身回家，悄悄告訴瑪利亞：「教師來了，他叫你去。」

瑪利亞拔步就跑。家中弔喪和哭喪的人，料想她是往墳上痛哭，大家起身跟在後面號咷。

瑪利亞跑到村外，拜伏耶穌足前，哭泣說：「主若在這裏，我的兄長必定不會死了！」她淚流如注，面容悽慘。同來的猶太人，都是滿面淚滴。耶穌心動，潸然淚下，乃問說：

「你們把他放在那裏？」

「主啊，你來看罷！」

馬爾大答覆了耶穌，引路走到墳洞前。耶穌吩咐說：

「把洞門石頭移開！」

「主啊，已經葬了四天，屍身已臭了。」馬爾大猶豫答說。

「我不是已經告訴你只要信，就要看到天主的光榮嗎？」

馬爾大聽到這句話，再不猶豫，吩咐人移開石門。耶穌收淚止哀，面容嚴肅，舉目向天，朗聲說：

「感謝聖父常垂聽我的話。我素來知道，凡是我有所求，聖父莫不應允。然而我這一段話，也只是使這周圍的人，誠心信我是聖父遣來的。」

耶穌轉眼看著墳洞，向洞內高聲喊說：

「拉匝祿，你出來！」

死了的人，應聲而出，手腳和臉上，仍舊纏著裹屍的布巾。洞外的人，毛髮豎立，瞠目不敢作聲。耶穌喊說：「解開布巾，讓他行走！」

葬了四天的死友，僅因一句話又復生了。這樁靈蹟爲古今所未聞，消息立刻傳入耶路撒冷，立刻有人下鄉來看拉匝祿，立刻有許多人相信。

法利塞人和司祭長們召集會議，情緒很緊張：「這個人行許多靈蹟，我們要怎麼對付呢？讓他去罷，百姓都要信他了，羅馬人便要乘機滅我們的國家！」

值年的總司祭蓋法最後發言說：「你們這般人太沒有智識！一個人替大家死，較比全國人都喪亡，不更合理嗎？」

百姓信耶穌，羅馬人要來滅國；那就只有先殺死耶穌以救國家。老政治家蓋法認爲這種理由簡單的很，大家怎麼連這一層也想不到，還要彼此討論應付的辦法！

但是他所說：「一個人替大家死」，意義超過他所想像的以外。耶穌固然要爲百姓而死，然而他不是爲救以色列人脫離羅馬人統治，而是爲救往古今來的人類而捨生。

蓋法以以色列民族的最高威權，決定處死耶穌；司祭長們便謀劃捕捉耶穌的方式。耶穌避居郊外，住在厄弗辣因小鎮中。（若望 第十一章）

四〇、公然進京

巴斯卦逾越節又到了，這次是耶穌傳道的第三次逾越節。各方雲集耶路撒冷的猶太朝聖人，彼此都問說：「他來不來過節呢？」大家不說耶穌的名字，大家都知道所問的是指誰。

司祭長們先期佈置一切。城中滿佈偵探，一知耶穌下落立時報訊，下手逮捕。耶穌離開厄弗辣因（Ephrem），出發往耶里哥，轉往伯達尼，然後預備進京。他不像瞎子，在暗中摸索，如同我們不知道來日怎樣。他一眼早已看清將來要有的一切遭遇。路上，他向徒弟們說：

「這次往耶路撒冷去，人子將被交於經師和司祭長之手，他將被判死罪，再被解送到外教人手裏，受辱受撻，被釘在十字架上，到第三日要再復活。」（瑪竇第二十章第十七節至第十九節）

情景似乎是以往的歷史，是親身的經歷。但是徒弟們知道教師是在預言未來的事。既然知道這麼清楚，又何必往耶路撒冷去？

但是徒弟們不願意相信，這種灰色的預言。教師能夠復活已經埋葬四天的死友，難道還不是基督嗎？基督即是復興猶太的國王！

於是若望和雅各伯的母親，走來跪在耶穌面前，求說：

「請你叫我的兩個兒子，在你的國裏，一個坐在你的右邊，一個坐在你的左邊。」

「你們真不知道所求的是甚麼事！」耶穌悽然答說：「我將喝的苦爵，你們能夠喝嗎？」

「我們能夠喝！」兩個徒弟挺身答應。

「我喝的苦爵，你們一定將來也要喝。但是坐在我的右邊或左邊，不是我可以隨便定的，那只能給與我聖父所預選的人。」（同上 第二十一節至第二十三節）

別的十名宗徒，心抱不平！他們兩兄弟貪心真大！基督的王國裏，第一第二的位置，要讓給他們兩人，那就是讓他們作左臣右相。伯多祿尤其氣的鬚眉倒豎。耶穌勸他們說：

「你們知道外教的君王，奴視自己的百姓。他們的大臣，作威作福。你們切不要這樣做。你們中間，誰想為首，當作眾人之僕。誰想為長，當作眾人之奴。人子來世，不為役人，乃為人役，且要捨生為救眾人。」（同上 第二十五節第二十七節）㈠

教師走向耶路撒冷，被辱被釘；門徒們心中夢想作教師的左右大臣。教師越說越謙恭自下，門徒們卻越想越高。

耶穌憂心顯於顏面。

走近耶里哥，路旁一個瞎子，聽見一隊人聲嘈雜，問誰過路，路上人答說「耶穌」。瞎子大聲喊說：

「達味後裔耶穌，求垂憐我！」

前面的人喝他不要喊，瞎子更大聲喊說：

「達味後裔耶穌，求垂憐我！」

耶穌命人把他領來，開了他的眼睛。㈡

前面路傍的一株樹上，爬著一個人。耶穌走到樹下，抬頭向他說：

「匝凱，你快下來，今天我應該在你家裏過宿。」

樹上的人，趕快下地。這個人名叫匝凱，體胖身矮，衣服則是富翁裝束。他原是一名稅吏，早已希望看見耶穌，今天蹲在樹上等候耶穌過路。

匝凱整整衣服，大踏步引路回家。到了家門，他立在階臺上，伸手請人靜聽，然後大聲向耶穌說：

「主啊，我把我一半的家資，施濟窮人。若我詐取了誰的銀錢，我要四倍歸還。」

沒有一篇歡迎詞，比匝凱的話，更中悅耶穌的心。耶穌因此答覆說：

「救贖之恩，今日降臨了這個家庭！因爲他也是亞巴郎的子孫。人子之來，正是爲追尋迷失的人，引他們回來。」（路加 第十九章第八節至九節）㈢

耶穌到了伯達尼。伯達尼的一家富翁西滿，請耶穌到家赴宴，拉匝祿被邀作陪，馬爾大且在廚下幫忙治菜。

小小的伯達尼村，在拉匝祿復活後，誰敢不尊敬耶穌？西滿爲村中富紳，如今也不能不禮遇這位來客。他爲顯自己的體面，不單歡宴耶穌和十二名宗徒，另外多請貴賓陪座。賓客入門，每人直往占據上座。耶穌公然向徒弟們說：

「你若是赴婚筵，不要自登首座，恐怕後來的客人中，有較你更尊貴的，主人來請你讓位。那時你紅著臉要退往最後一個坐位了。你被邀赴筵時，應自居末座，等待主人來請你說：朋友，請往上座。那時你在同座人跟前更有榮耀。凡是自尊的人必見抑，自下的人必見舉。」（路加 十四章第七節至第十一節）㈣

耶穌入席，門邊走進一個患水臌症的病人。這一天正是罷工禮日，逾越節前第六日，座客們都眼看耶穌是否顯靈。耶穌開口問座客，罷工日是否可以治病，座客們默然不答。耶穌便治好患水臌症的人，遣他回家，然後再向座客說：

「你們中間，誰若有一頭驢或一頭牛，罷工禮日掉下井裏，不當天把牠拉上來的呢？」

（同上 第五節）㈤

座客們當然沒有話可駁，心裏憤憤不平。剛入了座，已經受了兩次訓責；難道在大眾宴會裏，耶穌也不能稍加禮貌嗎？然而他們自己不想自己早就存心不良，乘機詆毀。

席半，瑪利亞進廳，手抱一玉壺，壺中蓄有純珍香膏一斤。她跪在耶穌足後，傾注香膏敷在耶穌足上，異香滿廳。座客都認識瑪利亞是拉匝祿的幼妹，不敢大聲異議。瑪利亞在兄長復活了以後，豈能不表示極度的感激？

十二名宗徒中的猶達斯，卻生異議：「這斤香膏，足可賣三百銀錢，爲甚麼不賣錢濟貧呢？」

猶達斯想起了施濟，竟主張賣香膏去濟貧！幾天以後，他去出賣了自己的教師，領到三十銀錢，莫非也是想拿錢濟貧嗎？若望很懂得他的心理，說明窮人和猶達斯一點也沒有關係，猶達斯見錢起貪，盜竊成性。

耶穌乃告戒猶達斯說：

「讓她做罷！不用阻擋！這個女子所行的，是爲預備我的殮葬。你們常有窮人可以賙濟，我則不常在你們中間！」（若望 第十二章第八節）㈥

又在大眾面前，耶穌訓責。猶達斯積恨在心；但是耶穌早知道猶達斯是賣他的人！他被殮葬的時辰已經到了。

次日耶穌晉京，走到橄欖山下，打發二個門徒說：

「你們往前面村裏去，看見一匹驢子繫在樹上，旁邊有一驢駒。你們把驢子和驢駒一同牽來。若有人問你們只答應夫子要用，人家必定許你們牽來。」（瑪竇 第二十一章第二節）

㈦

耶穌要進城的消息，一瞬間傳遍了耶路撒冷全城。城中已滿了朝聖的男女，大家聽說耶穌從伯達尼進京，都出城迎接，希望一見復活了的拉匝祿。

兩個門徒牽來了驢子，解衣披在驢背，扶著夫子上驢。出城來迎的民眾，半途遇著耶穌，興高彩烈，每人拿大氅舖地迎迓。又折下樹枝，搖枝吶喊，前擁後簇。小孩們更高聲歌唱說：

「賀三納兮達味裔，
奉主名而來堪讚美，
賀三納兮高無極！」（同上 第九節 吳經熊譯本）

民眾越聚越多，隊伍越走越大，竟有聲勢浩浩的盛況，將近城垣，耶穌由上坡下瞰京都，泫然淚下，嘆息說：

「倘若你今天能夠恍然省悟，認識你的平安和幸福的根源，你將是多麼幸運！奈何你的眼睛到今天還是蒙閉了的！將來按著預定的時期，敵人要用木壘圍困你，四面攻打你，戮殺你的子民，夷平你的垣牆，使一塊磚石，不疊在另一石磚上！這一切大難，都是因爲你不認識天主眷顧你的日子！」（路加 第十九章第四十一節至第四十四節）

門徒和周圍的人，驚訝地彼此相顧！在歡呼夾道的一刻，夫子爲何落淚，說出不吉利的話呢？難道如今不是滿全先知的預言，基督稱爲猶太王嗎？先知依撒意亞曾作詩說：

「覩哉熙雍女，爾王來就汝，溫恭騎驢背，有驢與之俱。」（瑪竇 第二十一章第五節）

夫子騎驢進京，按照先知的話，即是猶太王入都。門徒們不顧夫子的嘆息，鼓舞百姓，搖枝歡呼，走進城門。

法利塞人久已怒氣填胸，但不敢招惹百姓的眾怒，出面彈壓。然而在城內大隊歡呼，可以引起羅馬軍官的疑心。他們便來勸耶穌說：

「夫子，請你訓告徒弟們不要喧嚷！」

「我確實告訴你們，倘若他們不開口，石頭就要歡呼了！」（路加 第十九章第四十節）

法利塞人只好不言而退。耶穌進城入聖殿，看到天井裏的牛羊販子和錢攤，又和兩年前的巴斯卦節一樣，拿起繩索，驅逐牛羊出殿，推翻錢攤桌椅，厲聲責斥說：

「經書上說：我的殿堂乃祈禱之所。你們竟把聖殿作成賊窩！」（瑪竇 第二十一章第十三節）(八)

薄暮，耶穌出城，到伯達尼村友人家留宿。決戰的時候已到了，他在鄉間深夜祈禱，預備迎敵。

註：

㈠ 瑪竇福音 第二十章第十七節至第二十八節。馬爾谷福音 第十章第三十二節至第四十五節。路加福音 第十八章第三十一節至第三十三節。

㈡ 瑪竇福音 第二十章第二十九節至第三十四節。馬爾谷福音 第十章第三十六節至第五十二節。路加福音 第十八章第三十五節至第四十三節。

㈢ 路加福音 第十九章第一節至第十節。

㈣ 路加福音 第十四章第七節至第十一節。

㈤ 路加福音 第十四章第一節至第六節。

㈥ 若望第十二章第一節至第八節。瑪竇福音 第二十六章第六節至第十三節。馬爾谷福音第十四章第三節至第九節。

㈦ 瑪竇福音 第二十一章第一節至第十八節。馬爾谷福音 第十章第一節至第十節 。路加福音 第九章第二十八節至第四十一節。若望福音 第十二章第十二節至第十九節。

(八) 瑪竇福音　第二十一章第十二節至第十三節。馬爾谷福音　第十一章第十五節。路加福音　第十九章第四十五節。

四一、舌戰群黨

次日清晨，耶穌率領徒弟返回耶路撒冷。

半途，腹飢，走近路旁一株無花果下，尋覓果子。樹上有葉不見果，耶穌指著樹說：

「你從此以後，你永不結果了！」

「怎麼樹枯的這樣快！」宗徒們眼見青枝綠葉的樹立刻枯萎，不勝驚訝。

耶穌進城，入聖殿，講道訓人。

司祭長們和法利塞人，豈能忘記昨日的騷擾，便來質問耶穌說：

「你憑甚麼權力，做這一切的事，誰給了你這種權力？」

「我也有句話問你們，」耶穌答說：「請你們先答覆我，我然後也答覆你們：我憑甚麼權力做這一切的事。我問你們：若翰授洗的洗禮，是從誰來的？來自天呢？還是來自人呢？」

司祭長們和法利塞人彼此私議著：「我們若說來自天，他要問我們爲甚麼不信。若說來自人，民眾會動公憤，因爲民眾信若翰是先知。」他們乃答說：

「我們不知道！」

「那麼我也不告訴你們：我憑甚麼權力。」（瑪竇 第二十一章第二十三節至第二十七節）㈠

這等詭辯不誠的僞君子，自己不信天主所遣的使者，還要阻止別人信服。這等人真不配信天主的聖道！耶穌講一譬喻說：

「一個人有兩個兒子。他吩咐長子說：你今天往葡萄園去工作！長子答應說：父親，我就去。可是他並不去。父親又吩咐次子去工作。次子答說：我不去。過了一刻他後悔了，自己往葡萄園去了。你們以爲這兩個兒子誰更孝順？」

「次子。」大家答說。

「我實話告訴你們，稅吏和娼妓，將先你們進天國。」（同上 第二十八章第三十一節）㈡

僞君子們輕視稅吏和娼妓，不願和他們同坐。但是稅吏娼妓信若翰又信耶穌，悔惡從善。僞君子們自說信天主，實則不信。

但是稅吏娼妓，不足代表以色列民族。法利塞、撒杜塞、司祭、經師，這一輩人，乃是以色列人的指導階級，也是以色列民族的代表。他們拒絕天主的聖子，即算以色列民族拒絕了救主。以色列民族世代受了天主的特恩，理應信服天主！

耶穌講述另一譬喻說：

「一個人培植了一個葡萄園，周圍插了籬笆，園中挖了酒池，修了一房舍。當他要出國遠遊時，把葡萄園租給佃戶。收穫的時季既到，園主打發僕人，回來收租。佃戶拿住派來的僕人，打的打，殺的殺，一分葡萄不給。園主再打發第二批僕人來索租，佃戶又同樣對付了遣來的第二批僕人。最後園主打發自己的兒子來，以爲佃戶將尊敬少主人。不意佃戶看見了少主人，彼此商議說：這就是繼承家業的人，我們來把他殺了，地產將來要歸我們。於是把少主人拿下，拖到葡萄園外，把他殺死。」

「我問你們，園主要怎麼對付這些佃戶呢？」

大家答應說：

「園主必定要殲滅那些敗類，把葡萄園租給好的佃戶，以後按時可以收葡萄。」（同上第三十三節至第四十一節）㈢

猶太人自己宣佈了自己的罪狀！昨天耶穌望城而哭，眼中看到天主聖父要殲滅殘殺聖子的敗類，天主的天國將賞給別的民族！

司祭長們和法利塞人，知道耶穌的譬喻影射他們，氣的咬牙切齒，恨不得立刻把耶穌捕下；但是眾怒難犯，不敢下手。他們便退走，商議遣人向耶穌設難，叫他失言，自陷阱坑。

不多一刻，法利塞的黨徒勾結安提帕侯的小官吏，前來聽講，乘間問耶穌說：

「夫子，我們景仰你真實不欺人，你直言宣傳天主聖道，不顧人情，不加偏袒，敢請指教：是否可以給凱撒納稅？」

「你們這班假仁假義的僞君子，你們來試探我做甚麼？把錢拿來給我看看！」

耶穌正色對他們說。

安提帕侯的小官吏掏出一塊銀錢，遞給耶穌看。耶穌沒有接錢便問說：

「錢上的像是誰的？」

「是凱撒。」

「把凱撒的物件給凱撒，把天主的物件給天主！」（瑪竇 第二十二章第十五節至二十一節）㈣

耶穌的仇敵，也不能不驚訝他答話的奇妙。猶太人當時通行兩種錢，一種是羅馬錢，鑄有羅馬皇像；一種爲猶太錢。向聖殿納稅，該用猶太錢；向羅馬皇納稅，該用羅馬錢。耶穌的仇敵設下惡計，想使耶穌，若說可以向羅馬皇納稅，法利塞人告他賣國；若說不可向羅馬皇納稅，安提帕侯的小吏告他謀反。他們不料夫子具有神智，答出千古的妙論，造成後代教會和政府兩方權力的界線。

撒杜塞人看見耶穌戰敗了法利塞人，他們上來接戰，提出問題：

「夫子，梅瑟規定，男子死後沒有子嗣，弟子該娶嫂子，爲兄長立後，如今我們這裏曾有兄弟七人，長兄娶妻，沒有生子即去世。二弟按律娶嫂爲妻，又無嗣而死，三弟娶了嫂子，也沒有留後就死了。這個婦人後來輪到第七個男子。七兄弟都死了，婦人纔死。在復活時，婦人究竟是誰的妻子？七個兄弟都娶過她。」

「你們怎麼不明經義，又不明天主的全能？難怪你們會錯。在復活時，不娶不嫁，人將如同天使。」（同上 第二十三節至第三十節）(五)

撒杜塞人是不信復活的人，故意想出這種離奇的怪事，取笑耶穌。結果被責爲不明經義。

法利塞人今天成爲撒杜塞人的朋友了，狼狽爲奸，他們又來設難耶穌說：

「夫子，經法上何者爲大？」

「盡你的心，盡你的情，盡你的力，盡你的智，愛你的上主天主；這一誡最大。次一誡，乃是愛人如己。這兩誡即是律法和先知書的總綱。」（同上 第三十四節至第四十節）

法利塞人知道背誦梅瑟律法的每一句話，豈能不知道何種爲大誡？他們故意逼著耶穌說出愛天主的誡命，暗責他爲甚麼自充天主。耶穌看穿他們的惡意，就反問他們說：

「你們對於救世主基督有何觀念？基督是誰的兒子？」

「他是達味的後裔。」法利塞人答說。

「然而爲甚麼達味因著聖神的啓示，稱基督爲「吾主」呢？達味說：「主語吾主，坐我右側，待我克敵，任爾踐踏。」」達味既稱基督爲「吾主」，基督怎麼又是達味的子孫呢？」

（同上　第四十一節至第四十四）㈥

達味在聖詠裏尊基督爲「吾主」，敬禮基督和天主相等；聖詠是聖神所默示的，不能有錯。這一項奧義，同耶穌自稱和天主聖父一體的道理，不相吻合嗎？

法利塞人結舌不敢再言。

註：

㈠ 瑪竇福音　第二十一章第二十三節至第二十七節。馬爾谷福音　第十一章第二十七節至第三十三節。路加福音　第二十章第一節至第八節。

㈡ 瑪竇福音　第二十一章第二十八節至第三十二節。

㈢ 瑪竇福音　第二十一章第三十三節至第四十二節。馬爾谷福音　第十二章第一節至第九節。路加福音　第二十章第九節至第十六節。

㈣ 瑪竇福音　第二十二章第十五節至第二十二節。馬爾谷福音　第十二章第十三節至第十七節。路加福音　第二十章第二十節至第二十六節。

㈤瑪竇福音　第二十二章第二十三節至第三十二節。馬爾谷福音　第十二章第十八節至第二十七節。路加福音　第二十章第二十七節至第三十八節。

㈥瑪竇福音　第二十二章第三十六節至第四十六節。馬爾谷福音　第十二章第二十八節至第三十七節。路加福音　第二十章第三十九節至第四十四節。

四二、責僞君子

耶穌和猶太統治階級的決裂，從此成了定局。總司祭長已經決定置耶穌於死地，耶穌接受聖父的旨意，甘心捨生以救世。

耶穌召集自己的門徒們，說明自己和法利塞人不能妥協的理由。他是天主，看透人心，不能容忍僞君子的假仁假義。

「經師和法利塞人坐在梅瑟的講壇上，你們應當遵從他們的話，但是不宜效法他們所行的事。他們拿繁雜沉重的誡律，加在別人肩上，他們連動手指動一動也不動。自以爲行了許多善事，然而只在討人讚揚。他們頭上所佩的經帶要比別人寬，衣沿的垂旒要比別人長，赴宴時常居上座，集會時必佔首位，愛在街頭受人的尊敬，喜歡聽人稱呼「夫子」。」（瑪竇第二十三章第一節至第七節）

孔子曾說：「鄉愿德之賊也」，「吾惡紫之奪朱也」，「色厲而內荏，譬諸小人，其猶穿窬之盜也歟。」（論語　陽貨篇）假仁假義的僞君子，較比明明作惡的人，更可惡。耶穌揭穿法利塞人的假仁義，警戒門徒們不爲所騙：

「你們不要稱呼他人爲教師，你們的教師只有一位，你們彼此同是兄弟。你們不要稱人作父親，你們的父親只有一位，即在天的天父。你們不要受人稱爲教師，教師只有一位，即是基督。」（同上 第八節至第九節）

一切的榮譽，都宜歸於天主。父母爲生之本，教師爲教之本；生命和真理來自天主，只有天主纔真是父是師。人間的父母和教師，只是天主的代表。

「你們中間最大的，應該替眾人服役。」（同上 第十節）(一)

法利塞的偵探們，在旁聽到這種言詞，向耶穌提出抗議：「你說這種話，你是侮辱我們。」

僞君子最怕人家揭破假面目，尤其不願聽別人的忠告。法利塞人以耶穌的忠告爲侮辱，耶穌乃改忠告爲痛責。忠告可用於有心悔過的人，對於怙惡不悛的人，只有痛責。

「哀哉！經師和法利塞人，你們這班僞君子。你們關閉天國的門，你們自己不願意進去，又阻止別人進去！你們這班僞君子，走遍四海，招收信徒，教引他們作爲地獄的兇犯，較比你們更凶。」

「哀哉！你們這輩瞎子作瞎子導師的僞君子。你們告訴人，指著聖殿宣誓，不足爲誓。若指著聖殿的金銀宣誓，乃成爲誓，你們這輩狂徒，何竟這般狂妄無知！金銀所成的聖殿和聖殿的金銀，兩者中誰爲大？……」

「哀哉！經師和法利塞人，你們這班僞君子！你們只知道「什一之獻」，獻薄荷、茴香、蒔蘿，爲聖殿用。對於律法的綱要：正義，仁慈，信德，你們卻漠不關心？什一之獻固不可廢，律法豈可廢除！你們這輩瞎眼響導，湯中若有蚊蚋小污，你們要把蚊蚋濾去；湯中若有駱駝大穢物，你們偏一口吞了下去！」

「哀哉！經師和法利塞人，你們這班僞君子，你們用心洗刷杯盤的外表，杯盤裏面則裝滿了貪污邪慾。瞎眼的法利塞人，你們先把杯盤內部洗刷乾淨，杯盤外表也就自然乾淨了。」

「哀哉！經師和法利塞人，你們這班僞君子，你們很像刷著白粉的墳墓，外觀很美麗，裏面則堆著屍骨的臭物。你們外表有仁義禮儀，心裏則奸詐邪惡，污穢百集。」

「哀哉！經師和法利塞人，你們這班僞君子，你們替被殺的先知和義士們，修造墳墓。自以爲若生在祖先的時代，不會贊成祖先們妄殺先知和義士。事實上你們所作的，證明你們真是妄殺先知的奸徒的後代，你們祖先的惡貫，在你們身上要滿盈！」

「你們這輩虺蝮的子孫，你們怎樣逃避地獄的刑罰！我給你們遣來的先知和教師，你們用刀劍，用十字，殘殺了他們，在會堂鞭打了他們，又四處驅逐他們。人世所留的義血，從亞伯爾以及到貝勒基雅的兒子則加黎雅先知，在聖殿祭壇間所留的義血，都要流到你們身上。這一切的大惡，都要由你們這一代人負責賠償。」

「耶路撒冷！耶路撒冷！你殘殺先知，石擊天主的使者。好些時候我願意聚集你的子女，如同母雞覆翼小雛，你卻拒絕不接受！今後你的殿堂要變成廢墟！」（同上 第十三節至第三十八節）㈡

說了這幾段「哀哉」，耶穌走出聖殿。他讓經師和法利塞人去反省「哀哉」的意義，他不願看他們鬍鬚倒豎的怪像。

哀哉！拒絕天主所遣的唯一救世主，造成殘殺天主聖子的彌天大惡，以致京都被毀，國家滅亡，人民流離失所！他們卻還自認為保全祖傳遺規，維護天主的律法，按法處死一種狂言惑眾的罪犯！偽善的惡，惡於真惡！

註：

㈠ 瑪竇福音 第二十三章第一節至第十二節。

㈡ 瑪竇福音 第二十三章第十三節至第三十八節。路加福音 第十一章第四十節至第十三章第三十五節。

四三、滅國滅世

耶穌步行出殿，低頭不語，心中義憤未消。宗徒們也默然不敢發言，夫子憤火一般的言語，不單燒燬了偽君子們，似乎把他們也燒成了灰燼。夫子哀弔耶路撒冷的詞句，更使我們心中忐忑不安。

走到獻錢的錢廂邊，耶穌停步不走了，對著錢廂坐著，看著走來獻錢的人。法利塞人昂然大步，把錢高高舉起，投入箱裏，郎噹作響。外省朝聖的猶太人，大氅裹身，從氅下伸手，投錢箱中，步履輕捷地走開，最後，走來一個衣裳破舊的婦人，手裏捧著兩分錢，悄悄地送入箱內，低頭慢步轉去。耶穌轉首向宗徒們說：

「我確實告訴你們，這個貧家寡婦，她所獻的，較比別人所獻的都多。別人所獻的，是自己的餘錢，寡婦則是獻了自己養生的衣食費。」（馬爾谷 第十二章第四十一節至第四十二節）(二)

耶穌走出聖殿，日已偏西，斜陽照殿壁，金光煥發，燦爛奪目。宗徒們不敢信這般輝煌的殿宇，將要變成廢墟。便向教師說：

「夫子，你看聖殿的石壁，多麼美麗！」

「你們看到這座美麗的聖殿？」耶穌悽然答說：「這塊塊堆疊的石頭，將來沒有一塊不被推翻的！」（馬爾谷 第十三章第一節至第二節）

不吉的預言，悲慘的弔詞，重覆聽在耳裏，宗徒們鬱悶不解。看來，耶路撒冷的大難，是不能免的了。但是將在甚麼時候呢？宗徒們心中都燃著這種疑問，教師知道大難必來，必定知道大難要來的時候。

出城走到橄欖山，耶穌面對聖殿，坐地休息。伯多祿，若望，雅各伯，安德肋四人，圍住耶穌私下問道：

「事情將在甚麼時候呢？事前將有何種預兆？請你告訴我們！」

在耶穌降生以前，以色列民族在天主方面，代表整個人類。他們代表人類希望救世主。耶路撒冷在耶穌眼中，也似乎是整個宇宙的象徵。耶路撒冷不久要遭滅亡；整個宇宙，一天也要消滅。滅城和滅宇宙的兩樁慘劇，這時都現在耶穌眼前。

耶路撒冷將在甚麼時候毀滅呢？

「等到先知達尼爾所預言的怪物，『面目猙獰，慘無人道』，才出現在聖所裏；那時在猶太的人，趕緊逃往山中。在屋上陽台的人，莫再進屋取東西；在田間的人，莫再回家取衣服，可憐那時懷孕和乳養小孩的婦人！你們應該祈禱，求逃難時不要在冬天！那時的大難，是創世以來，空前絕後的大難！假使大難的日子不減短，沒有一人可以逃脫。但是爲著受選的義人，大難的日子將要減短！」（瑪竇 第二十四章第十五節至第二十二節）(二)

降生後六十八年，羅馬大將提托（Titus）圍攻耶路撒冷。城內猶太軍隊分裂三派，三派領袖智赦拉（John Ghitchala），西蒙（Symoa Barghiora），厄肋亞匝（Eleazaro），自相攻伐。智赦拉和厄肋亞匝分駐聖殿，殿中屍血橫流。當時信從耶穌的信友，知道已經到耶穌所預言的時候了，逃往荒山。提托圍攻兩年，修造木壘，破城而入，兵士火焚聖殿。

宇宙的毀滅，又將在何時呢？

「你們要看到民族互相攻打，國家互相作戰，飢饉遍地，多處地震。但是這還只是大禍的開始。」（同上 第七節）

「戰爭大難，剛要平息時，忽然太陽昏黑，月亮無光，星辰隕墜，天球的力量全部紛亂。這時，人子的標幟，要顯於天空。那時地上的全體人民，都要驚惶哀號，看見人子威靈顯赫，駕雲而降。遣發天使鼓吹號角，四方招集揀選的人民。」（同上 第二十九節至第三十一節）

四名宗徒，聽到這種大禍的描寫，早已驚心動魄了。他們屏聲靜氣，細聽教師繼續往下說：

「你們要加小心，不要受人欺騙。將來要有許多人，假冒我的名字惑亂人心，他們都說：我是基督。」（同上 第四節至第五節）

「那時，人若告訴你們：「基督在這裏，基督在那裏」，你們不要信。假基督假先知，都要起來，大行奇跡，盡力使被選的義人，也受他們的迷惑。如今我先告誡你們，人若告訴你們「基督在曠野裏」，你們不要去找；「基督藏在密室裏」，你們不要去尋。人子將臨，將是如同閃電，自東至西，一發即到。」（同上 第二十三節至第二十七節）

宇宙毀滅的時候，不是人所能知的。然而將有許多人，冒充救世主和先知，宣講邪說。

「所謂時候和日期，人不知道，天使也不知道，惟我父知道。」（同上 第二十六節）

門徒們和後代的信徒，不要好奇，追問宇宙終窮的日期。他們所該知道的，是謹慎提防。

「那時人們要加給你們許多酷刑，要把你們殘殺。你們爲著我的名字，將爲萬民所惡。你們中間半途而廢的人，將必不少。而且你們中間，還有人互相陷害，互相嫉妒。假先知們又紛紛起來惑眾，魔高萬丈，愛德冷落。惟獨堅忍不拔，守志不移的人，能蒙救恩。然而天國福音將傳遍天下，萬國人民無人能藉口未曾聽聞。」（同上 第九節至十四節）㈢

人人都聽到了福音，不能推辭自己不信基督的罪惡。世界末日，基督要親自降來，舉行賞罰的判決。

「當人子率領天使，威靈顯赫，駕雲而降時，將坐在寶座上，召集一切的人到寶座前，聽受判別。有如牧童分別綿羊和山羊，綿羊放在右邊，山羊放在左邊。然後向右邊的人說：「你們見愛於我的聖父的人，你們來享受自創世以來爲你們預備的天國。昔日我餓了，你們給我吃。我渴了，你們給我飲。我作旅客，你們收留我。我裸體，你們給我衣。我患病，你們來看問。我坐獄，你們來探望。」善人們答說：「主啊！甚麼時候我們曾見你餓，給了你吃？曾見你渴，給了你喝？見你作旅客，收容了你？見你病了，曾看問你？見你坐獄，曾探望你？」坐在寶座上的君王答說：「我確實告訴你們，你們給我兄弟中最小的一個所施與的，即是施與我。」君王再向左邊的人說：「該咒罵的囚徒，快些離開我，投進不熄的烈火，這火即是爲魔鬼和他的惡徒設備的。昔日我餓了，你們不給我吃。我渴了，你們不給我喝。我作旅客，你們不收留我。我裸體，你們不給我衣。我有病，你們不看問我。我坐獄，你們不探望我。」」（瑪竇 第二十五章第三十一節至第四十二節）㈣

基督第二次降臨，不爲救世，是爲判世。威靈顯赫，全身有天主的尊嚴。但是他的判詞，和在雲遊巴肋斯坦時所談的道，將前後符合。他的教義大道，只在一個「愛」字。

「愛」字很簡單，然而也很複雜。信徒應時刻警醒力行。耶穌講一個譬喻說：

「那時天國好比有十個童女，各人提著燈，等候迎接新郎。十個童女中五個聰明，五個愚蠢。愚蠢的童女提著燈卻不帶油。聰明的童女提燈又提壺油。等到半夜，新郎不到，童女們疲倦睡覺了。半夜，有人喊說：新郎來了快出去迎接。童女們忙起身整燈，愚蠢的向聰明的說：請給我們一點油罷！我們的燈快要滅了。聰明的答說：油不夠大家一齊用，你們最好自己去買。愚蠢的女郎們剛出去買油，新郎已臨門，有油的女郎，提燈迎接入屋，閉門同吃婚筵。愚蠢的女郎買油歸來，敲門說：主啊！請給我們開門。新郎答說：我說實話，我不認識你們是誰！」（瑪竇 第二十五章第一節至第十二節）(五)

猶太婚禮，新郎夜間往迎新婦。陪伴新娘行婚禮的女郎們在新郎家等候，新郎迎新娘進門，女郎們提燈出迎。

基督第二次降臨時，有如作喜事的新郎，以天國福筵賞客。但是客人該提燈守夜，隨時可以出迎。耶穌警戒門徒說：

「你們應當小心翼翼，時刻提防，因爲不知道那一天那一刻，是人子降臨的日子。」（同上 第十三節）

註：

(一) 馬爾谷福音　第十二章第四十一節至第四十四節。路加福音　第二十一章第一節至第四節。

(二) 瑪竇福音　第二十四章第十五節至第二十二節。馬爾谷福音　第十三章第十四節至第二十節。路加福音　第二十一章第二十節至第二十四節。

(三) 瑪竇福音　第二十四章第九節至第十四節，第二十三節至第三十八節。馬爾谷福音　第十三章第二十一節至第三十二節。路加福音　第二十一章第二十五節至第四十六節。

(四) 瑪竇福音　第二十五章第三十一節至第四十六節。

(五) 瑪竇福音　第二十五章第一節至第十三節。

四四、建立聖體

巴斯卦逾越節的前一天，宗徒們問耶穌說：「為逾越節晚餐，夫子願意我們在那裏預備呢？」（瑪竇 第二十六章第十七節）

這是他們最後的一次晚餐了。耶穌要給這種節期，與以新的意義。巴斯卦逾越羔羊，當日只是一種象徵，猶太人門楣上所塗的羊血，標明了屋中住的是天主的選民，天使過門不入，不殺屋內的長子。真正除免世罪的鮮血，將是耶穌自己的赤血。他的赤血將作為人們得救的代價。巴斯卦逾越節的真正意義，在這一年就將實現了。這一年的逾越節晚餐，應當隆重舉行。耶穌乃派兩名宗徒進城：

「你們進城去，將看見一個男子背著水缸，迎面而來，你們跟他走。進了屋，你們向家中主人說：「教師問飯廳在那裏，他要和徒弟來吃逾越羔羊。」主人必引你們到一間陳設整潔的大廳。在廳裏，你們就預備晚餐。」（馬爾谷 第十四章第十二節至第十五節）

逾越節的正日，猶太人拿在聖殿奉獻天主的羔羊，回家火烤。晚上，闔家團吃。團吃時，有無酵麵包，有苦菜，有酒。入席後，家長祝福清酒一尊，巡飲闔家，然後用苦菜。菜畢，捧羔羊上桌。家長講述天主當年援救祖先的大恩，巡飲第二尊酒，分吃羔羊。食畢，酒三巡，誦謝恩經。最後，酒四巡，唱誦聖詠。逾越晚餐散席。

這一年的逾越節遇著罷工禮日。宰羊烤羊可以在先一天舉行，次日晚，舉行晚餐。但有人在先一天獻羊烤羊後，當天即舉行逾越節晚餐。

兩個徒弟把晚餐預備後，回報耶穌。當夜耶穌即率領宗徒們，行逾越節晚餐禮。次日，當猶太人在聖殿宰羊獻羊時，他已成了除免世罪的羔羊，被釘在十字架了。

耶穌既入席，嘆息說：

「我早已希望在我受難以前，同你們一齊吃逾越節羔羊。但從此以後，以及到天國完成逾越節事業以前，我再不吃逾越節晚餐。」（路加 第二十二章第十五節至第十六節）

耶穌舉尊，祝福第一巡酒，自飲一口，傳飲十二門徒：「你們接爵，傳巡分飲。但我告訴你們，一直到天國降臨之後，我再不飲酒。」（同上 第十八節）

傳爵有先後，按著位次巡。門徒對於座席的位次起了爭論。耶穌訓導他們說：

「你們不可這樣！最大的應當成爲最小的。作領導的，應當成爲服役的。坐在席上和站在旁邊侍候的人，誰是大呢？難道不是坐在席上的人？然而我在你們中間，卻像是站著侍候的人。」（同上 第二十六節至第二十七節）

耶穌站起身來，傾水盆中，腰上繫了圍巾，捧水替門徒洗足。十二宗徒驚疑地瞪著眼。看教師洗自己的足，再用圍巾揩拭。輪到伯多祿前，伯多祿抗議說：

「夫子，你要濯我的足？」

「我今天所做的事，你如今不懂，後來你必領悟。」耶穌答說。

「無論如何，你永遠不能洗我的足！」伯多祿心直口爽。

「我若不洗你的腳，你和我就沒有關係了！」

「那麼不單是腳，就連手和頭都請夫子洗一洗。」

「已經洗乾淨的不用再洗了，只要洗腳，全身都潔淨。你們都是潔淨的，但不是十二個人都潔淨！」

猶達斯已決定出賣教師，耶穌因此說不是十二人都潔淨。事後宗徒們懂得了耶穌的話意。

洗完了十二人的足，耶穌整衣入席，向門徒們說：

「我剛纔所做的事，你們懂得了嗎？你們稱我爲師爲主，你們稱呼的對。我確實是師是主。我以師和主的身份，尙且洗你們的足，你們彼此不該互相濯足嗎？我以身作則，是叫你們仿效。」（若望 第十三章第四節至第五節）

十二名魯莽的漁夫和小販稅吏，經過三年的訓練，尙是魯莽，缺少知識。到了生死關頭，到了臨別的一刻，竟有一個出賣教師的惡徒在座。耶穌深深嘆息說：

「我確實告訴你們，你們中間有一個要負賣我！」

十二人中立時大起恐慌。他們雖是魯莽無知；但他們的心是誠實的，誰敢出賣教師呢？每個人都焦急的問說：

「夫子，難道是我嗎？」

他們自己不敢自信了！教師有先見之明，當然認識他們，較比他們自己更透切。但是耶穌不答覆他們的問題，臉上滿著悽然的形色。

伯多祿的席次，靠近若望，若望靠近耶穌。伯多祿示意若望，請問教師究竟誰是賣師的惡徒。若望側臥耶穌右側，把頭靠近耶穌胸前，低聲問說：

「主，是誰？」

「我用麵包片沾漿遞給誰，誰就是。」

耶穌伸右手，拿片麵包，沾漿，遞給猶達斯，猶達斯開口接食，猶太的習俗，主人沾漿遞餅，作爲尊敬賓客。耶穌遞麵包片後，再向猶達斯說：

「你要做的事，趕快去做罷！」（若望 第十三章第二十五節至第二十七節）

門徒們相信耶穌吩咐猶達斯出去備辦明日節期所需的事物，或是出去施錢濟窮；因爲猶達斯素來經管他們日常生活的需要。耶穌卻是吩咐他出去，讓他幹賣師的勾當。猶達斯接食耶穌的麵片後，魔鬼更在他心中橫行了，便離席出門，時夜已深更。

耶穌和十一門徒，分吃逾越節羔羊，酒至三巡時。耶穌拿起麵包，祝福後，剖開分給宗徒們說：

「你們拿著吃罷！這乃是我的肉體！」（瑪竇 第二十六章至第二十六節）

再拿起酒，祝福後，又遞給宗徒們說：

「你們大家分喝這爵，這乃是我的血，爲洗除眾人的罪而流，以作新約的血證。」（同上 第二十七節）

然後再囑咐他們：

「你們將來當常行這種典禮，永遠紀念我。」（路加 第二十二章第十九節）

十一門徒想起了，從前一天，教師在加增五餅二魚的奇蹟後，講說他的體血，將爲常生的食糧，人應當食他的肉飲他的血。今晚教師分餅分酒，明明說餅爲他的肉，酒爲他的血；教師是在滿全前日所說的話了。這時他們心中沒有疑慮，他們看清教師愛他們的深切。後來，他們分行天下，他們遵命常舉行這種典禮，每次都信酒餅爲教師的血肉。及到兩千年後的今日，宗徒們所立的教會，尚誠心相信這種愛情的靈蹟，耶穌在聖體內，用自己的血肉，作爲信徒的食糧。

天下奇蹟中，沒有較比聖體更奇妙的了。建立聖體的典禮，卻又是簡單至極，一點矯揉造作的氣味都沒有。

耶穌拿自己的血肉，贈與門徒；門徒們卻在當晚都將捨棄他！耶穌向他們說：「今天夜間，你們對我都要變心。經書不是說過：我打殺了牧童，羊群便都四散？但是我要復活，在你們之前回到加里肋亞。」（瑪竇 第二十六章第三十一節至第三十二節）

十一門徒又起了恐慌，同時心中也稍有氣憤，誰能對教師有變心呢？即是死，也要同教師一起死。

耶穌向伯多祿說：

「西滿！西滿！你小心提防著！魔鬼想簸弄你，像簸麥子一樣。我已經爲你祈禱了，使你不失信德。在你回頭以後，你要堅定你兄弟們的信心。」（路加 二十二章第三十一節至第三十二節）

伯多祿連忙抗議說：「即使別人都倒了，我必定不倒。」「我就是同你一齊死，我也不背你。」（馬爾谷 第十四章第三十一節）

「你願爲我捨生嗎？！我確實告訴你，今天晚上，雞沒有叫完你就要三次背我！」（若望 第十三章第三十八節）

別的門徒也不讓於伯多祿，異口同聲，一齊聲明雖死不背教師。耶穌問說：「以前我打發你們出去，不帶布囊，糧袋和衣鞋，你們沿路缺少甚麼嗎？」「夫子，沒有缺少甚麼。」

「可是如今有布囊的人提囊，有袋的人背袋，沒有劍的人當賣衣買劍。經書所說：「他將和大奸大惡的人同科」，將在我身上應驗。」

「主啊，這裏有兩把劍。」

「夠了！」（路加 第二十二章第三十五節至三十八節）㈠

魯莽的門徒，只向魯莽裏想。教師提醒他們，打起精神，有奮鬥的志氣，以應付日後四面受人攻擊的環境，他們著實想到皮袋刀劍！

註：

㈠ 瑪竇福音　第二十六章第十七節至第三十節。馬爾谷福音　第十四章第十二節至第三十一節。路加福音　第二十二章第七節至第三十八節。若望福音　第十三章　第一節至第三十八節。

四五、愛德遺囑

猶達斯離開了晚餐廳。乘著黑夜，走向聖殿司祭們的住所，同司祭長們討價還價，出賣教師。

「我若把耶穌捕來獻給你們，你們給我多少賞銀？」

「三十兩銀子！」（瑪竇 第二十六章第十五節）

追隨耶穌三年的門徒，難道是一個狼心狗肺的惡奸？假使當初他沒有誠心，耶穌豈肯收他？既有誠心學道，爲何後來竟因三十兩銀子而出賣自己的教師？大概在初期時猶達斯想耶穌要恢復猶太的獨立，踐登達味王位，也因而隨從耶穌，謀得富貴尊榮。然而耶穌卻滿口不吉的預言，說自己要被處死，他因此心中或許怕遭連累，先往司祭長前獻功。但他爲何要討賞銀？

耶穌已經警告了他：

「出賣人子的人，自禍可哀！假使他沒有生，爲他更好！」（馬爾谷 第十四章第二十一節）

猶達斯生了，作了耶穌的徒弟？負賣了教師，竟至自縊而死。耶穌痛心向聖父說：「我因聖父名義守護聖父所賜我的徒眾，一個也沒有喪失，所喪失的，只有那個喪亡之子。」（若望 第十七章第十二節）

當「喪亡之子」猶達斯同司祭長們討價出賣教師時，耶穌在晚餐廳中向十一名宗徒，留下他愛德的遺囑。

「孩兒們，我和你們相處的時間，只有片刻了。你們將來想追尋我，你們追尋不到；我去的地方，你們不能去！」（若望 第十三章第三十三節）

師徒已到訣別的時候，再過半天，教師將死在十字架，徒弟們不能跟著他去。三天後，教師又將復活，但又將升天，徒弟們也不能立時跟他去。

徒弟們今後要獨自同惡勢力奮鬥，將要向天下四方傳揚教師的大名，但是教師的仇人，將來也成爲他們的仇人。

「我預先把事情告訴你們，免得日後你們意志要動搖。將來人們也要開除你們的教籍，殺害你們的人要自認是盡忠於天主。他們所以這樣做，都是因爲不認識聖父，也不認識我。我如今把這些事告訴你們，將來你們逢到這種遭遇，你們可以想起我的話來。」（若望 第十六章第一節至第四節）

門徒不單是可以想起教師先已警告了他們，而且還可以想起教師親自也有了同樣的遭遇。

「你若不見容於世，應當想到我也未曾見容於世。假使你們是屬於世界的，世界的人豈不愛自己的同類？然而因爲我把你們從世界中拔出，世界所以不能容你們。你們將來應該想起我的話來，僕人不能大於主人，人們既侮辱了我，一定要侮辱你們。」（若望 第十五章第十八節至第二十節）

師徒們要受同樣的苦，將來也將享有同樣的歸宿。教師受苦後得光榮，徒弟們也將同樣有光榮。

「你們不要心中忐忑不安，你們信天主，也當信我。我父家中，廣廈萬間，足以收留你們。假使若不是這樣，我必早告訴你們了。如今我去，替你們預備地方。預備好了，我再來接你們。我將使你們一同在我所在的地方。我如今去的地方，你們已經知道路途。」（若望第十四章第一節至第四節）

宗徒們相顧諤然，他們並不知道教師要往那裏去，怎麼就知道路呢？

「主啊，我們連你所要去的地方，都不知道，怎麼能知道路呢？」多默問說。

「我就是道路，生命和真理。人若想到聖父那裏去，必定要經過我，人若認識我，也就認識聖父。你們今後一定要認識聖父；而且你們已經看見他了。」

「主啊，請將聖父顯示我們，我們的心願就滿足了。」斐理伯插口說。

「斐理伯，我同你相處，不算不久了！怎麼你仍舊不認識我呢？看見我的人，就看見聖父。爲甚麼你還說：請將聖父顯示我們呢？你難道不信我在聖父內，聖父在我以內？」（若望 第十四章第五節至第十節）

耶穌既是同聖父一體，他所愛的徒弟，聖父也必愛他們。聖父既愛他們，他們在現世的苦難中，必定有依靠。

「我決不捨棄你們，不使你們變成孤兒，無依無靠。」（若望 第十四章第十八節）

「我要請聖父，遣來安慰你們的「恩師」，永遠同你們在一齊。恩師不是別的，即是真理的聖神。」（同上 第十六節）

「聖父要因我的名義，遣發安慰你們的「恩師」。恩師將教導你們一切的義理，且將使你們回憶領悟我所講的訓言。我以平安施給你們，我以我的平安留給你們。我所留的平安，不是世俗的平安。」（同上 第二十六節至第二十七節）

耶穌的平安，不是世俗一般人所說的平安。耶穌的平安，是人和天主相結合，無憂無懼，又和人們彼此相結合，相親相愛。

「我給你們一條新的誡命，你們該當彼此相愛！你們要像我怎樣愛了你們，你們也彼此

相愛，你們若彼此相愛，便可以讓人認出你們是我的徒弟。」（若望 第十三章第三十四節至第三十五節）

「我的誡命就是這一條：我命你們彼此相愛，像我怎樣愛了你們。人的友愛，沒有比爲朋友捨生更大的。至於我所命的事，一言以蔽之，即是你們彼此相愛。」（若望 第十五章第十二節至第十七節）

人類彼此相愛，不算是樁新事。中國人早已知道四海之內皆是兄弟，己所不欲勿施於人。但是耶穌留給門徒的遺囑，是種新的誡命，他不單是命門徒彼此相愛，又命他們要像他怎樣愛他們，他們同樣彼此相愛。耶穌愛徒弟，爲徒弟捨生：耶穌愛徒弟，愛他們是聖父所選的義子。因此徒弟們彼此相愛，該能爲兄弟而捨生，該愛兄弟爲同一聖父的義子。

耶穌再發揮他的愛德的新誡命，這種愛德要使人和他相結合，因著他再和聖父相結合，結合成一妙體，彼此息息相關。

「我是一棵真的葡萄樹，我的聖父是園主。凡是在我身上的葡萄枝，不結實的，聖父就要斬斷它們。凡是結實的，則再加剪裁，使結實更多。你們如今因著我所教的道理，已經受了剪裁。但是你們應當常常連在我身上，我便也連在你們身上。葡萄枝離了樹幹不能結實，你們離了我，也不能結實。」

「我是樹身，你們是樹枝。凡連接在我身上，我又連接在彼身上的人，他結實必定多。

離了我，你們將一無所能。人若不連接在我身上，就像樹枝被斬了，立時枯乾，將被撿起投在竈裏焚燒。」（若望 第十五章第一節至第五節）

在訣別的一刻，耶穌將心中的秘密，全盤托出，一言一語，摯情畢露。十一名宗徒都感嘆說：

「夫子，你今天不用譬喻，明白講說一切至理。我們如今知道你洞悉一切事件，不必人來問你。因此我們信你是來自天主。」

「你們如今信了？」耶穌悽然嘆說：「不久，你們要各自奔散，留著我孤單人。然而我不是孤單一人，聖父常同我在一齊。」（若望 第十六章第二十九節至第三十二節）

晚餐已經該結束了，油燈半明半暗所照的廳中，充滿了憂鬱的臨別情緒。門徒們這時相信教師是在訣別他們，明日的事他們尚不知道。但是死的恐怖，已經使他們心涼。

耶穌舉起第三尊酒，飲畢巡飲十一徒。然後抬頭向天，舉行祈禱：

「聖父啊！時候到了，你顯揚你子罷，使子可以顯揚父。父既授子統治一切生靈之權，是為使父所托給子的信徒，享有常生。人的常生，即在乎認識父是唯一真主，也認識父所遣的基督耶穌。我在世時，已經顯揚聖父。父所委托的使命，已告圓成。如今求父，賜我同父一同享受在創世以前我同父所共有的光榮。」（若望 第十七章第一節至第五節）

聖子降世成人，爲補償人類的罪惡，恢復聖父在世界應享有的光榮。如今已到捨生贖罪的一刻，聖子希望連同肉體一同升天，享受創世以前與聖父共享的光榮。然後再爲門徒祈禱：

「聖父啊，求以父的名義，保佑父所托給我的人，使他們結成一體，如同父和子共爲一體。」（同上 第十八章）

「我既以父之聖道教授他們，世俗便仇視他們；因爲他們不屬於世界，正如我也不屬於世界。我不求父使他們脫離世界，但求父保佑他們不染塵垢。求父神化他們於真理之中。真理是父之聖道。父遣子降世，子也遣他們入世。我爲他們聖化了我自己，使他們也真能成聖。」（同上 第十四節至第十八節）

耶穌所關心的，是門徒的聖德，他不求聖父救門徒脫離世界，因爲門徒該去化俗。門徒們所需要的，在能成聖不染俗垢，在能彼此團結，共成一身。

門徒傳道化俗，後代常有信耶穌的信徒；耶穌最後爲將來一切信他的人祈禱：

「我不單單爲門徒祈禱，我也爲後來聽他們的話而信服我的人祈禱。求使他們結合爲一身，如同父在子以內，子在父以內一樣。又使他們也在我以內合成一身。這樣世俗可以信我真正是父所遣來的。父所給子的光榮，子也轉給他們。因此他們可以結合成爲一身，如同我和父共爲一體。我在他們以內，父在我以內，大家因此密合爲一，使世俗知道聖父確實遣派了我，且愛我的信徒，和愛我一樣。聖父啊，我願我在那裏，你所給我的信徒，也同在那裏。他們可以親自看見聖父賜給我的光榮：因父在創世以前，已經愛我。」「公義之父，世俗不認識你，我則認識你，這班信徒也知道是你派遣了我。父的聖名，我已告訴他們，並要告訴後代的人，使父愛我的聖愛，可以存留在他們當中，我也可以常寓居在他們以內。」（同上　第二十節至第二十六節）

全體立著飲了第四巡酒。在這巡酒裏，他們覺得彼此的心情，融合為一，一同歌誦聖詠。

耶穌引他們十一人走出耶路撒冷，渡過翠柏澗，往橄欖山夜宿。㈠

註：

㈠　若望福音　第十四章、第十五章、第十六章、第十七章。

四六、山園被捕

耶穌一行人到橄欖山，進入革責瑪尼莊園。

微微的新月色，照著茂盛的橄欖樹，園中靜絕無蟲聲，只有樹枝頂著天上的繁星。門徒們照常預備舖地大氅，倒在園中露宿。教師沉重的語聲卻告訴他們醒著祈禱。他自己帶領伯多祿、若望和雅各伯再往園中樹木深密之處，吩咐他們說：

「我心中憂鬱萬分，幾乎氣絕！你們留在這裏，同我一齊守備。」（瑪竇第二十六章第三十八節）

吩咐三個門徒以後，耶穌再往前走了一箭之路，伏在地上祈禱說：

「父啊！假若可能，請替我免了這杯苦爵！然不要順我的意思，只宜遵行父旨。」（同上第三十九節）

耶穌轉身來看三個門徒；三個門徒都睡著了。耶穌喚醒他們，他們睜開眼，看見教師額上滿了顆顆的血汗。耶穌喚伯多祿說：

「西滿，你睡著了？竟不能守備半刻？應當守備，應當祈禱，免陷於誘惑裏！心志雖然

堅強，形軀則很餒弱！」（馬爾谷 第十四章第三十七節）

耶穌再回到原先祈禱之地，再跪地向聖父說：

「父啊！這杯苦爵若不能放過就遵行聖父的旨意！」（瑪竇 第二十六章第四十二節）

三個門徒只聽到這一段話，以後他們又入睡鄉了。他們又愁悶又疲乏，一倒地就閤眼昏睡。耶穌第二次再來時，他們的眼都不能睜了。耶穌也就撇下了他們，獨自繼續祈禱。

深山靜夜，忽然聽到人聲，人聲越來越近，逐漸可聽清步伐雜沓之聲。橄欖樹葉裏，已可看到點點的火光，耶穌起身，喚醒三個門徒：

「你們睡的已經夠了！起來罷！我們下山去！負賣我的人已經到了。人子即將被交於罪人之手。」（同上 第四十五節）

別的門徒都已驚醒，趕緊圍在耶穌四週。猶達斯領著一隊人，擎著火炬，槍刀閃閃，走進山園。

耶穌問猶達斯說：

「朋友，你來幹什麼？」（同上 第五十節）

猶達斯走近耶穌，伸手擁抱，口吻教師面頰說：

「夫子！晚安！」

「朋友，你用親吻出賣人子？」（路加 第二十二章第四十八節）

「喪亡之子」和兵士差役們約定，以親吻爲號：「我所親吻的人即是，你們即把他拿下縛住。」（馬爾谷 第十四章第四十四節）

耶穌向前走數步問兵士差役們說：

「你們找誰？」

「找納匝肋人耶穌。」

「我就是！」

耶穌面上神威煥發，兵士差役忽然倒退失足。耶穌又再問找誰，吩咐不要加害門徒：

「你們既要拿我，不要連累這些人，讓他們走開。」（若望 第十八章第四節至第八節）

兵役們上前動手，耶穌長嘆一聲說：

「你們持槍拿刀，捉我和捉強盜一樣。以前我常在聖殿裏講道，你們沒有捉我。如今也只是爲了應驗經書的預言。」（瑪竇 第二十六章第五節）

門徒們見情勢危急，喊說：「夫子，我們拔劍罷！」伯多祿手起刀落，砍去了總司祭的僕人馬爾谷的耳朵。耶穌命他說：

「收劍入鞘，操刀的人要亡於刀下。你想一想，我難道不能要求聖父遣派十二營天使以驅敵？然而經書的預言，怎麼可以應驗呢？」（瑪竇 第二十六章第五十二節至第五十四節）

耶穌拾取砍下的耳朵安放原處，密接無縫。然後伸手就縛。徒弟們四散奔逃。兵役們擒帶耶穌出莊園，下山渡澗，回耶路撒冷京城。莊園附近一家人，半夜驚醒，一少年裸體圍一白布，出門尾隨觀看，差役一把抓住，少年拋下白布，裸體逃逸。少年大約即是後來寫福音的馬爾谷。

猶達斯領著兵役，將耶穌交給總司祭蓋法，蓋法命押往岳父亞納斯府署。亞納斯爲前任總司祭，穩操大權。司祭長們，經師，法利塞黨魁和紳士耆老，都已約集在亞納斯府署等候。蓋法押耶穌至，即開庭公審，審問耶穌收徒說教的原委，耶穌答說：

「我素來公開講道，常在聖殿和會堂裏訓人，我從來沒有暗地裏說教。你如今問我作甚麼？你問那班聽過我講道的人，他們知道我說了甚麼。」

「你敢這樣答覆總司長？」一個差役揮手打了耶穌一掌。

「若是我說的不對，你指出不對的地方！若是我說的對，你爲甚麼打我？」耶穌反責他說。

若望和伯多祿逃出莊園，兩人在黑暗裏，悄悄跟著兵役進城。若望和總司祭府門吏相熟，進府探看動靜，把伯多祿也引進署內。署中天井置火一盆，兵役圍盆烤火，春夜天氣頗冷。伯多祿混入差役中，旁火而坐。一個婢女適從火前過，火光中，瞧見伯多祿相貌，有加里肋亞人的粗相，就問他說：「你是不是那個加里肋亞人的同黨？」伯多祿心頭一跳，口中急忙說：「啊！女子，我不認識那人，我不懂你要說甚麼？」（馬爾谷 第十四章第六十七至第六十八節）

旁邊的差役都轉眼看伯多祿，差役裏有被砍耳朵的馬爾谷的一個親戚，他剛纔也同到莊園裏。瞧著伯多祿，他便說：「可不是！我親自看見你和他在一起，你不是在山園裏嗎？」伯多祿心慌了，急口否認，並且宣誓不曾認識耶穌，這時雞已鳴了。（若望 十八章第二十六節）

總司祭審問耶穌，聽取證人，有人告他不守罷工禮日，有人告他不守洗手的禮規，有人告他自稱天主之子，又有人告他有意毀滅天主的聖殿。眾口紛紜，莫衷一是；但誰也不能證明耶穌違犯梅瑟律法。

耶穌緘口不言，一聲不響。總司祭站起身來向耶穌冷笑說：「這些人告你犯罪，你怎麼不回辯？」耶穌仍默然不答，總司祭乃正色厲聲問說：

「我以永生天主的聖名，命你答覆：你是否天主子基利斯督？」

「你說的對！」耶穌嚴肅地答說：「而且我告訴你，你要看見人子坐在全能者的右首，自天駕雲而降。」

「他褻瀆了天主！你們都聽見了，該得何罪？」總司祭氣的臉色轉青，把大氅撕裂，高聲怒喊。

「該得死罪！」全場的人都朝天喊著。

驟然廳內的空氣變和緩了，全場的人彼此交頭接耳。一年來大家心裏的緊張情緒，這一刻都鬆弛了。納匝肋的狂漢所給他們的恐怖，隨著死罪都消散了。他們當然不理會納匝肋人剛纔所說：「你要看見人子坐在全能者的右首，乘雲而降。」他們若能知道那一天人子要向他們說：「該咒罵的囚徒，快些離開我，投進不熄的火炕裏。」早就不寒而慄，搥胸號哭了。

他們認爲納匝肋人的案件，已經判決了，大家可以安心回家，登床熟睡。總司祭宣佈散會，命把耶穌牽赴前院交差役看管。

伯多祿在天井裏受了兩次質問，心中惶恐不安，悄悄溜出人群站在一邊，等著看到審問的究竟。然而他的運氣偏要碰到女人，又一個婢女走過他身旁，一眼看到他的氣色，指著他向差役們說：「這個人是納匝肋耶穌的同夥。」差役們立時上來圍住伯多祿說：「真的！你確實是他的夥伴，聽你說話的口音，就知道你是加里肋亞人。」伯多祿嚇的神魂不能作主，又咒又作誓，證明自己從來沒有認識耶穌。（瑪竇 第二十六章第七十一節至第七十四節）

兵役押著耶穌由公審廳往前院，過天井，耶穌眼望伯多祿。伯多祿猛想起教師說：「今宵雞未叫兩遍，你將三次背我。」當時適聽見第二遍雞叫，伯多祿走出公署，滴淚滂沱，深悔背主之惡。

耶穌被押到前院，兵士差役們全體出動，大家一齊戲弄他。有的用白布蒙住他的眼，有的打他耳光喊說：「先知，你說是誰打你。」有的向他臉上吐唾。耶穌一語不發。

猶達斯聽到耶穌定了死罪，良心忽然不安，走去向司祭長說：「我作了惡事！我賣了義人的血！」司祭長們冷笑答說：「這是你自己的事，跟我們何干？」猶達斯把三十兩銀子拋在聖殿地板上，自己走出去懸樑自縊了。

司祭長們拾起三十兩銀子，他們的良心，發生了假仁假義的難題：

「這是人血的價錢，不可再放在聖殿銀庫裏！」（瑪竇 第二十七章第三節至第八節）

㈠

他們便用這三十兩銀子，買了一方墳地，爲安葬他方孤旅。聖殿銀庫不可收藏人血的價錢，法利塞和司祭長們的心裏，則安然可以容納殺戮無罪義人的惡意！

註：

㈠瑪竇福音　第二十六章第三十六節至第二十七章第十節。馬爾谷福音　第十二章第三十二節至第七十二節。路加福音　第二十二章第三十九節至第七十節。若望 福音　第十八章第一節至第二十七節。

四七、被判死刑

以色列全境那時的政權四分五裂，三省分封大黑落德的王子，猶太省在阿爾赫勞被廢後，直屬羅馬鎮守使。耶路撒冷的猶太總司祭長和他的最高會議，操持政教大權，審判罪犯，但是，死罪須經羅馬鎮守使批准。

捕捉耶穌的次日清晨，總司祭長蓋法解送耶穌往羅馬鎮守使公署。當天為巴斯卦逾越節前日，日落後，即為巴斯卦節正期，各家舉行逾越節晚餐。因此，總司祭長，司祭長，法利塞和紳士耆老，都不進鎮守使公署，要求鎮守使在門外接見。猶太人輕視非猶太教的人物，一概視為污穢不潔，在吃逾越節晚餐的前日，他們不能進入羅馬人公署以蒙穢氣。

羅馬鎮守使比拉多出署，在階台上開口問司祭長們說：

「你們控告這個人甚麼罪？」

「假使他不是惡人，我們必定不把他送到你這裏來！」猶太人用不屑地口氣答覆說。

「你們把他帶回去，按照你們的法律去審判！」鎮守使更顯出不屑的神氣，他是素日輕看猶太人的。

「我們沒有權處死他！」司祭長們不能不認輸，說出自己的無能。（若望 第十八章第二十九節至第三十節）

「查得這個人，煽惑百姓，禁止給凱撒納稅，自稱受命之王。」總司祭長挺身而出，正式提出罪狀。（路加 第二十三章第三節）

比拉多聽取了罪狀，轉身進入公署，傳耶穌受審。他看這個壯年的加里肋亞人，兩眼安祥，鬍鬚美滿，絕不類似一個凶暴的叛徒首領。便問他說：

「你當真是猶太王嗎？」

「你自己是這麼想，或是別人告訴你這樣說呢？」耶穌反而詰問鎮守使。

「難道我是猶太人嗎？」比拉多氣憤地說：「你的本國人和司祭長們把你交給我，你究竟作了甚麼事？」

「我的國家，不屬於這個世界。」耶穌沉重地說：「假使是屬於這個世界，我的臣子和僕役們，必群起抗拒，使我不落於猶太人手裏。我的國家是不屬於這個世界的！」

「那麼你真是國王了？」

「你說的對！我正爲著這種使命而生，爲著這種使命而降世，使能夠替真理作證。誰若傾向真理，誰就會聽從我的話。」

「真理是甚麼？」（若望第十八章第三十三節至第三十八節）

比拉多剛發了問，不待答覆，便踱出公署向猶太人說：

「我沒有查出有甚麼罪！」

「怎麼沒有罪！他煽惑民眾，在猶太全國宣傳新教，從加里肋亞一直傳到這裏。」階台下面的司祭長們和法利塞人大聲喧嚷。（路加第二十三章第四節至第五節）

比拉多一聽到加里肋亞的名字，問耶穌是否加里肋亞人，聽到說他是籍屬納匝肋，他眉開眼笑，計上心頭，命解送耶穌到安提帕侯寓所。這時，安提帕侯適在耶路撒冷。比拉多心喜此計，可以推開這樁不快心的案件。

安提帕侯早已心想看看耶穌，希望能見幾種靈蹟，也探問他真正是否若翰的復生。耶穌一解到了，他便百般盤問，無如耶穌守口如瓶，一聲不作。

這人就是盛傳大有神威的教師？這般的啞口結舌，神色頹唐！他一定不是氣盛辭壯的若翰之復生，他至多是個瘋子。

安提帕侯拿瘋子服裝的白袍，給耶穌披上，再解回羅馬鎮守使公署，聽取裁判。鎮守使以禮，解送他的屬民，聽他審判，他以禮還禮，再送罪犯由鎮守使審判。兩個以往爭權的仇敵，因此一舉而成了好友。

比拉多再出公署，在階台上向猶太人說：

「你們解送這人，控他倡亂作叛。我按你們的控告，當面審問，並未查出罪狀就是安提帕黑落德也沒有查出過犯，又把這人解回。可見他並沒有當死的罪。我如今責斥他一番，然後把他放了。」（路加 第二十三章第十四節至第十六節）

階台下頓時掀起一陣咆叫，絕對不能釋放耶穌。三年擾亂了天下的太平，怎能說無罪。

比拉多又心生一計，舉手命眾人不許作聲，他然後說：

「我沒有查出他是罪人。按你們的習慣，每逢逾越節，你們要求我開釋一名囚犯。如今在兩名囚犯中，你們可以選擇一名；你們願意我開釋這名所謂猶太王呢？或是願意我開釋造反殺人的巴辣巴？」

「巴辣巴！」階下喊聲如雷。（若望 第十八章第三十八節至第四十節）

不料這一條計又不成！猶太人的傲性不易搖動！可是羅馬人更不願受猶太人的逼迫。猶太人要求耶穌死？他偏要使耶穌活。比拉多心中決定不讓步。他憤然走進公署，下令兵士鞭責耶穌，以便釋放。

兵士們領取了耶穌，剝下他的衣服，把他雙手繫在石柱上，盡力鞭打，遍體鱗傷。然後拿茨編成一冠，加在他的頭上，取一件破舊紅袍，加在他鮮血橫身的身上，再把一根蘆桿，插在他的手上。哈—哈—好一位登極的國王。大家周圍屈膝大喊說：

「萬歲！至尊猶太王萬歲！」（若望 第十九章第三節）

比拉多這時坐在署轅，他的夫人洛姑娜（Trocula）打發婢女傳話說：

「使君不可參預這位義人的案子，我因他得一惡夢，受驚不少。」（瑪竇 第二十七章第十九節）

鎮守使隨即出署，命解耶穌到階前，兵士們押著耶穌出署門，頭戴茨冠，手持蘆桿，臉上血污滿面。比拉多指著耶穌向階下人說：

「你們看這個人！」

一個羅馬軍官，習慣在陣上殺人不撇眼，對著這個茨冠下的苦容，也不能不心中動憐憫。難道他的同國同鄉人，曾經見過他的靈蹟，還能不動憐惜的心腸？

「釘死他！釘死他！」階下卻齊聲喊說。

「你們自己領去把他釘死！」比拉多怒氣衝髮地罵說：「我沒有見到他的罪。」

「我們有我們的法律，按照我們的法律，他罪該死，因爲他自稱天主子。」

比拉多聽說自稱天主子，心中起了疑慮。剛纔妻子的話更叫他心中不安。他第一次感到站在面前的犯人，多少有些神奇不可測。便又進入公署提過耶穌，鄭重地問他說：

「你究竟從那裏來的？」

耶穌沉默不答。對羅馬人說是從天上降臨的，羅馬人怎麼能夠相信，比拉多又動氣了！

「你不答覆我？你豈不知道我有釋你之權，也有釘你之權？」

「若不是上天給你這項權力，你又有何權處理我呢？因此那些把我交給你的，他們的罪更大！」

從沒有遇到這樣的囚犯，威儀棣棣，答語深奧。比拉多決意要放他。走出公署，向猶太人聲明釋放耶穌。不料猶太的紳士法利塞黨人早已定下最後的步驟。他們便喊說：

「你若放了這個人，你便不是凱撒的忠臣。因爲凡是自己稱王的人，即是凱撒的仇敵！」

一盆涼水突然澆到鎮守使的頭上，他忽然變成了冷靜的頭腦。猶太人是可以往羅馬控告他的，與敵通奸的罪名也是不容易辯護的。喪了自己的命，倒不如喪了這個猶太人的命；何況是猶太人所要求的！

比拉多下令陳設法官坐椅，他端坐椅上，正式宣佈判詞。

這時，已是正午十二點了，耶穌被押至階臺，比拉多惡笑著向猶太人說：

「你們看你們的國王！」

「除了他！除了他！」階臺下的猶太人瘋狂似的大叫。

「我怎麼可以釘死你們的國王呢？」比拉多更加嗤笑他們了。

「我們除凱撒外沒有別的國王！」法利塞人這時竟不以爲自己是賣國了。他們也都這樣喊著。（若望 第十九章第五節至第十五節）

猶太人都臣服羅馬凱撒，豈有羅馬皇的官吏反不臣服凱撒嗎？比拉多乃下判詞，判斷耶穌處釘死十字架死刑。立時又吩咐兵士端來一盤清水，當著猶太人的面前洗手說：

「這個義人的血，不沾我手，你們自己承當！」

「他的血，都落在我們和我們子孫的頭上！」猶太人自豪地同聲答應著。（瑪竇 第二十七章第二十四節至第二十五節）

瞎眼心狂的猶太人，自己判了自己的罪案，兩千年來，猶太人的子孫，流浪全球作亡命之徒，都爲償還祖宗的這項血債！㈠

註：

㈠ 瑪竇福音　第二十七章第一節至第十五節。馬爾谷福音　第十五章第一節至第二十節。路加福音　第二十三章第一節至第二十五節。若望第十八章第二十八節至第十九章第十六節。

四八、釘死架上

兵士們押著耶穌，肩負十字，步赴刑場。一百夫長騎馬監刑。刑場名加爾瓦略山，意即髑髏地，地爲小丘，在耶路撒冷城門近處。全城一時哄動，納匝肋人耶穌被判死刑，押赴刑場男女老少爭往觀看。一天前在聖殿講道顯靈的教師，今天爲何改了面目！「他失了俊美，也失了華麗，不足使人瞻仰；又失了儀容，不足使我們戀慕。他受盡了侮辱，爲衆人所遺棄，他真是苦人兒。」（依撒意亞 第五十三章第一節至第三節）

在城門上站著耶路撒冷的許多婦女。她們眼見耶穌滿頭血汗，身體被沉重的十字架壓著，傴僂難行，不禁眼淚滾滾，放聲痛哭。

這是一夜一天的侮辱中，僅有的一點同情表示。耶穌站住，轉身向婦女們說：「耶路撒冷的女子們，你們不要哭我，你們當哭你們自身和你們的子女。將來有一天，大家要說：「那沒有產育的婦人，算有福氣。」那時大家也都要向山喊說：「倒下來罷！把我們蓋住！」因爲若是青樹遭了火燒，枯木將要怎樣被燒呢？」（路加 第二十三章第二十

八節至第二十九節）

三十幾年以後，當羅馬大將提托圍城時，耶路撒冷的婦女們要知道耶穌這幾句話的可怕了。那時沒有產育的婦女，至少不必加上哀哭子女的痛苦！

耶穌出了城門，寸步難移，力盡精疲；監刑的百夫長恐怕他要倒地身斃。便抓住迎面來的一個鄉下人，命他代替耶穌肩背十字架。這個鄉下人，名叫西滿。

到了刑場，兵士們遞上一碗醋；耶穌接過來喝了一口，拒不再喝。他不願被醋麻木，減少痛苦。兵士們剝去他的衣裳，推他臥在十字上，持釘舉鎚，把他的手足釘在十字架。

地上挖了三個孔，三架十字豎在孔中。耶穌豎在中央，左首右首釘著兩名強盜。耶穌舉眼向天說：

「父啊！請寬恕他們！他們不懂自己在作甚麼事！」（路加第二十三章第三十四節）

耶穌的十字架上，掛著罪名牌。牌上用猶太、希臘、拉丁三種文字寫著：「猶太王納匝肋耶穌。」司祭長們氣憤填胸，奔赴鎮守使署，請求改寫。「請勿寫猶太王，只寫「自稱猶太王」！」比拉多忿然說：「本使寫了就寫了！」（若望第十九章第二十一節）

司祭長們和法利塞人不願意進羅馬人的公署，怕沾穢氣，但不怕赴刑場。他們站在十字架前嗤笑說：

「你怎麼只知道顯靈救人，卻不知道救自己呢？你既然說你是救世主猶太王，請你從十字架下來，我們必誠心信服。」（馬爾谷 第十五章第三十一節）

刑場臨近大路，釘在架上，舉身示衆。過路的猶太人多向耶穌喊說：

「你那個毀滅聖殿，可以在三天以內重新修蓋的人，你爲甚麼不自己救自己，從十字架下來呢！」（馬爾谷 第十五章第二十九節）

釘在左首的強盜，一邊喊，一邊怒罵：

「你不是自稱救世主嗎？你怎麼不救自己也救我們呢？」

釘在右首的強盜勸說：

「你是同在一齊受刑的人，你尚不怕天主？我們是因罪受刑，他則是無罪受苦。」

然後再向耶穌說：

「主啊！你歸天國時，請垂念我！」

「我確實告訴你，今天你要同我一齊進天國！」耶穌立時垂念了他。（路加 第二十三章第三十九節至第四十三節）

耶穌的母親瑪利亞，和若望、瑪利亞瑪達肋納、姨母瑪利亞等，陪著耶穌站著。耶穌垂頭向母親說：

「太太，這是你的兒子！」

又轉向若望說：

「這是你的母親！」（若望 第十九章第二十五節至第二十七節）

臨終托母，耶穌了結了一樁心事。離世的時候已近在眼前了！兩臂伸開，全身下墜，胸口的筋肉拘攣，手孔足孔，血流如注，口中舌乾唇焦。耶穌喊說：

「口渴！」

一個兵士跑來，拿海棉沾了醋，插在蘆桿上，送到耶穌口邊。耶穌嚐了醋，嘆氣說：

「厄里、厄里（主啊主啊）！你爲甚麼拋棄了我！」

旁邊的兵士喊說：

「稍等一等，莫給他醋喝，他叫厄里亞先知呢！看先知是否來解救他。」（馬爾谷 第十五章第三十四節至第三十六節）

兵士們坐在山頭看守三架十字，他們均分犯人的衣服。耶穌的一件長袍，是無縫織成。兵士們拈鬮，袍歸一人，免把長袍割裂。

耶穌這時再長嘆一聲說：

「都完結了！」（若望 第十九章第三十節）

然後舉眼看天，大聲說：

「父啊！我魂托付你手。」（路加 第二十三章第四十六節）

低下頭，氣絕，時在申刻。

天色驟然昏暗，太陽失光，地忽震動，山石崩裂。墳洞石門推開，聖殿大幔自裂爲二。

監刑的百夫長，大爲驚異，惶恐地說：

「這人真是一位聖人！」（路加 第二十三章第四十七節）

旁觀的猶太人們，都大起恐慌，搥胸自悔，冤殺了義人。連忙下山入城，各自歸家。

那時已快黃昏了，猶太的逾越禮日即將開始，死屍不可懸在十字架。監刑官下令砍斷犯人雙腿，催速斷氣。耶穌已經氣斷，兵士不再砍腿，只用長鎗刺穿胸肋，血水奔流。

私淑弟子阿黎瑪特雅人若瑟，逕往鎮守使公署，請求准收耶穌屍體。比拉多傳到監刑官，問明情形，乃准收屍安葬。

昔日夜間往見耶穌的紳士尼苛德摩，這時也登山守屍，助行葬禮。跟隨耶穌的婦女們，從城中買來香料。若瑟購買殮布，放開附近山下他爲自己所造的墳洞。

若瑟，若望，尼苛德摩卸下屍體，洗屍，敷香料，裹殮布。耶穌母親瑪利亞，瑪利亞和同伴婦女，一同陪送屍體，安葬在若瑟的新墳洞中，搬移大石，封閉洞門。

司祭長們心中仍舊不安，趕快往署請見鎮守使，呈告說：

「我們想起來了，那個造反的叛徒，在生時，曾說他死後第三日要復活。請鎮使派兵守墓，防避他的徒弟們竊屍，造謠復活。否則謬說流傳，後患比前禍還壞。」

「你們有差役，你願意辦就去辦！」鎮守使恨他們一天的騷擾，心中的氣尚沒有消除。（瑪竇 第二十七章第六十三節至六十五節）

司祭長們率領差役，來到耶穌墳前，用封條封閉墓石，條上加印。再留下差役數名，日夜看守墳洞。㈠

註：

㈠ 瑪竇福音　第二十七章第二十七節至第六十六節。馬爾谷福音　第十五章第二十節至第四十七節。路加福音　第二十三章第二十六節至第五十六節。若望福音　第十九章第十七節至第四十二節。

四九、復活顯形

瑪利亞，撒羅默和女伴們送殯回城，沿途再向開門的香料店，購置香料膏，預備罷工禮日後，再往墳園敷屍。

安葬耶穌時，因逾越節即將開始，一切都匆忙求速，香料敷屍也都從簡，未能盡情盡哀。信女們定計再行補禮。

逾越節日日落後，女信徒們再上街購香料。她們隨從教師數年，教師慘死了，她們所能作的，只在多數香料。

次日清晨，天尚未大亮，瑪利亞，撒羅默，雅各伯的母親瑪利亞，偕同女伴數人，提著香料香膏，往朝耶穌墳墓。走出城門，將近墳園，信女們想起了墓門的大石彼此愁著沒人可以移開，瑪利亞年青腳快，情急心切，獨自先跑進了園門，朝陽的晨光中，望見墓門石頭已開。她立住了足，定睛細看。墓石真是移開了，想必有人竊屍。瑪利亞轉身回跑，一氣奔入城中，往報告若望、伯多祿。

信女們都不知道在這一天東方剛放曙光時，耶穌墳園上所有的奇事：那時墳園忽然地震，天使從天降下，移開墓洞石門，分別坐在石頭兩端。看墓的差役，嚇得魂不附體，奪路奔逃，走報城中司祭長。司祭長下令不許多言，然後散發每人賞報，囑咐他們具報：「夜間我們熟睡時，他的徒弟們盜屍而去。」（瑪竇 第二十八章第十三節）

撒羅默，瑪利亞和女伴，不因瑪利亞的凶信而回城，仍舊提著香料，走向墳園，果見墓門洞開，心中驚疑不定。抵墓洞前，忽見兩位青年，面容發光，衣服潔白，信女們全身戰慄，仆地下拜。白衣青年說：

「不要怕，我們知道你們尋被釘的耶穌。他不在這裏了。他已應驗所說的話從死中復活了。你們可以進去看他葬身的地方。」

「你們快點回去告訴他的門徒們，他已經從死中復活了，要在你們之前回到加里肋亞。在那裏你們可以看見他。」（瑪竇 第二十八章第五節至第七節）

撒羅默等驚喜交集，拋下了香料，回城報喜，剛出園，驟然看見耶穌站在他們前面，和顏悅色地向她們說：

「你們平安！」

婦女們倒身下跪，抱住耶穌的足，叩頭頂禮。耶穌又說：

「你們不要怕！快去報告我的弟兄們，趕快動身往加里肋亞，在那裏和我相會。」（瑪

賓第二十八章第八節）

瑪利亞跑回城中，逕往見伯多祿、若望，喘息不定地說：

「有人把主子搬去了，我們不知道放在那裏。」（若望 第二十章第二節）

伯多祿和若望，拔腿便跑，連忙往墳園查看。瑪利亞也尾隨再來。出了城，若望年輕腿快，先跑到墳園到墓洞前停步。探頭入洞，見殮布尚在。伯多祿隨後也到，兩人進入墓洞。殮布還是放在屍床上，蒙面白巾則折疊整齊，放置一邊。他們當即想起耶穌復活的預言。

瑪利亞獨自一人，垂頭慢步，再來墳園，抵洞前，依在洞門痛哭。探頭向內窺看，看見兩位白衣青年，坐在耶穌屍床的首尾。青年人喚她說：

「女子，你哭甚麼？」

「因為有人搬去了我的夫子，我不知道放在何處？」瑪利亞轉回頭，看見一個男子站在身邊，以為是園丁。男子問他說：

「女子，你哭甚麼？你找誰呢？」

「若是你把他搬走了，請你告訴我放在那裏，讓我去抱回來。」她反問男子說。

「瑪利亞！」男子忽然喚她的名字。

只在這一聲中，瑪利亞認識男子是她所尋的夫子。屈膝仆地雙手抱足，呼說：

「夫子！」

「你不要動我！」夫子吩咐說：「我尚未升天往我聖父那裏去。你去告訴我的弟兄們，說我要升天到我的聖父和你們的聖父，到我的父和你們的父那裏去！」

語畢，夫子隱身不見。瑪利亞自覺懸身天空，飛奔回城，歡樂地告訴宗徒們說：

「我見了夫子，他吩咐我說這些話！」（若望第二十章第十節至第十八節）

耶穌在山園被擒時，十一名宗徒奔散逃命。耶穌被釘時，只有若望在身邊。葬後，罷工禮日，宗徒和徒弟們又慢慢齊集了。他們藏身屋裏，不敢露面。按猶太人的計算，這一日已是耶穌死後第三天了，若望、伯多祿從墳園回來，講述墓洞已開，只存殮布不見夫子。撒羅默和女伴們走回，報告夫子復活了，吩咐她們向門徒報喜訊。如今瑪利亞又跑回，急忙地說見了夫子，夫子就要升天。

門徒們半信半疑，心中煩悶。夫子復活了，爲何先顯形給婦女們，卻不給他們顯形呢？想是責怪他們臨難奔逃，不忠不勇。門徒中兩人，出城往厄瑪烏村散悶。

厄瑪烏村離京城二十里，兩徒步行。半途，遇一行路客人，三人乃同路而走。客人問兩徒談論何事，兩徒中一名克羅帕者，答以談論耶穌。他們倆原係耶穌的門徒，希望他能復興民族；但是民間長老和司祭長們，卻將他處死。今天同輩中的婦女，掃墓不見屍體，回來說他復活了。客人責斥他們說：

「你們眞是愚笨無知！爲何不信先知的話呢？先知們豈不是說過：救世主基督先該遭難，然後受光榮嗎？」（路加第二十四章第二十五節）

沿途，客人給兩徒講釋舊約經書，闡發先知對救世主的預言。行抵厄瑪烏村，太陽西沉，兩徒請客人一同下店。入店登席晚餐，客人手擧麵包，誦經謝主，拿麵包分與兩徒，兩徒驟識分麵包者爲夫子，立時夫子已不見了。

克羅帕和同伴，立即出店上路，連夜回京，向同輩談述中遇見夫子。同輩也告說，夫子眞復活了，已顯形與伯多祿。廳中人人興奮，周圍都是喜色。但是有些人心中仍舊驚疑不定。

俄而，大家都目瞪口呆地望著。夫子已站在他們當中！耶穌微笑向大家說：

「你們平安！」

門徒們無人敢動，連伯多祿也不敢答覆。耶穌又說：「你們怕甚麼？你們何必驚疑呢？看一看我的手足，便知道是我！你們來摸一摸，瞧一瞧；神是沒有骨肉的，我有骨有肉。」

門徒仍舊不敢走動，耶穌乃說：

「你們有吃的東西嗎？」（路加第二十四章第三十八節至第四十節）

門徒們獻上烤魚一片蜜糖一碟。耶穌接過來，當眾吃了。門徒心頭一鬆，勝過了一時的驚懼，大家都喜氣洋洋，圍著天子聽訓。耶穌說：

「平安常和你們同在，如同聖父遣派了我，我也同樣遣派你們。」

說了這話，耶穌向門徒吹了一口氣，接著說：

「你們領受聖神！你們赦的罪，罪就得赦；你們不赦的罪，罪就不赦。」（若望 第二十章第二十一節至第二十三節）

說畢，隱身不見。門徒等眉飛色舞，誦經讚誦天主。當時多默不在廳中，事後，同輩向他爭相述說：夫子復活了，夫子顯形，夫子食魚，夫子容光煥發。多默皺著眉頭，聽他們講述。最後他搖頭說：

「我若不親眼看見他手中的釘創，不親指探他的釘孔，不親手摸他的肋傷，我決不相信！」（同上 第二十五節）

同輩都笑他固執，克羅帕又向他述說，在厄瑪烏路上，夫子講解經書時，他心中當時感到熱情勃勃。（路加 第二十四章第三十二節）撒羅默又說自己和同伴曾抱過夫子的足，親過他的釘孔。瑪達肋納的瑪利亞更是口若懸河，描寫自己怎樣誤以為夫子為園丁。伯多祿又來相勸，記得夫子曾囑咐他回頭以後，要堅定弟兄的信心。

無如多默總是搖頭不信。

過了八天。宗徒們夜間聚在廳裏，多默在座。耶穌突然顯形，立在廳中央，向大家說：

「你們平安！」

然後走到多默跟前，吩咐他說：

「你用指探我的釘孔，用眼看我的手，用手摸我的肋傷。你應當信，莫要狐疑！」

多默面色慘白，兩眼流淚，屈膝仆身說：

「我的上主，我的天主！」

「多默，你親眼看到了纔信，那輩不克親見而又信的人，更是有福！」（同上 第二十六節至第二十九節）

宗徒都信了，只短了「喪亡之子」猶達斯。

但是耶路撒冷仍是殺氣滿城，沒有人敢公然談論耶穌的事，司祭長們戒備森嚴。宗徒們於是離開京都，回歸加里肋亞。㈠

註：

㈠ 瑪竇福音 第二十八章第一節至第十五節。馬爾谷福音 第十六章第一節至第十三節。路加福音 第二十四章第一節至第四十三節。若望第二十章第一節至第三十節。

五〇、離世升天

提庇留湖微風浪，清水漣漪。湖岸只有兩三漁舟，再不見昔日成百成千的人，繞湖追隨納匝肋的耶穌。葛法翁城似乎格外蕭條了！兩年內扶老攜幼，來自各處的猶太人，今日都早已回鄉了。顯靈的教師，從去秋上京以後，再沒有回來，如今聽說已被京都的官員釘死了。一切都像是湖裏驟然興了風波，全湖震動，風過，湖水平息，諸事如常。

伯多祿率領同輩回到提庇留湖畔，常是銷聲歛跡，少出少言。同情他們的人，憐惜他們的命運。厭惡他們的人，嗤笑他們的愚笨。彼此見面，都不提耶穌。

一天晚間，伯多祿想下湖捕魚，多默，斐理伯，若望和雅各伯答應一齊去，五人駕著魚艇，划到湖深處，撒網湖中。

五更天亮，五個人沒有捕得一條魚，大家掃興划船歸去。將近岸，岸上立著一人。岸上人喊說：

「孩兒們，有魚可吃嗎？」

「沒有！」五個人一齊答說。

「把網撒在船右邊，一定可以得魚。」岸上人又喊說。（若望 第二十一章第五節至第六節）

伯多祿把網在船右邊撒下去，拉上來，沉重如有物。網剛出水，白鱗亂躍。五人一齊下手，拉網上船。若望悄悄告伯多祿：「那是夫子！」伯多祿恍然大悟，在裸體上圍了衣，跳下湖，浮水往迎夫子同伴們划船靠岸。岸上人真是夫子。在湖岸灘上燒了一盆火，火上烤有魚，烤有麵包。五個人見面後，夫子吩咐說：

「剛纔捕的魚拿幾條來！」

五個人回到船上，拉網上灘，數數魚，大魚共一百五十三條。魚雖多，網竟完好未破。夫子招呼他們說：

「你們都來，一同吃早餐！」

昔日在湖畔，他們也屢次同夫子吃早點，用晚餐。那時他們口中有許多問題，一面吃一面問夫子。夫子有時斥責他們遲鈍不靈，他們從未見怪，從未停止發問。今天，五個徒弟都肅然起敬，默默不敢多言。

早餐畢，耶穌問伯多祿說：

「西滿，若望的兒子，你比這輩人更愛敬我嗎？」

「是的，夫子固然知道我愛慕你！」伯多祿不像以往的勃勃多言了，更不敢挺身作答。

「你便飼養我的羔羊。」

耶穌既說了這話，過了片時，重新問說：

「西滿，若望的兒子，你真愛敬我嗎？」

「是的，夫子固然知道我愛慕你！」伯多祿照樣答覆。

「你應該牧放我的羊！」

耶穌囑咐了這一句，默然稍待，第三次再問說：

「西滿，若望的兒子，你果然愛慕我嗎？」

伯多祿心慌了，憂愁不安。夫子一定在提醒他三次不識夫子的罪了。他惶恐膽虛，哀聲地答說：

「夫子你是無所不知的，當然知道我誠心愛慕你。」

「你便飼養我的羔羊。我確實告訴你。你年輕時，自己束裝，隨意往那方去。可是到了老年，你的手將被人束縛，被人牽引到你不願意去的地方。」

五個人默然不語，誰不懂得是說西滿將老年被殺呢？西滿跟著夫子，沿湖步行，猛然想起若望，便問夫子說：

「這人將來怎樣？」

「即使我要留著他，一直等我再降來時，這又與你何干？你只管跟我走！」（若望 第二十一章第十五節至第二十二節）

再前行，夫子隱身不見。四個人圍住若望，議論他將來不死，活著等夫子降臨。若望自己分辯：夫子並沒有說他不死，而是責斥西滿，不應探問人家私事。

門徒們在加里肋亞屢次見到夫子。集會時，夫子屢次現在他們當中。一次五百信男信女，同見夫子現形。（聖保祿致格林多人前書 第十五章第六節）

夫子來時，每人喜樂洋洋。夫子去後，每人心中隱隱忽起疑慮。自己所見的，乃夫子的靈魂呢？或是夫子復活了的肉軀？肉軀怎能時隱時現，進屋不開門，去時不留聲？

一次，耶穌約定十一名宗徒，在加里肋亞的一座山上相見。屆時，耶穌顯形，十一宗徒伏地羅拜。有人心內生疑，耶穌責斥他們的疑心，然後吩咐說：

「上天下地的一切權力，都賦給了我。你們去給一切的人民，宣講聖道。因著聖父聖子聖神的名號，給他們舉行洗禮，教訓他們遵守我所吩咐的一切誡律。我常同你們在一起，直到世界末日。」（瑪竇 第二十八章第六節至二十節）

「凡是信你們的人，可以得救；不信的人，難逃永罰。信我的人，可行靈蹟。藉著我的名字，驅逐魔鬼；不學而操新的語言，捕執毒蛇不受毒，吞飲毒藥不遇害。按手病人，病即

痊癒。」（馬爾谷 第十六章第十七節至第十八節）

五旬節期已近，夫子囑咐門徒往耶路撒冷，住在城裏等候聖神降臨。十一宗徒下山，首途赴京。復活後第四十日，耶穌引門徒出城赴伯達尼，抵山坡，舉手祝福門徒，漸漸雙足離地上升，漸升漸高，飛升天空。彩雲下降，圍繞全身，悠忽不見。宗徒們佇立觀望，眼望長空。身旁忽有白衣青年提醒他們說：

「加里肋亞人，爲甚麼站在這裏看天呢？這位耶穌，今日升天，日後將同樣降來！」（宗徒大事錄 第一章第十一節）

伯多祿引著同輩下山，團聚在京，每日祈禱，等候聖神降臨。五旬節日，耶穌母親瑪利亞，偕十一宗徒，和信男信女，約一百二十人，共聚一廳，歌頌聖詠。忽然天空響聲如雷，大風振屋。廳內一百二十人的頭上，懸有火舌，每個人心中，感到新的生命。

天主聖神已經降臨他們的心中。

京城民眾聽到響聲，奔赴宗徒所在，觀看動靜。伯多祿當眾發言：

「你們每人應當悔悟，奉耶穌之名受洗，洗滌罪惡，領受聖神。」（宗徒大事錄 第二章第三十八節）(一)

從當年的五旬節直到今天，一直到世界的末日，世界上人常聽到這一句訓言：「每人應當悔悟，奉耶穌之名受洗。」

十一名漁夫，小販，稅吏，心中充滿聖神以後，幡然醒悟了夫子昔日的一切訓言，透徹了夫子所講的奧義。他們再不夢想夫子爲復興猶太的國王了，他們懂明夫子來歷的高妙。若望後來寫夫子的史傳說：

「天地開始時已有道（聖言），道與天主相偕。道即是天主，在開始時就與天主相偕。一切都因道而成；沒有道，則一切受造物都不會受造。在道內蘊有生命，生命乃人的光明。……道曾成了人身，曾居在我輩之中。我輩曾看見他的光輝，這種光輝乃唯一聖子所受於聖父的。他充有妙寵，充有真諦。」（若望 第一章第一節至第十五節）

夫子乃天主唯一聖子，稱爲道、稱爲聖言，在開始常與天主相偕。他曾三年親炙這位聖子的光明。

後來在大馬士革路上歸化的保祿。他起先仇恨耶穌，耶穌的天光一開他的眼睛，他乃信從耶穌爲夫子。也認識夫子爲天主。

「聖子者，即我主耶穌基督。按他的人性，出於達味的苗裔；按他的神性，則爲天主聖子。」（致羅馬人書 第一章第四節）

若望日後成了九十餘歲的白頭老翁，坐在帕特摩島上，神見百代後的奇事，寫成默示錄一書。書中歌讚夫子說：

「爾曾自獻爲犧牲兮，流爾寶血；贖元元於各種各族兮，萬邦重譯；俾翕然歸返天主兮，以成神國；爲王爲鐸兮，統御寰域！」（默示錄　第五章第九節　吳譯　新經全集）

註：

㈠　瑪竇福音　第二十八章第十七節至第十九節。馬爾谷福音　第十六章第十五節至第二十節。路加福音　第二十四章第五十節至第五十一節。若望福音　第二十一章第一節至第二十四節。宗徒大事錄　第一章及第二章。

羅光全書

冊廿三之二

聖母傳

臺灣學生書局印行

自序

在羅馬時，我喜歡讀法國文學家的傳記文學，對於義大利的新式聖人傳記，也常手不釋卷，因愛讀，自己就起心寫，寫了幾冊教會名人的傳記，乃大膽嘗試寫了一冊《基督傳》，在《基督傳》後，又寫一冊《聖母傳》。

聖母瑪利亞的事蹟，福音四傳所記者很少，古代傳記中頗多有記載，然俱不是正史，不足取信，我蒐集各種資料，細心運用寫成了這本小書，不是作歷史，而是以文筆引人起興，以增加對聖母的孝忱。

羅　光　民國七十五年二月十九日

聖母傳

目錄

一、萬古千秋

伊甸樂園，天暖氣清，百花怒放，群鳥在美葉的茂樹上，悠悠地唱歌。各種的珍禽奇獸，在地面遊戲追逐，河傍的「生命樹」和「知善惡樹」，鮮果滿枝，紅艷奪目。午後，起了一陣涼風，天主下凡，在園中行走，很奇異自己所造的亞當和厄娃，不似往日前來請安。便呼喚說：

「亞當，你在那裡？」

「我聽見你在園中的聲音，我害了怕，因爲我赤身露體，所以我躲在樹叢裡。」

——亞當戰慄地答著。

「誰告訴你赤身露體？這一定是你偷吃了不許吃的『知善惡樹』的果子！」

「你給我作伴的女人，摘了果子給我，我不幸吃了。」

天主問厄娃道：

「你爲甚摘了果子？」

「是那條蛇騙了我，我才吃了果子！」厄娃低頭對答。

魔鬼曾借了蛇身，纏在「知善惡樹」的樹上，跟厄娃攀談，說吃了那樹上的果子，不但不會像天主所威嚇的馬上死去，而且會開了眼睛，同天主一般地知道善惡。

天主乃罵蛇道：

「你作了這等惡事，你便在所有的畜牲百獸裡，是最可咒罵的，你將用肚子爬著走，終生吃著土，在你和女人的中間，我要使永有仇隙，你的後類和她的子孫世代爲仇，將來一個女人要用腳踏碎你的頭顱，你空想咬傷她的腳跟！」

天主又轉罰厄娃要有懷妊的痛若，受丈夫的管束，天主也罰亞當，終生要勞力耕作。手足胼胝，汗流滿面，尋食糊口，而且罰他們夫婦既出於土，將來仍舊死化爲泥。

伊甸樂園從此關閉了，一位天使，仗著火劍把亞當、厄娃逐出園門。（創世紀 第三章）夫婦倆穿著獸皮，在荒郊裡搭著草棚。地面是遍地荊棘，野獸也凶猛可畏，伊甸樂園的舊夢，已不敢再回憶了。但是他們從伊甸樂園帶來了一種希望：他們的後代，有一個要踏碎蛇魔的頭。亞當、厄娃的子孫便世世代代流傳這種希望。

世代遠了，這種希望，漸漸叫魔鬼的瘴氣混迷了，亞當、厄娃的子孫雖然流著汗，吃著一口苦飯；卻竟愛上了這口苦飯的世界，不再想另有超乎人間的天上，天主乃揀定一個民族把亞當、厄娃的希望叫他們留著。

降生前的兩千年，天主對亞巴郎說：

「我和你立個盟約：你將成爲萬民之父……我要使你發揚光大，由你建立邦國，由你產生君王。」（同上，第十七章第四節）

亞巴郎以一百高齡的老漢，蒙天主賞賜，生了一個兒子，天主又對他說：

「我要使你有大福：你的後裔必定繁殖，好似天上的星辰，海濱的沙粒。靠著你的後裔，天下的萬民，將得祝福。」（創世紀 第二十二章第十七—十八節）

亞巴郎的獨子依撒格，生了猶太民族，猶太民族就是天主所選的民族。

猶太民族成了國家，君王達味，文武兼全，武可以搏獅，文可以作歌。在降生前一千年，天主再又向他重訂亞巴郎的盟約：

> 「我與僕達味，曾訂一盟誓：保定爾宗室，皇輿永不替……達味之苗裔，緜緜萬世存。達味之宗室，天地共長春……後嗣必常興，宗室如大明，明鏡懸中天，有如月之恆。」（聖詠譯義 第八十九首）

這種盟約代表亞當、厄娃的希望，「達味之宗室，天地共長春。」便是指的打敗蛇魔的救世主，救世主將生在達味的子孫裡。

達味聖詠歌頌著產生救世主的女子：

「赫赫眾女中，有女出天潢，王后佩金飾，亭亭玉座傍……金線耀朝日，錦衣而繡裳。招展來王前，環佩鏘琳琅，眾媵隨其後，諸嬪亦相將。歡欣溢眉宇，踴躍入宮牆。」（同上，第四十五首）在聖詠的詩人眼中，產生救世主的女子，尊貴有如皇后，而且美麗絕倫，「有女出天潢」

降生前七百年，依撒意亞先知是一位歌唱救世主的詩人，他曾預先說明踏碎蛇首的女子，將是一位貞女：

「貞女一位！懷孕生子，起名立號，厄瑪奴耳。」（依撒意亞先知書 第七章第十四節）

降生後九十多年，聖若望宗徒在帕特摩（Patmos）島，一天，凝思出神，又見到了這位童貞生子的女子：

「爾時天上忽見異兆：有婦身被太陽，足踐太陰，首冠十二天星；懷妊，將分娩，負痛而號。又有一兆，顯見於天：有巨龍，赤色，七首十角，冠七冕，尾曳天星三分之一，投之於地。龍伏產婦前，俟其分娩，以吞其子。婦舉一男，來日持鐵杖以牧萬邦者，即是此子。甫生，即見攝升至天主寶座前。婦乃遁跡曠野，天主早為之所，且令人養之一千六百有六十日。」

「時天上發生大戰，彌額爾率領所屬天神，出與龍戰；龍亦率其天神與之交綏。不克，從此天上不復有若輩立足之地。於是巨龍下墜；巨龍者，即古時之蛇，名曰妖魔；沙殫，熒惑全世者是，彼與其天神，俱被逐至地。……」

龍既見被逐於地，乃追逐向舉一男之婦，婦受恩賜，得大鷹之雙翼，飛入曠野，匿於其所，在彼就養者歷時一載，又二載，又半載，以避斯蛇，蛇乃向婦去處噴水成渠，意欲漂而溺之；地坼，盡吸龍所噴之水以援婦。龍憾婦滋甚，遂與婦之餘裔挑釁，餘裔者，即遵守天主之誡命，而堅信耶穌之證言者是已。」（吳經熊譯　新經全集啓示錄　第十二章）

古經第一冊，預說蛇魔和一女子，永有仇隙。新經末一冊又述龍魔追一女子，欲吞她的男孩。古經、新經的同一女子，萬古千秋，永與蛇魔作敵。蛇魔企圖咬傷她的腳跟，她反踏碎了蛇魔的頭顱。

二、無染原罪

這位萬古千秋的女子，出生在巴肋斯坦。

她並沒有「金線耀朝日，錦衣而繡裳，眾媵隨其後，諸嬪亦相將。」她是一個寒門貧女，經傳不載她的家世，不記她出生的年代，只有第二世紀的僞經，雅各伯福音（Proto Evangelium S.Jacobi）㈠述說她的身世。僞經上說：

「達味王族的後裔若亞敬，娶妻安娜，夫妻兩口到老沒有子女，若亞敬家中富裕，在耶路撒冷聖殿奉獻禮物，多人一倍，司祭長竟拒絕不收，罵他不生後嗣，不配獻禮，若亞敬悲憤填胸，退居曠野四十日，長齋求主，許願若生子女，小時即獻於聖殿。安娜在家，聽到丈夫的遭遇，也守齋祈禱。天主俯允了老夫婦的祈求，賞賜他們一個後嗣。

安娜遂有了妊，若亞敬在聖殿獻羔羊十頭，牛十尾，山羊一百，作爲謝恩祭。懷孕期滿，安娜生了一女孩，取名瑪利亞。週歲時，若亞敬大宴群客，司祭祈禱說：『我們先祖的天主，求祝福這個女孩，錫賜她一個嘉名，傳揚後世』。群客同呼『瑪利亞』」。㈡

聖教會不信僞經，但所有的古傳，都載瑪利亞的父母，名叫若亞敬、安娜。

新經路加福音述說耶穌的譜系，大約即係瑪利亞的譜系。路加由赫里上溯到達味，再上溯到亞巴郎，再上溯到諾厄，最上溯到亞當。（路加福音 第三十三章）

但是若亞敬和安娜的名字，考據家有人說是兩個假名：「若亞敬」解爲「天主的預備」，安娜解爲「美麗」，這兩個名字用爲象徵救世主的母親的父母。㈢瑪利亞出生的地點，考據家舉有四處：納匝肋（Nazareth），瑟火里（Seforis），白冷郡（Bethlehem）和耶路撒冷㈣。在一八八三年許多人主張在後兩年（一八八五年九月八日）舉行瑪利亞誕辰一千九百週年，但因證據不足，教宗沒有接受。㈤

瑪利亞的父母，瑪利亞的生時籍貫，如今都不能確實考證，惟一可信不疑的，是瑪利亞受孕時，不染原罪。

天主向亞當、厄娃，許下有一個女子，要踐踏蛇魔的頭。這位踐踏蛇魔頭顱的女子，便不能遭蛇魔的踐踏！古經明明說蛇魔空想咬傷她的腳跟，她因此不染原罪。

這位女子同蛇魔結有世仇，是因她要生打敗蛇魔的救世主。打敗蛇魔的救世主是天主；天主的母親豈可遭蛇魔的蹂躪染有罪污？人世的大惡，即是罪污；救世主可免人於罪，必須預先免了自己的母親，成全自己的孝思。

在天主的眼中，沒有時間，未來的一切，全在眼前，救世主殉難救人的大功，預先就能使瑪利亞享受美果，不受亞當、厄娃原罪的沾污。

因此一八五四年十二月八日，教宗庇護第九世正式宣佈瑪利亞在始胎受孕時，不染原罪，定爲教會的教義信條。

過了四年，法國南部偏僻的露德山中，一個女孩子看見一位天女在山洞裡顯形，女孩見了天女多次，乃請問天女的名字。天女舉眼望天，合掌對胸，答說：「我是始孕無罪」。這個始孕無罪的女孩，生下來時，一點不異於凡女，她的父母或許更喜歡生一男孩呢！

天主聖三的神眼，卻以這個女嬰孩，勝過千萬的宇宙，美過萬代的人們。她雖然還不知道開口言笑，她心靈的美善，已超過天使和人間的聖人。她是：

「全身美麗，不沾原罪。
以色列之榮，我民之輝」。

亞當、厄娃曾害羞自己是裸身露體。他們的子孫，代代都也羞看自己的身體，如今生了一個不染原罪的女孩，人世纔有一個不以自己爲羞愧的人，瑪利亞的靈魂，一出天主全能的手，滿被聖寵；她的肉體，不帶慾情濁質，靈肉相合，受孕母胎，像是一團明月，不蒙絲雲，像是一明鏡台，不染纖塵。

這個曠古絕今的女子，誕生人世，人類的語言，沒有一句，可以述說這種奇蹟，後代人所知道的只知道她取名瑪利亞。「瑪利亞」的意義，解爲「美麗」，解爲「痛苦」，解爲「光明」，解爲「太太」，解爲「天主所寵」，解爲「海上北斗」。㈥

美麗，光明，痛苦，太太，天主所寵，海上北斗，都是「瑪利亞」的含義。

聖伯爾納多曾讚頌瑪利亞的名字說：

「這個名字解爲海上北斗，很合乎童貞聖母。星辰發出光芒，自己身體不受損害；貞女生了兒子，不失自己童貞，這兩者很相似，貞女乃是高妙的星辰。她生自雅各的後裔，清光滿宇宙，上照天空，下入黃泉。她的光輝，照澈地面，煖體烘心，去除惡習，助成善德。她又是明耀奇特的星辰，高懸在人世大海以上，發出功德的光芒，閃鑠善表的榮輝。

「呵，你腳踏大地，而更覺如同在海浪中起伏的人，你若不願葬身風濤之中，你千萬常看著這顆海上北斗，切莫轉眼！若遇誘惑的颶風，你被擠上錯折的難路，你抬頭看北斗，呼號瑪利亞。若遇慾情猛動，驕矜妄貪，譏刺惡斷，你抬頭看北斗，呼號瑪利亞。」

若你因著罪大惡極而起驚怖，因著良心污穢而起愧恨，因著審判森嚴而起畏懼，你已經滿心憂愁，陷於失望，你便該想起瑪利亞。在危險中，在患難時，在疑慮裡，你該想起瑪利亞，呼號瑪利亞。她的名字，不要離你的嘴唇，不要離你的心……跟隨她，你不失路；呼求她，你不失望；想著她，你不錯誤。她牽著你，你不跌倒；她保護你，你不畏懼；她領導你，你不困乏；她照顧你，你一定抵海埠。這樣，你可以親身經歷這句話，怎樣有效：貞女的名字，叫瑪利亞」。㈦

註：

㈠ Vannutelli P., Proto Evangelium Jacobi Synoptice, Roma。
㈡ Roschini, Vita di Maria, p.52–53。
㈢ Rosohini, Vita di Maria, p.50 N.1。
㈣ 同上，p.55。
㈤ 同上，p.36–38。
㈥ 同上，p.60–64。
㈦ P.Bernard, S. Bernard et Notre Dame,（Desclee 1953 ）p.114–116。

三、卒世童貞

父母眼中的小孩，常是美不可言，聰明絕頂，老年得子的夫婦，看著獨子獨女，更覺舉世無雙。

瑪利亞是老年父母的獨女，而且是久經祈禱後纔得的，她在父母的眼中，當然是美麗絕倫。

但是絕頂絕倫，和舉世無雙，天下只能有一個，那麼每個父母的兒女，必定不能在父母眼光以外，真真是絕頂絕倫了。若亞敬和安娜的獨女，也沒有被父母的眼光，看出自己的本形。這兩位老夫婦雖是愛惜他們的瑪利亞，爲舉世無雙的女子，然而沒有看出瑪利亞乃是天上人間，萬古來今，超絕人倫的女子。老父母雖然看著她是老年生子的奇蹟，卻不知道她是天主聖三的妙功。人的眼睛那能看到天主的奇妙！

瑪利亞乃是無染原罪。不染原罪即她的肉體完全沒有缺點。人世的缺憾，都是罪惡招來的。瑪利亞不染原罪而受孕，她的肉體有如厄娃剛受造後，帶有女子一切可有的美麗。

這個美麗的女孩，靈利活潑，她的理智，因不染原罪，聰慧絕頂。理智遲鈍的人，是因爲思維機能的缺欠，缺欠即是來自原罪，小孩明悟不開，長大了要辛苦求學，這也是原罪的罪罰。瑪利亞在受孕的一刻，天主已賞她「天賜的智識」（Scientia infusa ）。㈠

在不能開口說話時，嬰孩瑪利亞，望著雙親嘻嘻作笑，老母說：「她似乎懂事呢！」她不是似乎懂事；她實在已懂事了！

啞啞學語了，安娜驚訝小女學話的迅速，向若亞敬讚美她的聰明；但是她不知道小女有「天賜的智識」，天主是她的教師。

雅各伯福音第七章敘述：

「至聖童女滿了兩歲，父親若亞敬向母親安娜說：我們帶我們的女兒到聖殿去，還我們先前所許的願罷！安娜說：這太快了，等她滿三歲，免得她在那邊哭找她的父母，若亞敬說：很好，等她三週歲纔去。三歲滿後，父母帶她往聖殿把她托給司祭長，請他看管，托他教養」。㈡

三歲獻於聖殿！即使兩歲獻到殿裡，她也不會哭找爹娘，無染原罪的小孩，她的心早就歸向天主。耶路撒冷聖殿側，傳說有一所爲寡婦少女的住屋，獻身聖殿的寡婦們，每天在殿中祈禱。父母還願獻於聖殿的少女們，由寡婦們管教。

聖殿實在是無染原罪瑪利亞的適當安身處。她從母胎，滿被聖寵，她因「天賜的智識」，知道天主的可愛，所以她的心情，常向天主，瑪利亞像通常的小孩，也喜歡遊戲，愛好玩具；但在玩具遊戲上，常見到天主。

安娜像猶太人的賢慧婦人，在小女開始學話時，就教她念天主的聖名，後來慢慢教她歌唱短短的聖詠。猶太的聖殿，只能有一所，建在耶路撒冷，但在各城各鎮都建有會堂，每星期六，猶太人停工休息，進會堂，聽講聖經，猶太人在家裡，每天早晚祈禱。

瑪利亞在家和在會堂，已習慣祈禱天主，到了耶路撒冷的聖殿，她似乎到了自己心愛的處所。聖殿是天主的聖宮，是祭祀的聖地。每天她在聖殿，見到宰殺牛羊，祭祀天主，她明瞭這些犧牲都是一種象徵，象徵救世主將來祭獻自身，救人出罪。

聖詠一書，常在她的手裡。遠祖達味和後代詩人所寫的聖歌，成了她每天歌讚天主的言語，尤其是歌詠救世主的詩章，感動她的心情。瑪利亞的宗教心，不能下於忠良的猶太人。忠良的猶太人，當日都切望著救世主。

古經的依撒意亞先知書，篇章裡多預言救世主將來的行動，先知預先見到了救世主的神威，也預先見到救世主的痛苦。瑪利亞深深體會這些預言的意義。在天主的聖意裡，她已是選定的救世主的母親，天主便早日光照她，使她透徹古經講述救主的預言。

可是瑪利亞從沒有想自己將作救世主的生母！猶太族的女子，個個都希望救世主是自己的子孫，猶太族的女子，誰也不願守貞不嫁。其他各族的猶太女子，也都以嫁夫為榮。沒有丈夫、沒有子嗣；猶太的女子引爲大恥，終生痛哭，依弗大的獨女，因著父親所許的得勝誓願，守貞不嫁，她要求了父親許她兩個月，偕著同伴，上山哀哭自己的童貞，後代的猶太女子，每年也有四天，哭吊這個女子的不幸。（民長紀 第十一章第三十四節—四十節）

瑪利亞無染原罪，心內沒有絲毫慾情的衝動。她的肉體，如同亞當、厄娃在原罪以前，雖日夜裸體，沒有肉感。瑪利亞的感情，完全服從理智的指導，理智隨從「天賜智識」的啓示。

「天賜智識」啓示她「童貞」的高妙。童貞是把自己的愛情和肉體，一齊獻於天主。結婚的女子，在愛情和肉體上，跟丈夫合成一體。「童貞」則把愛情和肉體，都提到超性的精神界，在精神界和天主結成一體。

在瑪利亞以前，沒有女子透徹了「童貞」的意義。瑪利亞的心靈既是早已歸向了天主，她的肉體又沒有肉慾的衝動，沒有快感的需要。她便是第一個可以透徹「童貞」的高妙女子。

她就成了第一個許願守貞的女子。

一天，在耶路撒冷聖殿裡，瑪利亞誦著聖詠，她的神魂超拔，面對天主，天主的美妙，使她的愛火，洋溢四肢百體，她覺到自身內外，都已是天主所有，便許下誓願，保守童貞。

原祖兩人，第一個背命犯罪的，是女子厄娃，後來第一個獻身天主，唯命是從的，也是一位女子—貞女瑪利亞。

天主看著這個滿被聖寵，心無玷污的靈魂，立誓整個地歸於她，天主很爽心地接納了她的誓願，用古經雅歌上的話讚美她說：

「我的愛卿兮，你全美麗，你身無瑕毫無穢。
來自黎巴嫩，來自黎巴嫩，請你離開阿瑪納。
離開色尼爾，離開赫爾孟，離開獅穴豹子岡。
你眼一看兮，奪去我心，頸鏈珍珠把我擒。
你愛多美兮，清濃於醴，你的馥郁勝香液。
口唇滴蜜兮，舌流奶汁，黎巴嫩芳似你衣。
你如禁園兮，園門緊閉，又似水泉封不啓。
北風吹來兮，南風又起，吹著花園香氣瀰。」

（雅歌 第四章第七—十六節）

註：

㈠ 關於聖母有「天賜智識」，神學家分成兩派。一派主張聖母受孕母胎，即得「天賜智識」，天賜智識的範圍，限於聖母應該知道的各種超性和本性的事理，這派學者有 S. Albertus, M. S. Antonius, S. Franciscus Salesius, Suarez Vega, S. Alphonsus, Terrien, Gariguet, Hogon, Derk, Parente, Roschini……第二派主張聖母，自受孕母親，間而得有「天賜智識」，然因聖母理智器官完全，理智力也就高於一切的人，這派學者有 S. Thomas, Lepicien, Campana, Dourehe, Van Noort, Melkelbach 參考 Gabriele Roschini, Mariologia, V. 3（1942） p. 240-250; Emilio Campana, Maria nel Dogma,（1932） p. 652-660。

㈡ 關於聖母被獻於聖殿，近代考據學者，多不以為可信史事，因其來源，出於偽經，然聖教會於十月二十一日，舉行聖母獻於聖殿節，來源已久，偽經所有的紀述，係為偽傳，然獻堂的事實，可為實事，而且也合於聖母的身份，參考Roschini, Vita di Maria, p. 65-74。

四、許配若瑟

瑪利亞幼時，不知在那一年，父母雙亡，她成了遺產的繼承人，僞經雖誇張她父母的富豪，然而聖經則述耶穌生時的貧寒。瑪利亞所得的遺產，必不富裕。

獨女繼承父產，按猶太法律應擇嫁本族男子，瑪利亞應該出嫁，她乃許配若瑟。

僞經乃大事渲染，幻想許配時的奇景。瑪利亞年滿十二，司祭長召集司祭們商議她的許配，議定由司祭長進入至聖聖所，請求天主啓示。司祭長入至聖聖所，天使顯現，命他召集猶太的鰥夫，每人攜帶木棍一根，木棍能顯奇蹟者，選作瑪利亞的配夫，司祭長遣派使者，走遍全國，以天使的話，傳告眾人，猶太的鰥夫們都攜棍進京，有一人名若瑟，年已八十，曾娶妻生子，妻已亡故，他也遵命進耶路撒冷。司祭長收集鰥夫們的木棍，置在聖殿祭壇前，祈禱畢，檢看木棍，根根枯乾，沒有靈異，檢到最後一棍時，棍中飛出白鴿一隻，落在若瑟頭頂。棍端又忽開鮮花。司祭長乃命若瑟娶瑪利亞爲妻。若瑟堅辭，說自己年歲已高，膝下又有子孫，不能娶瑪利亞，一個十二歲的小女。司祭長告以天主所命，若瑟無法可辭，應許成婚。(一)

若是訂婚，有這樣的神奇，那還能不訂婚嗎？天主對於十二歲少女，顯這等的奇蹟，瑪利亞還不可說明已許誓天主，守貞不嫁嗎？

瑪利亞的訂婚，必不異乎通常的猶太女子。她按照當地習俗，許配了男人。

猶太女子許配男人，約在十二歲到十五歲的年齡。先由男家和女家的父母，互相同意，然後講定女子的陪嫁金，擇期訂婚，訂婚時，訂婚男女，男家女家的父母，再加證人數人，聚會於女家。訂婚男子交給訂婚女子金戒一只，或他種手飾，向她說：「按照梅瑟的法律，你因此成我的訂婚妻。」若是訂婚人沒有父母，近親長者，代為主持。(二)

瑪利亞的訂婚，由近親的長者主持。長者物色了同族人若瑟，瑪利亞同意，便擇期訂立了婚約，若瑟交給她一項訂婚手飾。

猶太人訂了婚，男女雙方，尙有一年不同居，等著結婚，但互相過從，有如夫婦。女子懷妊，家人以為善事，若有外遇，罪同奸婦，應受亂石擊斃。

同族人若瑟，聖經上載明他的譜系，稱他是個義人。若瑟的生父名雅各伯，承繼父為赫里。聖經又載他是個木匠，一個巴肋斯坦的木匠，作工謀生，家中不能有多的積產。耶穌生後，靠著若瑟作工鞠養，若瑟應是年壯力強，不能是八十餘歲的老翁！而且後來深夜攜家逃奔埃及，更不是八十多歲的老父，可以幹的差使。初世紀的若瑟像，多是壯年無鬚，第五世

紀以後，若瑟纔成了蒼顏白髮的老者。㈢

編寫僞經的人，幻想著一位蒼顏白髮的老人，作爲瑪利亞的未婚夫，可以保證她的守貞誓願。可是當瑪利亞生耶穌時，他的丈夫，若是一個八十餘歲的老翁，人家不是要疑她私生子嗎？聖經卻明明說：人家都呼耶穌爲若瑟的兒子。則在外人看來，成婚時，若瑟是在可以生子的年齡。

守貞誓願的保全，不在年齡，在於聖德。若瑟稱爲「義人」，義人是一位諸德全備的人。「諸德全備」比較「耄耋」更可保證瑪利亞的貞操。

作救世主——天主聖子——的鞠養父，豈能不是一位諸德全備的聖人？

「長樂為君子，為善百祥集，不偕無道行，恥與群小立，避彼輕慢徒，不屑與同席，優游聖道中，涵泳徹朝夕」。（聖詠譯義 第一首）

聖詠的上君子，尙且恥與群小立，天主聖子難道甘心受一個小人的鞠養嗎？

古經雅歌歌詠新郎，鍾愛貞潔，新婦唱道：

「我屬我愛人兮，

愛人屬我。
彼放牧羊群兮，
遊於百合。」（雅歌 第四章第十六節）

遊於百合，百合花象徵童貞的純潔。遊於百合的新郎，是救世主。救世主的鞠養父，應該是百合，貞潔無污。在童貞的瑪利亞身傍，結伴了一個童貞的若瑟。童貞訂婚是人世的常事，訂婚而守童貞，則是天主的奇妙。

既守童貞，瑪利亞何必又訂婚呢？

誓願守貞，是她一己的私意，擇配訂婚，是法律的條文，私人的誓願，不能廢除國家的法律。

在天主的計劃裡，瑪利亞是救世主選定的母親，不嫁生子，雖是由於天主聖神的德能，在猶太人眼中，逃不了犯奸生子的罪名，要遭刑法的處置。天主當然能夠顯靈顯異，說明瑪利亞的清白，然而怎麼相合天主聖子「隱跡匿形，情同凡人」的原則呢？(四)

天主聖意不願顯靈，叫瑪利亞可以不守梅瑟法律。瑪利亞有「天賜智識」，而且「滿被聖寵」，不以私意而違天主所定的法令，她心中不焦急失望，她深信天主若要她守貞，嫁後也能保全她童貞無玷。(五)

註：

㈠參考 Luigi Tazzaglia, Colei che si chiama Maria,（Torino 1942） p.103

㈡ Michele William, Vita Ji Maria,（Brescia 1937） p.48

㈢ Luigi Tazzaglia, Colei che si chiama Maria, p.94

㈣ Roschini, Vita di Maria, p.93-96。

㈤ S. Thomas, In IV L. Sententiarum, dest. 309.2, al, ad2

五、天使報喜

納匝肋距耶路撒冷一百四十公里，地屬加里肋亞省，城房簡陋，新經若望福音述說當時人的俗話說：

「從納匝肋能出甚麼好事！」（第一章 第四十六節）

瑪利亞就住在這座被人認爲不能產出任何好事的小鎮裡。若是意大利洛肋多城（Loreto）今日所有的「聖屋」，真係瑪利亞的舊居，則她的住屋，只是一間黑暗土牆的陋室，方不過三丈。在這間黑暗土牆的陋室裡，一天，上天的天使加俾額爾忽然顯形，很恭敬的問候已經許配若瑟的童貞瑪利亞：

「敬祝萬福！您滿被天主的聖寵，上主常與您同在，在女子中您是幸福可讚美的！」

貞女驟然見到天使，心中已很驚異，聽到她問候的言語，更叫她不安。她一言不發，自已想著這其中必有原委。

天使看出貞女的躊躇，便直呼她的名說：

「瑪利亞，請勿驚疑，您已見寵於上主。因此您將懷孕產生一子，他名叫耶穌，他乃宇宙間最偉大的，將稱為最尊者的兒子。天主要把達味的王位賜他，他在雅各伯的後裔裡，永享王位，國祚無疆。」

立時明白了，瑪利亞知道這說的是救世主。她許了守貞誓願，就是不貪想作救世主的母親；如今天主卻正選著她呢？她便問說：

「我（守貞）不識男人，這事怎能成？」

天主豈能不知道她立有守貞誓願？如今要她作救世主的母親，是否能解除誓願，還是另有途徑？她不敢自己作主，要問傳達天主命令的天使。天使答說：

「聖神將降臨您身，至尊者的德能將庇蔭您。因此您所生的，稱為天主子，您的表姊依撒伯爾年老荒胎，如今卻已懷孕六個月了，在天主方面，沒有甚麼事件不能成就。」

天主並不解除守貞誓願，瑪利亞立刻想到依撒意亞先知所預言的童女生子，她心中安定了，便俯首承命說：

「我是上主的婢女，那麼就照你所說的話去做罷！」（路加福音 第一章）

天使隱身不見了，瑪利亞卻似見到整個天堂下降。天主聖父的德能，覆蔭了她；天主聖神的神光，透射她身，天主聖子已住在她的胎中，她已成了天主的母親。

「天主常與您同在！」天主聖子，與聖父聖神，同體同性，如今住在她的胎中。她的血肉所成的胎兒，在受孕時即五官完具，與天主所造的靈魂相結合，同時即被提攝與天主聖子結成一位。瑪利亞已經感著胎兒同她一齊呼吸，跟她血脈相通，——她的這個胎兒就是天主聖子！

她這時似乎見到一團神火，射入她的身內，似乎看到一道天光，透進她的內腑。她這時只有愛情，只有光明，好似已經飛出人世，面見聖三。——她滿被天主的聖寵。

四週雖然仍是暗黑的土牆，牆外仍是平日的人聲驢鳴；但是天地已經變了顏色，遍生荊棘的大地，又是香花美樹的樂園了。人們為糊口所流的汗滴，如今成了冠上的珍珠。把守樂園的天使火箭，如今變成指引上天的明星。

瑪利亞默念依撒意亞先知的預言：

「荒郊歡笑野地樂，
死靜曠野喜且歌，
笑顏有似美百合。
香草叢生花怒放，
光華有似黎巴嫩，
雲霞美如加爾默耳。

弱臂軟腳增體力，
膽怯懦夫加勇氣，
天主親來報仇敵。
瞎子盲人見光明，
啞子開口聾子聽，
跛者好似牡鹿行。
曠野開溝水清清，
荒郊泉湧沙地浸，
狼穴生芝香蒲盛。
大路一條稱聖路，
惡人野獸不上途，
惟得救者安然步。」

（依撒意亞先知書 第三十五章第一—九節）

她願同這輩得救的人，在這條聖路上，互相談論，暢敘心中的歡樂，她的精神已飛到人類開始的樂園，找到藏在樹叢裡裸體的亞當、厄娃，她向他們歌唱說：

「亞當的罪呵，何其緊要，
因基督的死，你纔洗掉。
亞當的罪呵，何其福妙，
所得的救主，堂堂神表！」(一)

她又見到諾厄、亞巴郎、達味。亞巴郎已經知道了她的秘密。耶穌後來不是說過：「汝祖亞巴郎曾歡欣踴躍，等候我將臨的日子，他看到了這一天，心中充滿神樂。」（若望福音　第八章第五十六節）

達味也預見了他自己的這個後裔，他曾稱由他子孫出生的救世主作自己的上主。

「天主語吾主，安坐我右邊，俟我為爾克諸敵，令彼俯伏爾足前，主必自熙雍，授爾以天權。」（聖詠譯義　第一〇一首）

已經絕了傳的達味王位，如今有了繼承了。

「後嗣必常興，宗室如大明，明鏡懸中天，有如月之恆。」（同上，第八十九

首）

瑪利亞知道藏在她胎中的嬰兒，要踐登達味的王位，他的王權，要征服全球。她默念聖詠預言救世主威權的詩句：

「威如日月，萬世不渝，澤同甘雨，大地以濡。……如月之恆，永燭寰區，四海為家，八紘為閭，遐荒賓服，頑敵候途。」（同上，第七十二首）

這位萬世萬民之王，如今在她的胎中，她胎中的嬰兒，是她一個人的血肉所成，沒有人世父親，胎兒完全是她的。在自己的胎中，懷著萬王之王，懷著宇宙的天主。——這種秘密太偉大了。

然而猶太人並沒有一絲聲息，誰也不理會百代祖宗所盼望的救世主，已經降臨了。四週都是冷酷無情，痲木不仁。——這種痲木太不仁了。

死了的祖宗，知道她的秘密，敬禮她的胎兒；活著的人卻是痲木無知！

瑪利亞一時想到了表姊依撒伯爾，天使引她作為天主德能的證據，依撒伯爾必定不是痲木不仁，她便立刻動身，走訪表姊。

註：

㈠聖瞻禮七，祝聖聖燭經文。

六、走訪表姊

加俾額爾在來到納匝肋，報喜訊六個月以前，她在耶路撒冷的聖殿裡，顯形給一位獻香的司祭。這位司祭名叫匝加利亞，年老龍鐘。他一生只有了一個心願——想有一個兒子。然而最後他已放下了這個心願，安心和他的老妻依撒伯爾，孤單地度著暮年。

加俾額爾忽然向他說：

「你的妻子依撒伯爾，將要懷孕，生一兒子，應替他取名叫若翰，這個兒子不但要叫你喜悅，普天下的人也要因他誕生，歡欣鼓舞。他的天爵隆高……他從胎中已飽濡聖神，將引以色列子孫歸向所敬的上主天主，他要用厄里亞的風度，作上主的前驅。」

放下心願不再希望的時候，天使竟說心願可以滿了，而且所生的兒子，迥非凡人，他便問說：「這樁事怎麼可以證實呢？我已經老了，妻子也年高。」

一位司祭不明瞭天主的德能！天使來報，豈能要求證據？加俾額爾答說：

「我報的事，屆時必驗，你既不信，你就口啞不言，啞到事情實現的一天。」

後來依撒伯爾確實有了身孕，老年懷胎，人家將要驚奇，傳爲笑話！她避免俗人的眼目，避居山上，心中感激天主，替她洗了恥辱。匝加利亞既然啞口，只好拿著刀筆，寫出天使的話，告訴老妻。

她老年懷孕的兒子「要用厄里亞的風度，作上主的前驅。」那麼祖先們所盼望的救世主，也就要降臨了。一天瑪利亞來到愛因加林（Sin Karim）山村裡。從納匝肋動身，她走了四天，走過了巴肋斯坦到了耶路撒冷西面七公里的這個小山村，在松柏叢中找上了依撒伯爾的家門。(一)

老表姊見到了年青的表妹，似乎害羞自己的大肚，但是瑪利亞剛一開口問安，她肚裡的胎兒，忽然三喜三躍，前驅見了主子，參拜受命！主子降世爲救人，第一個便救了他。「他從胎中已飽濡聖神」脫了原罪，明悟頓開，他認識了救世主，三喜三躍。胎兒滿濡聖神，認識救主，母親也滿充聖神了，她也認識了救世主。她高聲喊說：「女子中你是幸福可讚美的。你胎中的美果也是幸福可讚美！我怎麼有這大的幸運，承蒙我上主的母親來訪問呢！剛纔你的聲音一進我耳，我的胎兒歡樂欣舞。你能夠篤信，所以你真有福！上主所許的，終必成功。」

瑪利亞的秘密，有一個人識透了。天地間已經有人知道她是天主的母親！

「女子中你是幸福可讚美的，你胎中的美果也是幸福可讚美！」

這兩句話，今天第一次出了口，以後世世代代有人繼續向她說著，向她歌唱著，瑪利亞已經聽到後代千萬信徒的歌讚，已經見到後世無數人的敬禮，但是驕傲不能入她的心，她知道一切都來自天主，都該歸到天主。她便開口歌唱說：

「吾魂讚上主，中心不勝喜，
感荷救主恩，眷顧及賤婢，
行見後代人，稱我多福祉。
惟因大能者，向我施靈異，
主名何聖潔，天慈無窮已，
但能懷敬畏，承澤千萬世。
運臂揚神德，傲慢遭摧潰，
王侯被傾覆，卑賤升高位，
飢者飽珍饈，富人赤手退。

扶植以色列，舊恩依然在，
每許我列祖，恩諾終不改，
矜憐亞巴郎，苗裔永見愛。」(二)

逢到第一個知道她的尊榮的人，聽到第一句讚美她的言語，瑪利亞歌唱感謝天主的聖歌。她身後升到天上，聽著成千成萬讚頌她的經言，她又是不斷地向天主唱著：

「吾魂讚上主，中心不勝喜，感荷救主恩，眷顧及賤婢。」

古經安娜生了撒慕爾，感謝天主俯聽了她的哭禱，賞她荒胎生子，曾作長歌謝主，歌曰：

「我心喜樂於上主，我因上主增勇氣，
張開我口笑敵人，主既助我我心喜。
那有聖義能如主，天主以外無磐石，
…………………

……………………

赤貧飢人不再勞，吃豐筵者今乞食。

……………………

貧窮富貴主所分，卑者賤者受提攜。
塵埃糞土一窮漢，王侯同座受敬禮。」㈢

瑪利亞浸淫古籍，腦中記著古經的聖詠聖歌，她出口成章的歌韻，所以多有前人的詞句，安娜的感恩歌，更和她的歌章同義。人世的貧富貴賤，都由天主安排。富貴有勢力的人，又何必輕視貧賤的人呢？安娜、瑪利亞，都是卑賤的女子，但是一個荒胎生了先知，一個則童貞孕育救世主。天主提拔卑微的人，壓抑自驕的人。安娜歌曰：

「貧窮富貴主所分，卑者賤者受提攜，塵埃糞土一窮漢，王侯同座受敬禮。」

瑪利亞歌曰：

「王侯被傾覆，卑賤升高位。」

可是先知的母親，遠不及天主的母親，安娜只知道生了兒子，可以答覆以前恥笑她的人，「張開我口笑敵人，主既助我我心喜。」瑪利亞知道她的胎兒，是天主預先許給亞巴郎、達味、依撒意亞等的救世主：

「每許我列祖，恩諾終不改。矜憐亞巴郎，苗裔永見愛。」

她的胎兒是天主預許的苗裔，「因著你的後裔，天下萬民，將得祝福。」（創世紀第二十二章第十七節）

瑪利亞的感恩歌裡，乃有一句前人所沒有，後人所不敢說的話：

「行見後代人，稱我多福祉。」

依撒伯爾和胎兒若翰受了瑪利亞的苗裔的祝福，歡欣踴躍，依撒伯爾便讚揚她：

天下後代的萬民都將得她的苗裔的祝福，天下後代的萬民也就讚揚她「女子中你是幸福可讚美的。」

驚動萬古千秋的大事，改換世界的奇跡，只有兩個女子，首先知道這種奧妙的秘密。這真是「卑者賤者受提攜。」

在耶路撒冷聖殿裡，在猶太的各處會堂裡，每週星期六，猶太人行禮，誦讀古經，經師們、長老們、司祭們，向人講解。他們懂得預許救世主的經文。但是救世主的母親，懷孕著救世主，走過了巴肋斯坦，走過了耶路撒冷，大家都看她是一個尋常的猶太女子。只有在愛因加林的山村裡，一個老年婦人，充滿聖神，歌頌她的尊榮。瑪利亞心爲之動，高歌感謝天主。

兩個女子作了首先讚頌救贖大事的歌者。司祭匝加利亞啞口站在一旁，做這奇事的證人。

樂園中同蛇魔交談的人，是一個女子厄娃，第一個違命吃「知善惡樹」的菓子的人，也是女子厄娃。如今同救厄娃、亞當原罪的救世主密談的，第一個女子是瑪利亞，首先讚美救世主的，也是一個女子：依撒伯爾。

註：

㈠匝加利亞家所在地，考古家爭論不一：所舉的地名大約有九處：Hebron, Jerusalem, Emmaus-Nicopolis, Iuda, Macheroute, Beth-chem, Beth Zacearia (Beit Zkaria)、Ain-Karim 但多數人都主張最後一處爲最可靠，因爲最早的傳說，在第五世紀時，就以愛因加林爲若翰的故鄉，參看 Roschini, Vita di Maria, p.143-146.

㈡吳經熊譯 新經全集 路加福音 第一章第四六節到五五節。但略改了幾個字義較深的字，以便易懂語意。

㈢舊約史書上冊 撒慕爾紀上 第二章第一節到第六節 義譯爲詩句。翻譯原文，可參考聖經學會譯本。

七、出嫁若瑟

表姊妹同住了三個月，依撒伯爾生了兒子，鄰居的人都來慶賀，匝加利亞的舌頭頓又靈活了，開口讚美天主：

「可頌者主，以色列主，
厥民見贖，恩德不富？
救主崛興，達味之府，
先知夙言，今乃見符，
……………………」㈠

瑪利亞看到表姊用不著幫忙了，況且愛因加林遠近的人，都傳說若翰出生的奇異，依撒伯爾的小屋，已經不是僻靜之所了，她因此歸鄉，回到納匝肋。

她懷孕已到第四月，身外已略顯形跡，在納匝肋人的眼中，事情平常不足爲怪，但在若瑟的眼中，事情就很奇異了。他沒有聽說加俾額爾所報的秘密，又沒有陪瑪利亞到愛因加林去，瑪利亞表姊家住了三個月，回來，身上竟懷了孕！

瑪利亞從表姊家動身時，早已想到若瑟的疑慮，或者也同依撒伯爾談起，可是怎能把天使所報的話告訴人呢？自己說童身受孕，不由於人，但是若沒有天使作證，不是等於空話麼？她一路輾轉思索，到家時果不出所料，立刻見到若瑟的疑心，她願意解疑，又沒法解疑，她心中自己憂愁，又替若瑟憂愁，真是愁腸九屈，愈解愈緊，但是她一心信賴天主，口中默念著聖詠：

「主是護身盾，永保正直人，
主威何顯赫，裁判公且明……
呼籲公明主，為我伸冤屈，
昔曾出我厄，今我得安逸，
今者復求主，垂憐伸舊德……」

若瑟居心正直，爲一仁者君子，他知道瑪利亞品德幽嫻，必不會有所失德，但或者是在旅途失身於強暴。他雖是正人君子，不敢懷疑未婚妻的貞操，可是也不敢違背法律。

梅瑟的法律說：

「在許配的女子身上，若沒有找到貞潔的證據，人們就應該將少女拉到她父家門口，本城的人應用石頭將她打死，因爲她在以色列民中做了醜事，竟在她父家行淫。……但是，如有人在田間，遇著一個已許配與人的處女，就用力抓住她，強與她同睡，只該將強與她同睡的男子處死，但對少女你不應有任何處分，她並沒有犯死罪。」(二)

若瑟不敢告發瑪利亞在父家行淫。然而也不能證明她在田間受辱，但又不能和不是處女的許配女子結婚，不然將要和她同罪。聖經瑪竇福音說：

「配夫若瑟，是個仁者；不忍公開地告發她，只想私地給她休書。」（第一章第十九節）

私地寫下休書，解除婚約（申命紀　第二十四章），若瑟不娶瑪利亞，也不告發瑪利亞。在納匝肋人眼中，瑪利亞仍舊可以不受恥辱。

瑪利亞隱居自己家中，她在猜想若瑟可取的主意，她知道若瑟不肯與她成婚，在同鎮的人中，她將受人恥笑。然而她有什麼辦法呢？她只能一心等候天主的處置。有了天主的處置，一切事都好了。她心中默想聖詠的歌詞：

「主乃我之牧，所需百無憂。
令我草上憩，引我澤畔游。

吾魂得復蘇，仁育一何周。
更為聖名故，率我正道由。
雖經陰谷裡，主在我何愁。
爾策與爾杖，實令我心休。……」（聖詠譯義 第二十三首）

天主自己來處置了，解除了兩方的疑難！

若瑟好幾夜沒能夠闔上眼，在床上輾轉反側，他的愛情受了打擊，而且又想不著一條合理的出路，最後決定了私地寫休書。他自覺無愧於心，決定了以後，心頭倒是輕鬆了，幾天幾夜的疲勞，使他竟一睡入夢。

夢中看見上主的天使，似夢非夢，似實非實。天使告訴他說：

「達味的後裔，若瑟，你不必怕娶瑪利亞爲妻。她胎中所懷孕的，來自聖神。她將生一子，你給他取名叫耶穌。他要把百姓從罪中救出來。這都是爲應驗先知所預言的：將有一位貞女懷孕生子，給他起名叫厄瑪奴耳：解爲天主與我們同在。」（瑪竇福音 第一章第二十—二十三節）

天使說完就不見了，若瑟睜眼醒來，登時心中豁然明朗了。天大的秘密，他怎能夠知道呢？幸虧沒有懷疑瑪利亞的失德，更幸而沒有去告發。若瑟起身，感謝天主：

「感謝洪恩，歌頌至尊。
此事洵美，怡悅心魂。
朝誦爾仁，暮詠爾信。
撫我十絃，寄我幽韻。
諦觀大猷，令我心醉。
心醉如何，歡歌不已。
功德浩浩，不可思議。
聖衷淵淵，經天緯地。
豈彼冥頑，所能領會……」（聖詠譯義　第九十二首）

他自己真是一個冥頑，不領會天主淵淵的聖衷大猷。祖先們世代盼望的救世主，已經無聲的降到世上，而且就在他未婚妻的胎中，他自己卻是百疑千慮，要給她休書！

若是天使沒有囑咐，不必怕娶瑪利亞爲妻；他如今反不敢娶瑪利亞爲妻了。救世主的母親，因聖神而有身孕，豈可以拿她作自己的妻子？但是天使傳了天主的聖旨，命他完娶，他便感到「此事洵美，怡悅心魂」，然而天主尊重了瑪利亞的童身，使她因聖神之力而有孕，且懷有天主之子；他一個微賤的若瑟，雖有天主的明令，娶瑪利亞爲妻，他豈敢破損她的童身？豈敢使天主之母，再作通常的婦女？豈敢使天主之子，有人之子作兄弟姊妹？他於是決定遵命結婚，自守貞潔。

次日天明，瑪利亞看見若瑟來到她家，臉上退了前幾天的憂疑，滿面笑容，外表恭肅，她知道天主已洩露了自己的秘密，若瑟已經和依撒伯爾、匝加利亞一樣，是一位歌頌救世主的信徒了。兩人便議定了結婚的日期，通知各自的親友。

迎親日，按照猶太的婚禮，新婦行了沐浴，身著白袍，頭披白紗，頂束花冠，幾個女友持燈作伴，等候新郎。新郎招請親友，著禮服，薄暮排隊迎親。抵女家，登樓，偕新婦共立在華蓋下。女家家長，持新婦右手，置新郎右手上，誦念祝福經文。一位長者舉杯祝福，新郎乾飲了祝福杯中的酒，擲杯於地，立誓說：碎杯不可收，婚約也永不可廢。遂立婚約。引新婦下樓，親友護送，鼓吹手沿路吹角打鼓。到男家，共入筵席，酒畢，男家家長誦祝福新婚夫婦的經文，新婚夫婦進入洞房。㈢

瑪利亞和若瑟被親友送入房中，兩人單獨相對，共同誦念聖詠，感謝天主選了他們的家庭，作自己的住宅：

「昔者達味，勞心焦思，悃悃款款，主其念之。

曾向我主，懇切起誓，必為吾主，物色勝地，
以設閎幄，以安法櫃，主無安宅，誓不回第。……
追念達味，福佑元良，既允達味，主寧能忘。
爾之家息，必得為王。……
聖心所鍾，實在熙雍，樂此美土，可安吾神。……
達味之裔，頭角崢嶸，為我元良，永燃明燈。
諸敵蒙辱，彼獨長榮。」（聖詠譯義 第百二十三首）

達味起誓，要爲上主建造聖殿，上主許下他的後裔，將有元良，頭角崢嶸，永得爲王。這位爲王的元良就生在他們家中，他們兩人結成夫婦，撫育這位元良。他們兩人的結合，將是如兄如妹，因此他們念聖詠說：

「弟兄同居樂無涯，渾似靈膏沐首時，
靈膏流浹亞郎鬚，直下浸潤亞郎襦，
又如赫爾孟山上露，降於熙雍芳以飴。
君不見熙雍山，主所喜，永生泉，福履綏。」（同上，第百三十三首）

他們兩人的結合，全是精神的相愛，不沾肉體的慾情。瑪利亞有守貞的誓願，若瑟有向天主母的敬畏，上主明鑒，燭照他們的隱衷：

「明哉我主，燭幽洞微，
諳我起居，鑒我秘思，
行藏出處，明察罔遺，
心聲未發，主已先知……
惟願天主，鍛鍊我心，
去我邪妄，指我迷津，
俾遵大路，直達永生。」（同上，第百三十九首）

天主作他們結合的目的。瑪利亞和若瑟是世上最幸福的夫妻！

註：

㈠ 吳經熊譯 新經全集 路加福音 第一章第六十八節至七十節。

㈡ 思高聖經學會譯梅瑟五書 申命紀 第二十二章第二十節、第二十一節、第二十五節、第二十六節。

㈢ Roschini, Vita di Maria, p.173

八、誕生耶穌

一天晚晌，瑪利亞和若瑟寄宿在白冷城外的一個山洞裡。

白冷城處在耶路撒冷南面九公里，是一座兩千居民的小城，這時城裡滿了各方的來客，旅舍都擁擠不堪，旅舍的來客們，把舖蓋排在一個天井的走廊下，把驢子駱駝牽在天井裡，大家從天井的井中汲水洗面。旅舍裡是一片獸鳴，一片人語。畜牲喊著水喝，人們則怒罵羅馬皇奧古斯都的賣弄權勢，詔令猶太人返回本家報名登籍。

達味族的猶太人都從各地趕回白冷，若瑟和瑪利亞由納匝肋走來，白冷的本族人誰用青眼接待這對窮夫妻呢？各家都說已有來客，家無餘地。

城中的旅舍，就是天井的走廊，走廊的柱間，有幾間短牆的私室，是租給有錢的富客的！走廊下或者可以擠出一席的空地，但是瑪利亞不能雜居在這樣人畜雜沓的地方，她是已經到了分娩的時期。

若瑟引著瑪利亞走出城外，白天的炎熱已經消散了，身上覺到一陣清涼，天上有明潔的星月，週圍一片靜寂，路傍不時有一點燈光，那是一家遠客，寄宿在一口山洞裡。

路傍的山洞，洞口接著大路，洞內寬敞，夜間關鎖驢馬牛羊，靠壁一個石槽，槽裡置草置水，洞上一屋，屋僅一房，由洞口石梯登屋，屋內住著石洞的主人。若逢夜間牛羊欄柵山上，山洞空曠，可供遠來孤旅的寄宿。若瑟叩了幾家山洞主人的家門，一家人讓出了自己的山洞。(一)

若瑟打開行李，取出鋪蓋，瑪利亞打掃一角乾淨地，鋪好了毯氈。她從包裹裡檢出嬰孩用的襁褓，在納匝肋家居時，聚精會神，她自己縫了這些小衣裳，一針線，一絲愛，密密縫著天主聖子身上衣！

好幾天的步行，精疲力倦，但是心中的期待，不容他們闔眼。他們一同念著聖詠，等待降生的聖子：

「嗟爾諸城，矗爾重闉，嗟爾古戶，高爾閈閎，殷勤迎納，光榮之君。
榮君伊誰，全能『雅威』，惟仁無敵，凱旋而歸。
嗟爾諸城，矗爾重闉，嗟爾古戶，高爾閈閎，殷勤迎納，光榮之君。
榮君伊誰，實維『雅威』，萬有之主，煥焉其輝。」

（聖詠譯義 第二十四首）

「美辭湧心府，作頌頌吾王。
舌如書家筆，瞬息即成章。
王儀邁眾庶，齒頰盈芬芳。
因得主眷顧，錫福永無疆……」（同上，第四十五首）

十月懷孕，瑪利亞不覺胎妊的痛苦，她無染原罪，天主罰厄娃的話，不臨到她身上。十月懷孕的生活，每天覺得胎兒和她結合更密切，和她更是氣息相通，離分娩的時期越近，心中的期待越熱切，她切望看著聖子的面容，切望能夠手摸他的四肢。

天使來報後，天主的神能，使她童身受孕，不失童身的貞操。聖子的誕生，也用自己的神能，出離母胎，不損母身的童貞。日後他自死中復活後，不是穿房入室，不開門窗嗎？

聖子誕生了，瑪利亞親手包裹。她密密縫的針線，如今穿在聖子的身上了。若瑟刷清了山洞的石槽，槽裡墊著乾淨的馬草，瑪利亞抱起聖嬰，放在石槽裡，兩人俯首下拜。

「我願普天下，向主奏新曲，同聲誦聖名，朝朝詠救贖，播榮於兆民，
宣德於萬族。大主宣大讚，稜威超百神，列邦所供像，無生焉得靈，
惟主是眞宰，親手設諸天，美德蘊心府，光輝發於前，萬民應感德。……

頌美且獻珍，咸集主宮庭，聖潔以為佩，朝拜爾尊君……
諸天應怡悅，大地當歡騰。滄海洋洋舞，田疇吐芬芳。萬木吟春風，
欣欣咸向榮。大主已臨格，將審率土民。眞宰樂平章，睿斷公且明。」
（同上，第九十六首）

天主的天使，忽然顯現空中。山上的牧童們，把羊關在欄柵裡，三五成群，坐在地上談天，口中唱著山歌。驀地看見天空中，異光四射。光中有白衣飛騰的天使，他們戰慄恐懼，忙著屈膝下跪，叩頭下拜。空中有聲音說：

「你們不要害怕，我來給你們報告喜訊，救世主基利斯督，剛纔誕生在達味的故鄉，你們看見一個襁褓裹體，臥在馬糟的嬰兒，便是。」

牧童們抬起頭來一看，天空的光明更明朗了，光中的白衣天使，成群結隊，妙聲歌唱：

「天主受享榮福於天！
良人受享太平於地。」（路加福音 第二章）

光耀炫目，妙聲悅耳，牧童們從沒有看見過這等妙景，睜眼張目，看得出神。天使們漸

漸向天空高飛，光明漸漸減少，歌聲越離越遠，後來只見到天邊極遠處一線白光了，末後，天空又只是每夜常見的星辰月亮。牧童們還在仰首望著，像是等著天使再下降天空。

「我們還等什麼呢。——牧童裡一個年歲較輕的喊說——我們照著上主所告訴的，我們往白冷去罷！」

「我們去罷！——牧童們大家都應和著，——我們去看看上主所說的奇妙。」——救世主既臥在馬槽裡，一定不在白冷城內，是生在城外山洞裡。城外的山洞，他們都知道清楚，便挨次一個一個山洞裡尋去。

瑪利亞被一陣步履聲驚動了，若瑟連忙起身走到洞口，將洞門打開，牧童們一見洞內，油燈照著臥在馬槽的嬰孩，便端肅地魚貫進洞，伏地叩拜。

瑪利亞一喜一驚，怎麼這班誠樸的牧童，知道了救世主的秘密呢？牧童們圍座洞中，向瑪利亞、若瑟述說剛纔天使報訊的奇景。

達味少年時，也是一個牧童。天主的先知撒慕爾，奉天主命，來祝聖他作以色列的國王時，是從牛羊裡把他找來，天主吩咐先知不要看人的外表，只要聽他的指示（撒慕爾紀上第十六章）。如今這個要繼承達味王位的嬰孩，雖是生在牛羊的山洞裡，天主的天使，爲他在空中奏樂，牧童們便相信馬槽裡的嬰孩，即是祖先們所望的救世主。

他們出洞時，一路唱著聖詠，讚美天主的大德：

「歌詠主大仁，傳述主大義，仁義固無窮，諷誦亦不已，
惟仁為安宅，惟義乃天梯。
我與僕達味，曾訂一盟誓，保定爾宗室，皇輿永不替。
靈蹟爍中天，信義照聖會，天上主獨尊，人間誰能比。……
主曾憑異像，示彼有道人，吾於爾族中，已得一俊英。
俊英非有他，達味為吾臣，吾心之所鍾，膏澤被其身。
親手加扶佑，使其永固貞。……
使彼賴聖號，頭角得崢嶸，威權及大海，統治達河濱，向我披心腹，
呼我為慈親，……彼乃我冢息，德威超萬君。
恩寵靡有極，一如吾所盟。達味之苗裔，綿綿萬世存。
達味之宗室，天地共長春……」（聖詠譯義 第八十九首）

牧童們的歌聲漸遠漸微，瑪利亞凝視著馬槽裡的聖嬰，「天主享榮福，良人享和平。」天地因著他，重歸於好。她想到依撒意亞先知的預言：

「有一個嬰孩為我們誕生，有一個兒子賜給了我們，他的名字要叫：神奇的謀士，強有力的天主，永遠之父，和平之王。」（依撒意亞先知書 第九章第五節）

第一批享到和平的人，卻是沒有知識的窮牧童。這個嬰孩，先知說：「他的王權偉大，他的和平無限。他將坐在達味的御座上，作達味國的國王，用正義公平，鞏固王位。」（同上，第六節）

他卻生在野外的牛羊洞裡，達味故鄉有錢有勢的人，都不願收留他，瑪利亞看著聖嬰，明白了他一生的途徑。

註：

(一) H. Y. Morton, In The steps of the Master, (London 1938) p. 124

九、聖殿取潔

牧童們回去了，向鄰居講述夜間所見的奇事。第二天白冷人有的也來山洞探視。一個可愛的新生嬰孩，生在洞裡，受濕受冷！好心人們請瑪利亞，帶著嬰孩搬到他們家中，瑪利亞謝了他們的好意，仍舊留住山洞。

生後八天，若瑟接照古法，給嬰孩行割損禮。天主從前和亞巴郎立過誓約，使他的後嗣繁榮，立約的標記，就是要「你們族中代代的男子，生下第八日，都要受割損禮。……我立約標記，刻在你們肉體上，萬世不渝」（創世紀第十七章第十二—十三節）

鄰近的人，和那夜曾到山洞的牧童們，都來參加割損禮。若瑟取刀割傷嬰孩肉體，鮮血滴滴。瑪利亞包好嬰孩的傷口，把嬰孩抱在懷中。這個嬰孩完全是她的，然而更完全是天主的。割損禮表示受割的人，屬於天主的子民。這種意義在這個嬰孩身上滿全了。天主所許給亞巴郎的繁榮後嗣。即是這個嬰孩。這個嬰孩將重起一個新時代，他要創立一個新民族，稱爲天主的義子，屬於這個民族的人，將不用割損的典禮，要用一種新的洗禮。

若瑟給嬰孩起個名叫耶穌。

瑪利亞第一次叫著「耶穌」，這是她的兒子的名字，這個名字今後代表她一切的愛情。她叫著「耶穌」，感到以前祖先們所盼望的和所預言的，如今都不是空洞的蔭影了，如今成了一個具體的人稱，有個確實的名字。名叫「耶穌」。

「耶穌」，這個天上報下來的名字，第一次由加俾額爾告訴她，第二次還是加俾額爾告給若瑟。耶穌是天主聖子，他的名字，由天主聖父指定。

割損禮完了，鄰居的人都走了，瑪利亞和若瑟，看著安眠的嬰兒，口中喚著「耶穌」。

「歌聲柔，
話語甜，
人心想霏霏，
那能比得耶穌聖名美！
妙筆墨，
靈舌嘴，
那能描寫出，
愛慕耶穌心中神樂味！」(一)

猶太婦女生了男孩「七天之內，她是不潔的人。……第八日，嬰兒應受割損。但爲潔淨自己的血，她還該居家三十二天。未滿取潔的日期，她不許摸聖物，也不許進聖所。」（肋未紀 第十二章第二—四節）

瑪利亞因聖神的神力，童身受孕，她不染絲毫塵污，不能認爲不潔的女子。可是耶穌，外面不顯爲天主聖子，瑪利亞也就看同通常的婦女，四十八天居家，安享愛慕耶穌的神樂。「一滿了取潔的日期，她應爲新生的男孩、或女孩，在會堂門口，獻給司祭一隻一歲的羔羊，當作全燔祭，又獻一雛鴿，或一隻斑鳩，當作贖罪祭……若她不能備置一隻羔羊，便可帶上一對斑鳩，或一對雛鴿，一隻獻爲全燔祭，一隻獻爲贖罪祭。」（同上，第六—八節）

若是新生的嬰兒是第一胎，「上主對梅瑟說：以色列民族無論人畜，凡是第一胎新生的，都受祝聖，應歸於我。……你們第一胎生的男孩，都應贖回去。」（出谷紀 第十二章第二—七節）

割損後第三十三天，瑪利亞抱著耶穌，跟隨若瑟往耶路撒冷聖殿，行取潔禮，獻耶穌於天主。撒羅滿修造了聖殿，上主乘彩雲降來殿中。撒羅滿所造的聖殿已經遭拆毀了，這座聖殿是黑落德正在動工修建。瑪拉基亞先知曾預言說：

「我遣派我的使者，在我前面打掃道路。那時你們所要求的君王，所盼望的訂約的使者

就要進入聖殿。」（瑪拉基亞先知書 第三章第一節）

以色列人所要求的君王，所盼望的結約使者，今天已進入聖殿了；以色列人卻誰也不曾理會。耶路撒冷的人民只看見一對貧賤的夫妻，抱著一個嬰孩，走向天主聖殿。這是他們日常看慣的事；只是這對夫婦的服裝較比城裡人更貧寒。聖殿的司祭，從若瑟手中，接到一對雛鴿，知道他們是不能購買羔羊的貧家人，便拿雛鴿獻到上主祭壇前，爲瑪利亞行贖罪祭。若瑟又拿出九文錢，交給司祭，作爲長子的贖身錢。

聖殿的主人，以色列的國王，進到自己的聖殿裡，竟要獻著窮人的贖罪祭，還要拿出贖身錢，當梅瑟在西乃山前，引著以色列人等候天主訓話時，西乃全山噴火煙霧迷天，山巔雷聲震耳，山腳震搖欲裂，以色列人叩頭伏地，戰慄恐懼，不敢久候，要求梅瑟獨自上山面聖。那時在西乃山大顯神威的天主，如今抱在瑪利亞懷中，一點不作聲響，成了一個柔弱的嬰孩。

聖殿裡那時正宰牛、殺羊。架在祭壇前的柴上，獻祭贖罪。自亞伯爾、諾厄、亞巴郎，以及到後代聖殿，代代祭獻犧牲，然而今天聖殿裡獻了一種新犧牲，他將替代猶太古教的牛羊，將掃除宇宙間一切的祭祀，這種新犧牲，就是瑪利亞懷中的嬰孩。

瑪利亞周圍四顧，看見宰割牛羊的司祭，看見高聲禱告的法利塞人，看見寬袍闊襟的經師，他們全不理會。那時在聖殿裡的大變動，他們絕不知道她的嬰兒要把他們廢除了，這個嬰孩，就是天主許給亞巴郎和達味的救世主。

瑪利亞忽然看到一個白髮老者，雲眉銀鬚，慢慢向她走來。白髮老者銀鬚飄飄，向她說明自己名西默盎，要求抱抱她的嬰孩。

老者接過嬰孩，舉目向天。高聲唱道：

「求我主宰，履爾所示，
放爾僕人，安然謝世！
既見救恩，我心則慰，
念斯救恩，實爾所備，
普天生靈，咸仰其惠，
萬國之光，以色列之輝。」(二)

瑪利亞、若瑟，聽到歌聲一驚一喜。又有一個人，知道他們的秘密！救世主進到聖殿，至少有一位老者向他致敬。

西默盎歌畢，向他們倆述說他自幼到老，一生祈禱，盼望救世主早日降來，天主聖神因此曾許給他將親眼見到救世主。今日得到聖神默示，知道救世主已到聖殿，如今親眼見到他了，心願已償，可以安然謝世了。

他口吻聖嬰，恭敬地還給瑪利亞向她說：

「這個嬰孩的誕生，關係著以色列人的興亡、禍福，他將成爲天下的正鵠，作爲眾矢之的。一口利劍也將穿透妳的人靈，天下人心的向背，從此將要顯明昭著了！」（路加福音第二章第三十四—三十五節）

白髮老者，喟然長嘆，話語裡似有說不出的悲哀。

這時又來了一個老婦人，一個八十四歲的寡婦，她名字叫亞納，她嫁後七年便居喪守寡，每天長齋祈禱不離聖殿，這一天她也得了聖神的啓示，來拜救世主。

瑪利亞聽了西默盎的喟嘆，懷中的嬰孩壓在她胸前，似乎一塊千斤的石頭，呼吸不靈。連忙告別了亞納，同若瑟走出聖殿，再回白冷山洞。

她眼睛看著嬰孩，耳中尚存著西默盎的預言，胸中想著依撒意亞先知的經文。依撒意亞在七百年前已經說到救世主的痛苦。

「臉失顏色失姿態，
不足瞻仰不足戀，
受盡侮辱人所棄，

嘗遍痛楚苦命漢，……
受虐心順不開口，
有如羔羊被屠宰，
又似母羊遭剪刀。
剪去絨毛不聲怨……」

瑪利亞又想到聖詠第二十二首。這首聖詠刻畫了救世主的苦辱：

「主兮主兮，胡為棄我如遺！
健牡紛紛兮，圍我周匝，來自巴商兮，洶洶相逼。
猛如餓獅兮，張口欲食，體渙解兮骨脫，心消融兮如蠟，……
洞鑒吾之手足丐兮，骨森森其可數，眾人旁觀兮，咸慶禍之及予。
分我外衣兮，鬮我內服……」

她不敢句句背誦，她心酸腿痛，在天使來報以後，她已念到這首聖詠；今天每一句，都是一支箭，她趕緊想到最後的幾句：

「勗哉吾魂，為主而生。來胤後嗣，事主惟勤。
世代緜緜，恭聆福音，父以傳子，子以傳孫，
念念毋忘，主之經綸。」（聖詠譯義 第二十二首）

註：

㈠ 耶穌聖名節，晚課經聖歌譯義。

㈡ 吳經熊譯 路加福音 第二章第二十九節——第三十二節。

一〇、逃難埃及

白冷城尚是人眾擁擠，每天有新到的報籍人，有報了籍動身回去的人。街上滿是驢馬駱駝，人聲嘈雜。

若瑟暫時寄住在白冷，他怕剛生下來的嬰孩，經不起歸途的幾天跋涉。

一天，白冷城的街上，到了三個人，他們的衣服，他們的語言，看來是東方的阿拉伯人。這隊阿拉伯人騎駱乘馬，眼睛望著天，穿街過巷，不問道路，也不尋旅舍，逕直地走到若瑟的寓所。跳下鞍子，問明了新生的嬰孩，走進洞裡，向著瑪利亞懷中的耶穌，頂禮下拜，捧上黃金、乳香、沒藥，作爲禮物。

獻了禮物，他們坐下談話，瑪利亞纔知道他們是三位東方的星算家。

他們三人，一生講究星算，從猶太人的口中，得知猶太等候一位君王，這位君王降臨時，天空將現一顆異星。最近，他們三人見到了一顆異星，他們推算猶太人的君王該來了，他們便動身來朝這位新生的猶太王。動身後，異星在天空給他們引路，一直走到耶路撒冷。在耶路撒冷的城門上，異星不見了。他們進城，往問黑落德，黑落德召集經師長老，詢問救世主降生的地方，經師們按照先知預言，答說將生在白冷。他們再出耶路撒冷，來訪白冷城。在耶路撒冷的城頭，異星又再出現，指引他們來到嬰孩的寓所。

瑪利亞聽了他們的一席話，心裡不禁想起聖詠所說：

「塔爾史士，諸島之酋，舍巴之君，色巴之侯，
獻珍頌美，咸蒙懷柔，萬國衣冠，齊拜冕旒。
……………………
惟願我主，介爾眉壽，舍巴之金，悉歸爾有。
……………………
主之聖名，流芳永古。主之光榮，充布下土。
耿耿之祝，湧自心府。……」（聖詠譯義 第七十二首）

猶太人所盼望的救世主，猶太人知道要生在白冷；但是來朝賀的，卻只有三個不受割損

的外方人，瑪利亞明瞭救世主不僅是猶太人的救世主了。亞巴郎的子孫被天主揀選，爲保留亞當、厄娃的希望，這種希望如今已滿全了。猶太人的使命已告完結，再沒有可以自豪的了。

三位星算家，看著異星所兆示的猶太王，卻不受猶太人的尊敬，他們向瑪利亞探問新王的原委。瑪利亞給他們講解古經，說明亞巴郎和達味的預言。

若瑟沒有可以款待來客的菜蔬，星算家一行人辭去，找到一家旅舍，預備過宿。計劃明天回耶路撒冷，向黑落德復命。黑落德曾囑咐他們反報猶太新王的下落，以便他也來朝賀。

夜間，星算家在遠路跋涉以後，安享著一宵的安眠，忽然三個人都夢見了天使。天使吩咐不要再回耶路撒冷，另外擇一條路，早日動身歸國。次早醒來，三人彼此把夢一述，知道這是天意，他們騎上駝鞍，向著死海南方，繞路回東。

白冷人已經見慣了來去的客人，他們並不注意三個東方人的來去。瑪利亞知道星算家動身走了，把所獻的禮物藏起，一切又恢復日前的清靜。

那天晚上，若瑟忽然似夢非夢地又看見天使，天使向他說：

「趕緊起來，帶著嬰兒和他的母親，逃走埃及，住在那邊，等候我的吩咐。因爲黑落德要搜尋嬰兒，把他殺掉。」（瑪竇福音 第二章第十三節）

若瑟一睜眼，天使不見了。他趕緊喚醒瑪利亞，把天使的話告訴她。連夜收拾所有的幾件行李，出了山洞，抱著嬰孩，乘著夜色，向猶太南行，走向赫貝龍（Hebron）。

剛走出了白冷境，他們就聽到黑落德因不見星算家回報，下令殺盡白冷境內兩歲以下的男孩。瑪利亞看著懷中的嬰兒，口中不禁念著聖詠的話：

「吾魂如小鳥，已脫佃者羅。
羅網已破吾得逸，佃者雖多如我何？
仰恃天地之主宰，死裡逃生能無歌。」（聖詠譯義 第百二十四首）

若瑟更加兼程趕路，怕黑落德的捕役。曉行夜宿，不一日走到沙漠。若瑟心定了，小留數日，等待同行的旅隊。

旅客結隊，行過沙漠。首程幾天，間而可見耕地，再往前行，只有一片黃漠的沙地。舉首西望，遙見沙堆起伏，遠處有深藍的海水，這一條不即不離的海色，是沙漠旅客的嚮導。夜間，天似穹廬，星辰閃鑠，千里不見燈火。㈠

偽經續瑪竇福音和耶穌嬰孩史，寫著沿途的奇跡。書中幻想著：剛走出白冷，黑落德的捕役尋踵追來，若瑟策驢前行，眼看已被追到，連忙撥轉驢頭，走入田間。田間籬笆閃開，驢入籬笆，四周綠葉遮蓋，不露人跡。捕役趕到，四處搜尋，不見了人影，憤憤而去，若瑟把驢牽出，護著瑪利亞，重新就道。一天行到荒山道上，童山濯濯，不見莖草。忽然後面塵土飛揚，捕役又到，前臨絕壁，後有追兵，若瑟正在心急無法時，前面轟然一聲，絕壁裂開，讓出去路。若瑟驅驢走進裂縫，後面山壁復合，斷了追兵來路，脫了捕役的大險，瑪利亞騎驢，安然抵達曠野。

於是獅豹來近，狼虎護路，強盜雖是多次側目，也都望塵膜拜，莫敢近前。可是沙漠熱氣蒸人，渴不可忍，若瑟乃向聖嬰說：

「主子，熱氣太重，沙漠燙腳。這條往埃及的路太難走了。在這沙漠裡行走，還要三十七天哩！若是你高興，我們轉向海濱，那邊有村鎮，可以休息。」

兩歲的耶穌答說：

「若瑟你不必怕，我把路縮短就好了，三十天的路，做一天走吧。」

這樣，一天就走到了尼羅河側。夜間，進一古廟，聊寄一宿，廟裡的三百六十五座神像，傾身下拜，頭身分離。黎明，城中官員，排隊進廟，拜見耶穌聖嬰。㈡

可是這樣的旅途，過於舒適了。耶穌若願顯靈，他又何必逃呢？逃往埃及時，若瑟護著瑪利亞，在沙漠裡走了兩週， 沿途多見嶙嶙白骨，那是累死了的牲口，被人棄在路旁。沙漠裡熱氣逼人，又不見一絲陰涼，細砂又陷沒步履，一天的路，勝過十天的勞力！

瑪利亞抱著嬰兒，坐著驢兒，曬著炎日，一天一天的前進。她心中想著以前祖先們都是走過這片曠野。亞巴郎過沙漠時，領著撒辣，心裡怕埃及王貪想撒辣的美麗，把他謀殺。古聖若瑟，被兄長賣爲人奴，擕往埃及。雅各伯領著全家，遷入埃及，逃避饑荒，全家發大成族。梅瑟引歸猶太，在曠野週遊了四十年。她如今懷著猶太的救世主，也又步著祖先的路途，逃往這個鄰邦。

好容易走過了沙漠曠野，進到了尼羅河套，松榈參天，麥苗茂盛。那邊有許多僑居的猶太人，若瑟向他們借了暫時寄居的小屋。

僑居了幾個月，一個夜間，天使又來了，在夢裡吩咐若瑟，引著全家轉回猶太，謀殺嬰孩的黑落德已經死了。㈢

收拾了行李，趕著驢兒，若瑟又護著瑪利亞，重走來時的苦路，再熬沙漠裡的熱燥。過了沙漠，進了猶太，若瑟想再往白冷，他以爲救世主，古經稱爲達味後裔，應住在達味本鄉。但是聽說阿爾赫勞繼承父位，治理猶太，殘虐不下於乃父，不敢前行。夜間，入夢，天使復現，吩咐他擕家回納匝肋。

註：

㈠ F.M. Willam, Vita di Maria, p.118

㈡ Roschini, Vita di Maria, P.208

㈢ 黑落德死在羅馬建國七百五十年，即降生前四年，這一點也證明現代考據家等所說，紀元元年應提前四年。

一一、尋覓耶穌

黑落德死後，三個兒子，遵照亡父遺命，三分天下。納匝肋在加里肋亞省，分屬安提帕（Antipa）。他較比同母弟阿爾赫勞稍爲仁厚。(一)新經各傳，沒有一句，紀述耶穌的童年。

瑪利亞隨同若瑟，回到納匝肋，再住在若瑟的老家，若瑟每天做著木匠的活計。

瑪利亞黎明即起，同若瑟合誦晨經。若瑟出門工作，瑪利亞開始磨麥。她捧著兩人吃的麥子，走到門前公共天井的磨石傍，把麥子磨成了麵粉。她折斷乾柴，塞進竈內，燃火燒熱竈上的石板。她把麵粉放進盆裡，拌進酵粉，麵粉發酵了，竈上的石板也熱了，她把麵粉放在石板上，蓋上蓋子，扒去竈裡的柴火，讓熱炭烤著麵包，然後她再出門去打水。

水井在附近的廣場裡，她走到井邊，把吊桶放下，抽上水，傾入小缸，把水缸放在頭上，頂著回家。從竈上拿出烤好了的麵包，她開始打掃房屋。小耶穌醒了，她放下掃帚，一心照管小孩。

過了中午，她預備菜蔬。等著若瑟回家吃飯。飯前，誦經文。午後，搖著小耶穌，手做著些針線。太陽落下時，又煮些菜蔬。若瑟也回來了，兩個人誦了經，吃著晚飯。飯後談談家常，再念晚課。

猶太的婦人，每天都是這樣的生活。瑪利亞一天一天做著家中活計，和鄰家的少婦沒有分別。鄰家所能稱述的，是這對夫婦，從來不吵口角，瑪利亞在天井裡，在磨石傍，在水井邊，常是禮貌讓人。

每星期六，罷工日，瑪利亞同若瑟，午前午後到會堂行祈禱。午前，先誦申命紀上的誡律，後誦十八段祝福經文。會堂會長展開古經，誦讀古經一段，請一個人解釋，然後司祭起來，祝福會眾，散會。午後，集會時，三個人，念梅瑟律法三章。

瑪利亞聽念古經，聽到關於救世主的預念，她的心神凝聚了，看著抱在懷中的耶穌，會堂裡的人，沒有一個人可以推想她的心情。

小耶穌漸漸大了，可以行走了，可以言語了。第一句話，便是「雅威」，呼著天主的聖名。梅瑟的法律，規定父母教訓兒女們，背誦天主的誡律，這些誡律，猶太人早晚誦經時，天天念誦。

孩童的耶穌，早晨和晚晌及兩餐飯前，同瑪利亞、若瑟，一齊誦經。猶太人早晨第一段經述說天主的誡命：

「以色列人，你聽著！上主是我們的天主，是唯一的主子。你當全心全靈全力愛上主你的天主。……」（申命紀 第六章第四節）

第二段經紀念天主許下的恩惠：

「如果你們服從我今天吩咐你們的誡命，愛慕上主你們的天主，全心全靈事奉他，他必要按時，給你們的田地降下春雨秋雨，使你們可以收穫五穀，得著新酒和油。也必使你們的土地產生青草，餵你們的牲口。這樣你們自己可以飽食。你們要小心，莫使你們的心受到迷惑，離開正道，敬拜別的神靈！不然，上主對你們就會大發雷霆，使天閉塞，雨不下降，地不生產……」（同上，第十一章第十三節）

第三段經提起天主救以色列人出埃及的大恩：

「上主向梅瑟說：你要訓示以色列子民，告訴他們說：他們和他們後代子孫，要在衣服緣邊縫縫頭，用紫紅繩子把縫頭繫著。使他們一見縫頭，就想起上主的一切誡命，好依照進行……我上主是你們的天主，曾領你們出埃及。」（戶籍紀 第十五章第二十七節）

瑪利亞雙眼看著耶穌，她口中念著「你當全心全靈全力愛上主你的天主」，她便想抱著她的小孩，全心全靈地親吻他；又想伏地朝拜她的小孩，她的上主天主就是這個小孩。萬古千秋的宇宙裡，從來沒有從地面升起這樣馨香的祈禱，上到天主聖父面前，受他的欣納。

瑪利亞走到那裡，常有小耶穌跟著，在磨石旁，小耶穌替她捧麵盤；在竈火邊，小耶穌幫她折柴；往水井汲水，小耶穌牽著她的衣裙；到會堂祈禱，小耶穌坐在她身邊。萬古千秋的宇宙裡，從來沒有一個母親，像她這樣的幸福。她的房屋是間陋房，她的衣服很粗糙；她的飲食，只是麵包蔬菜；她的一天，常是工作；但是她心中最快樂，最滿足，正因爲她有耶穌在身邊，她是爲愛耶穌自早到晚，手足不停。

有一天，耶穌忽然不見了，竟不知去向。她突然感到從此天地都黑暗了。

這一天，她隨若瑟，引著耶穌，在耶路撒冷聖殿參加巴斯卦逾越節大禮。禮節完了，她和若瑟返回納匝肋，晚晌，投旅舍時，突然不知耶穌的去向。

猶太人十二歲以上的男子，每年三次往耶路撒冷參拜聖殿，恭與慶典。㈡他們三五成群從家中出發，走上大路，小隊合成大隊，越合越多，駱駝驢馬，塵埃塞路。熱心的婦女，跟隨丈夫出門，遇到三五伴侶，結成女子隊伍，男隊女隊唱著聖詠，冒著炎日，曉行夜宿，向著耶路撒冷聖京。

這一年，耶穌已是十二歲了，跟隨雙親往聖京參加巴斯卦禮。巴斯卦逾越節是猶太人一年最隆重的慶節，大禮七天。大禮正日，猶太人上聖殿，宰殺羔羊，提羊回家，晚間，闔家按禮分食逾越羔羊。

七天大禮完畢了，加里肋亞人結隊歸省，納匝肋人自成隊伍，男女分隊。瑪利亞身傍不見耶穌，想他跟著若瑟，若瑟不見耶穌，想他跟著母親。晚晌，朝聖隊伍寄宿旅舍，家家男女相合，瑪利亞才知道失掉了兒子。

兩人急忙分頭訪問同行的親戚鄰友，沒有人知道耶穌的下落。

耶穌因爲人多擁擠，錯走了路？或是人畜雜沓，被畜牲踐傷？或是因爲身體疲乏，足痛不能行走？

瑪利亞知道耶穌是天主，這一些遭遇，他都可以不遇到，可是耶穌如今竟不知去向了呢？她不明白究竟是爲了什麼？她所知道的，只是自己應該找到耶穌。

連夜趕回耶路撒冷，次日，走遍大街小巷，路上遍問行人。可是在十幾萬朝聖人忙著動身的大城裡，那有人注意一個十二歲的小孩呢？訪尋了一天。瑪利亞、若瑟真是越尋越迷糊了。難道耶穌不是有先見之明嗎？難道以往在危難時，天使不常來報告嗎？爲什麼如今竟是一點音訊都沒有了呢？

夜裡不能在街頭尋找，但也不能在床上安眠。瑪利亞和若瑟又沒有話可說，只有念著聖詠，向天訴苦，他們一定念著聖詠上的話：

「主兮主兮，胡為棄我如遺！
發呻吟於危急兮，何惠音之遲遲。
朝籲主而不應兮，暮悵惘而無依……」（聖詠譯義　第二十二首）

這首聖詩，描寫救世主的苦刑，莫非已經到了時候？他們又念著：

「一心懷恩主，哀嘆徹朝暮，願爾納我禱，
聽我聲聲訴。
百憂結柔腸，吾命瀕危亡，雖生無異死，
無告亦無望……
怒濤滅我頂，何日見恩撫，舉目無所親，
所見惟陰府。」（同上，第八十八首）

天又亮了，瑪利亞和若瑟同念晨經，再動身出門，再走遍街頭巷尾。

「夜間床上不見心所愛，
遍尋不知他何在。
起身上街穿巷過廣場，
處處不見他姿態。
遇到巡城衛兵我發問：
是否見到我所愛？
衛兵不答我再向前行，

忽然見他在長街，
一手揪住不再放他走，
領人母房入我懷。」㈢

前面走著一個童子，似乎就是耶穌的背影，趕上去，卻是錯認了人。街坊人家坐著一個青年，看來絕像耶穌的姿態，挨到門邊一看，又是他家的孩子。那麼耶穌到那裡去了呢？

他們走入聖殿，昨天已往來了，只見未散的朝聖人，如宰殺犧牲的司祭。今天聖殿裡的人很少了，「肋未」助祭人在洗刷犧牲的血跡。他們走到講解經書的長廊。今天廊裡坐著許多人，經師們在那裡授徒設教，忽然聽到一個聲音，瑪利亞的心突然停止跳動。這個聲音是耶穌的聲音。她看見他了！他坐在經師和聽眾們中間，他的面容多麼美麗！他的姿勢多麼文雅！她突然覺得累了，她的腳只是戰慄，她走近一根石柱，靠著石柱站住，若瑟走去，招呼耶穌。瑪利亞看見他來了，連忙拉住他的手，悽然向他說：

「我兒，你怎麼這樣待我們！你的父親和我，尋你尋的多麼苦呀！」

「你們爲甚麼尋我呢？難道不知道我應該在我父親的事情裡嗎？」耶穌安詳答說。（路加福音 第二章第四十八節）

瑪利亞和若瑟，彼此互相一看，兩個人都不懂耶穌的話指的什麼事情，瑪利亞知道他的父親是天父，可是這一天父命他有那種工作呢？她卻沒知道。這時經師和聽眾們，都走上來了，向若瑟和瑪利亞稱讚他們孩子的聰明，誇讚他的一問一答，說的很是博學有才。瑪利亞拉著耶穌的手，跟著若瑟慢慢走出耶路撒冷，再動身回納匝肋。路上又唱著來時的聖詠：

「舉目向青山，悠然望天顏。
偉哉造物主，吾心所仰攀……」（聖詠譯義 第百二十一首）

他們的青山，不是耶路撒冷，是納匝肋的陋屋。在那陋屋裡，住著他們所望的天顏。在耶路撒冷，險些兒反將天顏失落了。

「良朋邀我上聖山，相偕入殿謁天顏，
同心之言馨如蘭……
達味宗室之寶座，亦在斯京城，
爾等皆應為聖邑，祝昇平……」（同上，第百二十二首）

「達味宗室之寶座」，已經不在耶路撒冷了，是在他們所住的納匝肋。瑪利亞在歸途上，伴著耶穌和若瑟，心中真有「良朋邀我上聖山」的感觸。

註：

㈠黑落德三子名 Archelaus, Antipa, Philippus

㈡猶太人的男子，年滿十二歲，住在離耶路撒冷一日的路程以內者，每年三次應到耶路撒冷朝聖，三次朝聖期即巴斯卦節、五旬節、帳棚節。離耶路撒冷較遠的猶太人，則自由朝聖，婦女也自由朝聖。

㈢古經雅歌　第三章第一節至第四節，按義譯成詩。

一二、加納婚宴

從耶路撒冷回到了納匝肋，耶穌從此順服二親。他的聰明睿智，隨著年齡增長。在瑪利亞的腦海裡，從不能忘記那次在耶路撒冷的遭遇，「你們難道不知道我應該在我父親的事情裡？」瑪利亞從此知道耶穌已經不完全是她的小孩子了；他有他天父所給的使命。天父的使命該當執行時，耶穌就要捨她而去。

可是耶穌從此再不離家了，而且也不提聖父的事。他雖不像小時候跟著她，但常跟著若瑟作木匠活計。

一天，若瑟抱病死了，耶穌好好地安葬了他，瑪利亞從此成了寡身，靠著耶穌賺錢養命。

瑪利亞眼見自己的兒子已經成人，她已經不能明瞭他心中所有的秘密。在家裡對坐談話時，耶穌似乎眼睛常看著遠處，他是在想聖父的使命罷？但是什麼時候要實現呢？「天賜的智識」並沒有啓示瑪利亞。

耶穌的一舉一動，是個普通的猶太人。只是他件件都做得周全，瑪利亞時刻留心耶穌的

言行，樣樣小事對她都是大事，有時家裡缺少緊需的油鹽柴麵，耶穌也曾顯靈，彌補缺欠。㈠

每週休息日，耶穌坐在家裡，瑪利亞陪他坐著，默默不言，她願意安靜地享受她這時的幸福。

「把我如印璽，
印在你心房；
把我如印璽，
刻在你臂上。
愛情乃天光，
火燄熱力強。」㈡

聖保祿曾勸格林多的女子守貞不嫁，能夠專心愛上主，不求取悅於丈夫，使自己的愛情不致分割。瑪利亞嫁夫喪夫，她從沒有分割她的愛情，她一生常是獻身上主的童貞，她愛她的兒子，她用她全心的愛情，她也沒有把愛情分給了天主和人，因爲她的兒子就是她的天主。

後來伯達尼的另一個瑪麗，喜歡坐在耶穌足前，靜聽他的訓言，她的姊姊責她不事操作，耶穌答說：瑪麗選擇了事中最上的。

瑪利亞跟耶穌對坐，聽耶穌講述古經，每一句話深入她的心坎，她的兒子沒有跟經師們從過學，但是他講說聖經，入耳動心，她知道這是天主的口語呵！耶穌出門作工，瑪利亞獨自留在家中，她磨麥烤麵，洗衣縫紉，沒有一刻不是謹小慎微，她常想著她的麵包，是耶穌吃；她洗的衣，是耶穌穿，而耶穌乃是她的天主。

她的天主耶穌，對她事事孝順，早晚問安，熱情親吻。她有所命，莫不聽從。

瑪利亞有時似乎不敢相信這種幸福，她不敢信天主聖子降生，就只爲事養她！她知道耶穌有救世的使命，不能常住在納匝肋做木匠。有一天，他要離開她。

一天晚上，耶穌忽然說：若翰在約旦河邊講道勸人，給人在河中行洗禮。

幾乎已經三十年了，瑪利亞在愛因加林的山村裡，聽到匝加利亞說若翰是上主的前驅。可是後來已經多年沒聽到若翰的消息。耶穌少時，瑪利亞或許領他到依撒伯爾家裡，他和小的若翰也曾一同遊戲。匝加利亞兩老死後，若翰一去無蹤，據說是走入了曠野。如今他回來了，而且，講道授洗，瑪利亞推想耶穌的救世使命已到了實現的時期。這一夜她不能夠安靜入眠。

若翰的消息越傳越廣了，納匝肋家家戶戶都知道，約旦河邊來了一位青年先知，他身穿駱駝皮，腰繫皮帶，口食野蜜野果。他的話語，鋒利刺人。他叫人革心悔罪，預備上主的來臨。

一天晚飯後，耶穌向母親告別說，自己要去看若翰，並從他受洗。他也說明自己要遵聖父的命令，講道設教，母親度日所需，他已照料好了。瑪利亞想起了第一天答覆加俾額爾的話：

「我是上主的婢女，那麼就照你的話去做罷！」

她這一夜又是同樣地答覆了耶穌。她不敢問耶穌的講道計劃，因爲她心中牢記著西默盎老人在聖殿裡所說的話，後來是凶多吉少。

第二天早晨，耶穌親吻了母親，向母親告了別，動身往約旦河去，瑪利亞這一天獨自磨著麥，獨自吃飯。她覺著那間黑暗的房子，驟然更黑了，那間平日以爲狹隘的住室，今天忽然太寬大，太空虛了。她的心跟隨著耶穌，她忘記了這一天的時辰。

她不能去找尋親友，求得他們的安慰。親友中知道她的秘密的，只有表姊依撒伯爾，然而她早已故去。瑪利亞便靜居家中，誦念聖詠，默想古經的經文。

耶穌出去兩個月了，他已經從若翰受了洗，已經在曠野嚴齋了四十日，他已經收了五個徒弟。但是他再也沒有回到納匝肋。在耶穌出門以前，瑪利亞曾告訴他，自家在加納的一個親戚，將辦喜事，囑他去吃喜酒。

加納小鎭處在納匝肋以北，約十公里。鎭上有花園，有天然水泉，爲巴肋斯坦的勝地，鎭上有瑪利亞的一個親戚，將行婚事，早期已經邀請了她。

猶太人的結婚喜事，男家設酒，多至八天，少至三日。鄰友親戚，天天坐席歡宴。

瑪利亞這時年已四十餘了，在親戚結婚時先到親戚家中，幫忙照顧一切，但是她心中，暗地懷著私願，切望見到耶穌。

婚宴已經設了幾天，並不見耶穌的影跡。可是他曾答應來赴筵呢？瑪利亞靜心等著。

婚宴的最後一天，耶穌果眞來了，而且還帶來他新召的五個徒弟。

耶穌還是她看著從小長大的耶穌，可是臉色有些不同了。他的臉色加上嚴肅，有指使人和吸引的威嚴。瑪利亞看著五個徒弟，年青的若望，天眞可愛；短髮的伯多祿，熱情蓬勃；安德肋穩重老實；斐理伯舉動文雅；納塔乃耳誠樸寡言。同席的親友，見到新客，增加了興味。而且大家正想看看他們的這一位忽然作了講道師的鄉親。

談興於是濃了，大家開懷暢飲。只是瑪利亞有了隱憂，她知道主人家的酒已快盡了，賓客們卻杯盞交舉呢！好好的一門喜事，不是要大家掃興而散嗎？她也暗想若不是耶穌帶來了五個徒弟，主人家預先計劃的酒，大約不至於席中而盡。瑪利亞想起昔日在納匝肋時，耶穌有時聽她說缺少急需的東西，他曾顯過靈跡，就起身走到耶穌跟前，示意有話要說。耶穌離席走來，瑪利亞說：

「酒沒有了！」

耶穌似乎起驚，縐著眉答說：

「太太，（對於這事）你與我何干？我的時間還沒有到呢！」(三)

耶穌敬愛自己的母親，但是他有天主聖父，他是天主聖子，顯行靈跡，應該聽聖父的定奪，不是瑪利亞可以干預的。在納匝肋，瑪利亞告訴缺乏急需時，從沒有要求顯靈，今天第一次要求顯靈了，而且要求他當著眾人顯行靈跡。他所以答說：對於這事你不能以為是母親，可以要求，因為聖父所定當眾顯靈的時間還沒有到呢？

然而瑪利亞知道耶穌並沒有明明拒絕。聖父所定的時間，不能反對聖子的母親。聖子愛敬母親的孝心，能使聖父的命令，准有例外。她便轉首吩咐侍候賓客的僕人說：

「他叫你們做什麼，就做什麼！」

廳前的石階上，放著六口石缸，每缸可盛水兩三罈。來賓在入席以前，按照猶太風俗，取缸水淨手。

耶穌對僕人說：

「把石缸灌滿水！」

僕人拿清水灌滿了石缸，耶穌又吩咐說：

「舀出來，給司席的拿去！」

司席的一嘗，竟是一口美酒，怪主人瞞了他。連忙叫僕人送酒上席。

瑪利亞看著新婚夫婦，口嘗美酒，倆人的面上頓有莫名的驚異，她心中有說不出感激耶穌的情，向著耶穌點首致謝。

不久，同席的人，都理會到美酒是舀自水缸，同時也都記起耶穌曾去吩咐僕人灌水，大家突然都明瞭了美酒是清水變成的，變水成酒的人就是耶穌。五個徒弟，更是又驚又喜，喜歡自己沒有認錯了老師，他們的老師真是救世主。

耶穌第一次當著徒弟和親友們顯了靈蹟。他自己安然若無其事，散了席，他就領著徒弟們走了。

瑪利亞回到家中，心中愉快，她知道耶穌仍舊是她的兒子。

註：

㈠僞經，耶穌嬰孩史，述說耶穌少時，在家顯行許多靈蹟，多屬荒謬之談。但是耶穌在納匝肋家中時，間而顯過靈蹟，當屬可信，若是耶穌在納匝肋家中，絕沒有顯過靈蹟，聖母在加納似乎不會向他求顯靈蹟，若望福音說：耶穌在加納第一次顯靈，是說：在徒弟們面前第一次顯靈。

(二) 古經雅歌　第八章第八節，按義譯成詩。

(三) 若望福音　第二章第四節。

原文只譯爲「婦人，我與你何干？」婦人，歷代註解家都說，按猶太風俗，應解爲尊稱，如意大利人尊稱貴家婦人爲 Donna法文爲 Madame。

「我與你何干」一句，註解家的意見不同，因難明原文的語意，然大都承認這句話不能死解爲「我與你有什麼關係」；因爲這樣，耶穌是否認了自己的母親，後來爲什麼又顯靈呢？Roschini 的聖母傳，自第二四九頁至第二六九頁，述說了各派註解家的竟見。我則從德國神學家 Sheeben, La Mere Virginale du Sauveur, (Paris 1953)p.25。

一三、十字架傍

納匝肋城，家家戶戶，都談論著耶穌，親戚們來問瑪利亞，加納的奇跡。他們告訴她，外面傳說耶穌在葛法翁，在耶路撒冷，到處顯靈講道。納匝肋人有的人說他勝過約旦河的若翰，若翰從沒有顯過靈，有的說他沒有讀過書，不配講道教人。瑪利亞從此不能靜居了，每天聽著鄰居和親戚嘮叨不絕。

過了幾個月耶穌單身回到納匝肋，探望母親，納匝肋人很希奇他竟又是一個平常的人。在本城內不講道，也不顯靈治病，他只坐在家中。

瑪利亞這一天很快樂，她心中感到說不出的幸福。她又磨麥烤麵，預備兩個人的飯，她又趕著替兒子洗衣補綻。晚晌，母子對坐，耶穌談述自己在外面的經歷，說起在山中所講的真福八端，又述說若翰已被安提帕囚在牢裡，瑪利亞突然心驚肉跳，若翰是前驅，前驅被囚了。她怕依撒意亞的預言，也就要實現。耶穌便坦然告訴母親，他將在耶路撒冷遭難，但是死後第三天要自死中復活。

星期六猶太人停工日，耶穌陪著母親，進會堂祈禱，誦古經時，會堂長請耶穌誦讀聖經，向眾人解釋，耶穌順手拿起經卷一開，正是依撒意亞先知書第六十一章。耶穌念說：

「上主之神，臨我之身；恩膏沐首，大命是膺，天主遣我，所為何因？窮苦無告，得聆福音，俘囚獲釋，瞽者復明，困者以解，屈者以伸。」

念了一節，耶穌掩卷坐下，講解經文娓娓動聽，他告訴本鄉人，先知這段話，今日都應驗了，他們且都親眼見到。大家很佩服他，彼此相顧說：

「這不是若瑟的兒子嗎？講的這般好呢？」

出了會堂，本城人都包圍著他，稱讚他的口才，請他住在本城，不要再往葛法翁，在本城裡顯靈治病。耶穌答覆說：

「沒有一位先知爲本鄉人所看重；厄里亞先知時，三年天不下雨，遍地饑荒，以色列人有多少寡婦，厄里亞卻奉天主命，去救了漆多帥爾法特的一個寡婦。厄里亞先知時，以色列中有多少患癩病的人，他們沒有一個求先知醫好了，只有敘利亞的納阿曼，求他除了癩病。」(一)

納匝肋人一聽，頓時怒從心起。剛在外間行了幾個奇跡，他就稱先知，而且竟把他們跟漆冬和敘利亞的外教人相比。他看不起自己的本鄉，走到葛法翁去講道，今天竟當面凌辱自己的親戚父老。於是大家吶喊一聲：「打死他，把他推下山去！」

瑪利亞看見他們一擁而上，揪住了耶穌，拉到城外的山巖，她忙要勸解，卻被人衝在一邊，她只得跟著這隊叫囂怒罵的人，向山巖走去。這時，西默盎所預言的利劍，已刺入她的心了，但是他記住耶穌前晚所說的，他遭難的地點，將在耶路撒冷。她心中稍爲安定。

到了山巖上，大家忽然呆住了。耶穌的面容，異乎尋常，納匝肋人心裡都起了畏懼，誰也不敢動身推他，他舉目兩邊一掃，從從容容地走出了人群，向母親告了別，逕奔葛法翁的大路，今後他再不回納匝肋了。

瑪利亞每天在家，聽到人家對於耶穌的許多傳說，她自己常常翻著經卷，誦讀預言救世主的篇章。

鄰居親戚們，天天來上她的門，爭說耶穌是中了瘋，自認爲救世主。猶太的救世主，該是自天而降，神威顯赫，驅逐了羅馬的軍隊，要恢復猶太人的獨立。救世主怎能是納匝肋的一個木匠，又怎能講貴貧輕富，愛仇愛和平呢？

瑪利亞靜靜聽著他們的嘮叨，她知道耶穌的來歷，但沒法向他們講，只勸他們安心等著。一天，人家告訴她，耶穌在葛法翁跟經師們和法利塞人，大起辯論，衝突很甚；又一天，人家告訴她，耶穌只顧講道顯靈，整天不飲不食。親戚們建議到葛法翁，把他拉回家來，瑪利亞心中憂急，親自動身往葛法翁，探聽虛實。

到了葛法翁，找到耶穌講道的地點，人眾擁擠，無法進門。瑪利亞候在門外，託人傳話給耶穌，耶穌聽說母親和親戚要見他，向眾人說：

「誰是我的母親，我的兄弟姊妹？凡是奉行天主聖旨的，就是我的兄弟姊妹，我的母親。」（路加福音 第八章第十九節）

瑪利亞看見有幾個婦女，跟隨耶穌，替他和徒弟們照料日常的需要，她羨慕她們的福氣，很想跟她們在一齊，但是她知道她自己的地方是在納匝肋，所以她又回家了。

逢到大節時，加里肋亞省人往耶路撒冷朝聖，瑪利亞從納匝肋動身到葛法翁，和隨從耶穌的婦女們一同跟著耶穌往耶路撒冷。帳棚節時，鄰居親戚們結隊朝聖，他們來找耶穌，勸耶穌一路前去，進了猶太省，也應該多行靈異，給猶太省人顯顯威能。耶穌拒絕了他們，獨自引著徒弟們進京。（若望福音 第七章第三節）

耶穌和經師法利塞人的衝突，日見嚴重，瑪利亞天天提心弔膽，一天，她竟然聽說若翰遭了毒手，被安提帕在慶祝生辰時，殺死獄中，前驅走了，救世主就將隨後跟去，瑪利亞於是常有風聲鶴唳的驚慌了。

但是加里肋亞省和猶太省的人，大家都稱讚耶穌。瑪利亞聽見他們說：

「從沒有聽到一個經師，講道像他這樣好，他說話像是一個有權威的人。」（瑪竇福音第八章第二十八節）

「我們中間出了一位大先知。天主真是眷顧我們！」（路加福音 第七章第二十八節）

「他一切事都做的很好！他叫瞎子能見，聾子能聽。」（馬爾谷福音 第七章第三十七節）

一個老婦人向耶穌喊說：

「懷孕了你和用奶餵你的太太，是真幸福可讚美的！」（路加福音 第十一章第二十七節）

第三年的巴斯卦節，瑪利亞和跟隨耶穌的婦女們，到了耶路撒冷。耶穌那時已經不敢留在猶太省，他躲到約旦河，昔日若翰授洗的地點。可是耶路撒冷附近伯達尼村的拉匝祿死了，耶穌很愛他和他兩個妹妹，於是回到伯達尼，復活拉匝祿。這事驚動了耶路撒冷全城，於是司祭長決定要拿他處死。

巴斯卦節前五日，耶穌進耶路撒冷。滿城人脫衣舖路，折枝飾道，連路歌唱：

「賀三納兮，以色列王，奉主名而來兮，堪頌揚。」（依撒意亞先知書 第五十三章）

滿城都是外來的朝聖人，滿城都因著耶穌議論紛紛，瑪利亞和同行的婦女們，天天聽見他在聖殿裡和經師們對辯，也聽見他痛罵經師們的虛僞假善，她知道耶穌所預言的遭難期已經到了。

巴斯卦前一晚，忽然聽見耶穌被人捕去了，瑪利亞和同伴的婦女們，急著向各處打聽消息。耶穌的徒弟們都逃散了，她們心急如焚，瑪達肋納、瑪麗，更是行坐不安，痛哭失聲，好容易等到半夜，才看見若望回來了。他述說在山園祈禱時，猶達斯領著司祭長的差役把耶穌擒住。押到司祭長亞納斯府裡。亞納斯找尋假證人控告耶穌，因爲始終也沒有找到適當的證人，他自己便問耶穌，他是不是天主的聖子。耶穌答應是，他來日要審判萬民。亞納斯撕破自己的衣裳，判定耶穌凌辱天主罪該處死，差役們把耶穌引到天井裡，百般侮辱，向他吐唾，拿莰冠加在頭上，戲弄他做猶太王。若望又說，明早他們要把他交給羅馬總督比拉多。

大家坐以待旦，瑪利亞滿腦都是古經的預言，依撒意亞先知書第五十三章，和聖詠第二十二首，來回在她腦中盤旋，她似乎已經見到耶穌被人侮弄的不像人了，遍體鱗傷。這位耶穌是她的兒子，但是她也知道這位耶穌是天主聖子，他從聖父領了救人的使命。耶穌甘願祭獻自己，作爲救贖的犧牲；瑪利亞也就俯首順從天主聖父的聖旨，把自己的愛子，獻於天主。她又記起從前向天使所說的：

「我是上主的婢女，就照你所說的話去做吧！」

第二天早晨，瑪利亞由若望陪著，同瑪達肋納瑪麗，和撒羅默等幾個婦女，逕直奔比拉多衙門。門前已經聚集了許多人，猶太省的人最多。經師們和法利塞人在人叢中穿來穿去，口中咒罵耶穌。

太陽升起來了，衙門前的石階上，走出羅馬的軍人，他們把總督的法椅搬到石階正中，他們擎著刀斧，站在兩傍，人叢中忽然起了喧鬧，瑪利亞抬頭一看，耶穌被人押來了，司祭長跟在後面，比拉多也出來了，他坐到石階正中的法椅上。

司祭長大聲控告耶穌，說他從加里肋亞招收聖徒意圖反叛羅馬，他走遍了巴肋斯坦，到處狂言惑眾，自稱爲天主子，爲猶太王。

耶穌只是一言不發，連羅馬總督也驚奇他不開口辯護，瑪利亞佩服他是「受虐心順不開口，有如羔羊被屠宰，又似母羊遭剪力，剪去絨毛不怨聲。」（路加福音 第一章第三十二節）

比拉多問耶穌：

「你不是猶太人的王？」

耶穌開口答道：

「你說的對！我是猶太王！」

猶太人大聲喧呼：

「我們沒有別的國王，只有羅馬的皇帝。」

瑪利亞深信天使向她所說的話：

「天主要把達味的王位賜他，他在雅各伯的後裔裡，永享王位。」（依撒意亞先知書 第五十三章）

比拉多聲明不能證明控告的罪，把耶穌懲罰鞭笞，便可釋放。他離開法椅，走進衙門去了，耶穌也被兵士帶進衙門。比拉多再出來時，耶穌又被帶出來，比拉多指著他向眾人說：

「你們看這個人吧！」

瑪利亞一看，耶穌遍體鮮血，面無人色，啊！他真是像先知所說：

「臉上顏色失姿態，不足瞻仰不足戀。」

她覺著那些皮鞭細釘，都是打在她自己身上，耶穌所流的血，就是她身上的血，猶太人看見了耶穌，狂呼怒吼說：

「把他綁出去，把他釘死！」
比拉多站起來向猶太人說：
「每年巴斯卦節，常給你們赦出一個囚犯，今年你們願意赦了這個猶太王或是殺人放火的巴拉巴？」
民眾們接著也喊：「巴拉巴！」
階下的經師和法利塞挺身喊說：「巴拉巴！」
比拉多問：
「那末這位猶太王呢？」——「釘死他！釘死他！」——「怎麼可以釘死你們的國王呢？」——「我們沒有國王，我們只有羅馬皇帝！」
瑪利亞用手掩住兩耳，每一聲像一口利劍，刺入她的心，聖詠上的話，確確鑿鑿：

「健牡紛紛兮，圍我周匝……猛如餓獅兮，張口欲食。」（聖詠譯義　第二十二首）

比拉多叫來一盆水，當眾洗手說：
「這個義人的血，跟我無干！」

猶太人喊說：

「他的血流在我們和我們子孫的頭上！」

瑪利亞連忙舉首仰天，可憐的猶太人啊！你不知道這是誰的血，這種血將蕩平耶路撒冷，全城化爲灰燼！

耶穌又穿上了衣，肩上負著十字架，被士兵押著，走往哥耳哥達山受刑。全城十幾萬的外來朝聖人，誰沒有聽說過顯靈的耶穌呢？如今竟被判了死罪，大家走來看熱鬧，耶路撒冷的婦女們，多少次聽過耶穌的講道，有些受了他治病的大恩，今天看見他血流滿面，被十字架壓著，一步一顫，她們忍不住大聲痛哭。耶穌轉過頭向她們說：

「耶路撒冷的女子們，你們不要哭我，你們哭你們自己和你們的子孫吧，你的後禍大著呢！」

瑪利亞隨著耶穌，耶穌停一步，她的心停一下，耶穌跌倒了，她的心就像掉入無底的深淵。

上到哥耳哥達山岡，兵士們剝下耶穌的衣服，拉他躺在十字架上，拿鐵釘釘穿他的手和腳。瑪利亞閉了眼，掩了耳，心中想著聖詠的話：

「手與足兮洞透，骨嶙峋兮可數。」（同上）

她很想拾起耶穌的衣服，衣上的針線是她縫的，衣上的血是兒子的血；但是軍士們把衣服搶去了，彼此拈了鬮這又應驗了聖詠的話：

「分我外衣兮，鬮我內服。」

瑪利亞站在十字架旁，若望陪她站著，瑪麗、撒羅默，和別的婦女們，站在遠處看著。耶穌俯首看見母親，用眼望著愛徒，細聲對母親喊說：

「太太，這是你的兒子，」

然後又向愛徒說：

「這是你的母親！」

瑪利亞一時說不出心中的感激，兒子在萬般痛苦中，臨死時沒有忘記她，把她托給自己的愛徒，她又覺得耶穌把自己的徒弟，也托給了她。耶穌給她的遺囑，是叫她愛護一切的徒弟們，作他們的母親。

正午了，太陽忽然遭了日蝕，天地陰黑，山上起了地震，地崩山裂，耶穌說：

「完結了」，俯首氣絕。

「聖子高懸十字架上，痛苦之母倚之架傍，舉目倚瞻淚流長。
其靈其神憂悶長吟，心中悲傷何如其深，眞如利劍刺透心！

獨子之母殊福之女，憂傷痛苦誰堪比汝，嗚呼哀哉不能語！

……

聖母在傍仰瞻耶穌，母子心聯同傷同憂，誰能見之不同愁！

……

見其愛子為人所棄，長聲發嘆斷送其氣，為之娘者痛絕涕！」（同上）

阿黎瑪特雅、若瑟和尼苛德摩，取了耶穌的屍身。瑪利亞和瑪麗、撒羅默等，細心洗滌了屍上的血跡，擦上香藥，裹上白布，匆匆地趕在日落休息日以前，把耶穌葬在附近的一個石壙裡。

註：

㈠ 路加福音　第四章，列王傳上　第十七章，列王傳下　第五章。

一四、聖神降臨

這一夜怎樣淒涼！

瑪麗、撒羅默、約安納……她們在送了葬以後，到街上買了大包香藥。她們埋怨葬事過於匆促，香藥敷得過少，等過了明天的休息日，她們再進石壙，重新敷擦一番。一切的事，爲她們都成了過去的回憶！葬著耶穌的石壙的墓石，蓋住了他們的一切希望！她們只想再去盡最後一次的愛心，敷擦耶穌的屍體；以後便回家裡去，照舊作各自的家常活計。

耶穌的十二個宗徒都逃散了！她們幾個女人還作什麼別的妄想呢？大家都忘記了被釘死的師傅曾經說過，死後第三日，要自死中復活。

「死後第三日復活」，瑪利亞於黑夜白天裡，常惦念著這句話，這句話是她的希望，是她的安慰。她因著天主聖神而懷孕的血肉，決不能化爲泥土，被提攝和天主聖子合成「一人稱」的肉體，釘在十字架上爲消除亞當、厄娃的罪孽，必不能反遭著原罪的罰，散爲塵泥。瑪利亞似乎像昔日坐在白冷的山洞裡，等候聖嬰誕生，這一天兩夜她又等候著耶穌再生，一切的事，並不就此完結了；反而如今正要開始呢！

巴斯卦逾越節晚晌，瑪利亞沒有再吃逾越的羔羊。耶穌在死的前一晚，已經和十二個門徒舉行了這種禮節。耶穌被釘死了，他就是代替逾越羔羊。第二天休息日，瑪利亞想著耶穌也在墓中休息：

「心曠神亦怡，登榻即成寐。
問君何能爾，恃主而已矣。……」（聖詠譯義　第四首）

她同耶穌精神相接，一心感謝天主聖父。

「心感上主，扶持小子，未令敵人，揚眉吐氣。
曩者有患，呼籲於爾，爾應我求，吾病以治。
肉我白骨，生我於死，蒙主煦育，可不頌美。
……………
哀哀求主，聽我仰訴，小子之血，於主何補？
倘轉溝壑，化為塵土，塵土何知，寧能讚主？
求主垂憐，加以神助，主聞吾禱，化泣為舞。
解我麻衣，被以歡緒。……………」（同上，第三十首）

想到昨天民眾們的咆哮狂呼，又聽說司祭長派兵嚴守耶穌的石壙，不禁想著聖詠所說：

「何列邦之擾攘兮，何萬民之猖狂。
世酋蠢起兮，跋扈飛揚。
共圖背叛天主兮，反抗受命之王……
在天者必大笑兮，笑蜉蝣之不知自量。
終必勃然而怒兮，以懲當車之螳螂。
主曰吾已立君於熙雍聖山之上兮，君曰吾將宣聖旨於萬方。
主曰爾乃吾子兮，誕於今日。
予必應爾所求兮，以萬民作爾之基業。
普天率土兮，莫非吾兒之宇域。
爾當執鐵杖以治兮，痛擊群逆。
群逆粉碎兮，如瓦缶之毀裂。」（同上，第二首）

第二天清晨，瑪麗和約安納等動身往墳園，瑪利亞靜坐家中，她心情踴躍，深信石壙裡的尸體又重入人世。她默念著聖詠：

「嗟爾諸城，矗爾重閩，嗟猶古户，高爾閈閎，殷勤迎納，光榮之君。
榮君伊誰，全能『雅威』，惟仁無敵，凱旋而歸。……」
（同上，第二十四首）

耶穌突然立在她面前，房子是門窗緊閉，耶穌却不是幻想夢影，耶穌向她問安，告說自己按照前日所說，從死中復活了，不久就要上歸聖父。㈠

瑪達肋納瑪麗，從坟園跑回來了！

「瑪麗告余，路有何見？
生活基督之墓岡。
復活之榮，天使證人，
又見面巾，和殮裳。」㈡

約安納和撒羅默等，也驚喜交集的回來了。也說見到了石壙已開，天使坐在壙裡，在歸途上且遇到了復活的耶穌，伯多祿和若望也到墓園巡視了一番，若望已信基督是復活了。

過了一會，伯多祿又見到了耶穌。

復活的消息，不一會傳遍了耶穌的門徒，這班灰心喪氣的門徒們，立刻有許多都回來了。同瑪利亞、伯多祿、若望等集齊一處，他們鎖緊了門，防避司祭長的差役：司祭長早已提防他們傳揚耶穌復活的消息！

天色已晚了，徒弟們正在彼此談論，聽婦女們述說早晨坟園的光景，驀地看見耶穌站在他們中間，向他們說：「祝你們平安！」

門徒們呆若木雞，睜眼張口，屏住了氣息。耶穌藹然說：「你們不要怕，我就是耶穌，你們看我的手腳，還帶有鐵釘的釘孔呢！……」說完了話，耶穌又不見了。

瑪利亞心神喜躍，昔日她所懷孕產生的血肉，如今已是光明的神光，飛升天空，沒有物體可以傷害了。

徒弟們大家同聲讚美天主。

「今日良辰，乃主所設，余等心躍，歡樂何極。
汝等頌主，主乃慈仁，慈恩留世，萬古常春。
亞肋路亞，亞肋路亞。」(三)

瑪利亞更是時刻想著耶穌了，她的精神一刻也不離他，她在懷孕耶穌時，覺得耶穌在她的胎中，她在納匝肋家中時，覺得耶穌在她的身邊，如今她覺得耶穌浸溶了她的身靈，耶穌在她的心中，在她的胸裡，又在她的身傍，她一呼一吸，都是有著耶穌。

宗徒弟子們都天天聚在一處，只有出賣師傅的猶達斯自縊而死了。十二個宗徒中的多默，耶穌出現時，他不在屋裡，他不相信耶穌的復活。第八天晚晌，耶穌又出現，站在宗徒中間，立刻把多默招來，叫他摸他手腳的釘孔和肋旁的鎗口，多默雙膝跪地喊說：「我主，我天主。」

因著耶穌的吩咐，宗徒弟子們都回到加里肋亞省，瑪利亞不再回納匝肋舊屋，她同若望回到提庇黎雅湖濱。

一個月的工夫，耶穌屢次顯現給宗徒們，囑咐他們等候他的聖神。

復活後四十天，耶穌諭令宗徒往各地，宣揚他的真道，信的人便給他受洗，使能得救，吩咐了以後，耶穌飛升天空，從此不再現了。

那時五旬節已快到了，宗徒們往耶路撒冷，瑪利亞由瑪麗、約安納陪著也步往聖京。大家同聚在一個廳內，共同祈禱，廳內大約聚有一百廿個人。

五旬節的早晨，正當這一百廿人祈禱時，忽然大風震屋，巨聲如雷，天火降在眾人的頭頂，形如火舌：聖神降臨了。

聖神充滿了宗徒的心，他們立時明瞭了耶穌昔日所講的道理，心裡也具有非常的勇氣了。伯多祿開了門，出去便向大眾講述耶穌，歸化了三千人。

火舌降臨在瑪利亞頭上，聖神透入她的心中。

「您是最良的安慰，心中契友，清涼的甜味。
您是勞苦的安息，熱中陰涼，哭時您慰悲。
呵！最幸福的光明，求您充滿信者的心肺。」㈣

瑪利亞在答應了加俾額爾所報的喜訊以後，聖神降臨在她身內，使她的淨血變成耶穌的肉軀，如今聖神的火舌，又降臨在她頭上，她的心中又懷孕了耶穌，她懷孕了耶穌的妙體，耶穌的妙體便是「達味之苗裔，綿綿萬世存；達味之宗室，天地共長春。」

聖神的光明，替她光照了未來的世界，她看到耶穌的妙體，蔓延滋長，「威權及大海，統治達河濱。」

聖神的愛，又使她像昔日懷孕耶穌時，愛著耶穌的妙體，愛火蓬勃。

註：

㈠ 聖經雖沒有記載耶穌顯現於聖母。但是教會的古傳以及教父聖師和近代的聖經考據家，都信耶穌復活後會顯現給聖母。

㈡ 復活節彌撒繼抒詠。

㈢ 復活節彌撒進堂詠。

㈣ 聖神降臨節彌撒繼抒詠。

一五、聖母升天

「有婦人披太陽，足踐太陰，首冠十二天星，懷妊，將分娩，負痛而號。……龍伏產婦前，俟其分娩，以吞其子，婦舉一男。……婦乃遁跡曠野……」(一)

首冠十二星的婦人，即是產生耶穌的瑪利亞。耶穌現在又開始一種新生命，重生在自己的妙體裡。瑪利亞在聖神降臨日，因著聖神產生耶穌的妙體。龍魔伏在她跟前。等著吞吃產生的嬰兒，耶穌的妙體剛生下來，成爲聖神降臨日的五千多人合成的教會。龍魔馬上縱使司祭長捕拿伯多祿和若望，加以訓責，禁止傳道，想把新生的教會撲滅。

然而教會反日見興盛，宗徒們廣行靈蹟，龍魔乃令司祭長鞭笞伯多祿，又驅使猶太人石擊斯德望。龍魔多方設計，要把耶穌的妙體，一口吞下去。

「婦乃遁跡曠野」。聖教會——耶穌的妙體——產生後，瑪利亞隱跡遁身，經傳上再不見她的事跡了。

宗徒們沒有分行天下以前，若望留住耶路撒冷，瑪利亞由他奉養，若望後來傳教小亞細亞，任厄弗所城主教，史傳不言他接瑪利亞到任所。(二)

瑪利亞大約不能隨著若望遠走到小亞細亞。當日宗徒們都是行蹤不定，而且時時冒著生命的危險。他們以前有家室的人，都不能把家人帶在身邊。若望爲著聖母的安全，或許將聖母託給耶路撒冷的信友。

巴肋斯坦爲瑪利亞，已經是處處留有耶穌足跡的聖地，耶路撒冷爲她，更是步步都有耶穌的紀念。耶穌誕生的山洞，是在城外的白冷。在城內的聖殿裡，她曾經奉獻了耶穌嬰孩，曾經尋獲了童年的耶穌，在羅馬總督衙門前，她見過耶穌受審；在城內的石路上，她看見耶穌肩負十字架；在哥耳哥達山岡，她看到耶穌被釘，山岡下還有耶穌的墓，城內又有耶穌的晚餐廳，和聖神降臨的廳室。

多少次，瑪利亞同著女伴們，再去訪尋這些聖地！每一處，使她重新見到耶穌。

她的生活，如今完全只在想念耶穌，耶穌活著時，她照顧耶穌的肉體，她常是勤作，如今耶穌肉體不需要衣食了，瑪利亞也不必爲他奔走。她雖是每天還作著家中的瑣事，她已經不留意到這些動作了。他的生活，已經完全在她的心內，她是一心愛著在天的聖子。

她不是一個喪了獨子的母親，只是獨自度著回憶的生活，她的兒子如今又是活著，她是度著希望的生活，她切望著看見她的兒子。她的希望勝過世間愛人們相尋的希望，超過天下一切聖人愛天主的熱切。聖十字若望曾作歌描述聖人希望看見耶穌的熱情說：

「愛友呵！為何隱藏，
留我自憂傷！
愛情醉了我，
你如鹿兒迅逃亡，
追尋你，我心悲，
你去無形像。
牧者呵！你上山岡，
走過牧畜場，
若你遇見我愛人，
代我向他講：
又心悲又心痛，
我已快死亡。
四處尋找我愛情，
越嶺渡溪澗，
不停步履摘鮮花，
不畏陰谷坑，

高堡壘也走，
敵濠不能擋。
綠樹呵！青青森林，
愛人手所養，
碧草呵！油油舖地，
小花似美裳，
可曾見我愛人，
到此地遊逛？……
生命呵！怎能再活，
你流落他鄉。
生命呵！活在這裡，
違背心所想。
愛人射你一箭，
死期已降臨。
愛人呵！你射一箭，
誰能治我傷。

可憐呀，失掉一切，
我似遭盜搶。
為何把我拋下，
不連我夾綁？
愛人呵！求你伸手，
壓住我心慌。
我已無法使心定，
眼睛追陽光，
你是我眼中明，
我眼不他向。
求你顯你面容呵！
使我見容相，
容相美麗驚我魂，
我豈怕命喪？
愛情傷，怎能治，
只有愛人相……」㈢

瑪利亞的心魂，時刻繫念天上的耶穌。聖保祿曾描寫自己想念耶穌的心情說：

「我活著，然而在我裡面活著的，是耶穌。」（致迦拉人書 第二章第三節）

「我的生活是耶穌，死即是幸福。」（致斐理伯人書 第一章第二十一節）

瑪利亞天天切望見耶穌的聖面，在她眼中，沒有死亡，只有耶穌。愛而不見等於死，死能相見則為生。

希望相見的熱情，好似心中的一堆火，這堆火慢慢焚化肉軀的精力。聖十字若望有一愛神火歌說：

「甘飴的美酒，
愛情神火的活焰呀！
醉我內心最深處。
我已無力
你為何不完結相逢的喜劇！

炙灼的傷多甜蜜呀！
似愛手撫摸，
輕盈觸摸增歡愉。
賠補損失，
焚死時死中給我永生娛……」㈣

耶穌在天也不能忘記了母親，他用天主又用孝子的心情，接受瑪利亞的愛，他也像雅歌上的淨配，招呼自己的愛人說：

「愛卿呵！我的美人，
動身快來。
你看呵，嚴冬過了，
時雨已止。
田間生花鳥已鳴，
斑鳩歌諧。
無花鮮果已結實，葡萄花開。

愛卿呵！我的美人，
動身快來。
你是小鴿隱石縫，
請露臉腮，
讓我得見你的容貌，
聲入耳海，
你貌相似天花美，
聲引人愛。」（第二章第十——十四節）

這種神愛的生活，不知度了多少歲，經傳沒有記載那一年，瑪利亞一天，愛慕耶穌的熱火，炎熱異常，她體力不支，靈魂脫離了肉身。㈤

僞經聖母臨終記（Transitus B.M.V.）幻想聖母臨終時，分散天下的十二位宗徒，忽然雲集耶路撒冷，送終舉葬，多默宗徒遲到，堅請開棺一瞻聖容。啓棺，不見了遺體，棺中滿香花，宗徒等乃信聖母肉體已升天堂。㈥

在僞經以前，教會的聖傳，已信聖母肉體升天。疾病死亡和屍體化泥，都是原罪的罪罰，瑪利亞不染原罪，她一生沒有疾病，不覺衰老。她因著愛火過甚，靈魂離開肉身，肉身安眠，隨即飛天域，一生冰心玉潔，不染罪污的肉軀，曾懷孕了天主聖子，不能長留地下，被蛆虫所食。

耶穌在天，等候自己的母親。瑪利亞在世生育了他，撫養了他，助他完成救贖大功，在十字架下，瑪利亞和他，一同把他的生命獻於聖父，到了天上，耶穌盡心酬報瑪利亞。

耶穌在天又在世；他的身體在天，他的妙體在世。瑪利亞升天了，又在世照顧耶穌的妙體。

她繼續作號稱耶穌兄弟的人的母親，她是萬古千秋常活的女子。

註：

(一) 若望啓示錄　第十六章（吳譯，新經全集）

(二) 聖母暮年的住所，教會的傳說分兩派，一派說在耶路撒冷，一派說在厄弗所。然第一說最古，證據亦多，或較可信，參考 Roschini 聖母傳P.357 29.。

(三) S. Jean de la Croix, Les poemes mystiques, (Desclie 1943) P.79。

(四) S. Jean de la Croix, Les poemes mystiques, p.95‥

(五) 聖母臨終不由於病症，由於愛火。歷代聖師，都主張這一說。例如聖方濟各撒肋爵、聖亞爾豐索等，參考Roschini 聖母傳 P.364 19.。

㈥ 聖母臨終記，大約寫在降生後第四世紀或第五世紀，或假 Melitane的名，或假聖若望的名。參考 Roschini 聖母傳P.362 19.

一九五四年二月二十三日 脫稿於羅馬

羅光全書

冊廿三之三

天主教教義

臺灣學生書局印行

弁言

這是想來使人紅臉，說著令人汗顏的一件事！然而「紅臉」或「汗顏」卻都無濟於事，所以還是「說說」，或者倒可以增強一線的補救之路呢！

最近一位中學剛剛畢業的學生，——所以他才如此天真坦白——見到我，似乎不勝其急地怨訴說：「什麼地方可以找到一部介紹天主教教義的好書啊？我有好幾位朋友，都真心願意認識天主教；我也急於要向他們介紹，然而我尋遍了某某學會的陳列橱窗，竟連一本稱心的書也未找到；因爲所有此類的書，不是寫得太枯燥，即是連篇累牘地太冗長！你寫一本吧！我們真真需要一本能夠引人入勝的教義講解……」面對著這位天真熱情的孩子，我無以自解。我也無言可答。

較早以前，在香港真理學會的負責人華德中神父處，看到了羅光蒙席新著的公教教義，是準備即將付梓的。現在羅蒙席又來信說：「既承詳閱拙稿，當能瞭解其長短；敢請賜一短序可乎？」品長評短的輕舉妄動，非所好也；然而爲了闡揚教義之書實在是多多益善，而羅蒙席能在百忙中不憚勞煩，獨具慧眼地注意及於這基層工作，事實左證其爲知時務而非昧於先後者也！故余樂意弁以數語，並望羅蒙席大著早得不脛而走，嘉惠群倫！且願類似的著述仍能繼續問世。即使其能汗牛充棟了，或者正可以解救傳教士如我者之汗顏，而書是仍舊不會太多的！因為見仁見智之不同興趣與眼光，正需有大量異曲同工的教義闡述著作，才可以應其選擇也。

民國四十四年聖母聖名節日

張維篤謹書於香港玫瑰崗

天主教教義再版弁言

這冊《天主教教義》，在卅一年前，由香港真理學會本版，原名《公教教義》，當時我在羅馬傳信大學教書，偏愛哲學，想以哲學方法，寫一冊天主教教義，爲受過大專教育人士閱讀，又爲神父講教義時，供給資料。

出版以後，我用心寫別的書，就再沒有注意這冊書了，也沒有寫信向真理學會詢問出版以後情況如何！間而，遇到由香港或由台灣來羅馬的中國神父，他們向我說這冊教義寫得好，祇是最後一編，講論倫理和精神生活，嫌太簡單。

我到台灣任台南主教，後到台北任台北總主教，大家都在找尋講義的書，有人也在編書。我從來沒有提起我這冊書，台灣天主教書局也沒有賣。大家心理都傾向新神學，新要理書，我這冊教義顯來太落伍。

最近蔣慰堂先生突然向我說：讀了我的這冊教義，覺得很好，很清楚，可以在台灣再版，我也想爲受過高等教育的人，這冊教義雖然厚一些，枯乾一點，但是條理清楚，論證都有根據，他們讀起來，不會嫌天主教教義膚淺或暗昧，因此，我便交給輔大出版社，將這書再版；祇是我忙，不能加以修改。若是大家認爲這冊書還可以讀，我就喜歡自己對於傳教作了一件事。

羅光　民七十四年四月一日

天主教教義

目　錄

第一編　天主

第二編 人

第六章　耶穌基督

第七章 救贖

第八章　聖　寵

第十章　人的歸宿

第三編 公教會

第十四章　七件聖事……三〇三

第四編 倫理

第五編　精神生活

中西名對照

緒論

一、宗教的意義

公教素稱天主教爲耶穌所創立而受羅馬教宗統治的宗教。她擁有四萬萬的信徒，具有嚴密的組織，她的教義，千古一律，不能變換。

公教是一種宗教，宗教有甚麼意義呢？

歐美各國研究宗教的人，對於宗教的意義，多從三方面去觀察，或者從語言學方面，或者從人種歷史學方面，或者從哲學方面，但因爲都只從一方面去觀察，所得的定義，便都缺而不全。

1. 語言學方面

歐美現代各種語言，對於宗教一個名詞，大都淵源於羅馬的拉丁文，拉丁文稱宗教爲Religio。對於這句話的語源，古羅馬有兩個著名的作家，加以解釋，第一個是西塞洛（Cicero），第二個是拉克單啓烏（Lactantius）。

西塞洛解釋宗教 Religio，出於 Re-legere 拉丁文 Relegere 是重覆再三去誦讀，借用爲宗教，即是說話謹愼肅惕，以對神靈。(一)

拉克單啓烏，則以宗教，Re-ligio 出於 Relegere ，這句話的原義，指著束縛和義務，借用爲宗教，則指著人對於神靈的虔誠，把人和神束縛在一齊，人因此有應該盡的義務。(二)

還有一個羅馬作家引證古羅馬蘇彼啓烏（Servus Sulpicius）解釋宗教的話。蘇彼啓烏以爲宗教Religio根源於Relinquere，語意是說捨棄，有似中國古人所說的「敬鬼神而遠之」，因爲神靈尊嚴不可犯。「宗教」便指著人們不能看爲家常便事的儀節，這種儀節令人望而生敬畏之心。(三)

公教的著名聖師聖奧斯定，解釋宗教時，頗採拉克單啓烏的意見；但他以爲Religio

源出 re-eligo 意義是說再加選擇，再加束縛。聖奧斯定說人們因著疏懶，忽略了神靈，覺悟了以後，便誠心愛敬，賠補以往的過失。㈣

聖奧斯定是一位半途悔過的聖人，他討論宗教時，所以注意罪人悔悟一點，他曾說：「真正的宗教，在能引著一個因罪惡離過天主的人，再信服天主，受天主的束縛。」㈤

若是從中文方面去研究，宗教兩字，結合成一個名詞，在四書五經裡，不曾有過，宗教兩個字，經傳裡則都有。宗字，《說文》說是「从宀从示，示謂神也，宀謂屋也，」宗即是指的宗廟。《說文》又說：「宗尊雙聲，按當云尊也，……大雅公尸來燕來宗。傳曰：宗，尊也，凡尊者謂之宗，尊之則曰宗之……禮記別子爲祖，繼別爲宗，繼禰者爲小宗。凡言大宗小宗，皆謂同所出之兄弟所尊也。」那麼宗字又有共同尊敬信服的意思，而且所尊敬者爲神示。

教字，《說文》說：「效也。上施故從文，下效故從孝。」教字指的是上施下效。《易經》的觀卦上說：「觀天之神道而四時不忒，聖人以神道設教，而天下服矣。」㈥程伊川易傳註說：「天道至神，故曰神道。觀天之運行，四時無有差忒，則見其神秘，聖人見天道之神，體神道以設教，故天下莫不服也。」《易經》又說：「觀盥而不薦，有孚顒若。」盥，是行祭禮以前，盥手取潔；薦，是奉酒食以祭；有孚，是有孚信；顒若，是尊敬之貌。那麼觀卦即是代表在行祭以前盥手取潔，表示心中的真誠，能夠引起旁人的敬服則效。因此彖辭上所說的「聖人以神道而設教」，也可以解為以事神靈之道而設教。後來人所以把教字用爲稱呼道教和佛教。

宗教兩字，連合起來，結成一個名詞，意義便該是以神道設教，爲人所宗。《辭源》解釋宗教說：「以神道設教，而設立誡約，使人崇拜信仰者也。」

從文字方面去講，我們中文的宗教一辭，較比歐美文字的宗教一辭，很容易使人「望文生義」。

2. 比較宗教史方面

十九世紀中葉，歐洲學術界新闢了一方田地，創立了「比較宗教史」。比較宗教史是人種學者從人種和考古兩方面，研究原始民族的宗教信仰。他們對於宗教的意義，簡而求簡，或者拿最原始的初民的信仰，作爲宗教的意義；或者把各民族的宗教信仰中，所有的共通點，作爲宗教的意義。

在第十九世紀的初葉，作比較宗教史的前導的，有德國的人種學者克洛益宅（Friederick Creuzer）主張宗教是人在心理方面，把宇宙萬物的人格化。這種人格化的表現，便是一切象徵性的宗教儀式，由這種象徵表現法演進而成人類的文化，㈦譬如中國的古代文化，求自《易經》。《易經》就是由陰陽兩爻的象徵形式，造成八變，進而演爲六十四卦。

達爾文既發表了進化論，首先運用的當然是人種學者，繼起的便是講社會學的人。用社會學者的眼光去講民族學而著名的，有孔德（August Comte），孔德把人類社會的進化，分成三個階段。在第一個階段裡，人們相信一些有人格的神靈，支配宇宙。在第二個階段裡，人們把支配宇宙的力量，歸之於自然律。在第三個階段裡，人們自己要支配宇宙了，專心於物質的科學。簡單地說，便成爲神學、哲學、科學三個時代。

宗教是屬於第一個階段的。孔德認爲最初的宗教，是崇拜自然物的「拜物論」（Fetic-ism）。拜物論崇拜自然界的日月星辰水火，並不以爲是神靈，的代表。這種自然的崇拜，後來進化爲多神教，再進爲一神教。㈧

把孔德的學說，再加補充的，有魯波克（J. Lubbock）。他說人類宗教的發展，最初爲無宗教信仰，後來興起了自然物的崇拜，再進便是「圖騰主義」的禽獸崇拜，最後纔有人格化的自然神，最終乃有創造宇宙的一神。㈨

另一個著名的社會學家斯賓賽（Erbert Spencer），則以爲一切的民族都有一種信仰，相信人的靈魂在死後尚繼續生存。因著這種信仰，人們乃敬祖敬鬼。敬祖的心理，然後演

爲敬禮英雄。斯賓賽便主張敬祖爲各種宗教的起源。(十)

但是在比較宗教史上，最佔優勢的學說，要算「精靈論」（Animism）。這派學說的主角爲太婁（Edward Burnett Tylor）。太婁主張初民由死亡和夢境，感到人身有一種別於身體的靈魂，人死時和夢時，靈魂於人身以外有自立的生活。因爲相信人有靈魂，初民便以爲自然界的物體，也有各自的靈魂，於是便敬拜大於自己的自然物體，以爲牠們是高於自己的神靈。(十一)

德國翁特（W. Wundt）雖然反對太婁的一些主張，但是他接受了太婁的學理。翁特在自然物的精靈外，再加一魂靈。原始的初民因信魂靈，乃信鬼。稍爲進步的民族，由自然界各種物體的精靈和魂靈，便相信多數的神靈。再進步的民族，漸漸對於神靈予以人格化，於是便有英雄的神話，因而拜祖拜英雄。(十二)

當太婁的「精靈論」正盛行時，人種學上又新起一種學說，稱爲「圖騰崇拜論」（Totemism），在第十八世紀中葉，英人馬克冷南（J. F. Mac Lennan）研究初民婚姻問題時，已發覺「圖騰」的現象(十三)，後來法瑟（J. G. Frazer）正式結集各種材料，乃創「圖騰崇拜論」。(十四)圖騰是一種禽獸的象徵物，初民相信某種禽獸爲自己的遠祖，於是畏懼這類野獸而與以敬禮。馬克冷南的弟子斯米特（W. Robertson Smith）且說初民的敬圖騰，

常殺圖騰所象徵的禽獸爲犧牲。祭祀了犧牲以後，大家共吃犧牲的肉。㊄

圖騰論的運用，漸推漸廣，以致失去了自己的原形，奧國佛洛依德（Sig Freud）曾創性慾心理論，把性慾運用到人生的一切問題上，他對圖騰的解釋，也根據他的性慾主張。他以爲父女母子之間，也有性慾的衝動。男孩從小就想把母親佔爲己有，看著父親，好似情敵，常有排除父親的念頭。但同時又覺到父親對自己的恩惠，不敢侮辱父親，於是便拿一種代替祖宗的禽獸，殺做犧牲，以發洩殺父的心理。

性慾崇拜在中國取得了一些人的信服。有些自鳴唯新的中國人，以爲敬祖即是生殖器的崇拜，他們從考古和文字學方面，追求一點證據。㊅

法國學者杜耳根（Durkheim）給圖騰論加上了巫術論，他以爲澳洲中部的土人，爲世界上最原始的初民，這種初民敬拜圖騰。圖騰在初民的心理上，具有巫術的能力，成爲宗教信仰的起源。㊆

「巫術論」（Magism）在第十九世紀末葉，跟圖騰論互相平行。巫術論主張初民相信宇宙間有種神祕的自然力，幾時遇到一種人力不能抵抗的災禍，信爲這種神祕力的驅使，於是心生畏懼，圖謀用術法去制止，於是產生了巫術。主張巫術的學者，最著名的有美國的若翰金（J. H. King）㊇，英國的法瑟（J. G. Frazer）㊈，德國布洛益斯（K. Th. Rreuss）㊉，英國馬肋（R. R. Marett）㊁，法國杜耳根的門生莫斯（M. Mauss）。㊂

最近盛行於比較宗教史的，是奧國史彌特（W. Schmidt）的「尊神論」。史彌特對於人種學的著述很多，尤其是他的《天主觀念的起源》一書，共七大冊，爲近代人種學者研究宗教起源的巨著㊂，他主張初民開始常信仰一位至尊的神靈。精靈論名家的太婁晚年時也傾於尊神論，他的門生安德烈龍（Andrew Lang）則明白標出這種主張，當安德烈龍在一九一二年去世時，史彌特刊行第一冊《天主觀念的起源》，確定了這派主張。

史彌特給宗教下定義說：「宗教可以從主觀和客觀兩方面下定義。在主觀方面宗教是自認屬於一個或多數超於人世而有個性的威靈；威靈與人們之間，互有關係。在客觀方面，宗教是表示屬於威靈的全部外面儀節：祈禱、祭祀、儀式、修身、倫理等。」㊃

3. 哲學方面

人種學者講宗教時，常把宗教和宗教的起源混在一起，拿原始的宗教信仰，作爲宗教的定義。哲學家講宗教時，便常把各自的哲學主張，滲入宗教的定義裡。

人們的宗教信仰，可以從三方面發動，或是由理智，或是由意志，或是由感情。因此一位哲學家對於這三種官能，若有所偏，他的宗教信仰和宗教定義，便也有所偏重了。

上面所舉史彌特的宗教定義，就稍偏於理智。

偏於理智的哲學家，特別是德國的黑格爾（Hegel）。黑格爾說：「宗教是神透過人而認識了自己。」㈤他又以爲宗教，使人因著認識了神，便勝過了自身所有的限制，自己明知懷有無限的眞理，自身因此變成了無限。㈥

偏於意志方面的，有德國的康德（Kant）。康德說：「宗教（主觀方面）是承認在我們的一切義務，都是天主（神）的命令。」㈦康德的倫理學把人對於倫理義務、認識和執行，都屬於意志，宗教於是也屬於意志了。

但是多數的哲學家都從感情一方面去講宗教信仰，他們把宗教劃入感情的範圍以內。他們認爲宗教所信仰的，都是神祕不可解釋，因此宗教信仰不屬於理智，乃是一種感情作用。

這派哲學家稍古一點的，有德國的希來爾馬格爾（Schleiermacher）。他說：「宗教是誠實地感到自己的從屬」又說：「宗教是對天主所有的直覺。」㈧

撒巴提葉（A. Sabatier）用近代的說法，以爲宗教是人對於至高至大的神靈的感情。現代哲學乃造出一種「宗教感覺」的官能，這種官能雖屬於人心理的下意識，但能引人達到至神秘的境地。

洛亞思（A. Loisy）說宗教「是對於一種較爲高尚的生活所取的態度，所有的方式，

和所有的習慣。藉著這一切，人們能夠有符合自己歸宿的精神環境。」㈨

另外一派哲學學者，認爲從心理感情方面，也不足以解釋宗教，他們認爲宗教乃是一種社會現象。前面所說的法國人種學者杜耳根，他說：「一種宗教，是關於信仰和神聖事務的儀節，所有的一種團結方式，這些神聖事務就是所謂信仰、儀節、禁例、脫避等事務，這些事務使信服的人，互相結成一個團體。這種團體，稱之爲教會。」㈩他的宗教，即是社會加給私人對於社會的信條，使人爲社會的福利而工作。私人的力量有限，私人結成了團體，就可以有一種超乎私人的能力。

貴約（J. M. Guyau）也說：「一個人真正成爲信仰宗教的人，幾時他若在平日共處的人類社會以上，再加上另一個更高更強的社會。這個社會，是一個世界公共的社會，也可以說是天地宇宙的社會。」㈢

這輩社會思想者，把宗教縮爲一種社會現象。宗教是人的倫理，是人的公益心，人因著宗教，乃知道爲社會服務，求人類的公益。

4. 公教神學的宗教定義

宗教的定義，在上面所說到的，只代表一部份學者們對於宗教所有的主張，其他的學者所講的宗教定義還很多哩！美國「實用主義」家威廉・詹姆士（W. James）曾說：「在事實上，宗教的定義既然很多很雜，這就證明宗教這個名詞，不能解爲一個單純的原則或單純的含義；牠是一個集合名詞。」㈢

詹姆士因此主張對於宗教，沒有下定義的可能，然而宗教既然成爲目前學術界的研究對象，就不能不有一種定義，或至少有一種相宜的解釋。

宗教若從廣義一方面去說：可以說是人們對於一種超凡的世界，所採取的態度，使人們因此能夠對於這種超凡的世界，實踐該有的關係。㈢

人們對於這種超凡的世界，採取了怎樣的態度呢？學者的主張就不同了，有拜物論、巫術論、多神論……。但是我們的主張，則認爲人們對於超凡的世界的態度，乃是人們自己知道自己面對著一位至上無限的神靈。㈣

宗教，不能說是人們對於自然界不能抵抗的自然現象，心中發生畏懼，由畏懼而生敬拜；這種畏懼，只能解釋一部份初民的宗教心理。宗教也不能解爲人們遵守倫理的傾向；

遵守倫理乃是宗教的一部份效果。宗教，又不能視爲人們向上的美感，現代人有的說以美術代替宗教；那只是觀察到宗教的一種特素，忽視了宗教的全體。

宗教的定義，按著公教神學應該是：「人們對於至上無限的神靈，所有的信仰，所執行的敬禮。」

宗教是人和神的關係，這種關係表現於人自認在神以下，從屬於神；因此對於神，乃行敬禮。神則只能有一尊，這尊神，稱爲天主。

人自認在天主以下，第一便該認識天主，認識了天主，然後纔可知道人與天主的關係，這種認識即是宗教信仰，因爲人在認識天主上，不能單憑藉自己的理智。

人爲敬禮天主，應該有相稱於天主的儀式，不能任意妄行，這種儀式，即是宗教儀禮。信仰和儀禮，在人們的生活上，成爲日常生活的一部份，這一部份生活，稱爲宗教生活。

但是人們的生活，是一個整個的生活，各部份互相連貫，而且宗教的信仰，指出人們的歸宿，標明人生的目的。因此宗教生活，便成爲人們生活的基礎，總攝人生的各部。倫理生活，固然是直接由宗教信仰而發，常受宗教信仰的統制，即是理智生活、感情生活，以至物質生活和人們的職業活動，莫不受宗教信仰的支配。

若是從宗教生活本身一方面去說，公教神學家稱「宗教」爲一種倫理善德，這種善德，「使應獻給天主的內外敬禮，見諸實行。」㈤

布魯墨爾給「宗教善德」下定義說：「宗教是一種倫理善德，它驅使我們向天主奉獻應有的敬禮：敬禮天主爲我們的創造者和主宰者，或者說爲我們的至上根源。」㈥

這條定義的下半截，即包括宗教信仰，宗教儀禮以信仰作爲根基。因爲若是把敬禮不獻給天主，而獻給別的鬼或人物，敬禮便已經不是宗教善德，而成爲迷信的惡行了。或是把敬禮獻給天主，然而不以天主爲創造者和主宰者，這種敬禮也不成爲宗教善德，而流爲旁門左道了。所以適當的宗教敬禮，是以正確的信仰爲根基。

聖多瑪斯（S. Thomas Aquinas）說：「屬於宗教分內的事，即在向唯一的天主，按照唯一的理由，獻上敬禮。理由是說天主乃一切事物的造生和主宰根源。」㈦

我們敬禮一人，是看著那人在我們以上；我們敬禮天主，也是信天主在我們以上。天主在我們以上，因祂是人和物的創造和主宰者。創造和主宰萬物的天主，爲萬物的至上根源；因此遠遠超出萬物以上。祂的尊高，沒有一個人或物可以相比。他的敬禮，於是便也超出一切敬禮之上，而自成一類，稱爲宗教敬禮。聖多瑪斯又說：「天主有一種特殊的尊高，因爲祂與萬物，距離無限，在各方面都無限地超過他們之上。……因此宗教乃是一種特殊的善德。」㈧

二、宗教信仰

1. 哲學上的宗教信仰問題

宗教的中心，雖在乎敬神的儀禮；可是宗教的根基，在乎信仰，現代學者討論宗教，常拿信仰作爲中心問題。反對宗教的，即在反對宗教信仰；贊成宗教的，也在贊成宗教信仰，因此宗教信仰，在現代哲學上，成了宗教的代名詞。

近代哲學，可以說是笛卡爾（Descartes Cartesius）開始，笛氏是偏重理智的，他的名言是「我既然思索，我就存在。」

理智論（Rationalism）自笛卡爾以後盛行全歐，英國牛頓（Newton）以數學家兼哲學家，把數學的方法加入哲學，於是理智論便趨於極端。牛頓主張哲學上應有幾種至高的原理，這些原理中又有一條最高的，即是重心律。由至高的原理，可以按數學的確定性，推出其他的理論。㈩

理智既然具有至高的原理，而且能夠用數學的確定性去推論，那麼宗教信仰，當然也包括在理智以內。教義信仰，都可以由理智去解釋。

牛頓本人很信仰天主，他曾認為研究自然界的事物，使人更走近造物主。德國理智論的哲學家萊布尼茲（Leibniz）曾主張按理性說，天主是最齊全的，祂的動作也最齊全，因此，天主所造的宇宙，也是最齊全的宇宙。㊼

可是他們已種下了摧殘信仰的種子，第十八世紀中葉以後，理智論的哲學家便否認宗教信仰所有的神秘和超性的成分，把信仰完全拘束在本性的理智以內，結果竟至毀滅了宗教信仰。

英國洛克（Locke 1632-1704），是英國第十七世紀思想界的代表人物，他不承認宗教信仰的神秘性和超性性；但是他很敬畏天主，他寧願不談天主的本性，避免將天主完全拉入人的理智範圍以內。㊽他的弟子們就沒有這種敬畏的心理了。德國烏爾夫（Christian Wolff. 1679-1754）便根本以靈跡和啓示不合於理智，宗教信仰純粹是理智的產物，用不著神的啓示和靈跡，㊾法國近代思想的先驅瓦爾特（Voltaire 1694-1778）便專拿理智去譏刺信仰。

隨著理智論，歐洲開始了文藝復興。因著文藝復興，崇拜古代希臘文明，理智論乃流為「浪漫主義」（Romanticism）。

理智論的「牛頓派」極端地推崇理智，把人變成了乾枯的數學方式。文藝復興引人與享藝術，於是人們對於極端的理智論，發生反響，乃壓制理智去抬舉感情。加之因著社會的進步，人們理會到，人世社會很複雜，并不是幾條數學式的定律，就可以解釋一切問題的。

浪漫主義的代表人物是法國的盧梭（Jean Jucques Rousseau）。盧梭雖不是哲學家，但是他的思想在哲學界很有影響，盧梭輕看理智，重視感情，一切任乎自然，放蕩自由。康德本是偏重理智的哲學家，可是在倫理宗教方面，他卻受盧梭的影響，偏重意志，人的倫理道德，不能由理智去證明，完全由自己的意志，命令自己遵守。意志的命令，根據人們對於造物主宰的一種絕對信仰，這種信仰，合於意志的要求，堅固不搖。

康德死了以後，他所主張的意志信仰，逐漸變爲宗教感情，希來爾馬格爾（F. Schleiermacher 1768-1834）把科學和宗教，分成兩個不相聯連的部份，自立門戶：科學屬於理智，宗教屬於感情。宗教信仰乃是人對於神所有的直覺。

把宗教屬於感情，就是哲學家對於理智起了懷疑。以前理智論過於吹噓了理智的能力，浪漫派開始把理智的範圍縮少。結果近代哲學家對於理智的認識力，多少都與以懷疑。

否認理智能力的哲學思想，總其名可稱之爲懷疑論（Scepticism），但因爲懷疑的程度有深淺不同，所以中間又有許多名目。

在浪漫思想藉重感情想像，正在天想霏霏的時候，學術界發生了一種極端的反動。這派反動的思想，事事都要腳踏實地，處處以經驗爲主，開始這派思想的人是進化論的始祖達爾文，達氏拿著科學的套子，講解生物學。思想家孔德（A. Comte 1798-1857）倡「實徵論」（Positivism），應用達氏的學說到社會學上，主張學術的變遷，由神學到玄學，由玄學到科學。凡是不能用經驗證明的原理，都摒之於理智的範圍以外，孔德因此說天主，即是人類的大體。

由實證論再向前走，便成了「唯物論」（Materialism），唯物論把人的理智生活，限制在腦神經以內，德國火克（C. Vogt 1817-1895）竟說腦神經製造觀念，好似膽造膽液一般，英國休謨（David Hume 1711-1776）在孔德以前，已倡「現象論」，主張人的理智，只能認識外面的現象，現象的背後，有無實體，理智不能夠知道，現象論和實證論，或唯物論，都以人的理智不能知道天主。天主存在或不存在，超出理智的範圍以外，因此宗教信仰既不能有理論的根據，而且還是相反哲學。現代的唯物論由費爾巴哈（Feuerbach. 1804-1873）到馬克思，則以宇宙間只有物質，物質按著歷史辯證法繼續變動。宗教在這派人看來，根本不能存在，物質以上既無所謂精神，神的信仰，概屬迷信。

在達爾文的進化論引著歐洲的思想界趨向實際的科學，由科學再轉向唯物時，歐洲有另一派的哲學，趨向人的精神，造成另一極端的唯心論（Idealism），德國康德算是近代唯心論的鼻祖，他創立了「先天範疇」，黑格爾繼續演變這種思想成了唯心論的代表人物，黑格爾以宇宙一切，都屬於「絕對精神」的演變。這種絕對的精神，根本即是「自我」。在開始時，絕對精神處在無意識的狀態，既不知道自己，也不知道自己的對立體。這種精神狀態的表現，即是各顧各的初民私人生活，但是「絕對的精神」的本體以內，含有矛盾的對立體，這種對立體是「自我」以外的「非我」。絕對精神在第二步演變時，意識到自我以外的非我，於是乃有社會的生活。在第三步演變時，絕對精神再意識到「自我」，便有藝術、宗教、哲學各方面的精神生活。絕對精神的演變，跟隨正反合的三段辯證式，其餘宇宙間的各種現象，都是這種辯證式的表現。

黑格爾的宗教觀，認爲宗教是藝術的演變，由宗教再演進爲哲學。在藝術裡，只有「自我」的表現，是「絕對精神」意識到「自我」時的初步，宗教則是「非自我」的表現；絕對精神意識到「自我」時，又意識到「非自我」的客體，因此承認有一神靈在自我以外。哲學乃是「自我」和「非自我」的結合，包括有藝術和宗教，而且超出兩者以上。

在黑格爾的思想裡，宗教信仰只是一種精神生活的象徵，表示「絕對精神」的一種演變階段。

歐洲第十八世紀和第十九世紀，幾乎全被唯物論和唯心論所控制，第十九世紀末葉，有些思想家，乃想從唯物和唯心的學說裡，創造一種新的折衷思想。美國威廉・詹姆士（William James 1842-1911）以實驗心理學家兼實用主義創始人，主張宗教信仰是人的下意識，對於神靈，自信有所接觸。這種接觸稱爲宗教感，宗教感後來再演變爲教義信條。但是宗教的價值，不在於教義信條，而在於宗教感的表現，是否合於當時社會的實用。

法國柏格森（Henri Bergson 1859-1941）再進一步，發揮詹姆士的宗教感。柏格森本來反對過激的實驗心理學，趨於唯心。他主張唯一的實有體，只是一種「蓬勃生氣」（'elan vital）這種生氣不斷地演變，創造出各樣各式的宇宙變化，人仗著心理上的直觀（Intuition）乃能參「蓬勃生氣」的化育。人們的理智生活，因此沒有一成不變的方式或定律，一切都是動，都是變。宗教的信仰，即是人對於神的直觀。直觀不屬於理智，也不屬於意志，乃是人心靈深處的一種感覺。直觀所有的對象，不能解釋，只能體會，因此宗教信仰常是神秘的；但是這種神秘並不是超性的神秘，僅只是因爲他否認理智的一切認識能力，所以把不能解釋的宗教感稱爲神秘。㊃

第二十世紀初年，風行一時的「時髦主義」（Modernism），就是柏格森學說的餘風，法國肋洛亞（Le Roy）和羅雅斯（Loisy）、英國戴肋爾（Tyrell），雖都是公教人，他們卻都主張，宗教信仰是一種宗教的直觀，人在自己的心靈深處，自覺與天主相親。宗教的信仰因此是主觀的，是隨時變遷的，教義的信條，也隨時代而有轉變。教宗聖庇護第十乃下命禁絕這種時髦主義，定爲根本反對公教的教義。

2. 宗教信仰的意義

從上面所說的哲學派別，已經可以知道「信仰」一個名詞，不是一個單純的名詞，中間所包括的問題很複雜。信仰的對象，是宗教神學問題；信仰的本身，則牽涉許多哲學問題。

哲學的懷疑論，無論是唯心或是唯物，都割損了信仰的本身。唯物的懷疑論，以爲人所能知道的，限於可以感覺的現象，現象的本體若何，人的理智力不能達到，那麼所謂對於超於宇宙的神靈的信仰，根本不可能，只是人的一個幻覺。唯心的懷疑論，以爲宇宙都是人心所造的，人的理智不能看透觀念的背後，究竟有否實體，他們所謂的實體，即是人的精神的創造品。那麼宇宙間所謂神靈，也不過是這種精神的最高表現，宗教信仰，便是人信服自己精神。

這樣說來，宗教已經失去宗教的意義。許多哲學家雖然因著本人對於宗教的崇拜心，在自己的學說裡盡力保全宗教信仰的地位，結果仍舊不免摧殘了宗教。因此近代歐美的思潮，多趨於無神的途徑。

公教哲學家，在哲學思想上，派別也頗多。可是大家都承認哲學是神學的助手，所以在一些的根本問題上，大家的意見都很一致。

公教哲學的認識論，從中古到今，不偏於唯物，也不偏於唯心，而是一種居中的「實在論」。

實在的認識論，主張理智的對象，是實在的客體。這種客體，乃是一種外在的實體，不是由我們的理智所幻想的；然而也不是純粹的物質現象，而是現象的本體。

我們人的認識，先由感覺官能感覺到外面的具體現象。由這種現象的感覺，理智乃構成觀念。這些觀念，在外面的物體裡，都可以有所代表的實體。

因此，人的知識，常以感覺爲出發點。若是一個對象，完全超出物質以上，跟感官不發出接觸，是一種純淨的精神體，人的理智就不能明瞭這種精神體的本性，只能藉著類似的物性去解釋。假使這種精神體是一種無限的精神體，人的理智力既是有限，便更不能認識這種無限的精神體了。

公教所信仰的天主，即是無限至大的精神體。

人的理智對於天主的本性，不能認識。宇宙間的形形色色，都是有限的物體，不能反映出純淨精神體的天主的本性。人由宇宙的物體，只可以推想到天主的幾點特性。

但是天主可以把自己本性的一部份奧妙，告訴人們，天主所告訴人的，稱爲天主的啓示。人們對於天主的啓示，與以信服，即是宗教信仰。公教的宗教信仰，定義是：「人對於天主的啓示，因著天主的權威，與以信服。」

普通所謂信服或信仰，都是信服他人的言語，我們自己親身所經驗的事，我們說我們自己知道，不說我們信服。我們所信的，是對他人所述說，而自己沒有經驗過的事，而且凡我們理智懂得透澈的理論，我們也說我們知道，不說我們信服。我們所信服的，是信別人所講，而我們懂不明瞭的理論，或是信別人所講，而我們沒有直接經歷的事蹟。

我們在日常生活裡，在研究學術上，多半都是信服他人的話，所謂歷史，即是信寫史的人，因爲我們並沒有親身經歷那些事。所以信服天主的啓示，並不算減低了人的理智力，降落了人的身份，反之，應該說是提高了人的身份，增加了我們的理智力；因爲天主肯降尊就低，給我們啓示祂自己的本性，況且天主所啓示的奧義，人的理智力本來不能知道。

我們雖不能知道天主所啓示的奧義，但我們的信仰並不是盲從。凡不問說話的是誰，也不追究他真正說了這話沒有，聽了人說就信，這是盲從。我們信仰天主的啓示，有當信的理由，這種理由，有理論方面的，有實事方面的。理論方面的理由，在於天主的啓示，不能錯誤，而且天主也不能欺騙人。實事方面的理由，在於證明天主真真作了這種啓示。

爲證明啓示的事實，第一在於天主自己靈顯，作證自己的啓示。第二在於考據方面，證明述說啓示的書典，不是僞作。既然證明了天主眞眞作了啓示，我們便該信服，我們的信服，不是盲從。

宗教信仰，是理智的工作。信仰的對象，雖都是啓示的奧義，理智不能明瞭；但是爲表示奧義所用的辭句，理智是可以懂的。例如天主三位一體，「三位」和「一體」兩個名詞，我們知道它們的意義；所不知道的，在於它們兩個名詞，怎麼能夠結合在一齊，這一點就是奧義。

理智在信仰上的還有第二種工作，在於看到可以信服的理由。這一層工作完全是理智的工作，在人的理智的範圍以內。

可是宗教信仰同時也是意志的工作。我們雖然看到可以信服天主啓示的理由，我們也懂得這種啓示的辭句，但是我們不懂得啓示的意義，因此我們的理智，不會被這種啓示所攝住，於是要意志因著可以信服的理由，決定信服。宗教信仰的成份，大部份是在於意志；至於感情，不是宗教信仰所要求的要素，可有可無。感情是盲目的，意志則追隨理智，按理而動。

但是公教信仰的對象，在於天主所啓示的奧義，信仰的理由，在於天主的權威。天主是超越人性的，我們對於祂的信仰，也要超越我們的本性，所以公教的信仰，不能由人的意志，單獨去發動，要有天主的神助，纔能發動，纔能成就，這種神助，稱爲聖寵。

於今我們可以懂得聖多瑪斯對於信仰所下的定義了，聖多瑪斯說：「信仰是理智，因著意志受聖寵的驅使而取的決定，對於天主的眞理，與以信服。」㈣

三、啓示

近代哲學家中，反對宗教信仰的人，都反對啓示（Revelation）。他們認爲啓示根本不可能，即使有一位超乎自然界的神，人的理智也不能接受神的啓示。按他們唯心或唯物的理論，人的理智力，限於現象世界或心理世界。假使所信的神靈是自然界的神靈，人的理智可以跟祂相接觸；若說有一位超乎自然界的神，既不是人所能夠知道的，人更不能與祂有接觸而受啓示。

這一點是公教信仰的焦點：沒有啓示，即沒有信仰；沒有信仰，即沒有公教。

1. 啓示的意義

「啓示」的意義，在歐美通常的用語，是說把一椿隱密的事，顯示於人。這句話在中國，表示受了別人的指示，含有受教而受啓發的意思。

公教用「啓示」，作爲一個專門術語，用爲指天主給於人的教訓。天主教訓人，可以是直接的或間接的。間接的教訓，在於用宇宙間的受造物或他種具體的記號，顯示一種道理。直接的啓示，是天主直接告訴人的一種道理。所告訴的道理，能夠是人的理智所可以知道的，也可以是人的理智所不可能知道的。啓示的名詞，專門用爲指天主直接告訴人，超乎人的理智力的奧義。㊄

在這種啓示裡，所啓示的道理，超乎人性；啓示的方式，也超乎人性；啓示的目的，當然不能是一種通常的目的。

天主實行其啓示，並非直接啓示每一個人，僅只啓示兩三特殊的人，由他們再把啓示的道理，轉告旁人。受啓示的人，在古經裡稱爲先知，在新經裡，即有宗徒。

先知則純淨是一個人，他受天主啓示時，是他的理智受天主一種奇光的照耀，在奇光裡，理智看到一種道理，這種奇光，不是物質的光明，乃是精神的理性光明，先知在奇光中所見的，不是一種想像的幻覺，而是理智的明見。明見時所見的，能夠是一種理智力所可懂的道理，例如古經上，天主告訴摩西，天主上有一位。這一端道理，人的理智力不但可以懂，而且也可以推論到，但是經過天主的啓示後，這端道理便更可以確定不疑了。至於天主三位一體的道理，是耶穌教給我們的，人的理智力絕不能推論出，也絕不能懂，這是完全的超乎人性的啓示。

天主所以要啓示人，在於引人達到人生的目的。人所以不明瞭人生的目的，是因爲不明瞭人的由來，人不明瞭自己的由來，是因爲人不明瞭天主。天主便把這一些要緊的道理，啓示給人，所以公教教義所講的天主，所講的人的受造和得救，都是由於啓示而來的。公教所以給人講教義，目的就在救人，救人乃是使人得常生，常生則在參與天主的生活，因此啓示的目的，也就是使人參與天主的生活。天主的生活，遠遠超乎人性以上，因此啓示的目的，也便是一種超性的目的。

2. 啓示的可能

啓示若只是一個抽象的學術問題，在具體的人生上，不發生關係，反對的人，大約不致於太多；然而啓示是公教信仰的根基，公教信仰最關切社會人生，因此反對公教的人，沒有不反對啓示的。

以人的理智力，不能超越物質現象的哲學家，絕對不承認有超性的神靈的啓示，神靈的有無，已經不是人的理智所可知道，神靈的啓示，更不是人的理智，所可接觸的。

以人的理智力是宇宙萬有的創造者的哲學家，一切唯心，心外無物。他們也不承認啓示爲可能，即使可能，也不過是自心啓示自己。然而我們公教人，不單是在神學方面，就是在哲學方面，都主張天主的啓示，一定可能。

我們可以分作三層來說明。

甲、人的理智所可懂得的道理，天主若直接與以啓示，在各方面都不能證明是不可能。

從天主一方面去看，天主是造物主，祂若願直接干預人事時，祂有權有能去做。祂直接啓示一個人，使這個人不學而能懂得一端道理，算是對這個人，顯一靈蹟。這在學理上，並不能有反對的理由，人在通常的理智生活上，由感官而有印象，由印象而有觀念，由觀念而結成智識。天主是全能的造物主，在人的理智生活的過程中，祂的全能既可以代替感官的印象和理智的推論，而且可以加強理智的認識能力，所以爲啓示一種人的理智力所可懂得的道理，在天主一面，我們找不出反對的理由。

從人的一方面去看，也不能說不可能。凡是人的理智力所可知道的道理，人所有的觀念，可以用來表現它。這些觀念在普通的理智生活上，由人自己作主，結合起來，以表現一種事理。在啓示時，天主直接把這些觀念連綴在一齊，受啓示的人，在明悟裡突然見到一樁事理，自己從沒有想過，而且看到很清楚，同時心裡堅信不疑，知道絕對不是幻想或是精神失常。

理智的生活，是我們人最切己的活動。外面的人力或物力，都不能直接指揮我們的理智，只能給它一些影響。天主在啓示時，則直接指揮人的理智，這一點，是因天主是人的創造者，對於人的一切技能器官，握有最高的宰制。在通常的生活上，人是自由的，自己指揮自己的理智；但在非常的機會上，天主願直接指使人的理智，祂的能力必定進行無阻。不過，天主並不掩沒人的自由，受啓示的人，見到啓示的事理，滿心信服，他完全理會到自己不是被強迫而信服，乃是甘心誠願。爲甚麼甘心誠願呢？因是他看到啓示的事理，很合理，很可以信。

乙、超出人的理智力的奧義，天主若直接與以啓示，在各方面也不能證明是不可能。

「奧義」（Mystery），在普通的意義上，是說一樁事理，隱密不顯，爲人所不能知。

㈥「隱密不能知」可以有程度的深淺。淺些的隱密，例如人心的思索、地心的礦物，在沒有說明或發掘以前，人不能知道內容若何；但是爲說明人心的祕密或發掘地心的礦藏，人的理智力可以做得到。這等隱密不是稱爲奧義。

再深一層的隱密，例如宇宙間的一切動力，或是一切生物的種類和物性……，這不是人的理智力所可以完全明瞭的。雖說這些事理，本來在人的理智的可能範圍以內，但是實際上人的理智不能窮盡這些事理，這等的隱密可以稱爲本性界的奧義。

隱密若再深一層，則超出本性以上，入乎超性界。超性界的事理，常是在人的理智的範圍以外，可是有些事理，在經過天主的啓示以後，人的理智可以懂得。例如聖母童貞受孕。這椿奧妙，是種廣義的超性奧義。

狹義的超性奧義，隱密性深到了極端。人的理智不單不知道這等事理，即是在受了天主的啓示以後，仍舊不能懂得這等事理的所以然。例如天主三位一體、天主聖子降生……

這等狹義的超性奧義，纔是真正的奧義。

上面所說的幾等隱密的事理，天主都可以給人與以啓示。在前面，我們曾談了，關於本性界的奧義，不能證明天主不能給人以啓示。於今我們要談，關於超性界的奧義，天主也可以給人以啓示。

狹義的超性奧義，是人的理智所不能懂的，既不能拿理論去證明，也不能確實解釋內容究竟若何。因此，無論是唯心或唯物的哲學家，都說這類奧義的啓示，一定不可能。淺見的人，更以爲啓示是渺茫無據的神話，根本沒有討論的價值。

公教神學家和哲學家，則都堅決地肯定：狹義的超性奧義，可以爲天主所啓示。

這類啓示，在天主一方面，沒有什麼不可能。狹義的超性奧義，都是關於天主本性的妙理，天主若願把這等妙理，啓示給人，以完成人的幸福，有甚理由說天主不能作呢？

在人一方面，雖是人的理智力，絕對不能懂得這等奧義；但是奧義的字句，是可以懂的。例如三位一體，算是奧義中的奧義，這句話，我們是可以懂的。天主啓示時，把這幾個觀念，連綴在一齊，受啓示的人，並不是茫然或盲然，一點認識也沒有，他懂得有這樣的一樁奧義，同時因著天主的神光的光照，他深信不疑。

這種不能懂的奧義，在天主啓示了以後，並不是爲人生沒有益處。人雖不能懂得三位一體的內容怎樣；可是人第一，能夠證明三位一體不是違理背情，相反理性。第二，可以假藉類似的觀念，略加解釋。而且公教教義裡各種奧義，彼此間互相關連，結成系統，對於我們的精神生活，影響極大。

丙、間接的啓示，也很合乎理性。

猶如前已言之：天主在啓示奧義時，常不直接向群眾言之，常是啓示一兩個人。然後由受啓示的人，再向群眾宣講，勸他們信服。在猶太古經時代，天主啓示先知們，在新經時代，則受啓示者爲宗徒們。

公教的教義，以聖經作根基。所以公教的教義，可以說是完全由間接啓示而成的。間接啓示，在天主和在人的兩方面，沒有甚麼不合理的地方，而且在人們的生活上，更適宜於人性。人們的智識，多是由受教育而來的。天主的啓示，也可以由受啓示的人教給別人。若是天主爲啓示一樁奧義，常要直接啓示一切的人，既要重覆這樣的啓示，人們又可各自加以解釋，因此，反倒要生出許多不適宜的地方。

間接的啓示，是一個人向眾人說：我得了天主的某種啓示，大家應該信服。大家爲信服他的話，必定問他要證據，證明他真得了天主的啓示。這種證據，就在於顯行靈跡。

猶太人當時向耶穌說：你自稱天主聖子，以天主聖父的名義教訓人，你有什麼證據可以證明你的話呢？耶穌答應他們說：你們若不願信我的話，至少你們該信我的靈跡，另外是信我的復活。耶穌的靈跡和復活，即是祂的啓示的證據。

3. 靈跡

甲、靈跡的意義

靈跡（Miracle），按照公教神學家的意見，可以有下面的定義：「靈跡是天主在人世所行的一樁奇事，這樁奇事出乎一切自然律以外。」[47]

宇宙萬物，來自天主，五穀百果，發自天主，本來都是靈跡；但普通我們不以之爲奇，所以也不稱之爲靈跡。靈跡是宇宙間的一樁奇事，所謂奇，即是不常見，而且也出乎常軌。

宇宙間的常軌，爲人力物力所遵守的自然律。一物一人，不能逸出這種自然律以外。天主，是自然律的主宰，是一切人力物力的主人，祂的行動，不一定拘束在自然律以內，可以偶而使自然律有所例外。這種例外，構成公教所說的靈跡。

自然律的例外，可以有三種方式，因此聖多瑪斯分靈跡爲三種：超乎自然的靈跡、反乎自然的靈跡、外乎自然的靈跡。[48]

一樁事跡，按照自然律說，超出一切人力物力以上，在自然的情況下，絕對不能實現，例如人的身體，失去物質性，好似耶穌復活後，能夠自由出入，不受門窗牆壁的阻礙。這種靈跡，稱爲超出自然的靈跡。因爲事情的本性，超出自然律以上，即如物質性，是屬於人身的本性，人身而失去物質性，這完全超出人力物力以上。

另一種靈跡，超出自然律，不在於事情的本性，而在於事情的主體，因爲按照自然律說，在這個主體上，不能出現這類事情；但在另一主體上，則可以出現。例如在一個死人身上，不能有生命，在一個活人身上，則有生命。既是死，則不是生；既是生，則不是死。若死人而復活了，這是一種反乎自然的靈蹟。

第三種的靈跡，出乎自然律外，不在於事情的本性，不在於事情的主體，而在於事情的環境。按照自然律，在這個主體上，在通常的環境下，不能出現這類的事跡。例如一種重症，不用葯而突然好了。病能夠痊癒，這是合乎自然的事；但是「痊癒」和「不用葯而突然好了」的環境，則不是自然的事，而稱爲靈跡。自然的事，在乎用葯而見效。這種靈跡，稱爲外乎自然的靈跡。

呢？

乙、靈跡的可能

公教的靈跡定義，簡單明瞭；然而中間包含一個極大的問題：自然律是否可以有例外

我們若信宇宙間有一種長久的定律，稱爲自然律，我們若又信這種自然律爲天主所設，屬於天主的掌轄；那麼天主若願有若干的例外，我們一定相信這是完全合理的事。

可是在跟我們不同一信仰的人看來，這個問題並不這樣簡單。

歐洲中古的哲學家，都是信仰公教的；他們的思想，卻不一定跟公教的教義相合。萊布尼茲（Leibniz）主張宇宙是最齊全的，宇宙間的自然律也絕無缺點。若說靈跡，乃是自然律的例外，則根本不可能，因爲那就等於說天主在創設自然律時，沒有看到了一切，後來竟要有所例外，這一點不合於天主的本性。

萊布尼茲是一個信仰天主的哲學家，他反對靈蹟，說是有反於天主的本性。近代不信仰天主的思想家，他們反對靈蹟，因爲他們不信有天主，只信有自然律，把自然律捧到至高至上，絕對不容有所例外，當然不能承認有所謂靈蹟。

二十世紀的思想家，已經放下了科學萬能的迷夢，不相信自然律的至高至上了！可是他們多走向了另一極端，他們因著物理學上的定律，時有改變，只能稱爲假設，便認爲宇

宙間並沒有一成不變的自然律。自然界的定律，只是人們研究時所得的結論，隨時可以變換，那麼便無所謂自然律的例外了！靈蹟的出現，不是所謂超乎或反乎自然律，只是自然律的變換。(四九)

還有一些學者，不從自然律方面去講，而就靈跡本身去解釋，他們以為靈跡實在不是靈跡，宇宙的自然物力，誰也不知道有多大。一樁靈蹟，雖然按照眼前的科學，不能解釋；然而誰能斷定它不是宇宙間一種自然物力所造成的呢？再者，信仰天主的人，相信靈蹟是天主俯聽他的祈禱，直接顯靈，殊不知多是他自己的一種心理作用。好似催眠的人，催他人入眠；信自己得了靈跡的人，即是自己催眠自己。心理學者稱之為「自我暗示」(Auto-suggestion)。

為答覆這些學者的難題，我們可以說：宇宙間的自然物力，近年物理學雖然是一躍千里，我們所知道的還是很少。不過，在消極方面，有些事不是自然力所能作的，普通一般人都能知道。例如一個死人，不能因著別人的一喊，又復活起來。一個生來的瞎子，不能因人的一句話，突然開了眼睛。因為在緣因和效果之間，沒有適當的連繫。假使死人果真復活了，生來的瞎子突然見了陽光，在自然界既然沒有適當的緣因，我們便該稱為靈跡。

宇宙間有不變的自然律，物理學家也應該承認。科學上的假設，是一件事，宇宙自然律又是一件事。科學的假設，乃是為解釋自然律在某一方面的運用。解釋的方式可以改換，自然律並不因此受影響。

自然律既是創自造物主天主，屬於天主的掌轄。天主是有自由的，是全能的，祂便可以在某一境遇裡，爲著更高的利益，使自然律有一個例外。普通法律學有條原則說：例外不是廢棄法律，而是證明有法律。

至於若說心理方面的「自我暗示」，可以產生一些奇異的現象，這是學者所共同認可的。因此，教會在決定一事爲靈跡時，須經過長期的考察和研究，及到證明這事決不是由自然界的緣因所造成時，纔決定這事爲靈跡。

公教的教義，創自耶穌，由宗徒們繼續加以完成。爲證明這種教義來自天主的啓示，耶穌大顯靈跡，以作證據。另外是祂從死中復活，證明自己是天主聖子。宗徒們所行的靈跡也很多。這些靈蹟都述在新經裡。攻擊教會的人，便說新經是後代的僞書，新經所記載的，乃是虛渺的神話，這些神話是初期信教人的宗教感所結晶而成的。因此新經的考據，便成爲公教教義上的主要問題。

公教所信的爲聖經，內容爲天主的啓示。分古經和新經兩部，尤以新經爲最重要。新經一書，從初世紀一直到歐洲的中古，沒有人反對它的歷史性。路德叛教，創立了誓反教，開始任意刪去新經中的章節，提出眞僞的問題。

4. 典籍

新經全集，包括有四福音書、宗徒大事錄、聖葆樂宗徒的書信十四封、聖伯鐸祿宗徒的書信兩封、聖若望宗徒的書信三封、聖雅各伯宗徒和聖樹德宗徒的書信各一封、最後有聖若望宗徒的啓示錄。

路德第一次用德文翻譯新經時，把新經分成兩部份：一部份爲聖經，一部份爲僞書。被名爲僞書的有：聖葆樂致希伯來人書、聖雅各伯書信、聖伯鐸祿書信第二、聖若望書信第二第三、聖樹德書信、聖若望啓示錄。但是他尙認爲這些書雖稱僞書，但可與聖經同閱。

第一個反對新經全書的，爲德國的誓反教人萊馬錄（Reimarus. 1694-1768）。他留下一部遺著四千頁，名爲「辯護宗教」，㈤由肋深（Lessing）出刊一摘要，書名一不知名者的遺著斷片。㈤萊馬錄主張耶穌乃猶太一政治革命家，革命失敗，徒弟等乃僞造福音書，以他爲天主聖子，顯靈救人。但是德國的誓教學者，也認爲萊馬錄的遺著，近於兒戲。一部聖經，不是僞造兩字所可勾消的。「批判歷史學」的創作人森肋爾（Semler）就極力辯駁萊氏的主張。(五二)

德國誓反教的另一學者保祿斯（Gottlob Paulus）新創一說，以新經所述，在歷史上無足可疑；但是經中所有的靈跡，都可以由自然界的物力與以解釋。於是他不改聖經而改了聖經。(五三)

法國肋南（Erneste Renan），作耶穌傳，把耶穌作成了小說中的人物，一切教義都被剝削迨盡。(五四)

史式勞烏斯（Strauss），德國誓反教人，以新經所言，多屬神話，乃初期教民，發揮古經中的神話而成。(五五)

保爾（C. Baur）又創新說，以教會初起時，分伯鐸祿和葆樂兩派。葆樂主進取，伯鐸祿主保守。兩派相合，折衷而成四福音，四福音皆不是著作人的原作，乃第二世紀所成。(五六)

假考據學的名義以摧毀新經者，爲保戹爾（B. Bauer. 1809-1882）。他費盡了畢生的精力，力圖證明全部新經都是後人的宗教感所化成的。耶穌並無其人，只是猶太人的理

想救世主。好似詩人化自己的理想人物，作詩史的主人，同樣四福音書化猶太人的理想救世主爲耶穌。㈢

但真心從事考據，而以考據攻擊新經者，爲德者誓反教著名之哈納克（Harnack. 185-1930）他和他的同派人，考據了許多教會初期的著作，對於新經大都承認爲著者原作，有歷史的根據，但是他把新經裡的靈跡和超乎人性的記述，都認爲後人的僞作。㈧

誓反教學者既是這樣攻擊聖經，公教學者於是群起辯護，「以子之矛，攻子之盾」。攻擊聖經的人，是假藉考據學，辯護聖經的人也只好用考據學。因此近半世紀公教的聖經考據家，先後繼起。羅馬和耶路撒冷兩地設有聖經學院，學者如拉克朗基（Lagrange）、活斯得（Roste）和肋布肋東（Lebreton）已馳名全球。

公教聖經學者，以古經和新經，由歷史和考據各方面，俱可證明爲著者之原作。新經中的四福音書，所記耶穌的言行，確實可信，那麼書中所有的靈跡，足以證明耶穌所講的教理，確爲天主的啓示。

誓反教人只信聖經，聖經以外，沒有任何可以使人信服的教義。公教以聖經爲教義的根基，但在聖經以外，尙信宗徒等留下的「口傳」。當日耶穌的言行，沒有完全記述在聖經以內，宗徒們宣講時，能夠加以口傳。這種口傳留傳到後世，成爲「宗徒傳說」（Traditio apostolica.）。若一項傳說，證明傳自宗徒，公教以這項傳說，可與聖經同樣受教友的信服。

誓反教人以聖經的解釋，任聽私人的自由。公教以聖經和「宗徒傳說」，乃教義的根基，不能由私人任意解釋。耶穌既創立了教會，在教會內設了主管人，則教義的根基，當然該由教會主管者去維護。因此，聖經和宗徒傳說只有教宗和主教們爲合法解釋者。

5. 教義

有了上面很長的一篇緒論，於今我們可以知道教義究竟指的那種教理。

公教的教義（Dogma），按「梵蒂崗公議會」所與的定義說：「教義是一項主張，根之於筆述的天主啓示或傳說，由教會或者隆重的與以欽定，或者通常的與以普遍傳授，使教友信爲天主所啓示的真理，永遠不能改變。」㊉

教義的每一條，是一項主張。這些主張不是教會自己造的，乃是在聖經或者宗徒傳說裡所包含著的。聖經和傳說乃是教義的根源，每條教義都要在聖經和傳說裡，或是明明地記載著，或是包含在所記述的啓示以內。

教會對於教義，第一是給以適當的文句，使人能懂。第二是宣佈於教會，令教民信爲天主所啓示的真理。教會宣佈教義的方式有兩種，第一種方式，在於用隆重的儀式，欽定信條，這種欽定儀式，或由羅馬教宗舉行，或由教宗召集全球主教公議會舉行。第二種方式，在於全球主教，通常普遍地傳授一端教義，傳授既久了，整個教會都信服了，這端教義便成爲正式的信條。

因此，公教的教義，都是天主的啓示，根源於聖經和傳說，由教會與以宣佈。

歐洲近代的學者，有的主張教義應隨著時代而變遷，公教神學家極力反對。因爲公教教義既是天主的啓示，決不能由人加以改變。教會對於教義可以改進的，只在解釋方面。以前沒有明白宣佈的教義信條，後來可以宣佈；以前的文句或是解釋，有隱晦不明的，後來可以改善，至於教義的本身，教會絕對不能與以更變。

註：

(一) Cicero-De natura Deorum, II, 28. "Qui autem omnia, quae ad Cultum Deorum pertinerent, diligenter retractarent, et tanquam relegerent, sunt dicti religiosi, ex relegendo."

(二) Lactantius-Div. Inst, IV. 28. "Hoc vinculo pietatis obstricti Deo et religati sumus,

Unde Religio nomen accepit, non ut Cicero interpretatus est, a relegendo."

(三) Macrobius-Satur-nalia, III3 "Servus Sulpicius religionem esse dicta tradidit, quae propter sanctitatem aliquam remota ac reposita a nobis sit, quasi a relinquendo dicta, ut a carendo caerimonia."

(四) Sanctus Augustinus-De Civitate Dei, X. 3:"Hunc(Deum)eligentes Vel potius religentes, amiseramus enim negligentes, hunc ergo religentes unde et religio dicta perhibetur, ad Eum diletctione tendimus ut perseverando quiescamus."

(五) Sanctus Augustinus, -De quantitate animae, XXXVI, 80, "Est enim religio vera, qua se uni Deo anima, unde se peccando velut abruperat, reconciliatione religat."

(六) 易經　觀卦彖辭。

(七) F. Creuzer-Symbolik und Mythologie der alten Voelker, besonders der Griechen. Lipsia, 1801-12.

(八) A. Comte—Cours de philosophie postive. 6 voll. Paris. 1830-1842.

(九) J. Lubbock—The origin of civilisation and the primitive condition of Man. London 1870.

(十) E. Spencer—Principles of Sociology.—London. 1876-1896.

(十一) E. B. Tylor—Primitive culture. Researches into the dovelopment of Mythology, Philosophy, Religion, Art and Custom. London. 1872.

(十二) W. Wundt—Mythus and Religion-Lipsia 1905-1915.

(十三) J. F. Mac Lennan—Trimitive Marriage. London 1866.

(十四) J. G. Frazer—Totemism.—Edimburgo. 1887.

(十五) W. Robertson Smith—Loctrues on the Religion of the Semites. Lodnon 1894.

(十六) S. Freud.—Totem and Tabu—Vienna 1913.

(十七) Durkheim—Formes 'ele'mentaires de la vie religieuse. Paris 1912.

(十八) J. H. King—The supernatural, its origin, Nature and Evolution. Neu York, 1892.

(十九) J. G. Frazer—The golden bough.—1890.

(廿) K. Th. preuss.—Der Ursprung der Roligion and Kurnst. Globus LXXXVI 1904. p.321-327. LXXXVII 1905. P.333-337.

(廿一) R. R. Marett.—Treshhold of Religion. London 1809.

(廿二) Hubert et M. Mauss—Esquisse d'une The'osie ge'ne'rale de la 'Magie — Annee sociologique VII.1902—03. Paris 1904. p.1-140.

(廿三) W. Schmidt—Der Ursprung der Gottesidee. Munster. 1912, 1926, 1929, 1931, 1933, 1934, 1935, 1941.

(二四) W. Schmidt—Manuale di Storia comparation delle religioni.— Brescia 1943. p.2.

(二五) 見Ginseppe Graneris—Introduzione General alla scienza delle religioni— Torino 1952. p.181.

(二六) 見Paul Ortegat—·hilosophie de la religion. Paris 1937. p.20.

(二七) E. Kant—·Kritik der praktischen, Vernunft p.I,I,II,c. II,p.5.

(二八) Schleiermacher—Reden uber die Religion. —ipsia 1880. p.91.

(二九) A Loisy—Religion et humanite', Paris 1926. p.241.

(三十) E. Durkhein—Les Formes e'le'mentaires de la vie religieuse. Paris 1912. p.65.

(三一) J. M. Guyau—L'irre'ligionde C'Avenir, Paris 1927. p.I-II.

(三二) W. James, The Varieties of religious experience. 1902.

(三三) G. Graneris—Inrtodusione generale alla nienza delle religon. p.167.

(三四) P. Ortegat—Philosopgie de la religion. p.23.

(三五) A. Vermeersh S. J.—Theologia moralis. Tom. II. p.143. Roma. 1937.

(三六) M. Prummer O. P.—Manuale theologiae moralis. II. p.275. Frigourg. ed. IX.

(三七) S. Thomas—Sunna Theologica. II&II ae, 81.3.

(三八) S. Thomas—Summa Theologica. II&II ae, 81.4.

(39) Newton. —Philosopoiae naturalis principia Mathematica. 1687.

(40) Leibniz—Theodicy 1710.

(41) John Locke—The Reasonablenes of Christianity—1695.

(42) Christian Wolff—Vernunftige Gedanken von Gott. 1719.

(43) Henri Bergson—Les deux Sources

(44) S. Thomas. 2a2ae 9.2a 9. Fides est "actus intellectus assentientis divinae veritati ex imperio voluntatis motae per gratiam."

(45) 見頁24。

(46) Garrigou—Lagrange—De revelatione. vol. I. p.164. M. Joseph Scheeben. —Die Mysterien des Christentums. Freibourg. 1941. p.6.

(47) 參考Garrigou—Lagrange. —De revelatione.vel.II. p.40. Enciclopedia Cattolica. vol. VIII. p.1067. Roma. 1952.

(48) S. Thomas. 1.a. p.105.a.8.

(49) Boutroux. —La Contigence des Lois de la nature. H. Poincase' —La science et L' Hypothe'se. Garrigou—Lagrange. De revelatione. vol. II. p.37.

(50) Apologia oder Schutzschrift fur die vernunftigen Verehrer Gottes.

(51) (Wolfen Butteler Frapmente.)

(五二) Johann S-Semler:-Beantwortung der Fragmente eines Ungeganten, inbesondere vom Zweck Jesu und Seiner Junger. Halle 1779.

(五三) Paulus:-Kommentar uber das Neue Testament. Lubecca 1800-1804.
Das Leben Jesu als Grundlage einer REEinen Geschichte des Urchristentums. Heidelberg. 1828.

(五四) Renan:-Vie de Je' sus.

(五五) Strauss:-Leben Jesu fur das deutsch Volk. Lipsia 1864.

(五六) C. Baur:-Kritische Untersuchung uber die Kanonischen Evangelien. Tubing 1847.

(五七) Bauer:-Kritick der Evangel. Geschichte des Johanes. Brema. 1840.
Kritick der Evangel. Geschichte der Synoptick. Lipsiu 1841-1842.
Kritick der Evangelien. Berlino 1850-1851.
Kritick der Apostelgeschichet. Berlino 1850.
Kritick der Paulinischen Briefe. Berlino 1850-1852.

(五八) Harnack:-Chronologie der altchristlichen Literatur. Lipsia 1897.
Die Chronologie. Lipsia 1897-1904.

(五九) Denzinger:Enchiridion Symbolorum. n.1792.

第一編 天主

第一章 有一天主

一、天主

公教教義的第一端，信有一位至尊的神名叫天主。

利瑪竇開始講公教教義時，稱至尊的神爲上帝，或稱爲天。上帝和天在五經裡，本是指著一位最高的神靈。㈠這位最高的神靈，相當於公教所信的至尊的神靈。因此，利瑪竇便用經書的上帝和天，翻譯公教的尊神（Deus），但是後來起了敬天拜祖的各種禮儀問題，羅馬教廷爲避免混紊和誤會，乃決定用「天主」一名，作尊神（Deus）的譯名。

中國經書裡的上帝，是我們人的理智所可以推想的。中國古人，信在宇宙以上有一造生人物的上帝。這位上帝，亭毒宇宙，賞善罰惡。

公教所信的天主，在中國經書所有的上帝的意義以上，加有超性的啓示，公教對於天主的信仰，不是人的理智所可解釋的。

公教所信仰的天主，是一至全的精神體，無始無終，全能全知，祂創造了宇宙，又直接掌管宇宙。祂遠遠超出宇宙以上，又在一切人物以內，祂有絕對的自由，但是祂的意志絕不變換。祂是唯一的尊神，卻又是三位一體。這一切觀念，不是人的理智，可以連貫在一個主體上的。

天主在我們人的理智一方面說，可以說是「不可道」，「不可名」。天主是一極全的無限精神體，我們人則是有限的靈肉相合物。人的理智所有的觀念，經過感覺而取得。無論怎樣高超的抽象觀念，總擺脫不了物質的根源，它的意義常是有限的。用這種有限的觀念去講釋天主，那就像拿銅盤拿燭火去比配太陽，若真以銅盤燭火爲太陽，那就錯了。㈡但是在這等錯誤裡，錯誤在一個「是」字。「銅盤是太陽」，足以令人發笑；但若說「銅盤像太陽」，便沒有錯了。銅盤爲甚麼像太陽呢？因爲銅盤和太陽，都有圓形，那麼若作一結論：太陽是圓的，這句話說的很對。所以銅盤和太陽，有互相類似之點。在這類似點上，類似的名詞，兩方通用。太陽是圓，銅盤也是圓。

在天主和宇宙人物之間，是否可有類似之點？宇宙人物，是天主所造的。天主為造宇宙人物，必定有圖形。這種圖形不能在天主以外，一定在天主以內，即是說按照天主的本性，天主造了宇宙人物。天主和宇宙人物之間，便可以有互相類似之點了。

不過，天主和宇宙人物的類似，類似之點，不是完全同一意義的。例如人的思想之動，和人的手足之動，雖同一「動」字，意義并不相同，因為人的思想屬於精神體，人的手足屬於物質體，兩者的動，性質不同。我們拿手足的動，去譬喻思想的動，可以知道思想不是靜止不動；但不是說思想的動，跟手足的動，性質相同。同樣我們說天主是動的，這個動字跟手足的動，固然不同性，跟思想的動，也不同性，只是使我們知道天主不是靜止不動罷了！

藉著這種類似的智識，我們可以解釋幾分天主的本性。

至於天主的存在，從宇宙萬物的存在，按著哲學的推論，我們的理智可以知道。

二、有一天主

怎麼樣證明有一天主呢?

爲證明宇宙以上有一尊神，當然不能用數學式的證明。數學式的證明，可以用數字去覆驗，無論誰也不會懷疑。我們沒有這樣的理論，去證明天主的存在。我們也沒有物理化學的實驗性的理論，爲證明天主的存在。用盡了一切的實驗，決不能證明出天主有沒有，因爲天主是超乎物質的，實驗則只能用於物質。

爲證明天主的存在，我們所有的，是哲學上的理論。哲學上的理論，不是可以由感覺去經驗的，不能使一切的人都信服。況且對於天主，有許多點，連哲學也不能解釋，因此要緊加上宗教信仰，人纔堅信天主的存在。這種宗教的信仰，跟哲學的理論既不衝突，跟科學的理論也不衝突。神的問題，超出科學以上，科學不能證明沒有天主。

爲證明有一天主，聖多瑪斯舉出哲學的五項理論，成了後代有名的「五路」。我們由這五條路，每一條路都可以走到天主。㈢

（1）「五路」的第一項論證，在於宇宙的動靜。大家都看到宇宙裡的人物有動有靜。凡是有動有靜的物體，它的動靜不能是自動自靜，必受另一物體的推動，可是一物推一物，追根應有一自動的主體作爲動靜的根源。因此宇宙之上，應該有一個動靜的根源，自動而不被動，稱曰天主。

現代物理學家，對於物體的認識，遠遠超過中世紀的哲學家，他們講到原子和電子。原子和電子在物體中算是最細微的，但都是運動不息，具有無限的物力。不過，就是根據原子和電子去講，它們的動，並不是自動，是要接受外力的刺激。由原子結成的物體，它的動靜，也不能是自動自靜。

中國理學家，把宇宙的物體分成三等：第一等物體，動中無靜，靜中無動，稱爲物質。二等物體，動中有靜，靜中有動，稱爲人心，人心爲精神。第三等物體則爲神，動而不動，靜而不靜。㈣

物質的物體，雖精小如原子電子，必定是動中無靜，靜中無動；由動到靜，由靜到動，要受外力的刺激。精神體的人心，動靜最爲靈活，動靜相涵；然而動靜尙是分開的，動是動，靜是靜，所以人心的動靜，也要外力的刺激。至於神，則是動靜不分，無所謂動靜，纔不是被動的了。

士林哲學對於動靜，還有一種較深刻的解釋。靜可解爲潛能（Potentia），動可解爲現實（actus），由潛能到現實，要緊有一外力的推動，這種推動稱爲被動。一個人的器官，各有各自的潛能，理智能思慮，意志能願欲，眼睛能夠看；可是這些官能若沒有自身以外的力去推動，本身不會自動的。

天下的萬物，既都是被動的，則是「集群盲而不能得一明」，必須有一個不被動而自動的主體，被動的萬物，纔能有動靜。㈤

（2）「五路」的第二項論證，在於原因和效果。宇宙間的原因效果，常是互相繼續，即一樁事物是自己的原因的效果，是自己的效果的原因。凡是一樁事物，既是在自己以上有了原因，則對於自己的效果，不能是一獨立的完全原因。可是一個不獨立的原因，再追溯到另一個不獨立的原因，最後應溯到一個獨立的自全原因，即如父親生兒子，兒子再生兒子，因此沒有一個人是自生的，那麼便該溯到一個有生的主體，以使人能夠受生。這個原因是自己的原因，是原因而不是效果，名爲天主。

有的哲學家說，世界的事物，互爲原因。佛教教理說，世界都是因果的連繫，打破了因果，世界便不存在了。但是一個因，既仗著另一個因而後有，這另一個因便在後一因以前。前因後果，後果便不能爲前因的因，這便不是連環因果，而是登梯式的因果了。登到梯子極端，就該有一個自爲原因的因。然而又有人說：不能有自爲因的因。可是在哲學上誰也不能說自爲因不可能。哲學上所說的，是世界宇宙不具有自爲因的條件，因此不能是自爲因，而是受造之果。

（3）「五路」的第三項論證，在於有生和自生。宇宙的物體，都是從無到有，有出生的時候，凡是有生的，都不能自生，那麼宇宙之上，應該有一自生者，一切有生的，都從自生者而得生。

《列子》書上有段話說：「有生不生，有化不化。不生者能生生，不化者能化化。生者不能生，化者不能化。……故生物者不生，化物者不化。」㈥

有人說：宇宙間的一切物體，循著進化律漸漸進化，宇宙是永久的，自身具有進化的能力，所以宇宙不須有天主。

但是我們在上面說過：有變動的物體不能自動，又如列子所說：有化不化。即使宇宙的物體，由簡而繁，由低級到高級，逐漸進化，因爲有進化，便不能自化，不能自生。何況宇宙的物體，並不是級級進化，而是種類分明，類類相生呢！

宇宙間的一切，都不是必然當有的，而是可有可無的。可有可無的東西，決不是自生的。自生的實體，自己生自己，一定是必然當有的。

因此宇宙之上，應該有一自生者，他是必然當有的，他是一切有生者的根源，這位自生者稱爲天主。

（4）「五路」的第四項論證，在於萬物的美善。宇宙間的物體，各有一分的美善，即使最低能的動物和最平凡的泥砂，也有一分的美，即使像桀紂盜跖一般的大惡人，心裡也能有一分的善。

部份的美善，可大可小，由小而大，直上到最大最高點，應該有一個全美全善的主體，這個全美全善的主體，即是天主。

例如生命，是物體的一種最可貴的美好。宇宙間的生物，由植物到動物，按著所具的生命的高下，可以排成一條很高的梯子。「人」在宇宙的物體中，算是具有最高的生命的物體；但是人的生命，還是缺而不僅，所以在人以上，必定有一個具有完美生命的主體。這位主體的生命，是其餘一切生物的生命的根源。同樣，宇宙的一切美國，應該聚於一全美全善的主體，作一切美好的根源。美好的根源，即是天主。

（5）「五路」的第五項論證，在於宇宙的規律。我們中國古人，最羨慕天地間的規律。孔子曾說：「四時行焉，百物生焉；天何言哉。」(七)

宇宙萬物，即有一定的規律，凡是規律都有創制者；宇宙的規律也就有創制者。這位創製宇宙規律者，稱爲天主。中國儒家的五經四書，常講天道天理，天道和天理，即是上天上帝的道理。孔子以四時的運行和百物的生發，都歸之於天。

可是自然主義的人，認爲宇宙間的規律，是種盲目的自然律。既稱自然律，即是自然而有的，無所謂創製者。近代的科學家，又有人以爲宇宙間並沒有一成不變的自然律，人們所稱的自然律，只是科學家的假設，假設則常是後者推翻前者。

但是這種說法，只代表一些淺見的科學家，高深的科學家知道分別科學上的假設和宇宙間的自然律。科學家的假設，常有變換，那是科學家的研究不澈底，並不是自然界沒有一定的自然律。自然界既然有一定的規律，這種規律而且很美妙，很複雜。一朵平常不受人注意的野花，摘起來一看，野花的構造和顏色，就要令我們驚服。若是說這朵野花，是偶然長成的，這種「偶然」就太奇妙了。宇宙間除野花以外，哪件自然物不使我們驚嘆呢？而且每種每類，分別的清清楚楚。自然界的各種物力，也是各有規律，絲毫不亂；若說這一切都是盲目地碰合而成的，那就太稀奇了，盲目碰合而結成複雜美妙的規律，在我們有理性的人們看來，真正不合理性。規律只能由有理性的主人去創制，未聞能夠自己盲目地碰成。盲目所碰成，只算「偶然」，「偶然」不是規律，更不能有預定的目的。

自然界的規律，很大很妙，決不是人的理智可以創制的。創制自然律者，必定具有至大至妙的理智，祂便是最上的神明，稱為天主。(八)

(6)除上面聖多瑪斯的五路論證外，學者們還舉出其他的論證，證明有天主。這些論證，歸結起來，可以歸於三點。(九)

第一：人們理智的對象，在於真理，理智所求知道的，是知道真理。然而人世的真理都是局部的，不能滿全人的得知慾。因此便該有一至全的真理，可以滿全人的理智。至全的真理，即是天主。從另一方面去看，局部的真理，本身不能獨自存在，因為局部是由整體而取得自己的意義。有局部則該有整體，若沒有整體的真理，常存不變，世界便無所謂真理了，那便像物質主義的共產黨所說，真理是適合當前環境的事件，或者像美國詹姆士的實用主義，真理在於合於實用。

第二：人的意志，追求美善，以取得美善為快樂幸福；然而人世上，沒有一樁事物，可以滿足人的意志，因為人世所謂美善，或者是假的，或者是缺而不全的；但是人的意志，既然有向一至全的美善的追求，這種追求又是人人都有的，便不應沒有對象。我們因此推論人的意志所追求的至全的美善，乃是天主。

第三：據現在人種學者的考據，世上沒有過一種無神的初民。而且最近的人種學，多主張初民開始的宗教信仰，為一神教，多神教乃是天主教的流變，那麼敬神的心，可以說是出自人的天性，天性的要求，不能說是虛妄捏造。因此我們便可以得一結論，肯定宇宙上必有神明。宇宙的神明只能有一位，便是有一天主。

三、天主唯一

1. 天主唯一

古經摩西訓告猶太人說：「這是上主你們的天主，吩咐我教訓你們的誡命：……上主是我們的天主，是唯一的天主。你當全心、全靈、全力，愛上主你的天主。」㈩

天主曾親自頒佈十誡，向猶太人說：「我上主是你的天主：……除我以外，你不可有別的神。」㈩又說：「你們現在要認清我，惟有我是天主，在我以外，沒有別的天主。」㈩

公教絕對信天主是唯一的，在天主以外，不敬別的神靈，而且也不能有別的神靈。爲解釋天主是唯一的，從哲學上我們可以找到許多理由。

在證明宇宙有一天主時，論證的理由，最重要的是在於宇宙不能自生，因此該有一自生的天主。這位自生的天主，是宇宙間一切動力的動力，一切原因的原因。既是這樣，決不能有兩個或兩個以上的天主，天主該是唯一的，因爲自生者的本性是齊全的，不需要外在的原因和條件，自力而有，自力自存。假使天主不是唯一的，而是兩個或兩個以上的天主，則天主的本性，便是天主的類性，好似人性是人的類似。凡是類性，都是共通性，都是抽象的、實際的，要緊加上具體的個性，纔能成一實在體。爲加上個性，類性不能自動，該是被動。若是天主性是個類性，天主性便也是抽象的，共通性了，那麼天主的存在，已經不能由於自力，該仗著一個更高的原因，給他加上具體的個性，使他實際存在；天主已經不是天主了，天主以上，再該有一天主。

自生自有者，凡是「有」字所包括的一切，他都完備不缺。假使天主有兩個，或者甚而有三個或五個，每個天主則不能說是齊全的了，因爲這個天主所有的，那個天主沒有，每個天主的本性便不能說包括「有」字的一切了。這是相反天主的本性。

在證明天主的存在的論證中，以天主爲真美善的最全的主體。若是天主不是唯一的，那麼就無所謂真理的本體，至美的本體和聖善的本體。

宇宙的自然律，要緊有一位創造者和主宰者。我們中國古人，最明瞭「天無二日，民無二王」的道理，宇宙的主宰者，不能是兩個或三個，應該是一個；不然宇宙間的自然界，必定要像人世的社會，混亂不清了。

2. 兩神論

主張宇宙不是由唯一的天主去主宰的，有的卻就從人世的混亂，去證明宇宙由善惡兩神統治著。善惡二神教是波斯的古宗教，善神稱爲光明，由火作象徵。公教初興時，也有一派裂教，以天主爲善神，魔鬼爲惡神，彼此分治天下。可是在哲學上，善惡並不是對立物，因爲惡不是自立的實體，乃是附加在善的實體上。所謂惡者，即是善的缺乏。例如眼瞎、耳聾，是眼睛不能見，耳朵不能聽。眼睛能見，耳朵能聽，那是自然的事；瞎和聾，則是表示眼睛和耳朵有缺點，並不是在眼睛和耳朵以外，另外有瞎和聾。所以惡是附在善的實體上，而不是自立的實在體。那麼宇宙間的真美善，應該有真美善的至全的主體；至於惡，則不要求有一全惡的主體。況且全惡絕對不能是一實有體。既是全惡，則一切真美善都絲毫沒有，『實有』是善中最根本的一種，全惡者便不能有『實有』，沒有實有，即是烏有虛無。若說宇宙由天主主宰，天主乃是至善，爲何宇宙間能有惡事，在下面我們要討論這一問題。

宇宙的尊神，既是唯一的，有些人所說的各宗教所敬的神都是一樣的有價值，在理論上，便說不通。在事實上，一個民族有許多宗教，那是一樁實事；但不能以爲是實事便合理。

3. 汎神論

在哲學方面，反對一神論的，還有汎神論（Fantheism），汎神論的面目很多，根本理論則相同，根本理論則相同，都是把神和宇宙放在一平線上。公教的一神論，分超性和本性的上下兩層，天主是立在上層的超性，宇宙是立在下層的本性，因此天主和宇宙不相混。

汎神論以神和宇宙相混合，神即是宇宙，宇宙即是神。純粹的汎神論，承認有一精神體的神靈，宇宙是由神體而變成的。這種變化，在希臘的柏拉圖學派，則說是由神體放射出來的，在中古的史比諾匝（Spinoza）則以為是神體的自然結論，在唯心派的弗貝特（Fichte）則以為是原理的演繹，在黑格爾則認為三段論證式的進化。若說近代的唯物論，已經不是純粹的汎神論了。唯物論已不承認有一神，只承認有物質。物質的變化，或者是達爾文的物競天擇，或者是費爾巴哈（Feuerbach）和馬克思的辯證法，都已經完全不能說是神的變化了。

若把中國老、莊的「道」，當成宇宙源起的神，道家便可變成汎神論。汎神論的錯誤，是把「神」的觀念看低了。神若按正當的意義去解釋，爲宇宙的源起，宇宙的源起，應是自有的，「自有」便根本和「汎神論」相反。

天主不能是一個塊然無靈的物質，也不能是一個抽象的觀念，天主乃是有理智有意志的尊神。

註：

(一) 羅光　中國哲學大綱　香港　一九五二。

(二) 蘇軾　日喻。

(三) S. Thomas. Ia. 9. 2. a. 3.

(四) 周敦頤　通書動靜篇。

(五) 參考Fulton Sheen:—Philosophy of Religion —Dublin 1952. p.139.

(六) 列子　天瑞篇。

(七) 論語　陽貨篇。

(八) 參考Fulton Sheen.—Philosophy of Religion. p.157.29.

(九) 參考J. Hontheim S. J. —Theodicea. Herder 1926. p.93.29.

(十) 申命紀 第六章第四節。（思高聖經學會，梅瑟五書）

(十一) 出谷紀 第二十章第三節。

(十二) 申命紀 第三十二章第三十九節。

第二章　天主的本性

一、天主為自有的實體，無始無終，全美全善

在前一章已經說過，我們人對於天主的本性，不能認識，我們所能夠講的，是用一些類似的觀念，按我們人的看法，去推論天主的本性。這種推論，當然是缺而不全。拿有限的理智，去推論無限的真美善，所得只不過是井底窺天。但我們的井底窺天，因爲自己知道是坐在井底，不敢說天主是我們所能窺見的，那麼我們談天，可以不致於大錯。在宇宙的萬物萬事裡，含有局部的真美善，我們把這些局部的真美善，擴充到極點，用來解釋天主的本性，雖是相差還很遠，決不是追風捕影，也不是指銅盤爲日罷！況且天主自己給了我們人類一些啓示，把祂自己的本性，多少告訴了我們一點。

公教神學把宇宙萬物的真美善，分成積極和消極兩種。積極的真美善，是指一實體的

實有特性，例如自由，仁慈，美麗。消極的真美善，則是指一實體沒有某項缺點，例如無限，無窮。積極的真美善，在宇宙的事物裡，帶有事物的性格，若用之於天主，便應該除去這種物性，而提出本性以上，再擴充至極點，纔可適用。消極的真美善，則只要把意義擴大，排除一切的缺憾，便可以用之於天主。我們說天主是仁慈的，是美好的，天主的仁慈和美好，和宇宙裡人物的仁慈和美好，意義不是同一的，而是類似的。天主的仁慈和美好，遠遠超出世上人物的仁慈和美好以上，而且性質也不相同。至於說天主是無窮無限的，這種無窮無限跟普通的用意相同，只是它的意義擴到極大，絕對排除「窮盡」和「限制」。

1. 天主是自有的實體

在前一章裡，我們證明天地的最後根源，應該是自有的。天主便是自有者。

古經上，摩西問天主有什麼名字，天主答覆說：「我是自有者。」㈠

自有者，是一個實體由自己而有的存在，不假諸外在的原因。

一個實體所以能是自有者，是因爲這個實體從不經過可能存在的階段，然後纔到現實的階段。他的本體，乃是一個絕對的現實。（actus purus）在他的本體裡，從不分「潛能」和「現實」，他所有的，盡是現實。

絕對的現實（actus purus）即是一個絕對的「有」。凡是「有」和「存在」所包含的一切，在絕對的現實體裡，都完全有，完全在。「有」和「存在」，當然該「有」自己的本體，該有自己的「存在」。「有」和「在」便成了他的本性，也等於他的本性；「有」和「在」既然是他的本性，他的本性便即是「有」和「在」。本性既然是「有」和「在」，「有」即是自有（ens a se），「在」即是「自在」（ens subsistens）。

自有者，是一絕對的現實，不經過潛能的階段，那麼他的本體，便該當是最純淨的，（Omnino Simplex）。每一種美質，美到最純淨，不雜有別的摻雜物時，纔算美到完全點。一種紅色，要沒有別的混合色，纔稱爲真正的紅。金子要沒有摻和別的礦質，纔是上等的金子。「有」是純淨的有，不摻入「可能有」，纔是最完全的有。

自有者是最純淨的，不單是不含著「可能有」，並且也不含著構成的部份和構成的屬體。所謂純淨，也就是單純。凡是由部份構成的實體，它的本體，便不是單純的，它的構成部份，也就有先後。中國理學在朱子以後，多以物體由理和氣而成，朱子說：理氣雖不能有先後，但在理論上說，理先於氣。自有者的本體，就連理氣之分也不能有。在宇宙間的事物看來，似乎複雜的東西，較比單純的東西，更爲進步；然而追究起來，「單純」較比「複雜」，更爲完全。兩架同樣效率的機器，若一架複雜，一架單純，簡單的機器，便

比複雜的好。所以同一效率之下，一架簡單的機器，較比一架複雜的機器，更爲完全。㈡

天主的單純，不是由於簡陋或貧乏。祂的本體沒有屬體，因爲屬體是可有可無，跟天主的絕對的現實不相容，因此，祂的本體排除一切的「可能有」的屬體。但是絕對的現實，具有「有」的一切。具有「有」的一切，是富有萬有；可是天主本性的萬有，溶於祂的本性，而爲一最高的精神體。

凡是物質物，都有構成的部份，物質物越大，構成的部份越多。精神體則常是單純的，精神體越高，牠的單純也越完全，最高的精神體，也就是最單純的實體。理學家說人的心是虛靈的，因爲虛靈，也就單純，人心因此可稱爲精神體。

2. 天主是無始無終

聖詠第一〇二章，歌讚天主說：「……吾主坐天闕，萬古永不移。……我主立地基，親手設天幕。天地終有毀，惟主長卓卓。乾坤乃表衣，衣敝換新服。萬物有變化，惟主無今昨。」㈢

宇宙間的萬物，都有變化，高山和大海，似乎千古都是一樣；但我們中國的古人已經有「滄海桑田」之感。可是天地間沒有一件東西不變動的，中國的宇宙論，最早是易經，易經即是講論變易的。

萬物所以有變動，因爲每個實體，都是由可能而到現實，而且成了現實的實體以後，還是繼續地可以由可能而到現實。例如一個小孩，在未生以前，他是可能出生的，出生了以後，他纔成了一個現實的人。但是這個現實的人，一切都很幼小，他要長成大人，他便天天在長大，他的四肢百體，常是從可能到現實，繼續不斷。

所以一個實體的變動，在於從可能進到現實。

天主是一個絕對的現實，本性即是現實（actus）本體內不含著潛能（Potentia），而且又是最純淨單純的精神體，沒有構成的部份。祂是整個的「有」，祂是「有」的整體，既不是從少而壯，也不是由壯而老。一有都有了，一存在就完全存在。

可是這種不變動，雖可說爲靜，然而並不是死靜沒有動作。天主是動作的動力，祂常是動作。不過天主的動作，既不是物質的動作，也不是普通精神體的動作，乃是最純淨單純的精神體的動作，使本體不起變化。可以用周濂溪的話說：「動而無靜，靜而無動，物也，動而無動，靜而無靜，神也，動而無動，靜而無靜，非不動不靜也。」㈣

沒有物質性的實體，不受地域的限制，也不受時間的限制。張載論道說：「體不偏滯，乃可謂無方無體。偏滯於晝夜陰陽者，物也；若道，則兼體而無累也。」㈤張子以道喻神，神不偏於一地，不滯於一時，兼體而無累。

始和終，都是時間的代表詞；時間則表示變動的先後，沒有變動，即沒有時間；沒有時間，便沒有始終。

天主是自有者，沒有開始點，也沒有終止，又沒有變動；祂是常有常存的。

士林哲學解釋常有常存，說是「同時整個地完全享有無止境的生命」㈥在常有常存的觀念裡，不能有時間，因爲時間有先後，常有常存則沒有先後。可是我們爲懂到常有常存，又不能不借用時間，所以說是生命的同時享有，同時所享有的生命，是整個的生命，是完全的生命，又是無止境的生命。

天主在自己本體方面說，常有常存，越出時間以外；在對宇宙的事物方面說，也是越出時間以外。宇宙是在時間以內，宇宙的一切事物，都有既往來今；可是天主從自己一方面看宇宙的事物，不分往古來今，往古來今的事物，在天主眼中，如同都是同時的，都是現在的。這一點在我們的理智看來，很不好懂；但按理說，則該是這樣。有人譬如天主好似一個圓周的中心，圓周代表宇宙，圓周的每一點，跟圓心的距離相等，好似往古來今的事物，同天主的距離相等，不分先後。

3. 天主全美全善

天主的本性，爲絕對的現實，包含整個的「有」美和善包含在「有」以內，惡是不能存在的，美和善則可以存在。一切的美善，都包含在天主的本體以內，而且天主的本體，既是絕對的現實，不能有限制，祂的美善，也就沒有限制，該當是無窮的美善。

由我們人看來，一切竹美善，在於「得其中」。剛過強，則或暴虐；柔過火，已成懦怯。天主的美善，都是無窮的，我們便不容易與以解釋。

天主的正義，是無限的，天主的仁慈，也是無限的。這兩種善德，怎樣能夠保全自己的無限性而又互相融洽，我們相信天主的全知，自有其融洽之道。

二、天主是全知的

1. 天主是理智的本體

一個最高的精神體，不能缺少精神體的最高的特性，即是有理智。

理智爲精神知識的官能，自身爲精神性。物質物，自身已有地域的限制，在自己所佔的地域內，不能容納別的物體，物質物因此不能接受外物的觀念。中國理學家以心能知，是因心爲虛，虛故能容納外物的觀念。這種虛，即是說沒有物質。

聖多瑪斯又說：非物質的實體必定有知識，因爲物質物只能有自己的形相，非物質的實體，除自己的形相以外，能夠接納別的物體的形相。這種形相即是知識的觀念。㈦

天主爲最高的精神體，便不能沒有智識，有智識，便有理智。我們人是精神體兼物質體，有理智，有智識。人既然有理智，怎能說造生人類的天主，反倒沒有理智呢？

宇宙萬物的奇妙美麗，宇宙自然律的和諧巧妙，決不能由一盲目的物力，偶然而碰成。中國莊子說：「物之生也，若驟若馳，無動而不變，無時而不移。何爲乎？何不爲乎？夫固將自化。」㈧莊子可稱爲無神的自然主義者，他所謂自化即是自然而化，沒有主宰指使者。荀子說：「從天而頌之，孰與制天命而用之，」㈨他主張「天道有常，不爲堯存，不爲桀亡」（荀子 天道篇）然萬物的自化，必定有自化的道理，即是荀子所說的有常的天道。這種天道，從萬物自身去看，可以說是盲目的；但是它有次序，事事合理，這種天道由何而來呢？應該是由有理智者所創造的。創造宇宙天道的理智者，不能不是創造宇宙的天主。天主一定是有理智的了。

天主的理智，即理智的本體。人的理智，爲一種不完全的理智，因爲人性是有限制的，理智屬於人性，人的理智乃有限制。天主爲至全至純的實體，天主的理智，便也是至全至純的，爲一切理智的本體。

2. 天主認識自己

認識自己，似乎是有理智者當然的事，可是我們回想一下，我們認識我們自己嗎？可以說認識，也可以說不認識。最簡單的一個例，我們自己生了病，自己就不知道病在那裡，我們對於自己的認識，常是缺而不全。這是甚麼原因呢？原因在於我們的理智的不完全。

人的理智爲有認識，須有觀念。觀念的來源，出之於外物。我們爲認識自己，同認識外物一樣，並不是直覺性的認識，乃是研究性的認識。我們對於外物，既有許多不能認識，對於自己，也就有許多不能認識。不懂醫學的人，便不懂自己的病症。

人的理智，有這許多缺點，那是因爲人的理智，所有的知識，並不是常是現實。人爲知道一事，常要費力去求認識，認識了以後，還要留心去想，在想起來的一刻，知識纔是現實。人的理智常是由可能而到現實。由可能的階段，進到現實的階段，人的理智需要一種外在的刺激，即是一種外在對象的吸引。外在對象吸引人的理智，用觀念作媒介。觀念代表對象，進入人的理智中，人的理智同觀念相結合時，知識便成爲現實了。人爲認識自己，也要借助於觀念；因此自己不能完全認識自己。

天主的本體，乃是一個絕對的現實，祂的理智便也常是現實，從來不經過可能的階段以到現實的階段。常是現實的理智，它的認識對象，當然也應該是一個常是現實的實體，常是現實的實體只有天主，天主的理智的對象便是天主自己的本體。

天主的理智，不用媒介，不用觀念。觀念可有可無，是一種附屬體，天主既是整個的絕對現實，便不能有附屬體。天主的認識，是直覺性的認識，在理智和對象之間，沒有中間物。這種認識，透澈完全；天主所以整個地認識自己。(十)

3. 天主全知

天主既然透澈地認識自己的本體，天主的本體是無限的，天主的理智也就是無限的，即是無所不知，即是全知。

在這裡有兩個問題，應當講解一下。天主怎樣認識宇宙萬物呢？天主對於未來的事，怎樣認識呢？

公教神學家，都主張天主在自己的本體以內，認識外物。天主的理智是一絕對的現實，不能受外物的刺激，宇宙萬物便不能作爲祂的認識對象。天主的理智若以外物爲認識對象，就要受外物的限制；天主而受外物的限制，天主已失去爲天主的意義了，因此天主認識宇宙萬物，是在自己的本體以內去認識。

在本體以內，怎樣認識宇宙萬物呢？宇宙萬物所有的，都來自天主；既然都來自天主，便都包括在天主的本體以內，天主的本體乃是萬物的模型。而且這種模型，遠遠超乎萬物以上，不僅是可以包括萬物的一切而無遺，還是萬物所以存在的原因。這樣天主在自己本體以內，還不足認識萬物嗎？

宇宙以內，萬象森羅。一草一木的變化，盡我們一生的精力，也不能認識。若說一種理智，完全知道萬物的本性；在人看來似乎不可能。人的理智，在認識時，須假媒介，須用學習，當然不可以盡知萬物的本性。天主的理智，不用媒介，在自己的本體內認識萬物，祂爲認識萬物有甚麼困難呢？例如一個人在夜間，擎著一支蠟燭在園裡去賞花，燭光照到那裡，他看到那裡，而且還是昏迷不清楚。若是他在白天，太陽照遍各地的時候，他到園中去，一眼可以看遍園中的花木。人的理智，只是燭光；天主的理智，乃是太陽。

太陽照遍各處，天主的理智也就洞照萬物的一切隱密，不分已往和未來。未來的事物，都早已在天主的理智中。

對於未來的事物，天主也是在自己的本體裡去認識。天主既然超出時間以外，祂的理智便不受時間的限制；我們人對於未來的事，只能夠推測猜想。一個人的理智力強，知道一種事件的環境，他可以推測出這件事將來的變化。天主的理智力是無限的，一切事物又都是祂所造的，祂當然可以知道將來事件的變化了。而且天主不是預測或預見，祂是一眼看遍往古來今的。(十)

《聖詠》第三十九首說：

「明哉天主，燭幽洞微，諳我起居，鑒我祕思，行藏出處，明察罔遺，心聲未發，主已先知。瞻之在前，忽焉在後，聖手所指，不離左右。主之全知，超絕萬有。不可思議，

矧可詰究。神彌六合，靡所不包，聖顏普照，何所用逃。曰躍於天，主在雲表。曰潛於淵，主伏於沼。……」(十一)

三、天主是全能的

1. 天主有意志

在普通的人看來，天主亭毒萬物，賞罰善惡，便一定是有意志的；但是在一些談哲學的人，問題就不是這樣簡單了。主張泛神論的人，宇宙是神，神便不能有意志了。若以天的意志，僅只是宇宙的自然律，自然律是一成不變，自然地運行，上天的自由意志，也不見得很顯明。荀子即是從天道有常，證明天沒有自由的意志。

但是我們信天主是有理智的精神體，自然也就該信天主有意志。

理智和意志，緊相連繫，有理智便有意志。理智對於真美善，與以認識。認識了以後，有理智的精神體，對於真美善，自然而然起一種羨慕的心；真美善而不使認識的主體起羨

慕，則不成爲真美善；尤其是美與善，便失掉自己的意義。這一羨慕真美善的心，即是意志。㈢

我們人因爲有理智，便有意志，盛覺的嗜好，人獸相同，是一種本能的衝動，不受理智的支配，人的好惡之心，則受理智的支配。好惡之心，便是意志。一個人，若有很高的理智力，知道許多高深的理論，可是一點的俗惡都沒有，對於一切的事，完全沒有感觸，有如俗話所說：心如頑石。這種人我們不對他爲完人。他只發揮了理智的生活，把意志的生活荒廢了。所以意志和理智，是有同等的價值的。

既然是這樣，天主便也該有意志。若使天主沒有意志，人決不能有意志。人是天主所造的，人不能超過天主。

聖經上，多處說到天主的聖意，耶穌且以承行天主聖父的旨意，作爲自己的生活目的。耶穌曾說：「遵行遣予者之旨（天主聖父），而完成其工作，是吾食也。」㈣又說：「蓋吾言非由己出，乃遣予之父以所當言，所當傳者，命予言之傳之耳。」㈤

2. 天主有自由

既有意志，便有自由。我們看著自由，作爲人生最可貴重的寶物。失去自由，生活已失去了價值。

自由，是意志可以選擇。在許多對象裡，意志不被限於一個對象，而能夠任意選擇。「任意選擇」，真正的意義，不是閉眼瞎選，不分善惡。人的意志，常趨於適合於自己的善事善物。因爲善事物，足以成全自己，惡事物，足以破壞自己。在物性上說，沒有一物趨於自己的破壞。假使理智，對於一種事物，明明看到完全適合自己，意志便自然而然傾向這種事物。這種傾向，是由自己的理智鑑別的，是自己甘心誠願的；雖說是自然而然的傾向，然而是意志的傾向，即是自由的選擇。

在人事方面，人的理智力，不能看透事物的各方面，便不能清清楚楚地認識事物。再者，人世的美善，都是局部的美善，不足以完全滿足人的意志；因此人便有兩種的自由選擇。第一，在多數的善事善物中，可以任意選擇；因爲沒有一樁善事善物，明明看到完全適合意志。這是人們的真正自由。第二，在善事惡事中，人也可以任意選擇；因爲人的理智昏迷，把惡事看成了善事，認識適合自己。這是人們濫用的自由。

天主的意志，享有自由，理所當然。不過在解釋上，有許多不容易懂的地方。

天主的理智，至高至全，看透一切事物，決不會以惡爲善。天主的本體，至全至善，且不變化，更不需要再加成全。

那麼天主意志的自由，第一，天主自然而然地傾向自己的本體，不能有所謂自由選擇。第二，對於宇宙萬物，則自由選擇。

天主理智的對象，在於自己的本體。這個本體，全美全善。天主的意志便不能不傾於這個至全的美善。在這一點上，無所謂自由選擇；然而也不是被外力的強迫，乃是意志趨向自己的目的；而且又不是盲目的自然衝動，因爲有理智的明確認識。

天主以外的事物，都是受造之物，雖有美有善，對於天主不能有利益。這些受造的美善，天主都具有，而且天主的本體，極全極備，沒有任何的需要。因此這些受造之事物，便不足以吸引天主的意志，使天主不能不傾向牠們。

天主的意志，只傾於善，決不傾於惡，也不會誤以惡作善。但不因此就失去自由。在兩善之中，天主任意可以選擇。兩善之中，雖有大有小，天主不一定務必要選擇大善。

可是天主的本體，已經極全極備，世物中的美善，對於祂都不能具有吸引力，天主的意志又何必願意有牠們呢？

這一個問題：是問天主創造宇宙的意義。爲創造萬物，天主的理智，在自己的本體內認識萬物；同樣，天主的意志，也是因著自己的本體的美善，而願意有萬物的美善。天主願意有萬物的美善，不是取萬物的美善，乃是爲給萬物以美善。㈥

但是，天主意志的自由，不可完全按照我們人的自由去解釋。我們的自由，在於能夠任意選擇。任意兩字，也包含改換我們的決議。我們的意志所以是變動的，常常可以改變。天主的本體，完全不變；祂的意志，和祂的本體同一不分，祂的意志也就不能有改變。不能有改變，而有自由；這不是我們可以完全解釋清楚的。公教神學家的解釋，說天主在無始之始，願意創造宇宙時，一眼看透宇宙古往今來的一切，同時決定了一切事物的選擇。從我們人一方面去看，宇宙是在時間以內，事情分前後，天主對於事物的意志，似乎有變動。例如古經常說，天主願意降罰猶太人民，因著摩西或是一位先知的祈禱，天主息怒不罰了。這種願意降罰而又息怒不罰，在我們看來，是意志的改變，先願意罰，後來又不罰了。但在天主方面，祂是用意志的同一行動，包括願意罰而又不罰；因爲祂預先就看到摩西和先知的祈禱。既是意志的同一行動，便無所謂前後的變換了。

能力，可以從兩方面去看：一是受，一是動。一個人能夠受栽培，這是受的能力；一個人能夠栽培他人，這是動的能力。受的能力，代表一個物體，缺少一項美善，可以與以補充。這種能力，當然不能加之於天主。天主乃是極全無缺的本體。動的能力，爲一種行動的根源，爲本體發揮自己美好的表現。這種能力，天主具有；而且具有到最完全的地步，因此稱爲全能。

3. 天主全能

聖經上嘉俾厄爾天神告聖母瑪莉亞說：「天主固無所不能也。」(七)

聖多瑪斯問天主無所不能，該當怎樣解釋呢？若說宇宙間一切的事，無論多麼偉大奇妙，天主都可以做；這並不足稱爲全能，宇宙以外，不是還可以造別的宇宙嗎！若說無論甚麼事，天主都能夠做；這又太籠統了，難道天主可以可以把驢叫做人，把圓周稱爲四角嗎？聖多瑪斯解釋天主的全能說：「凡是能夠有存在之理的，天主都能作。」驢和人，本性相衝突，「驢人」沒有存在的理由。圓周四角，本性互相矛盾，是圓周就不是四角，「圓周四角」沒有存在的理由。除這些本性相衝突，沒有存在的理由的幻想外，其餘一切，天主是全能的。(八)

萊不尼茲曾以爲天主不能顯行靈跡，他不是否認天主的全能；但他認爲天主所行的，至好至全，宇宙自然律當是最完全的，靈跡則是破壞，這種完全，所以天主不能顯靈。聖多瑪斯則說明：天主創造宇宙，由於自己的自由，並不是非造不可。既是自由創造，天主便不是一定要創造一個極完全的宇宙，即在制定自然律時，不是一定要禁絕一切的例外。創製法律者，立在法律以上。不能因著自然律，限制天主顯行靈跡的自由。

註：

㈠ 出谷紀　第三章第十四節。

㈡ 參看S. Thomas. Summa The'ologica. Ia. 9.3.

㈢ 吳經熊譯　聖詠譯義。

㈣ 周子通書　動靜第十六。

㈤ 張載　正蒙　乾稱篇。

㈥ S. Thomas. —Summa Theologica. Ia9.10.a.1.

㈦ S. Thomas. —Summa Theologica. Ia. P.14.a.2.3.

㈧ 莊子　秋水篇。

(九) 荀子　天道篇。

(十) S. Thomas. —Summa Theologica. Ia. P.14. a.2.3.

(十一) S. Thomas. —Summa Theologica. Ia. P.14. a.4.13.

(十二) 吳經熊　聖詠譯義。

(十三) S. Thomas. —Summa Theologica. Ia. p.XIX. a.I.

(十四) 吳經熊譯　若望福音傳　第四章第三三節。

(十五) 同上，第拾參章第四九節。

(十六) S. Thomas. —Summa Theologica. Ia. P.19.20.

(十七) 吳經熊譯　新經全集　福音露稼傳　第一章第三十七節。

(十八) S. Thomas. —Summa Theologica. Ia. P.25.a.III.

第三章　三位一體

一、三位一體在經傳上的根據

公教教義裡最奧妙的一項，是天主三位一體。歷代神學家用各種的哲學論證法，解釋這項教義，從不能講明裡面的情形怎樣。因爲祂遠遠超出人的理智力以上，乃是天主本性的奧義。

既是不能講明，教會自己不會去造這種教義。公教所以信仰天主三位一體，乃是天主自己所啓示的，我們在聖經和宗徒傳說裡，明明見到這種文據。

舊約古經不見有三位一體的顯明文據。天主沒有將這項奧義明明啓示猶太人。猶太人好鬼好神，天主常訓令他們敬拜唯一的上主天主，若啓示他們天主三位一體，他們一定要弄出三位天主了，但在古經裡，也有文據暗示了這項教義。由新經一方面去看，古經的那麼文據，可以作爲這項教義的佐證。

新經對於三位一體的大道，則說的很顯明了，文據極多。

耶穌自己訓令宗徒們說：「天上地下一切諸權，已賦於我，爾其往訓萬民，服膺聖教，因父及子及聖神之名，爲之付洗。」㈠耶穌親定聖洗，以聖父聖子聖神之名，爲聖洗的要文，他自己明明說出天主三位，父，子，神。

耶穌又說：「聖父乎，求父以己名義，集合父所賜予之眾，使成一體，猶父與予之爲一體。」㈡「夫睹予即睹父也……爾豈不信予之在父，父之在予乎。予所授你之訓，非予自言之也，實父寓於予，躬行其道耳。」㈢耶穌明明說自己爲聖子，與聖父同爲一體。

論聖神，耶穌說：「予當自聖父遣發保慰恩師於爾，保慰因而非他，即真理之神，發自聖父者是。彼至，予作證，……何則，蓋彼自予受之，而授於爾也。」㈣是聖神「發自聖父」而又「受自聖子」，是其與聖父聖子同一性體，同一活動，亦即同爲一天主也。

新經上，倘有其他的文據，證明耶穌親口啓示了宗徒們：天主有聖父聖子聖神三位，三位同是一體。宗徒們接受了耶穌的啓示，他們堅信不疑，把這項奧妙，教授信徒。

聖若望宗徒，在他的福音傳開端便說：「太初有道，與天主偕，道即天主，自始與偕，」道字在原文爲「言」字，言字在原文代表天主聖子。吳譯新經全集用「道」字不用「言」字，因爲道字在中國哲學家中，已用爲代表，「理」字，更適於代表天主聖子，聖若望宗徒說明，天主聖子在無始之始便已存在，祂是天主，常與天主聖父相偕。

聖葆樂宗徒在十四封書信裡，說到天主聖三的次數很多，最顯明的有下列幾處：

「爾等宜以基督耶穌之心爲心。夫彼神也，與天主等齊而不居焉，乃屈尊紆貴，甘自爲僕，而降生爲人，」㈤原文的，「夫彼神也，」神字指著天主的性理，耶穌有天主的性理與天主相等。

「夫基督者，乃無形天主之肖像，而造化之乾元也。……基督先萬有而生，爲萬有之綱領。」㈥肖像兩字，下文將加解釋，謂耶穌是天主聖父的真相，蘊藏著整個的天主性。

「聖子者，天主所立爲承受萬有之嗣，所憑以締造宇宙之道，天主光榮之輝映，天主本體之神表，而以大命亭毒萬物者也。」聖葆樂以天主聖子，爲天主本體的神表，祂創造宇宙，亭毒萬物，與天主聖父，同體同性。

「爾豈不知，爾乃天主之宮殿，天主聖神之所寓乎？」㈦「豈不知天主已賜爾以聖神，而爾身即爲聖神之宮殿乎？」㈧聖葆樂訓誨信徒們杜絕淫穢，莫污辱自己的肉體；因爲肉體乃天主聖神的宮殿。耶穌自己曾說：「人若愛予，必守吾訓，則吾父必愛之，且將偕予同就若人，而以之爲安宅。」㈨耶穌說聖父和祂，將以愛祂的人爲安宅；聖葆樂說信徒的身體，爲聖神的宮殿，把兩處所說合起來，便見聖父聖子聖神，同以沒有罪污的信徒，作爲宮殿。

宗徒們以後，聖教會的著作家教父們，沒有一個不堅信天主三位一體。但在第一世紀聖若望宗徒尚活在人間時，已經有人創立異說，不信耶穌爲天主。第三世紀時葆樂撒莫撒得諾（Panlus Samosatenus a. 260）首創邪說，反對天主三位一體。三世紀末至四世紀初，亞里阿（Arius）正式攻擊這項教義；全教會主教於三百二十五年，舉行尼車亞城（Nicea）公議會，教宗派代表主席，禁絕亞里阿的邪說。教會自後遇有誤解或反對這項教義者，立即與以禁止，認這項教義爲全部教義的根基，凡是一切宗教儀禮和祈禱，都以天主聖三的聖名而舉行。

二、天主三位

1. 釋名

公教神學爲解釋天主三位一體和耶穌一位兩性，所用的術語，多是士林哲學的名詞。這些哲學名詞，在中文裡，既沒有一致的譯名，而且譯出來，非加一番解釋，閱者也不會懂得每個名詞的確實意義。在下面，我們便略爲解釋這些哲學術語。

「性理」（Forma），照字義說，可以譯爲相，像，或形相，指著一實有體的本性所有的理，因著理，實有體竹本性所以是這樣，不是別樣。

「質」（Materia）是材質，爲物質性，凡是一種物質物的本性，都是由理和質合成的。

「性」（Essentia），即是一個實有體所以成爲這一個實有體的因素，稱爲性。物質物的性，由理和質而合成。精神體則只有理而無質。非自有的精神體，牠的自性含有潛能，牠的性是有限的，自有的精神體，祂的自恆完全是現實，自性則是絕對無限的。性在動一方面，稱爲Natura，因爲牠是行動的基礎和範疇。

「自體」（Substantia），也可稱爲自立體。指著一種實體，自己能夠自立，不依附他種物體。牠自己是主體，而不是附屬體。

「單體」（Suppositum），或譯爲個體，是自體的每個單位。自體能夠有一類，譬如人，人中的每一個人，則稱爲單體。

「位」（Persona），或譯爲位格，位稱，人格，人稱，譬如文規上的動詞，有所謂第一人稱，第二人稱，第三人稱。又如宗教思想史上說上帝是有人格的神。但是在士林哲學上，「位」是指有理性的單獨自體。沒有理性的單獨自體，只稱爲「單體」。

「單體」或「位」的構成素，士林哲學家的主張，頗多分歧。因爲在「自性」以上，應加那種要素，自性纔成爲一單獨的自體？士林哲學家沒有一致的主張。但是大多數的士林哲學家都主張「性」和「有」（Esse）是相分離的。「性」是抽象的自性，「有」則是具體的存在。一個自性，要加上具體的「有」，纔成爲一個實際的自體。「單體」或「位」，是在「性」和「有」之間，加上一種「單體素」，使一類的自性，成爲一個單獨體的個性，個性再加上「有」，便是實際的單體。可是這「單體素」究竟是甚麼呢？士林哲學家又各有各的意見。例如「甲」，甲是一個人，是一個「自體」。甲是人便有「人性」，人性由「性理」和「質」而成，即是「有理性的動物」；這種人性，只是抽象的，要再加上「單體素」使成爲「甲」的個性，然後再加上「有」，於是便有「甲」這一個人。因此甲的性理，質，自性，有，單體素，都是彼此分離的。

從天主本體上去說，祂的「自性」和「有」，不能分離；因爲天主不是從潛能而成爲實有。天主是絕對的有，祂的自性即是自有；在理論方面，祂的性和有，也不能分離。

2. 天主三位

在天主的本體上，「性」和「有」，既是相等，「性」即是「有」，「有」即是

「性」。天主三位，便不能從「性」和「有」，一方面去解釋。

同時，天主三位，也不能從附屬體方面去解釋。我們人在本體上，帶有許多屬體，除外部可見的皮膚顏色和體格高低，各種物質性的附屬體外，內部的理智意志，也是些精神性的附屬體。天主因爲是「絕對的有」，不能帶有附屬體；因爲附屬體是可有可不有的，「絕對的有」不能夾帶可有可不有的附屬體。

可是在天主本體內，也有動作，天主的動作，當然是精神的動作。精神的動作，在天主以內有兩種，即是上面所說的理智動作，和意志動作，理智動作是認識，意志的動作是愛。

天主認識的對象，在於自己的本體：天主愛情的對象，也是自己的本體：天主認識自己，天主愛自己。

我們的理智，在認識時，常有一個代表認識對象的觀念。理智的動作，以觀念爲止點，天主的理智，在認識自體時，不像我們的理智，需要觀念；況且我們的觀念，都是附屬體。可是天主的理智，在認識自體時，也有祂的止點。這個止點，是天主的本體，但也是祂對自體的認識。這個認識，我們不知道怎樣稱呼，便稱爲天主對自體認識的觀念。

我們的意志在愛一人時，我們的愛情並不是直接達到身外的所愛的人，我們愛情，是止住在意志以內所有的愛人的意像。我們所以常說：心目中常有那人。愛人不在跟前時，我們仍舊可以愛他。天主愛自己時，祂的愛情也有祂的止點；天主愛情的止點，是自己的本體；可是所愛的本體，也是祂愛情中的意像。

如是我們可以瞭解，天主的理智自識其性體，而此相識者則相愛，此天主性體之「自識」與「相愛」亦隨天主性體之「永恆實有」而永存永在；此即天主性體內之自立的三位。

聖經上，稱天主第二位，爲聖子，爲聖言（Verbum），爲上智。聖言和上智，都是指著理智，聖言且有觀念的意思，聖經稱天主第三位爲聖神，爲愛火，爲神愛。愛火和神愛，即指著意志的愛情。

公教神學家，所以從動作一方面，去解釋天主三位。動作有起點，有止點。起止中間的過程，稱爲關係（Relationes），天主動作的關係，神學家名爲「出發」（Processiones）。

天主本體的第一項「出發」，爲理智對自體的認識。認識的止點，即是聖言，爲天主第二位。我們人認識自己時，在理智內構成一個代表自己的觀念。這個代表自己的觀念，可以稱爲第二個自我。這第二個自我，是我們自己所造的，好似由我們所生的。因此天主第二位聖言，稱爲聖子。天主第一項「出發」出發點是天主聖父，止點，是天主聖子。

天主本體內的第二項「出發」，爲意志對自己的愛情。愛情出發，由理智的支配。天主第二項出發，起點爲聖父和聖子，止點，爲聖神。

公教的教義乃說：天主有三位，即天主聖父，天主聖子，天主聖神。聖子生於聖父，聖神發於聖父和聖子。

三、三位一體

按著普通哲學的講法，認識的觀念和愛情的意像，只是附屬體，決不能成爲自立體。但是在天主方面，因爲祂是絕對的純淨的有，不能有附屬體，於是祂對自己的認識和對自己的愛情，便成爲兩自立體，稱爲聖子、聖神。

若是再按著普通哲學的講法，既是自立體，便成爲各自獨立的單體；那麼聖父、聖子、聖神，應是三個單體，天主即是三個，而不是一個了！

可是天主只能是一個，祂是絕對的有，祂是唯一的，祂是最單純的，天主決不能是三個。假使聖父、聖子、聖神，是三個天主，三個便都不是天主了！

三位一體，是公教教義最深的奧義，不是普通哲學所可以解釋的。這種奧義，遠遠超出人的理智力。傳說聖奧斯定寫天主聖三論時，獨自一人在海灘上踱來踱去，沈思深索。灘上有一個小孩子，在沙灘裡掘了一個小孔，拿調羹，掬取海水，灌到孔裡。小孩子跑來跑去，掬了來灌，灌了去攔。聖奧斯定踱了很久，便停步問小孩想幹甚麼。小孩答應說：要把海水都灌到小孔裡去。聖奧斯定笑說那是不可能的。小孩卻反問他，爲甚麼你想把天主聖三的奧義，灌在你的腦袋裡？說後，小孩便不見了。

講解天主聖三的奧義，不是人有限的理智，可以做到的事。但是我們至少該說明這事並不是不可能，三位一體並不自相矛盾。

三位一體，「一」字和「三」字，按數學的意義去講，一不能是三，三不能是一；是一又是三，則是自相矛盾了！可是這要從同一的觀點去看，在同一的觀點上，一和三不能並立；但是在兩個不同的觀點上，一和三可以同在一個主體上。天主三位一體，一體是從自立體一方面去看，三位是從關係一方面去看。一字代表唯一不可分的自立體，三字代表互相關係的三點。

一個唯一不可分者的自立體，自體內有互相關係的三點；這在理論上，不能說是自相矛盾。

三位一體的一字，是從性和有（在）的方面去說：天主性只有一個。天主的性和有，是同一的，性即是有，有即是性；不像我們的人性雖同是一個，我們的有，各人各有各的。天主的「有」（Esse），只有一個。即是一個天主。

三位一體的三字，是從「出發」關係的方面去看，理智的關係和愛情的關係，所有起點和止點，共是三點。三點不是同一點。三點既是自立體，便是三位。

三位同是一「性」，同是一「有」。性和有，由體字作代表，所以稱爲三位一體。位字和體字，意義很相同，神學的拉丁術語因此常稱三位一性。位和性，意義很有分別，不容易混雜，可是天主的性和有，完全相等；性和有一齊，便是自體；因此中文釋爲三位一體。位和體的意義雖然很相同，位即是有理性的單體，可是位所注重的「單」，在分別；體所注意的，在「有」在「自立」，因此三位一體，在意義上，不自起衝突。

公教的教義，信聖父、聖子、聖神，是同一的天主。聖父是天主，聖子是天主，聖神是天主。但是並不是三個天主，只是一個天主。聖父的天主性，即是聖子聖神的天主性；聖子的天主性，即是聖父聖神的天主性；聖神的天主性，即是聖父聖子的天主性。三位中，無先無後，無大無小。

天主聖三，同是一個自體，同是一個主體。天主的動作，同屬於三位，因爲三位同是動作的主體。普通我們以創造宇宙，歸之聖父；以光照世人，屬於聖子；以熾熱聖愛，屬於聖神；這是我們的一種說法，實際上，造化，光照，熾熱屬於天主亦即同屬於聖父、聖子、聖神。只有降生成人的是天主第二位—即天主子—。

註：

㈠ 吳經熊譯　新經全集　福音瑪竇傳　第二十八章第十九節。
㈡ 吳經熊譯　新經全集　福音若望傳　第十七章第十一節。
㈢ 同上，第四十七章第九節第十節。
㈣ 同上，第十五章第二十六節。第十六章第十四節。
㈤ 致斐立比人書　第二章第六節。
㈥ 致歌羅森人書　第一章第十五節。
㈦ 致格林多人第一書　第三章第十六節。
㈧ 同上，第六章第十九節。
㈨ 福音若望傳　第十四章第二十三節。

第四章　天主創造宇宙萬物

一、天主創造宇宙萬物

1. 宇宙該有一創造者

有神論和無神論，彼此的爭點，完全在宇宙有否創造一點上。無神論認爲宇宙是自有的。這個宇宙，或者是唯心，或者是唯物，結果都歸到宇宙自生自化。用不著創造者，宇宙成了他們的天主。

胡適之曾說：「在宗教信仰向來比較自由的中國，我們如果深信現有的科學證據只能叫我們否認上帝的存在和靈魂的不滅，那麼，我們正不妨老實自居爲無神論者。這樣的自稱，並不是武斷；因爲我們的信仰是根據於證據的：等到有神論的證據充足時，我們再改有神論，也還不遲。」㈠

他在同一篇文章裡歸納吳稚暉的思想，說「根據於天文學和物理學的知識，叫人知道空間的無窮之大。根據於地質學及古生物學的知識，叫人知道時間的無窮之長。根據於一切科學，叫人知道宇宙及其中萬物的運行變遷皆是自然的：——自己如此的——正用不著什麼超自然的主宰或造物者。」(二)

胡適之說自己不是武斷，然而竟其實他已經武斷了沒有造物者。因爲科學是物質的，物質不能用無窮兩字；空間不能有無窮之大，時間也不能有無窮之長；而且根本上科學就不能證明這一點，我們就假設科學可以證明這兩點；然而空間的無窮之大和時間的無窮之長，並不證明宇宙是自有的，用不著超自然的造物者。這種證明不證明，已是哲學上的問題了。至於宇宙的運行，更不能在實驗方面，證明宇宙用不著超自然的主宰。

按著近代科學的結論，照哲學的邏輯去推論，科學適足以間接證明宇宙應有一創造者。教宗庇護第十二，在一九五二年教廷科學院行常年大會時，作了一篇很長的學術演講，用近代天文學和物理學的最新發明，解釋聖多瑪斯爲證明有一天主所用的「五路」證據，小如原子的動，大至星球的運行，都足以證明宇宙應有一個不動而發動萬物的創造者。(三)

美國福爾頓莘（Fulton Sheen）主教在他的宗教哲學一書裡也說，即使假設宇宙是永久的，宇宙也要緊有一創造者。宇宙的永久，是一種繼續的變遷，變者不能自變，也不能自有。他又說，即使假設宇宙間的生物，像達爾文所說，由進化而來，也不能不要造物者。化者既不能自化，而且跟著進化階段，追到最初時的原始物時，這物不能自有，必定該有一造物者。㈣

地質學和古生物學，發明地球已經有幾千萬年之久；於是便有像吳稚暉和胡適之的學者，以爲如是，宇宙便用不著超自然的造物主了。福爾頓萃主教說這班人的錯誤，在於估錯了時間的價值。時間固然可以加增緣因的效力，一天不可做的事，一月或一年可以做完。可是一隻母雞，儘可給牠一千年或一萬年，牠也寫不出莎士比亞戲劇的一句話。㈤宇宙不能夠「自有」，並不因爲存在了千年萬年或者萬萬年，就改變了性質，變成了自有物。

進化論說高級生物由低級生物，進化而成。然而，每種生物，不能自有，由他種生物進化而來。那麼沿著進化的環鏈，一環套一環，最初的那一環該套在甚麼地方呢？這一環或者是自有的，或者是受造的。若說最初的一環，是自有的，那就承認這一環是神了，便成了泛神論。若說最初的一環，不是自有的，也不是受造的，是由宇宙間他種物質變成的；宇宙則是自有的。這種答覆，並沒有結決了難題，只是從有生物移到無生物上。若說集合各種非自有的物體而成的宇宙，因此宇宙是自有的；那和中國古人所說：「集群盲不能得一明，集群聾不能得一聰」的成語，不相符合了。只有承認宇宙是神，成一泛神論者。

可是泛神論較比無神論，在理論上更是不通。在理論上，神和非神，界限清明。泛神論，卻把神弄成了非神，把非神要弄成神。我們用不客氣的話來說，泛神論的神，是一個非牛非馬不能存在的東西。神必定該超出宇宙以上，若是同宇宙站在同一的平線上，或者竟和宇宙混而爲一，那已經失去了神的本性，就不是神了。

所以我們簡單寫一個結論：科學不能證明宇宙萬物是自有自存的。按哲學的理論，宇宙不能自有自存，因此宇宙萬物該有一創造者。

若是中國學者要說：玄學的哲學已經死了，只有科學的哲學。那只有請這班學者不要欺騙中國人，因爲只要稍爲研究過歐美思想的人，都知道玄學和科學的爭，不是像中國學者所說，已經是陳舊的歷史問題；而且最新的歐美思想，已經由注重科學轉到注重玄學了。

2. 天主創造宇宙在經傳上的根據

古經創世紀說：「起初天主創造了天地。」㈥這句經文的意義很明顯；但是聖經註釋家和神學家對於每個字都加有很多的註解。我們也簡單解釋幾句。

「起初」兩字，用爲指著時間的開始。時間隨著宇宙而有，最初的受造物受造時，時間在這一刻開始計算。這個「起初」，所以是絕對的起初，沒有別的時間在牠以前，是時間計算的起點，但若從理論方面去說：「起初」兩字為「創造」一詞的形態詞，「創造」在事實上，同所創造的東西，同時在理論上應該先於所創造的東西；因此「起初」在理論上，也表示在未有時間以先。

「天主」，原文為「厄羅音」，為複數，所轄的動詞「創造」為單數。猶太人尊稱天主，用複數。在惟一天主以外，猶太人絕對不信另一神靈。

「創造」，原文為「巴拉」，註釋家和神學家，對這個動詞，意見不一。在古經裡，「巴拉」雖常用為指示天主的特殊動作，但是並沒有從無中生有的意思。「無中生有」的含義，須從文句中求得。

「天地」表示宇宙萬物。中國古書裡也常用天地表示宇宙萬物，即是說天和地以及天地所覆載的東西。

古經創世紀第一章說了天主創造天地以後，便述說天主於六日以內，造成了萬物。第一日，造了光明，第二日造了穹蒼的天，第三日造了天地，第四日造了日月星辰，第五日造了飛禽魚鱉，第六日造了走獸昆蟲，最後纔造了人。

達爾文派的進化論者，主張有生物是一級一級地進化而生，便以創世紀的六日造萬物，作為無稽的神話。地質學家從掘出的上古動物的化石，證明有許多上古的動物，今日已經絕跡，他們便以為動物是嬋遞相繼續，並不是一切動物在最初就都有了。因此六日造萬物的話，他們認識與科學不合。

公教的聖經註釋家和神學家，早已把六日的「日」字，不解為普通所用一日的「日」字，而解為時間的劃分詞。創世紀的六日，表示六個不同的時間。這種時間，可長可短。聖奧斯定曾主張宇宙萬物，造於一刻，時間相同。但在創造的一刻，萬物不是都具有完全的形質，大都只有種子，後來漸漸發育成全。

然而公教教宗歷代的訓示，則以創世紀所說的分期造物，應該保全牠的原意，不能把六日分期的意義廢棄。聖奧斯定的主張，是因為他不懂聖經原文，有所誤會。

3. 天主創造萬物的意義

公教的信仰，基本點在於信天主創造萬物，我們信有一天主，因為我們由宇宙萬物，推論到天主的存在。這種推論的理由，是因萬物為受造物，我們由效果推到緣因。假使萬物不是天主所造，我們便不能知道有沒有天主；就使有天主，跟我們也沒有關係。

我們因此對於這項基本的信條，扼要的加以解釋。

甲、創造

「創造」一詞，在神學上有自無中造物的意義。老子曾說：「有生於無」。㈦然而老子的話和公教神學的話，意義不同。老子以宇宙萬物生於氣，氣生於道，氣爲有，道爲無；因此他說有生於無。他的無字代表道字。道曰無，無字不是絕對的空虛無有，乃是相對人的理智。道稱爲無，因爲不可名，不可說。公教神學的自無中造物，無字表示絕對的虛無。天主爲創造天地，沒有假藉已有的材質。祂只用自己的全能，從無有中創造了宇宙萬物。

「自無中造物」，乃是天主創造宇宙的特點，作爲天主工作的特色。我們人也常說自己創造甚麼東西。學術家創造一種學說，藝術家創造一種作品。人類的創作，說是自出心裁，不抄襲他人。可是自出心裁的創造，並不是完全自無中生有。藝術家爲創造作品，要用大理石，要用顏料，要用紙筆，要用文字。這些都是已成的材料。學術家爲創造一種學說，也要用語言文字。無論那個人，就是他有天大的本領，也從不能自無中造物。無中造物，不假已成的材質，只有天主。因爲天主是整個的「有」，祂的動作，直接達到「有」，沒有或不存在的物體，天主能夠使牠有，使牠存在。我們人只是「有」的一種，因此我們的動作，只能使「有」改變樣式，從已有的東西，造出他樣的東西。

這一點在哲學上，也是很明顯的。宇宙萬物在沒有受造以前，沒有別的物質；天主爲造萬物，當然不能假已成的材質。

在宇宙萬物未受造以前，只有天主。天主造萬物，不用自己的本質；因爲天主的本體不能有變遷。若用自己的本質去造萬物，天主的本體就起了變動。而且天主的本質，至純至全，不能分給受造物；因爲受造物是有限的，不能承受天主的本質。因此，我們在上面曾說過，泛神論較比無神論更爲不通。若是天主以本質造萬物，即是一種泛神論。

乙、創造萬物的理由

關於創造萬物的理由，我們可以從兩方面去看。第一，天主創造宇宙時，每件物體都有各自的所以然。這種所以然的理由，從那裡來的？天主創造萬物，自無中造有，不用已成的材質；可是自無中造物時，天主給每件物體各自所以然的理由，這種理由，當然先已有在天主的理智中，天主的理智，以自己的本體爲認識的對象；那麼，祂造萬物所有每件物體的理由，必定來自自己的本體，天主的本體，是無窮的真美善；祂便仿用自己本體的點滴真美善，作爲萬物各自成立的理由。所以公教神學，以天主的本體，爲天主創造萬物的模型。

第二，天主爲甚麼創造宇宙萬物呢？天主是最高最全的理智體，祂的行動必定有目的，他方面，天主是絕對的「有」，整個的「有」。凡是可有可存在的，祂都具有了；任何的真美善，在祂的本體裡，都完全具備。所以天主的動作，不能爲取得自體以外的真美善或快樂；天主創造萬物的目的，該是爲祂自己。天主自己既有一切可有的美善快樂，祂造萬物必不能是爲增加自己的福利，因此，只在把自己的真美善顯示一點出來，同時，也把真美善賜給萬物，作萬物的福利。公教神學乃以天主顯揚本體的真美善作爲創造萬物的目的。

二、天主亭毒宇宙萬物

1. 天主直接管制宇宙萬物

朱熹曾說：「蒼蒼之謂天，運轉同流不已，便是那個。而今說天有個人在那裡批判罪惡，固不可；說道全無主宰之者，又不可。這裡要人見到。」（朱子語類），朱子用性理的天代替主宰的天，但終歸於仍舊要說，天地不能沒有主宰。

天主既造萬物，萬物當然屬於祂的統轄。這一點，按理性去說，誰也不能否認。不承認萬物是受造，而以宇宙爲自有的人，他們當然也就不承認宇宙有主宰的神明。

老子曾說：「天地不仁，以萬物爲芻狗。」㈧王弼註說：「天地任自然，無爲無造，萬物自相治理，故不仁也。仁者，必造立施化，有恩有爲。造立施化，則物失其真；有恩有爲，則物不具存。」胡適之又有第二種註釋：「第二，仁即是『人』的意思。……不仁便是說不是人，不和人同類。古代把天看作有意志，有知識，能喜怒的主宰，是把天看作人同類。這叫作天人同類說。老子的『天地不仁』說，似乎也含有天地不與人同性的意思。……老子這一個觀念，打破古代天人同類的謬說，立下後來自然哲學的基礎。」㈨老子不承認天地有主宰，即是很明顯的事。不過胡適之以老子的「似乎也含有天地不與人同性的意思」，馬上跳到老子的「打破古代天人同類的謬說。」以「似乎」去「打破」，似乎不能打破論理的推論原則。

胡適之所說「古代天人同類的謬說」，是指的中國經書裡的上帝。《詩經》和《書經》都主張上帝是天地的主宰，禍福由天所降。

公教信天主亭毒統制萬物，而且信天主直接統制萬物。聖經上耶穌說：「故吾語爾，毋庸岌岌於何食何飲以養生，何衣以蔽體。……盍觀天際飛禽，不稼不穡，無儲於倉，而爾在天之父，猶且養之蓄之，爾等之貴於飛禽，不亦多乎？……夫田間之野草，今日暫存，而明日投爐者，天主尚且飾之若斯，而況於你爾？」㈩

2. 命運問題

天主統制宇宙人物，祂的意志在無始之始，已經規定了一切，不能改變；那麼發生了一個極大的難題：每個人的一生，是不是未生以前，已經都已註定？天主既是在無始之始，已經規定了一切，當然也規定了每個人的一生；這種規定，而且不能有變換，這豈不是宿命論嗎？人已經不能有自由！不單是壽夭貧富，已有宿命；人的得救或喪亡，也是早已固定。公教勸善懲惡，使人得救，那又有甚麼意義呢？

聖經上聖葆樂宗徒明明說：「不寧惟是，吾人亦知人苟能真心愛天主，則天主必使天地萬物同力相助，而亨通之。如此之人，亦即天主依其聖意而見召者也。蓋天主所預（寵）知者，乃預簡之，俾克肖其聖子。……故其所預簡者，心從而召之；其所召者，更從而義之；其所義者，更從而榮之。吾人於此尚有何說？天主友我，誰能敵我？」(十一)

凡是得救而受光榮的義人，都是天主所預召預簡的。天主為簡召一人，是按祂的聖意而簡召，因此人得救，乃是天主的意志，預先所規定的。

既是預先預定的，人怎麼還有自由呢？

公教神學家為解釋這個難題，意見很多；但都不能解釋明白，因為這是公教教義的一

項奧義。(十一)

公教信有天主的預定，又信有人的自由。

天人願意人們都能得救，但也不願意強迫人們都得救；因此預先知道不是一總的人都能得救，同時也就知道有些人們將能得救。人們爲甚麼能夠得救呢？是因爲他們願意善用天主的助力，行善避惡。天主在無始之始，已經預先認識了這些人；聖葆樂說：「蓋天主所預告者」。於是天主便簡選了這些人，使他們得救升天：這就是「乃預簡之。」既預先簡選了這些人升天，天主乃召他們爲義人：「故其所預簡者，必從而召之。」既預召了這些人成爲義人，天主乃賜給他們聖寵的助力，使他們行善避惡；「其所召者，更從而義之。」既使他們行善避惡，即是使他們立功修德；有了功德，天主按功行賞，乃給天堂的光榮，故「其所義者，更從而榮之。」

那些沒有被簡召的人，天主則讓他們做惡，讓他們喪亡。

不過，這都是按照我們的理智力去解釋，似乎並不太難懂。然而其實，人沒有天主聖寵的助力，不能行善避惡；天主若賜給強有力的聖寵，人並不能不順從；於是上面所解除的困難又翻轉來了。天主所預先知道能夠得救的人們，是因爲他們受有天主的強有力的聖寵；所預先知道不能得救的人們，是因爲他們沒有天主的強有力的聖寵。受有強有力的聖寵的人們，是天主所預簡的；沒有強有力的聖寵的人們，是沒有被天主預簡的，那麼預簡不是完全在於天主的聖意嗎？

但是這種難題，又是按著我們理智力去推測。在天主一方面，沒有時間的先後，所以沒有所謂「預簡」「預召」。再者，天主賜給一個人強有力的聖寵，必是知道他具有可以行善的好心。一個人的好心，和天主賜給他強有力的聖寵，以及他的行善，和升天的光榮，在人一方面，有時間先後和緣因效果的關係。在天主一方面，則都是同時的；對於天主的意志，并沒有因爲他好心，纔定下給他聖寵；也沒有因爲他行善，所以定下給他光榮。而且天主的理智行動和意志行動，也沒有時間的先後，知道這個人要升天，和定下這個人要升天，是同時的，沒有前後的從屬。

簡單地，按我們人的看法去說：一個人爲甚麼得救？因爲天主預先見到他的好心，乃給他強有力的聖寵，他便得救升天。一個人爲甚麼喪亡呢？因爲天主預先見到他缺乏好心，便不給他強有力的聖寵，讓他作惡。

至於一個人的壽夭貧富，是由於一個人的自由和周圍環境所造成的。天主在無始之始，已經知道這一切；在天主一方面，無所謂註定一個人的命運。在人一方面，因爲這一切天主早已知道，不能改變，便有所謂宿命。

人的壽夭貧富，和人的得救雖是人的自由和周圍環境所造；但也跳不出天主的亭毒。

人的祈禱，便也能影響壽夭貧富和得救了。這種影響，天主在無始之始，也是同時知道的；因此也不是改變天主的預定。

3. 萬物從天主得有動力

宇宙的萬物，不單是受天主的直接管制，而且各自的存在和動力，是直接仗恃天主。宇宙並不像一架機器，造成了以後，便跟製造的工程師脫離關係，可以獨自存在，可以自己工作。

宇宙萬物的存在，卻是一刻也不能脫離天主的。古經上說：「你（天主）若不願意，甚麼東西能夠存立？若是你不召叫，甚麼東西能夠保全？」㈢聖詠上說：「巍巍我主，經綸無數，陶鈞萬物，澤被寰宇，……主但掩顏，庶類逐塵。」㈣

在理論方面，這一點實在是理所當然。萬物是由無中造出的，牠們的存在，完全仗恃天主的全能。好比一個懸空的東西，捧在人手掌上，只要一掣手，東西就要掉下去。萬物因著天主的全能，從無中浮出；若是天主的全能一撤去，萬物馬上就要歸於虛無。所以聖詠說：「主但掩顏，庶類逐塵。」公教神學稱「保全萬物」為創造的繼續。

人世工藝家創造一種作品時，是藉用已有的質料；因此所製成的工藝品，可以脫離製造者而存在。因爲質料的存在，並不靠工藝製造家；反之，製造家還靠質料呢！

萬物的被造，自無生有，在存在上，時刻都仗恃造物主。牠們的動作，也都要仗恃造物主了。

沒有一種受造物，自身具有的動力，在動作時，便不能自動。在物理上，一個物體的動力，常靠另一物體的發動。可是不能這樣推至無窮，歸根必定要緊有一具有自動力的實體，發動一切物體的動作。再者，每件物體，在發動以後，都有各自的本身動作，都有各己的本身。例如，一枝筆用來寫字，筆被拿起來寫時，筆有寫的本能；至於字則是人寫的。筆的能寫，是筆所具有能力的。可是筆本來是無，若沒有天主的保全，筆就要變爲無；那麼筆的能寫，也靠天主的支持，天主若不直接供給筆以能寫的動作，筆就是拿在王羲之的手裡，筆也不會動。因此每件物體的動力，直接仰給於天主。

我們人的工作力，也是直接仰給於天主。在生理和心理方面，心身的機關互相連屬，好似一架機器。這架機器的運動，靠著血液，靠著養料。然而一切器官都不是自動，所以能夠動，完全因爲天主的支持。

天主支持萬物，給萬物和人們以運動的動力；天主不是特別顯行靈跡，乃是按照自己而定的自然法，萬物因此不感覺到天主的直接影響，一切都順乎自然。

我們人的行動，在生理和心理方面，按照自然律；可是我們有自由的意志。意志的行動，由我們人作主。不過人的自由，也受天主的支配。對於這一層，我們在後面，將加以解釋。

註：

(一) 胡適　科學與人生觀序　胡適文存　二集　卷二　第十五頁。

(二) 同上，第二十五頁。

(三) Acta Apostolicae Sedis. 1952. p. 31-43.

(四) Fulton Sheen—The Philosophy of religion. p. 146-147.

(五) The Philosophy of religion. p. 144.

(六) 思高聖經學會譯本　梅瑟五書　創世紀　第一章第一節。

(七) 道德經　第四十章。

(八) 道德經　第五章

(九) 胡適　中國哲學史大綱　上冊　第五十六頁。

(十) 吳譯　新經全集　福音馬竇　第六章第二五節至第三十節。

(十一) 吳譯　新經全集　聖葆樂致羅馬人書第八章第二十八節至第三十一節。

(十二) 參考Petrus. Parente—De deo Uno. Cap. De Praedestinatione. Romae.

(十三) 智慧篇第十一章第二十六節　思高學會譯本。

(十四) 聖詠　第一百有四首　吳經熊譯義。

第二編 人

第五章 人

一、人為天主所造

1. 進化論

拉馬爾克（Lamarck）生於一八〇九年，首先主張物種進化論。他的主張有兩點：第一、生活的環境，影響生物身體上的器官，使不適用的舊器官退化，適用新器官發育。第

二、生物身體器官的變化，影響於生殖的細胞，遺傳於新的胚胎，新生的生物，便有新的器官。拉氏以後五十年，達爾文出生了。達氏日後盛吹進化論，他以物競天擇爲宇宙間最高的自然律，只有強者能夠生存。弱者死滅了，強者繼續進化，換種改類。低級生物，進爲高級生物，猴子進化爲人。達氏以後四十餘年，又有新的進化論出現，立論的人爲德福里（De Vries）。德氏放棄了拉馬爾克和達爾文的繼續遺傳說，他承認一種一類的改進，乃驟然出現於一二生物，因爲生物的生殖細胞內，雖具有歷代遺傳的新原素，但不順序發現於外，於一二生物內，因著特殊的情形，驟然發育，便成一種新生物。最近幾十年的進化論者，多撇開外面的生活環境，注意於生物內部的生理關係，研究遺傳的進化。

因此，達爾文的唯物進化論，以低級有生物，來自無生物，高級生物，來自低級生物，人則來自猿猴；這種進化論於今在歐美，信從的人，已經不多了。

但概括地說，進化論則仍舊保有科學界的地位。地質古生物學，今日已經證明世界上的生物，是舊種滅絕，新種發育。遠古時代的生物，今日已經不存了。古生物學家把舊種新種，按時代排列，作成一架梯子，逐漸向上升。這種實例，很足證明生物的進化。

然而這種實例，爲能確實證明生物進化論，還缺少兩個根本的條件。第一，地質古生物學，至今尚不能找到由一種生物到另一種生物的中間生物，所以只能說前一種生物滅了，後一種生物產生了，卻不能證明後一種生物，必定是由前一種生物變化而來的。第二，地球上所有的生物，不一定是前一時代較比後一時代低。現在我們若去參觀古代生物的化石，我們可見古代生物的身體結構，比較近代的生物，龐大的好幾十倍。因此生物進化論現在尚是科學上的假設。

為解釋地質古生物學的新陳物種的代謝，有些公教學者，主張第一批生物為天主所造。天主所造的生物，或為每類一種，或為每類多種。牠們後來世代進化，產生各種新的生物。對於人，他們主張，人的肉體，能夠是由一低級動物進化而成的，人的靈魂則由於天主所造。㈠

不過，這又尚是一種假設。

2. 人為天主所造

公教的教義，信人為天主所造。人的原祖，亞當、厄娃直接造於天主。原祖的後代子孫，即世界的人們，每人的肉體，由父母的生殖細胞而結成；每人的靈魂，則直接受造於天主。當精子和卵，結成一胚胎時，天主直接付以靈魂。

原祖受造的事跡，見於聖經。古經創世紀記載：『天主說：「我們要照我們的肖像，按我們的模樣造人，使他們管理海中的魚，天空的飛鳥，以及牲畜，並地球和地上所有的蠕行昆蟲。」天主遂照自己的肖像造了人，按天主的模樣造了他；造了一男一女。』㈡

「地上尚無草木，田間的菜蔬也沒有滋生，因爲上主天主還未使雨降在地上，並且沒有人從事耕作。惟有泉源由地下湧出，普潤所有的土壤。上主天主用塵土造了人，在他鼻中吹了一口生氣，如此便成了一個活人。上主天主在東方的伊甸種植了一所田園，將使造的人安置在裡面。……上主天主又說：『一人獨處不好，我要造一個與他相稱的來輔助他。……上主便使他熟睡，由他取出一根肋骨，又用肉將原處補滿。上主天主用所取的肋骨，造成了一個女人，引她到亞當面前。亞當說：『這才是我骨中的骨，肉中的肉，她可名爲女人，因爲她是由男人身上取出來的。』爲此，人要離開父母，依附自己的妻子，二人竟成一體。」㈢

古經上的記載很清楚，人是由於天主直接所造，天主所造的是一男一女。男女的肉體，天主用已成的質料造成，男由黃土，女由肋骨；男女的靈魂則由於天主所吹的生氣，由無中生有。

後代的人類，同爲原祖的子孫。

二、人被提攝到超性界

1. 超性界和本性界

原祖受造，作爲宇宙萬物的統制者。但是他們也是宇宙萬物的一種，他們受自然法的支配。

自然法所支配的宇宙，稱爲自然界。

物體的行動，按著物性。人的行動，也是按照人性。物性人生，同是屬於自然界，每種物體的物性，是物體存在的理由；凡是牠爲存在所該有的，自己的物性，便都具全。人的人性，應使人具全人所以爲人的一切條件，缺少一件，人便不成爲人了。天主在造人時，一定給了人按人性該有的一切。人在自然界，所以是一個完全的「實體」。

按照人性，自然該有的傑作和可有的動作，這個境界，稱爲本性界。（Ordo naturalis）

在本性界以外，還可以有另一境界，即所謂超性界（Ordo supernaturalis）。無神派或汎神派，當然不承認有超性界。即使承認有超性界，也是把本性超性，相混爲一。公教神學則始終堅守超性和本性的界限，兩者劃分清明。

「超性的」，按照公教神學的定義，是一樁事物，超出自然界的一切能力，又超出本性的一切要求的以上。超性界即是超性事物的境界。㈣

天主是超出宇宙萬物以上的：天主的境界，即是超性的境界。若使天主把人提攝到自己的境界裡，人便被提攝到超性界。

2. 原祖被提攝

人本來是按照天主的肖像而造的。天主是絕對的精神體，人是一種相當的精神體。人的像似天主，在於他的精神體的靈魂。靈魂的精神動作，有理智有意志。人若被提攝到超性界，所被提攝的一定是靈魂，提攝的表現，也就在理智和意志的動作。理智的動作爲認識，意志的動作爲愛。本性的認識，在於認識本性界的事件；本性的愛情，在於愛本性界的事物。人爲認識天主，由本性界的事物推論到天主，所認識的天主，不是天主的本性。

人對於天主，按照自己的認識去愛天主，所愛的天主，也不是本來的天主。這認識和愛，是本性界的動作。亞當、厄娃在受造時，天主把他倆從本性的動作上，提到超性界，使他倆能夠按照天主的本性，去認識天主，按照天主的本性，去愛天主。這種超性的認識和愛，成爲人生的終向，作爲人的永生幸福。

爲使人能夠被提攝到超性界，天主便賜人以超性的條件，使人的靈魂，能夠在理智意志方面，有超性的動作。這種超性的條件，稱爲聖寵。（Gratia）

亞當在受造時，純淨無罪，靈魂上飾有聖寵。聖葆樂宗徒曾說：「務當以昨死今生之精神，易以新我。新我者，按天主的典型，依仁義之真諦而締造者也，」㈤聖葆樂所說的新我，是人在得了救贖以後，脫除原罪所遺留的舊我，換上沒有犯原罪以前的我。這個原罪以前的我，乃是懷有仁義真諦的我。這個仁義真諦的我，純淨無罪，飾有聖寵，生活於超性界。

3. 本性以外的特恩

聖經上又昭示我們，原祖在受造時，除了被提攝到超性界以外，還蒙有本性以外的特恩。

「性外特恩」（Dona Praedestinatione+）指的一些特恩，不在人性的範圍以內，即是按照人性，人本來沒有；但也不是屬於超性界的，因為並不超出人的本性能力以上，亞當厄娃在受造時，得有三種這等的特恩。

三種「性外特恩」，第一是不染慾情，（Exemptio a concupiscentia）第二是不遭死亡，（exemptio a morte）第三是沒有恩昧。（Exemptio abignorantia）

原祖在受造的時候，天主賜他們不染慾情的特恩，他們有情沒有慾，七情是人性所本有的；原祖的七情，動該中節，心不為亂，肉體的感情，順從理性，理性順從聖寵，他們不必收心克慾，自然而然就常有中和，古經上說亞當、厄娃，「夫婦二人，雖然都是赤身露體，並不感到羞愧。」㈥即是證明他們那時沒有向惡的慾情。

人的肉體，由物質而成的；物質不能永久不滅，所以人按本性說必有死的一日，原祖受造後，天主賜以特恩，使他們的肉體永遠不壞。他們不必經過死亡，就能夠登升天堂。聖經上因此以為死亡，是罪惡的流毒。原祖若不犯罪，一定不會死。創世紀天主告戒亞當說：「怡園中所有的果樹，你可以任意取食，惟有知善惡的樹，切不可吃；因為你在那一天吃了，必然要死。」㈦

原祖剛受造後，即明瞭事理，不學而知。他的理智像似一面光瑩的鏡子，一切事物的理由，都反照在鏡子裡。創世紀說：「上主天主將所有用土造成的陸上的走獸，空中的飛鳥，都引到亞當面前，看他如何給牠們起名。亞當給各種生物所起的名字，無不恰如其分。」㈧這就是「沒有愚昧的特恩。」

這些「性外特恩」，天主賜給了原祖，再由原祖流傳後代的子孫。但是不幸他們背命犯罪，失掉了這一切恩惠，後代的人類，便再沒有得到這些恩惠了。

三、原　罪

1. 原祖背命犯罪

亞當、厄娃受造了以後，天主安置他們在伊甸怡園裡，不覺寒暑，不受辛苦。鳥獸都馴服他們，園田生長悅目適口的果木。他們真可以悠遊終日，不勞而食。但是天主要試驗他們，看他們能否誠心服從祂的號令。天主便訓示亞當說：「怡園中所有的果樹，你可以任意取食。惟有知善惡的樹，切不可吃；因爲你在那一天吃了，必然要死。」

天主的命令，禁止吃知善惡樹的果子。

「在上主天主所造一切野獸中，惟蛇最狡猾。所以蛇對女人說：『何以天主命你們，不許你們吃怡園中一切樹上所結的果實呢？』女人答應蛇說：『怡園樹上的果實，我們都可以吃；惟有怡園中間所生的一棵樹的果實，天主禁止我們吃，禁止我們摸，免陷於死亡。』蛇給女人說：『你們未必就遭死亡！因爲天主知道，你們在那一天吃了，你們會開了眼睛，如同天主一樣，知道善惡。』女人見那果實適口悅目，自知非常可愛，又能加人的智慧，遂摘下一個吃了，後又給她男人，他又吃了。他們二人的眼，立即開了，赤身露體，遂用無花果樹葉，給自己編了圍裙。」——(九)

亞當、厄娃經不起天主的試驗，輕輕的一種禁令，他們也沒有確實遵守。古經所說的蛇，乃是魔鬼的化身，他引誘了厄娃，背命吃果。亞當因愛女人，接到厄娃的果子，也背命吃了。吃果子的事，本不是大事；可是天主第一次下令，命令又容易遵守，厄娃竟聽從魔鬼的話，以爲天主所說的死亡不足信，亞當又順從私情。因此背命的罪就大了。何況，這次是天主的試驗；若是他們這次遵命，拒絕魔誘，便世代享福；若是他們這次背命，便世代遭罰。亞當、厄娃背了命，他們的背命，成了人類歷史的關鍵；他們的背命，造成了人類萬代的原罪。每一個人，在母腹中剛成了胎，就染上原罪，成爲罪人。

2. 原罪的意義

亞當、厄娃是人類的原祖，他們背命的罪惡，稱爲原罪。

亞當和厄娃在背命時，他們是有意違天主的命，因此，他們犯了罪惡，遭了天主的罰。但是後代的人類，怎麼樣因著原祖的罪惡，自己也算犯了罪惡呢?

公教神學家爲解釋這一項教義，大家的意見不相同。誓反教的馬丁路得更是反對公教神學家的解釋。

在公教神學家裡，解釋原罪最得其當的，當推聖多瑪斯。(十)近代神學家彼約（Billot）又詳細說明聖多瑪斯的主張，自成一家之言。(土)

彼約的主張，可以概括在下面的幾點裡：

（a）原罪流傳於人類：這一點是公教教義的信條，不容有所懷疑。聖葆樂宗徒說的很明白：「夫罪緣一人之身，而侵入斯世；罪之所至，死則隨之；人皆有罪，亦皆有死。」(土)原罪由亞當一個人，流傳於後代的人類；因著原罪，人類乃有死亡。

（b）亞當爲人類的祖先，他和後代人類的關係，是血統的關係。他能夠代表後代的人類，因爲是人類的始祖。天主在試探他時，是以他爲人類的代表。他遵命或背命，就算爲他一切子孫的遵命或背命。好比中國古人所說，祖宗行善，家有餘慶，祖宗行惡，子孫遭殃。

（c）亞當所有的「超性特恩」和「性外特恩」，是後代整個人類的恩惠。亞當背了命犯罪，失掉了這兩種特恩，後代人類也便沒有這些恩惠了。

（d）原罪在亞當身上，是一個故意背命的罪惡，是他本人自由作的。這個罪惡由生育傳給後代的子孫，因此每個人在母胎裡，都帶上了這個原罪。

（e）原罪的意義，跟普通罪惡的意義不相同。普通的罪惡，是人自由違背天主的誡律。原罪則是由原祖遺傳的罪惡，子孫們並沒有故意作了這椿惡事。所以原罪不是指的犯罪的惡意，乃是指罪惡造成的境遇，好似中國人的家仇。亞當背命，作了天主的仇人，他的世世子孫，便都是天主的仇人。這仇常是有惡意的，子孫雖沒有這種惡意，開始成仇的祖宗有了惡意，他的惡意，也算爲後代子孫的惡意。因此原罪的惡意，是以原祖背命的惡意爲惡意，子孫們都與以分擔。

（f）原罪是與天主作仇的境遇，這種境遇究竟怎樣，第一是失去超性特恩的聖寵，人不能達到人生的超性目的。第二是失去性外的特恩，人因此有死，多慾，而且愚昧。

3. 原罪的流毒

教會裡曾產生過兩種謬說：一種把原罪的流毒講的太輕，一種把原罪的流毒講的太重。講的太輕的，是第四世紀的白拉奇（Pelagius）他主張原罪並沒有遺傳於後代的人類，原罪對後代人的影響，只是一種惡表。亞當、厄娃違命犯罪，後代子孫便效尤作惡。一千年後，馬丁路得創立誓反教，主張恰恰跟白拉奇相反。路得認爲原罪遺害人的本性，人生性是惡，無法改救。他把原罪的遺毒，講的太深。

公教的神學，主張原罪的流毒，第一是使人失去聖寵，第二是使人失去性外的特恩。因著這兩層損失，人便在本性界也不成爲一個完人了。人按本性說，跟自然界的生物一樣，可以有一個本性的生活目的，而且也能夠達到這個目的，生活因此快樂。自然界的生物，順性而行，沒有背性作惡的；人按本性說，也可以順性而行，不爲非作惡。可是於今人類的生活，常是不能夠滿足。這表示人類有一個高於本性的目的，自己又不能達到。再者，人類的疾病痛苦，人類的辛苦勞作，另外是人的爲非作惡，更表示人的生活，是一種虧於人性的生活。人性善惡的問題，在中國就爭論了兩千年。這一切都表示人的本性，受了損害，亞當、厄娃犯了罪以後，天主罰他們將要辛苦工作，尋食糊口，終必死亡。

但是原罪並沒有完全敗壞了人性，人性尚是善的。只是人的慾情很熾，常驅人向惡。人的意志，因著原罪，減弱了力量，不能常指使情感。人的理智，也因著原罪減少了，不能認清一切事理。因此人的處境是一種人性被傷的境遇。

註：

(一) Enciclopedia cattolica, Vol. V. "Evoluzione".

(二) 創世紀　第一章第二十六節和第二十七節　思高學會譯本。

(三) 創世紀　第二章第五節至第八節，第十八節至第二十三節。

(四) Garrigou—Lagrange—De revelatione V.I. p.181.
Pietro Parente.—Dizionario di Teologia dommatica. p.316.

(五) 致伊法所人書　第四章第二十三節　吳譯新經全書。

(六) 創世紀　第二章第二十五節。

(七) 創世紀　第二章第十六節。

(八) 創世紀 第二章第十九節。

(九) 創世紀 第三章第一節至第三節 思高學會譯本。

(十) S. Thomas—Summa Thelogica. I-II. 99. 81-83.

(十一) L. Billot—De personali et originali peccato. Romae. 1924.

(十二) 致羅馬人書 第五章第十二節。

第六章 耶穌基督

一、救世主

1. 預許救世主

原祖既背了命，人類喪失了一切的特恩，成爲天主的仇敵。降落到本性負了創傷的境遇裡。人雖然還能夠行善事；但是他的善事只是本性的功績，不足以使人回歸到超性的境界。況且原罪在於違背天主的命令，忤逆天主；天主是無限的，忤逆的罪，就有無限的惡。人怎樣能夠賠補這種大惡呢？

幸而天主憐憫人類，在降罰亞當、厄娃的那一刻，同時便許下了將生一位救世主。創世紀記述天主罵蛇魔說：「你作了這等惡事，你便在所有的畜生百獸裡，是最可咒毒的，你將用肚子爬著走，終生吃著土，在你和女人的中間，我要使永有仇隙，你的後類和她的

子孫世代為仇。將來一個女人要用腳踏碎你的頭顱，你空想咬傷她的腳跟！」㈠

在這一段古經裡，蛇是代表魔鬼，女人是代表人類。人類跟魔鬼世代有仇隙，因為人類受了魔鬼的騙，犯了罪，常想掙扎著擺脫魔鬼的羈絆，天主乃許下將來有一個女人，要踏碎蛇魔的頭。

為甚麼這個女人可以腳踏蛇魔，不遭牠的咬傷呢？因為她要生一位救世主。先知義灑雅說：「貞女一位，懷孕生子，起名立號，厄瑪努耳。」㈡

「厄瑪努耳」是救世主的特號，意義是說，天主與人同處。救世主將在那一個民族出生呢？天主曾與亞伯漢立過盟誓，救世主將生在他的後裔裡：「我要使你有大福：你的後裔必定繁殖，好似天上的星辰，海濱的沙粒。靠著你的後裔，天下的萬民，將得祝福。」㈢

亞伯漢的後裔，即是猶太民族；救世主所以將是猶太人。古經所記述的，便是猶太民族的歷史。猶太的先知，屢次預說將來的救世主。猶太民族便世世代代都抱著得見救世主的希望。

但是猶太民族自從大維王死了以後，常受鄰國的欺凌，遭了滅國的大禍，受羅馬人的統治。他們所希望的救世主，乃成為救國的民族英雄。

可是天主所許的救世主，不是猶太的民族的英雄，他的使命不在救猶太人脫出外國人的統治，在救人類脫出魔鬼的羈絆。救猶太民族的英雄，可以是生一個出類拔萃的人，救人類的救世主，要有能行無限大功的身份，他的身份要等於天主。

2. 救世主誕生

新經**露稼傳和瑪竇傳**，開始記述耶穌基督的誕生，明明指出耶穌即是古經上天主所許的救世主。

瑪竇福音說：「母氏瑪莉雅，字許若瑟，尚未同室，因聖神而懷孕。……這都是爲應驗上主假先知的口所說的：貞女一位，懷孕生子，起名立號，厄瑪努耳。」(四)

露稼福音記述耶穌的誕生，詳細入情。

貞女瑪莉雅住居納匝肋郡，字許了嫁與同族的男子若瑟。在沒有成婚以前，一天，天神嘉俾厄爾來報，說天主聖神，要令她懷孕生子。這個兒子，當取名耶穌。他將踐登大維的王位，國祚無疆。瑪莉雅答應順聽天主的命令。

未婚夫若瑟因此見疑，不知瑪莉雅怎麼有了孕，想不娶她爲妻了。天神在夢中，把真情告訴了若瑟，若瑟同瑪莉雅完了娶，瑪莉雅仍是童身生子。

在懷孕滿月時，若瑟因羅馬皇的命令，偕著妻子回到大維王族的故鄉白冷，報名登籍。到了白冷，人多，旅舍沒有地方，若瑟同瑪莉雅寄宿城外山洞。在山洞裡，瑪莉雅生了兒子，第八天，按照猶太古法，行割損禮，嬰孩取名耶穌。

過了四十天，若瑟同瑪莉雅，抱著聖嬰往耶路撒冷，遵照摩西的律法，把嬰孩獻於天主。那時，一個年老的長者，名叫西默翁，他接抱著嬰孩耶穌，因著聖神的默示，作歌說：「求我主宰，履爾所示，放爾僕人，安然謝世！既見救恩，我心則慰；念斯救恩，實爾所備；普天生靈，咸仰其惠；萬國之光，義塞之輝。」㈤

西默翁的歌，可以作為猶太民族的謝恩歌。猶太民族的使命，在於世代遺傳著，對於救世主的希望。救世主現今已降生了，他們的使命就完結了，可以安然謝世了，以後的事，救世主自有措置。

救世主的誕生，是全人類的一個轉樞，把人類的歷史劃成了兩段。現在世界歷史的紀年，以耶穌誕生為紀元，很合於情理。

紀元元年，因著第六世紀小提阿尼西（Dyonisius exigus）的推算，置於羅馬建國的七百五十四年，當西漢平帝元始初年。小提阿尼西推算的根據，是按露稼福音所說：耶穌受洗時，年約三十，當羅馬皇諦伯略在位的第十五年。然而年約三十，耶穌可大於三十；且諦伯略的即位，有兩種算法，可以按他立爲皇帝之年而算，可以按他正式當國之年而算。而且耶穌生時，猶太王黑落德第一尙在。黑落德死於紀元前四年。因此，耶穌誕生之年，近年考據家都認爲最少該提前五年。

二、耶穌是天主聖子

1. 耶穌自知爲天主聖子

救贖人類的救世主，不能單單是個人；即使他是超凡入聖，出類拔萃的偉人，也不足以當人類救世主的重任。人類的救贖，在於補償原罪的大惡；原罪的惡，至極無限，因爲違背了至大無限的天主。補償原罪大惡的救主，便應有相當於天主的身份；這樣他的善舉，能夠有至大無限的功績，能夠和原罪的大惡相平；因此他能洗刷人類的原罪，救人類脫出魔鬼的覊絆。

耶穌基督因此是天主。

猶太人常時都期望著救世主，他們信他是拯救民族的英雄。耶穌因此不明明地向猶太人說出他是救世主，更不明明說出自己是天主。但是在少數的機會裡，耶穌卻直接地或間接說出他自己救世主的身份。

福音若望傳記述耶穌一次與沙瑪里婦人，在井邊談到敬拜天主的事，沙瑪里婦人說：「我知道救世主將到了，他號稱基督。他來了以後，他必定告訴我們這一切的事。」耶穌答應說：「你談話的我，就是救世者。」㈥又一次耶穌治好了一個生來的瞎子，問他說：「你信天主子嗎？」他答說：「先生，誰是天主子呢？我本願信他。」耶穌對他說：「你已經看見他了，於今你談話的，就是。」治好的瞎子，馬上伏地叩拜他。㈦

洗者若翰一次打發門徒來看耶穌，問他究竟是不是天主所許的救世主。耶穌對若翰的門徒說：「你們就把所見所聞的，回報若翰。於今瞎子能見，跛子能走，癩病人潔淨了，聾子能聽，死人復活。窮苦人能夠聽到福音。」㈧耶穌所答的話，是引用義灑雅先知的話。義灑雅先知書第三十五章預言救世主來時，瞎子能見，跛子能行，聾子能聽，窮人要聽到福音。耶穌引用這段話，說明自己的工作，言中就承認自己即是義灑雅先知所預言的救世主。

耶穌講道時，常稱自己爲「人子」；但有時也自稱爲天主，又自稱爲天主聖子。一次，耶穌向一癱瘓的人說：「你的罪赦了。」法利塞人擧目相視，以爲耶穌狂言，天主而外，誰能赦罪呢？耶穌便顯靈，一句話治好了癱瘓的人，證明自己有赦罪的權，自己是天主。

耶穌在最後一次晚餐時，說他要回到聖父那裡去。斐理伯說：「主子，你把聖父顯示給我們罷！我們一切都滿足了。」耶穌答應他說：「斐理伯，我同你們相處，不爲不久，你們竟還不認得我。凡是看到我的，就看到聖父；你怎麼又說：把聖父顯示給我呢？你難不信我在聖父以內，聖父在我以內嗎？」(九)

耶穌遭吏役們擒住了，司祭長坐堂，審問他說：「你究竟是不是至尊者的聖子基督呢？」耶穌答說：「你說的對，我就是的，你們將見人子坐於全能天主聖父之右，駕雲而降，」司祭長遂以他狂言辱神，判處死刑。(十)

2. 耶穌確實有據

耶穌一次在耶路撒冷聖殿的走廊下，許多猶太人圍著他，向他說：你明白告訴我們罷：你究竟是基督否，不要使我們常常懸著不安，耶穌答應他們說：「我已經給你們說了，你們不信我的話；但是我因聖父的名字所行的事蹟，很可以替我的話作證。……我和聖父，同是一個。」猶大人拿起石頭要打他。耶穌說：「你們難道因為我因著聖父所行的善功，要打我嗎？」猶太人答說：「我們打你，不是因為你所行的善功；是因為你既然是人，竟冒充天主。」(十)

猶太人當時也懂得了耶穌自稱天主，不願相信。耶穌指斥他們，不相信即是犯罪。因為他的話就是聖父的話，而且有實事作證。耶穌在末次晚餐時說：「假使我沒有來佈道教人，人還可以無罪；於今不能逃免罪咎了。凡恨我的人，即恨我的聖父。我若是沒有在眾人跟前作人所不能作的靈蹟，則人們還可以無罪；於今他們已見到了靈蹟，仍舊恨我和我的聖父。」(士)

耶穌自稱救世主，自稱天主子；他以為他自己的話確實可信，不信的人就有罪；因為他的話，即是聖父的話。怎樣可以證明呢？有他所顯的靈蹟作證。

靈蹟只有天主可行;耶穌多行靈蹟,他該是在天主前沒有罪過的。那麼他既然說自己是救世主,自己是天主聖子,他便不是自欺欺人,他的話確實可信。

若是一個人,不信聖經;聖經上所記述的靈蹟,對於他當然不發生效力。可是由考據學一方面去講,聖經一定可靠,聖經的靈蹟,就確實證明耶穌的話了。

聖經上耶穌所顯的靈蹟,其中最大的,要算耶穌復活。耶穌在生時,已經向宗徒們說過,死後第三天,他要復活。而且一次猶太人問他有甚麼證據,證明他的話可信,耶穌舉出他死後的復活。耶穌被釘死了;這是一樁史事:死後葬在一個石洞裡,也是確實的史事。死後第三天,他自死中復活了,這也是一樁幾百人共見的實事。

耶穌死了,自己復活了。這不但證明他的話可信;而且這個靈蹟,就證明他是天主。

3. 宗徒們都信耶穌是天主聖子

新經記述宗徒們對於耶穌的態度,在聖神降臨以前和聖神降臨以後,完全不同。在聖神降臨以前,他們頭腦簡單,對於耶穌的道理,常懂不透意義;他們對於耶穌的認識,也含糊不清；因爲他們的腦筋，還是猶太人的腦筋，以爲救世主，將成民族英雄。在聖神降臨以後，他們徹底明瞭了耶穌的教義，認清了耶穌是天主聖子；而且都改了以往畏怯的態度，見義勇爲，四出宣傳耶穌。

但是在新經的記述裡，宗徒們在聖神降臨以前，當他們跟隨耶穌時，他們好幾次曾經聲明耶穌是天主聖子。

一次，耶穌問宗徒們：民眾以他是誰。宗徒們說：「有的人以他爲若翰，有的人以他爲先知依理靄，有的人以他爲先知日勒米亞，有的以他是先知中之一。」耶穌又問宗徒們說：「可是你們以我是誰呢？」聖伯鐸祿答說：「你是基督，永生天主的聖子。」耶穌說：「西門，若納的兒子，你真有福！啓示你的，不是血氣肉情，乃是我在天聖父。」(十三)

按著血氣肉情，從人一方面去說，西門伯鐸祿不能認識耶穌是天主聖子；只有因著天主聖父的啓示，纔能夠有這樣的聲明。

又一次，宗徒們夜渡諦伯里亞湖，半途遇大風，忽見一人步行水面，大驚。步行水面的人乃喊說：「是我，你們不必怕。」宗徒們聽到是耶穌的聲音。伯鐸祿馬上說：「主子，若果是你，請叫我步行到你那裡來。」耶穌說：「你來！」伯鐸祿踏著水浪，走向耶穌。剛走了不遠，看著風浪很大，心生了怕，立刻腳沈下水，慌忙喊耶穌救他。耶穌用手把他

提起，責他心中多疑。兩人一同登舟，風波平息。宗徒們都趨前羅拜拜耶穌說：「你真是天主聖子！」㈣

耶穌復活後，第一次顯現給宗徒們，多默不在。大家告訴多默，多默不信，硬要親手摸了耶穌的傷口，纔信他是復活了。八天以後，耶穌又顯現給宗徒們，便叫多默親手去摸他手足的釘孔。多默跪地伏拜說：「我主我天主。」他誠心信耶穌是天主了。㈤

若望宗徒寫福音時，他已是高齡的老者。他的福音的小引，高妙絕倫，人因此稱他是鳳凰，高翔天空。若望福音傳的小引，說明耶穌是與天主聖父同體的聖子，降生人世。「天地開始時已有道（天主聖子），道與天主相偕。道即是天主，在開始時就與天主相偕。一切都因道而成；沒有道，則一切造物都不會受造。在道內蘊有生命，生命乃人們的光明。……道曾成了人身，曾居在我輩之中。我輩曾看見他的光輝。這種光輝乃唯一聖子所受於聖父的。他充有妙寵，充有真諦。」㈥

若望宗徒的話，至高至妙。在他的眼中，先看到無始時的天主聖子。聖子造化宇宙，祂是光明，祂是生命。爲光照人類，爲給人類以真生命，降來人世，化成人身，取名基督耶穌。

聖葆樂宗徒是宗徒中最後一個歸化的，他不曾親身聽過耶穌的講道；但是耶穌親自歸化了他，親自啓示了他一切教義奧理。葆樂在自己的書信裡，屢次明明說出耶穌是天主聖子。在致羅馬人書裡說：

「葆樂，耶穌基督之僕，蒙召爲宗徒，而負有宣傳天主福音之使命。福音者，乃天主假諸先知之口，預諾關繫其聖子之事，而見諸聖經者也。聖子者，即吾新耶穌基督；以其人性論之，乃出於大維之苗裔；以其神性論之，則爲天主聖子，威靈顯赫，其自死中政治，實爲明證。」㈦

聖葆樂向羅馬人，開端便聲明自己的身份：他是基督的宗徒，宣傳天主的福音。福音乃是耶穌的福音；耶穌是天主的聖子。㈧

天主無形之肖像，即是天主認識自己時的意像，即是天主第二位，號稱聖子。耶穌基督便是這位聖子；因此，他是先萬物而生，萬物因祂而受造。

「爾等宜以基督耶穌之心爲心。夫彼神也，與天主等齊而不居焉，乃屈尊紆貴，甘自爲僕，而降生爲人。」㈨

耶穌爲天主，甘心自卑，化成人身，取了僕夫的形態，爲能受苦，拯救人類。

「粵若稽古，天主選假先知之口，多方曉諭列祖；值茲末世，乃遣聖子，以曉諭吾人。聖子者，天主所立爲承受萬有之嗣，所憑以締造宇宙之道，天主光榮之輝映，天主本體之神表，而以大命亭毒萬物者也。彼既滌除世罪，乃昇天而位於至尊者之右；其尊貴超軼一切天神，亦猶其名分之卓然無雙，非若輩所得而比擬焉。經云：爾乃我子，生於今日。又云：我願為彼父，彼當為吾子。天主何曾對天神作是語耶？而引其冢子與世相見時，則曰：凡有天神，皆當拜之。」(二十)

締造宇宙的聖子，滌除了世罪。滌除者為救世主，救世主乃耶穌，耶穌便是天主聖子。宗徒們以後，教會歷代堅信這端大道；而且這端大道，為教會的根基。耶穌若不是天主，祂立的教會，又有什麼價值呢？

三、耶穌是人

1. 聖經的證據

耶穌是天主：從我們理智一方面去說，確是一個難題，我們要緊用信仰去指導我們的理智，理智纔信耶穌是天主，若說耶穌是人，這對於我們的理智，應不成問題，所有的史事，可以證明這一點。但是，在我們既說耶穌是天主之後，又說耶穌是人，理智便不容易懂了；所以有人曾否認耶穌真真是個人，以為祂僅僅只有一個假借的肉體，給人看看罷了。

公教的教義，則信耶穌是個真真的人。祂的肉體，不是假的；聖經和宗徒傳說，都明明與以證實。

耶穌的誕生，雖由一位童女，因天主聖神的神能而受孕；聖經則明明說童女懷孕，到了產期，童女生了耶穌，包裹後置在馬槽裡。耶穌的肉體，便跟著普通人的肉體一樣，是由母胎中結成的。生後第八天，行割損禮，割臂流血，和猶太的嬰孩，沒有分別。

瑪竇福音和露稼福音記述耶穌的譜系，為證明他是大維和亞伯漢的後裔；因為天主曾經許過：救世主將生在亞伯漢和大維的子孫裡。聖葆樂宗徒所以說：「聖子者，即吾主耶穌基督；以其人性論之，乃出於大維之苗裔。」

新經所紀的史事，有些地方明明地顯出耶穌真真是人，福音若望傳說：一次，耶穌從猶大回加利利，道經沙瑪里，走到雅各伯古井旁，「耶穌倦於行，小憩井畔，」向一個沙瑪里婦人要水喝。㈡假使耶穌的肉體是個假的肉體，必定不致疲倦，不致口渴了。

耶穌的愛友賴桑魯死了，耶穌來到他的家鄉，看見死者的兩個妹子，痛哭傷心。耶穌情不可忍，兩次流淚。這種淚滴，是摯情的淚滴，不能由一個假肉體而流出。

耶穌受難前夕，獨自在山園裡祈禱。那時祂是「心緒惶惶，不勝憂悶。告其徒曰：吾心鬱悒，悲苦欲絕。」㈢僅僅爲顯形而取的假身，怎麼致於鬱悒悲苦呢？受難時，遭鞭打，戴茨冠，手足被釘十字架上。死以前的一刻，還喊著口渴。完全證實耶穌的肉軀，是他自己的肉軀。

復活了以後，耶穌特別注意叫徒弟們觀察祂的肉軀是死以前的肉軀，「視吾手足，便知是我；捫也！視也！神無骨肉，爾見我實有之。』㈢又向多默說：『親指探斯穴，親視吾手，親撫吾肋孔！應具信德，莫爲狐疑之徒。』㈣

新經當然也有幾處，記載耶穌的行動，似乎祂沒有一個真真的肉體。例如門徒曾看見祂在湖面行走，踏水好似踏著平地。可是門徒們後來知道這是一個靈蹟，證明耶穌不是凡人，他們從沒有懷疑耶穌沒有肉體。

又一次，耶穌在諦伯里亞湖的山岸，顯行了一個靈蹟，用五餅二魚，飽食了五千人。耶穌催促門徒上船，渡向對岸的葛法農城，祂自己留在岸上祈禱。門徒划了十里多路，耶穌在水上行走，半刻就趕到了門徒的船，然而這一點，也只能證明耶穌顯靈，不足證明祂的肉體屬假。我們知道後代的聖人中，也有行過這種靈蹟的；聖人的肉體，確實是肉體。

因此，耶穌具有人的肉體，具有人的意志情感，新經上證據鑿鑿，不能有疑。

2. 耶穌具有整個的人性

前面所說的證據，雖只說到耶穌的肉體，間接也就證明耶穌是個完全的人，具有整個的人性。

一個完全的人，有靈魂，有肉體，有理智，有意志，有感情，有感覺。耶穌既是全人，便具有這一切。

耶穌死後，三天葬在墳墓裡；祂是確實地死了。人死，乃是靈魂脫離肉體。耶穌的死，便是祂靈魂脫離了肉體；祂的復活，即是祂的靈魂，重新和肉體相結合。

耶穌曾告訴門徒說：天地的末日只有聖父知道，連祂自己都不知道：「其時其日，人不知，天神亦不知，惟我父知之（人子亦不知）。」㊄「至於彼時彼日，無人知之，天神不知，人子亦不知，惟父知之。」㊅「人子」是耶穌的自稱。祂承認自己不知世界的末日究在何時，當然不能按天主性說。按天主性說，祂與聖父同體，自然知道世界末日的日子，祂說不知道，是按祂人性的理智說。因此，耶穌除天主性的理智外，也具有人性的理智。

在受難前夕，耶穌在山園祈禱，三次求聖父說：「吾父乎，事苟可能，請免我飲此苦爵。雖然，勿順予意，但遵父旨。」㈦在這裡，耶穌明明地指出兩個意志：聖父的意志和祂的意志。在三位一體裡，聖父聖子聖神只有一個意志；按天主性說：耶穌的意志和聖父的意志，同是一個，沒有分別。那麼，耶穌所說的：「勿順予意，」這種意志，必定是按祂的人性方面說了。因此，耶穌的人性，有自己的意志。

耶穌既然有自己的肉體，肉體的一切本性器官和工作，祂都具有。耶穌有七情，有感覺。祂的肉體也感到飢餓困乏，也覺得憂鬱恐懼。聖葆樂宗徒曾論耶穌說：「彼實身受百般磨練，一如吾人，第無罪耳。」㈧耶穌因爲沒有原罪，祂的肉體，便沒有疾病；祂的七情，常順從理智的指導，動常中節。耶穌本來不必有死；但因祂是來爲救世。救世的大業，按照聖父的旨意，應該經過十字架的苦刑，祂所以死爲救人。

四、耶穌是天主而人

1. 邪說

救世主耶穌，有天主性又有人性。按著天主性，耶穌是天主聖子；按著人性，耶穌是一個極完全的人。所以祂是天主而人。祂的天主性和人性，結合成一個單體。這種結合，公教神學稱爲「本體的結合」（Unio hypostatica）

本體的結合，異於偶然的結合或友誼的結合。兩張紙用膠水黏起來，合成一張紙；這種結合是一種偶然的結合。黏起來的兩張紙，本來各自是一張紙，於今黏在一起，不過是偶然的事。耶穌的天主性和人性，並不是兩個獨立的單體，偶然地結合在一齊，更不是耶穌乃一個人，天主降臨在祂的心裡，同祂有友誼的結合。耶穌的天主性和人性，不是兩個單體，乃是一個單體。單體是自立體，單體是理性單體的「位稱」（Persona）。

但是本體的結合，也異於化學的結合。在物理化學上，兩種元素，結成一種物體，元素同時失去自己的本質。例如氫氣氧氣結合成水，氫不是氫，氧不是氧了。耶穌的天主性和人性，結合成一單體，祂的天主性，仍舊是天主性；祂的人性，仍舊是人性；兩性既不混雜，也不溶化。

對於這一點，歷代出了不少的邪說。

這些邪說可分爲兩類。甲、第一類否認耶穌的天主性或人性。乙、第二類誤解兩性的結合。

甲、否認耶穌的天主性或人性的邪說。

在公教傳播的初期，有人就主張：耶穌乃是一個普通的人，不過得道很深，與神接合很密罷了。

第一世紀時，有車林杜（Cerinthus）。他以爲耶穌只是一個人，但是上天的一種神質，降在他身內。這種神質，不是天主，乃次於天主的上天靈體。

第二世紀時，有「義子說」（Adoptianismus），主張耶穌並非天主聖子，只是天主的義子，耶穌是一純粹的人，天主很鍾愛他，以他爲自己的義子。

第四世紀的亞里阿（Arius）創立邪說，以聖子不與天主聖父同體同性，乃是次於天主的神體，天主用他創世贖世。耶穌所以不是天主。

中世紀以後，法國的文藝復興派和德國的誓反教徒，多以聖經的傳說爲神話，耶穌乃是人而不是神。這一派的哲學，或是不承認有超性界，或是以爲超性界爲不可知的境界。凡是聖經裡所有的神秘性，都置爲不足信。

黑格爾的唯心辯證論，更以爲宇宙間人與神的一反一正的結合，在耶穌身上而有了自覺的良知，耶穌代表宇宙的辯證進化。

對於耶穌的人性而加以否認的，則有「外表論」（Docetismus）。這派學說從第一世紀末葉，以及傳到第六世紀，主張耶穌只是天主聖子。他的肉體，乃是一個外表的假相，耶穌爲顯露自己，假借了人的像貌，他的肉體，並不是真的，聖葆樂宗徒和聖若望宗徒，極力攻擊了這種謬說。

乙、誤解兩性結合的邪說

第二類的邪說，承認耶穌具有天主性和人性；但是在解釋天主性和人性的結合上，則或是過得其當或者是不及。

第五世紀時，公斯當定堡宗主教奈史多略（Nestorius），倡「友誼結合論」。耶穌的天主性，乃天主聖子，爲一完全的自立單體；耶穌的人性，也是一個完全自立的單體。天主性和人性在耶穌身上的結合，只是一種友誼結合。即是說：天主聖子，居在耶穌的心內，時刻不離開他。因此。在耶穌以內，不單是有兩性，而且有兩個「位稱」（Persona），有兩個主體。從聖母瑪莉雅所生的耶穌，只是人，不是天主；所以聖母也不能稱爲天主的母親。不過耶穌在胎中，天主聖子就降臨在他心內，以及到他被釘在十字架上，纔與他分離。這種邪說，當時傳播頗廣，各方面的主教，群起攻擊。降生後四百三十一年，在厄弗穌城舉行主教會議，教宗派欽使主席，會議議決禁絕奈史多略的邪說，褫奪他的宗主教職。可是他的邪說，續傳後代。唐時傳入中國的宗教，即屬這派的裂教。

當攻擊奈史多略邪說時，因有過甚其詞的人，於是又產生了「一性論」的邪說。「一性論」主張耶穌具有天主性和人性；但在結合時，兩性合成一性。因此稱爲「一性論」（Monophysismus）。

第四世紀時，亞波里那里主教（Apolinaris），已倡說耶穌的天主性和人性，在結合時，天主性爲靈魂，人性爲肉體。這樣，天主性被貶入肉體以內，人性也缺了自己的靈魂。

第五世紀中葉，乃有歐立格（Eutyches）。創耶穌兩性結合成一性的學說。主張耶穌的天主性和人性，不是在本體上相結合，而是在性上相結合。這種結合，或者是人性被吸入天主性以內，或者是天主性被溶入人性以內，或者是兩性溶和，結成一種新性。降生後四百四十八年，在公斯富定保舉行主教會議，會議中禁絕了這種謬說。四百五十一年，在加爾車多尼亞城（Chalcedonia）又舉行主教會議，教宗聖良第一世下論，再度禁絕歐立格的「一性論」。

2. 教會的信條

教會既然禁絕了奈史多略和歐立格等謬論，在對耶穌的信條上，有以下的幾點：（a）耶穌具有兩性：即天主性和人性。（b）兩性都完全無缺完全不相混；耶穌是天主聖子，也是人。（c）兩性在本體上相結合，合成一個自立體，成一個「位稱」（Persona）。（d）耶穌基利斯督只是一個主體，祂的一切行動，都屬於這個主體。

本體的結合，究竟怎樣解釋呢？這種本體的結合，不是一種普通物理界的現象，乃是一種超性的靈蹟，稱爲最深的奧義；因此不是我們人的理性，所可以明瞭的。

公教神學家從哲學方面，對這種奧義，加以解釋，爲使我們稍爲可以知道這種奧義的輪廓；但因各自的哲學主張不同，對於「本體結合」的解釋，也就各有主張。我們只就大綱節目上，略說幾句。

在解釋三位一體的奧義時，已經略爲說到士林哲學在本體論方面的主張。

一個實體，包含「性」和「有」。「性」是屬於抽象的，「有」（存在）是屬於具體的。抽象的人性，成爲一個具體的人時，是在抽象的公共人性上，加上這個人的「單體素」，使公共的人性成爲單體的個性，再與「有」（存在）相合，便成一個自立的單體的人。

耶穌具有天主性和人性。耶穌的天主性，不是一種抽象的性，乃是常有常存，不變不化的天主聖子。在耶穌未生以前，天主聖子已常存常有。耶穌的人性，則跟普通人們的人性一樣，由抽象的公共人性而成單體的人性，然後再加上「有」，而成爲人。耶穌的天主性既然備有具體的「有」（存在），若是祂的人性也備有自己的「有」；那便是兩個自立單體了，兩性的結合，決不能是本體的，而是偶然的友誼結合了。因此，耶穌的人性，便不能備有自己的「有」。神學家乃說耶穌的人性被攝到天主性的「有」，以天主聖子的「有」爲有，即是存在於天主聖子的存在上。耶穌的人性是完全的，具有人該有的一切器官和動作，只是沒有自立的「有」（存在）。好似一根寄生在一顆樹上的藤蔓。藤蔓是一根完全的蔓藤，但是牠的生命和樹的生命，結合爲一。耶穌的人性，是一完全的人性，但是附在天主性上，以天主聖子的「有」爲「有」。

「有」是一個自立單體所以成爲自立單體的因素，一個「有」，成一個單體；耶穌既只有一個「有」，所以祂是一個單體。理性實體的單體，稱爲位。耶穌便是一個「位稱」，一個主體。

在三位一體的奧義裡，天主是三位，一性，一個自立體。在耶穌的奧義裡，耶穌是兩性，一位，一個自立體。

五、耶穌的聖德

耶穌的聖德，乃是「天主而人」的美果。研究聖經的人，可以從新經所述的史事裡，歸納到耶穌出群的德行。連許多不信奉耶穌的人，也都稱佩耶穌人格的高尙。我們在精神修養方面，從聖經裡，摘出耶穌的德表，作爲我們的模範。但是在神學上，即是沒有新經的述說，我們按理去推論，也可以推論出耶穌聖德的高超。

1. 聖寵豐富

我們講論耶穌的聖德，我們是從耶穌的人性一方面去說。從天主性方面說，耶穌是天主聖子，具有天主的一切特性，乃是全能全知全善。但是從人性方面，我們要研究耶穌的人性與天主性相結合後，在善德上，達到那種程度。

公教的聖德，爲超性界的現象，根基在於聖寵。凡得有聖寵多的，聖德也高。我們第一便看耶穌的人性所得的聖寵。

聖寵的意義，可以稱爲超性的力素，使我們人與天主相結合，能夠有超性的活動。那麼耶穌的人性所得的第一種最高的聖寵，當然是祂的人性與天主性的本體的結合，因著這種本體的結合，耶穌的人性以天主性的「有」（存在）爲自己的「有」。耶穌的人性整個地被攝舉到超性界。祂的生活，根本就是超性的生活了。因此耶穌的人性，絕對不能沾染罪污，無論原罪和本罪，都跟耶穌的生性相衝突。

因著這種本體的結合，耶穌的人性，便具有一切的聖寵。因爲祂是天主，凡是天主可以賜給人的聖寵，耶穌的人性，全備無缺。聖若望宗徒曾說：「道成人身，居我儕中：．．．．妙寵真諦，充溢厥躬。」(二九)

2. 理智卓越

耶穌的人性，完整無缺，具有自己的理智。祂的理智的卓越，從兩方面可以推論出來。按著天主性說，耶穌具有天主的全知，這種全知，當然影響耶穌人性的理智。按著人性說，耶穌沒有原罪，祂的理智，便不受蒙蔽，不能有錯誤。

新經上記載猶太人驚嘆耶穌沒有進過學，講的道理卻出眾不同：「耶穌講道既畢，眾皆驚服；蓋其所訓，若自具權能者，非尋常經師所得同日而語也。」㈩別人心中所想的事，耶穌能夠歷歷看出：「耶穌觸其意曰：何腹誹爲？」㈡對於未來的事，先期知道很清楚，祂預先說明了自己被釘而死，死後第三日復活。「自是耶穌始預示其徒，彼須往耶路撒冷，將陷於長老經生司祭之手，備受凌辱，乃至被殺，第三日復活。」㈢若望福音傳稱耶穌爲光明，爲真諦：「斯道之內，蘊有生命。生命即光，生靈所稟……惟彼真光，普照生靈。……道成人身，居我儕中。……妙寵真諦，充溢厥躬。」㈢

公教神學家，分耶穌的知識爲三種：第一種常生的天識（Visio beatifica），第二種天賜的知識（Scientia infusa），第三種爲學識（Scientia acquisita）。

「常生的天識」，乃是人死後，靈魂升天，在天堂面見天主。這種「面見」，爲靈魂常生的永福；人在世時，不能享有。耶穌的人性，存在於天主聖子的存在，與天主性在本體上相結合，耶穌是天主而人；因此祂的人性，在世時已經就享有常生的天識，面見天主。

「天賜的知識」，是亞當在未背命犯罪以前，曾經有過的。這種知識，由天主直接賜與人，不經過學習和經驗。耶穌的人性，跟天主性在本體上相結合，一定可以有天賜的知識。

「學識」是指著由學習和經驗所得的知識。耶穌具有理智和感覺，當然便可以像普通人一樣，利用自己的理智和感覺，去取得學識。露稼福音傳所以說：「耶穌聰明睿智，與年俱長。」㈢與年俱長的聰明睿智，即是由學習和經驗積成的學識。

耶穌因此能夠自稱說：「予之來，所以爲世之光，庶幾信予者，不復滯留於黑暗之中。」㈤「予即途也，真諦也，生命也。」㈥

3. 意志完善

耶穌具有天主性的意志，又具有人性的意志，耶穌自己說的很清楚。按天主性說，耶穌的意志，同聖父的意志是一個意志；因爲天主三位，只有一個意志，可是耶穌常說祂遵行天主聖父的旨意，把自己的意志同聖父的意志，明明分成兩個。這就是按照祂自己的人性方面說，在聖父意志以外，祂有一個人性的意志。在受難前夕，耶穌所以向聖父說：「勿順予意，但遵父旨。」

可是耶穌的兩個意志，絕對不能發生衝突。雖是在殉身的時候，祂的人性意志，也是順從天主性的意志。在耶穌的心內，一切都是利於聖道，行動常是中節。祂的情感，常受意志的指使，意志常從理智的指教，理智常受天主性的光照。耶穌的人性意志，從屬於天主性的意志，在這種絕對從屬上，表現耶穌最高的聖德。耶穌不單不能有失德的惡行，祂的生活，包有各種登峰造極的聖德。

既然是人性的意志絕對服從天主的意志，耶穌的人性不是沒有自由了嗎？聖經上則說明耶穌的人性享有自由，「此後耶穌往來於加利利境內，而不願親往猶太。」㉗「兵士取膽汁和酒以進，耶穌嘗而不飲。」㉘「予之舍生，純出自願，無強之者。予能舍之，亦能復取之。」㉙

自由的表現，在於能做這事又能不做這事，在於能做這事又能做那事，沒有內在的和外在的強迫。至於能夠行善又能夠作惡，則已經不是自由，而只是自由的浪用。耶穌的人性意志，當然不能浪用自由，祂是絕對不能作惡的，然而真正的自由，祂完全享有。因為人性意志的自由，根基於理智的知識，理智若明明知道一個對象是自己的至善，意志對於這個至善則自然而趨向之，不能有選擇；在這種機會上，便沒有自由，但若對於別的對象，理智看到可以用為達到至善，同時也看到這種對象不是達到至善的必要工具，意志便可選擇了，這就是人間的自由。耶穌人性的理智，能有上項的知識；耶穌的意志，便能有選擇的自由了。

4. 諸德全備

耶穌沒有慾情的行動，沒有絲毫罪惡的陰影。祂的意志，服從天主的意志，一切的事都做到完全點。聖經記載猶太人讚美耶穌說：「是其所爲，靡有不善。」（祂把一切的事都做得好好地）(四十)

耶穌的各種言行，莫有不是善德。而且祂的善德，登峰造極，無以復加。

但是在人間的善德裡，有些是因著人的境遇而有的，例如信德和望德，是因著人不能直接面見天主，所以信仰天主的啓示，希望能得常生的真福。耶穌享有「常生的天識」，祂已經面見天主；因此在耶穌心內，不能有信德和望德。祂已經和升天的聖人們一樣，面見天主，不必信仰；已經享有真福，不必希望。又如畏懼之情，使人因怕開怨天主，怕下地獄，因此不敢作惡。這種善情，在耶穌心內，也不能存在。因此公教神學確定：耶穌的人性與天主性既是本體結合，凡跟這一種境遇不相衝突的善德，耶穌都一切具備齊全。

在聖經敘述的史事裡，我們也可窺見耶穌善德的一斑。

聖德中最高尚的爲愛德。第一是愛天主，第二是愛人。耶穌愛聖父，以承行聖父的旨意爲自己的飲食。耶穌說：「遵行遣予者（聖父）之旨，而完成其工作，是吾食也。」(四)

祂的傳道顯靈，也不過是「第予欲使世人信予愛父，而一切惟父之命是從。」(四二)

對於愛人，耶穌曾說：「人之愛，莫大於爲其友舍生。」(四三)祂爲救世人，自願捨生。祂的愛人，已到了極點。

新經所述耶穌的靈蹟，莫大是因爲耶穌憐惜人的痛苦，顯靈治病。祂鍾愛小孩子。(四四)憐惜久病無靠的人，(四五)同情有痛苦的人，(四六)垂憫犯罪的人。(四七)寬赦仇人。(四八)

耶穌雖溫良愛人，但同時又剛毅不屈，據理直言。祂的仇人也曾佩服祂的直言不諱：「夫子，吾知爾真實無誑，率陳主道，不顧人情，無論偏袒。」(四九)祂對於法利塞人的責罵，受審時默靜不辯，都是這種剛毅精神的表現。

耶穌的態度，光明磊落。不像法利塞人的死守字義，拘泥於法律的條例，祂則尊重法律的精神。祂深惡猶太人之尚外表，祂則教人力求心靈的正直。

祂雖身爲天主，但不願顯露人前，自己卑稱人子。祂有天主的全能，但處處明智謹慎，避免猶太人之過度熱情。祂因此教訓門徒謙心自居，(五十)持事謹慎。(五一)

註：

㈠創世紀　第三章第十四節和第十五節。
㈡義灑雅先知書　第七章第十四節。
㈢創世紀　第二十六章第十七節。
㈣瑪竇福音　第一章第十八節至第二十二節。
㈤露稼福音　第二章第二十九節　吳譯新經全書。
㈥若望福音　第四章第二十四節。
㈦若望福音　第九章第三十五節。
㈧露稼福音　第七章第二十二節。
㈨若望福音　第十四章第八章至第十章。
㈩馬爾谷福音　第十四章第六十一節。
⑪若望福音　第十五章第二十二節。
⑫若望福音　第十章第二十二節至第三十三節。
⑬瑪竇福音　第十六章第十三節至第十七節。
⑭瑪竇福音　第十四章第二十四節至三十三節。
⑮若望福音　第二十章第二十四節至第二十八節。

(十六) 見吳譯新經全集　附註引文的白話譯。

(十七) 吳譯新經全集　致羅馬人書　第一章第一節至第四節。

(十八) 吳譯新經全集　致歌羅森人書　第一章第十五節至第十七節。

(十九) 吳譯新經全集　致斐立比人書　第二章第五節至第七節。

(二十) 吳譯新經全集　致希伯來人書　第一章第一節至第六節。

(二一) 福音若望傳　第四章。

(二二) 福音馬爾谷傳　第十四章第三十三節。

(二三) 福音露稼　第二十四章第三十九節。

(二四) 福音若望傳　第二十章第二十七節。

(二五) 福音瑪竇傳　第二十四章第三十六節。

(二六) 福音馬爾谷傳　第十三章第三十二節。

(二七) 福音瑪竇傳　第二十章第三十九節。

(二八) 致希伯來人書　第四章第十五節。

(二九) 若望福音傳　第一章第十四節。

(三十) 瑪竇福音傳　第七章第二十八節。

(三一) 瑪竇福音傳第九章第四節。

(三二)瑪竇福音傳 第十六章第二十一節。

(三三)若望福音傳 第一章。

(三四)露稼福音傳 第二章第五十二節。

(三五)若望福音傳 第十二章第四十六節。

(三六)若望福音傳 第十四章第六節。

(三七)若望福音 第七章第一節。

(三八)瑪竇福音 第二十七章第三十四節。

(三九)若望福音 第十章第十八節。

(四十)馬爾谷福音傳 第七章第三十七節。

(四一)若望福音 第四章第三十三節。

(四二)同上，第十四章第三十一節。

(四三)同上，第十五章第十三節。

(四四)馬爾谷福音傳 第十章第十四節。

(四五)若望福音 第五章。

(四六)露稼福音傳 第七章 納音寡婦 若望福音 第十一章 賴柴魯復活。

(四七)若望福音 第四章 沙瑪里婦人 第八章 寬恕姦婦 露稼福音 第七章 赦淫婦。

(四八)露稼福音傳 第二十三章第三十四節。

(四九) 瑪竇福音傳 第二十二章第十六節。

(五十) 若望福音傳 第十三章 爲宗徒濯足。

(五一) 瑪竇福音 第十章第十六節 「靈變如蛇」。

第七章 救 贖

一、救贖的意義

1. 救贖的史事

當原祖背命，天主降罰的時候，天主預許了一位救世主。這位救世主即是耶穌基督。耶穌說自己的使命：「人子之來正欲追求迷失之人，而援救之耳。」㈠「正如人子之來，非以役人，乃爲人役，且捨其生以爲衆人之贖焉。」㈡

耶穌爲救世人，自己殉身捨生。捨生之道，祂自己曾預先告訴了門徒們：「自是耶穌始預示其徒，彼須往耶路撒冷，將陷於長老經生之手備受凌辱，乃至被殺，第三日復活。」㈢

耶穌受難的史事，四福音傳都記載的很詳細。

耶穌宣傳一種新的教義，與猶太舊教的領袖們時起衝突。這班領袖，稱爲法利塞人，經生和長老。他們嫉妒耶穌在民間的號召力，尤其怨恨耶穌不受他們的節制。他們的心理，聖經上曾說的清楚：「法利塞人因相語曰：舉世風從，吾其休矣！」㈣他們怕耶穌取得民眾的信仰，他們的勢力，就要瓦解了；因此他們決定要謀殺耶穌。

耶穌所選的十二個門徒中，有一個名叫茹達斯，他出賣了師傅，引著司祭長老的差役，在深夜捉拿了耶穌。差役乘夜把耶穌帶到大司祭的岳父亞納府中，大司祭蓋納審問祂：是不是天主聖子。耶穌自認不諱。大司祭便認爲他出言漫神，罪該死。第二天清早，把祂交給羅馬駐猶太的總督比拉多，要求判祂死刑。比拉多因爲證據不足，不信耶穌犯法，拒斷定罪。猶太的經師長老和法利塞人，唆使民眾大聲喧嚷，威嚇總督，倡言耶穌自稱猶太王，如不定祂死罪，總督即不忠於羅馬皇。比拉多乃判處耶穌，釘死十字架。當天，被押赴刑場，被釘於刑架上。從午刻到申刻，懸於十字架，將母親瑪莉雅托給了愛徒若望，然後氣絕。當時日晦地震，觀者大爲驚懼。門徒等收了屍，殮葬在山下的一口石洞裡。猶太司祭們派差役看守墓洞，預防門徒們來竊屍。

死後第三天清晨，洞石作聲，墳地震動，墓門自開，守洞的差役們，大驚急逃。瑪麗瑪達蘭和別的婦女來上墳，想再用香葯傅屍，已不見耶穌的屍體，天神忽然顯現，告訴她們：耶穌已復活了。耶穌當天即顯現於門徒們，證實自己已復活，命他們回加利利。第四十天後，當著門徒，離地升天。

這是新經所述的史事。

2. 救贖的意義

耶穌爲救贖世人，被釘死在十字架上。祂用自己的性命，作人類的救贖。神學家便問這種救贖究竟有什麼意義呢？

以往古代的各說謬論，我們不必去細述；僅只就誓反教的神學來說，對於救贖的意義，就有兩種錯見：一則過，一則不及。

誓反教的創始人路得，主張原罪害了人的本性，人根本趨於惡，無法補救。耶穌的救贖，是把祂的功績讓給人們，人們仗著這種功績，便可得救。人在得救的前後，自性和內心，仍舊罪惡滿盈，無所改變。耶穌的功績，似乎一件外衣，蓋在人的身上，天主看著耶穌的功績，乃不降罰人。人爲得救贖，只在一心信仰耶穌。信仰耶穌既誠切，就可享受耶穌功績的救恩。這種主張，把原罪的餘毒看的過重，因此把救贖完全歸之於向耶穌的信心，不用其他的善功。可是這種救贖的功效，都在外面，不能改善人的內心，僅是一種客觀的救贖。

第十八世紀時，德國誓反教因康德哲學的影響，第十九世紀時，又因實驗心理學的勃興，誓反教徒，多有人捨棄了路得的主張，把救贖改成了人的主觀的行爲。他們主張人性並沒有遭原罪的毀傷，耶穌的救贖，是在以身作則，用祂捨生取義的善表，激動人們去行善。人們仰效耶穌的善表，自動地行善避惡，因此得救。這種主張，把耶穌救贖的意義，縮成了一種善表，人的得救，完全在主觀方面的行善。

公教神學對於救贖的意義，則根據公教的信仰，主張耶穌順聽聖父的旨意，捨生立功，補償了人們的罪債，使人們能夠重與天主和好。然而人該遵守天主的規誡，纔能得救。

人們從原罪以後，對於天主負有罪債。天主既是無限的尊嚴，冒犯天主的罪，也就無限的重大，不是人可以補償的。耶穌是天主而人，祂的善功，有無限的價值。祂捨生的功績，乃可以替人們，補償罪債。

人們因著原罪，失去了超性的生命。超性生命的根源，在於聖寵；負有原罪的人都沒有聖寵，沒有聖寵，人便不能達到人生的目的；因爲人生的目的，是在原罪以前，定爲超性的永福。耶穌的救贖，便使人再能得有天主的聖寵。

赦罪和賦給聖寵，在天主方面是同時的，是同一的動作。

在人的一方面，這種救贖的功效，既不全是外在客觀的，也不全是內在主觀的，乃又是外在客觀的，又是內在主觀的。人的救贖，完全靠耶穌的功績，爲補償罪償，爲取得聖寵。但是人自己，一方面該信仰天主耶穌，一方面該悔罪改過，立志行善。聖寵的效力，也是一方面洗去人心的罪污，一方面給人以行善的助力。因此人的救贖，靠耶穌的功績，也靠人的意志。

聖葆樂宗徒說：「爾等既爲蒙寵兒女，自當效法天主，力行愛德，亦如基督之愛爾也。彼竟爲吾人之故，慨然以身獻於天主，作爲祭祀牲牷，芳氣馥馥，有如馨香。」㈤又說：「故人之稱義，惟憑基督之救贖；此實天主之慈恩，不勞而獲者也。」㈥

3. 代人償罪

雖說上面我們解釋了救贖的意義，以救贖是外在的又是內在的；但是耶穌的功績，總是外在的；外在的功績，怎麼能除去人內心的罪過呢？

聖經上明明地說：耶穌替我們死了。聖葆樂在書信裡屢次發揮這種觀念：「基督獨爲吾罪人捨生，足微天主愛我之篤，寧有既極。且吾人賴基督之聖血，既得赦罪而成義，不更能賴之以望免刑乎？」(七)「基督爲吾人自舍其身，正欲拯贖吾人，脫免一切罪過。」(八)

普通我們在社會人情上，可以聽到父親替兒子償債，或是哥哥爲弟弟還賬。在法律上，古代也有一個人替另一個人抵罪受罰的案子。這是一個私人替一個私人，還賬償罪，可是一個人替整個的人類，代償罪債，這是一件大事，該怎樣解釋呢？

原罪本來是原祖一個人犯的；因著這一個人的罪，整個人類都冒了罪。爲甚麼緣故呢？因爲原祖是人類的祖先，他和後代人類的關係，是血統的關係。他代表後代的子孫，他的背命大惡，由血統的傳生而流傳。

耶穌爲除滅人的原罪，也是用他獨自本身的功績。聖葆樂說：「夫因一人之罪，致眾受其死，則因一人之功，不更能使沾其恩耶？」(九)

耶穌一人之功，能夠洗除眾人的罪；因爲祂是天主所定的救世者！可是救世者與人類究竟有怎樣的關係呢？難道僅是一種法律的關係嗎？人類負有罪債，耶穌代人補償了，天主接受了這種補償，一切都清算了。這種解釋過於呆板，過於簡略。

耶穌自己曾給我們一種深刻的解釋。原罪既是由人的始祖而流傳的，救贖也就該由一新的祖宗而傳授。耶穌因此說信仰祂的人，應該再生一次：「我切實語爾：人非重生，不得見天主國。尼閣德睦曰：人既老，安得重生？寧能再入母胎，以得重生乎？耶穌對於曰：

我切實語爾，人非生於水及神者，無得入天主國。生於血肉者，屬於血肉，生於神者，乃屬於神。我告爾必須重生，勿以爲異。」(十)

「生於水及神」即是聖洗。人因著洗禮進入教會，也因著洗禮得有基督的新生。這種新生，便是超性的生命。聖葆樂宗徒說：負著原罪的人爲舊人，領了聖洗的人爲新人。所謂新舊，並不是倫理方面的改惡遷善。乃是人的生活的根本改變。人領聖洗，是死於舊人，生於新人，由本性生活遷入超性生活。「豈不知凡受洗而歸耶穌基督者，其故我乃因受洗而與之同死乎？既因受洗而與之同死，亦即與之同葬，乃亦與之同被天父之恩光，而自死中復活。於是吾人所現有者，乃爲煥然一新之生命。」(土)

人類因著血肉的生命，同亞當血統相連，共成一家，都染他的原罪。信仰耶穌的人，因著聖洗的新生，同耶穌神祕地相連，結成一體，都享祂的救贖。耶穌的信徒，結成一個新的精神民族。天神預報告若翰將誕生時，說他將爲天主預備一個新民：「爲主作育心悅誠服之新民。」(土)

耶穌跟祂的信徒的結合，較比亞當跟自己的子孫的結合，還更緊密。亞當跟子孫的結合，以血統作根基；耶穌和信徒的結合，以聖寵作根基。由血統而有的生命，不完全靠著祖宗；父母生了子女，子女就有獨立的生命。他們自己又生子女。由聖寵而有的生命，則完全靠耶穌；因爲每項聖寵，都直接由耶穌而發出，直接由耶穌而支持，因此由聖洗而得的新生命，都是直接因著耶穌而生，又直接因著耶穌而活。信徒脫離了耶穌，就失去超性生命；就是同耶穌相結合時，他們也並不能給別人以聖寵，使別人由他而新生。耶穌同信徒的關係，如同頭腦和肢體的關係。一身的生活，都由頭腦作主。耶穌曾告訴門徒們說：「吾爲樹身，爾爲樹枝，凡寓乎吾身，而有我寓乎其衷者，必結實繁多。離乎吾，爾將一無所能。人不寓吾內，則如枝之被棄而槁，人將拾之，以供爨矣。」㈩

聖葆樂宗徒最喜歡講耶穌與信徒合成一體的大道。這種一體稱爲「妙身」或稱爲「耶穌的妙身」。聖葆樂在書信裡說：「今吾人亦已因基督，而合爲一體矣。彼此皆屬肢體，相需而成。」㈩「豈不知爾等之身，乃基督之肢體乎？」㈩「夫人之一身，具有四肢百體，肢體雖多，不外一身，基督亦然。故無論猶太人也，希臘人也，主也奴也，皆洗於一神，融爲一體。……今吾人全體，乃基督之身也；各別言之，則皆此身之肢體也。」㈩

因爲耶穌給了信徒一種新生命，祂同信徒結成了一體，祂成爲妙體的頭，因此耶穌的功績，成了信徒的功績，耶穌就能代人償罪了。

二、耶穌在救贖上的身份

1. 耶穌的功績

功績在神學上，是對於酬報所有的名份。一椿善事，有得天主酬報的名份，這椿善事，便稱爲功績。公教神學所謂的功績，都指著超性功績，即是可得超性酬報的善事。超性功績，普通分爲兩種：一種是正義上的功績，一種是情理上的功績。正義上的功績，按照正義說，應該有酬報。情理上的功績，是因施報的人大量行賞，所以也可得有酬報。

耶穌的一生，從受孕母胎，到死於十字架，一切的思言行動，都是正義上的功績。因爲耶穌的思言行動，雖然由祂的人性而做；可是思言行動，不是歸屬祂的人性，而是歸於整個耶穌，整個耶穌是自己一切活動的主體。整個耶穌則以天主聖子的「有」爲「有」，以天主聖子的「存在」爲「存在」。因此祂的活動，乃是天主聖子的活動。天主聖子的活動，當然都是正義上的功績。

爲完成救贖的大業，天主聖父的旨意，是要耶穌捨身於十字架上。被釘十字架上，便是耶穌一生的功績裡，最大最重要的一種。救贖的大業，憑著這項功績而完成。

耶穌功績的酬報，一方由祂自己取得，一方由人類享受。耶穌因著功績，自身所取得的酬報，在於祂的人性，升堂享榮，祂的聖名大受讚揚。聖葆樂宗徒論耶穌說：「其為人也，復謙之又謙，損之又損，惟天主之命是從；鞠躬盡瘁，死而後已，終至致命於十字架上。因是天主亦舉之於萬有之上，錫以聖名，舉世無匹，萬古流芳，使天上人間，乃至地下一切生靈，莫不聞其名而屈膝，衆口同聲，咸稱基督耶穌為主，而歸榮於天主聖父焉。」㈦

耶穌既合信徒結成一個妙身，祂的功績，也就是這個妙身的功績。信徒們因著這種功績，所得的酬報，即是聖寵，常生，和一切關於得享常生的方法。換句話說，即是得救贖。對於一切的人，耶穌都為他們立了可得救贖的功績。而且天主是願一切的人都得救。在客觀上說，耶穌的功績，為一切的人補償了一切的罪債。因為耶穌的功績，乃天主聖子的功績，至高無限。所以教會不贊成把救贖的功績，只留為一部份的人；教會以這種主張，作為邪說。

但是在事實上，不是一切的人都得救贖，耶穌救贖的功績，沒有對於一切的人都發生實效；這是因為人有自由，天主不強迫人得救。在每個人的主觀方面，耶穌救贖的功績，要這個人自願接受，纔能生效。一個人接受耶穌的救贖，第一在於領洗新生，作爲耶穌妙身的肢體；第二在於遵守耶穌的誡律，避惡行善。

2. 耶穌爲妙身的頭

信仰耶穌而領了聖洗的人，都新生於耶穌，他們同耶穌有著同一的生命。耶穌在最後晚餐上，曾求聖父保佑自己的信徒：「願彼等翕然合而爲一，正如吾父體予，予體吾父，願彼眾亦能仰體吾儕，而融爲一體。」(大)

耶穌與信徒們融爲一體，結成妙身。妙身的頭，即是耶穌，聖葆樂說：「教會體也，基督其首也。」(九)教會由信徒構成，乃耶穌的妙身，耶穌乃妙身的頭。聖葆樂又說天主聖父，高舉耶穌：「置天地萬物於其足下，立之爲全教會至高無上之元首，而以教會爲其身軀。蓋基督涵覆萬有，而教會實爲之輔翼也。」(二十)聖葆樂又勸戒信徒，誠心爲善，涵養愛德「庶克仰配爲吾人元首之基督。在元首庇蔭之下，全身組織，緊湊圓密，百節相承，股肱各司其職，使全身平衡發展，根植於愛德之中，而蔚爲大觀。」(二)

既然耶穌是妙身的頭，妙身完全由耶穌主管。信徒與天主的關係，也都通過耶穌而達到天主，天主也通過耶穌而達到人。

3. 耶穌爲人的中保

救贖的目的，在把人類重新引歸天主。原罪使人離開了天主，成了天主的仇敵。在人和天主的中間，罪過疊起了一道牆，或是說罪過掘了一道鴻溝，使天主和人，彼此不相通。救世主降來人世，洗滌了原罪，除去了障礙，人類乃能再通於天主。

人類再通於天主，完全靠著耶穌的功績；天主重新寬宥人類，也是完全看著耶穌的功績。耶穌所以立在天主和人的中間，使天主和人相連，況且耶穌乃降生的天主聖子，祂有天主性又有人性；在祂的單體裡有天主又有人。耶穌本身，便已結合了天主性和人性。人性既被舉到與天主共成一位的地位，當然不再是天主的仇敵了。聖葆樂宗徒說：「夫天主一而已矣，而介居天主與人之間者，亦一而已矣，則基督耶穌其人也。」(三)耶穌作人的中保，是按祂的人性；因按祂的天主性說，祂和天主聖父聖神，同體同性，不能在天主之下。然而也不僅按祂的人性；不然人性不能上達天主。乃是按祂的和天主性相結合的人性，祂作爲人的中保。

耶穌作人的中保，代人祈禱天主。耶穌的祈禱，在於獻自己作爲祭祀的犧牲。這項祭祀，即是在十字架上，捨生殉身。公教教義信十字架上的捨生，爲教會的唯一祭祀，舉行這項祭祀的司祭，乃是耶穌本人。

聖葆樂宗徒在致希伯來人書中，詳細討論了這個問題。他說：「昔日之爲司祭者，不一而足；蓋以有死之身任之，其不能恆久固矣。惟耶穌則有生而無死，故其司祭職位亦永世而弗替。因是凡賴彼而歸天主者，彼常能爲其轉求，而拯救之也。嗟夫，有若斯聖善純正，無玷無染，遠絕乎罪人，而超軼乎諸天之上者，作吾人之大司祭，不亦美乎！一般大司祭必須逐日爲己爲人，獻贖罪之祭；至耶穌則已既無罪可贖，則衆人之罪，彼亦已獻身以爲之贖，一勞而永逸矣。」(三)

4. 耶穌爲人類的至尊君王

天主造生了宇宙人物，宇宙人物屬於天主的掌管；這是理所當然的。天主聖子和聖父聖神，同體性，當然也是同聖父聖神，爲宇宙人物的同一主宰。因此耶穌若按天主性說，祂和宇宙人物的關係，即是造物主對於受造物的關係。按耶穌的人性說，祂的人性既和天主結成一個單體，人性以天主的「有」爲「有」，便也分享天主性的尊榮。耶穌按人性說，也可稱爲宇宙人物的造物主。

然而耶穌對於人類的關係，不是用造物主的身份，乃是用救世主的身份。從救世主一方面去說，公教也以耶穌爲人類的元首，乃是人類至尊的君王。

人類因著原罪，本來已經是喪亡了。耶穌降生人世，用自己的血，把人類從魔鬼的手裡贖回來，把他重歸於天主。人類因此便該看爲耶穌所贖回的所有物；耶穌因著救贖的大業，對於人類，取得了主人的名份。救贖的功效，雖只實現於信奉耶穌的人；但是在客觀方面，救贖的範圍，包括整個的人類；耶穌主管人類的名份，也擴到整個的人類。況且救贖的功效，直接及於人，間接也及於整個的受造物體，從天神以及到頑石；所以耶穌因著救贖的大業，也是宇宙人物的主子。

聖經上，屢次說到耶穌尊爲君王，天神報告瑪莉雅將懷孕耶穌時，就說：「將孕育一子，當名之曰耶穌。偉哉斯人，宜稱爲至尊者之子，天主將錫以厥父大維之御座，永王雅各伯之家，國祚無疆。」㈣在耶穌被判處死刑時，比拉多總督問祂說：「然則汝果王乎？耶穌曰：爾之言矣，予固王也。我正爲此而生，爲此而降世，俾爲真理作證，凡植根於真理者，必諳吾音。」㈤雖說聖經的字句，指的猶太王；聖經的文意，則是指的人世之王。

所謂人世之王，並不是說耶穌建設朝廷，據有疆域，乃是說耶穌對於人類有至高統治之權，人世的一切法令，都該遵行祂的規誡。無論私人或是國家，都該向耶穌，舉行敬禮。人世最後的仲裁，在於耶穌的判詞。耶穌自己曾說：「當人子偕天神威靈顯赫，駕雲而降世，將坐於尊位，集萬民其前，而予甄別。」㈥梵諦岡教宗宮內，世界馳名的大壁畫，畫在西斯篤殿的下壁上，畫家彌格安琪洛，壁畫稱爲最後審判圖，圖上耶穌躍然起立，威儀迫人，判決一切人們的永遠命運。

註：

㈠ 露稼福音傳　第十九章第十節。

㈡ 瑪竇福音傳　第二十章第二十八節。

㈢ 瑪竇福音　第十六章第二十一節。

㈣ 若望福音　第十二章第十九節。

㈤ 致伊法所人書　第五章第一節。

㈥ 致羅馬人書　第三章第二十四節。

㈦ 致羅馬人書　第五章第八節。

(八) 致提多書　第二章第十四節。
(九) 致羅馬人書　第五章第十五節。
(十) 若望福音傳　第三章第三節。
(十一) 致羅馬人書　第六章第三節。
(十二) 露稼福音傳　第一章第十七節。
(十三) 若望福音傳　第十五章第五節。
(十四) 致羅馬人書　第十二章第五節。
(十五) 致格林多人第一書　第六章第十五節。
(十六) 同上，第十二章第十二節，第二十七節。
(十七) 致斐立比人書　第二章第八節。
(十八) 若望福音傳　第十七章第二十一節。
(十九) 致歌羅森人書　第一章第十八節。
(二十) 致伊法所人書　第一章第二十二節。
(二一) 同上，第四章第十五節。
(二二) 至蒂茂德第一書　第二章第五節。
(二三) 致希伯來人書　第七章第二十三節。

(二四) 露稼福音傳　第三十一節。

(二五) 若望福音傳　第十八章第三十七節。

(二六) 瑪竇福音傳第二十五章第三十一節。

第八章 聖 寵

一、聖寵的意義

1. 聖寵的緊要

救贖的功效，在於贖免人的罪債，引人重入超性的生活。贖免人罪，是一種消極的救贖，但是同時也是一種積極的救贖。因爲天主赦免人的罪過時，同時便認人作爲自己的友人，而且作爲自己的義子。天主爲提拔人作自己的義子，要緊使人不但沒有罪過，而且還該叫人跟自己同性。叫人與天主同性，即是叫人能夠天主化。爲使人天主化，天主乃賞人聖寵。從人的一方面說，人因信仰耶穌而受聖洗。聖洗使人得有耶穌的生活，同耶穌合成一個妙身。耶穌乃是天主聖子，同耶穌合成一個妙身的人，也就成了天主的兒女，稱爲天主的義子。聖洗所給於人的，乃是聖寵。因此可見救贖的功效，實際便是聖寵。

人的生活，分爲本性界的生活和超性界的生活。按人的理性和感覺去生活，是一種本性界的生活。若按著超出人的理智的信仰去生活，便是一種超性的生活。本性的生活，包括在人的本能以內，凡是這種生活的目的和方法，人憑著自己的能力，都能夠做得到。超性的生活，則超出人的本能以上。這種生活的目的和方法，不是人的本能所可做到的，人要緊有一種超性的助力。這種超性的助力，就叫做聖寵。

我們在上面討論人的受造時，已經說到，原祖在受造後，即被提攝到超性界。原祖的生活，乃是超性的生活。不幸他們犯了背命的原罪，他們失去了超性的助力，不能度超性的生活。可是他們的生活目的，依舊是超性的目的。有著超性的目的，而沒有超性的助力，永遠便不能達到人生的目的，這就是人的喪亡。耶穌降生救人，重新把超性的助力賞給人，使人可以達到人生的目的，人乃得有救贖。

有了超性的人生目的，非有聖寵，不能達到。聖寵爲我們人的得救，是決不可少的條件。

不過在這一點上，也要不偏不倚，不然又要弄出不合理的話了。在教會的歷史上曾出了幾種謬說。

爲時較早的謬說，有第五世紀的「白拉奇亞學說」（Pelagianismus）。白拉奇認爲超性和本性並沒有鴻溝的界限，人的本能可以達到超性的人生目的。原罪既沒有損害了人的本能，因此人們常可以自救。但是因爲原罪留給了人們一個惡表，耶穌救人，給人留了一個善表。所謂聖寵，即是耶穌的善表。聖奧斯定攻擊這種謬說，不遺餘力，特別發揮聖寵的意義。聖寵論可算爲聖奧斯定著作的中心。

中世紀時，路得創立誓反教。他認爲超性的人生目的，乃人的自然終向，爲達到這種目的的方法。也是人的本性所必需物。原罪既然叫人失掉了爲達到終向的超性方法，原罪便損傷了人性。人爲得救贖，不在於再得聖寵，因爲聖寵不能救治根本已壞的人性，只在於誠心信仰耶穌。信則得救。

在這兩種各走極端的學說中，中間還有好幾種稍微緩和的學說；但是也都不合於公教的教義。這一切學說錯誤的根基，在於沒有劃分超性和本性的界限。白拉奇是把本性界混入超性界，路得把超性界混入本性界。一個把本性往上拉，一個把超性向下曳。無論拉曳的多少，都是不合於真道。最重要的，是本性和超性各站崗位。若說現代哲學，根本不承認有超性界，那當然根本就不能講聖寵了。

公教教義，嚴格地分別本性界和超性界。按人的本性說，聖寵不是人所要求的。可是人既被提攝到超性的人生目的，那麼爲達到超性的目的，人便要緊有聖寵。

爲更具體地說明人對於聖寵的需要，公教神學家有以下的解釋。

a、對於本性界的知識，人們藉著自己的理智，可以求得；但是若願使這些知識，另外是關係宗教倫理的知識，都能沒有錯誤，那就非有天主的啓示不可。這是因爲原罪的流毒，使人的理智遲鈍了，而且常有慾情的蒙蔽。這一點在各種民族的思想史上，都可證明。

b、對於超性的知識，則完全靠天主的啓示。在有了啓示以後，人爲信仰天主的啓示，又需要天主的聖寵。因爲信超性的啓示，信仰便是超性的行動，不能由人的本能而發出。

c、人們因著本性的能力，可以行善。不信仰天主的人，並不是一舉一動都作惡事。但靠著本能，人決不能遵守全部倫理，原罪的流毒，削弱了人的意志力，慾情的行動。常令人失足。

d、爲行超性的善事，則自始至終，都靠聖寵。雖說人的意志，也是超性善舉的主宰，但意志是受聖寵的發動，又受聖寵的支持。

上面的幾點，還包含著許多細則的問題，神學家有專題的討論。

2. 聖寵的意義

聖寵究竟是甚麼呢？神學上的聖寵論，可算是和「三位一體」同樣難的一章。在說明上，常常找不到適當的辭句。

聖寵在教會通行的拉丁話，稱爲Gratia，舊譯爲「額拉濟亞」。這句話的原意，指著中意，悅心，受寵，寵愛。舊約古經上，多次用這句話表示見寵於某人或得受天主的寵愛。新約聖經則多用這個名詞，爲表示天主的恩惠。另外是在葆樂宗徒的書信裡，這句話已成了神學的專門名詞。這個專門名詞，即後代神學的聖寵。

聖寵在神學上的定義，根據教會的文典，可以這樣說：「聖寵是天主施給人靈的超性恩惠，使人能得常生。」㈠

（a）「恩惠」。——聖寵是一種恩惠。恩惠跟報酬有分別，報酬根據於受報人的功績，恩惠根據於施恩人的好心。聖寵是完全由於天主的好心而施給的。在耶穌一方面說，祂的功績替人取得了聖寵。但是在每一個人一方面說，人對於聖寵，沒有絲毫的權利。

恩惠雖不是報酬，但有時也可作爲報酬。一個人從另一個人得了些益處，或是得了幫助，或是收了禮物。他爲報酬所得的益處，便給幫助和送禮的人還禮，也幫助他，或者也送禮給他。這種還禮，雖然可以稱爲恩惠，實際該稱爲禮物。禮物的原意，就包含著送和還的兩種關係。拉丁文的恩惠和禮物，同是一句話；因此神學家在聖寵的定義裡，常加一句話「不應得的」恩惠（禮物）。中文的恩惠，則已有不應得的意思。

恩惠指的是種實物，不指人的感情。喜愛一個人，喜愛是一種感情，是一種主觀的感觸。施給人恩惠，恩惠則是一種客觀的實物，這種實物，能夠是一件實體的東西，能夠是一件具體的動作。施給人一件衣，衣是實體的東西；當著大眾讚美某人，某人受惠，讚美是件具體的動作，聖寵不是動作，乃是實物。

（b）「超性的恩惠」。恩惠可以是本性界的恩惠，可以是超性界的恩惠，也可以是性外的恩惠。我們在討論人的受造時，已經說明這種分類。

聖寵是超性的恩惠，因爲他的本質，完全超乎人性。天主爲甚麼要給人聖寵呢？是爲叫人能有超性的生活，那麼聖寵當然該是超性的實物了。

超性的實物，或者是自立體，或者是附屬體。超性的自立體，不能和本性立體在本體上相結合，不然或者是超性自立體不是超性，或者是本性的自立體不是本性。聖寵既然該和人的靈魂相結合，聖寵便不能是超性的自立體，而是超性的附屬體了。

聖寵同靈魂相結合，是爲助人度超性生活，生活乃是動作，聖寵便是靈魂超性動作的基本。在哲學上，附屬體可以作爲人的活動的基本的，稱爲特性（Qualitas），所以神學家也稱聖寵爲超性的特性（特長）。

（c）「天主施給的」。超性的恩惠，只有天主纔能施與，所以聖寵的根源來自天主。但是從另一方面說，耶穌捨生，爲人取得聖寵，那麼聖寵便是耶穌贏來的。因此天主施給人聖寵，常是因著耶穌的功績而施與。天主施給聖寵，可以不守一定的方式，也可以守一定的方式。因爲祂是聖寵的主人，耶穌給祂所立的教會乃定下了一些取得聖寵的方式；人若遵守了這種方式，天主就給人聖寵。這些方式，稱爲聖事（Sacramenta）。在聖事以外，天主還自由地給人聖寵。

恩惠是由愛情而來的，聖寵也是來自天主的愛情。天主的愛情，爲天主聖神；因此教會常認天主聖神爲聖寵的施與者，而且也把人們的聖化工作，都歸之於天主聖神。

聖寵是耶穌的功績所賺來的。如耶穌同信仰祂的人，合成一個妙身，祂的功績是整個妙身的功績，同時，妙身的功績，也是祂的功績，並且和祂的功績互相連合。因此聖人們的功績，和耶穌的功績相連合時，也能爲自己和他人，取得聖寵。聖人們的祈禱，和耶穌的祈禱相合時，也能求天主施捨聖寵。在聖人中，聖母瑪莉雅的地位最高，功績最大。又是耶穌的母親，所以她稱爲聖寵之母。

（d）「施給人的靈魂」。聖寵只能施給有理性的動物，對於牛馬，天主決不能施捨聖寵給牠們。人對於聖寵，本來跟牛馬一樣，都沒有取得的權利；因爲聖寵是超性的恩惠，人和牛馬，都站在本性以內。但是超性的事物，是爲補救本性的弱點；因此天主施捨超性恩惠時，已假定在領受恩惠的物體上，有可補救之點，若是連可補救之點都沒有，又何必施給超性的恩惠呢？聖寵之所以施給人，是爲使人得有超性的生活，超性生活，在於同天主一樣地認識天主，愛慕天主。認識和愛慕，乃是理性動物的活動，牛馬不能夠作；人則能夠作；那麼聖寵爲牛馬沒有用。爲人則有用。因此公教神學說對於超性的恩惠，應該具有被提舉的能力，這種能力，稱爲受能（Potentia obedientialis）。中國古語說：「扶著猴子可以上樹，扶著狗不能上樹。」只有人的靈魂，可以仗著聖寵，攀上超性界。

聖寵施給人的靈魂，以靈魂作主體。靈魂是自立體，聖寵是附屬體；聖寵附加在靈魂上，成爲靈魂的超性特性（特長），發動人的超性活動。但是聖寵和靈魂相結合時，保存自己的超性本質；這樣聖寵的消長，自有其消長的原因。聖寵的消長原因，在於自身的超性來源。

（e）「使人能得常生」。終向看來是最後的一點，然而在理想中則是最初的一點。先要知道終向，然後纔選擇方法。使人得常生，爲聖寵的終向，然而也就是使聖寵所以成爲聖寵。超性的恩惠，可以有許多種；聖寵是那一種爲使人能得常生的恩惠。

常生是人生的超性終向，終向乃最後一點。在走到終向以前，人已經該走在走向終向的路上，所以聖寵的效果，在使人能夠具備爲得常生所該有的條件。

二、聖寵的種類

在公教神學上，聖寵分成好幾種。例如「天上的聖寵」和「世上的聖寵」。前者是已經升天堂的聖人所得的，後者是活在世上的人所得的。有如「外在的聖寵」和「內在的聖寵」，前者是外面的一種超性恩惠，譬如聖經上的啓示，後者是賜與人靈魂的超性恩惠。又如「利人的聖寵」和「利己的聖寵」，利人的聖寵，對於得受聖寵的人，不發生影響，是爲用來幫助別人的，譬如一個人能夠預言未來的事，能夠顯靈治病，這些事對於本人沒有神益。利己的聖寵，則使得聖寵的本人，能有神益。又如「當時的聖寵」和「長期的聖寵」。這兩種聖寵，在神學上意義很大，我們便詳細加以講明。㈡

1. 長期的聖寵

「長期的聖寵」，也稱爲「聖化的聖寵」。這種聖寵，是天主施給人的超性特恩，常依附在人的靈魂上，使人的靈魂中悅天主，享有超性的生命。上面所講聖寵的意義，都適用於這種聖寵。

凡是一個人領受洗禮，天主便賜給他聖化的聖寵。這個靈魂登時除淨一切的罪惡，在天主前便聖化了。若不幸後來又犯了大罪，失去了聖寵，斬斷了超性的生命，則要靠著痛悔和告解聖事，重新洗去罪污，再又得聖化的聖寵，使超性生命復活。

聖化的聖寵在一個領了聖洗而又沒有大罪的靈魂上，長期存留，作牠超性生活的根基。好比一個人學得了一種職業的本領，或是學會了一種語言。這種職業和語言的本領，就成爲他的一種特長，常留在他心上，作爲他日後作這種職業或說這種語言的根基。

聖化的聖寵既是一種特性（特長），可以增加或減少。聖寵的增加，在於天主的施捨；天主施捨聖寵是因著人領聖事或立善功；因此人若多領聖事，多行善功，就多得聖寵。若是疏忽冷淡，聖寵便要因小罪而減少效力。若有了大罪，全部聖寵，則都失落。等悔罪告解了以後，纔重新恢復犯罪以前的聖寵。

聖化聖寵，凡是領洗又沒有大罪的信友，多少都具有著；因爲這種聖寵是超性生活的根基，是超性活動的本能。領洗而沒有大罪的信友，都有超性生活和超性活動，便不能缺少聖化的聖寵。

但是聖化的聖寵，像我們剛纔所說的，如同一種職業或語言的本領。一個人有一種本領，並不是時刻都在行使這種本領。爲行使所有的本領，人該當等待可以行使的機會，就是有了機會，還該自己當時打定主意願意去做。同樣，一個人有了長期的聖寵，爲做一件超性的活動，爲行一種超性的善舉，他臨時要緊有一種超性的發動力，發動他的意志，堅持他的毅力，這種臨時的超性發動力，即是「當時的聖寵」。

2. 當時的聖寵

「當時的聖寵」，也可稱爲「執行的聖寵」或「發動的聖寵」，是一種臨時的超性動力，由天主施給人的靈魂，使他做一種超性的活動。

新經上耶穌說：「苟無遣予者聖父之攝引，無人能歸於予。歸予者，予必須活之於末日。」㈢耶穌認爲沒有一個人能夠信仰他，除非有聖父的攝引。這種攝引，即是當時的聖寵。

聖葆樂宗徒說：「吾之得有今日，皆賴天主之寵佑；惟予黽勉勞苦，視他人有過無不及，則未辜負天主之寵佑也。雖然，是亦天主寵佑而已，初非了之功也。」㈣葆樂把自己的一切善事，都歸之於天主的聖寵。他並且也說過：「應知一切善念，主實啓之；一切善功，主實佑之；爾有所成，莫非主之美意。」㈤我們的善念善行，都由天主發動，都由天主玉成。耶穌明明說過：「離乎吾，爾將一無所能。」㈥即是說：「沒有我，你們甚麼也不能做。」

從上面所引的聖經文據，我們可以知道，一個已經信仰耶穌的人，爲行超性的善舉，每次都要有天主的助力。所以在聖化的聖寵以外，還有一種臨時發動的聖寵。這種聖寵，稱爲「當時的聖寵」。

「當時的聖寵」，是天主施給人靈魂的一種超性恩惠。這種恩惠不常留在靈魂上，只是一時的助力。「當時的聖寵」，對於未信仰耶穌的人和犯有大罪的信徒，是引他們歸皈天主。對於具有聖化的聖寵的信友，則引他們行善。「當時的聖寵」對於人靈魂的影響，是一種發動力，發動人的意志。這種發動，不是勸說或刺激，只有心理方面的影響力，乃是一種物理方面的發動，使人的意志不能不動作。因此「當時的聖寵」也稱爲「生效的聖寵」。

「生效的聖寵」，不單是在發動時有效，在支持人的善舉時，也是有效。人沒有發動的聖寵，當然不能行善；人若沒有聖寵的支持，人的善舉也不能完成。神學上所以分「當時的聖寵」爲「發動的聖寵」和「支持的聖寵」。㈦

神學上聖寵論最難的問題，就在於解釋「生效的聖寵」。這「生效」兩個字引起兩個最難答覆的問題。第一個問題，是人的自由。若是聖寵發動人的意志，一定生效，那麼人的意志還有不有自由呢？第二個問題，是人的得救。既然只是生效的聖寵可以使人爲善。聖寵乃是天主隨意施給的；那麼若一個人沒有得到生效的聖寵，他便不能行善而得救。這不是說人的得救，完全隨著天主任意的定奪；不得救的人，並不是自己有罪。

爲答覆這兩個難題，神學家想出了許多意見；然而這兩點—另外是第二點，已是信仰的奧義，不是人的理智可以完全懂透的。我現在很簡單地說幾句。

人是理性的動物，因著理性，人有自由。人在行動時，他的理智先看到這樁事，計較這事爲自己是利是害。利害的標準，本來該當是善惡。善事有利，惡事有害。但若理智爲慾情所蒙蔽時，常能以惡爲善，結果便以惡事爲利。理智計較了利害以後，意志隨著理智的評判，加以選擇。中國古人荀子曾說：「性之好惡喜怒哀樂謂之情。情然而心爲之擇謂之慮，心慮而能爲之謂之僞。」（正名篇），人的理智隨著情的傾向加以考慮，心乃加以選擇，選擇了以後纔有人的行爲。因此人的自由，完全隨從理智的評判。

天主施給人「生效的聖寵」，聖寵直接影響人的理智，對於理智，顯示出這樁事件的利害。理智因著聖寵的顯明指示，立刻評判這事是利是害，意志便馬上加以選擇。這樣聖寵的效力，直接影響人的理智，間接及於人的意志。人的自由，直接在於意志，間接在於

人的理智。因此聖寵雖是有效地發動人的理智，人則仍舊保有自己的自由。㈧

沒有自由，人則不能主宰自己的行動，結果也就常是無功無罪；那便根本推翻了救贖的信條。人有聖寵，還要有自由；人有自由，還要有聖寵。兩者兼存，纔能有救贖。

至於說有些人不得救，是否完全在於沒有得到生效的聖寵？這種問題，可以這樣答覆。第一，天主願意一切的人都得救。這一點在聖經上明明有證據，是不容懷疑的。因此天主賞賜凡是信奉他的人以長期的聖寵。長期的聖寵在人的靈魂上，並不是不生效，牠使人享有超性的生活，使人具有超性活動的能力。除長期聖寵以外，天主又施給人「足用的聖寵」。這種聖寵本可以使人爲善，但沒有生效聖寵一般的發動力，人的意志可以阻撓。假使人的意志不加阻撓，願意隨從「足用聖寵」，天主即再施給生效的聖寵，人便行善了。所以一個人不得救，並不是天主不施給聖寵，乃是他不願意隨從聖寵。

3. 天賜的善德和聖神的恩惠

除了上述的聖寵以外，一個受了洗禮的人，他的靈魂，也得有天賜的善德（Virtutes infusae）和聖神的恩惠（Dona Sipritus Sancti）。

天賜的善德，是超性生活的基礎善後，共有三種：即信德、望德、愛德。超性生活以天主為終向。人的靈魂為趨向這個終向，是用自己的理智和意志；靈魂因著聖寵，雖是已經登入超性界，但是理智和意志，要緊再有一種超性的動作基礎，為能趨向天主。這種超性的動作基礎，就是天賜的善德。㈨人為趨向天主，第一要信仰天主，第二要希望享見天主，第三要愛天主。信、望、愛三德，成全人的理智意志，使能歸皈天主。

天賜的善德，不是聖寵，一個人犯了大罪，失落了聖寵，他仍可以信仰天主。聖寵為成全人的整個靈魂，天賜的善德為成全理智和意志。

聖神的恩惠，在古經上天主已經就提到了。㈩新經上耶穌和宗徒們都曾舉手在門徒們的頭上，叫他們領受聖神。聖神賜人恩惠，使人更容易接受天主聖寵，更迅速地趨向天主。

聖神的恩惠共有七種：敬畏、孝愛、聰敏、剛毅、超見、明達、上智。敬畏使人容易敬畏天主；孝愛使人以孝子心情愛慕天主；聰敏使人懂得天主和受造物的關係；剛毅使人勇敢就義；超見使人容易辨別是非；明達使人認識天主的奧妙；上智使人體會超性真道的神味。

聖神的七恩，雖和愛德緊相接合，但不是愛德，也不是聖寵。聖經常稱這七恩，為聖神的恩惠，因為七恩都是天主臨時賦給人，驅使他在超性生活上長進；這完全是天主的一種特別慈愛；所以七恩便歸之聖神。聖神乃天主的神愛。

三、聖寵的效果

上面談「聖化的聖寵」和「臨時的聖寵」時，已經說到聖寵的成效；但所說的，只是片面的成效。於今我們要全部地看一看聖寵所給與人的效果。

聖寵的效果，雖說按著聖寵的類別，各有不同；「長期的聖寵」使人有超性生活的基礎，「臨時聖寵」發動人行善；然而這些各類的聖寵，都在使人得享常生。

聖寵不是常生，聖寵是使人得常生的方法。怎樣使人得常生呢？聖寵給人兩種得有常生的方法。第一是人靈的聖化，第二是使人立功。

1. 聖化

人靈的聖化（Justifcatio, sanctificatio），是人的靈魂能夠中悅天主。為能中悅天主，須有兩種條件，第一是沒有罪過，第二是成為天主的愛友。

赦罪不是聖寵的直接效果，然而有罪則不能有聖寵，有聖寵不能有罪。因此赦罪便是聖寵附帶的效果。

沒有罪過，本來不一定成爲天主的愛友；但是天主在造人時，已經提他升入超性界，使人跟天主有同樣的生活。生活於同樣的生活，乃友誼最高的表現。這種友誼的表現，被原罪摧毀了，耶穌用救贖大功替人重新恢復。人在受洗得救贖時，得有天主的聖寵，人便再享有天主的友誼，生活於天主的生活，成爲天主的愛友；這就是聖寵的直接效果。

生活於天主同樣的生活，即所謂超性生活。這種生活包含有三種成份：一、分享天主性（Consortium divinae naturae），二、天主的義子，三、得享永生的名份。

「分享天主性」—人若按著本性去生活，他只要知道自然界的真理，能有欣賞自然界的美好，能夠有感覺方面的快樂，他就可以快樂，心中滿足了。於今人們雖能享有這一些真美善，人心仍舊不能滿足；這就證明人的終向高出了本性以上，本性的生活，不足使人有幸福。高出本性以上的終向，則是超性的生活，超性的生活，在於以天主的生活爲人的生活。人怎樣能夠以天主的生活爲生活呢？那是靠天主用聖寵把人提到超性界，使人分有天主的本性。有了天主的本性，人纔可以以天主的生活爲生活。但是我們不能說，天主把自己的本性，分給了人，也不能說人變成了天主；這種「分享天主性」，是天主使我們的人性，很相似祂的本性，因此我們人能夠像天主自己一樣認識天主，像天主自己一樣愛天主。聖伯鐸祿宗徒說：「吾人仰賴耶穌之神德，……吾人復有無上無疆之恩諾，俾吾人

脫世俗縱情恣慾之腐敗惡習，得躋於神化之境，而融於天主之性。」(十)

「天主的義子」，人有聖寵，既然分享了天主性，人真可以說是和天主同一本性了，人便成了天主的子女。凡是父子，本性都相同。人爲人成爲天主的義子。從另一方面說，人有聖寵，人和耶穌結成一個妙身；耶穌是天主的聖子，和耶穌結成一妙身的人，便成爲天主的義子。聖若望宗徒說：「可是凡容納他（耶穌）的人，他便給他以機緣，使能成天主兒女，使這輩信賴他的名字的人，不由血氣，不由肉慾，不由人意，祇由天主而生。」(土)

「得享永生的名份」。人若是成了天主的義子，便有名份享受天主的福樂，這種福樂即是永生。永生在於像天主自己一樣認識天主；像天主自己一樣愛天主。這種境界在現世不能實現，只能在身後的天堂；那麼聖寵，便給我們以升天的名份。聖葆樂宗徒說：「即聖神亦與吾人之神魂，同證吾人之爲天主兒女焉。既爲兒女，即爲嗣子，既爲嗣子，則亦爲基督之共同繼承人也。」(圭)

超性生活的高妙，可算是到了極點。然而這一切在現世不是可以用感覺能夠知道的，一切都靠信德。誠心信的人，生活在這種生活中，天主會使他體味到這種生活的神秘美妙。

2. 立功

人的得救，完全靠天主的聖寵；但若完全只在聖寵，人沒有一絲的合作，那麽人領了聖洗即可以死去，何必再活呢？而且人就不是人了！人之所以是人，在乎有自由，作自己行動的主宰。人的得救，乃人生的終向；便不能不是人的自由行動。若像誓反教路得所說，只要信耶穌，人雖作惡，也仍是得救；即是說人對自己的終向，不能有自由，完全是耶穌用大衣，把人們蓋住，一伙兒都拉進了天堂。公教神學認爲人的得救，在於因耶穌的聖寵而赦原罪。既赦了原罪，又有聖寵，人便該與聖寵合作，盡力爲善。天主的聖寵給人以行善的可能，人應該和聖寵合作，因著這種合作，人的善行爲，算爲人的功績。

功績是一樁可得報酬的善行。在善行和報酬之間，有一種相對的名份，善行因著這種名份，乃得報酬。接著這種名份，功績分爲兩種：正義上的功績，情理上的功績。㈣正義的功績所有報酬的名份，基之於正義，報酬應相當於善行。情理上的功績，得報的名份，基之於情理，在正義上雖不該得賞，在情理上說，可以得賞，賞報的大小，看祂賞者的慷慨而定。

人得了天主聖寵，做超性的善行，這些善行，在天主前有正義上的功績。因爲天主在聖經上，屢次許下，人若行善必得賞，人若行惡必得罰。天主的賞罰，雖可以行之於現世，但真正的賞罰是在於身後。行善的人，因此能夠得有天堂永生的酬報。

人的功績可有的酬報，分爲三種，第一是增加聖寵。人有了聖寵，立有功績，天主按他的功績，加增聖寵給他。第二，功績能夠贖免人的罪罰。人犯了罪，雖得了赦，還要有相當的罰。這種罰是身後煉獄的罰，功績能夠除免相當的罪罰。第三是天堂上的福樂。功績多天堂上的福樂也高。這樣，人的得救，既靠天主的聖寵，也靠人自己的努力。若是一個小孩，不知使用理智，他受了洗，死後升天，他的永生福樂，當然不能在立了功績的人以上。

人的超性生活，爲教義的一種奧妙；然而也很合乎情理。

註：

(一) Parente Dizionario Teologia Dommatica. p.153.

(二) Gratia patriae天上的聖寵Gratia viae世上的聖寵
Gratia externa外在的聖寵Gratia interna內在的聖寵
Gratia gratis data利人的聖寵Gratia gratum faciens利己的聖寵

Gratia actualis當時的聖寵Gratia habitualis（Sanctificans）長期的聖寵

(三) 若望福音傳　第六章第四十三節。

(四) 致格林多人第一書　第十五章第十節。

(五) 致斐立比人書　第二章第十三節。

(六) 若望福音傳　第十五章第五節。

(七) Gratia efficax 生效的聖寵 Gratia suifficiens 足用的聖寵 Gratia excitans 發動的聖寵 Gratia adjuvans 支持的聖寵。

(八) P. Parente. De gratia et Vitutibus. P. III. C. II. De essentia gratiae actualis.

(九) S. Thomas Summa Theologica I-II. p.62.a.1

(十) 意灑雅先知書　第二章第二節。

(十一) 聖伯鐸祿第二書　第一章第四節。

(十二) 若望福音　第一章第十二節。

(十三) 致羅馬人書　第八章第十六節。

(十四) Meritum de condigno 正義上的功績，Meritum de congruo情理上的功績。

第九章　聖　母

一、天主之母

誓反教人反對公教人敬禮聖母，公教人則以敬禮聖母爲榮。公教敬禮聖母，有很明顯的理由。假使人不信耶穌是天主，便可以不敬禮聖母；公教信耶穌是天主，當然該敬禮聖母；因爲聖母是救世主的母親，也是天主之母。

1. 經傳的證據

新經馬竇福音傳和露稼福音傳，記載了耶穌的誕生。聖馬竇和聖露稼言明耶穌的母親瑪莉雅，是童身生子，因天主聖神的神能而懷孕。兩位聖史都引先知義灑雅的預言，因爲義灑雅早已預先說到，救世主將從一位貞女而生。

聖露稼更詳細記述天神嘉俾厄爾預先把這事告知了瑪莉雅，詢問她的同意。天神說：「瑪莉雅，勿驚！爾實見寵於天主，將孕育一子，當名之曰耶穌。偉哉斯人，宜稱至尊者之子。」㈠至尊者係指著天主，瑪莉雅將生的兒子，稱爲天主之子，她便是天主之子的母親。天主聖子即是天主，瑪莉雅便即是天主之母。天主之子從瑪莉雅出生，是真真由她懷孕而生，跟別的小孩由母親而生一樣。瑪莉雅雖是童身，祂的懷孕並不是假的，也不是一種表面外形。在普通懷孕時，男子所給與女子的原質，天主聖神用自己創造的神能，對於瑪莉雅的孕育，代替了一切。三重市曾明明告訴瑪莉雅說：「聖神臨汝，至尊之德庇汝，因是所生聖者，應稱天主子。」㈡

瑪莉雅真正懷孕了耶穌，真正生了耶穌，確實是耶穌的母親。而且她生耶穌，較比普通的母親生兒子，意義更要完滿；因爲耶穌是她一人生的，沒有經過任何的男人。

耶穌稱爲天主子，不在於因著天主的神能而被孕；乃是因祂是天主第二位聖子。若望福音傳在開端便說明耶穌是天主聖子，聖子在降生以前，已經「在開始時就與天主相偕」。

第一世紀的聖依納爵主教曾說：耶穌是「被生又不被生，……天主在肉體以內……生於瑪莉雅又生於天主。」㈢第二世紀時有聖易肋能阿在攻擊邪說的作品中說明耶穌是

「天主聖子由聖母而有生。」㈣

第四世紀時，開始有「天主之母」的名號，亞立山城主教聖亞立山在一封致耶路撒冷城主教信上說：「耶穌基督，從瑪莉雅天主之母，取了真的肉體，並不是只有外形。」㈤

第五世紀奈史多略倡「友誼結合論」，以天主居於耶穌心內，與耶穌親密結合，耶穌並不是天主，因此瑪莉雅不能稱爲天主之母。降生後四百三十一年，在厄弗蘇城舉行主教會議，奈史多略的主張被禁絕，主教會議明文規定瑪莉雅應稱爲天主之母。主教號們出會場時，全城教友，擁護主教等回寓所，通宵懸燈作慶。

厄弗蘇會議，由羅馬教宗的代表任主席，會議案又有教宗的批准。因此從這次會議後，公教教會常以聖母爲天主之母，作爲教義。

2. 理 由

由外面的事件看來，瑪莉雅生了耶穌的人性，瑪莉雅只可稱爲耶穌的人性的母親。稱她爲天主之母，似乎不大合於情理。

但是，耶穌是一個「單體」，祂雖有天主性和人性，祂是一個，不是兩個。祂的人性以天主性的存在（有）為自己的存在。因此祂是一個主體，一切的特性和行動，都屬於這個主體，這個主體是耶穌。我們說耶穌顯靈，耶穌復活，耶穌疲倦，耶穌流淚；我們並不分析說耶穌的天主性顯靈，耶穌的人性流淚。這樣耶穌誕生是耶穌誕生，並不說耶穌的人性誕生。母親兒子，是生一個整個的兒子。瑪莉雅的兒子名叫耶穌。瑪莉雅生了耶穌，耶穌是天主而人，瑪莉雅當然可稱為天主的母親。

「天主之母」，當然不是說天主由聖母而生，天主乃是自有的。瑪莉雅稱為天主之母，是因天主聖子，由她胎中取了血肉，而生為耶穌。耶穌的人性，是瑪莉雅血肉所成。這個人性與天主性相結合，以天主聖子的「存在」為自己的「存在」。母親生兒子，是給兒子一個生命，兒子的生命在哲學上即是兒子的「存在」，或兒子的「有」。耶穌的人性的「存在」，乃是天主聖子的「存在」；因此聖母稱為天主之母，名正言順。天主聖子的「存在」，雖是在瑪莉雅以前，早就有了；但天主聖子帶著人性的存在，則是由瑪莉雅胎中而有的。

在厄弗蘇會議的一千九百週年，教宗庇護第十一頒佈通諭，紀念這次會議的重大意義。教宗的通諭上說：「我們稱至聖童貞瑪莉雅為天主之母的信條，是如同聖啓里祿（S. Cyrillus）所告誡的說：並不是天主聖子的天主性和祂的生命的起源，是從至聖童貞而有的，但因天主聖子從她取了具有理智的肉體，而且又和這個肉體，在本體上相結合了。』

「既然瑪莉雅所生的兒子是天主—這個兒子確實是她生的，她理所當然該稱爲天主之母。若是耶穌基督只是一位，而且又是一位天主；那麼瑪莉雅便不單單稱爲人性部份的耶穌的生母，而該稱爲天主之母。」㈥

在聖經上，我們已經有天主之母的證據，瑪莉雅往看表姐依灑白時，表姐不是因著聖神的默啓，稱呼她爲「我主之母」嗎？我主即是天主。

二、聖母的特點

1. 無染原罪

聖母既是有「天主之母」的身份，她便不能同於凡女。耶穌是人而天主，在外面看來，跟普通猶太人一樣。聖母瑪莉雅在人的眼中看來，也和普通的猶太女人一樣；但是她的內心，跟普通的人不同。她的內心，該當相稱「天主之母」的身份，她得有天主的特寵異恩，她的第一個特寵，即是始胎無染原罪。

甲、無染原罪的意義

一八五四年，十二月八日，教宗庇護第九欽定聖母始胎無染原罪為教義信條，頒佈詔諭。詔諭上說：「我們用我主耶穌基督和聖伯鐸祿聖葆樂及我們自己的神權，宣佈並欽定：至聖童貞瑪莉雅，在受孕的最初一刻，因著天主的特恩，預先看著救世主耶穌基督的功績，沒有沾染絲毫的原罪，這端道理，乃是天主所啓示，因此為眾信友所該常久堅信的。」(七)

「無染原罪」，—原罪即是因原祖背命，遺傳於後代人的罪過。凡是人，在母胎裡都染有這種罪。因為原罪，是由血統生育往下流傳的，凡因母胎而生的亞當子孫，都要沾有原罪。救世主耶穌不能沾有原罪，因為祂是天主，而且祂的誕生，不是由於父母的配合，乃是因天主聖神的神力，受孕母胎。由父母所生的子女，僅只有瑪莉雅沒有沾染原罪。

在上面我們曾經說過：原罪是與天主作仇的境遇，第一使人失去天主的聖寵，不能達到人生的超性目的，第二使人失去「性外的特恩」，人因此有死，多慾，而且愚昧。聖母無染原罪，祂便常有聖寵，常被天主所愛；因此也不遭受原罪的餘毒。

但是聖母無染原罪，並不是說她不算亞當、厄娃的後人；按血統說，瑪莉雅同普通的人一樣，也處在原罪的勢力以下，但因著天主的特恩，原罪沒有流傳給祂。

「預先看著救世主的功績」，—原罪的赦免，在於耶穌的功績。不信仰耶穌而不希望領受洗禮的人，不能得罪赦，便不能得救贖。

在人事上，耶穌受難殉身，是樁有一定時間的事蹟。耶穌是瑪莉雅的兒子，瑪莉雅在時間上，是生在耶穌以先。但是耶穌受難爲救贖人類，也是一樁超於時間的事蹟，天主在無始之始，決定要造人時，也就決定了救贖人；因此在瑪莉雅沒有誕生以前，救贖的事蹟，早就件件都排在天主的眼中，天主知道這件事必定要實現。所以天主預先看著救世主要立的救贖大功，免除了瑪莉雅的原罪。這樣瑪莉雅也是耶穌所救贖的。

「在受孕的最初一刻」，—我們說天主除免了瑪莉雅的原罪，並不是說祂先染有原罪，後來天主給祂赦了。乃是說她從沒有染了原罪，她在母胎受孕最初的一刻，就是純潔無玷。所以是天主免了她沾染原罪。

乙、經傳的根據和神學的理論

既然說聖母無染原罪，是天主啓示的教義，啓示則該當是存留在聖經典宗徒傳說裡；這項教義便該在經傳裡有所根據。啓示在經傳的根據，可以是顯明的，也可以是暗示的。顯明的根據，是經傳對於一端教義，有直接的說明。暗示的根據，是對於一端教義，經傳裡有間接的說明，即是這端教義包含在經傳的啓示裡，或者這端教義是由經傳裡的啓示，可以推論而得的直接結論。

聖母無染原罪，在聖經裡的根據，只是暗示的根據。古經舊約裡的根據，有創世紀天主罵蛇魔所說：「你作了這等惡事，你便在所有的畜生百獸裡，是最可咒罵的，你將用肚子爬著走，終生吃著土，在你和女人的中間，我要使永有仇隙。你的後類和她的子孫世代爲仇。將來一個女人要用腳踏碎你的頭顱，你空想咬傷她的腳根。」(八)

舊約的這段文字，沒有明明說到瑪莉雅不染原罪；但是在文義裡包含有這端教義。因爲「天主向亞當厄娃，許下有一個女子，要踐踏蛇魔的頭。這位踐踏蛇魔頭顱的女子，便不能遭蛇魔的踐踏。古經明明說蛇魔空想咬傷她的腳根，她因此不染原罪。」(九)

新經福音上，天神嘉俾厄爾來報天主聖子降生的喜信時，向瑪莉雅說：「滿被聖寵者，主與爾偕焉。」(十)這段經文也沒有直接說到瑪莉雅不染原罪，可是間接地透露出這件事實。在耶穌沒有降生以前，瑪莉雅已經滿被了天主的聖寵，和天主密相結合，她必定是不負罪債，原罪早已除掉了。而且既是滿被聖寵，她有天主的一切恩寵；恩寵裡最大的，當然是無染原罪，誰能說她沒有得到這種最大的恩寵呢？

在神學的理論方面去說：「這位女子同蛇魔結有世仇，是因她要生打敗蛇魔的救世主。打敗蛇魔的救世主是是天主；天主的母親豈可遭蛇魔的蹂躪，染有罪污？人世的大惡，即是罪污;救世主可免人於罪,必須預先免了自己的母親,成全自己的孝思。在天主的眼中,沒有時間,未來的一切,全在眼前。救世主殉難救人的大功,預先就能使瑪莉雅享受美果,不受亞當厄娃原罪的沾污。」(十)

在古代流傳的傳說裡,最初幾世紀的教父們,只是讚揚聖母的品德,說她滿有各種的美德和聖寵,但是從第四世紀以後,教父們則已明明說聖母純潔無玷,不染原罪了。聖厄弗冷讚美瑪莉雅是:「無玷無瑕,全潔無損,遠離諸罪,童貞而作天主淨配。」(十一)聖盎博羅削論聖母說:「童貞無損,童貞蒙主恩寵,不損於任何罪污。」(十二)聖奧斯定討論原罪時,特別聲明說:「童貞聖母瑪莉雅則是例外,對於她,因關係著天主的光榮,在我討論罪惡時,絕對不願論到她。」(十四)

前面所引的三位教父,代表教會的東西兩方。對於聖母的純潔無瑕,他們已說的很明顯了。

在教會的禮儀上,從第七世紀,近東的教會已開始舉行聖母無染原罪的聖節,歐洲的教會從第九世紀,也舉行這種聖節了。中世紀時,神學家乃正式討論聖母無染原罪,引經據典,證明聖母實在享有這種特恩。雖有些人反對,大多數的神學家都贊成。一八五四年,庇護第九欽定了聖母無染原罪,作爲教義的信條,乃成定論。

2. 超凡的聖德

甲、滿被聖寵

瑪莉雅因著「天主之母」的身份，享了特恩，不染原罪。同時因著她這種特殊身份，她的聖德，也超過一切的人。

爲有聖德，須有聖寵。聖母的聖寵，滿全無缺。

天神嘉俾厄爾曾向瑪莉雅說：「滿被聖寵者。」瑪莉雅的靈魂，滿有各種的聖寵。滿字在容量上，是從容量器一方面說，不是從所容物一方面說。一個杯子滿了酒，即是說杯子完全滿了，天下的酒並不全在杯子以內。滿字所以按照容量器去計算，容量大則所容的物質多，容量小則所容的物質少。聖母滿被聖寵，是以她「天主之母」的身份爲容量。「天主之母」的身份高出一份，至高無比，她所有的聖寵，也是高出一切的人。而且超過往古來今一切的人所得的聖寵的總合，僅只是在乎耶穌以下。

聖母在最初受孕的一刻，靈魂上已經滿被了天主的聖寵。然而她的聖寵，以「天主之母」的身份爲標準；因此她越離懷孕耶穌的日期近，聖寵越加多。既生了耶穌，她助耶穌救贖人類，聖寵仍是日增。因此天神雖說聖母滿被聖寵，聖母的聖寵尚是日增月盛。

乙、無慾無昧無罪

人的意志和理智，因著祖傳的原罪，受有損傷。理智的智慧力減少，不能懂得一切的道理；意志的主宰力薄弱，不能常常統制七情。七情則反而增加了衝動力，造成了慾情驅使人走出正軌。天主耶穌救贖了人，給人聖寵，相幫人駕馭七情。給人啓示，告示人真理。

聖母無染原罪，她的意志和理智，完整無缺。「不染原罪，她的肉體完全沒有缺點。人世的缺憾，都是罪過招來的。瑪莉雅不染原罪而受孕，她的肉體有如厄娃剛受造後，帶有女子一切可有的美麗。這個美麗的女孩靈利活潑。她的理智，因不染原罪，聰慧絕頂，理智遲鈍的人，是因爲思維機關的缺乏，缺乏即是來自原罪。小孩明悟不開，長大了要辛苦求學，這也是原罪的罪罰。瑪莉雅在受孕的一刻，天主已賞她「天賜的智識」。㈤

「天賜的智識」（Scientia infusa）是天主直接賜與的智識，不經過人的學習聖母的理智，因不受原罪的餘毒，在母胎時，已可懂事。但是她也像普通人一樣，經驗學識增多，智識也增進。除這種因學習而增進的學識外，許多學者主張聖母享有天賜的知識。這種知識，不是對於一切的學理，僅只對於救贖有關的事理。

因爲無染原罪，聖母的七情，常是動得其中。她的七情是情而不是慾，不越天主的規誡。她的意志，更能主宰七情。又加以多量的聖寵，她的行動思慮，常是中悅天主的聖心。

聖母便絕對沒有罪過。她不但沒有原罪，她本人也沒有犯過罪。別的人，無論品德怎樣高，總要犯些過失。只有耶穌沒有過失，因爲祂是天主；聖母沒有過失，因爲她是天主的母親。

丙、一生童貞

聖母生有耶穌，和若瑟結了婚。可是公教信她是一生童貞。在生耶穌以前爲童貞，生了耶穌以後，仍舊是童貞，而且是一生無損。

瑪莉雅無染原罪，心內沒有絲毫慾情的衝動。她的肉體，如同亞當厄娃在原罪以前，雖日夜裸體，沒有肉感。瑪莉雅的感情，完全服從理智的指導，理智隨從天賜智識的啓示。「天賜的知識」，啓示她童貞的高妙。童貞是把自己的愛情和肉體，一齊獻於天主。結婚的女子，在愛情和肉體上，跟丈夫合成一體。童貞則把愛情和肉體，都提到超性的精神界，在精神界和天主結成一體。

「在瑪莉雅以前，沒有女子透澈了童貞的意義。瑪莉雅的心靈，既是早已歸向了天主，她的肉體又沒有肉慾的衝動，沒有肉樂的需要。她便是第一個可以透澈童貞的高妙女子。她就成了第一個許願守貞的女子。」(六)

聖母是否許了童貞誓願；雖是歷代的人，都相信聖母許有這種誓願。教會不以爲教義的信條，但是聖母一生童貞則是教義的信條。

聖母生耶穌時，身爲童身；這一點，在聖經上有明文。義灑雅先知曾預言救世主生於一位童貞女。㈦新經上記載當天神嘉俾厄爾報給瑪莉雅將懷孕救世主時，她問說：「我不識男人，這事怎樣能成？」那已經許配與若瑟，按猶太的習俗，許配男女雖未成婚，也可合法生子女，而且她不久已可與若瑟結婚；她又何必反問天神，以爲自己不識男人，不能生子呢？這明明表示她有志守貞，天神乃直爽告訴她：她懷孕耶穌，不因人力，而由於天主聖神的神能，不損她的童身。

生了耶穌以後，聖母仍舊一生是童貞；這是教會歷代的傳說，從開始一直到於今，從沒有人懷疑。因此「童貞」或是「貞女」，成了聖母的專稱。聖書上寫著「童貞」而不提名時，大家都知道是指的聖母瑪莉雅。

丁、超凡的聖德

從古至今，教會的神學家和著作家，沒有不歌頌聖母的德行的，大家都承認她的聖德，高出一切的聖人以上。聖經所記瑪莉雅的言行，寥寥無幾，不足以令我們窺見她的聖德的全貌。但是從那寥寥的幾樁言行裡，我們已可稍爲見到她愛天主愛人的熱誠，和她的明智謙和。

然而我們相信瑪莉雅的聖德超凡，是因爲她無染原罪，滿被聖寵。她既不蒙原罪的餘毒，她的心便常與天主密相結合。再加以各種聖寵的助力，她的德行，日見進步，登峰造極。

聖德的基礎，在於信仰天主；聖德的中心，在於愛慕天主。瑪莉雅是天主耶穌的母親，她相信耶穌，愛慕耶穌，超出世上任何的人，因爲她是用一顆母親的心去信去愛。由耶穌再到聖父聖神，耶穌和聖父聖神，同爲一體；聖母信仰愛慕天主聖三，也就比較他人更爲誠切。

聖德既高，功績也就大。聖母的功績，便駕乎一切聖人以上。

3. 聖母升天

一九五〇年十一月一日，教宗庇護第十二世欽定聖母完結了現世的生活，靈魂和肉軀一齊升天，乃是教會的教義信條。

死亡本是原罪的罪罰。世人都染有原罪，因此也該死亡。聖葆樂宗徒說：「夫罪緣一人之身，而侵人斯世；罪之所至，死則隨之。人皆有罪，亦皆有死。」㈥耶穌是天主聖子，不能沾有原罪；然而祂是救世主，祂照聖父的旨意，要捨生以贖世罪；祂因此死在十字架上。耶穌死了，是因爲祂願意死。瑪莉雅是天主之母，因天主特恩，沒有沾染原罪，祂因此也不必死。可是耶穌爲救世而死了，聖母爲同耶穌一樣，也經過死亡而離人世。

普通我們人的死亡，都是因著疾病；疾病也是原罪的餘毒。聖母沒有原罪，也就沒有疾病。祂的去世，便不能是抱病而亡。歷代教會的傳說，都以爲聖母的去世，乃是因爲愛天主的熱火過烈，一天體力不支，靈魂脫離了肉身。

耶穌雖爲救世而死了，但第三日自死中復活，肉軀沒有腐化，過了四十天，耶穌登升天堂。聖母爲肖似耶穌，也有了一死；但她的肉軀，也同耶穌一樣，不遭腐化，死後又復活，和靈魂相結合，被天主舉升天堂。

聖母升天，是無染原罪的自然結論。沒有原罪，即沒有罪罰，肉身的死亡和腐化，乃是原罪的罪罰。聖母無染原罪，本不該死，僅爲肖似耶穌而經過一死；沒有理由可以說她的肉軀該腐化於地下。況且她的血肉，是耶穌的血肉的根源。怎麼能任蛆蟲的咀嚼呢？

教會的禮儀，自第四世紀，已有聖母升天的聖節。在第七、第八世紀時，全教會都舉行這種聖節了。這就證明當時教會已信聖母升天。

第四世紀時，教會的教父，也明明有說到聖母肉軀升天，如聖厄弗冷和聖額我略尼森（S. Gregorius Nyssenus）等。

因此庇護第十三欽定這端教義，無非是聲明前代人的信仰，加以正式的規定。（十九）

三、聖母在救贖上的地位

1. 聖母爲共同救世者

人類的救世主只有一位，是耶穌基利斯督。而且救世主只能有一位，因爲救世主該是天主而人，該是信仰祂的人的首領，首領只能有一位。因此救世主的名號，只有耶穌可以堪當。救世的功績，完全是耶穌的功績。救世的大業，乃是耶穌一人而成。所以說聖母是共同救世者，並不是說她同耶穌分擔了救贖的事業，共同立了救世的大功。教會承認聖母有「共同救世者」的名號，是認爲聖母直接參與了救贖的大事，協助耶穌成立了救贖的功勳。

人類的救贖，在於耶穌捐軀十字架上的功績。聖母稱爲共同救世者，第一，因爲耶穌的肉軀，是聖母的血肉所成，而且還是聖母所乳養的；第二，因爲聖母在十字架下，眼見耶穌氣絕，她奉獻耶穌於天主聖父，作爲祭祀。這種祭祀，也可以說是聖母的祭祀；因爲耶穌是她的獨子，她有權利靠祂養老，她犧牲了耶穌，就是犧牲了自己的養老權，何況她又犧牲了母親愛兒子的母愛。因此聖母可以說是直接參與了救贖的大事。

因爲聖母參與了救贖的大事，她也就立了救世的功績。耶穌救世的功績，是「正義上的功績」。聖母救世的功績，是「情理上的功績」。救贖大功，本來整個地屬於耶穌，祂乃是降生的天主聖子，專爲救人。聖母則是因爲與耶穌，母子相關，她的功績，在情理上說，也可算作救世的功績。

歷代的教宗，講論聖母時，常稱她爲共同救世者。聖庇護第十且明明講解聖母救世之功，爲情理上的功績。㈩

2. 聖母爲聖寵的施主

耶穌爲人類的中保，人們仗著耶穌的得救。但是聖母也有共同救世者的名號，她所以也可稱爲人類的中保。耶穌爲人的中保，是藉著自己的功績；祂的功績，乃正義上的功績，因此耶穌的中保，可以說是居中者，祂居於天主和人之間，使人和天主相結合，天主聖父看耶穌的功績，賞賜人聖寵。耶穌曾向宗徒們說：「了切實語爾，爾有所祈於父，父必以予名義，賜之於爾。爾向未託予名義以求；求則必受。」㈡

聖母爲人類的中保，不能完全靠著自己的功績；她的救世功績，乃情理上的功績。她爲人中保，是靠著天主之母的身份。她爲人中保，是代人轉求。天主之母的祈求，天主不能不應；因此她的中保也極有效力。

況且聖母又是人類的母親，她代人們轉求天主，是以人類母親的名義轉求天主。那麼她爲任何人轉求，常是名正言順；因爲人們都是她的子女。

在教會歷代的傳說裡，則以天主特別規定，凡賜給人們的聖寵，都經過聖母而頒賜。聖母乃成爲一切聖寵的施主。近代的教宗屢屢明明地加施聖母這種名號。理由是救世主由聖母而生，那麼救人的聖寵，也由聖母而施給人，似乎更合於情理。㈢

3. 聖母爲人類的母后

當耶穌被釘在十字架上，臨終以前，看見聖母和愛徒若望站在十字架旁，耶穌乃謂聖母曰：「夫人，此爾子也」。次謂徒曰：「此汝母也。是後徒乃迎養於其家。」㈢

歷代的聖經註釋家，都認爲聖若望這次代表後代的信友，耶穌把聖母託給若望，作爲他的母親，即是把聖母託給後代的信友，作他們的母親。教會從古至今，就敬聖母爲人類的母親。

這一點在神學上很有根據，聖母是耶穌的母親，耶穌同信友們合成一個妙身，祂自己爲妙身的頭，聖母便也是一切信友的母親。信仰耶穌的人，因著聖寵，成爲天主的義子，成爲耶穌的義弟。聖母是耶穌的母親，便也是耶穌的一切義弟的母親。

耶穌因著救贖大功，立爲天地萬物之王，祂的母親，按理便有天地萬物的王后的尊號。教宗庇護第十二世，在一九五四年十一月一日，正式宣佈聖母爲天地的母后。

四、聖母和天神聖人們的敬禮

1. 敬禮聖人

公教會所敬拜的神，只有天主；一切的教會儀禮，都是以天主爲對象。所謂敬禮聖人們，不是以聖人作神，與以敬禮。公教舉行人們的聖節，也不是直接敬禮聖人，乃是敬禮天主。聖經上明明規定：人們該全心、全靈、全意，愛敬天主在萬有之上。因此公教會是一神教。

但是因爲愛敬天主，就該愛敬聖人。聖人是已經升了天堂，永遠同天主享受真福的靈魂。這輩聖人是一心敬愛天主的人，而且也是天主所愛的子女。他們永遠再不犯罪違命了。公教信友既愛敬天主，因此便也愛敬天主所愛的聖人。

公教敬禮聖人；這種敬禮的性質，是間接的，是附帶的。主要的敬禮，是敬禮天主；直接的敬禮，也是敬禮天主；因此，天主是教會敬禮的主要對象和直接對象。敬禮聖人的敬禮，則是因著敬禮天主而附帶有的。中國古代祭天祭孔時，有所謂配祭，祭天以祖配，祭孔以孟顏曾三子配。公教敬禮聖人，跟中國的配祭有點相同，但是在意義上則不完全相同。配祭雖是次要的祭祀，可是配祭是直接獻於配祭的祖宗或孟子、顏子、曾子。公教獻於聖人的敬禮，直接獻於聖人的敬禮，直接獻於天主，代聖人們感謝欽崇天主；間接獻於聖人，請他們代爲祈求。

聖人的敬禮，包含兩種儀節，一是聖人彌撒，一是聖人經文。每逢一位聖人的聖節，教會舉行這位聖人的彌撒。彌撒是教會的祭祀，祭祀只能獻於天主。聖人聖節的彌撒，都是獻於天主的；彌撒中的一切經文，也都是向於天主。教會舉行聖人彌撒的意義，在於同聖人，感謝天主，求天主看聖人的功績和祈禱，賞賜信友的恩惠。

聖人們的經文，雖是直接向聖人們誦揚他們或祈禱他們。但是經文的精神，則在於頌揚天主對於聖人們的慈愛，求聖人代我們轉求天主，也以慈愛待我們。

公教唯有天主的敬禮，稱爲敬拜，或是欽崇（Adoratio）。對於聖人們的敬禮，則簡稱敬禮（Dulia）。對於聖母的敬禮，則稱爲最高的敬禮（Hyperdulia）。

聖母的敬禮，在天主以下，在一切聖人以上；因爲她的身份，天主之母，在天主以下，在一切人以上。

2. 諸聖相通功

在公教教義信條裡，有一條是「諸聖相通功」。即是相信聖人們的功績，能夠通用於衆信友們。

已經升天的聖人們和在世的善人們，都立有功績。功績的效力有三，加增聖寵，加增天堂光榮，減除罪罰。前兩項功效，立功的人，獨自享受，不能讓與他人。最後的一種功效，立功的人，本身享受，但也可轉讓與他人。另外是功多罪少的聖人，所立功績，超過所有的罪罰，減除罪罰的效力，用之於自己尚有餘。而且聖母則是有功而無罪。耶穌的功績，更是爲全人類的，祂的功績，可以爲人們所通用。但是聖母和聖人們的功績，也可爲信友們所通用；因全教會的信友們，結成耶穌的妙身，大家都是同一個妙身的肢體。肢體休戚相關。一肢體所有的，可以通於他一肢體。這就是公教教義的諸聖相通功。

這項教義，還有另一意義，即信友們能夠彼此互相代禱。升天的聖人們，可以爲在世的信友代求天主賞恩；在世的信友，也可以爲在世的另一信友或在煉獄的信友，代求天主賞恩。彼此同是兄弟，同是一身，當然可以互相代求天主。

3. 大赦

耶穌和聖母聖人們的功績，好似一個國家的國庫金銀，供全國財政之用，他們的功績，供全教會信友之用。一個國家的國庫由政府保管；耶穌和聖母聖人等的功績，由教會主管人保管支配。教會主管人乃是教宗。

教宗支配分發教會所保管的功績時，稱爲放大赦。大赦即是教宗使用教會所保管的功續，爲赦人的罪罰。大赦不是赦罪，乃是赦人已悔改的罪過的暫罰。

大赦有全大赦和部份大赦。全大赦是赦人一切的罪罰。部份大赦，是赦人一部份罪罰。按教會的慣例，部份大赦，以年月日計算，例如七年大赦，三百日大赦。這種計算法，是沿用教會古代定罰的計算法。教會古代對於一些罪過，有定七年的罪罰，守齋、克苦，有定一年，或一百日的罪罰，所謂七年大赦，或一年或一百日大赦，即日赦免相當於這種罪罰的暫罰。

教會的聖年，是放大赦和生者大赦。亡者大赦，是施於煉獄靈魂的大赦，爲免除他們的煉苦。生者大赦是施與在世活人的大赦。生者大赦僅用於得大赦的本人。

4. 天神

除人和宇宙的萬物以外，還有一種受造物，稱爲天神。古經新經屢次說到天神，或稱天使。天神爲一精神體，不帶物質。但是天神的精神體，是有限的，不能與天主相比，然而比較人類高。

天主造了天神，給了他們一種試探，看他們是否聽命；不幸一部份天神，違背了命令。

天主乃罰他們下地獄。受罰的天神，變爲魔鬼，那些順命的天神，則升天堂，享受永福。

在天堂的天神，常爲世人的護佑者；而且每個人都有一位天神，作護守天神。

註：

㈠露稼福音　第一章第三十節。
㈡露稼福音　第一章第三十五節。
㈢致尼弗所人書　第七章第二節。
㈣S. Irenaeus. Adversus haer. III. 20, 10.（Enchiridion Patristicum. 223）
㈤S. Alexanoler Alex. Ep. ad Alexandrum.（Enchiridion Pat. 680.）
㈥"Lux Veritatis" Enchiclica 25 dec 1931, A. S. S. XXIII.1931, p.511.
㈦Bulla "Ineffabilis Deus" 8 dec 1854.（Enchiridion Symobolorum 1641）
㈧創世紀　第三章第十四節。
㈨羅光　聖母傳　第八頁　香港一九五四年初版。
㈩露稼福音傳　第一章第二十八節。
(十一)羅光　聖母傳　第九頁。

(十二) S. Ephraem-Oratio ud sanctam Dei Matrem. 見 EP745.

(十三) S. Ambrorius-Ir Ps 118 22,30. 見EP 1314.

(十四) S. Augustinus-De natura et Gratia. 見EP 7194.

(十五) 羅光 聖母傳 第十四頁。

(十六) 羅光 聖母傳 第十七頁。

(十七) 義灑雅先知書 第七章第十四節。

(十八) 致羅馬人書 第五章第十二節。

(十九) Pius XII. "Munificentissimus Deus" AAS. XXXXII. 4nov. 1950.

(二十) Sanctus Pius X. "Ad Deimillum" 2 Feb. 1904. APD I.147.

(二一) 福音若望傳 第十六章第二十三節。

(二二) Leo XII. "Supremi Pontificatus."1 sept.1883.Al III.280. S. Pius X."Ad diem illum"

(二三) 福音若望傳 第十九章第二十六節。

第十章　人的歸宿

一、靈魂不滅，肉身有死

1. 人有靈魂

人有靈魂，在哲學上是一個爭論的問題。在神學上，則應是確定不疑的，好比神學確信天主的存在，哲學則多有爭論。

哲學上討論靈魂的問題，先從人的生命方面開始。一個死人和一個活人，很顯明有分別。大家都知道活人有生命，死人沒有生命。生命是甚麼呢？很簡單地說，生命是自動。有生命的人，自己能夠活動；死了的人，自己不能動了。生命的自動，是人內心發出的活動，由內而及於外。活人動手動腳，不是手腳能夠自動，乃是由內心發出一種動力，發動手和腳。不然，死人在腐化以前，手足俱全，爲甚麼不能動呢？死人不能動手足，是因爲內心的動力沒有了。因此生命乃是內心的動力。可是凡是動力，必有動力的主體；力是一種附屬體，不是一種自立體，必定該依附在一主體上。人的生命的主體，便是靈魂。

人的生命，表現於三方面的活動：一是生理，一是感覺，一是理性。生理的活動是植物的活動；感覺的活動，是動物的活動；理性的活動，是人的活動。植物和動物，既有生命，也就有魂。然而生理和感覺，完全根之於物質；生理和感覺的魂，也便是物質的魂，可以說是魂而不靈。理性的活動，則超於物質之上；雖然人爲思想，使用思維的神精；然思想的本身，則是非物質的，不受時間空間的限制。因此人的魂，魂而靈，爲一種精神體，稱爲靈魂。

人兼有生理感覺和理性三種活動，但並不是具有三個生活的魂。人的靈魂只有一個；即如人的生命：生理感覺和理性，只是一個生命。人的靈魂，只是一個，具有生理感覺和理性三種動力。然而人之所以不是植物和禽獸而是人，是在於自己的理性，理性的生活，是人的特有生活。人的靈魂，便以理性爲特點。

2. 人有肉身

人有肉身，這一點不成問題，不研究哲學的人也知道。

但是肉身和靈魂的關係，則不是盡人都知道的了。肉身是人的四肢百體，是物質性。肉身的由來，來自母胎。原祖的肉身，由天主所造。原祖以後的人，都是由父母所生。物質性的肉體，能夠由物質性的精子和胎卵而結成。這在哲學上是很合理的事。可是人的靈魂則是精神體，精神體不能由物質而生；胎兒的靈魂便不能由精子和胎卵而來。而且也不能說，胎兒的肉體，來自父母的肉體，胎兒的靈魂，來自父母的靈魂。靈魂既是精神體，則沒有部份，不可分割；父母的靈魂不能分割一部份給胎兒。加之靈魂爲精神體，無所謂發育，一有則全有，胎兒的靈魂跟父母的靈魂，完全一樣，無大無小，所以不能以爲胎兒的靈魂，由父母的靈魂引出，日後逐漸發育。同樣也不能認爲胎兒的靈魂，起於胚胎，漸漸發育長大。因此公教的哲學神學，都承認人的靈魂，直接由天主所造。精子和胎卵，構成胚胎子，宜於生活，天主就賦給靈魂。

靈魂和肉身相結合成一個人，靈魂是人的上份，肉身是人的下份。一切的活動，由靈魂發動，由靈魂作主，由靈魂負責。罪過和功績，都附在靈魂上。但是肉身雖是次要部份，然而沒有肉身，也就沒有人。人是由靈魂肉身結合而成的。靈魂使肉身有生命，有活動，肉身作爲靈魂的肢體，發展靈魂的活動。生理和感覺，當然靠著肉身的器官，即是理性和意志，也靠思維的神精。肉身好似一架機器，靈魂好似發動機器的蒸氣或電流。

唯物論的哲學，只承認有肉身，不承認有靈魂；即使承認有靈魂，也只承認生命的原動力，這個原動力，跟肉身沒有區別，並不是精神。所以靈魂的存在問題，乃是精神體的存在問題了。

3. 肉身有死，靈魂不滅

肉身是物質物，物質物不能久存，常有毀滅的一天。因爲物質物時時要消耗，有一天消耗盡了，物質就毀了。人的肉身所以有死。

在沒有犯原罪以前，天主賞賜人一種性外的特恩，使人不死。人既犯了原罪，天主收回了這種特恩，人類便個個都該經過死亡，肉身且將腐化於地下。天主向亞當、厄娃說：「你們來自黃土，仍舊歸於黃土。」

但是天主還給人保留了一部份的特恩，人類雖都該有死，肉身都該腐化；但有一天，肉身要復活起來。就是在世界終窮的末日，耶穌降來審判的時候，人們都將復活。

靈魂則永遠不滅。人的死亡，是靈魂和肉身的分離。人因著疾病或他種原因，肉身不適於生命的活動時，靈魂脫離肉身，肉身便成爲不動的僵屍。靈魂脫離肉身後，繼續存在。

靈魂不滅的問題，和天主存在的問題，同爲宗教上的基本問題。沒有天主，當然沒有宗教。靈魂如不長存，公教的教義也便失去意義。

怎麼能證明靈魂不滅呢？用實驗我們不能答覆神的存在與否，同樣也不能答覆靈魂滅不滅。神和靈魂都是精神體，不能用實驗去試驗。

靈魂不滅，因爲靈魂是精神體。精神體不由分子構成，既無消耗也不分散，因此便不會消滅。科學家說：世上的物質不滅，人的肉身腐化後，細胞並不消滅。但是這種不消滅，不能說是肉身的不滅。而且整個宇宙終有消滅的一天。靈魂的不滅，乃是這個人的靈魂，常是這個人的靈魂，既不消失，也不轉變爲他種物體，又不投生爲他人或他物。

靈魂爲甚麼該是精神體呢？因爲人的理性活動，是精神的活動。中國理學家，以人能知，是因人心虛靈。虛靈即是精神體。人的思想，在一瞬間，能夠上至幾千年的古代，能夠遠至萬萬里的海外，不受時間地域的限制，這就表示思想爲精神體。思想既是精神體，思想的主體—靈魂，當然該是精神體了。

沒有一個民族，不信有神；也沒有一個民族，不信人死不滅。中國的儒家，雖不明明說靈魂常在，朱子而且加以反對；但是《詩經》《書經》已反映著中國古代信人死不滅。這種信仰後來常流傳於民間。

近代的新人物，以爲這是民間的迷信。他們以爲草木和禽獸，都是生物，具有生命的動力。草木既枯，禽獸既死，生命的動力，即所謂魂，隨即消失。對於人，也是一樣，人一死，生命斷絕，生命動力隨即消毀。爲答覆這種疑難，又該回到靈魂是不是精神體的問題上。若不承認人的靈魂是精神體，靈魂便和肉身同歸於盡。可是這樣對於人生的一切問題，都不能有合理的答案。人的靈魂應該是精神體，結果也該承認靈魂不滅。

人雖知道有死，卻都想不死，願意延年益壽，長生不老。現世的福樂，明明不能滿足人心，人卻追求真理，追求美好和快樂。按情理去說，人的求長生和求福樂的心，不能虛無所獲；不然，人比禽獸還不如了。禽獸吃飽了，再無所貪；人卻有永生永福的貪求，而又都是虛空，那不是較比禽獸還更苦嗎？人若是飽食煖衣就夠了，又何必求文明的進步呢？文明的進步，即是代表人心的無限追求。無限的追求，無論文明怎樣進步，也不能滿足，於是只有承認人死後，另有一種永生，以滿足這種追求。

二、身後審判，肉身復活

1. 私審判

人在世的生命，有完結的一日，生命的完結稱爲死亡。死亡，是肉身的生命結束了，靈魂開始一種新生活。人世的生命，是靈魂和肉身相結合，靈魂使用肉身的各種機官。人的理智受神經的拘束，人對於天主，只有信仰。人不見天主而信天主，天主因而嘉獎這種信心。因此人能有功績。人世的生命，肉身佔一大部份；因爲人是在一個物質的宇宙中生活。肉身因著原罪的流毒，傾於感覺的快樂，人的理智和意志，不常能夠加以合理的節制。這樣人能夠犯罪，也能夠立功。

人一死了，肉身僵硬了，靈魂獨自存在，犯罪立功的時期都過去了。以後靈魂的生活，乃是現世生活的結果，因爲人一死，靈魂就失去自由，常過一種固定的生活。

因此在靈魂和肉身相分離，靈魂開始固定的生活的一刻，乃有一種決定，決定靈魂的固定生活。這種決定，稱爲私審判。

私審判，是每個人在死後，他的靈魂受天主的審判，天主按著這人在世所行的善惡，判定賞罰。

每個人在死後，都要受天主的審判，這是公教的信條。古經德訓篇說：「因爲在死亡之日，依照人的功行，報酬人，爲上主是件容易事。」㈠新經上耶穌說：「無何，丐死，天神送諸亞伯漢懷中。富翁亦死，葬後慘受地獄之苦。」㈡乞丐和富翁，剛一嚥氣，馬上就有賞罰。

神學家討論私審判，按哲學的理論，推想私審判的方式。他們都認爲靈魂一離了肉身，他的理智不受思維神精的拘束了，使用思維神精時，理智由一事推到第二事，而且要使用觀念，觀念則只能代表一事。所以人在世的理智生活，是種思維活動。在靈魂不藉思維的神精而能獨自行動時，他的理智活動完全是精神的活動。這種活動乃是「直見」，不是思維。理智直接看見自己的對象，而且同時看透對象的各方面。好比在黑暗中，爲知道一件東西，要用手摸著東西的上下各方，纔知道東西的形式。在陽光中，一眼就看到了這件東西的形色。人在死後的一刻，他的靈魂馬上一眼就看到自己一生在世的行爲。天主把人的一生，排在他理智前面，人就看清了一切，也立時看到天主的判斷。這種判斷好似算數時的總結，跟行爲的善惡，恰相符合，絲毫不爽。聖葆樂宗徒曾說：「若是者，顯然有法銘於其心，且有良心爲之證明，必能辨別是非，而自黜陟於審判之日。是日也，天主將以耶穌基督審判人之隱私，如我福音所言也。」㈢宗徒說：「而自黜陟於審判之日」，即是說，人的靈魂一眼看清自己的一生，立時也看到一生善惡的總結。

2. 肉身復活

從哲學的理論，可以推知肉身有死，但不能推知肉身的復活。肉身死後再復活，是天主的啓示，是教義的信條。新經上好幾次明明地說到人死後的復活。耶穌說：「蓋時有必至，凡在墓中者當聞人子之音而興，善者復活以享永生，惡者復活以受天罰。」㈣聖葆樂因格林多的信友對於肉身復活有些疑慮，乃從基督的復活，證明人死後也必復活。「既傳基督自死中復活矣，則爾中尚有人主張死者無復活乎？若死者無復活，則基督亦未復活也。基督未復活，則吾輩之所傳，爾等之所信，悉屬無稽之談矣。……然按諸事實，基督固已自死中復活，而爲衆寢者先薦之果矣。蓋死由一人也，復活之興，亦由一人。衆因亞當而死，亦由基督而生。」㈤聖葆樂又告德颯洛尼人說：「對於已亡之人，勿過於哀傷，一如未具望德之所爲；此吾不欲兄弟之不知也。夫吾人既信耶穌之死而復活，亦應信天主必引諸凡安寢於耶穌懷中者，與之俱來也。抑又有進者，按主之言，即同道中於主重臨之日，尚存人世者，亦必不能較已亡者早達天國。彼時號令一出，總領天神一呼，天主之號角一鳴，主乃自天降臨，而已亡之信徒，即先復活，於是同道中之尚在人間者，乃將與彼等一齊被攝入雲，迎主於天際，而永與相偕矣。」(六)聖葆樂不僅說人都有復活，也說明是在天主耶穌降來審判世人的一刻，世人大家全體復活。

宇宙有終窮的一日。在那一日，宇宙毀滅了，耶穌降來審判世人。那時天神奉天主的命，號召一切的死人，都復活起來。在那一刻，死人的肉身重新和靈魂相結合，肉身又再有生命。

在復活時，每個人的肉身，仍舊是在世時所有的肉身，並不是天主重新造的肉身。到宇宙終窮時，最大多數人的肉身，已化爲塵泥，孑然無存了。可是肉身的原質尚在，天主的全能既能自無中生有，則從以先的原質，再合成肉身，那有甚麼不可能呢？

但是每個人的肉身，在復活時，境遇完全同在世時不同了。善人的肉身和惡人的肉身，馬上帶上天堂和地獄的特色。聖葆樂以人世的肉身爲人所播的種子，肉身的復活爲結果。「或將曰：死者果如何復活乎？將受何種之體以興乎？是亦愚人也已！夫所播之種，必先死而後萌發。……死者之復活亦然，所播者必朽，而所發者不朽；所播者辱而所發者

榮。」㈦

善人或惡人的肉身，在復活後，都不再有死，不再有飲食男女的慾望，而且也不用飲食。善人的肉身則另有四種特色：不傷、至清、靈便、輝耀。

善人復活後的肉身，再不受傷害，疾病災殃都不能傷，同時也沒有飲食男女的慾望。耶穌曾說：「他們將如同在天的天神。」㈧

這如同天神的肉身，至清無濁。肉身雖然仍舊是物質，這種物質已經失去了許多物質的特色，可以說是已經精神化了。在人世生活時，靈魂拘於肉身，一切都遷就肉身的機官；復活了以後，肉身完全配合靈魂，以靈魂的特色爲特色。

肉身既是至清，於是靈便非常，不受地域的限制。耶穌復活了以後，從一方到他方，不須一瞬；房間關著，不把門開便進門；從地而升天，不假他種外力。這都表示復活後的肉身，靈便無比了。

復活後的善人肉身，分享天堂的永福，而且又既是至清無濁；於是放露靈魂的光輝於外，肉身也就帶著輝耀。

3. 公審判

耶穌在聖經上，多次聲明，在宇宙終窮時，死人復活，祂將自天降臨，審判萬民。這次審判，稱爲公審判。

私審判，是每個人在死時，獨自面見天主，所受的審判。公審判則是整個人類，一同受耶穌的審判。

耶穌曾告門徒說：「日即晦冥，月失其明；眾星隕墜，天德動搖。至是人子之標幟見於中天。時率土眾民，咸將哀泣，見人子威靈顯赫駕雲而降，遣天神吹角，發音洪亮，集簡選之人於四方，自天此極，至天彼極。」(九)

宇宙終窮時，日月星辰，都將失去常軌。然而這種大事，究竟將在甚麼時候，天主沒有啓示任何的人。耶穌曾說：「其時其日，人不知，天神亦不知，惟我父知之。」(十)而且尚說祂自己按人性方面說，也不知道世界的末日在何時。「至於彼時彼日，無人知之，天神不知，人子亦不知，惟父知之。」(十一)人子是祂的自稱。

在宇宙終窮這一天，耶穌從天而降，命天神號召整個人類的人，都集合在祂跟前，聽祂的判詞。這時，祂要把每人的善惡，昭示眾人，使正義彰明，善惡都得報應。

耶穌自己說：「當人子偕諸天神，威靈顯赫，駕雲而降世，將坐於尊位，集萬民於其前，而予甄別，猶如牧者之間綿羊與山羊，綿羊置右，山羊置左。至是王將謂右者曰：爾等見寵於吾父者，自創世以來為爾等所備之國，胥來承嗣。……王又將謂左者曰：被詛者流，其離我！當投諸不熄之烈火，蓋此原為魔鬼及其眾徒而備也。……遂群就天戮，而善者則享永生。」(土)

公審判了以後，善人升天堂享永生，惡人下地獄受永罰。

三、天堂、地獄、煉獄

1. 天　堂

公教教義信人死後，靈魂不滅，永遠生存。靈魂生存的境遇有兩等，一是永遠享福，一是永遠受苦。永福的境遇稱為天堂或天國，永苦的境遇稱為地獄。但凡負有罪惡，已經悔過而未補償罪罰的靈魂，則須經過煉獄的暫罰，洗除罪債，然後纔升天。

對於天堂，地獄和煉獄，公教教義和神學從不視三個地域。雖然在言詞文字間，有時說天堂在天上，地獄在地下；那也不過是比喻的說法。吠靈魂既非物質，不知地域發生關係；復活的肉身，也不受地域的拘束。因此天堂地獄只視爲永生的境遇。

天堂永福的境遇怎樣？

天堂的永福在於面見天主聖三。靈魂的生活是理性的生活，理性的生活在於理智和意志，理智爲知，意志爲愛。善人的靈魂，爲能享福，在於滿足知和愛的要求。知在於真理，愛在於美善。天主乃真美善的本體，善人的靈魂能夠認識天主，愛慕天主，便是得其所矣，便是達到了自己的目的。

靈魂脫離了肉身，理智的活動，不做肉身的器官，不用思慮而用「直見」。理性直接見到天主，當面看到天主的真美善。

按人的本性說，人的理智，是種思維推考的理智。靈魂脫離肉身後，雖然不再思維而用「直見」。然而他的對象，該是受造的真美善。他認識天主，還是透過在坐時所得的觀念而見天主。這種直見仍舊缺而不全。

天主提攝人入超性境界，使人能夠認識天主，有如天主自己認識自己。即是叫人不用世上的觀念去認識天主，而能像天主怎樣認識天主去認識天主。天主認識自己不用觀念，乃是直接看到自己的本體。人的超性生活，便在於直見天主的本體。人理智的對象，本是受造的事理；於今卻以天主的本體爲對象，所以稱這種生活爲超性生活。超性生活，在現世時，只是一種預備，一種引導，在靈魂脫離肉身以後，纔完全實現。

靈魂直接與享天主的本體，面對無窮的真美善，乃覺一切都滿足了，自有無限的快樂。同時意志整個愛慕無窮美善的天主，再無他求。

這種快樂，完全是精神的福樂。精神的福樂，不用物質的器官，便不會感到疲倦和厭煩。人世的快樂，無論怎樣好，一長久了，人就生厭，那是因爲人享樂的器官和肉體，都是肉質，能有疲倦。靈魂在天，不會有疲倦的。況且靈魂雖然面見天主的本體，天主本體的真美善是無限的，人的靈魂雖用無窮的時間，也看不盡天主的本體。這樣靈魂的快樂，也是永遠不會減少。

人的靈魂爲升天堂，是要在世時已有超性生活，臨終時，悔解了一生的罪過，而且也補償了這些罪過的罪罰。滿了這三個條件，靈魂即升天堂，不等公審判的一日纔升天堂享福。但自原祖背命，到耶穌救贖成功的一日，沒有一人得升天堂。第一個升天的是耶穌，即耶穌的人性。同耶穌升天的，有以往死了的善人。

善人的肉身復活了以後，和靈魂一同享受天堂的永福。但是肉身的器官，已經不再使用。在人世時，有時人得了精神的愉快，閉眼不言，靜心地領受那一刻的快樂。肉身享受天福，即是坐享靈魂的福樂，或者更好說靈魂的快樂，溢於肉身。

所謂善人功績的賞報，就在於天福的大小。天福是在直見天主的本體，這種直見不是本性的活動，乃是超性的生活。超性生活，爲天主的恩賜，以聖寵爲基礎。人得聖寵能夠直見天主的本體，直見的深淺，以人的聖寵爲標準，聖寵多，直見深，福樂遂高。聖寵的多少，由人的善功而定。聖事增人聖寵，但人領聖事也是一善功。人的善行，增加聖寵，善行也是善功。聖寵和善功，同步並進，直見天主本體的高深，又和善功並步而進。這種並進，即是善功的賞報。善功多，直見天主本體遂高深，天福也隨即增加。

2. 地獄

犯了大罪而沒有悔過的人，死後受地獄的永苦。

地獄的永苦分有兩類：第一類是精神苦，第二類是火苦。精神苦在於不能面見天主。不能面見天主，是失去人生的目的，當然是最大的痛苦。因爲人的靈魂，追求真美善的傾向，使他趨向天主，而且靈魂知道自己有超性生活的目的，本來可以面見天主的本體，於今竟失去了這種天福，自己便感到無限的痛苦。

這種痛苦，爲一切下地獄的靈魂，都是一樣；但因著旁的環境，每人所受的苦，可大可小。地獄中的靈魂，在生辜負天主的聖寵，有多有少，在生所犯的罪惡，也可多可少；因此知道自己不能面見天主，自己應負的咎也有多有少，因而自恨的心可深可淺。這種自恨的深淺，使精神的痛苦各人不同。

地獄火苦，聖經上說的很明瞭。若翰曾比喻耶穌爲一割麥的人，把麥收入倉庫，把稗蕎投入火中。「斂麥入倉，而焚芻蕎於不息之火。」(十三)麥子代表善人，稗子代表惡人。善人將進天主之國，惡人將焚於火中。

耶穌預言公審判之日，祂將向惡人說：「被詛者流，其離我！當投諸不熄之烈火。」(十四)耶穌講貧富報應時，說乞丐辣柴魯死後，天神送進天國。富翁死後，慘受地獄之苦。富翁向遠祖亞伯漢說：「大父亞伯漢，其垂憐焉，予處燄中，苦不堪言。請發賴柴魯沾水指尖，以涼吾舌。」(十五)

公教自始至今，都信地獄之苦，有火焚的大苦。地獄之火，不是譬喻，不是精神苦，實實在在是物質性的火燄。這種火燄，因著天主的措置，既能焚燒，卻不焚毀，受焚者，痛苦無比，而且永遠受苦。耶穌曾說受罰的人，痛得切齒。「王乃謂侍者曰：縛其手足，投之幽獄，必有哀哭切齒者矣。」(十六)

地獄的火，熱而無光，燒而不焚，燃而不熄。地獄因此稱爲幽獄，稱爲永苦。

地獄爲永苦的境遇，聖經上明明說出。前面所引聖經的文句，明明說地獄之火，永遠不熄。可是許多人不願意相信，而且以爲有違天主的慈心。

公教常以地獄之苦爲永苦，「永」字且爲教義的信條。地獄的苦不永，已經不是地獄。爲證明這一項信條，只有引用聖經的話就夠了。信條是信耶穌的話，耶穌明明這樣說了，教會便誠心相信。

但是神學家也舉出相當的理由。人的自由，在於人不明明看到自己的真正利益，所以在各種被認爲利益中，可以自由選擇，有時選的對，有時選的不對。對時爲善，不對時爲惡。這種自由，人活在世時，常常享有；因爲人的理智，受肉身器官和慾情的拘束，不能明明看到真美善。但是人一死了，靈魂脫去了肉身，理智馬上明明看見自己的歸宿，馬上看見何者是真美善，靈魂便失去選擇的自由。因此，若是一個人，死時悔過向善，他的靈魂在向善的情況下脫離肉身，一失了自由選擇，便永遠留於向善的境遇中。若是一個人，死時沒有悔過，心向於惡，靈魂在向惡的情況下脫離肉身，一失自由選擇，就永遠向於惡。所以善人死後，永爲善人；惡人死後，永爲惡人。永善而受永賞，永惡而受永罰。

況且人做惡事，得罪天主，天主的身份，至大無限；罪惡之重，也至大無限。若是人不悔過而死，無限之罪堪受無限之罰。

3. 煉獄

在天堂與地獄之間，公教信有煉獄。

煉獄是受罰煉罪的境遇。受煉獄之苦的，是悔過而死的人。靈魂上的罪，雖得了天主的寬赦，但是沒有作完罪過的賞罰。這等人，在升天堂以前，須用煉獄的苦，補償所犯罪過應得之罰。煉獄的苦爲火苦。火苦之烈，不下於地獄；但煉獄的苦，也有精神苦。即是緩見天主，靈魂憂傷。煉獄火苦爲暫苦，按人罪罰的多少而定。該受煉苦者，私審判後，即入煉獄。在公審判時，煉獄不復存在。那時人或是升天堂，或是入地獄。

煉獄之苦，能夠因「諸聖相通功」而減少或減短。在世的人，能用自己的痛苦，代替煉獄靈魂的煉苦，又能祈求天主，看耶穌、聖母、和聖人們所立的功績，減少或減短煉獄靈魂的痛苦。因此教會爲亡者祈禱，爲亡者行彌撒，爲亡者得大赦。

煉獄的存在，聖經上有根據。古經瑪加伯傳述說統帥猶太因爲在陣亡的兵士身上，找出偶像邪神的祭獻物。「遂向每人（活的兵士）募捐，得款兩千「得辣克瑪」，送到耶路撒冷作贖罪祭的獻儀。……這實是一神聖而熱誠的思念，爲此他爲亡者獻贖罪祭，好叫他們獲得罪赦。」㈦聖經稱讚猶太爲亡者獻祭，以得罪赦。因此可知聖經承認有些人死後尚該受罪罰，但是他們可以得罰赦。這些人不是享天堂永福的人，享天福者已再沒有罪罰；也不是受地獄永苦的人，地獄惡人的罪再不獲赦。所以聖經所說的，是受煉獄暫苦的人了。

在理論方面，必須有煉獄。不是一切的人，死時雖已悔過，都償清了罪罰，罪罰沒有償清的人，決不能面見天主本體，因爲身上尚負有罪債。然而他們也不能入地獄，因爲已是悔過向善。因此，便有煉獄之苦，補償罪罰。補償了以後，乃升天堂。

註：

㈠ 德訓篇 第十一章第二十八節。（思高，聖經學會譯本）
㈡ 露稼福音傳 第十六章第二十二節。
㈢ 致羅馬人書 第二章第十五節。
㈣ 若望福音傳 第五章第二十八節。
㈤ 致格林多人第一書 第十五章第十二節—第二十節。
㈥ 致德颯洛尼人第一書 第四章第十三節—第十七節。
㈦ 致格林多人書 第十五章第三十五節—第四十二節。
㈧ 露稼福音傳 第二十章第三十六節。

(九) 瑪竇福音　第二十四章第二十九節。參看福音馬爾谷傳第十三章；福音露稼傳第二十一章。

(十) 同上。

(十一) 福音馬爾谷傳　第十三章第三十二節。

(十二) 福音瑪竇傳　第二十五章第三十一節。

(十三) 福音露稼傳　第三章第十七節。

(十四) 福音瑪竇傳　第二十五章第四十一節。

(十五) 福音露稼傳　第十六章第二十四節。

(十六) 福音瑪竇傳　第二十二章第十三節。

(十七) 舊約史書下　瑪加伯下　第十二章第四十三節。

第三編　公教會

第十一章　公教會的組織

一、耶穌創立教會

1. 教會的意義

人因著原罪，成爲天主的仇人，不能自救，也不能敬禮天主；人乃失去生命的目的。耶穌降世，獻身十字架上，救贖人類，使人能夠歸向天主，取得超性的生活。因此人類能有天主的聖寵，完全靠耶穌；世人的超性生活，是因著聖洗而生於耶穌的生命。生於耶穌生命的人，同耶穌結成一個妙體。耶穌爲妙體的頭，世人爲妙體的肢體。人和天主的關係，不是私人直接通於天主，是經過耶穌而通於天主，天主通於人，也是經過耶穌而通於人。

耶穌自己曾說：「聖父篤愛聖子，已將一切授諸其手矣。信仰聖子者，獲永生；不順聖子者，無以望生。天主譴怒，恆臨其身。」㈠

耶穌處於人和天主之間，在人方面，祂是降生的聖子，在天主方面，祂是人類的救世者。人類和耶穌，結成一個新人，由祂引向天主。信仰耶穌的人，即是私人在房中祈禱天主，他的祈禱也是仗著聖寵而上升到天主前，聖寵則是耶穌的救贖功績而取得的。

可是，人在世上是帶有肉身的，肉身和可見的。信仰耶穌的人，他們和耶穌結成一個妙體。這種結合，不僅是靈魂的結合不可看見，應該也是肉身的結合可以看見。多數人的可看見的結合，即成一個社團。因此耶穌的信徒，便必結成一個社團。這個社團，即是教會。在另一方面，耶穌雖是常生不死，常和有聖寵的人生活於同一的生命；但是祂是不可見的。世上人，生活的活動，是靈魂肉身共同活動；那麼人類歸向天主，也該由靈魂和肉身共同表現；因此耶穌引人向天主，祂的引導，也該表現於外面。於是耶穌便委派宗徒，也委派宗徒的繼起人，代祂引導人類向天主。代表耶穌引人向天主的指導權，也即是教會。

因此我們可以說，教會是耶穌妙體的外面表現。妙體的頭爲耶穌，耶穌的可以看見的代表爲教會可見的元首和統治者，妙體的肢體是教會的信友。

教會的定義：即是信仰耶穌福音的人，結成的社團。

2. 耶穌創立教會

耶穌爲引導各代的人歸向天主，須要創立教會。在理論方面，很爲明顯。在事實上，根據聖經的記述，我們知道耶穌確實創立了一個教會。

教會是一個團體，團體有兩個原素：一是團體的統治權，一是各份子的結合。耶穌在聖經上很明白地說明：信仰祂的人，該當互相團結，而且這種團結，至爲密切，有似五官百肢，結成一個身體。第二，耶穌也指定代祂統治信徒的人，把祂自己的權力，留給了祂的代理人。

信仰耶穌的人所結成的社團，性質和別的社團不同；因爲這個社團以精神的超性生活爲主，以肉身的生活爲輔。超性生活在人活於天主的生活；人活於天主的生活，同天主密切相結合了。因此耶穌常稱這種社團爲天主之國，也稱爲祂自己的國家。

新經四傳裡，耶穌說到天主之國，次數很多，而且也明明說天主之國是祂傳揚的，是祂創始的。自是耶穌開始傳道曰：「爾其悔悟，天國伊邇。」㈡耶穌開始傳道，就說天國已近了，即是說祂的教會快要創立了。耶穌講道時，一次祛魔顯靈，向聽眾說：「若予之祛鬼，乃恃天主之旨，則天主之國，實已臨爾矣。」㈢天主之國，已在人間。祂的教會，已經開始了。耶穌受難時，羅馬總督審問祂是否稱王。耶穌答曰：「我是王，不過我的國家不是屬於世上的。」㈣耶穌的國，即是教會，祂是教會之首，享有最高治權。

耶穌也曾訓告信徒們互相團結，而且在殉身受難的前夕，求聖父說：「聖父乎！求父以己名義，保佑父所賜予之眾（信徒），使成一體。……務使彼眾精誠團結，化成一體，庶幾世人知父確曾遣予，且知父愛吾徒，一如愛予。」㈤耶穌以信徒的團結，作爲祂奉聖父之命以救世人的標幟。可見教會在耶穌眼中的重要。有了教會，纔可證明耶穌確實是天主所遣的救世主！

既然創立教會，當然該指定統治者。耶穌在傳道時，在自己的門徒中，揀選了十二人，作自己的宗徒。「耶穌登山，隨其意之所悅以召人，莫不從。立十二人爲宗徒，得常侍左右，並遣之傳道，授以治病祛魔之柄。十二人者，即西門，錫名伯鐸祿，慈伯德子雅各伯暨弟若望，二子亦稱罷吶熱，譯言雷霆之子；又有安德烈、斐里伯，巴爾多樂茂，瑪竇，

多默，亞爾弗子雅各伯，樹德，加納人西門，尙有茹達斯依斯加略，即日後鬻主者。」㈥

這十二位宗徒，在耶穌的門徒裡，是耶穌所最親近的。耶穌把自己傳道救人的責任，託給了他們。十二宗徒中，耶穌又指定伯鐸祿爲領袖，稱他爲自己教會的磐石：「汝乃磐石，予將建吾教會於斯石上，地獄之門，無以勝之。予願授子以天國之管籥。」㈦

耶穌復活以後，在升天的一刻，吩咐十一宗徒說：「天上地下一切諸權，已賦於我。爾其往勸萬民，服膺聖教。因父及子及聖神之名，爲之行洗。凡予所諭於爾者，爾亦當教之共守。予日與爾俱，迄於世末。」㈧

在耶穌的這幾句話裡，說明了公教會的本質。耶穌創立教會，是用祂所有天上地下的權力。信仰祂的人，完全屬祂掌管。祂爲執行自己的權力，派宗徒們去教訓萬民，使他們信仰祂，領洗入教，遵守祂的規誡。宗徒們的責任，再由他們的繼任人繼續執行，以至世界末日。宗徒們和他們的繼任人，代表耶穌，耶穌常常和教會同在，迄於世末。

3. 耶穌規定教會的性質

教會不是信仰基督的人，自由結合的團體；教會乃是耶穌妙身的外形，由耶穌而創立的，人自由結成的社團，人可以自由規定社團的性質，隨時也可改換社團的章程。教會乃是耶穌所創立的，而且是耶穌妙身的外形。耶穌的妙身屬於超性，超性屬於耶穌，教會的性質，因此也完全屬於耶穌。公教會所以常常肯定自己的性質，爲耶穌所定，一成不變。

屬於教會的性質的，第一是教會的教義。教義信條，爲教會所以成爲教會之理。第二是教會的組織，組織爲教會的形體。第三是教會的使命，使命爲教會的目的。第三點在教會裡，自開始到世末，不能改變。因爲是耶穌所定。耶穌既已經升了天，祂留給教會的權力，是執行祂所命定的事，教會因此不能改變耶穌的命令，變更自己的性質；不然便不成爲耶穌的教會了。後代所謂路得等的宗教改革，即是摧殘耶穌的教會。他們的新教，乃是以自己的意志去代耶穌的天意。他們的教會，便不是耶穌的教會。

耶穌的教會，只能有一個，是唯一的教會。教會難道不是耶穌的妙身嗎？妙身以耶穌爲頭，以信徒爲肢體；頭只有一個，妙身也只有一個。耶穌的教會，便只能有一個。耶穌自己說過：「予乃良牧，識己之羊，亦爲所識。……予尚有他羊，不屬此棧，亦當引之，若輩亦必聽從吾音，終惟一棧一牧。」㈨耶穌以羊棧代表聖教會，一棧一牧，便是說一個教會，一個領袖。聖葆樂宗徒也說：「以和平相維繫，務求精誠團結，合爲一體，融於一神，蓋爾等蒙召之時，固受有同一希望，同一恩主，同一信條，同一洗禮，同一真宰，即萬有之父，超乎萬有，貫乎萬有，而寓乎萬有者也。」㈩葆樂以爲信徒合爲一體，融於一神，便只能結成一個教會，決不能分門裂戶。

既是惟一的教會，便也該是至公的教會。耶穌降生救人，乃救整個的人類。人爲得救，應該信仰祂的福音，領受祂的洗禮。那麼一切的人，便都可以信祂，可以作祂教會的分子。耶穌的教會因此稱爲公教，即萬民的公教。不分民族，不分智愚，不分貴賤；凡信仰福音而受洗禮的，都是教會的信友。耶穌在升天前，遣派宗徒們傳道時，命令他們：「往訓萬民。」㈩㈠萬民在教會的地位，一律平等。

萬民至公的教會，目的在使人得救贖，救人即引人入超性生活，超性生活即天主的生活，人與天主同一生活，人便是神化而聖化了；因此，耶穌的教會該是聖的。教會是聖的，因爲能夠聖化人，具有一切聖化的工具；教會是聖的，也因爲是聖徒合成的。教會的本身，是基督的妙身；妙身以聖寵爲基礎。具有聖寵的人，纔能是妙身的肢體。具有聖寵，即沒有重罪；沒有重罪，便可以稱爲聖者。但是教會也是妙身的外形，爲一有形的社團。這個有形社團的組織，以洗禮爲基礎。領了洗禮的人，本來該有聖寵。但也能夠犯罪，失落聖寵。在精神上說，這種犯重罪的信徒，已失去了耶穌肢體的名分，在外面的組織上說，他們則仍是教會的分子。因此教會在外形說，不能說完全由聖者而組成；然在精神上說，則必是由聖者而組成。耶穌的教會便不失爲聖教會。

可是在許多自稱爲耶穌基督的教會中，那一個究竟是耶穌所立的教會呢？耶穌的教會是祂自己所創的，祂自己規定了教會的性質，不能改變。耶穌創立了教會所規定的性質，是至一，至公，至聖，而且是由宗徒傳下來的。耶穌把教會交結了聖伯鐸祿，由他和他的繼承人，傳留於後世。那麼耶穌的教會，該是有耶穌爲創立人，由聖伯鐸祿傳留，又由聖伯鐸祿繼任人掌管，且爲全球唯一的公教會。這個教會，則只有羅馬公教。

羅馬公教，便自認爲唯一的耶穌真教。

二、教會的元首——教宗

1. 聖伯鐸祿由基督立為教會元首

耶穌第一次遇著聖伯鐸祿時，那時他名叫西門，耶穌馬上給他改名為伯鐸祿。伯鐸祿譯名磐石。「耶穌注目視之曰：汝非若納之子西門乎？此後當稱為基法。基法者，伯鐸祿也。」(十一)

為甚麼改西門為伯鐸祿呢？耶穌後來自己加以聲明：「汝乃磐石，予將建吾教會於斯石上，地獄之門無以勝之。予願授爾以天國之管籥；凡汝所縛於地者，在天亦當見縛。汝所釋於地者，在天亦當見釋。」(十二)

耶穌以聖伯鐸祿為自己教會的磐石，磐石是種比喻，比喻伯鐸祿在教會裡的地位。磐石的地位是房屋的根基，房屋靠著磐石然後存在。教會是一種社團，社團成立的原素，在於團員的結合。在自由結合的社團裡，團員的結合，要有適宜的章程，以作保障，要有合法的管理人，以作維持。會章和管理人，便是這種社團的根基。在由一個權威創立的社團，團員由權威選擇，權威便是這個社團的根基。耶穌的教會，由耶穌所創立，信徒由耶穌招召，因此耶穌的權威即是教會的根基。於今耶穌稱伯鐸祿爲教會的磐石，便是說伯鐸祿代表祂的權威。

耶穌曾向宗徒們說：「爾未擇予，而予擇爾。」(十四)宗徒們爲耶穌擇爲繼承救贖大業的人，他們屬於耶穌的權威，也就屬於伯鐸祿。耶穌明知伯鐸祿將三次背祂，然也預言他將回頭，且將爲旁的宗徒們，堅固信德。耶穌向伯鐸祿說：「西門，西門，爾其注意！沙殫欲簸汰爾曹，有如簸麥子。予曾爲爾祈禱，使爾信德不渝，爾既回頭，務宜堅定爾兄弟之信心。」(十五)伯鐸祿要堅固別的宗徒弟子們的信心，可見他是他們的上峰，是他們的領袖。

實際上，耶穌後來親自把管治教會的權，交給了伯鐸祿。耶穌復活了以後，向伯鐸祿說：「若納子西門，汝之愛我，有勝於儕輩者乎？對曰：然，主固知我之孺慕也。主曰：飼吾羔！再問曰：若納子西門，汝果愛我乎？對曰：然，主固知我之孺慕也。主袓：牧吾羊。三問曰：若納子西門，汝果慕我乎？伯鐸祿因三次見問，不覺愀然曰：主乎？爾固無所不知，當知吾之慕爾矣。主曰：飼吾羊。吾實語汝，汝少時，自束衣帶，任意出遊，既老，將伸手見束於人，曳至非汝願往之處。」(十六)

耶穌因伯鐸祿曾三次背主，在交付教會大權以前，三次問他是否忠誠於祂，既得了伯鐸祿的應諾，乃囑他牧飼祂的羔羊。這句話是種比喻，但是意義很明顯。耶穌曾說自己是牧人，祂的信徒是羔是羊。羔是小羊，羊是大羊，牧飼是管理，信徒中無比大小，一切都歸伯鐸祿管理。

在福音瑪竇傳第十六章上耶穌向伯鐸祿所說的，那是預許，要立伯鐸祿爲教會之首；若望福音第二十二章耶穌向伯鐸祿所說的話，則是事實上立他作教會的元首。耶穌在世時，一切由耶穌自理；耶穌要離世升天了，乃立伯鐸祿代祂治理教會。

伯鐸祿也自知自己的職責，在耶穌升天後，新立的教會，由他作主。宗徒大事記所記耶穌升天後的幾樁大事，都由伯鐸祿負責處理。

2. 羅馬教宗爲伯鐸祿的繼任人

耶穌的教會，不是一時的組織，乃是永留到世末。那麼不能在聖伯鐸祿殉道捐軀以後，就沒有繼任管理教會的人。在暗中管治教會的，常常是耶穌，但在人事方面，教會既也是人類的社團，必定有位代耶穌治理教會的人。伯鐸祿既是耶穌的第一位代權，則他的繼任者，便常是耶穌的代權，作教會的元首。

聖伯鐸祿在去世以前，把自己的「教座」設於羅馬。羅馬那時是羅馬帝國的首都，歐洲政治的中心，猶太國也屬羅馬的統治。在羅馬，伯鐸祿殉難，遭了羅馬皇帝的殺害。於今羅馬保有他的陵墓。

在伯鐸祿被害以後，即有里諾繼位。雖是那時羅馬皇攻擊教會，三百年內捕殺信奉基督的人，但是繼承伯鐸祿位的人，前仆後繼，從沒有間斷。到公斯當定大皇皈依聖教，教會纔得自由，那時繼伯鐸祿位者是聖西爾握思。以後更是代有傳人，至今不絕，世稱教皇或教宗。

公斯當定皇領洗後，遷都君士當定堡，以羅馬作爲教皇的統域。教宗後來且享有國土。教宗的國土，自成一國，直到一八七〇年，纔爲義大利所吞併。一九二九年，「辣德朗條約」簽字，教宗放棄領土權，僅保留一梵諦崗小城。然而羅馬於今雖是義大利國的京城，教宗仍舊建都羅馬，羅馬也仍舊是公教的首都。

爲證明羅馬教宗乃伯鐸祿的繼任人，於今所有的文據，可以上溯到第一世紀。那時雖說教宗和教民，因羅馬皇的迫害，藏身地窟隧道中，教宗的權力，已經受各處教會所承認。第四位教宗聖格肋孟，因希臘教民間發生問題，另外是對人死後復活一事，有所疑難，聖格肋孟在紀元第九五年和九六年間，函告格林多教民，闡明教理，勸守教規。這封書信的全文，現在還保留著。

從第二世紀以來，教會各方面的著作者，常常承認羅馬教宗統治教會之權。當教宗庇護第十二世，於一九四二年舉行晉陞主教二十五週年銀慶時，羅馬傳信大學曾發行一學術紀念冊，收集教會初期數世紀的文據，證明當時教會的作家，都已明明公認羅馬教宗為伯鐸祿的繼任人，為教會的元首。㈦我們僅摘取一件文據，這件文據是第二世紀聖易肋能阿為攻擊邪說所用的。聖易肋能阿主張為辨別邪正，只要看羅馬教會的教理怎樣：「因著這處教會更高威權的尊位，其餘各處的教會，都該同她一致，即是說各處的教民都該同她一致，為能使各處的教民，保全宗徒們的傳說。」㈧

近東希臘禮儀派的裂教，和其餘一切派別的誓反教，否認這種史事，反對羅馬教宗為教會元首。可是在降生後四百三十一年，在近東弗蘇城舉行主教公議會時，教宗聖良第一世的代表宣讀教宗的手諭，主教們同聲說：「伯鐸祿藉著良的口，告諭了我們。」這種史事，近東人也不能否認。

3. 羅馬教宗有統治教會的全權

公教會不是一個人們自由結合的社團，而且也不是人世的本性宗教。公教是超性的宗教，由耶穌所創立。耶穌創立教會，是因祂殉身救了人類，創立教會去實際使人得救贖。因此公教會的一切權力都操在耶穌手上。耶穌升天了，立定伯鐸祿爲祂的代權。教會的權力，便操在伯鐸祿之手。伯鐸祿逝世，繼任的羅馬教宗行使他的職權。羅馬教宗便操有統治教會的全權。

公教教律第二百一十八條，明文規定，羅馬教宗爲教會的元首，不僅享有榮譽的尊銜，乃實際操有教會最高統治的全權；凡關於信仰和倫理以及教會規律，全教會教民和聖職員，都直接屬教宗的管轄。教宗行使教會的統治權，以耶穌的權力爲權力，不受人世任何政權的干涉。

教宗的權力，來自耶穌，當然不能反抗耶穌的意志。凡是耶穌所規定的一切，教宗不能更改，至於天主創造人時，所規定的性律，爲倫理的基礎，教宗也不能有所變更。其餘一切的人爲制度，凡與信仰和倫理有關係的，都在教宗的權力範圍以內。因此教會有些制度法律，代有更換；這些制度法律是人爲的制度法律，至於天主耶穌所定的，則在教會內，千古如一。

耶穌立定了伯鐸祿和他的繼任人，爲教會的元首；但是沒有立定繼任的制度。教宗繼任法，由教會制定，歷代有所變更。現行的教宗繼任法，由樞機院投票，得票三分之二者，當選。當選人，至少應領有司鐸聖品，年滿四十。教宗當選後，即獲有教會的統治全權，不能由任何權力而罷免。只能由自動辭職和死亡而停止。

教會的統治權，包有教會的立法、司法、行政和聖事等權力。這一切的權力，教宗一人都操有；但爲行使這等職權，教宗假用教會中央行政機構。這種機構，稱爲聖座，或稱教廷。

4. 公教會爲一獨立的社團

我們既說了教宗操有教會的立法、司法、行政各權，我們便應該補充幾句，說明公教會的法律地位。在法律學上，分社團爲獨立的和不獨立的。獨立的社團也稱完全的社團，即一社團自身具有爲達到宗向的一切方法，不依賴另一社團而爲屬下，本身獨立。不獨立的社團，即一社團本身不具有爲達到宗向的一切方法，因此依賴一更高的社團而不能獨立。

第一種社團爲獨立國家；第二種社團，爲其餘一切的社團。

但是公教教會，在國際法上，屬於第一種社團，有完全社團的資格，有獨立法人的身份。公教的宗向在於給人超性的生命。這個宗向不屬於人世任何別一個社團，因爲乃是天主耶穌所定的。耶穌既定了教會的宗向，又指定了並供給一切的方法。在這些方法中，最重要的是指導和統治權。所以教會的權力，直接來自耶穌。那麼公教會有自己的信徒，有自己最高的統治權，有自己高於人世的宗向，有爲達到宗向的一切方法；公教會便是一個完全的社團了，因此也就是獨立的社團。

在國際上，教宗和各國締約換使，並不是因爲教宗是一國的元首，而是因爲教宗爲公報的元首。教宗固然也是教宗國—梵諦崗市國—的元首，然而梵諦崗市的地域人口，微而又微，在國際上不能有重要性。教宗的國際地位，乃在於公教元首的身份。

公教會與國家政府的關係，兩者不站在同一的水平線上，不像一個國家同另一個國家；因爲公教的宗向是教民的超性福利，國家政府的宗向是人民的本性福利。因此教會和政府能夠同時統治同一的人民，兩者之間不起衝突。在政教起衝突時，常是政府不承認教會的權利，干涉教務。

既然教宗不是以一個國家元首的資格，來統治教民，而是用教會元首的身份；那麼一國的教民受教宗的統治，不能被誣爲受外國政權的統治。公教會不分國界，教宗不干與政治。教民因此能忠於教會，又忠於國家。

三、聖統制

1. 教會的聖統制

教會的組織，有羅馬教宗爲元首。教宗居於教會權力的頂巔。輔佐教宗以治理教會者，有主教。主教以下有司鐸。

公教會的份子，分治者和被治者兩部份：被治者爲信友（信徒），治者爲聖職員（神職員、教士）。聖職員組成教會的聖統制。聖統制，上有教宗，中有主教，下有司鐸。這種制度，是耶穌所定，教會不能更改。但是在這三級制之間，教會能另加一些附級，例如樞機，總主教，宗座代牧等，爲教宗所設的制度。

公教會現行聖統制，可列表於下：

- 教宗（教廷）—樞機
  - 宗主教
  - 總主教
  - 主教
    - 錄事長蒙席(Pronotarius)
    - 教卿蒙席(Praelatus Domesticus)
    - 中常侍蒙席(Camerarius)
    - 司鐸
    - 總本堂司鐸
    - 教區諮議司鐸(Canonicus)
    - 本堂司鐸
    - 副本堂司鐸
  - 宗座代牧
  - 宗座監牧
  - 宗座代理

聖統制的基本，是作教會磐石的羅馬教宗。教宗以下，則爲主教。主教爲宗徒們的繼任人。教宗繼承伯鐸祿的職權，伯鐸祿爲教會元首，元首只有一位，教宗因只能有一位。主教們繼承其他宗徒們的職權。宗徒們的權力，不束縛在十二個人的數字內。耶穌選了十二宗徒，茹達斯自殺以後，馬弟亞被選充數，但是後來聖葆樂和聖巴爾納巴也號稱宗徒，聖葆樂且爲宗徒裡最負聲望的，以致「宗徒」這個名詞幾乎成了他的專號。因此宗徒的職權，是一種分治教會的權力，有如當時宗徒們分治各處的教會。但是這種分治，是隸屬教宗權力的指使和統治。主教以下，設有司鐸，以輔助主教。

教會的聖統制，包含統治權和聖品權。統治權是統治教會的權，操有這種權力的，上有教宗，下有主教。聖品權是施行聖事的權，操有這種權力的，按各種聖品而分等級，上有主教，中有司鐸，下有六品五品等。聖品權是向於天主的，爲執行天主的聖事；聖品高的聖職員，執行高等的聖事；聖品低的聖職員，執行低等的聖事。統治權則是向於教民。統治權高者，所統治的地區廣，統治權低者所統治的地區少。但這兩種權力，普通常相互合。聖品權作統治權的基本。沒有聖品的人，不能享有統治權。

在聖品權和統治權以外，有樞機一銜。樞機銜非耶穌所定，乃教宗所立。教宗立樞機爲顧問，其尊榮在主教以上，僅次於教宗，和列國的親王相等。

教宗爲司鐸也立有榮銜。榮銜爲「蒙席」。「蒙席」爲歐洲中古時稱呼政府大員和貴族的尊號，近代則僅適用於教會的主教。教宗有時賜這等榮銜於一司鐸，因此中國有譯「蒙席」爲「同主教」者。「蒙席」中又分三級，最高者爲錄事長榮銜，次者爲教卿，又次者爲中常侍。這三等「蒙席」，授實職者，爲教宗宮廷人員，不授實職者，則只有名銜罷了。

2. 主教

主教是繼任宗徒職權的人，史有明證。當日宗徒們分行天下，宣揚耶穌的福音。每到一大城市或國家勸化了許多人，便組織當地的教會，指派一位主教，代他們治理教務，他們再到別一城市或國家傳教。宗徒大事記紀錄聖葆樂宗徒指派聖提多和聖蒂茂德代他治理教務，他給蒂茂德寫信說：「曩者吾適馬其頓，而留汝於伊法所者，欲汝勸告若干同人，勿傳異端，勿貪心於無稽之談。」㈨給提多寫信說：「汝之留汝於革雷底者，欲汝將未了之事，部署停當，並遵吾所囑，爲各邑設置長老。」㈩第一世紀末與第二世紀初期，教會史乘上已有二三主教，名聞全教會，如安弟約基城的聖依納爵和史米爾尼城的聖波里加爾波，都是聖若望宗徒的弟子，代他治理這兩處的教會。從第二世紀以直到今日，主教一職，常留傳著。

主教是一個教區的首長，全教會分成若干教區，教區直隸羅馬教宗。月俸教會由教宗治理，教區由主教治理。集數教區而成教省，教省由總主教或宗主教領管。然總主教也自治一教區，在教省之主教中，僅有榮譽之首席主教銜，無實權以統治他教區。各教區則都直隸教宗，教省僅是教會分區中之一方式罷了。

主教擁有教區之立法、司法、行政等權，但在行使這些職權時，主教常該遵守教會的法典和教宗的諭令。

在聖品的等級裡，主教一品，爲聖品的最高職。教宗也是主教品，教宗即是羅馬教區的主教；好比聖伯鐸祿當日也是宗徒，宗徒即主教品職。但在主教品以上，教宗操有至高的統治權。在統治權上，教宗是唯一的，在聖品上，教宗和主教們同品，因此教宗在致主教的函諭上，常稱主教爲神昆。

全教會的主教，在特別情形下，可集開主教公議會。主教公議會須由教宗召集，由教宗親身或派員主持，一切議案由教宗批准。召集或主持兩點，在歷史上有些公議會由羅馬皇執行，但議案的批准，必定該由教宗批准。不然公議會便不合法。議案不生效力。合法的公議會有向全教會創制或修改法律的全權。但公議會的權力，不能超於教宗以上，也不能反抗教宗。

各國或各教省的主教們，也可以集開會議。一國的主教會議，由教宗召集，並派員主持之。教省的主教會議則由教省總主教召集並主持之。會議的議案須經教廷批准。教區以內，主教可召集本區司鐸舉行會議，議案由主教批准。

每教區一主教，如有特別情形，也可有助理主教。教區尚未正式成立時，教宗派「宗座代牧」或「宗座監牧」，或「宗座代理」管治之。宗座代牧常有主教品，監牧和代理，則常爲一司鐸。

3. 司鐸

司鐸爲一聖品，爲一成全的品職。六品和五品，以及一二三四等品，都是預備陞司鐸的。在古代，有終身爲六品或五品者；中古以來則一品到六品，乃爲升到司鐸品必經的階級罷了。

在統治權上，司鐸自身沒有統治權。若有統治權，則或是由於自己職位，或是由於主教或教宗的委託。按著教會法寶，能與司鐸以統治權的職位，有副主教職和本堂司鐸職。副主教襄助主教塋教區，享有相等於主教的統治權。本堂司鐸塋本堂區，在本堂區內，享有相當的統治權。其餘的司鐸只有聖品權沒有統治權；如有統治權，則由於教宗或主教的委託。

每個教區分成若干本堂區。每本堂區有一本堂教堂，有一本堂司鐸。本堂司鐸可有副本堂司鐸作助理。本堂區內信友的宗教生活，由本堂司鐸負責管理。本堂區內的宗教組織，由本堂司鐸指導。

若干本堂區組成一總本堂區，總本堂司鐸既管理一本堂區，又爲總本堂區內衆本堂司鐸之首，負有監察的任務。但對各本堂，沒有統治權。

綜合教會統治權的分制，可列表於後：

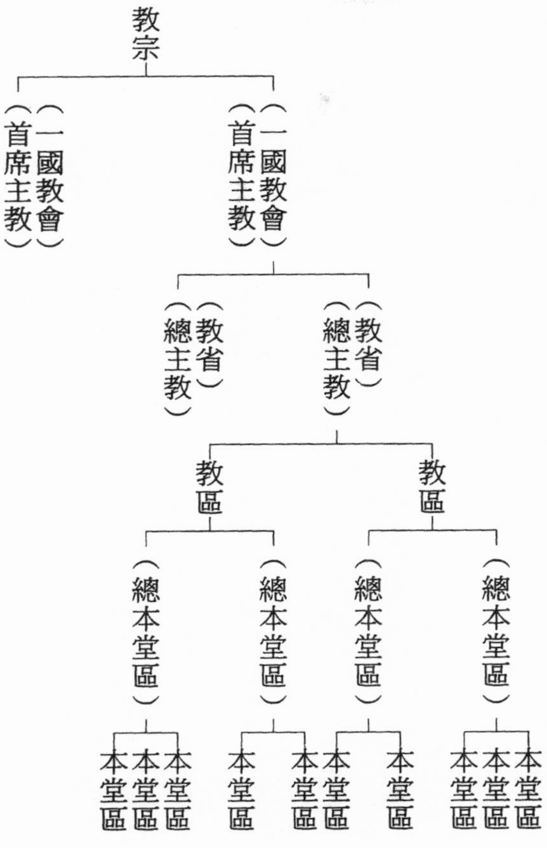

4. 修會

修會爲公教的一種特別組織，不屬於教區和本堂區。修會的組織，以修院爲主體。

修會制度，起自第三第四世紀時，那時北非爲羅馬帝國的屬地，公教信友與司鐸，有棄俗入曠野隱居的人，他們長齋克己，終天祈禱。在開始時，他們各自獨居，更深師徒相聚，漸成團體。這種隱修生活，在歐洲由聖本篤於第六世紀初年，正式發起，創立本篤會。本篤會每修院自成一團體，由院長主管，全會沒有中央的組織。第十三世紀初期，聖方濟各和聖多明我各立修會，以會祖兼總會長管理全會修院。於是修會制度遂正式成立。

現行教律，規定修會或直屬教區主教，或直屬教廷修會部。直屬教區的修會，爲新立的修會，會章和會長，都由教區主教批准。已取得教廷批准的修會，則直屬教廷，教區主教不能干涉會內行政，僅有監察之權。

修會的內部組織，普通由一地域或多數地域的修院，組成一修會省。由修會而組成總會。修院有院長，修會省有省長，總會有總長。全修會會務，由總長主管。

修會的目的，在於加強會友的精神修養，宣誓絕財、絕色、絕意。同時也從事訓練他人的精神修養，輔助教區的教務。因此各種修會，都辦理一項或多項事業，或從事教育，或從事傳教，或從事講道，或從事慈善工作。

註：

(一) 福音若望傳　第三章第三十五節。

(二) 福音瑪竇傳　第五章第十七節。

(三) 福音露稼傳　第十一章第二十節。

(四) 福音若望傳　第十八章第三十六節。

(五) 福音若望傳　第十七章第十一節—第二十三節。

(六) 福音馬爾谷傳　第三章第十三節。

(七) 福音瑪竇傳　第十六章第十八節。

(八) 福音瑪竇傳　第二十八章第十八節。

(九) 福音若望傳　第十章第十四節。

(十) 致伊法所人書　第四章第三節。

(十一) 瑪竇福音　第二十八章第十八節。福音馬爾谷傳　第十六章第十五節。

(十二) 福音若望傳　第一章第四十二節。

(十三) 福音瑪竇傳　第十六章第十八節。

(十四) 福音若望傳　第十五章第十六節。

(十五) 福音露稼傳　第二十二章第三十一節。

(十六) 福音若望傳　第二十一章第十五節。

(十七) 紀念冊書名Tu es Petrus.（汝乃磐石）Roma. 1942.

(十八) 見上引紀念冊第一百一十四頁。亦見Enchiridion Patristicum.

(十九) 致蒂茂德第一書　第一章第三節。

(二十) 致提多書　第一章第五節。

第十二章　教會的祭祀

一、耶穌獻祭

1. 耶穌爲司祭

在講論耶穌爲世人的中保時，我曾說耶穌是教會的司祭。

凡是一個教會，都要有敬神的祭祀。祭祀不能隨便舉行，是要由專司祭禮的人去舉行。專司祭禮的人，帝或稱爲司祭。在中國古代，祭天、祭神和祭祖，沒有司祭的專人；但禮書規定，這些祭祀，該由皇地方官員或嗣子去行禮。皇帝、地方官員和嗣子，也就成爲變相的司祭了。普通教會的司祭，是一種專司祭神的人，他們藉一種禮儀，獻身於神，終生服務教會。

耶穌爲天主聖子，降生人世，爲洗除人的罪惡，使人重歸於天主。耶穌可以說是人和天主之間的橋樑。人類的祈禱和敬禮，由耶穌上達天主，天主的聖寵和助佑，由耶穌下降人類。這種人類中保的身份，即是司祭的身份。司祭本是使人和天主相結合的。能夠使人和天主相結合的，惟有耶穌，所以只有耶穌是名符其實的司祭。其餘各宗教的司祭，若所敬的不是天主而是邪神偶像，司祭便也是旁門左道。若所敬的是天主真神，司祭也只是耶穌的象徵。

再者，耶穌是教會的首領，是妙身的頭腦。妙身—教會—應該敬拜天主。這種敬拜，當然該由妙身的頭腦去主禮，因此耶穌便是教會敬拜天主的主禮者。主禮敬禮者，即是司祭，耶穌所以是司祭。

聖葆樂宗徒對於這一點，在致希伯來人書裡說的很詳細。他說：「蓋世之大司祭，莫不選自人間，奉派代表眾人，司天主之事，以獻禮物，及贖罪之祭。……且無人得以斯職自任，必蒙天主恩名始可。……基督亦何獨不然，固未嘗自尊、自榮，以任大司祭也。乃天主諭之曰：爾乃吾子，生於今日。又曰：爾爲司祭，永世靡替，與麥基德，同一班次。……昔日之爲司祭者，不一而足，蓋以有死之身任之，其不能恆久固矣。惟耶穌則有生而無死，故其司祭職位，亦永世而弗替。」㈠

2. 耶穌祭獻自身爲犧牲

祭祀是奉獻犧牲與神的祭禮，以表示人對神的服從。犧牲代表人；人獻犧牲，或宰或焚，即是表示自己的生命歸屬於神，任憑神的處置。

無論任何宗教，都有這類的祭祀。公教爲敬禮真神天主，當然應該有祭祀。而且耶穌的救贖大業，即是一項祭祀，從原祖違命以後，人類成了天主的仇敵；人雖然感到敬神的需要，用各種祭祀；但是沒有一種祭祀，可以達到自己的目的；在原罪沒有赦除以前，天主不接受罪人的祭祀，猶太古教的祭祀，是天主因爲救世主的祭祀，乃是用祂天主聖子的身份，向天主奉獻適當的敬禮，求赦人罪。

耶穌怎麼樣完成了這項祭祀呢？耶穌在加爾瓦略山被釘十字架上，把自己的生命，獻與天主。耶穌沒有用別的犧牲，乃是用自己的肉體，作爲犧牲；祂沒有宰殺別的犧牲去祭祀天主。是自己甘願被殺以祭祀聖父。聖葆樂宗徒乃說：「夫以山羊牡牛之血，與夫牝牛之灰，灑於污染之人，尙能潔其身而聖之；矧以基督無玷之身，憑聖神而自獻於天主之寶血，不更應滌吾人之良心於一切致死之行，俾得昭事永生之天主乎？」㈡古教的犧牲，爲耶穌祭祀的象徵，因能除罪；耶穌自身的祭祀，難道不是效力更大嗎？古教的祭祀，除罪的效力，在於象徵耶穌的殉身；因此這種效力在當日都是懸空的，要等耶穌已經獻身致命了，古經祭祀的效力，乃能完成。當日猶太誠心祭祀天主的人，免下地獄，但是要等到耶穌升天時，纔能升天。

聖葆樂宗徒說：「夫天主一而已矣，而介居天主與人之間者，亦一而已矣，則基督耶穌其人也，彼已自獻爲萬民之贖。」(三)聖伯鐸祿宗徒說：「基督平生未犯一罪，口無欺人之言，見詬不及，見辱不校，將一切付諸公平主宰之手，肩負吾人罪累，於聖十字架之上。彼之爲此，惟欲吾人死於罪而生於義，以『彼瘡傷，療我瘡痍』云耳。」(四)聖若望宗徒說：「吾人未愛天主，而天主愛吾人，且遣其聖子，爲吾人之罪惡，作息怒之犧牲。」(五)

十字架的苦刑，在耶穌方面，是自作司祭，自作犧牲；耶穌自獻爲救贖人類之大祭。

二、彌撒祭祀

1. 耶穌建立彌撒

公教爲敬拜天主，該常舉行祭祀。公教的祭祀，乃是耶穌在十字架所受的死刑。然而耶穌只能死一次，十字架的祭祀，一次也就完結了；這樣教會不是再沒有祭祀了嗎？公教是人組成的教會，人應當敬拜天主；不能因爲耶穌代人行了一次贖罪大祭，人便再沒有敬拜天主的義務。人常該敬拜天主，教會因此有常行祭祀的義務，耶穌創立了教會，也應制定一種祭祀。

但是公教會的祭祀，只能有一種，即是耶穌的十字架苦刑。聖葆樂宗徒說：「一般大司祭，必須逐日爲己爲人，獻贖罪之祭；至耶穌則已既無罪可贖，即眾人之罪，彼亦已獻身以爲之贖，一勞而永逸矣。」㈥耶穌十字架之祭，已盡人類向天主所行的補贖和敬拜，公教不能舉行另一種的祭祀。

一方面教會常該代人敬拜天主，舉行祭祀，一方面十字架祭祀已盡一切祭祀的意義，不能另有他項祭祀；耶穌爲就合這兩方面的要求，用祂的天主全能，建立了「彌撒」，使「彌撒」爲公教的日常祭祀，同時又是十字架祭祀的連續。

新經瑪竇、馬爾谷、露稼三傳，都記載在最後一次晚餐時，耶穌建立了彌撒。㈦聖葆樂宗徒也述說這樁大事。他說：「夫吾所授於爾者，乃吾所受於主也。主耶穌於被逮之夕，取餅祝而分之曰：此乃吾體，爲爾者所捨者；爾等當行此禮，以誌永懷。食後取爵亦然，曰：此爵乃吾血所立之新約，爾等每飲，當行此禮，以誌永懷。」㈧

耶穌的最後晚餐，是行猶太古教的巴斯卦禮，即免難節。在這次節日，猶太人合家吃已祭獻的羔羊。耶穌在這種禮儀中，取餅取酒，以餅爲自己的體，以酒爲自己的血，分與宗徒們。這是以自己的體血，代替巴斯卦節的羔羊；祂獻了自己的體血與天主，再分賜宗徒們吃飲。這明明是種祭祀。耶穌說自己的體和血，要爲人們而犧牲，即是指的在十字架上，祂自己將犧牲自己的肉身。因此晚餐裡的祭祀，是十字架的祭祀的初步，由十字架的祭祀而與以完成。耶穌吩咐宗徒們日後舉行這種祭禮，便是命令宗徒們日後常行這種祭祀。這種祭祀，稱爲彌撒。

2. 彌撒是公教的祭祀

彌撒是甚麼呢？彌撒是按著耶穌在最後晚餐的命令，奉獻藏有耶穌體血的餅酒的祭祀。於今教會舉行彌撒，禮節繁雜，但是，中心禮節，在於祭獻藏有耶穌體血的餅酒。彌撒的祭祀，就是耶穌在晚餐所開始，在十字架上所完成的祭祀。

彌撒的祭祀，是耶穌所立的；因爲餅和酒，是耶穌在晚餐上所用的。耶穌說餅是祂的體，酒是祂的血；在彌撒裡，司鐸行祭，也同樣用耶穌這些話。耶穌在晚餐時，說祂的體血，將爲世人而犧牲；在彌撒裡，這種體血已經爲世人而犧牲了，即是已經在十字架上殉了身。因此彌撒雖是舉行最後晚餐時耶穌所行的聖節，但是真正的意義，在於代表十字架的祭祀。

但是耶穌只能死一次。在彌撒裡，耶穌不是再釘死十字架上；同時彌撒卻又是真正的祭祀，有犧牲性命的意義。這種意義，便在於酒和餅分開祭獻。酒和餅相分，即是耶穌的體和血相分。體血相分，本來是殉身，耶穌是又要致命的了；然而祂因著復活後的肉體狀況，不能再死，因此雖是體血相分而不死，且在餅內有體有血，在酒內有血有體。這樣，祭祀殺身的條件滿足了，祭祀的意義也就成全了。

彌撒祭祀和十字架祭祀，所獻的犧牲，同爲耶穌的體和血。彌撒祭祀和十字架祭祀的司祭，同是耶穌。兩項祭祀所不同的，只是祭祀的形式。在十字架上，耶穌在萬目共睹之下，流盡赤血，致命而死。在彌撒裡，耶穌隱不可見，可見的是作他行祭的工具的司鐸，耶穌的血肉，也隱在酒和麵餅中。然而並不見司鐸祭獻酒餅，作十字架祭祀的紀念，因爲耶穌很確實地說明酒中有祂的血，餅中有祂的肉。既然在祭壇上有祂的血肉，耶穌便親自降臨祭壇。

3. 教會的司祭—司鐸

公教的唯一司祭，是耶穌基督。耶穌常生不死，公教便常有耶穌爲司鐸。聖葆樂宗徒說：「昔日之爲司祭者，不一而足；蓋以有死之身任之，其不恆久固矣。惟耶穌則有生而無死，故其司祭職位，亦永世而弗替。」(九)

但是耶穌升天後，人目不可見了。耶穌爲治理人世的教會，要緊派聖伯鐸祿和別的宗徒。同樣爲行聖祭，也要緊派代祂行祭的司祭。在最後晚餐中，耶穌建立了彌撒祭典，同時命宗徒們以後常舉行這種祭典，這樣耶穌便給與了宗徒們舉行彌撒的權力，即是選派了他們作自己教會的司祭。

宗徒們傳教每到一處，歸化了一些人，給他們授了洗，便給這處雛形的教會選派司祭，使能舉行彌撒。

公教的司祭，稱爲司鐸。

司鐸和耶穌的關係，是怎樣呢?耶穌既是教會的唯一司祭，則除耶穌以外，沒有別的司祭。司鐸而稱爲司祭，則司鐸的品位，該是耶穌的司祭品位。耶穌獨自一人，因著救世主的身份，享有司祭的品位;但爲執行司祭的職務，要緊使用一些人。耶穌乃選擇一些人，把自己的司祭品位，分給他們，叫他們相幫祂舉行彌撒祭祀。在司祭的品位上，耶穌爲主，司鐸爲副。司鐸是耶穌的替身。

司鐸的選擇，以耶穌的招選爲標準。當日的宗徒弟子們，都是耶穌選的。後代的司鐸，也該有耶穌的招召。這就是教會所謂「聖召」。一個願意成司鐸的人，該有內外的條件，暗示他是受了耶穌的召選。

司鐸在執行司鐸的職務時，常是用耶穌的名義。耶穌雖不可見，實際上祂常是主要的司祭，司鐸只輔助人，在執行外面的儀節。

另一方面，司鐸和教會的關係怎樣?第一，司鐸在行祭和行宗教儀節時，正式代表教會，他是教會的代表。教會該行祭祀，正式由司鐸代表去執行;因爲司鐸分有耶穌的司祭品位。第二，司鐸是教會的治理人，可以常握教會的統治權。司鐸的司祭品位，本身雖不具有統治權；但因爲教會統治權在於引人歸向天主，司鐸則是教會行祭行聖事的正式代表，因此教會便用司鐸爲代表祂統治教友的神長。

4. 教會的祈禱和儀禮

教會因爲有敬拜天主的義務，所以有彌撒祭祀。但除祭祀以外，教會還該行祈禱。祈禱的用意，跟祭祀的意義一樣，在於讚頌天主感謝天主，向天主求福，求天主赦罪。祭祀是敬拜天主的儀禮中最隆重的，在一定的時間內舉行。祈禱則是隨時隨地，舉心向天，向天主表示敬意。

每個信仰天主的人，在私人的生活裡，該行祈禱。因爲既是信仰天主，造世贖世，亭毒萬物，心裡必定要向天主，表示感恩，表示求福。私人的祈禱，是宗教生活的重要部份。但宗教生活不因此就完結了。耶穌創立了教會，自己和信徒合成一個妙身；妙身代表得救的新人類；這個新人類應該祭祀天主；祈禱天主。耶穌妙身的祭祀，即是彌撒；耶穌妙身的祈禱，即是教會公開的祈禱。

教會公開的祈禱，由教會指定該念的經文，由教會的正式代表即是司鐸，負責誦念。這類祈禱，一部份是彌撒中的經文，一部份是司鐸每天所誦的「日課經」，一部份是各種公開宗教敬禮。

教會的祈禱和信友私人的祈禱，彼此不相衝突，不相重覆。信友私人，舉心讚美天主。向天主求恩求福，既是表示自己的信仰誠切，又爲促進自己更與天主相近。但是私人的祈禱，也是靠著耶穌的救贖功績而行。耶穌不但加強我們私人祈禱的功效，而且還同我們一齊祈禱天主聖父；這種祈禱，就可算爲教會的祈禱。教會公開的祈禱時，雖由司鐸代行，實際上是耶穌連合信徒們一齊祈禱，代信徒們求福求恩；祈禱的效力，較比私人的祈禱更大了。

教會在行祭祀和祈禱時，常舉行一些儀禮。儀禮是教會的代表，行祭和行祈禱時，所有的動作儀式，這些動作儀式，既是公開的，當然該由教會正式規定，司鐸們不能擅自更改。儀禮的目的，一方面爲表示敬禮的莊嚴，一方面也爲激發信友的信仰，增加天主之心。因此宗教儀禮，常具有嚴肅和神祕的意義。教堂中所有的裝飾，所供的聖像，所用的歌樂，都該不背於宗教儀禮的目的，都該寓有引導信友歸向天主的精神。

註：

㈠ 致希伯來人書 第五章第一節。

㈡ 致希伯來人書 第九章第十四節。

㈢ 致蒂茂德第一書 第二章第五節。

㈣ 聖伯鐸祿第一書 第二章第二十二節。

㈤ 聖若望第一書 第四章第十節。

㈥ 致希伯來人書 第七章第二十七節。

㈦ 瑪竇福音傳 第二十六章第二十六節—第二十九節，馬爾谷福音傳 第十四章第二十二節—第二十四節，露稼福音傳 第二十二章第十七節—第二十二節。

㈧ 致格林多第一書 第十一章第二十二節—第二十五節。

㈨ 致希伯來人書 第七章第二十三節。

第十三章　教會訓導和聖化的職權

一、教會的訓導職權

1. 訓導職權

近代許多談論宗教的人，主張宗教生活，是人內心直接和天主相契合，既用不著外面的表示，更用不著教會的指導。天主是無形的，人心的活動也是無形的；他們便主張每人的宗教生活，應有極大的自由，各人可以任心所好，敬禮天主。路得叛教時，已經主張私人可以自由解釋聖經。後代的誓反教，乃進而主張，天主的啓示，即是人心和天主在冥冥中相契合時，所有的感觸。那麼聖經也不過是這種感觸的一種，各人便可以用自己的宗教感觸，去解釋聖經了。

但是天主是唯一的，天主的本性也是唯一的；而人的感觸，則不是唯一的了。不單是每個人的宗教感觸不同，就是一個人前後的宗教感觸，也可以不同。一個人可以感到有天主，另一個人可以感到沒有天主。一個人今天感到天主是這樣，明天可以感到天主是那樣。一部聖經，一萬信徒有一萬種解釋，或者每個信徒前後解釋不同，更可以有百萬種的解釋。這是不是合於情理？於今誓反教派中分派，系中分系，是不是證明這種主張的錯誤呢？我們人說一句話，尙不願人家去誤解；偏是天主，有所啓示時，則任人解釋，不論是非；這稱爲侮辱天主，不信天主！

人的理智淺薄，人的意志好變，人的情慾熾烈。若任人自由去敬禮天主，則人所敬的天主，都是合於私利的天主，所行的敬禮，都是恰於私意的敬禮。這樣天主必定變成千萬的邪神偶像，宗教敬禮將成爲五花八門的迷信。文明人則美其名曰科學化的宗教！

因此，爲預防這種流弊，耶穌在創立教會時，已經聲明一條根本的原則；人類的得救，是因著祂而得救。甚麼是得救呢？人的得救，在於升入超性生活。超性生活乃是分享天主的生活。因此人對天主的關係，是憑著耶穌而建立的。這種關係，完全屬於耶穌，人不能任意變更這種關係，也不能任意解釋這種關係。人對天主的關係，乃是人的宗教生活；所以宗教生活，是屬於耶穌的權力。耶穌怎樣行使這種權力呢？用祂的教會去行使這種權力。

耶穌在升天以前，賜給了宗徒們訓導的權力和職責。耶穌命令他們說：「天上地下一切諸權，已賦於我。爾其往勸萬民，服膺聖教。因父及子及聖神之名，爲之行洗。凡予所諭於爾者，爾亦當教之共守。予日與爾俱，迄於世末。」㈠

從耶穌的訓言裡，我們可以得到以下的結論：

（a）耶穌是用祂至大的權力，給宗徒們一種訓導的職權；因爲祂說自己操有天上地下的一切權柄，因著這種身份。給宗徒們發命。這種命令，使宗徒們有執行的責任，也有執行的權利。

（b）宗徒們該去勸化人，信仰耶穌的福音。宣傳福音的職權，由耶穌交給了宗徒們，也交給了他們的繼任人。

（c）用洗禮，使人進教。聖洗是入教的門戶。

（d）宗徒們該教訓受洗的信徒，遵守耶穌的一切諭言。耶穌的諭言，不是任意遵守或不遵守。諭言的解釋，是由宗徒們的報導，並不由每人自由解釋。耶穌的諭言，留在聖經裡，因此聖經不能任憑私人自由解釋。

（e）耶穌直到世界末日，常從宗徒們及宗徒們的繼任人在一齊，相幫他們執行訓導的職權。

按著以上的結論，公教會常自認有訓導信徒的職務和權利。爲行訓導的職權，教會也能設立學校。凡是關於超性生活和超性生活有關係的事件，都包含在教會訓導職權以內。

2. 教宗不能錯

一八六九年至一八七〇年，全球公教主教，在華棣崗舉行公議會，會中的議決案裡有一條最重要的，是聲明「教宗不能錯」，爲教義的信條。議案說：「公議會議決，我們告諭並規定下項教義乃屬教義信條：幾時教宗從他的『教座』上發諭，即是說幾時教宗執行全教會統治者和導師和職權時，用他的宗座最高的權力，規定在教義上或倫理上有爲全教會該信從的一點，這時教宗藉著天主許給聖伯鐸祿的助佑，享有不能錯誤的特恩，按著神聖救世主的聖意，祂的教會在規定教義和倫理道德時，不能有錯。因此羅馬教宗的規定，不因著教會的同意，乃是因著自己的本身，永不可更改。」㈡

上項議案，對於教宗的不能錯，指定了對象，也指定了條件。

教宗不是在一切事上，不能有錯。單單是對於教義和倫理，他不會錯誤。教義和倫理，是耶穌向宗徒們所說的「予所諭爾者，爾亦當教之共守」。耶穌降世，不僅是爲捨生，以救世人，也是爲把爲得救贖有關的道理，啓示世人。新經四傳福音保留了耶穌的啓示；但是聖經沒有把耶穌的啓示，全部記錄。宗徒們當時尙用口傳了耶穌的一部份諭言。爲指定何者是耶穌的啓示，優勝者是耶穌啓示的意義，當然該由耶穌的代權，—羅馬教宗去規定。

這種規定，絕對不能錯誤。因爲教會是根據耶穌所啓示的道理而建立的，教宗解釋啓示而有錯，教會便已經不是耶穌的教會了。

人類的學說，常有演變；人們的主張，也多有錯誤。耶穌乃是天主，祂的教義不能錯誤；而且因爲祂是天主，祂常可以指示祂的代權，在解釋祂的言論時，不致有錯。耶穌自己許下了常與宗徒們及他們繼任人，同在一齊，以致世末。祂也許下了堅定伯鐸祿的信德，用以堅定其他門徒的信德。因此，按著耶穌這種許諾，教宗在解釋耶穌的啓示時，不能錯誤。

耶穌的啓示，常是關於教義和倫理。教義是教會的信仰，倫理是人生的善惡標準；這兩點是人得救贖的要道。因爲信仰教訓人怎樣能得救贖，倫理指引人怎樣去得救贖。耶穌降世爲使人得救，祂的諭示，便常關係這兩點。因此，教宗所享不能有錯的特恩的對象，是在於教義和倫理內，關於耶穌所有的啓示。

可是教宗對於耶穌的啓示，所有的規定，不是一切都不能有錯，單單是在相當的條件下的規定，纔不有錯。這些條件有兩項。

第一，教宗對於耶穌啓示的規定，要是從「教座」而發的，纔不錯誤。甚麼稱爲從「教座」而發呢？是說幾時教宗使用他最高的職權，所有的規定。即是幾時教宗聲明，自己執行全教會統治者和導師的職責，使用宗座最高的威權，而頒佈對於啓示的規定。

第二，教宗從「教座」頒發對於啓示的規定，因此諭令全教會信服。這項條件本來已經包括在啓示裡；因爲凡是啓示，都該信服。

因此，教宗的著作，教宗的演講，和教宗的通諭，即使講論教義和倫理，並不是不能錯。除非在通諭裡，講到教義或倫理的問題時，教宗隆重地聲明教會的主張，諭定全球信友信從。這時便享有不錯的特恩了。

3. 教會不錯

教宗既不能錯，教會當然不會錯了。但是神學上所謂教會不能錯，還有另外的意義。即是說除教宗不能錯的特恩外，教會在整個教會一方面說，也不能錯。

教會從整個教會方面說，不能有錯。這項特恩，在兩種情形下，可以實現：第一，全球主教舉行公議會，在公議會中議決關於教義和倫理的事項，規定全球教友該當信從，而議案加有教宗的批准。這項議案便不能有錯。第二，全球教會在長久的時期中，信從某項教義或倫理，爲耶穌的啓示；這項信從的道理，也不能錯。

教會不能錯，根本上就是主教不能錯。公議會，是全球主教的會議；教會長久信從一端啓示，也是主教們的准許信從；因此可以說主教們不能錯。主教們不能錯，不是單獨講道時，不會錯誤，乃是大家集會，隆重規定教義和倫理的道理時，或是大家使用通常的治權，共同認可教義或倫理的一項道理時，這時纔能不錯。在這兩種機會上，還該有教宗的同意。主教公議會的議案，是要經過教宗的批准，纔能有效。教會在長久的習慣上，信從某一項教義和倫理，也應該有教宗的默許；因爲若使教宗明令禁止這項習慣，這項習慣便已不能合法存在了。

教會的不錯，在實際上是全教會主教們在宗教的指導下，行使自己的職權，對於教義或倫理有所規定，因著耶穌的助佑，不能錯誤。因爲耶穌曾經許與了宗徒們，常與他們在一齊，以到世界末日。主教們是宗徒們的繼任人，所以他們便常有耶穌的助佑。這種助佑的效力，在關係教會的最基本點，應當完全表現出來。教會的基本點，是教義和倫理的信仰，假使這種信仰有錯，教會便要失去了自己的目的，主教們在教宗指導下行使職權，乃是代表整個教會，整個教會在自己的基本點，若能有錯；耶穌爲教會的頭，祂雖不可見，實際則確實常活在教會以內；那麼整個教會的錯誤，即是耶穌的錯誤。至於教宗私人，或主教們個人及教友的錯誤，那是每個人的錯誤，不能歸之於整個教會。可是教宗自「聖座」規定教義和倫理的適從，主教們在教宗指導下共同規定教義和倫理的適從，若有錯誤，則是整個教會的錯誤，也便是耶穌的錯誤了。所以這一點絕對不能實現；因爲耶穌乃是天主！

二、教會的聖化職權

1. 聖化

「聖化」的意義，是使人成聖人。聖人這個名詞，在這裡取義廣泛，不是指著教會所敬禮的聖人，乃是說生於超性生活的人。聖化一人，在使這人脫除大罪，獲得聖寵，生活於超性生活。簡單地說，聖化是使人得聖寵。

耶穌降生，目的在救人。使人從天主仇人的地位，升到天主義子的身份。耶穌怎樣達到自己的目的呢？祂在十字架上，捨生致命，爲世人補償罪惡。耶穌捨生的大功，爲人取得了聖寵。這些聖寵，都是耶穌的所有物，任憑祂處理，祂因此制定了施捨聖寵的方式，這些方式，稱爲聖事。耶穌自己升天了，救贖大業，由宗徒們和繼任人，繼續完成。耶穌把執行聖事權，也交結了宗徒們。宗徒們的繼任人，乃後代的教宗和主教，爲教會的統治者，因此教會的統治者，有執行聖事之權。

聖寵是人得救的根本要素，因爲人的得救，是在從天主的仇人，變爲天主的義子。爲甚麼人是天主的仇人呢?因爲人犯了罪。爲不作天主的仇人,則應該或是不犯罪,或是洗除犯了的罪。原祖已違命吃了禁果,人類都是在成胎時染了原罪;因此人人都該洗除罪惡。怎樣洗除罪惡呢?在於補贖罪惡,罪惡的補償,在於借用耶穌的功績。因爲人的功績,不能相稱罪惡的重大。功績是從立功者一方面去看,罪惡是從被得罪者一方面去看。被罪惡所得罪者,是至尊的天主,立功者是微賤的人。因此須有至尊的天主聖子降生人世,立功爲人贖罪。人藉用耶穌的功績,又把自己的功績,連合於耶穌的功績,以補償自己的罪惡。

人怎樣變爲天主的義子呢?在於天主的聖寵,聖寵使人升入超性界,參加天主的生活。參加天主的生活和赦除罪惡,兩者同時在人的靈魂上實現,因爲不爲天主的仇人,即爲天主的義子。這兩層關係,同時實現,緊相連貫。在事體的本身上說,不是天主的仇人,不一定就是天主的義子。然而天主定下了人生的宗向,是超性生活,唯一阻礙人達到生活的宗向的障礙物是罪惡。因此去了罪惡,人便馬上走在超性生活的路上。超性生活,爲天主的生活。有超性生活的人,即是天主的義子。成爲天主義子,當然是聖化了。爲有超性生活,要緊的條件是聖寵。有了聖寵,人纔被提升到超性界,生活在天主的生活內,成爲天主的義子。所以聖寵使人聖化。

2. 聖事

聖化既是聖寵的作用，（聖寵一方面使人赦罪，一方面使人有超性生活），聖寵又是耶穌功績的取得物，耶穌所定施捨聖寵的方式，即是取得聖寵的方法。那麼聖事便是取得聖寵的方法了。

「聖事」一詞，在廣義上泛指宗教的一切敬神事件。狹義的聖事，在神學上的定義是「產生聖寵的可感覺象徵」。

「象徵」（Signum），不是一種符號，乃是一種動作。這種動作，不是內心的動作，而是人外面的動作，感官可以感覺得到。一種外面的動作，能夠在行這種動作，或受這種動作的人的心靈上，產生聖寵，便稱爲「聖事」。

人的內外行動，常是人本性的行動，聖寵是超性的恩惠；本性的行動在自己的性質上說，絕對不能產生聖寵。人的一種行動，能夠產生聖寵，則完全在於耶穌。耶穌乃是聖寵的主人，祂若願意，祂當然能夠規定，人若舉行某種行動，因而就得祂的聖寵，這就是說耶穌建立聖事。聖事產生聖寵的原因，不在於本身，而在於耶穌的用意，因爲耶穌是這樣規定了。

耶穌定下了聖事，聖事便是人得救的必要途徑。因著這種重大的關係，聖事不能任憑私人去舉行或解釋；不然容易失了原形，聖事便不成爲聖事。耶穌把執行聖事的職權，交結了宗徒們，由宗徒們傳給了後代的聖職員。聖職員代表教會，教會因此有行聖事之權。

加之，教會的使命，在於救人。救人，第一在教人知道得救；第二使人得救；教會從耶穌手中領得了宣傳福音的職權，領得了執行聖事的職權。

公教會相信耶穌定下了七件聖事：聖洗，堅振，告解，聖體，聖品，終傅，婚配。

怎樣證明耶穌制定下了七件聖事呢？證明該是聖經和宗徒傳說的文據。因爲若是耶穌定下了一件聖事，或是祂自己親身指定了一種外面的行動成爲聖事，或是祂委派了宗徒指定一種行動爲聖事。兩種方式中無論那一種，都該在聖經上或宗徒傳說裡有所根據，證明耶穌真的這樣定了。於今在聖經和宗徒傳說裡，確定有這種根據，證明耶穌制定了七件聖事。誓反教人，因著路得對於聖寵的主張，因此或是根本否認有聖事，或是只承認聖洗和其他一兩種聖事。

耶穌爲甚麼制定了聖事呢？耶穌所要救的是現世的人，現世的人由靈魂和內耳結合而成，人的認識由感覺而到推論，人的行動也常使用肉體的器官。耶穌爲救人，也便用適當於人性的方法，因此制定一種外面的行動，產生聖寵，使人得救。

再者，得救一事，係人生最大的事，人應當有所把握，使心中得安。人對於內心的活動，因不能嚴密地統制，常能發生疑慮，不知道一定確實怎樣；但對於外面的行動，可見可聽，便能確實知道行動一定作了沒有作。一個人若內心悔罪向天主求赦，若行善忍苦，本可取得天主的聖寵，但誰能確實有把握，保證自己真的悔了罪，真的行了善？因此誰也不能確定自己得有聖寵否。於今耶穌制定聖事，使人知道，行了祂所指定的動作，一定得有聖寵；那麼人心不是能夠平安了嗎？耶穌制定聖事，所以一方面爲使人有一定可得聖寵的方法，一方面使人確實知道得有聖寵。

但是，聖事產生聖寵，從聖事一方面說，常是確切一定，從人一方面說，則要人不放著阻礙。人的阻礙，是不願悔罪。不願悔罪的人，天主無法赦他的罪，不能給他聖寵。一個人知道自己誠心悔了罪過，自己領行了聖事，他便可一定知道自己得了聖寵，因此一定能得救。這種確定性，當然不是數學上的確定性，因爲人悔罪的誠心，不是可以用數學去計算的。

聖事本身和聖寵的關係，是工具和效果的關係。工具和效果的關係。工具對於效果，不是主要的動因。主要的動因，乃是工作者。工具只是工作者所使用的傢具。可是工具和效果的關係，並不是偶然的關係，兩者之中，有物理的連續。聖事對於聖寵，因著耶穌的制定，也有物理的連續；兩者間的關係，也不是偶然的關係。

註：

(一)瑪竇福音傳　第二十八章第十八節。

(二)Denzinger. Enchiridion Symbolorum. N. 1839.

第十四章　七件聖事

一、聖　洗

聖事是產生聖寵的可感覺的象徵。這種象徵，由動作和言語而構成。動作是聖事的「質」，言語是聖事的「理」。人的每項動作，可以有多種意義，例如向人頭上灌水，可以是洗頭，可以是醫病，要緊有幾句話，指定這種動作的意義。聖事因此有質有理。動作爲材質，言語爲理由。這兩件乃是聖事的原素，由耶穌所定，教宗也不能改變。

聖洗聖事，爲七件聖事的第一件，爲耶穌所定的洗禮。耶穌在升天以前，命宗徒們說：「爾其往勸萬民，因父及子及聖神之名，爲之受洗。」㈠這件聖事的「材質」，在以水洗人；這件聖事的「理」，在於「我洗你，因父及子及聖神之名。」水洗的方式，歷代沒有一定，或是全身下水，或是以水灌頭，或是以水灑人。於今所通行的方式，則是以水灌頭。

聖洗的實效，在給人聖寵，赦免人的原罪和本罪。受洗者若是小孩，只有原罪；受洗者若已開明悟，則在原罪以外，可有本身犯的罪。聖洗把這些罪，都一概赦除。

在受聖洗以前，人負有原罪，乃是天主的仇敵。聖洗給人赦了罪，人便成爲天主的義子。聖洗是聖化人的聖事，完全藉用耶穌的功績，既赦罪，又赦罪罰，人在受洗後去世，可以馬上升天堂。

人既受了聖洗，乃生於超性的生活。這就是耶穌所說的「新生」，也就是聖葆樂宗徒所說由舊人改爲新人。「豈不知凡受洗而歸於耶穌基督者，其故我乃因受洗而與之同死乎？既因受洗而與之同死，亦即與之同葬矣。既與之同葬，乃亦與之同被天父之恩光，而自死中復活。於是吾人所現有者，乃爲煥然一新之生命。」㈡

聖洗使人從本性界生於超性界。本性界的人，是負有原罪的舊人；超性界的人，是因耶穌聖寵而生的新人。聖洗除給人以聖寵外，也給人一精神界的標記，這種標記，永遠留於受洗者的靈魂上，使別人常知道是已受過洗，同時也使受洗者有領受他種聖事的權利。

每個人因著聖洗，進入教會；普通說領洗入教。人領了洗，就享有信友的權利義務，歸屬教會的管轄。沒有領洗的人，即使已經預備領洗，已經學習教義，仍算教會以外的人，不屬教會的神權。

因此聖洗，是人得救必經之路。不領聖洗，不能得救。耶穌曾說：「我切實語爾，人非重生，不得見天主國。」㈢重生指著聖洗，見天主國指著得救；因此沒有聖洗，不能得救。但因聖洗既是這樣重要，能夠領洗與否，也要看人事方面的環境。一個人願意領洗，但用盡了方法，沒有領洗的機會，他若抱著這種願望而去世，他便也算領了洗。這種領洗，稱為「願望的聖洗」。還有一種特別的機會，使沒有領洗的人，圓滿得有聖洗的實效。即是在教難時，一個沒有領洗的人，為教會甘願殉身。教會稱這等人領了「火燄的聖洗」。

教會有救一切人的使命，因此有權給一切的人授洗，但是該按受洗者各人的身份。小孩沒有開明悟，不用小孩的同意，教會可給他授洗，然而教會常願取得小孩父母的同意。開了明悟的人，為受聖洗，該是本人自願。若是自願受洗的人是未成年人，雖是父母反對，教會也可給他授洗。

因著聖洗的重要，授洗的人，無論誰都可以。即使不是公教的信友，只要他正確的按著教會所定聖洗的規條，願意給人授以公教的聖洗，他所授的洗就有效力。可是這種洗禮只在非常危險的時期，纔可舉行。普通授洗者，乃是司鐸。

是不是一切沒有領洗的人，都不能升天堂呢？神學家彼此互有爭辯。但教會的主張，有以下的幾點：（1）自己沒有犯過罪的人，不能下地獄。（2）從來沒有機會，可以聽到耶穌的福音的人，不能因不信福音而受罰。（3）天主是全能的，可以用各種方法，使沒有聽到福音機會的人信仰祂。（4）有聽到耶穌福音機會而不信的人，則不能得救。（5）領洗是得救的最妥當的途徑。

二、堅　振

聖洗生人於超性生活，引人進入聖教會。超性生活有如本性生活，應該發育滋長。聖洗是超性生活的開始，堅振則是表示超性生活的成人。聖洗使人作了教會的一份子，對於教會取得權利義務；堅振則是表示願意實踐這種權利義務，另外是願意捍衛教會。

堅振聖事在神學上的定義說：「耶穌所制定的聖事，用著按手傅油和適當的言辭，授人聖神，因此在言行上，公開地證明自己的信德。」

按手傅油，是堅振聖事的動作，堅振的言辭，在說明按手傅油乃是爲人付堅振。這種言辭的方式，歷代的禮書上，稍有不同，但根本的話意，各種方式一律同義。

耶穌在生時，曾屢次許給宗徒們，將遣聖神，以完成他們的超性生命。耶穌升天後第十天，聖神降臨了，但當時在場的，大約共有一百二十人。其餘以後所招的信徒，宗徒們則給他們按手，使他們領受聖神。宗徒大事記說：「耶路撒冷宗徒，聞沙瑪里民眾領受天主大道，遣伯鐸祿若望二人前往祈禱，俾感聖神。……宗徒乃以手按之，於是聖神降臨而普獲靈感。」㈣

堅振的實效，在於給人聖寵，使人領受聖神，又每給一種精神標記。堅振的聖寵，爲完成聖洗的超性生活。但雖說是完成，超性生活尙該繼續長育，好似一個成年的青年，他的本性生活，常是天天向上長大。在堅振的實效裡，最重要的，是聖神七恩。人領堅振，就領受這些恩惠。堅振也給人精神標記，使人帶著充作耶穌勇兵的符號，這個符號，永遠不滅。

付堅振，是主教的職權。司鐸若有教宗的恩准，也可行堅振聖事。

三、告解

人領洗以後，因著原罪的流毒，免不了要違背天主的誡律，犯罪作惡。耶穌爲救治這種弱症，建立了告解聖事。

告解的定義，是：「耶穌所制定的聖事，按照判訴的方式，給心中悔改，坦白告罪的人，赦除罪惡。」

告解聖事，是爲赦除領洗以後所犯的罪。領洗以前的罪過，在領洗時，都受洗禮的滌除。領洗以後再犯罪，便該經過告解聖事。馬丁路得的誓教徒，都反對告解，以爲不是聖事。他們有的說：犯罪是人性所必然，無所謂赦免。人爲得赦，只在信耶穌，耶穌的功績，好似一件大氅，給人把罪都蓋起來。有的則說：人犯罪後，若誠心悔過，天主就赦免他所犯的罪，用不著告解。但是公教會早在路得叛教以前，已經習行告解聖事。在公教開始的幾個世紀，並且習行公開的告罪。在第三第四世紀以後，告罪不公開了，由告罪者單獨向司鐸、主教訴苦。爲甚麼公教會舉行告解聖事？理由是聖經上有明文，耶穌在復活以後，制定了告解聖事，耶穌曾向宗徒們說：「領受聖神！爾赦人罪，其罪見赦，爾所不赦者，其罪留存。」(五)

耶穌授給了宗徒赦罪之權；可是或赦或不赦，由宗徒們自己定奪。既然該定奪赦與不赦，宗徒們先該知道求赦的人的罪過，然後纔加以判決。這就是現行的告解聖事。

告解聖事由告罪者和赦罪者兩方執行。告罪者的訴罪爲聖事的「質」，赦罪者的赦文爲聖事的「理」。

赦文，爲告解的要素，該當完整無缺，不能任意更換。

訴罪，包括三項條件：悔改，坦白，補贖。

悔改，告罪者知道自己有罪，願意求天主的寬赦，心中便該悔過，定志不再犯。不悔過，不能求赦；不改過，悔心不誠。神學上，講論兩種悔改，一種是上等痛悔，一種是下等痛悔。上等痛悔，因愛敬天主而悔過。這種痛悔。自身本可以使人得罪赦。然而愛天主的人，必定遵行天主的誡命；行告解，乃耶穌的命令。因此發了上等痛悔的人，仍當告解所痛悔的痛。否則，因違命而失上等痛悔的赦罪。下等痛悔，因懼怕天主的嚴罰而悔過。這種痛悔，本身不完全，不能赦罪；應該加上告解聖事。

坦白：告解的人，應該向赦罪的人，坦白告明自己未赦的罪。罪過分大罪小罪，小罪可告可不告；大罪則應告明罪過的種類和次數。

補償：犯罪求赦，尚該作補贖。告解了的人，便該聽赦罪者的吩咐，遵行所命的補贖。現行的補贖常很輕，只能減除一部份的暫罰。此外，每人該當忍苦克己，以贖前罪。不然，死後則要經過煉獄。

告解聖事，因爲赦罪者應自行定奪，所以按判訴的方式進行。告罪者自己訴苦自己，赦罪者爲法官。因此爲赦罪，司鐸除司鐸聖品的神權以外，還該有主教所給的赦罪權。

耶穌定了告解聖事，有兩件理由，都針對著人的心理。若使人自己痛悔，就可赦罪，第一赦罪容易，犯罪也容易。第二痛悔的心情不能常知道一定是否完全誠切，因此心中常可疑慮不安。有了告解聖事，人只要有悔過之心，坦白地告了罪，禁方知道一定得了罪赦。第二，告解雖是單獨訴告，赦罪者雖有嚴厲守秘密的義務，但仍是令人羞愧。這種羞愧，有時使人不喜行告解，但也可使人不輕易犯罪。但是批評告解聖事的人，卻以爲教會赦罪過於容易。信友犯罪往告，告後再犯。告解成了犯罪的縱使者。可是，我們可以反問：若使沒有告解，人只自己悔過，便可赦罪，那麼犯罪不要更易於告解嗎？又假若悔過和告解都不存在，人犯了罪，不是再是沒有得救的希望嗎？人世有幾個人可以得救呢？假若像路得所說，只用耶穌的功績去遮蓋罪過，那麼行善和作惡，完全一樣，那就太不理性了！

公教的法律，規定信友每年至少在復活聖節前後，舉行告解一次。

四、聖體

各種宗教的祭祀，都有分食犧牲的習例，我們中國古代，在行了祭祀以後，祭牲或祭肉，也都分食；而且還有賜胙的禮。古人以爲祭肉，乃是神惠；孔子見祭肉則拜，又常「祭於公，不宿肉。祭肉不出三日。出三日，不食之矣。」（論語 泰伯）都爲表示敬重祭肉。朱子註釋《論語》，謂祭肉爲鬼神之餘，即是說鬼神之餘惠。因此食祭肉的人，和神相通。

公教的祭祀，是彌撒典禮。彌撒中所獻的犧牲，乃是耶穌的肉和耶穌的血。分食犧牲，便是食耶穌的肉，飲耶穌的血；這就是聖體聖事。

聖體聖事，是「耶穌所制定的聖事，在餅酒的形色下，以耶穌的肉和血爲靈魂的神糧。」

公教人分食彌撒的犧牲，因耶穌曾有這種命令。耶穌曾說：「予切實告爾，爾苟不食人子之體而飲其血，則爾不具生命。凡食吾體而飲吾血者乃得永生，而予必復活之於末日。蓋吾體乃真食，吾血乃真飲，食吾體而飲吾血者，存乎我而我亦存乎其中也！」

耶穌的體和血，在彌撒的餅和酒以內。在最後晚餐時「方食，耶穌持餅剖而授徒，曰：爾等食之，此吾體也。更舉杯祝謝，復授之曰：爾盡飲是，此予之血。爲洗除衆人之罪而流者，亦即新約之盟血也。」㈥

行彌撒時，司鐸乃耶穌的工具；耶穌藉著司鐸的口，變化麵餅爲祂的肉，酒爲祂的血。餘酒爲聖體聖事的「質」，成聖體的言語爲聖體聖事的「理」。彌撒中成了聖體以後，餅酒在人的感官中，仍舊是餅酒，色和味一點也沒有變。但是我們的理智可以懂得，餅酒的本質都變了。餅的本質變成耶穌的肉，酒的本質變成耶穌的血，所留的，只有外面的形色。我們的理智不能懂透這事究竟怎樣，能成那已是天主的一種奧義。可是我們知道天主的全能，從無中造成宇宙；則變餅酒的本質爲耶穌的肉血，並不是不可能。

誓反教人大都以爲聖體的餅酒，完全是餅酒，只是耶穌肉和血的象徵。所謂食耶穌的肉，飲耶穌的血，也不過是譬喻的言語，不能以爲真是食肉飲血！

可是聖經上耶穌對於食祂的體飲祂的血，在福音若望傳第六章一字一字說的很清楚，絕對不能以爲是譬喻。再者，若是餅酒只是耶穌肉血的象徵，教會既缺了真真的祭祀，而且人的超性生活又少了一項最緊要的發展工具。

人的本性生活需要營養素，爲能發育長大。人的超性生活，也需要超性的養料，這種養料即是耶穌的體血。耶穌自己說過：人若不食祂的肉不飲祂的血，則不能有生命；即是說領洗所得的超性生命，將要萎謝。因爲超性生命以聖寵爲根基，聖寵乃是耶穌殺身流血所賺來的，人爲多取聖寵，便該參與耶穌的祭祀，莫善於分食參加耶穌的祭祀，祭祀的犧牲，同犧牲完全相結合，耶穌的犧牲是自己的血肉；分食犧牲，即是食祂的肉，飲祂的血。假使血肉而只是象徵的餅酒，一切的意義就整個空虛不存了。

聖體聖事，同彌撒祭祀，相合爲一。彌撒祭祀，爲聖體的成因。信友往領聖體，爲聖體聖事的完成。

在古代時，信友領聖體，餅酒合領。後來漸漸只領聖餅；因爲餅是耶穌的肉，肉內也含有耶穌的血。現在領聖體只領聖餅，已成教規。但在若干的地區，因著保守古禮，仍是餅酒合領。

按照教會的法律，信友至少每年在復活聖節前後，應領聖體一次。

五、聖品

爲行祭祀，主禮者是教會的司祭。司祭在各種宗教裡，是一班專司敬神儀典的人員，而且也是各種宗教的代表人。因此在司祭被選任時，常有一種儀典。

公教的祭祀乃是彌撒，彌撒的主祭是耶穌。但是耶穌隱身不可見，可見的是行彌撒的司鐸；司鐸所以是公教的司祭。爲選任司鐸，耶穌制定了聖品聖事。

所謂聖品，必不是單獨的一種聖職；因爲既說聖品，則就有品次，品次最少有上下兩職。公教的聖品，以行彌撒聖祭爲目的。行彌撒的司祭是司鐸，司鐸當然是聖職中最高的。但爲行彌撒，除主祭者外，尚有助祭，助祭的人也是聖職。助祭人的多少，耶穌和宗徒們沒有確實規定，教會的法律所規定的則有六級人員。這六級人員，分稱爲一品，二品，三品，四品，五品，六品。六品人員中，最後的兩品，即五品和六品，聖經和宗徒傳說裡有所根基，可以說是耶穌所定。因此五品，六品，和司鐸，都是聖事。但是教會的正式代表人員，乃是主教，主教爲宗徒們的繼任人，而且是選任司鐸以及各品聖職人員的負責者，聖經載宗徒們在選任聖葆樂和聖巴爾納伯爲宗徒時，給他們倆行了按手禮；因此主教一職，也該是一聖品聖事。然而在神學上，學者的意見頗不一致，大致則都說主教聖品是司鐸聖品的圓成。因爲聖品是爲行彌撒祭典的，在行彌撒上，司鐸和主教有同等的權力。因此主教聖品和司鐸聖品，同時一品。所以有人以爲主教聖品不是聖事。若是我們從歷史方面去觀察，耶穌首先把行彌撒的權，賦給宗徒們，宗徒們後來選任了主教行彌撒，司鐸們襄助主教行祭。當主教因故被阻時，乃派司鐸代他行祭。後來信友加多，鄉鎮也有了聖堂，於是司鐸常川駐足堂內，也常舉行彌撒。因此司鐸舉行彌撒聖祭，乃視爲本職。這並不是說司鐸在開始時，不能行彌撒，司鐸的聖品，有行彌撒之權；但是這種職權，乃是爲代補主教因故不能主祭時而主祭，這種觀念，在後代司鐸常行彌撒時，也仍保留著，好比司鐸管理教務的治權，是由主教而分有；同樣司鐸行祭之權，也是由主教而分有的，因此主教聖品，不僅較比司鐸聖品更圓滿，而且性質上也不完全相同。主教聖品是根源，司鐸聖品是支流，主教聖品是全部，司鐸聖品是部份。這樣便不能說主教聖品不是聖事。

聖品聖事，是耶穌所制定的聖事，爲授給被選人執行聖職之神權和聖寵，同時也留給一永存的精神標記，教會聖職，「一品」爲教堂門戶的司門員，「二品」爲公共祈禱的朗誦員，「三品」爲驅魔員，「四品」爲彌撒聖品的輔祭員，「五品」爲彌撒的助祭員，朗誦書信，「六品」爲彌撒的助祭員，朗誦聖經，「七品」爲司鐸，「八品」爲主教。

聖經記載，耶穌復活後第一次顯現宗徒時，向宗徒們噓氣說：「領受聖神，爾赦人罪，其罪見赦，爾所不赦者，其罪留存。」(七)宗徒們第一次選任六品助祭員七人時，爲他們行按手禮：「宗徒乃按其頂而爲之祈禱。」(八)聖葆樂和聖巴爾納伯被選時，安提阿教區主管人也是爲他們：「乃復齋誡祈禱，爲之行覆手禮。遣之使去。」(九)

這些文據，證明聖品聖事創自耶穌。除耶穌的規定以外，教會又定了許多聖品法規。其中最重要的爲司鐸的絕色不娶。但因歷代的習慣，教會又允許近東希臘儀禮區的司鐸們娶妻成家。

教會願意司鐸（神父）絕色不娶，第一爲使他們沒有家室之累，一身從事管理教務。第二因爲司鐸日行聖事，另外是自行彌撒，與天主相接近，他們便該冰清玉潔，遠絕肉慾。

六、終傅

終傅爲「教會的聖事，以傅油和祈禱，使重病者得靈魂的永生和肉身的痊可。」這項聖事的目的，在使重病者得聖寵，忍苦不失望，兼以得罪赦。重病的人，固然該當行告解，領聖體，但因神精衰弱，不能盡心好行這兩項聖事；靈魂上能留有罪過。終傅便能相靠重病而心中悔過的人，再得其餘各罪的寬赦。若不幸，因重病失去知覺，不能行告解，只要以先心中有悔過之心，終傅便能使他得有一切罪赦。至於肉身的痊可，則為附帶的目的，可有可無，一切隨順天主聖意的定奪。

聖雅各伯宗徒說：「爾中患病者，當邀會中長老，為之祈禱，並因主名為之傅油。至誠篤信之祈禱，必能起沉回生，而其所犯之罪，亦必蒙赦。」(十)雅各伯宗徒所說的，即是終傅聖事。

七、婚配

婚配為一聖事，有人或可驚疑。聖事乃耶穌所制定的可感覺的象徵，以賜與聖寵；婚配則是人世一俗事，既不是耶穌所定的象徵，又不是宗教的聖務，怎麼能是七件聖事之一呢？

但是婚配在各民族的文化裡，都會有一點神聖的意義。中國古代很看重婚禮，孔子曾因哀公以婚禮過重，答覆哀公說：「天主不合，萬物不生，大昏，萬世之嗣也。君何謂已重乎？」（禮記 哀公問）儒家的思想，以婚配象徵天地的結合而生萬物。《易經》上說：「歸妹，天地之大義也，天地不交，而萬物不興，歸妹，人之終始也。」（易經 歸妹）

以男女的結合，象徵天地陰陽的結合，婚姻的意義便很高深了。

耶穌制定婚姻爲聖事，以信徒的婚姻，象徵耶穌和教會的結合。(十一) 教會是耶穌的妙身，耶穌爲教會的頭腦；可是教會也稱爲耶穌的配偶。信徒的婚配，就象徵這種結合，所以含有神聖的意義。

婚配，是造人的天主，所定爲傳生人類的制度。婚姻的制度不是社會所設的，乃是天主所定的。耶穌降生後，將天主所定的婚配提升爲聖事，使男女兩方在結婚時，取得聖寵，助他們履行婚姻的一切義務。

婚姻象徵耶穌和教會的結合；耶穌和教會是單獨相結合，永不解散，因此婚配也必由一男一女相配合，既配合後，永不能離。公教既不容許多夫或多妻多妾，也不容許休妻或離婚。這兩點乃天主耶穌所定，教宗也不能改變。可離的婚姻，只有聖葆樂宗徒因耶穌的威權所聲的一種，即不信教的夫婦，若一方奉教，他方不願奉教且不能與奉教之一方相安居，則奉教者可請求教宗許之離婚，與一信教者再行婚娶。(十二)

婚姻的目的，在於生育子女。節育的主張，有違教義。但夫婦雙方同意節慾，則合於修心之道。

教會既以婚配爲聖事，便以婚配屬於教會的治權，教律上因此訂有詳細的婚姻法規。凡對於婚約，婚姻同意，結婚限制，結婚儀式，婚姻義務，都有詳細的條文。信友不按教律婚姻法而結婚者，婚姻既不是聖事，婚姻也且作無效。

註：

(一) 瑪竇福音　第二十八章第十九節。
(二) 致羅馬人書　第六章第三節。
(三) 若望福音傳　第三章第三節。
(四) 宗徒大事記　第八章第十四節─第十七節。
(五) 若望福音　第二十章第二十三節。
(六) 福音瑪竇傳　第二十六章第二十六節。
(七) 福音若望傳　第六章第五四節
(八) 宗徒大事記　第六章第六節。
(九) 宗徒大事記　第十三章第三節。
(十) 聖雅各伯書　第五章第十四節。
(十一) 聖葆樂致伊法所人書　第五章第二十二節─第三十二節。
(十二) 致格林多人第一書　第七章第十五節。

第四編 倫理

第十五章 善惡的標準

一、善惡

上面三編，講完了公教的教義。凡是信友所該信的，都提要挈綱地說到了。於今在下面的兩編，我們要討論在日常的生活上，教會所規定的原則。在上一編討論教宗不能錯時，我們曾談到這種「不能錯」的特恩，只限於教義和倫理。因此教會除教義以外，還有倫理；兩者緊相連貫，教義爲基礎，倫理爲實行。沒有教義，倫理是懸空的樓台；沒有倫理，教義是一冊廢書。

公教的倫理，包括人生的各部門。神學上有倫理神學，詳細討論各種問題。我們於今所要說的，只是一個大綱罷了！

1. 倫理

甚麼稱爲倫理呢？倫理在中國儒家的思想裡，可說是倫常之道，又可說爲五倫之道。儒家以倫理爲指導人生的原則，人生的活動，常在各種關係裡週轉，這些關係，共有五種，稱爲五倫。因是便稱指導人生的原則爲倫常之道或五倫之道。

公教所謂倫理，指著人的行動和行動規律的關係。人的思言行爲，無論對己對人，都有一定的規律，合於規律或不合於規律，即是倫理。這些規律稱爲倫理法。

通常所謂的善惡，即是倫理關係。一種行動合於規律，就稱爲善；一種行動不合於規律，就稱爲惡。

爲能有倫理，先該有行動的規律；沒有規律，則不能有比較的標準，也就不知道究竟是善是惡。公教所講的行動規律，有「性律」，有「人定法律」，有「良心」。

有了規律，還該有人的行動，而且人的行動，還該是可以受行動規律的指導。若是人在夢中有所言行，夢中的行動，不由人作主，這種行動，便不能受行動規律的指導，也引不能有倫理關係。因此人的行動，爲有倫理，該具有相當的條件。

2. 人的行動

人的行動可以分成兩大類。第一類的行動，自然而行，不受人意志的支配。例如消化，血液循環，寒熱的感覺。這些行動有些屬於生理活動，有些屬於心理活動。第二類的行動，受人意志的支配，爲人的自由活動。

不受意志支配的生理和心理活動，按著人的生理和心理規律進行。這些活動在物質一方面說，是屬於人的；但是既不受意志的支配，人自己不作主，人也就不負責；那就可以說不屬於人的。第二類的活動，是人的自由活動，纔真正是人的活動；因爲人自己作主，自己負責。

倫理關係，建立在人的自由活動上！

那麼凡是對於自由有缺點的，對於倫理關係也就發生缺點，善惡的分量便因此減少。人的自由含有兩種要素：理智看清善惡。意志選擇善惡。理智若看不清一事的善惡，意志的選擇受影響，人便不完全自由。理智看清了善惡，但若有外力阻止意志的選擇，人更是不自由了。自由程度的高低，決定人的責任的大小。

在理智方面，影響人的自由的，有錯誤和無知識。錯誤是把事情看錯了，所有的知識，和事實不符；善事看成惡事，惡事看成善事。無知識是不認識；一事爲法律所禁止，作事的人不知道。

在意志方面影響人的自由的，有恐懼和暴力。暴力是外來的脅迫，逼人做所不願意做的事，剝奪人一切的自由。恐懼是怕人的迫害，因此不能不這樣選擇。這種恐懼心也減少人的自由。

人對於一事，有幾分自由，便負幾分倫理的責任。但是若因自己的過失，以至認識不清，錯做了事；或是誤起恐懼，害怕實際不存在的迫害；責任仍舊歸於自己。

3. 善惡

善惡是兩種倫理關係。一事符合行爲的規律時稱爲善，不符合時稱爲惡。

善惡的成就，有三方面的要素。第一，行爲的客觀方面，或稱行爲的客觀對象，第二，行爲的主觀方面，第三，作者的目的。

凡是一椿行爲，不論大小，即是一思一言，在客觀的本身，必屬於一種行爲的規律。這種行爲的規律，稱爲行爲的對象。例如「拿東西用」這一種舉動，牠的善惡，由牠的對象，即是說由牠本身所有的行爲規律而定。「拿東西用」的客觀規律，是物產所有權。主人拿東西用，爲合於理，別人拿東西用，則爲盜竊。物產所有權在使用時，還有其他的客觀規律，例如不許妄用，主人拿自己東西去誘人爲惡，他就是作惡。這些善惡的分類，都由行爲本身的對象而定。行爲本身的對象，是這行爲所屬的行爲規律—倫理法。善的種類，由所符合的倫理法而定，惡的種類由所屬犯的倫理法而定。

但是在客觀方面，行爲的環境，也可加增行爲的善惡。同是偷竊，若偷竊教堂的聖物，偷竊便加上瀆神。同是毆打，若打了親長，則是犯上。因此在行爲的客觀方面，有兩種決定善惡的要素：行爲的倫理法和客觀的環境。

在主觀方面，決定善惡的要素：乃是主觀的環境，即是上面所說人的自由，看一椿行爲出於有心或無心（認識完全不完全），出於自主或不自主（自由不自由）。一椿行爲出於有心而且出於自主，善則爲善，惡則爲惡；不然若是出於無心，或出於不自主，則善亦不善，惡亦不惡了。

在作者方面，作者的目的，很可影響行爲的善惡。人作一椿行爲時，必定有自己目的；

而人的目的，必定該與人生的最後目的不相違背。因此人的目的，對於行爲的善惡能有三種影響。第一，一種行爲，在本身方面可善可惡，或無善無惡，例如飲食，睡眠，這種行爲的善惡，由作者的目的而定。第二，一樁本身是善的行爲，作者爲善而行善，便是善行。第三，本是善行，作者用爲作惡，善行即因著惡目的而成惡，惡則不由著善目的而成善。

一樁善的行爲，要三方面的要素都成全了，纔是真正的善行；要素中缺了一項，善行便不成爲善行了。一樁善行，所有的結果，共有三點：一是增加聖寵，二是升天堂的功績，三是抵消罪過的暫罰。這第三點，因著「諸聖相通功」，可以讓給他人。

一樁惡行，可重可輕；因此罪惡有輕重。罪惡的輕重，按照行爲所觸犯的倫理法而定。

罪過在神學上的定義：「是故意觸犯天主的誡律」。天主的誡律即是人的行爲規律。天主誡律有輕有重，觸犯的罪過也有輕重。但是輕重的限界，先有一劃分鴻溝的界線，即是大罪和小罪。大罪是違棄天主而傾向造物的罪行。小罪是雖不背棄天主，然過於傾向造物的罪行。

大罪的構成，有三項條件，第一事件重大，第二知道清楚，第三完全自由。三者缺少，大罪改成小罪。小罪有時也可變爲大罪，即假使作者以爲大罪而仍故意犯之，或因行爲竹環境重大，致使小事成大事，例如罵人事小，罵父母事大。

大罪既是違棄天主，結果便使人成爲天主的仇敵，喪失聖寵，斬絕超性生命；而且使人喪落已往的功績。小罪不使人喪失聖寵，但使人不常順從聖神的指引，不合聖寵合作，超性生活因而漸漸萎謝。

4. 倫理的範圍

人的行爲，凡是由自己自主而發動的，都該歸向於人生的目的。人生的目的在於享天堂的永福，與天主相結合；因此沒有一樁行爲，可以使人遠隔天主。這條原則即是倫理上「行善避惡」的原則，爲倫理法的基礎，包括人的一切行動。因此，凡是由人自主而發的行爲，沒有一樁不有倫理關係；不是善即是惡。

有些行爲，從行爲的客觀上去看，本不發生倫理關係。例如研究數學，數學所求的，是數字的正確，對於善惡不發生關係。又如畫家所求的，且畫品的美觀，美字和善惡，也不發生關係。其餘如木匠、泥水匠，各項職業，都是不在倫理範圍以內。但這是從職業，科學和美術的抽象客觀方面去講；若從具體方面去講，每項職業，每種美術品，每門科學都是由人去做，而且同時對於旁人也發生影響。從作者和旁人兩方面去看，則科學研究，美元作品和執行職業，便完全落在倫理的範圍以內了；因爲作者無論是研究那種科學，執行那門職業，創造那種美術，都不能使自己遠離天主，也不能使旁人遠離天主。天主學者觀察星辰，他的目的能夠只是爲研究天主，這種行動本無所善惡，但研究天主對於旁人能夠有益，因爲可以使社會文明進步。天主學者，爲天文而研究天文，也是作一樁善的行爲。假使他研究天文的目的，在顯揚造物主的偉大，他的行爲就有雙層的善；假使他研究天文，執要去證明天主不存在，他的行爲便是惡了。一個藝術作品的裸體像，在本身上說，只有美和醜；若是作者的目的，爲藝術而藝術，也可以說沒有善與惡；但是裸體像對於旁人，必定有好或壞的影響；於是裸體像，便不能不受倫理的制裁；況且作者明知裸體像對於觀眾能有不良的刺激，仍舊刻畫了，他的行爲也就是惡了。所以在抽象上說，可以說爲藝術而藝術，爲科學而科學；但在具體上，沒有一樁自由行爲，能夠逸出倫理以外。

同樣，社會的行爲，也不能逸出倫理的範圍。社會的行爲，若歸私人負責，私人不能超出倫理，這是很顯明的；若由社會團體負責，或由政府負責；社團和政府，有助人達到人生目的的責任，決不能妨礙社員和國民達到人生的目的；因此社團和政府對於各自負責的行爲，也負善惡之責。而且不能說，社團和政府不是一個有靈魂的人，不能受天主對於善惡的賞罰。歷史上證明，國家政府負責的善惡，常由政府負責人或全體人民，受現世禍福的賞罰。

再有一層該說明的，倫理的關係不受時間和地域的限制。善者常善，惡者常惡，即是中國古人所說放諸四海而皆準。因爲倫理的規律，由天主按人性而制定，這種規律永不會變。

在事實上，善惡的分別，常可以有時間地域的影響，這是甚麼緣故呢？第一，在教會以內來說：有些規律是教會在天主所定的規律以外加設立，這一類的規律是可以改變的。善惡的標準，當然也受影響。第二，在普通各民族來說：國家在性律以外的法律或習慣，是可以隨時改變的；第三，在性律方面因人的理智，帶著原罪的流毒，對於性律也不常認識清楚，因此善惡的標準，不常確定。古代以爲善的，後代以爲惡。一處以爲惡的，供應處以爲善。

然而，人的理智，無論原罪流毒若何種，對於性律的最大最要的幾項規律，必定知道，即如孟子所說：人生來就知道愛父母，敬兄長。這些最大最的規律，不受時地限制，各代各地都是一樣。因此，在事實上，我們也該說倫理永不變換。

二、倫理標準

1. 性 律

倫理，是人的行爲對於規律的關係，符合規律者爲善，不符合者爲惡。在上面我們講了人的行爲，於今我們要講行爲的規律了。人的行爲規律，大別爲兩類：一爲先天的性律，一爲後天的人定法律。

天主在造宇宙萬物時，天主的理智中先已經有了宇宙萬物的物性和行動。天主按照自己所理想的物性創造了萬物，又按照自己所理想的萬物行動次序，給宇宙萬物定了行動的規律。中國五經裡常說天道和天地之道，所指的即是宇宙萬物的行動規律，後儒稱之爲天理。《易經》上說：「天地之道，恆久而不已也。利有攸往，終則有始也。日月得天而能久照，四時變化而能久成。」（恆象）

天地之道乃天主所定。天主在定天地之道時，自己的理智裡先已想到了。天主的理智是永遠的，天主理智所想的天地之道也就是永遠的；因此天主所理想的宇宙萬物的規律，稱爲「永遠的規律」或「常久規律」。

「永遠規律」見用於宇宙時，分爲兩大部份：第一部份爲宇宙無靈物的規律，稱爲自然法，即自然界的運動規律。第二部份爲有靈的人類的行爲規律，稱爲性律。在中國古代儒家的思想裡，沒有這種分類，儒家的思想把人包在宇宙以內，宇宙以內難分天地人，但是人是宇宙的一部份，而且不較天地爲高，所以人道併合在天地之道以內。公教把人提在宇宙萬物以上，宇宙萬物分上下兩層，下層是自然界的無靈物，上層是人。自然界的法律，不足概括人的性律。

「性律」是「永遠規律」見用於人的一部份，也即是天主給人定的規律。凡是一種物體，常按本性而動；人也不能例外。物性的活動律來自造物主，人性的活動律也是來自造物主。所以說「性律」是先天的，是與生俱來的。

與生俱來的性律，爲一切的人都是一樣的，因爲人性同是一種，人性的規律也同是一種。

可是怎樣可以知道那種規律是性律呢？性律既是人性的活動規律，性律便該是人性的自然傾向，像孟子所說的良能，不必學習。人的良能最根本的是行善避惡，再次一點的是保全性命，又再次一點的是傳生後代，從這裡便有愛父母愛子女等規律。這些根本的規律，不能太多，也不能複雜；因此人都能知道。至於這些根本規律的實行，目分受時代和地域的影響。愛敬父母是性律，怎樣愛敬則不是性律；中國的厚葬和非洲原始民族的曝屍，都視爲孝敬父母。

2. 法律

中國儒家分禮和法，禮是道德制裁律，法是刑罰制裁律。於今我們所說的法律，是指的一切人定的規律。

人定的規律，由有立法權者而創立。立法權是國家的權力，立法的人是代表國家威權的人。中國古代以制禮者爲聖人，以制法者爲君主。近代的國家以頒佈法律的權，歸之國家元首；創制法律之權，則歸之立法機關。

除國家有立法權之外，公教會也有立法權。教會的法律有一部份爲基督所定，有一部份爲教會所定。在教會法學上，前一部份稱爲「神律」，後一部份稱爲「教律」。

人定的法律以性律爲依歸。中國儒家常說：聖人法天而製禮。所謂法天，即是根據天地之道，或謂根據天理。吾主立法，則又根據禮；所以法的根據，也在於天理。這種理論，同於教會的法學。教會主張人定的法律，不能反對性律，因爲人的行爲，該按性而動。

除不反對性律的條件外，人定的法律還該有別的條件：第一該是合理的，第二該是合宜的，第三該是可能的。合理是合於情理，合宜是合於環境，可是是合於守法者的能力。三者缺一，便不成良法。

人活在社會以內，以社會的法律爲行動的規律。既有社會，則該有次序。無次序，不能有團結。爲定次序，該有規定次序的權威，又該有規定次序的規律。因此在法學上，國家的威權，來自創制人性的天主，並非來自人民。中國儒家也主張天子受命於天，代天行道。國家的威權來自天，行使威權的方式，則由民意；這一點也同於儒家所說：天子的廢立，在於民意。公教會對於君主共和等政體，無所偏向，只求適合當地人情環境。

法律既規定了，應行公佈。公佈了以後，不問人民接受與否，法律俱發生效力。法律的效力，在範圍人的行爲。法律即是人的行爲規律，也成爲善惡的標準。

國家的法律，不包括人的行爲的全部規律，因爲社會裡除國家的法律以外，有教會的法律。在沒有教會的法律的社會裡，有歷代的倫理習慣。習慣在已成爲通遍的社會規律時，也具有法律的效力。

公教會對於一國的法律，常與以尊重，訓令信友遵守勿違。但若法律中有違背性律和教義者，教會則不能與以贊成，信友也沒有遵守的義務。對於一國的風俗習慣或宗教禮規，公教會加以嚴格的檢討，合於教會的信仰和倫理者，與以接受，以保持各民族的文化；不合於教義倫理者，則或除或改，不能有所通融。

公教會的法律和倫理規誡，信友都應力加遵守，在合理的情形下，公教會的律令和國家的法律，不會發生衝突，信友沒有被迫而加選擇的危險。但在兩者法律相衝突時，信友有遵從教律的義務；因為教律常不違背性律，國家法律反對教律，必是反對性律。

國家法律的效力，及於人的外面行動，間接也及於人的良心。人按良心該守國法，但是人的內部行動，不受國法的干涉。秦始皇的禁止腹誹，乃千古的暴君。公教會的法律，乃關於人的精神生活，因此教律的效力，直接達到人的內部行動。所以教會能夠規定教民的信仰，教會的規誡，可以禁止淫念惡意。遵守國法，按國法做了即算圓滿；遵守教律，自願誠心遵守，有行而無誠心，仍算違法。

3. 良 心

西洋歷代思想家，討論善惡的標準時，所有的主張很多，概括起來，或主張一外在標準，或主張一內在的標準。主張外在的標準者，以社會的法律為善惡最高的標準，如盧梭與何布斯（Hobbes）。主張內在的標準者，以人心求利的傾向為善惡標準；然而人心所求的利益，或爲私益，或爲公益。主張以個人私益爲善惡標準者，有享樂主義（Epicureism），主張以個人的感官快樂爲標準，有烏爾夫（Chr. Wolff, 1679-1764）和詹姆士等，主張以個人精神和物質的進步爲標準。主張以社會公益爲善惡標準者，有孔德（Aug Comte），主張以社會之進步爲標準，有馬克斯共產主義，主張以工人階級之利益爲標準，有希特肋國家主義，主張以國家民族之強盛爲標準。主張一內難的善惡標準者，爲唯心論，如康德主張人的意志，爲倫理的仲裁。

中國道家，以善惡的最高標準在於「道」，老子說：「人法地，地法天，天法道，天法自然。」（道德經 第二十五章）自然乃道的自然。儒家則主張天道爲善惡最高標準，良知爲善惡的最近標準。

公教神學和哲學，都主張天主理智中的永遠規律爲善惡的最高標準。永遠規律實現爲自然法和性律，性律再演化爲教律和社會法律，教律和法律乃成爲人的行爲規律。然而這些規律在人以外，有些人能夠知道，有些人能夠不知道。可是人的行爲規律，該爲人人所知，而且爲人時時所知；因爲人隨時隨地都有思言行動，因此隨時隨地都該有規律，以知道善惡的選擇。這種標準應是每個都有的，應是每個人都看得清楚的。這種標準即是人的良心。

良心是甚麼呢？良心是「人的理智，對於一思一動的善惡，當地的判斷。」

人每當有一思慮計劃時，每當要開口發言，或動手動腳有所舉動時，馬上心中就覺到自己的思慮計劃，言語行動是否合理。為甚麼有這種感觸呢？因為人的理智無聲地把這種合理不合理的判斷，昭示於人。這種判斷，即是良心。

良心是理智的活動，這種活動，不是思考，乃是實踐。良心之來，自然而生，不用思慮，不用學習。凡人有思有言有行時，良心立時發現。

為甚麼良心發現呢？人的人性上，有人的性律。性律為人性的自然傾向，這種傾向在人的行為時，自然發現。這種發現，即是良心。

王陽明主張人有良知，良知為天理的發現。「天理在人心，古恆古恆今，無有終始，天理即是良知。」（陽明全書卷三）天理即是性律。

「良知是完完全全，是的還他是，非的還他非，是非只依著他，更無有不是處。這良知還是爾的明師。」（陽明全書卷三）這種主張跟公教的思想也相合。良心是人的明師，人的一思一言一行，都該隨從自己的良心。

良心的發現，為性律的表現；但是性律以外，人還有別項的規律，即是教律和社會的法律。人為使良心正確，也應該知道這些規律。

王陽明常說，人的良知能為私慾所蒙蔽，人應私私慾以致良知。公教的主張在於求良心的正確。良心的正確，第一在確，第二在正。良心既是善惡的判斷，判斷該是確定的，因此若人良心狐疑不定，人便不知所適從。因此，人常該求良心的確定。良心的確定，乃人事的確定，不能像數學上一是一，二是二；人事的確定，在於人心能定就夠了。怎麼能使良心心釋疑呢？或是請問於人，或是推倫理原則去推論。

良知的不正，不在於私慾，私慾影響意志，使意志順從良心或不順從良心；良知的不正，是因理智的錯誤。理智的錯誤，在於錯誤和無知識。良心的錯誤和無識，非對於性律，乃對於教律和社會法律。一個人爲能行善，應該盡力矯正良心的錯誤和無知識；但若無法矯正，或不理會自己的錯誤，則雖良心不正，人乃該隨從。

第十六章 德

一、達德

1. 德

人既然有了善惡的標準，人便該當按著標準擇善去惡，人乃養成擇善去惡的習慣。每個人的行爲，內有自己天生的嗜好，外有周圍的環境，所以常多重複同樣的行爲。在同樣的行爲上，人容易養成一種習慣。若是一個人在同樣的行爲上，常趨於善，養成了善的習慣，這種善的習慣，即是德；若常趨於惡，養成惡的習慣，惡習稱爲毛病。

德是善習。善習乃行一種善的習慣。習慣的養成，由重複同樣的行爲而養成。一個人常行一樁善舉，行得久了，漸漸養成行這善舉的習慣；或是常逃避一樁惡事，常常逃避，也漸養成逃避這樁惡事的習慣。一樁行善避惡的習慣既養成了，爲行這樁善事或逃避這樁惡事，人便覺得容易；因爲習慣的效果，即在使人的行爲官能，趨於一面，技能既趨於一面，行爲乃覺容易。

朱子註釋《論語・述而章》：「志於道，據於德」說：「據者，執守之意。德者，得也。得其道於心而不失之謂也。得之於心而守之不失，則終始惟一，而有日新之功矣。」守道不失，終始惟一，即是常行善避惡，因爲終始惟一，乃有日新之功。日新之功即是易於行善避惡，日有長進於善。因此儒家的德也有善習的意義。

德的種類很多，分類法如同習慣的分類法，第一看善習所依附的官能，第二看善習所向的對象，所依附的官能不同，乃有理智的德，和情感的德。所向的對象不同，乃有四達德，和達德所屬的各種善德。

在神學上，德分爲超性善德，和本性善德，看善德的官能是否帶有超性的聖寵。德又分爲「天賜善德」和「人的善德」。天賜者爲受洗時，天主所賜，人爲者乃人自己所修，即四達德和所屬各德。

德雖分爲多種，但是各種善德互相關聯。不能專修一德，而排除他德。可是在不排除他項善德的條件下，一個人可專重一德。

德的善，在適得其中，若趨於一端，便成失德。慈善的人，若過於慈，便成懦弱；剛強的人，若過於剛，則成爲暴。惟有正義，不在得其中，而在滿全整個的權利和義務。欠五十元的人，要償完五十元纔算義，不能說只償其半。可是在行使權利的人，也應該適得其中，不然將流於苛刻。教會主張以仁愛去調劑正義。

德的喪失，在於停止德的善行，或竟有了相反的惡習。德既是善習，習慣若久停不行，便漸漸喪失。若有了相反的惡習，善習就完全消滅。

2. 智

公教神學哲學討論善德時，常談四達德。達德在公教神學哲學上的意義，指著一種範圍較廣的善德，達德可以從三方面去看：第一，達德可看爲一切善德應有的條件；第二，達德可看爲德的八類，包括許多附屬的善德；第三，達德可看爲一種完全的善德，意義較他德爲更重要。

四達德：有智，義，勇，節制。

智，爲理智的善德，以指導人的欲望，使合於理。在求學上，人的理智能取得研究學術的習慣；在看事上，人的理智也能養成判斷的靈敏。這些習慣，所有對象，只有智識，不能是德；不然狡猾的奸人，看事靈敏，該算是有大德了！智德乃在於斷事正確，尤其在於知道選擇適當的方法。使人行爲，合於規律。

智德包括三種原素：第一在於善於觀察，第二在於判斷正確，第三在於執行。善於觀察，爲智德的首要要素。觀察是理智的行動，理智力強和敏捷的人，觀察力也強也快。但是他不一定就善於觀察；因爲他能夠失於輕浮。因此他應當養成善於觀察的習慣。理智力不強不快等人，只要不是愚昧，也可以用善於觀察的習慣，補救自己的觀察力。善於觀察的習慣，在於常加謹慎，常加周密。但智德之爲德，不在於善於觀察，而在於判斷的正確。這種判斷，不是對於行爲的善惡；行爲善惡的判斷屬於良心；智德的判斷，在於判斷一言一行，在作者的當前環境下，應該怎樣更合於理。智德不單是指導人一句話該說不說，或一樁事該做不做，而是指導人在說一句話時，該怎樣地去說，在做一樁事時，該怎樣地去做。可是這種判斷，應該正確，即是使人言行，歸向人生的目的，合於行爲的規律。在判斷了以後，還該發令執行，發令本是意志的動作，但意志受理智的影響，理智既判斷了，便引導意志發令去執行，然後智德纔成爲德，否則知而不行，不算爲智。

在智德以下，所包括的善德：第一有善問。孔子常教弟子，不恥下問。他自己也說：「三人行，必有我師焉。」（論語 述而），不請教於人，常自以爲是，必定不能明智。

可是問也要問得其道，若是道聽塗說，則越問越糊塗。所以說善問。善問乃智。中庸說：「審問之，明辨之」。

「明辨」也是智德所包括的一種善德。在事情猶豫不定時，辨別該從之道，這時明辨。在事情的環境很複雜時，辨別何者爲重，何者爲輕，這也是明辨。

智德在得其中。過與不及，都爲失德。智的不及爲浮燥，不慎，輕忽，無恆。智的過於，則成爲狡猾多慮。

3. 義

中國儒家特別看重仁義。孟子說：「仁，人心也，義，人路也。」（告子上），義在儒家的思想裡，是「得其宜」。董仲舒說：「義者，謂宜在我者。」（春秋繁露　仁義法），每個人在社會裡，有所處的地位，他自己做相宜這個地位的事，就稱爲義。換句話說，人滿全自己的義務，即是義。公教的思想和西洋哲學都以爲「與人所應得的」稱爲義。每人人在社會裡有各種的權利，旁人按照這種權利所該有的，完全給他，這就是義。實際上公教的義和儒家的義，可以說是一物的兩面。法學上公認權利和義務互相對稱，有一種權利，就有對稱的義務。有一種義務，就有對稱的權利。儒家的義，從義務一方面去說，公教的義，從義務一方面去說。但兩者有一種不同點。公教的義，以法律爲根基；儒家的義，以禮爲根基。儒家所說的「得其宜」，宜字以禮爲標準。禮不是法，雖是儒家主張按禮的規律，也可斷獄，然終不是常軌。禮的義務，只有道德的制裁。公教所說的義，乃是按法律而能有的權利，人若侵犯這種權利，便可按法去逼他。公教的義，有法律的制裁爲後盾。

義的善，不在於中，而在於全。因爲義是以客觀的權利爲標準。權利所該有的，一分一毫不容缺少。

義的分類，可以爲爲公義（Justitia generalis）和正義（Justitia commutativa），「公義」爲國家對於國民該有的義德，「正義」爲私人和私人間該有的義德。每個國民有國民的權利，國家政府，便該滿全相稱這些權利的義務。私人和私人間，私人和私人的社團間，各有各的權利，因著權利而生義務，每人便該盡各自的義務。

義所包括的善德，分爲兩類：第一類是有權利者，所有的權利很高，盡義務者無法滿全全部的義務，如敬（愛）天（主），教（敬）父（母），愛國。人對於天主，對於父母，對於國家，無法報全所受的恩德。義所包括的第二類善德，是權利和義務的觀念，不甚嚴格，只是類似罷了，因爲權利和義務沒有法律的制裁，只有倫理的道德制裁。這一類善德有感恩，報怨，誠實。受恩者，義該感恩；受怨者，義可報怨；說話者，義說實話。然而這一切都只是道德的義務。

4. 勇

勇德，爲殺身成仁，捨生取義的勇敢。凡是特種善德，都要求一些犧牲；人爲修德，都要有點勇氣。這種勇氣既是特種善德該有的條件，不算一種獨立的善德，即不是勇德。勇德在人能勝過畏死之心，以仁義爲重。怕死是人的天性，因此應該有一特別的善德，爲勝過，這種傾向。有了勇德，人纔能作大事成大業。

在於勇德以內的，有幾種善德。這些善德，雖不爲勝過死亡的畏懼心，但也在表現人的膽識，這些善德，即是大志，慷慨，堅忍，有恆。大志爲行大事，慷慨爲不吝惜費用，堅忍爲不畏難而退，有恆爲不隳志。

5. 節制

節制爲節制情慾；可是特種善德，都是節制一種情慾；因此節制善德，所節制者有一定的對象。這種對象，乃關於人的生存和傳種所有的肉慾。人爲生存，該有飲食，飲食使人感到肉體的快樂。人爲傳種，該有性慾。性慾使人感到肉體的快樂。節制的善德，便是對於人的飲食和男女之慾，與以節制。

所謂節制飲食男女之慾，在於使飲食男女之慾，不越乎規律之外。飲食的目的爲使人生存，飲食便不能損害人的生存，因此飲食過度，即是失德。使飲食不過度，乃是節制。男女之慾，在於傳種；有違傳種或有逸次於傳種之目的以外的性慾，都爲失德。節制善德便與以節制。

和節制相關連的善德，有端重，樸素，謙讓，貞潔。端重爲節制人外面的舉止，樸素爲節制人的享受，謙讓爲節制人好勝之心，貞潔爲使人禁絕淫逸。

二、天德

1. 信德

「天德」（Virtutes theologicae）乃以天主爲直接之善德，且爲受洗時天主所賜之德，即信德、望德、愛德。

信德，爲天德之一，使人誠心信仰天主所啓示，和經教會所定爲信條的真理。教會所定的信條，都是天主所啓示的真理；凡不是天主所啓示者，不能定爲信條。

信德爲天主所賜，完全屬於超性。一個人之能信教，乃是天主的恩惠，信教乃信天主的啓示，啓示爲超性，信德因此該是屬於超性。

沒有信德，不能信教，不信教即不能受聖洗。因此信德乃入教的門戶。缺少信德，誰也不能得救。對於聖洗，一個人可以有望洗或血洗；望洗和血洗，卻都假定人有信德。連望洗也沒有的人；不一定就都下地獄；因爲天主能有各種的方法，使人信祂，然而不信而升天堂，絕對不可能。

信德雖屬於理智，然也屬於意志。信德所信者爲真理，真理乃理智的對象；可是所信的真理，不是人的理智所可懂的，因此意志要有天主聖寵的驅使，纔能堅信不疑。

理智雖不能懂所信的真理，但能看清所以該信的理由；信德並不是盲從，信德的理由，在於天主的權威，因爲天主的啓示不能錯。然而又不能說因爲人看清了該信的理由，就有信德；在事實上，有許多人知道公教信仰的合理，卻並不願進教；因爲信德是超性的，不是人力所能得的，乃是天主所賜的。人可以預備自己的心，以承受天恩。

既信教的人，對於教義，該誠心信從，不能懷疑；懷疑就相反信德。而且該信教義的全部，不能有所分割，棄一條教義而不信，即摧毀整個的信德。公教信友的信德，不僅在於內心，還應該表現於外。在暴力強橫，反對教會時，逼人背棄信仰，信友此時，則該寧死不屈，內心與外表，都要忠於愛德。殺身成仁者，便爲殉道之聖人。

2. 望德

望德爲天德之一，使人依賴天主的仁慈，希望能得常生。

望是希望。希望的對象，在於未來的美善。對於眼前的美善，只有興享，不會有希望。

所希望的美善，是沒有得到而願意得到的美善。對於未來的美善具有希望，必定有得到的可能，所謂可能，即是有得到的方法；若是絕對沒有方法，就不能有希望，或者就是絕望。

常生爲天堂的永福，爲人生的宗向，不是眼前的事，乃是將來的事。人對於常生只能希望，常生爲超性的幸福，常生的希望也就是超性的；因此稱爲望德。望德以信德爲根基，人要信有天主，要信有常生，纔能希望常生。

人怎麼能希望得常生呢？依賴天主的仁慈。人不是仗恃自己的能力和自己的功德，也不是靠託別人的提攜；人希望能得常生，完全依賴天主的仁慈；因爲天主是仁慈，必會賜與我們，爲得常生的方法。

人若失望，對於天主是大不敬；而且是自絕於得救之路。然而過於奢望，也是大不敬。奢望是亂用希望，因爲想著天主仁慈，乃不循得救之路，爲惡爲非，奢望天主赦罪。這是以天主的仁慈，縱容自己作惡，豈不是侮慢天主嗎？人該一方面希望，一方面努力；努力走得救之路，天主纔與以助佑。

3. 愛德

愛德爲天德之一，使人爲天主而愛天主，爲天主而愛己愛人。

天主，從人的本性方面去說，也該爲人所愛所敬。從人的本性去說，人也該愛自己，也該愛旁人。儒家常講敬天愛人。然而這種愛，是本性之愛；而不是超性之愛。超性之愛，是以信德爲根基，按照天主所啓示的眞理，因而愛天主愛人，這種愛纔是超性之愛。超性之愛，又可以分兩種。第一種，我們因著我們自己的超性利益，我們愛天主愛人；例如因爲天主賞賜我們許多神恩，我們乃愛天主；因爲旁人相幫我們修德，我們便愛旁人。這種愛，不是上等的愛。第二種超性之愛纔是上等的愛，即是我們因爲天主的美善，我們所以愛天主，又因爲人是天主的義子，因此爲著天主，我們愛自己愛旁人，這種愛稱爲愛德。

耶穌的教義，集中在愛德上；愛德爲耶穌的一貫之道。耶穌降生，是爲愛天主和愛人。耶穌捨身致命，是即爲除人罪；因爲罪惡侮辱了聖父，又喪亡了人類。耶穌自己說：「盡爾之心，盡爾之情，盡爾之知，以愛爾上主天主。斯誡乃首而大者，其次即愛人如己是已。此二誡者，實爲所有律法及先知書之綱領也。」(一)

其餘一切的誡律和善德，都以受德爲精神；因爲守誡律和行善，在於遵守天主的旨意，使人趨向天主。聖葆樂宗徒曾有一段很驚人的話：「使我無愛德，而徒能操萬國之音，作天神之語，則賀鳴鑼擊鈸而已矣。使我無愛德，而具先知之靈賦，心通一切玄妙，一切知識，甚至有移山之信，則亦浮華無實耳。使我無愛德，雖罄輸所有，以清貧寒，甚至捨身以投諸火，亦何益之有！」㈡愛德乃一切善舉的靈魂，沒有愛德，善舉都是空無靈魂的僵屍。

愛德，又是功績的量度衡。人的功績，大小輕重，以愛德爲量度衡。愛德大者，功績大，愛德少者，功績少。人作一樁善舉，作時爲愛天主而作，愛心很熱切，所作的善舉雖是小事，功績必很大。若所作的善舉，爲一大事，但是作時沒有爲愛天主而作，則沒有功績而反有罪；若作時愛天主之心不熱，大事的功績反少。聖葆樂宗徒所以說：「凡所言所行（一飲一食），皆須以主耶穌名義爲之，且因彼而致謝於天主聖父焉。」㈢

人對自己，本性就愛，而且在原罪以後，人常過於自愛，於是常是自私自利。一切罪過，莫非自私。修身之道，在於節制自私的偏情。但是自克，也該合於中道；因爲人也不能缺少自愛之心。人的生命，乃天主所賜，應加愛護。人的才能，乃天主所賞，也該愛惜。人的超性生命，乃耶穌聖血所贖，更該愛戀，絕對不能輕忽，不能傷害。

對於旁人，愛德叫人愛人如己。人本來愛自己，若能愛旁人如同愛自己，愛情達到了水準點。儒家所說：「己所不欲，勿施於人。」，「己欲立而立人，己欲達而達人」，也是同一標準。但是動機則不相同。儒家的仁愛，是因爲人是同性同類；公教的愛德，是因爲人天主所造，而且受了耶穌的聖洗後，成爲天主的義子。

因爲是爲愛天主而愛人，便一視同仁，沒有一個人可以除外；耶穌且教我們愛仇。在十字架上，耶穌爲釘死祂的人，求聖父赦罪，立下愛仇的榜樣。然而愛仇，並不是說完全不抵抗，人家侵害了我們的權利，我可以用合法的手段，講求補償。人家來向我的生命時，我可以用力抵抗，並且可以殺要殺我的人。不過，我心中總不能有恨心；在事情過去了以後，心中該寬恕人，仇人需要幫助時，我在力之所能該與以幫助。

公教的一視同仁，有似於儒家的博愛，由近及遠，也不贊成墨子兼愛不分親疏。愛旁人首先該愛父母，然後愛親戚，然後愛朋友，再後愛別人。

愛人的標準，既在愛人如己；救人和濟人時，常看自己的能力若何。我的超性生命，在別人的一切福利以上；我決不能犧牲我的超性生命以救人。我的現世生命也在別的現在生命以上，我沒有犧牲我的生命去救人的生命的義務。但若爲救人的超性生命，非犧牲我的現世生命不可，我則有犧牲的義務。我的物質享受，在旁人的物質享受以上，我就沒有義務，犧牲自己的物質享受，爲使人有物質享受。但若是在旁人有物質的急需時，我則有義務犧牲一己的享受，去助人的急需。

註：

㈠福音瑪竇傳　第二十二章第三十七節。

㈡致格林多人第一書　第十三章第一節。

㈢致歌羅森人書　第三章第十七節。

第十七章 誡律

倫理的關係，以性律爲基礎。性律是刻在人的良心上，人不學而能知。但是在原罪以後，人的理智力低弱，不能知道性律的一切所命和所禁止的，天主乃親自啓示人，規定重要的誡律，誡律共十，稱爲「十誡」。摩西從天主，兩次親受十誡的條文。㈠

十誡的條文，古經記載如下：「我上主是你的天主，……除我以外，你不可有別的神，……你不可妄稱上主你天主的名，誰妄稱了祂的名，上主必不以他爲無罪。當紀念安息十日，守爲聖日。……孝敬你的父親和母親，……不可殺人，不可行邪淫，不可偷盜，不要作假見證相反別人，不可貪戀別人的房舍，不可貪戀別人的女人僕婢，羊驢和一切屬於別人的東西。」㈡。現在教會通行的要理本上，十誡的條文：一欽崇天主在萬有之上，二勿妄呼天主聖名，三守瞻禮主日，四孝敬父母，五勿殺人，六勿行邪淫，七勿偷盜，八勿妄證，九勿貪他人妻，十勿貪他人財物。這十條誡律，既是天主所定，人世沒有一種權力，可以與以改變或廢除。

公教會對於信友，除十誡外，又定有四種規律：一、遵守教會所定的聖節。二、遵守教會所定的大齋小齋。三、每年告解一次。四、每年復活節前後，領聖體一次。

十誡和四規，爲教會信友的生活大綱，包括了人生的各種關係；我們按人生的關係，可以把十誡四規分作三部：第一部，人與天主的關係；第二部，人與人的關係；第三部，人與自己的關係。第一部的誡律，包括有十誡中的第一誡、第二誡、第三誡和四規中的第一規。第二部誡律，包括有十誡的第四誡、第五誡、第六誡、第七誡、第八誡、第九誡和第十誡。第三部誡律包括有十誡的第五誡和四規中的第二規、第三規和第四規。

一、人與天主的關係

1. 第一誡·欽崇天主

敬禮，常爲表示對受敬者的尊敬。受敬者所以受敬的理由，在於他們資位高。資位越高，越應受尊敬，對於他的敬禮也就越大。

天主是全能全知全美，至高至上至尊。宇宙萬物，人和天神，沒有不是天主所造的；

因此人對於天主的關係，當然是至大的敬禮。這種敬禮，有兩種特性：第一，對於天主的敬禮，該是最高的；第二，對於天主的敬禮，該是唯一的。

天主的敬禮，爲敬禮中最高的；因爲天主是至高無上的；凡是一切實有體，都在天主以下；所以說：欽崇天主在萬有之上。

天主的敬禮爲唯一的。凡是有同類的事體，就不是最高的；最高的事體不能有同列的。天主的敬禮既是最高的，便不能有別樣同列的敬禮。況且天主是唯一的，恭敬天主的敬禮，也就該是唯一最高的敬禮。因此聖經上說：「盡爾之心，盡爾之情，盡爾之知，以愛爾上主天主。」㈢即是說全心、全靈、全意愛天主。

第一誡，因此禁止一切敬拜邪神的敬禮。天主以外，沒有神靈；認禽獸人物作神明，與以敬禮；這是竊天主的敬禮以與邪神，犯大不敬。而且若是敬禮天主，而不得其道，敬禮也視同邪僻的敬禮。例如以念咒畫符，作天主的敬禮，便是不得其道。儒家最重禮，禮以別上下。敬禮因此按照所敬的對象，分別高低。天主至高無上，決不能以天主的敬禮，恭敬別的神人。

迷信也是第一誡所禁止的。問鬼求籤，屬於迷信；堅信公教的一定儀式或一定數目的經文，可以治病賜福，也是屬於迷信，都在禁止之列；因爲是把天主的神力歸之於儀式或數目。

人是天主所造，人的一切，都屬於天主；人便該把自己的一切都歸之於天主，但是殺身祭天，天主沒有明令，教會乃與以禁止。然而人的動作言語，則都該歸之於天主；所以第一誡命人愛天主在萬有之上，命人全心全靈全意愛天主。人若把任何的事物，放在天主以上，爲追求這件事物，寧願反背天主的規誡，那便是罪惡。但若在一切的思言行動上，都遵守天主的誡律，雖心中不理會自己愛天主的熱誠，也就已經是愛天主在萬有之上了！行動若不違反誡律，一切行動便都歸向人生的最後宗向，最後宗向是與天主相結合，因此人便算是全心、全靈、全意愛天主了。

2. 第二誡：勿輕慢天主聖名

天主的尊嚴，至高無上；天主的聖名，也尊高無上。聖葆樂宗徒曾以耶穌的聖名，使天上人間都屈膝致敬：「因是天主亦舉之於萬有之上，錫以聖名，舉世無匹，萬古流芳，天上人間乃至地下一切生靈，莫不聞其名而屈膝，眾口同聲，咸稱耶穌基督爲主，而歸榮於天主聖父焉。」[四]

中國古禮，諱稱君名和父名，對於君父，不敢直呼其名。猶太古教也不敢直呼天主的名字，表示敬畏。公教不禁止稱呼天主和耶穌的聖名，但是稱呼時，必定該懷有敬心。名字是代表其人，敬人便敬他的名字，天主的名字，耶穌的名字，代表天主和耶穌，難可以輕慢嗎？無故而呼，也算輕慢！若出於無心，則必有惡習，應加改正！

儒家孝道，以詈罵父母爲大逆不道。對於天主，更不能詈罵。怨天罵天，當然是罪大惡極。若在痛楚極大時，心神不定，乃致怨天，情尚可原。

宣誓時，引天主爲證，本不算壞事。中國春秋左傳裡，記載許多次，這時候訂盟時，以天地神祇爲證，表示自己的誠心，同時也表示神祇在上，鑒宗盟約，且主賞罰。宣誓以天主爲證，乃公教所許。但若所誓不誠，或章不實，那便是對於天主大失敬了。民間尚有賭咒的習慣，說話者說自己所說的若不是實情，甘受天罰。公教不贊成呼天主而賭咒，因爲是無故，稱呼天主。若是所說的真是不實，那更是侮慢天主了。

中國民間，還有向神靈許願的習慣。公教准許人可以向天主許願。既然許了願，則應該履行；若不履行，那就是失信於天主。

3. 第三誡・遵守主日聖節

人對於天主，有敬禮的義務。十誡的第三誡和聖教四規的第一規，便規定教友該遵守主日和聖節；因爲主日和聖節是敬禮天主的日子。主日爲無一週的首日，聖節爲教會所定的瞻禮日。

在主日聖節，教友第一件該遵守的事，爲罷工休息。猶太古教的罷工休息日，爲每週的末日。公教主日聖節的罷工，是不能作勞力的工作，勞心的工作並不禁止。勞力的工作，爲胼胝手足的工作，古羅馬時由奴隸們去做。

爲甚麼不能做勞力的工作呢？因爲天主令人在休息日，停止作工；勞力的工作，稱爲作工，因此便被禁止。況且天主所以令人休息，是爲使人在主日聖節，有時間爲行敬禮，也爲使人的身體能有休息，勞力的工作既令人疲勞，又妨礙人參與敬禮，但是家中的日常瑣事，如掃地煮飯，不在禁止之列。勞心的工作，古代不稱爲作工，所以不加禁止。然而古代，教會已經禁止在主日聖節日，訴訟、買賣、以及結隊佃獵。近代各種辦公室的辦公，應在禁止之列了。

主日聖節，第二件該遵守的事，爲參與彌撒聖祭。彌撒乃教會的祭祀，爲教會恭敬天主的最高敬禮，教友在主日和聖節日便該恭與彌撒。

但是這兩項義務，是敬禮天主的性律的節目，因此在履行時，不是絕對的；要看人事的可能否。在人事方面，一個教友實在有重大原因，不能罷工，或不能參與彌撒時，則可以豁免。

二、人與社會的關係

1. 私人與私人的關係

人在社會裡，所有的關係，或是私人對私人，或是私人對社會。私人對私人的關係，即是私人的權利。一個私人所有的權利，從性律上去看，第一是生存權，凡是人都有保存自己的生命的權利，不容他人的侵害；因此有第五誡，禁止殺人。可是人的生命，爲能保存，需要物質物，因此便有私產所有權；第七誡和第十誡禁止侵傷他人的財產。但爲保存生命，除物質物外，在社會裡，尚須彼此信任，各人有好的名譽，因此有名譽權，第八誡乃禁止損害他人的名譽。私人性律上的第二種權利是傳生權，每個人不僅有權利爲保存自己的生命，也有權利，爲延續自己的生命，因此人有結婚生育子女的權利；第六誡、第九誡便禁止與以侵害。

甲、生存權—第五誡

人的生命，受自造物主，爲人最大的寶物，絕不容他人的侵害。凡是殺人的舉動，都犯大罪。不單不能殺人，人的肢體，也不能損傷。胎兒雖尚沒有生出母胎，已經有生命權，直接故意墮胎，罪同殺人，公教會與以嚴禁。即使人抱重病，命已垂危，他人也不能爲減短病人的痛苦，促他早死；醫生若投葯結束病人的生命，罪同殺人。

可是人的生命雖貴，人世尚有貴於私人生命的事物，即是社會的公益。假使一個人的生命，使社會全體人的生命都發生危險，統治社會的政權，便有斬絕私人生命的權；因此國家可以頒佈死刑。大惡大奸，危害社會，國家爲保全社會人生，只好犧牲大惡大奸一個人的生命。又若爲保全國家人民的公益，要緊抵抗敵人，國家有權，派遣軍隊上戰場。

公教繼續耶穌的精神，愛護和平；但並不因此禁止一切的戰爭。戰爭若是合理，戰爭也算善事。合理的戰爭，是自衛的戰爭。敵國動兵來侵，當然可以興兵抵抗。但若敵國動兵的政局，已屬人所共知，雖是尚未動武，也可以先發以制他，並不是非理侵略。

殺人爲罪，謀殺當然也是罪。就是恨人和謀害人，也是第五誡所禁。

乙、私產所有權—第七誡第十誡

人爲保存生命，需要有食衣住各方面的東西。爲能有這些東西，人應該去工作；爲使人的工作興趣加強，尤其是使人能夠供給兒女的費用，人應該有私產所有權。公教主張私產所有權，根之於人性性律。共產主義的公產制，相反人性；私人在國家以前，財產先屬於私人，然後纔歸於國家。

私產所有權爲性律的規定；取得私產的方式，則由後天人爲法—國家和教會的法律—去規定。公教對於教會財產所有權，本身有訂立法律的權，但現行教律則採用各地的民律。民律上的物權法和債權法，關於私產所有權的取得和消滅，凡不違背性律者，都具有正義的效力，不遵守的人，違犯正義。

每個人按著性律，都能有私產所有權，但是私產所有權的行使，則不能任憑私人的意志；因爲並不能以爲東西是我的，我就隨意可以使用。私產所有權的行使，有兩項原則，即是私產應有益於所有人，也有益於社會。天主造生萬物，是爲人類的福利；因此財產首先是用爲所有人的福利，其次財產則該用爲社會的公益；而且私產權的行使，也不能侵害他人。國家政府乃有權制定法律，爲著公益，限制私產所有權的行使。可是國家的限制，不能過嚴，以致使私產權失去意義；不然國法就違背性律，成爲非理的法律。

第七誡和第十誡所禁止的，在於不許侵害或意圖侵害或佔有他人的私產所有權。偷盜竊略，爲誡律所禁止；欺騙奸詐，也爲誡律所禁止。不但人家已有的財物，不能侵佔，不許起貪心；即別人按法可以取得的利益，也不能惡意阻止。

所有權的產生，多生自契約；法律上關於契約的規定，俱皆遵守。凡惡意使契約無效，或不守已訂契約，都算爲傷害他人的權利。

債務也是一項所有權，債主按法可以索取償還。然而利息過重，則形同勒索，有傷正義；欠債而不還，更背義理。

所有權的天然來因，是人的勞力。公教對於勞力的估價，不認爲物價的唯一動因。一件物品的商價，不完全由勞工的人力而造成，尙有其他的原因，馬克思的剩餘論，在學理和實行上，都講不通。公教對於勞力，從勞工的本身去看。勞力是是工人謀生的唯一工具；因此勞力所得，應能養身養家。公教因此主張家庭工資。工人的工資，最低長度，要能「仰足以事父母，俯足以蓄妻子。」（孟子 梁惠王上）

但是在生命權和所有權兩者之中，生命權則高於所有權。若使一個人，在自己或父母妻兒飢餓，沒有東西可吃時，一時拿人家的東西吃，則不算爲偷竊。天主造物，是爲養人的生命；在生命危急存亡之一刻，大家都有權取東西養生。可是，因此很難斷定那時算是生死的關頭，怎樣算是無力養生，爲避免妄用生命權，造成社會的混亂，國法常與以禁止；在倫理方面，若有人真陷於生死關頭，不得已而取用他人的物件，雖然觸犯刑律，良心上則仍舊無罪。

丙、名譽權—第八誡

俗語常說：名譽是第二生命。人是活在社會裡；社會生活，基於人的互相信任。信任心的基礎，在於名譽。一個人沒有好名譽，則必失去他人的信任。別人既不信任，一個人的生活，就像魚失了水。況且名譽不單是信任心的基礎，而且也是相敬相愛，自尊自重，一切心理的因素。因此人對於名譽，有很貴重的所有權，不容人無理損害！

第八誡即是禁止一切傷害名譽的罪惡。

名譽的傷害或用言詞，或用行動。言詞的傷害，或是假造罪名，妄證，誣衊。或是惡意批評，則有毀謗，譏刺。用行動去傷人名譽，或是執筆爲文，或是取輕侮的態度。這一切都在禁止之列。而且若是已經傷人名譽，則應當賠補損失，恢復人的美名。

不但傷害名譽的言行，都不可做，即心中起意毀人、輕慢人；這種惡意，也不可有。有，即爲罪。

2. 人與社會的關係

甲、夫婦的關係—第六誡第九誡

上一節所說的，是關於人的生存權；這一節所說的，是關於人的傳生權。人若有生存權而沒有傳生權，人類則不能常存於天地之間了。因著傳生，乃有社會；因著社會，人類乃得保障。

人類的最初而又最簡單的社會，乃是夫婦。夫婦結合的目的，就是傳生。爲使傳生有保障，須要男女兩方的結合，有一定的規律；所以有婚姻制度。公教以婚姻爲聖事，一男一女，互相配合，既配合了，就不能離散。

男女按法結成合法婚姻後，兩方對於傳生取得同等的權利，負有同等的義務。聖葆樂宗徒說：「爲妻者，對於其身不能自由處置，處置之權屬於乃夫；爲夫者不能自由處置其自身，處置之權屬乃妻。」(五)因此若夫妻以自己的身體，與外人發生性的行爲，則爲犯奸。而且夫妻外遇的奸行，罪有兩層；一爲違背傳生的制度，再爲侵害夫妻對方的權利。

夫妻之間，對於傳生，具有權利；但夫妻的性行，宗向在於傳生，若夫婦故意避免傳生，而有性的行爲，則形容犯奸。因此避孕節育，爲公教所不許。

夫妻以外的性行爲，一概都在禁止之列。性慾本是人天然所有的行動，因爲傳生，乃人性的要求；至於性慾的肉樂，則爲引人負擔傳生子女的煩難。不爲傳生子女，而求性慾的肉樂，當然爲淫惡的罪行。即有傳生的意向，然不在於傳生的合法制定的夫妻間，而有性的行爲，也爲反對傳生而犯奸惡。

第六誡和第九誡，禁止一切淫言、淫行和淫念。

從另一方面說，人既自本性具有傳生權，則沒有另一種社會威權，可以禁止人正當使用這種權利。國家法律不能禁止人結婚，也不能強迫男女失去生育本能。所謂優種法，禁止弱者結婚，或使弱者受宮刑，都爲公教所反對。

但是自動守貞，不婚不娶，卻不能視爲違反性律；因爲性律與人有結婚權利；但並不強迫每個人都結婚。公教提倡的守貞，爲一種超性的利益，犧牲本性的權利，乃是一種善行。這種超性的利益，在於全心結合天主；那麼守貞，則又是善行中最高的善行了。

乙、父子的關係——第四誡

從夫妻的家庭社會，進而爲父子的家族社會。父子的關係，則就是第四誡所說孝敬父母。

公教的孝道，根之於父母生養教育的大恩。父母生育子女，作天主生人的工具，分有天主爲人根源的意義，因此子女特別該當孝敬父母。可是父母的恩惠，像中國《詩經》所說：「昊天罔極」㈥，不是子女所能夠盡報的；孝道所以算是正義的一種別德，在權利和義務間，不能有完全的平衡。

子女對於父母，在孝道上於三種義務：第一是愛敬，第二是服從，第三是扶養。敬愛的義務，終生行之，子女大小，都該敬愛父母。服從的義務，子女沒有成年時，常該履行。這層義務，和父母教養子女的義務相平行。幾時父母該當教養子女，子女便該服從父母。扶養的義務，限之於急難的時機。父母幾時不能自己謀生，有衣食的需要時，子女便有扶養父母的義務。

父母對子女，應該養之教之。既該教養，於是有權加以管束。

從此，可見公教孝道和儒家孝道的不同。儒家的孝道，包括子女的一生，所謂「大孝尊親，其次弗辱，其下能養。」㈦訓令子女用自己的一切心力和物力，去孝敬父母。公報的孝道，以教養爲範圍。在受教養時，子女該服從父母，受教養以後，子女終生不應忘記父母教養的大恩，因此終生該愛敬父母；遇著父母有急需時，子女爲報父母的教養，便該扶養父母。

但是，公教孝道的義務，是從正義一方面去說，不行則有罪；若從善德一方面去說，公教也是激勵子女，常愛父母，常養父母，常順父母。這樣在中國的社會裡，並不反對儒家的孝道。僅只改正過甚的幾點。例如子女職業的自由，婚姻的自由等，應不受父母的束縛。

丙、國民與國家——第四誡。

在第四誡裡除孝道外，包括有國民愛國的義務。國民對於國家，有如子女對於父母。中國古代以君王象徵國家，所以有君父之稱，公教也把孝道和愛國，同列在第四誡內；而且愛國和孝道同是正義一種別德；因爲國民對於國家，也不能報盡國恩。在國恩和愛國之間，不能有正義的平衡。

國民愛國，爲良心的天責。仇教的人，誣衊公教信友不愛自己的本國，那是仇教者的藉口。愛國的責任，第一表現於善盡國民的義務，如納稅，服兵役。遇戰事時，徵召人伍，捍衛祖國。

第二種愛國的責任，在於服從政府，遵守法律。國家的政權，來自性律，出自國家的本身。因爲國家的組織，以性律的自然組織，以性律爲根基。國家又爲一種自立的完全社團，它的權力，不由另一社團所賦與，而且國家的權力，高出一切國民以上，不是國民所能有的；因此國家的權力也不來自國民。公教主張國家的政權，爲天所賦。天主造生人類，使人的人性傾於社會組織。人性的社團有夫婦，有父母子女，有國家。私人所成的別種社團，團員各按各自的意志，規定章程。這種社團所有的權力，都來自團員。社團的權力，也不超出團員私人的權力以上。現代私人社團有高出私人的權力者，那是國家所賦與的。但是人類在組織一種自立的完全社團而成國家時，自立的完全社團，具有必要的條件，國家就成立，國家因著人的性律即具有該有的權力。因此國家的權力，來自創造性律的天主。因爲凡是按著性律而該有的社團，都是來自性律，如夫妻間的生育權，父子間的教養權，也都是天賦的。

但是國家權力，雖爲天賦，行使的方式，則由於民意。君主制，民主共和制，獨裁制，等等政體，公教沒有偏重，全看各國的民意而定。

國家的法律，狄社會生活必須有的方法，人民有遵守的義務。人民遵守法律，即爲服從國家的天賦權力；服從國家的天賦權力，即是服從造物主。

國家統治權的目的，在謀國民的現世福利。人類的現世福利，以來世永生爲歸宿。因此，凡不謀國民的現世福利的政府有失自己的職責；即謀國民的福利而不得其道時，政府也失自己的職責。國家的法令，不能相反性律或天主的法律；若是相反，國民便沒有遵守的義務。聖伯鐸祿宗徒曾聲明說：「按理更該服從天主而不服從人。」(八)

三、人與自己的關係

1. 養生—第五誡

在倫理方面，人對於自己，也有該盡的義務，因爲在人所有的權利中，有些權利，不單別人不能侵犯，連自己本人也不能侵犯。這些權利，由本性而有，且爲人生目的所必需。人不能自由作主，即是生命權和追求永生權。

人的生命，來自造物主，人自己不是生命的主人，人因此有保全生命的義務，也有保養生命的義務。

保全生命的義務，爲一絕對的義務；除非爲一種高於生命的福利，人纔可捨生，天主和國家，高出私人的生命以上；爲國爲天主，人應該殉身就義。但在這種機會上，人也不可自殘其生，只可讓國家和天主的仇人，來殺自己。若說其他各種的自殺，都在禁止之列。

既然有保全生命的義務，人便有抵抗殘害生命的敵人的權利。若爲保全自己的生命，殺死來犯敵人，不爲犯罪。即爲保全自己的貞潔，也可殺來犯的敵人。但爲保全名譽，卻不容殺敵。

人的身體，也不可無故的毀傷。若是身體的毀傷，是爲保全身體的生命，則可用之。施行手術去治病，乃是一樁善事。

人所有保養生命的義務，則是一種相對的義務。不殘生的義務，屬於消極的規律，乃是絕對的；保養生命，屬於積極的規律，則爲相對的，即是限於適當的境遇，使用適當的方法。而且現世的生命，乃是永生的預備；爲著永生，人也能犧牲現生的舒適。

2. 克己守齋—教會第二規律

現生的舒適，本是人性的要求，屬於善事。但是因著原罪的流毒，人的感官傾於感覺的舒適，不順從理性的指導，常引人違背天主的規誡。因此爲避免感官的強橫，便應與以克制。教會乃定有齋期，令信友節食。

齋期分大齋小齋。小齋禁止吃葷，葷爲熱血動物；冷血動物不受禁止。信友凡年滿七歲者，每週星期五，應守小齋。大齋禁止多食，守齋日只可吃飽一餐，其餘兩餐都不能飽。信友年滿二十一歲而又未到六十歲者，該按規守大齋。大齋期每年次數，多按各地教會的習慣法而定。

信友遇病或遇他項重大原因，小齋大齋都可獲免。

3. 領聖事──教會第三第四規律

人既有保全養育生命的義務，則對於永生，當然有追求和發展的義務。永生的根基在於信仰，信仰的完成，在於聖洗；聖洗乃是永生的門戶。未信公教的人，聽說有了公教，理應研究公教的教義。研究了教義，知道教義很合於理，便有請求入教受洗的義務。因爲受洗爲得永生，人人都有追求的責任。

信友們在受洗以後，還該發展自己的超性生命；因是公教會定下了兩條規律，即教會四規的第三條和第四條。

第三條規律，規定凡已經開始理智生活的信友，每年至少舉行告解聖事一次。告解聖事，赦人罪過，使人再得超性生命。人們因著原罪的流毒，常能犯罪；因此教會規定信友至少每年一次舉行告解。萬一信友若犯了大罪，可以有赦罪的機會。

第四條規律，規定凡已經開始理智生活的信友，每年至少在復活節前後領聖體一次。

聖體聖事，使信友與耶穌相結合，取得豐富的聖寵。信友理該多次恭領。教會爲預防教友的疏忽，乃規定復活節期，信友都該領聖體。但若在復活節期領聖體者，年內仍該恭領聖體一次。

此外，信友對於發展超性生活的義務，還有隨從聖召的義務。公教有兩種生活方式，更能使人能夠發展超性生活，一種是修會生活，一種是聖職生活。修會生活，以絕色、絕財、絕意三大誓願，使會友脫離棄世，專事修身進德。聖職生活，以司鐸聖品，使聖職員不事俗務，終生爲教會服務。對於這兩種生活，信友不能任意選擇，應有天主的召選。這種召選，稱爲聖召。一個信友若按著教會所定的原則，知道自己有一種聖召，便有隨從的義務。

註：

㈠ 出谷紀　第三十四章第二十八節。申命紀　第十章第四節。

㈡ 出谷紀　第二十章第一節—第十七節。（思高聖經學會譯本）

㈢ 福音瑪竇傳　第二十二章第三十七節。

㈣ 致斐立比人書　第二章第九節。

(五) 致格林多人第一書 第九章第四節。

(六) 小雅 蓼莪。

(七) 禮記 祭義。

(八) 宗徒大事記 第五章第二十九節。

第五編 精神生活

第十八章 精神生活的基礎

一、超性的愛

1. 超性生活的中心

公教的目的，在於引人進入超性生活。超性生活開端於現世，完成於來生；來生是人的永生因此超性生活也是人生的目的。

超性生活以聖寵爲根基，以天賜的善德和聖神的神恩爲助力，逐漸發展，使人和天主緊相結合。和天主緊相結合，即是超性的愛德。所以神學上常稱超性生活爲聖寵的生活，爲愛德的生活。

從本質一方面去看，超性生活，爲聖寵的生活；因爲人性仗著超性的特超—聖寵，纔能有超性的活動。纔能有超性生活的發展。可是聖寵生活的目的，在於使人和天主相結合；因爲聖寵是使人分享天主的本性，當然使人結合於天主。但若這種結合，不是有意識的，對方人的日常生活，不能發生影響；而且也不能持久。因此公教精神生活的訓練，便在於人和天主的結合，常爲有意識的：這種有意識的結合，就是超性愛德。這樣，便可以說超性生活的表現，就是愛德。

超性的愛德，在於按天主的本性而愛天主。怎樣樣稱爲按天主的本性而愛天主呢？第一，按天主的本性而愛天主，即是天主的本性是怎樣，就怎樣愛天主。我們認識天主的本性在現世憑著信德，在天堂纔面見天主；按天主的本性而愛天主，第一，便是按信德而愛天主。第二，按天主的本性而愛天主，是照天主怎樣愛自己而愛天主。天主愛自己是因著自性的美善，而且天主只能愛自己。天主愛受造之物，也因萬物是自己的真美善的表現。因此超性的愛德，在於全心、全靈、全意、全力，因著天主的美善而愛天主。

這種愛德是我們超性生活的中心：耶穌曾經這樣教訓宗徒們，宗徒們也都這樣教訓弟子們。聖經上說：「一律師來試耶穌曰：夫子，律法中何誡爲大？對曰：盡爾之心，盡爾之情，盡爾之知，以愛水爾上主天主。斯誡乃首而大者。其次即愛人如己是已。此二誡者，實爲所有律法及先知書之綱領也。」㈠耶穌在聖經上又說：「吾爲樹身，爾爲樹枝。凡寓乎吾身，而有我寓乎其衷者，必結實繁多。離乎吾，爾將一無所能。人而不寓吾內，則如枝之被棄而槁，人將拾之，舉以供爨矣。」㈡公教的精神生活，都包括在這個譬喻以內。聖寵把人結合在耶穌的樹身上，作爲由樹身通過樹枝的養汁；但爲使養汁變成樹枝的花果，樹枝該有同化的作用。這項同化的作用，即可比喻爲愛德。

2. 一切善德的靈魂

善德若從客觀方面去看，是在於使行爲相合於規律；特種善德各有各自的意義，各自的精神。但是從作者主觀去看，一切的善德，則都有同一的精神，即在於引人趨向人生的最後目的。因此，凡引人趨向最後目的的者，都是善；不引人趨向最後目的者都是惡。施捨濟貧本是善舉，但若爲沽名釣譽，則成爲惡事；因爲這種濟貧不是爲天主，而是爲本人的私心。人生最後的目的乃是天主，引人趨向天主的是愛德。因此從作者主觀一方面去看，一切的善德，都要夾有愛德，沒有愛德，則不成爲善。聖多瑪斯說：「既然人因著愛德而趨於最後目的，沒有愛德，絕對不能有真正的善德。」㈢於是我們便可以得出一個結論：愛德是一切善德的靈魂，愛德使一切善德有生命。聖多瑪斯所以稱愛德爲善的「理」（Forma）。倫理的善德，以意志爲主體，意志行爲以意志的目的爲目的，意志因著愛德趨向最後的目的，愛德便是善德所以爲善的「理」。

3. 一切的事都歸於天主——正心誠意

人的超性生活，既然在於同天主相結合；倫理的一切善德，又都在於趨向於天主；那麼我們的精神修養，就在於力求有意識的，把日常一切的事都歸於天主，都爲愛天主而作。而且超性生活，乃是分享天主的生活，乃是同耶穌合成一體，我們的精神修養，也在於力求有意識的同耶穌一體地作日常的一切事務。

爲愛天主而作日常的一切事務，這是公教精神修養上的「正心」，或是說正中意向。我們作事常有一個目的，這個目的有時是有意識的，有時是無意識的。爲愛天主而作，在於把日常一切事務的目的，有意識的放在愛天主這一點上。無論思言行爲，都要爲著愛天主。所說有意識的爲愛天主而作事，或是當時有意識的，或是在先有意識而沒有改變宗旨，以天主爲我們作事的目的，也是我們作事的理由，例如我們愛人如己，不僅因爲吹有可愛的理由，乃是因爲他們是天主的義子。我們飲食，不僅因爲要養身，乃是因爲天主命我們養身。我們在思言行爲上，若是正了心，把心常歸向天主，我們精神的修養，就算到了最高的階段。

同耶穌而作事，這是公教精神修養上的「誠意」。我們的靈魂享有超性的生活時，我們同耶穌是合成一體；假使我們真正誠於這種生活，我們便該意識到是同耶穌在一體內生活，同耶穌一齊行動。聖葆樂宗徒曾告誡信友們說：「夫爾等既奉耶穌基督爲主，自當行於其中，植於其中，長於其中。」㈣又說：「凡所言所行皆須以主耶穌名義言之。」㈤我們的精神修養，要使我們誠切地實踐這種生活，至誠的人，即爲聖人。

二、避罪克慾

1. 避罪

在精神修養上，話又要說回去。爲能夠「正心」而歸向天主，「誠意」而同耶穌生活，根本的條件，在於有聖寵。沒有聖寵，即沒有超性生活；沒有超性生活，便講不到超性生活的發展了。因此精神修養的最低而又重重要的一項，在於保全聖寵。

聖寵由聖洗而賦與，因著甚麼緣故可以失落呢？聖寵因著大罪而失落。因此精神修養的第一步，在於不犯大罪。

神師們常教訓人說：寧死不犯大罪。大罪殺死人的靈魂；靈魂的生命貴於肉體的生命，因此爲保全靈魂的生命，我們應該寧願犧牲肉體的生命。

爲避免大罪，我們應具有寧死不犯的決心。沒有這種決心，便很難長久地不犯大罪。爲避罪當然要有天主寵佑的助力，但人若不自助則天主也不助人；人要自助，纔能有天主的助。

人爲避罪，首先便該避免犯罪的機會。愛讀淫書，而不犯淫，比不讀淫書而不犯淫更難。於是便該避免閱讀淫書。日與奸婦共居，必定免不了要犯奸；於是便該離棄奸婦。不離奸婦而說悔過不犯奸，那必是沒有誠心。

大罪該避，小罪也該避。小罪雖不致使人失落聖寵，但能阻擋聖寵的效力我們精神生活的目的，在與天主相結合，大罪使人轉背天主，小罪使人傾向造物，兩者都是阻止我們鍁精神生活。

犯了罪，可以靠著告解聖寵而得罪赦。可是不能因爲有告解聖事就不躲避大罪；那就像人吃了毒藥，再服解毒藥，誰能保一定有時間再服解毒藥呢？而且就是解了毒。人的健康也要因爲多次服毒，多次解毒，大受損害。我們的精神生活也是這樣，犯了大罪，乃去告解；告解後又再犯罪，犯了又再告解。我們的精神必定萎靡，以致於喪亡。

避免大小罪的決心，爲精神修養的基本條件。

2. 克慾

避罪在於避免犯罪的機會；我們人在自己身內就帶有犯罪的機會，即是人的慾情。

情感本是天賦的官能，不是罪物。但是因著原罪的流毒，人的感官受外物的吸引，常衝破規律的範圍，不受理智和意志的約束，因此人便該克慾。

孟子已經說到「耳目之官不思而蔽於物，物交物，則引之而矣。」（告子上）孟子便主張寡欲：「養心莫善於寡欲。其爲人也寡欲，雖有不存焉者寡矣。其爲人也多欲，雖有存焉者寡矣。」（盡心下）

公教主張克慾，克爲「克制」，又爲「克除」。「克制」是克服而加以約束，這一層工作該習用於一切的情感和慾。「克除」則是連根拔服，這一層工作，用之於壞的情慾。好色的淫慾，爲壞的情慾，便該痛加克除。夫婦之性慾，爲合理的情慾，然宜加以克制。貪財好貨，爲壞的情慾，便該克除。得財養家，爲合法的欲望，但也宜加克制。

壞的情慾，驅人犯罪，因此該克除；不克除這些慾情，便不能修德。合理的情慾，若不加克制，常可以越出範圍，因此該加以約束。而且有些情慾，可以驅人爲惡，也可以驅人爲善；例如好名心，可以驅人驕傲，也可以激人爲善。克制情慾的人，則利用自己的好名心，求天主審判而給的永久不滅的美名，努力爲善。又例如多感富於柔情的人，可以被柔情引於不正的戀愛，也可被柔情引於愛天主；克制柔情的人，便使柔情不走於不正的戀愛而趨於愛天主。因此克制約束情慾，一方面約束情慾不出範圍以外，他方面又引導情慾發於正軌。人的情慾不能滅盡，佛教所說使人如枯木槁灰，那不是合於人性的辦法。除壞的慾情以外，人不該壓制自己天性的情慾，不然，壓制過甚，情慾不得發展，久之必有變態不正的行動。因此，人該導引情感走入正軌，使有發展的機會。

爲約束情慾，須有長久的修養；公教因此特別提倡克己。克己有兩種：一種是被動的，一種是自動的。

被動的克己，在於甘心樂意，接受外面所來的痛苦。這些痛苦，能夠是來自天然的原因，例如疾病，天氣的冷熱，水土的不適。也能夠是來自旁人，例如旁人性格的急燥，旁人的冷嘲熱諷。克己的修養，在於忍受這些痛苦，不怨天，不尤人。中國古人也很講這種修養工夫。公教教訓人爲愛天主，爲補償罪惡，甘心忍苦。

自動的克己，在於自己加給一些痛苦。例如守齋，自己打苦鞭，穿苦衣。中古的神修導師，特別注意這些修鍊的苦工。近世因時代的趨勢，這些修鍊的苦工，較爲減少。但是自動的克己的精神，仍是有增無減，僅是方式不同罷了。現代的克己，重在克制內心的慾念。想看一件東西，故意不不看。想吃一點東西，故意不吃。想多說一句話，故意不說。想誇張自己一點，故意隱藏自己。想有一種遊戲，故意不要。另外是嚴刻遵守規律，越是小事越加注意。

在克制情慾的修養上，被動和自動的克己，都很重要；但自動的克己，更爲修養的基本。

三、勤領聖事

避罪和克慾，目的在於避免失落聖寵，也爲避免減少聖寵的效力，在精神修養上，雖然是基本的條件，然而尚是消極的條件，爲保全和發展超性生活，我們還該有積極的條件，以加增聖寵。

聖寵的增加，或由於聖事，或由於功績，或由於祈禱。祈禱和功績，都看作者的熱誠，聖寵可多可少；聖事則只要領者不加以阻礙，聖事的本身，可以賦給人以聖寵。

在七件聖事裡，信友能夠日常領取的，只有告解和聖體。信友因此便該勤行告解，多領聖事。

告解聖事，既能洗清良心上的罪污，又能給人加增預防罪惡的助力；而且既是誠心告解，人便重複自己悔罪的心，定志改過；因此可以激勵人不蹈前轍。

聖體聖事，乃是使人領取耶穌的體血，同耶穌緊相結合。耶穌爲聖寵的根源；有耶穌在心中，當然可以得更多的聖寵。

但是領行聖事，決不可作成了習慣。把告解和聖體，作成了日常的習慣，聖事的致力便很少了。告解若作成了習慣，雖說能夠得了罪赦，但悔罪的心不誠切，聖寵也就不生效力，告解以後，仍舊要一樣地犯罪。聖體聖事若作成了習慣，就連聖體中的耶穌，領的人也似乎不理會了；就是理會，也很冷淡，這樣決不能多得耶穌的寵佑。

把領聖事作成習慣，並不是偶然的事；凡是多領聖事的人，都有這種危險，要緊日常提起自己的警覺，特別加強愛天主的心，纔可以每次行告解或領聖體時，聚精會神，鄭重其事。

所以在行告解或領聖體以前，每次都該加以預備。行了告解，領了聖體，一天裡，還要多次存想；那麼便可以體味聖事的意義。

四、祈禱

祈禱，可以用之爲讚頌天主，可以用之爲求福免禍。我們有讚頌天主的義務，也有求恩的需要。耶穌曾「勸人恆禱，無餒於心」㈥。聖檣樂宗徒也訓告說：「吾望信眾，隨處祈禱。」㈦

祈禱是「舉心向天主」。我們的超性生活，在於與天主相結合；祈禱便是我們的理智和意志，歸向天主。聖事不是時時可以領取的，祈禱則是時時處處都可以行；因此祈禱，是使人與天主相結合的最切實的方法。

人的理智和意志，舉向天主，立時想到天主的美善，激起愛天主的心。再用經文的言辭表現出來，便成爲讚頌天主的歌詠。人既歌頌天主，愛天主的心情藉此加高；因此也就使天主加增人的聖寵。

許多次，人自己特別求天主，加增寵佑，爲克制某種情慾，爲改除某種惡習，爲進修某種善德。這類的祈禱，也很中悅天主。

沒有聖寵的助佑，人決不能去惡行善；聖寵多由祈禱而得，那麼便可見祈禱的重要了。耶穌在聖經上曾說：「爾有所求，則必予爾；覓則必獲；叩則必爲爾啓。蓋求者無不得，覓者無不獲，而叩者無不見啓也。」(八)這一段許諾，特別是關於超性的恩惠，求則可得。

除去增加聖寵以外，祈禱可以使人生活在超性的氣氛裡。聖寵的生活，要是有意識的；有意識的聖寵的生活，即是人心和天主相結合。這種結合，在祈禱中特別顯露。而且祈禱使人舉心向天主，人作事的心便可正了。中國理學家主張正心在於持正，持正在於主一，主一在於天理。人心主於天理，人心便不致亂。公教的祈禱，就是使人心主於很重。人心常向天主，人心必正。人乃活在超性的氣氛中。

公教的祈禱，有廣義有狹義。廣義的祈禱，在於舉心向天。凡是一思一念，一行一動，使人有意識地歸向天主，都稱爲祈禱，這種廣義的祈禱，是可以常行不輟的。狹義的祈禱，在於念誦經文。經文可以是製定了的，可以是隨意構造的。公教公開的祈禱，經文都是由教區主教批准而製定的。私人的祈禱，可誦主教批准的經文，也可誦念本人編製的經文。

在公開的經文中，以彌撒的經文爲最重要；因爲彌撒是公報的祭祀，彌撒經文，乃是整個教會的經文。參加彌撒，便是同耶穌同教會一同祈禱。

祈禱常是向於天主，雖說我們也向聖人們祈禱，然而這種祈禱也是以天主爲接受祈禱者。我們所以祈禱聖人們，在於讚美他們的聖德，在於求他們代禱。聖人們的聖德，乃天主的聖德的光芒；聖人們的代禱是爲我們代禱天主。所以祈禱聖人，即是祈禱天主。

聖人之中，以聖母爲最高。聖母乃天主之母，爲共同救世者，爲一切恩寵的施主。因此，我們的精神生活全靠聖母的維護，我們便該特別敬愛聖母，赤誠地恭敬她作我們的天母。

註：

㈠ 福音瑪竇傳 第二十二章第三十五節。

㈡ 福音若望傳 第十五章第五節

㈢ Summa Theologica 22. 9. XXVIIII. 7.

㈣ 致歌羅森人 書第二章第六節。

㈤ 同上，第三章第十七節。

㈥ 福音露稼傳 第十八章第一節。

㈦ 致蒂茂德第一書 第三章第八節。

㈧ 福音瑪竇傳 第七章第七節。

第十九章 精神生活的發展

一、認識耶穌的精神

1. 精神生活的發展

精神生活，代表一個人的整個的生活。人雖然有肉體的生活，這種生活次於精神生活，而且也受精神的指使。人之所以爲人，在於人的精神。人的精神，憑著理智和意志而活動。公教人的精神生活，即是超性生活。超性生活在於人的理智和意志，藉著聖寵，多認識天主，多愛慕天主；因著認識和愛慕，人乃與天主相結合。因此這種生活，實質上便是超性的愛德生活。

人在現世爲發展超性生活，即在於加強人與天主的結合。這種結合的加強，即在於多加認識天主，多加愛慕天主。

2. 耶穌爲人的精神生活的模範

在現世，人爲認識天主，只能憑著信德。信德所信仰的，都是一些不能理解的啓示。啓示當然該是我們精神生活的根基。但是對於人的精神修養，缺乏強大的吸引力。人的精神修養，應該有具體的模範，足以仿傚。耶穌曾訓誡我們說：「望爾等止於至善，克肖天父之至善也。」㈠可是耶穌又說：「予即途也，真諦也，生命也。人欲詣父，舍予末由。倘爾真能識予，則亦必識予父矣。然今後爾當識之，且已睹之矣。」㈡

耶穌指示我們精神生活的模範，在於天主聖父。但爲認識聖父，必當藉著聖子；因爲聖子，即是聖父的肖像。斐里伯宗徒聽了耶穌的上段話，曾說：「主，示我以父，於願足矣。耶穌曰：斐里伯，予與爾俱，不爲不久，爾竟尚未相識耶！夫睹予即睹父也，胡爲猶曰示我以父乎？爾豈不信予之在父，父之在予乎？予所授爾之訓，非予自言之也，實父寓予，躬行其道耳。」㈢

聖子降生成人，稱爲耶穌。耶穌具有天主性和人性，祂的天主性，乃天主聖父的肖像；祂的人性又是祂的天主性的表露；因此耶穌的一言一行，都是天主聖父的聖德的表露，耶穌便是我們精神生活的模範了。

這種思想，在聖葆樂宗徒的書信裡，說的很明顯。聖葆樂不單是以耶穌爲妙體的頭，信友藉著祂的人性，與天主相結合。但還明明說出耶穌乃是我們的師表。他曾告誡信友說：「你們取法於我，我則取法於基督。」㈣

天主聖父的美德，我們不能眼見，只能憑著啓示和理性去推測。耶穌的美德，則是人所耳聞目睹的耳聞目睹耶穌言行的人，把耶穌的事蹟，記錄成書，書稱爲聖經。

聖經所記載的，有耶穌的事蹟，另外多有耶穌的訓言。耶穌屢次聲明自己所講的道理，不是祂自己的，乃是天主聖父的道理，聖葆樂宗徒也說明天主聖父，遣發聖子來教誨世人。㈤耶穌的美德，是天主聖父美德的反映；耶穌的訓言，是天主聖父的真理；因此我們爲效法天主聖父，就該效法耶穌。

中國儒家，以法天爲精神生活的基本，由法天進而爲法祖，因爲祖宗可以配天。公教精神生活的大原則，在於取法天主，由取法天主進而爲取法耶穌；因爲耶穌，乃是天主聖子。

3. 默想

耶穌既是我們精神生活的模範，耶穌的言行，又記錄在聖經裡，我們便該熟讀聖經，為瞭解耶穌的美德和訓言。聖經這冊書，該是每個信友必讀的書，另外為修養精神的人，更該是每天手不釋卷的書。

但是公教跟誓反教不同的，在於不以聖經為唯一記錄耶穌言行的書，在聖經以外，還有宗徒們留下的傳說，宗徒們當時並沒有決定把耶穌的言行，都筆之於書，僅只為當時信友的便利，四位聖史把耶穌言行的大綱，記錄下來了；可是宗徒們所講的，必定多於聖經所記的。宗徒們的講述，由口授傳給後代，其中有一部份記錄在後代教父們的書籍裡。教父們是公教初期的作家，他們記錄宗徒們的口授訓言，又註解聖經的經文，組成後代的神學；而且他們品德很高，為公教的聖人，因此他們被稱為教會的聖父，他們的著作，為聖經以後最重要的書籍。在精神修養上，我們也該研究教父們的著作。

公教所奉的聖人，都是取法耶穌唯妙唯肖的人。聖人們的言行，也就是耶穌言行的反映。加人聖人更近於人，取法聖人，也較為容易。因此，公教又常講取法聖人。

至於一些專講神修（精神修養）的書籍，對於我們的精神修養，能有很大的幫助；至少能使我們注重超性生活，不爲世俗風塵所淹沒。

那麼爲精神修養我們第一該熟讀聖經，第二該閱讀聖書；聖書包括教父們的著作，聖人們的行傳，和神修的專書。

可是，單只熟讀或閱讀，對於精神修養，不能發生多大的效力，務必要把所讀的書，化爲我自己的，然後在日常生活上，纔可以指導言行。這種溶化作用，便是默想。

默想是「推論的祈禱」。普通的祈禱，是歌讚天主，或向天主求恩；默想則是在天主前推理。在天主前推論甚麼呢？推論耶穌的言行和我們的行爲。

神修學教人每天行默想。默想時，靜坐不言，先閱讀一段該想的道理，然後閉書默思。該想的道理，常是耶穌的一種美德，或是耶穌的一段訓言，或是教義上的一宗大道。默思時，則思維這些美德訓言和教義的美妙重要，又沈思怎樣可以使這一切都見諸自己的日常言行。所謂在天主前推論，即是指出默想不是求學，乃是天主前，按著所默想的事理，和天主對談。雖然這種談話不出聲音，也不失爲一種祈禱。

默想的重要，在於能把聖經和聖書上的道理，溶化爲我們自己的道理，使我們的日常生活，按照這些道理去動。默想是把我們的生活，跟耶穌的言行去比較，相同的地方，使更加相同，不同的地方，便力圖改正。這樣我們便可看出，默想乃是精神修養的切實工作。

既然默想了，不一定就照著做了；因此每天還該省察。省察在於每天中午和晚晌，省察自己半天和一天的言行，有了甚麼過失，是否照著默想時所定的去作了。察出了自己的缺點，乃定志改正。省察的工作，較比默想，還更切實，還更重要。

二、實踐耶穌的精神

1. 眞福八端—超性愛德

耶穌的言行，灌注在一個愛字。愛，是耶穌精神的代表。耶穌上愛天父，下愛世人。但是祂愛世人，是因著愛聖父而愛人；因此耶穌的愛，集中在聖父。耶穌所教訓宗徒們的，也無非是這種超性的愛。

研究聖經的人，在耶穌三年所講的道理中，以山中聖訓一章，爲耶穌訓人的大憲章。耶穌的生活觀，提綱挈要地在這一章裡都陳說了出來。況且這一章所講的生活觀，發前人所未發，推翻一班人的陳見，很能表現耶穌的精神。

山中聖訓包括的生活原則雖多，其中最重要的在於真福八端。耶穌說：「安貧樂道乃真福，巍巍天國若輩屬。哀悼痛哭乃真福，若輩終當承溫燠。溫恭克己乃真福，大地應由彼嗣續。饑渴慕義乃真福，心期靡有不飫足。慈惠待人乃真福，自身必見慈惠渥。心地光明乃真福，主必賜以承顏樂。以和致和乃真福，天主之子名稱卓。爲義受辱乃真福，天國已在彼掌握。」㈥

這八種真福，代表八種善德。八種善德，又代表超性愛的八種境界。八種境界，可歸並於三級。第一級境界，是貧和痛哭。這級境界，表示愛天主的人，擺脫世物，不愛財，不求世樂。爲愛天主，甘心忍受貧窮和各種痛苦。第二級境界，表示愛天主等人，既擺脫了世物，一心追求天主，因此渴慕仁義，爲義而忍受迫害。第三級境界，表示愛天主的人，與天主相結合，心地光明，待人慈祥溫和。

這八種善德，人若能夠修全，就算實踐了耶穌的精神，必定能有永生的真福。

2. 第一級的愛

甲、安　貧

耶穌生於貧窮，死於貧窮，以身作表，教訓信仰祂的人，要有安貧的精神。

安貧乃是追求精神生活的人，第一步該做的事。金錢代表物質的享受；貪求金錢，即是供求物質；既是貪求物質，便不追求精神的生活了。孔子曾說：「君子憂道不憂貧。」(七)他因此很看重顏回：「賢哉回！一簞食，一瓢飲，在陋巷，人不堪其憂，回也不改其樂。賢哉回也！」(八)

耶穌更明白地在山中聖訓裡說：「一身不能兼事二主，不嫉此而愛彼，必附此而棄彼矣。天主之與財富。兩者固不能並事也。」(九)

財富在本身上，並不是和天主相對峙，因爲財富也可用爲事奉天主。但是財富在普通一班人的眼目中，代表世俗的一切享受；這些享受既是物質上的享受，便誘引人的感官，常常走入正當的範圍以外，造成種種的罪惡。因此財富便成了罪惡的象徵。

追求精神生活，常願和天主相結合的人，心靈該當脫離物質的貪慾；安貧就代表這種心境。貧窮，在人間算是一種不幸，使人缺少生活上的需要。從這一方面說，公教也承認貧窮爲一種不幸，增加人的痛苦。公教主張每一個人有義務，有權利，取得金錢，供給本身和家庭的生活需要。但是從另一方面，在精神生活上說，貧窮減少精神生活的許多阻礙，使人心情容易趨向天主。

但是這種心境，在於安貧。僅只是貧窮，若心不安貧，反增加人心的物質掛慮；甚而驅使人走向罪惡。孟子曾說：「爲使人民有禮法，先該使人民有衣食。」貧窮使顏回有賢德，那是因爲顏回安於貧窮。

安貧，不單是貧人安貧，富人也該安貧。安貧是不貪財，對於金錢沒有牽戀。貧人不戀財，則不貪求；富人不戀財，則不吝嗇。不貪不吝，人心對於財富，乃能自由，然後纔可體味精神上的幸福。公教的精神修養，故指引人爲愛天主而安貧樂道。

乙、忍　苦

痛哭流淚的人，必且遭遇重大的痛苦。佛祖曾以人生完全是痛苦，生老病死，爲痛苦者中的最普遍的。歷代許多哲學家，曾講求辦法，替人解決痛苦問題。然而人世的痛苦，永不會減少。

痛苦乃是原罪的罪罰，又是原罪的流毒。耶穌降生，救人脫除原罪，以痛苦爲贖罪的代價，耶穌便聖化了痛苦。因此，痛苦成了精神修養的工具；神修學上所謂被動的克己，就在於甘心忍受痛苦，眼中可以流淚，心中則不怨天尤人。

忍受痛苦，是爲同耶穌一齊受苦。我們同耶穌合成一個妙體，耶穌是我們的頭，我們是耶穌的肢體；頭既受苦，肢體當然該跟著受苦。一意追求享樂而避免痛苦的人，乃是不識耶穌精神的人。

同耶穌一齊受苦，愛耶穌的心，必定誠切。真正相愛的朋友，能夠同患難；真正相愛的情侶，共同赴湯蹈火。同耶穌一齊擔待苦痛，算是真能體貼耶穌的心。況且，忍苦可以補償自己的罪債，又能替人補償罪債，而且更能表示遵行天主的聖意；沒有不忍苦而能成聖人的！

能夠安貧，能夠忍苦，那麼就可以隨遇而安了。精神生活上的許多障礙，都可以除去了。耶穌曾明白地告誡自己的信徒說：「人欲從予，務宜克己，日負其十字架，而隨予後。」(十)

3. 第二級的愛

甲、慕　義

安貧忍苦，在精神修養上，屬於消極的一面，在積極方面，第一該是追求聖德。安貧忍苦，使人心空於世物；人心既空，乃能容留精神的福利。

仁義聖德，發源於天主；天主為仁義聖德的本體。「慕義如飢渴者」，即一心傾慕天主，如飢如渴。古經聖詠上說：「予心之戀主兮，如麋鹿之戀清泉，渴望永生之源兮，何

日得重睹天顏。」(十)

天主的聖德，爲我們精神生活的模範；我們既然傾慕天主，我們也就該傾慕聖德，立志修德成聖。「慕義如飢如渴者」，便是孜孜求善，天天求進於德行的人。

孔子當時也教訓弟子們追求仁：「君子無終食之閒違仁，造次必於是，顛沛必於是。」(十一)「求仁而得仁，又何怨。」(十二)公教人追求仁義，還要甚於儒家；因爲仁義的本體是天主，仁義又是與天主相結合的途徑。

乙、殉　道

孟子說：「魚，我所欲也，熊掌，亦我所欲也，二者不可得兼，舍魚而取熊掌也。生，亦我所欲也，義，亦我所欲也，二者不可得兼，舍生而取義者也。」(十三)孔、孟以仁義重於生命，主張殺身成仁，捨生取義。

公教的仁義，代表天主的聖善，又代表天主的誡律。若爲遵守天主的誡律，將要遭受打擊，便該坦然承擔，決不能放棄誡律爲避免打擊。再若教會遭遇迫害，信友們被迫在信仰和每一人兩者之中，加以選擇，信友們該毅然選擇信仰，捨生以殉教。耶穌曾告誡信徒們說：「凡認我於人前者，我亦認之於天父之前；不認我於人前者，我亦不認之於天父之前。」(十四)在人前，聲明自己信仰耶穌，不惜人的迫害；耶穌在天父前，也將承認他是自己的信徒，賞賜他天福。不然，耶穌不認他爲信徒，必要罰他受地獄的永罰。

就不至因信仰耶穌而遭殺戮，但受別種的迫害打擊，那是常不可免的。耶穌曾告訴宗徒們說：「弟不能超乎其師，僕不能超乎其主；弟能及師，僕能如主，足矣。家主且被人呼爲魔王，況家人乎？」(十六)耶穌是師傅是主子，已經被人呼爲魔王，受人侮辱，信從祂等人，必不能有比祂更好的境遇。聖葆樂宗徒說：「凡真心奉事基督耶穌，而實踐其道者，靡有不遭受危難迫辱。」(十七)

宗徒們在開始傳道時，京遭受猶太人的打擊，他們卻以能夠爲耶穌而受辱，心中喜樂，「宗徒既離會，心竊自喜，竟蒙特寵，得爲聖名而受辱，何樂如之。乃日於殿中，或在寓所，誨人不倦，而宣揚耶穌爲基督焉。」(十八)

公教歷代殉道致命的聖人聖女們，都以能爲耶穌而捨生，作爲天主的特寵；因爲這樣他們可以見證自己真正愛天主耶穌。耶穌曾經說過：「人之愛，莫大於爲其友捨生。」(十九)爲耶穌而受窘難，乃慕義的當然結果；但爲耶穌而殉身捨生，則該視爲超性愛德的頂點。

3. 第三級的愛

甲、溫和

在第三級的四種真福善德裡，兩種是對於旁人，兩種是對於天主。溫和一德和慈善一德，是爲愛人；心潔一德和和平一德是爲愛天主。

心中不貪世物，又不惜貧窮和痛苦的人，他的心便安定不亂；心中不亂，外面也靜定不燥，靜定不燥，待人便能和氣。儒家也曾教人守靜，由靜以定心。

耶穌教訓宗徒們說：「你們來跟我學，學我的謙遜溫和。」(十)耶穌的溫和，發自祂的愛德。耶穌降生爲救人，贖免人的罪惡。聖經上記錄耶穌對於罪人，特別的溫和。我們對待旁人，應該溫和，也要發自愛德。我們效法耶穌愛天主而愛人；既然愛人，便該溫和。

溫和發自愛德，也發自謙遜；耶穌把謙遜和溫和，放在一齊。謙遜的人，纔能真正溫和。耶穌的謙遜，足爲我們的模範。聖葆樂宗徒說：「爾於宜以基督耶穌之心爲心。夫彼神也，與天主等齊而不居焉，乃屈尊紆貴，甘自爲僕，而降生爲人。其爲人也，復謙之又謙，損之又損，惟天主之命是從；鞠躬盡瘁，死而後已，終已致命於十字架上。」(二)

謙遜叫我們認識自己，知道自己的長處，來自天主，自己的善功，由天主聖寵的助力而成，自己所有的，只有罪過。因此，自卑自下，不敢自傲於人；待人接物，常謙恭有禮。

謙恭有禮，不一定就是溫和；溫和在謙恭有禮以外，還要有愛德。外貌謙恭，臉上卻冷嚴無情，不足以談溫和。溫和的人，常有誠心的微笑。

乙、慈祥

聖若望宗徒告誡信友們說：「天主之子女，與魔鬼之子女，皆不難分辨也。凡行為不正者，不屬天主，不愛其兄弟者亦然。蓋爾等所素聞之道為他，亦曰彼此相愛而已。……吾主曾為吾人舍生致命，天主之愛德於此可見。然則吾人亦宜為兄弟舍生致命矣。若有人擁有斯世之財富，見其兄弟有急，而閉塞其同情之心，則安得有天主之愛德，存於其衷乎。望吾小子，愛人以行，以誠，勿可徒騰口說，而愛人以巧言令色也。」(三)

聖雅各伯宗徒也懇切訓誡說：「兄弟乎，或曰我有信德；苟無善行，亦有何益？徒信詎有濟乎？設有兄弟姊妹衣食匱乏，而謂之曰：安心以去，吾信汝必得溫飽；而不給以切身所需之物，則亦何所裨益。是知徒信而無行，則其信，必索然而無生氣矣。」(四)

愛德不在於空言，在於實行，愛德的實行，則為慈祥濟貧。公教人的濟貧，不僅因為同情於貧困的人，乃因為貧人是天主的子女；因愛天主，便愛窮人。假使不能作到這一點，信德不算誠切。

丙、心　潔

天主是純精神體，人與天主相結合，人也該是精神。人的靈魂本是精神體，可是人與天主相結合，在於理智和意志；理智和意志可傾於天主，可傾於世物。理智和意志傾於世物，所求的便是物質；所求既是物質，當然不能結合於天主了。在物質的追求中，最代表物質的快樂的，是淫樂；淫樂因此稱爲肉樂，稱爲肉慾。人的理智和意志，若是傾向於肉樂，人離天主遠而又遠了。

肉樂爲物質性最重的世樂，肉慾也是情慾中物質性最重的情慾。因此肉慾最易使人心污穢。因此淫罪也稱爲污穢不潔之罪，反之，不犯淫罪而節淫慾，乃稱爲潔德。真福八端裡所謂心潔，即是說心絕肉慾的人。即是指的守潔德的人。

心潔的人，理智和意志，遠離物質的肉慾，心地清明。公教人守潔德，願意全心愛天主。心潔的人，即是一心愛天主的人。一心愛天主，而心無淫慾，於是精神對精神，乃能親接天主。

公教因此最看重童貞，聖職員和修士修女們，都許願絕色，即一班結婚的人，也不能在婚姻的兩性關係外，有淫念淫行。但沒有淫念淫行，和絕色守貞，只是心潔的消極部份；心潔的積極部份，則在於把自心的愛情，歸向天主。結婚的人，夫妻該相愛；他們的愛情，也要因著天主而相愛。不結婚而守貞的人，則以整個的愛情，歸於天主。這樣，纔可看到守貞的高尙。

丁、和平

降生前七百年，義灑雅先知預言救世主說：「有一個嬰孩爲我們誕生，有一個兒子賜給了我們，他的名字要叫：神奇的謀士，強有力的天主，永遠之父，和平之王。」(二四)當耶穌降生時，天神在空中歌唱說：「天主受享榮福於天，良人受享平安於地。」(二五)

耶穌的精神是和平的精神；因爲祂降生就是爲消除天主和人類中間的仇敵狀態，使人重和於天主。和平不僅是說沒有戰爭，沒有仇恨；和平是說彼此相愛相助。人與天主的和平，第一要沒有罪過，第二要一心隨從天主的指引，與聖寵合作。在天主和人之間，沒有絲毫的衝突。

一心隨從天主指引的人，不能不同旁人和好。他自己既是心曠神怡，對於旁人必不會成仇解怨。他一心既是愛慕天主，對於世物必不會同人爭奪。而且心神陶然於天主的人，觀看世界的自然物，也具有相愛的心情。理學家謂儒家的仁，使人愛民而親物；實際上能愛民而親物的人，是因愛天主而愛民愛物的人！

一個人上和於天主，下和於世人，又和於萬物；這個人的精神真是以天主耶穌的精神爲精神，他將無往而不適了！

註：

㈠福音瑪竇傳　第五章第四十八節。

㈡福音若望傳　第十四章第六節。

㈢同上，第八節—第十節。

㈣致德颯洛尼人書　第一章第六節。

㈤致希伯來人書　第一章。

㈥福音瑪竇傳　第五章第一節。

㈦論語　衛靈公。

㈧論語　雍也。

㈨福音瑪竇傳　第六章第二十四節。

㈩福音露稼傳　第九章第二十三節。

(十一)聖詠　第四十二首。

(十二)論語　里仁。

(十三)論語　述而。

(十四) 孟子，告子上。

(十五) 福音瑪竇傳第拾章第三十二節。

(十六) 同上，第二十四節。

(十七) 致弟茂德第二書第三章第十二節。

(十八) 宗徒大事記　第五章第四十一節。

(十九) 福音若望傳　第十五章第十三節。

(二十) 福音瑪竇傳　第十一章第二十九節。

(二十一) 致斐立比人書　第二章第五節。

(二十二) 聖若望第一書　第三章第十節—第十八節。

(二十三) 聖雅各伯書　第三章第十四節。

(二十四) 義灑雅先知書　第九章第五節。

(二十五) 福音露稼傳　第二章第十四節。

第二十章　精神生活的完成

一、妙　觀

1. 妙觀的意義

「公教的人生最高境界，則在與天主相結合。結合的程度，高低不同。最高者稱爲「妙觀」（Contemplation infuse），似乎直接見得天主。這種直見並不是感覺的直覺，也不是理性的本能，乃是一種超性的相交。人不用感官，不用推理，而似乎靈眼見到天主。神學家論『妙觀』說：『妙觀乃是簡明地親切地認識天主，以及祂所創造的事物。這種認識，非由人力，也非由聖寵，乃是由天主聖神的一種特別默示。』㈠人到了妙觀的境地，雖不能親眼見到了天主，也不能明瞭天主的奧妙；可是因此認識天主，較由任何智識所得者，更清楚，更簡明。認識的構成，如閃電，如開眼向太陽，絕不用思索，並不用推理，立地

即成，人力無可使用。」㈡

超性的生活，是人與天主相結合的生活。結合的根基，在於聖寵結合的途徑，在於理智和意志。理學在現世爲認爲天主，是藉著信德，信德的對象，乃是天主的啓示。爲發展我們的超性精神生活，我們應該按著天主的啓示，日行默想。默想是一種推論的祈禱，理智拿耶穌的一言一行或是信仰上的一端道理，作爲題目，自己一邊推論，一邊激發自己實踐，效法耶穌言行之情。

推論的祈禱，是精神生活發育時期的象徵理智與天主的結合，在於藉著信仰去加推論，以求加信認識天主。意志與天主相結合之愛，也是偶推論祈禱所得對於天主的認識爲根基，其餘一切的善德，也都受這種理智和意志的指使。

超性的精神生活，若發展到了完成的時期，推論的祈禱，可成爲妙觀的祈禱。妙觀的官能，當然是理智。在普通的理智生活上，理智爲構成一觀念，先藉用感覺的具體印象，然後由印象而抽出一觀念。觀念爲代表一件物體的本性，常要集合幾種觀念，以作說明。這種集合和說明，常是由推論而成。因此我們的智識，常是推論的智識。「妙觀」的認識，來自天賜，即是天主聖神把天主的特性，直接地排在我們的理智前，理智好似一眼對著美景，興享不置。因此妙觀的認識，爲簡明的，和直接的認識。

在妙觀時，理智不推理而興享，妙觀的認識，同時便夾有意志的愛情。而且這時的愛情，必定是最強最熱；因爲人特別看清天主的美善。妙觀的認識，也便是親切的認識。

2. 妙觀的實效

神學家認爲妙觀的境界，並不是一種希有的境界，凡是謹少慎微，一心追求善德的信友，他的「推論的祈禱」，必蒙天主的恩賜，變爲「妙觀竹祈禱」。信友的精神生活，因此分爲三級，第一級爲「煉界」（Vita purgativa），第二級爲「明界」（Vita illuminativa），第三級爲「合界」（Vita unitiva）。煉界爲煉淨情慾的境界，偏重消極；明界爲積極修德的境界，尤重默想祈禱；合界爲止於天主相合的境界，重在妙觀。三級相連，人可拾級而登。

可是，絕不可誤以「合界」爲清淨無爲，或爲坐禪的空觀。妙觀雖重在興享愛慕天主的美善，這種愛慕，不是靜坐無爲的安閒，而是一種激人行善的烈火。因此入了「合界」的人，他的德行，都要做到了超凡的起步。教會在謚封對某某爲聖人以前，先要查考他是否在修德上，做了人所不敢爲，他的聖德，是否真是超凡的聖德。

享有妙觀的人，他的信德，有超凡的活躍；因爲妙觀所興享愛慕的，都是信德的信仰對象。妙觀因著天主聖神的特別光照，把所信仰的真理，不上不下現在眼前。因著極活躍的信德，望德也就極其誠切。在現世已能興享愛慕天主的美善，怎麼還不很誠切地希望將來在天堂能興享愛慕天主呢？這種希望，已經不是向著一種渺遠不可想望的對象，乃是向著身有經驗的美善。

妙觀人的愛德，更是特別熱烈。妙觀乃是愛情的興享。興享天主美善的人，難道還不愛慕天主，心火如焚嗎？他真是全心全靈全力全意愛天主了。

而且因爲常與天主相結合，心神常歸到天主，他的一切的德行，也都要修到高超的起步。他必要謙遜自居，潔心自持，謹小慎微，絲毫不苟且。

但不能因爲享有妙觀，便再沒有痛苦；反之痛苦更多，妙觀境界所常遇到的痛苦，在於精神的枯燥。不知道愛天主的人，心中也常感到枯燥，然而這種枯燥，乃是空虛無聊的枯燥，常引人失望。有了妙觀而再受精神枯燥的試驗，他將陷入一種境界，願信天主而不能信天主，願希望永生而不能希望。昔日心靈的愉快，於今都換成了痛苦。似乎一個失戀的人，精神彷徨，無所依著。聖女小德蘭曾好幾年受精神枯燥的痛苦，心底裡願意信天主，意志卻不能激發一點信心。

聖十字若望又談「精神的黑夜」。一個初入「合界」的人，常要經過一種精神的黑夜，好似一個黑夜走入深山的人，前不見路，後不見谷，彷徨無主，痛苦萬分。修德則覺修德無趣，愛天主則覺天主很遠。這種精神的黑夜，稱爲精神的被動克己；因爲可以使人把精神上的私心，完全克除。修德已有進步的人，在精神生活上不免作成形跡可疑的私心，自己歡按某種方式去修一種德行；用某種方式去行祈禱；自己判事，常拘守自己的看法。「精神的黑夜」一來，使這些私心都不能了，令人知道在精神生活上完全順從天主的聖意，不單是在痛苦上，常是逆來順受；就是在行善上，也無所選擇。有怎樣的境遇，即利用這樣的境遇。人到了這等地步，纔真正是完全同天主相結合了。

二、大 孝

1. 神嬰之路

「神嬰之路」，是聖女小德蘭所教的精神生活方式。這種方式，可以稱爲對於天主的「大孝」。

中國儒家的孝道，雖有養親，引辱，尊親三級，然而孝道的精神，在於娛志，使父母心神愉快。最好的娛志方法，即是體承父母之心。

愛天主最切，已享有妙觀的人，他對天主，便常知道體承天主的聖意，一切都只知道求天主的歡心。聖女小德蘭曾以自己是小皮球供小耶穌玩耍，打也好，踢也好，藏在懷裡也好，忘記了而被棄在牆角也好，她心裡常是一樣地滿意。這種心境，即是克淨私心的境界。㈢

「神嬰之路」，尚有一種最重要的心境，即對於天主具有嬰孩依恃父母之心。我們既然因著聖寵而成爲天主的義子，而且在天主前我們常常像一個無知的嬰孩，因爲我們對於自己的生命，誰也不知道明日如何。因此我們對於天主，便應該像嬰孩對於自己的母親一樣，全心信任，全心依賴，全心愛慕。這樣，一方面使心神完全安定；一方面使愛天主之心，最誠最切。

小孩是常跟著母親的，他所想的也無非是母親。「神嬰之路」教人傾於祈禱妙觀生活，常常想著天主，常常用祈禱同天主對話，常常在妙觀裡興享天主。這種生活，傾於靜默。對於世人世物，常多趨避。

2. 榮主救靈

孝敬天主的人，不能單單是坐享天主，他必定盡力行事，以求光榮天主。聖女小德蘭爲一苦修會修女，終身不能出院門，且不能隨便見客；然而她仍舊盡心盡力，在修院內引導同伴，加倍愛天主。而且少時有志在傳教區工作，後來不能成志，便把在修院內的祈禱克苦，獻於天主，相助傳教士們多有成績。

因此榮主救靈，爲享有「妙觀」的人，必有的條件。

耶穌降生成人，一心所屬圖謀的，常是聖父的光榮，和救贖人類。登入「合界」的人，全心同耶穌相結合，以耶穌的心爲心；他便不能不同耶穌一樣圖謀天主的光榮，拯救犯罪的人。

聖依納爵一生的標語，是「爲天主更大的光榮」。既然爲天主更大的光榮去工作，工作就該作的更完滿；既然爲天主更大的光榮去謀事，事情便該選擇更可光榮天主的；既然爲天主更大的光榮而生活，一言一行都該求其盡善盡美。

在「合界」的人，他的榮主救靈，第一是最誠切。他既以耶穌的心爲心，他以天主的光榮作爲自己的光榮，以人靈的益處，作爲自己的益處。他爲榮主救靈，必有廢寢忘食的精神。

但是他的內心，又必定是安靜不燥；因爲他不以自己的私心，參雜進去。一切都順隨天主的聖意，收效也好，不收效也好，他只知道盡心力去做，因此「合界」的人的榮主救靈，又是最不自私的。

雖是不務外，不求急效，「合界」的人的榮主救靈，必定收效很豐。因爲他們愛很重的心既很熱切，他們的工作也是祈禱，天主不能不聽他們的祈求。收效豐富，便是「合界」的人的榮主救靈的第三種特點。但這些效果，不一定常顯於外面，精神上的成績，有時只有天主知道。

中國儒家孝道的大孝，在於尊親。真心以耶穌的心爲心而孝順天主的人，一思一念，常在尊榮天主聖父。

三、同　化

1. 出神入化

既入「合界」的人，天主常賞給他多種的特恩。例如「心安神樂」，「出神入化」，「領受五傷」，「締結神婚」，「顯靈治病」，「預言未來」，等等奇恩特惠。在這些特恩裡，有兩種表示「合界」的精神境界，至高無上，至全無缺：這兩種特恩是「出神入化」和「締結神婚」。

「出神入化」（Unio extatica）按照神學家的解釋，「是失去知覺而心則同化於天主」（Suspension des sens exte'rieurs et absorption de e'ame en Dieu）。㈣「出

神入化」是一種暫時性的現狀，可暫可久，短則幾分鐘，長則幾小時。在出神入化的時候，外面的器官，完全停止行動；視而不見，聽而不聞，傷而不痛。眼睛注視旁人所不能見的一種對象，全身不動。間而口中作語，間而身體離地上升，懸於空際。

外面的感官，完全不動了，內心則完全被天主所攝住，似乎同化於天主。天主用一種極強的精神光明，朗照內心的理智，又用一種極強的超性愛情，吸引內心的意志。於是人在這一刻只知道興享天主，愛慕天主，失去了別的一切知覺。譬如人有時全心專注在研究一個問題時，心神被這個問題所攝住，可以忘記或不感到其餘一切的事。「出神入化」，內心整個被天主的美善所攝引；這種攝引，超過任何世事世物的攝引，同時內心也充滿一種洋洋的神樂。

2. 締結神婚

「神婚」這個名字，只是一個象徵詞。中國儒家對於婚姻，重在接「萬世之嗣」；歐美人對於婚姻，重在男女愛情的結合。公教的興盛，在於歐洲；因此便藉用「婚姻」兩字，以代表人心和天主的結合。

婚姻的結合，使男女的兩心合成一心，使男女的兩體合成一體，使男女的生活成爲同一的生活。這種結合是人世最高的結合。把婚姻提到精神超性界，以人心和天主的結合，稱爲「神婚」，這種結合，便認爲精神最高的結合。

升入神婚境界的人，他的內心同天主有一種極親密的結合，好像夫婦間的親密，使兩人間沒有隱秘，彼此的生命都相通了。聖女德肋撒曾比譬升入神婚界的靈魂如同天上落下的一滴水，落入天主江中，和江中的水相合，不分彼此。(五)

婚姻在教會的教義上，是不能離散的；那麼升入神婚境界的人，同天主也將不會分離了。同天主不分離，即是說不再犯罪；升入神婚境界的人便將不再犯罪了。聖孛若望的意見，認爲不再犯罪是神婚境界的必然結果。(六)有的神學家則以爲神婚境界可以使人常避大罪，有的則說可以使人避免慾情的行動，不致故意犯大小諸罪。(七)

婚姻使男女的生活結合爲一；升入神婚境界的人，也將得有天主特別的聖寵，叫他的生活同化於天主的生活。這種同化，藉著極強的超性愛情而發作，表現於人的思想言行，以致一思一念，都跟天主的思念相合。這種境界即是天堂境界的初步。神婚境界的生活，即是天堂生活的開端。精神生活達到了這一步，算是到了極峰，以後就是天堂的面見天主了。

一九五四年三月七日神哲學主保聖多瑪斯節起稿

一九五四年十二月三日傳教主保聖方濟各沙勿略節脫稿。

註：

(一) 見R. Gurtigou Lagrang-Les trois ages de la vie interieure ed Du Cerf. 1938 V.II. p.415.

(二) 羅光　生活的體味　第一百二十九頁。

(三) 靈心小史第六章。

(四) Tanquerey-Pre'cis de The'ologie ascetique et mystique. VII.ed. p.912. Garrigou-Lagrange o. c. p.684.

(五) The complete works of S. Theresa of Jesus.-Shexd and Ward. Vol.II.p.335.

(六) The complete works of S. John of The Corrs.-The Newman Bookshop.-VOL. p.II.308.

(七) Garrigou-Langrang-o. c. p. 700.

中西名對照

A

Abraham	亞巴漢
Abstinentia	小齋（克制）
Actus	現實
Actus humanus	人的自由行為
Actus purus	絕對現實
Adam	亞當
Adoptionismus	義子說
Adoratio	敬拜，欽崇
Agnosticismus	不可知論
Ambrosius s.	聖盎博羅削
Analogia	類似
Amnima	靈魂
Animismus	精靈論
Apolinarius	亞波里那里
Arius	亞里阿
Augustinus s.	聖奧斯定
Autosugeestio	自我暗示

B

baptismus　聖洗

bauer b.　保厄爾

baur c.　保爾

beatitudo　真福（真福八端：安貧、忍苦、溫恭、慕義、慈惠、淨心、和平、犧牲）

bergson　柏格森

billot　彼約

C

caritas　愛德

cappella sistina　西斯篤殿

castitas　潔德

cathedra　教座（法座）

catholica religio　公教

cerinthus　車杜林

Cicero　西塞洛

Clemens S.　聖格肋孟

Clerus　聖職員（神職班）

Clerus saecularis　教區聖職員

Clerus regularis　修會聖職員

Communio　領聖體

Communio omnium Sanctorum	諸聖相通功
Comte	孔德
Comcilium Oecumenicum	公議會
Comcilium Calcedonium	加爾車多尼公議會
Comcilium Vaticanum	梵蒂崗公議會
Confessio	告解
Confirmatio	堅振
Consortium divinae naturae	分享天主性
Contemoplatio	妙觀
Continentia	節制
Constantinopolitana	公斯當定堡
Contritio	痛悔
Contriito perfecta	上等痛悔
Contriito imperfecta	下等痛悔
Constitutio apostolica	教宗詔喻
Corpus mysticum	妙身
Corredemtrix	共同救世者
Creuzer F.	克洛益宅
Curia Romana	教廷
Cyrillus	亞啓里祿

D

Darwin	達爾文
David	大維

Delacroix	德拉克洛亞
Descartes	笛克爾
Deus	天主
De Vries	德福里
Decetismus	外表論
Dogma	教義信條
Dona praeternaturalia	性外特恩
Dona Spiritus Sancti	聖神的恩惠（聖神七恩：敬畏、孝愛、聰敏、剛毅、超見、明達、上智）
Dualismus	兩神論
Dulia	敬神論
Hyperdulia	最高的敬禮
Durkheim	杜耳根

E

Emanuel	厄瑪努爾
Ens	存在體
Ens reale	實體
Ens materiale	物質體
Ens spirituale	精神體
Ens a se	自有自生體
Ens ab alio	被生體
Ens accidens	依他體

Ens subsistens	自立體
Episcopus	主教
Patriarca	宗主教
Archepiscopus	總主教
Episcopus auxiliaris	助理主教
Episcopus Coadjutor	分理主教
Vicarius Generalis	副主教
Vicarius Apostolicus	宗座代牧
Praefectus Apostolicus	宗座監牧
Administrator Apostolicus	宗座代理
Ephesus	厄弗穌
Ephraem S.	聖厄弗冷
Epicureismus	享樂主義
Erode	黑落德
Error	錯誤
Esse	存在
Eubulia	善間
Eutiches	歐立格
Evolutionismus	進化論
Exemptio a concupiscientia	不染慾情
Exemptio a morte	不遭死亡
Exemptio ab ignorantia	沒有愚昧
Extrema unctio	終傅

F

Feticismus 拜物論

Fides 信德

Forma 性理

Fortitudo 勇德

Frazer J.G. 法瑟

Freud Sig. 福洛特

Fuerbach 費爾巴哈

G

Giubileum 聖年

Gnome 明辨

Gratia 聖寵

Gratia patriae 天上的聖寵

Gratia viae 世上的聖寵

Gratia externa 外在的聖寵

Gratia interna 內在的聖寵

Gratia gratis data 利人的聖寵

Gratia gratum faciens 利己的聖寵

Gratia habitualis 長期的聖寵

Gratia actualis 當時的聖寵

Gratia sanctificans 聖化的聖寵

Gratia efficiens	生效的聖寵
Gratia sufficiens	足用的聖寵
Gratia excitans	發動的聖寵
Gratia adjuvans	支持的聖寵
Gratitudo	知恩
Gregorius S.	聖額我略
Gregorius S. Nyssenus	聖額我略尼森
Guyau J.M.	貴約

H

Harnack	哈納克
Hegel	黑格爾
Hierarchia	聖統制
Hobbes	何布斯
Hume	休謨
Humilitas	謙德

I

Idealismus.	唯心論
Igonrantia	愚味
Indulgentia	大赦
Indulgentia Plenaria	全大赦
Indulgentia Partialis	小大赦

Indulgentia Vivorum	生者大赦
Indulgentia Mortuorum	亡者大赦
Individualismus	個人主義，唯我主義
Individuationis principium	單體素
Individuum	單體
Infernum	地獄
Intuitio	直觀
Isaia	義灑雅

J

James W.	威廉詹姆士
Judicium Universale	公審判
Judicium particulare	私審判
Justificatio	聖化
Justitia	正義，義德
Justia legalis	公義
Justia commutativa	正義

K

Kant	康德
King J.H.	若翰金

L

Lactantius	拉克單啓烏
Lang A.	龍安德烈
Lamark	拉馬爾克
Lagarange	拉克朗基
Lebreton	肋布肋東
Leibniz	萊布尼茲
Lessing	肋深
Lex	法律
Lex divina	神律
Lex aeterna	永遠規律
Lex naturalis	性律
Lex positiva	後天法
Lex civilis	民法
Lex ecclesiastica	教律
Libertas	自由
Litterae encyclicae	教宗通論
Loisy	羅雅斯
Lock	洛克
Lubbock	魯波克
Lutherus	路德

M

Margismus	巫術論
Magnanimitas	大志
Maguificentia	慷慨
Marret R.R.	馬肋
Materia	物質
Materialismus	唯物論
Materimonium	婚姻，婚配
Maus M.	莫斯
Mc Lennen J.F.	馬克冷南
Meditatio	默想
Mediator	中保
Mediatrix omnium gratiarum	（聖寵施主）諸惠中保
Meritum	功績
Meritum de condigno	正義功績
Meritum de congruo	情理功績
Miraculum	靈蹟
Miraculum supernaturale	超乎自然的靈蹟
Miraculum contra naturam	反乎自然的靈蹟
Miraculum praeternaturale	外乎自然的靈蹟
Missa	彌撒
Modernismus	時髦主義
Modestia	端重

Mortificatio	克慾
Monophysismus	一性論
Monotheismus	一神論
Motu Proprio	自論
Monsignore	主卿、教卿、蒙席
Micheangelus	彌格安琪洛
Moralitas	倫理
Mysterium	奧義

N

Natura	性
Newton	牛頓
Nestorius	奈史多略

O

Oratio	祈禱
Ordo Naturalis	本性界
Ordo supernaturalis	超性界
Ordo Sacri	聖品、神品

P

Patres S.	教父
Pantheismus	汎神論

Parrochus	本堂司鐸
Paulus Apostolus	聖葆樂宗徒
Paulus Goottlob	保祿斯
Patientia	忍耐
Pellagius	白拉奇
Perseverantia	堅忍有恆
Peccatum	罪
Peccatum Originale	原罪
Peccatum grave	大罪
peccatum veniale	小罪
Persona	位
Petrus S.	聖伯鐸祿
Pietas filialis	孝德
Politheismus	多神論
Positivismus	實徵論
Potentia	潛能
Potestas	權力
Potestas Jurisdictionis	統治權
Potestas Ordinis	聖品權
Pragratismus	實用主義
Preus K.	布洛益斯
Procidentia divina	上主的亭毒
prudentia	智德
Prummer	布魯墨爾

R

Rationalismus	唯理論
Reimarus	萊馬錄
Redemptio	救贖
Renan	肋南
Regina ceali et terrae	天地母后
Revelatio	啓示
Revelatio directa	直接啓示
Revelatio indirecta	間接啓示
Revelatio lato sensu	廣義啓示
Revelatio strito sensu	狹義啓示
Ressurectio	復活
impassibilitas	肉身復活後享有：
levitas	不傷（神健）
agilitas	至輕（神透）
clasitas	靈便（神速）輝耀（神光）
Rousseau	盧梭

S

Sacerdos	司鐸
Sacramentum	聖事
Sacruficium	祭祀

Sancta Sedes	聖座
Sanctae Congregationes	聖部
Sancititas	聖德
Sabatier	撒巴提葉
Samosatenus Paulus	撒莫撒得諾
Scepticism	懷疑論
Schleirmacher	希來爾馬格爾
Schmidt W.	史彌特
Scientia beatifca	常生的天識
Scientia infusa	天賜的智識
Scientia acquistita	學識
Semler	森肋爾
Severus Sulpicius	蘇彼啓烏
simplex omnio	最純淨的
Smith W. Robertson	斯米特
Spencer	斯賓塞
Spes	望德
Spinoza	史比諾匝
Subjectum	主體
Substantia	自體
Suppositum	單體
Sylvester S.	聖西爾握思
Synesis	明辨

T

Temperantia 節制，禮
Timor 畏懼、戒慎
Thomas S. 聖多瑪斯
Toteismus 圖騰崇拜
Traditio oralis 口傳口授
Traditio apostoli ca 宗徒傳說
Tylor Ed. 太婁
Tyrell 戴肋爾

U

Unio hypostatica 本體的結合
Unio extetica 出神入化，同化於天主

V

Veritas 真理、誠
Vermeersh 握爾墨西
Vindicatio 報怨
Virginitas 童貞
Virtus 德、善德
Virtus infusae 天賜善德
Vrtus theologicae 天德

Virtutes morales	倫理道德
Virtutes cardinales	達德
Visio beatifica	與享天主
Visio intuitiva	真見
Violentia	暴力
Vogt	火克
Voltaire	瓦爾特
Voluntas	意志
Via purgativa	煉路
Via illuminativa	明路
Via unitiva.	合路

W

Wundt	翁特
Wolff C.	烏爾夫

羅光全書

冊廿三之四

天主的使者

臺灣學生書局印行

此書謹獻於

在臺灣服務的神父

天主的使者

目錄

教會與人類的救恩

傳播福音與促進發展

基督的肖像

一、基督的問題

德國當代著名神學家拉內神父（Karl Rahner）寫了一本書，名為《今天是否還可以有基督信仰》。法國當代著名宗教作家貴東（Jean Guitton）寫了一本書，名為《耶穌》。兩本書都先將基督作為信仰的問題。

我們想研究司鐸的肖像，先就要研究基督的肖像，研究基督的肖像，先要研究對基督的信仰。

我們信基督是救世主，我們信基督的信仰可以改善世界；但是這種信仰，在今天思想潮流趨向無神論的世界裡，是不是可能？是不是有價值？歐美的人民，都信仰基督；可是歐美人民的道德，並不比亞非不信仰基督的人民的道德更高尚。

歐美的人民，素來信仰基督，然而今天的歐美人，很多已經表示對於這種信仰，漠不關心。而且今天的科學，日新月異，根本上和宗教不發生關係。

我們爲什麼要信基督？信仰基督對於我們的生活，對於我們的文明，有什麼益處呢？

當代社會的思想是人文主義，以人作爲宇宙的中心，以人作爲宇宙的主人。科學的進步，擴張了人的能力，使生產力加高，享受物品增多，控制自然的能力日益加強。當代的人想不到宗教對於他們還有什麼關係，他們覺得有神或沒有神，對於他們的知識，對於他們的科學，對於他們的生活，沒有影響，並且覺得以往宗教的信仰，帶著傳統的思想和倫理習慣，足以妨礙他們的進步。

因此我們若向中國同胞宣傳基督福音，他們必定要問爲什麼要信基督？

當代人的心中，對於宗教信仰，是不是還留有位置呢？

王陽明曾經說：「良知在人，隨你如何，不能泯滅，雖盜賊亦自知不當爲盜。喚他做賊，他還忸怩。」（王陽明全書 卷三）

今天做賊的人，也仍舊有不當做賊的良知。今天負責教育青年的人，仍舊努力培植青年人的這種良知心。

科學現在是進步到不可思量的地步了，人的工作效力也擴張到非常高的程度。然而現在人心裡的空虛，人心裡的痛苦，也較比古代的人更重，因爲人的力量增大，人的慾望也隨著增大。人心的慾望是無限的，物質則是有限的；物質的享受無論怎樣高，總是在有限的範圍以內。以有限的物質，去滿足無限的心，人心常感到空虛不足。

歐美的文明，是歐美人的光榮。他們以文明人的精神，願意幫助亞非不文明的人進入文明。文明人的衣食住行，使亞非人的社會有了很快的進步。可是亞非的社會是不是因此更安寧，更快樂，更有道德？一般人的感想，是文明造成了更多的罪惡。

當代醫學的進步，使嬰孩的死亡率減低，使人的壽命增長。現代的醫生已經開始換心換內臟，開始發明療治毒瘤的藥劑，將來可以到沒有病不能治療的境界。但是人會不會便因此長生不死呢？沒有一種哲學，沒有一種科學，主張人可以永久活在世上。道教雖然信人可以成仙，佛教雖也信人可以成佛，仙佛的境界，並不是人世的境界。凡是人，必定有死。

生死的問題，罪惡的問題，痛苦的問題，幸福的問題，良知的問題，從人類開始存在，一直到現在，也一直到人類的末日，常是人心的大問題，科學的文明不能取消這些問題的存在，不能答覆這些問題的疑問，也不能減少這些問題的重要。人類從開始存在時就對這些問題予以答覆，即是各民族的宗教信仰。

宗教信仰乃是人心的要求。

民族學家，社會學家以及現代的歷史哲學家，都把人類的進化，分成若干階段，在每個階段裡，有適合民族文化的宗教信仰，從迷信神話，物體崇拜，進步到宗教的理性化。在今天凡事都要說出理由的時代，宗教信仰也應該說出信仰的理由。神話經不起考古學的檢討，迷信經不起科學的分析，偶像經不起哲學的推敲，今天的宗教信仰，是在光天化日下，大家可以看得出信仰理由，總可以存在。

宇宙萬物，若是不能自有，需有一位創造之神；創造之神，按理說應該是一位超乎宇宙之神。若是人類每個人的心中，都有幸福的要求，按理說人類該當得到這種幸福的滿足。若是每個人都有善惡良知，每個人又都以作惡爲可恥，按理說人就該當常做善事而不做惡事。若是每個人都怕死，都想長生長活，按理說人便該不死。基督的福音，信仰什麼呢？

信仰有一位創造宇宙的尊神，信仰人生的目的在追求無限的幸福，信仰人類的痛苦是由罪惡所造成。信仰罪惡是因人濫用自己的自由，信仰人濫用自由是因人類原祖自由違背造物主的命令而留下的餘毒，信仰罪惡使人反叛造物主而失去人的幸福，因而有死有失望，使人生失去了目的。

基督是誰呢？是造物主遣派來世的聖子，用自己的痛苦，補償人類的罪，引人歸向天主，成爲造物主的義子，渡高尚的精神生活，按照良知行善，而得永生的幸福。

基督的行傳，不是神話，可以經過考古學的檢討。基督的信仰，不是迷信，而是可以合於人的理性；基督的福音，不反對科學，而能將科學所不能答覆的人生問題，予以答覆；又能把機械所不能給予人的行善避惡的工具，賜給人們。

我們信仰基督，是使我們的生活趨向該去的目的，是使我們的生活因著目的而更完善而更幸福，是使國家社會享有平安，獲得進步。

基督的信仰，是今天追求真理喜愛科學的人的宗教信仰，是在理性的光明下可以答覆人生問題的宗教。

二、基督是聖父的使者

每個民族的宗教信仰和神話傳說，都相信人應獻祭贖罪，又相信應有神所遣派的使者救人出於罪惡。中國的孔子、孟子，尚且自信負有上天賦予教人的責任。這種普遍的信仰，代表一樁史事所造成的需要。人類的原罪是一樁歷史性的事實，原罪需要一位高於人類的贖罪者，使人重與造物主歸於和好。因此舊約聖經和新約聖經互相連貫，共同述說人類得救的歷史。

在原罪既已成了事實以後，上主對引誘犯罪的魔鬼說：「我要將仇恨置於你和女人之間，你的敗類和女人的後裔常為仇敵，女人的一個後裔要踏碎你的頭顱。」（創世紀　第三章第十五節）

人類的歷史向前進行，救贖的歷史也逐漸顯明，上主救人的計劃按步實現。

降生前兩千年，上主向以色列民族的始祖亞巴郎說：「我與你立約，你要成為萬民之父。」（創世紀 第七章第十四節）「靠著你的一位後裔，天下萬民將得祝福，地上萬民要因你的後裔蒙受祝福。」（創世紀 第二十六章第四節）

上主選擇了亞巴郎的後裔，作為自己的子民。從亞巴郎的後裔裡，將出生使萬民得到祝福的救主。再過了一千年上主又和猶太王大衛訂立盟約：「我與僕大衛，曾訂一盟誓：保定爾宗室，皇輿永不替。……後嗣必常興，宗室如大明，明證懸中天，有如月之恆」（聖詠第八十九首）。聖詠所說的大衛王後裔，經學家都認為指的是上主所許的救主。

大衛死後兩百年，以色列一位先知依撒意亞寫了一本預言詩，預言了救世主的遭遇，並且指出救主將由一位童貞女懷孕而生：「淑哉貞女，懷孕誕子，人將呼之，愛瑪努爾。」（馬竇福音傳 第一章第二十三節）。和依撒意亞同時代的另一位先知米該亞，又預言了救主將誕生於白冷郡：「猶太地，百利恆，猶太諸邑中，爾非最可輕；當有王者自爾出，彼將牧我義塞民。」（馬竇福音傳 第二章第六節）

美國著名演說家沈福棟主教（Fulton Sheen）在所著的《基督傳》第一章，標明基督為唯一的一位，在誕生以前，已經預先被說明了。

基督被遣來世的時間到了，上主的天使代表上主向童貞女瑪利亞詢問同意：「你將懷孕，產生一子，給他起名叫耶穌。他乃是宇宙間最大的。將稱爲最尊者的兒子，天主要把大衛的王位賜給他，他在雅各伯的後裔裡，永享王位，國祚無疆。」（路加福音 第一章第三十一—三十三節）

基督在白冷郡誕生了，天使向牧童們報告喜訊：「我來給你們報告喜訊，救主基督，剛纔誕生在大衛故鄉。」（路加福音 第二章第十節）

基督誕生四十天，按照梅瑟的禮規，被獻於耶路撒冷的聖殿，聖殿裡一位老者西默翁，將嬰孩耶穌接到手中，向天主說：「主啊！現在可以照你的話，讓你的僕人安然去世了；因爲我已經親眼見到你所許的救主，即你在萬民前所預備之救主。他是爲啓示異郡的光明，是你百姓以色列的光榮。」（路加福音 第二章第二十九節）

耶穌開始傳道，由若翰受洗。若翰爲他作證：「看啊！天主的羔羊，除免世罪者。」（若望福音 第一章第二十九節）

耶穌講道，常說自己是被聖父派來的。他說：「我有比若翰更大的證據，即父所托付我要我完成的工程，就是我所行的這些工程爲我作證：證明是父派遣了我。派遣我來的父，親自爲我作證。」（若望福音 第五章第三十六節）

「我的食物就是奉行派遣我者的旨意，完成他的工程。」（若望福音 第四章第三十四

節）

「父不審判任何人，但他把審判的全權交給了子，爲叫眾人尊敬子如同尊敬父；不尊敬子的，就是不尊敬派遣他來的父。我實在告訴你們，聽我的話，相信派遣我者，便有永生，且不受審判，而已出死入生。」（若望福音 第五章第二十二節第二十四節）

「你們也認識我，也知道我是那裡來的；我不是由我自已而來，而是那真實者派遣我來的。」（若望福音 第七章第二十八節）

「我的言論不是我的，而是派遣我來者的。」（若望福音 第七章第十五節）

「信我的，不是信我，而是信派遣我來的；看見我的，也就是看見那派遣我來的。……我沒有憑我自己說話，而是派遣我來的父，他給我出了命，叫我該說什麼，該講什麼。我知道他的命令就是永生；所以我所講論的，全是依照父所給我說的而講論。」（若望福音 第十二章第四十四節—五十節）

「我實實在在告訴你們：子不能由自己作什麼，除非他看見父作什麼，纔能作什麼；凡父所作的，子也照樣做。」（若望福音 第五章第十九節）

基督的言行，完全以聖父的使者自居。好比一個政府的使者，爲國家的事，都要請示於政府；基督在生，一言一行，都是請命於聖父。

聖保祿宗徒說明基督的身份，說的很明白：「時期一到，天主就派遣了自已的兒子來，生於女人，屬於法律權之下，好贖出在法律權下的人，使我們獲得義子的地位。」（迦拉達書 第四章第四——五節）

基督的身份，是聖父的使者之身份。聖父爲援救負有罪債的人類，派遣聖子降生人世。聖子降生，乃是奉聖父之命而來。基督很重視自已的這種身份，在最後晚餐裡他聲明信仰他的人，就是要相信他的這種身份。基督向聖父說：「現在他們知道了凡你賜給我的，都是由你來的；因爲你所授給我的話，我都已經傳給了他們，他們也接受了，也確實知道我是出於你，並且相信是你遣派了我。」（若望福音 第十七章第七——八節）「使他們也在我們內合而爲一，爲叫世界相信是你派遣了我。」（同上 第二十一節）門徒們要爲耶穌作證，作證他是聖父所派遣的使者。

三、基督是人的中保

聖子被遣來世，爲救贖負了罪債的人類。罪過是什麼？罪惡是使人違逆天主的惡事，是使人背反生活目標的壞行。聖子被遣來世，是爲做人類的救主。

爲救人類，須補贖人所犯的罪。基督遂奉獻自已的生命，作爲贖罪之祭，在十字架上，完成了贖罪的祭祀。把人類和天主間的敵意消除，使人重歸於天主，成爲天主的義子。聖若翰曾作證說：「看！天主的羔羊，他贖免了世界的罪。」（若望福音 第一章第二十九節）聖保祿宗徒說：「基督愛了我們，且把自己交出，替我們獻於天主作爲馨香的供物和祭品。」（厄弗所書 第五章第二節）「基督按照我們父的旨意，爲我們的罪惡，犧牲了自己，好救我們脫離邪惡的現世。」（迦拉達書 第一章第四節）

聖伯多祿宗徒說：「該知道，你們不是用能朽壞的金銀等物……而是用無玷無瑕的羔羊基督的寶血，被贖出來。」（伯多祿前書 第一章第十九節）

我們被贖出來，由基督把我們交與聖父，聖父不念前惡，認我們爲義子。人類便和天主和好了。「因爲基督是我們的和平，他使雙方合而爲一，他以自已的肉軀，拆毀了中間阻隔的牆壁，就是雙方的仇恨……並以十字架誅滅了仇恨，也以十字架使雙方合成一體，與天主和好。」（厄弗所書 第二章第十四──第十六節）

基督祭獻自己血肉的祭祀，只舉行了一次。他的一次犧牲，已經可以全數除免世人的罪。但是人爲能領到救贖，要和基督相結合，因著基督而合於天主聖父。我們因此領受洗禮，在洗禮以內，我們洗除了罪惡。聖保祿說我們在聖洗中，同耶穌一起死，再同耶穌一起復活。「我們是藉著洗禮已歸於死亡與他（基督）同葬了，爲的是基督怎樣藉著父的光榮從死者中復活了，我們也怎樣在新生活中度生。」（羅馬書 第六章第四節）

但是我們人懷有自由之權，在領了洗以後，我們仍舊可以回到罪惡裡；因此，爲使我們常常可以歸於天主，需要基督救主常常把我們領向聖父；因此，「他常常活著，常常爲我們作保。」

基督救主的工程，乃成爲中保的工程。聖保祿宗徒乃說：「天主是唯一的，在天主和人之間的中保也是唯一的，就是基督耶穌那位人。他曾奉獻自己，爲眾人做救贖價。」（弟茂德前書 第二章第五節）

中保是站在兩者之間，和兩方面都有聯繫，然後使不同或是相敵的兩方，能發生友好的關係。基督係天主聖子，降生成人，他既是天主又是人，乃是站在天主和人的中間，爲人作中保。

聖奧斯定說：「基督是天主和人的中保：因爲他同聖父是天主，同人們是人。中保不能是人，而沒有天主性；也不能是天主而沒有人性。沒有人性的天主，不是中保；沒有天主性的人也不是中保。只有在唯一的天主性和唯一的人性當中，是天主又是人的基督才是中保。」（講道集 第二十篇第二十一節）

中保是一座橋樑，貫通兩岸。中保又是一位轉達者，將人的祈禱，獻於天主，把天主的恩惠，賜於人們。中保又是人的代禱者，替人祈求聖父赦罪，代人獻贖罪之祭。這種中保的身份，乃造成司鐸的身份，而成爲鐸品的本質。聖保祿宗徒說：「他雖是天主子，卻由所受的苦實習了服從，且在完成了祭祀以後，爲一切服從他的人成就了永遠救恩的根本，被天主宣稱爲按照默基瑟德品位的大司祭。」（希伯來書 第五章第八—十節）

中保是救贖工程的延長，基督做我們人的中保，即是繼續做我們的救主。他復活了以後，他的整個人性—靈性和肉身，永遠和天主性相結合。他在天堂上，常是天主又常是人。凡是受了洗禮的人，因著聖寵和基督結合成一妙體，再因著基督而與天主相結合。基督是人到天主的橋樑，又是結合人和天主的鎖鏈，這就是基督的鐸品，他的鐸品永久長存。聖保祿說：「他因爲永遠常存，乃具有不可消逝的司祭品位。因此，凡經他接近天主的人，他全可以拯救他們；因爲，常活著，常爲他們轉求。」（希伯來書 第七章第二十四—二十五節）

四、基督司祭

基督被聖父遣派來世，職位是永久大司祭。大司祭職位所該作的職務，在於祭獻贖罪的犧牲，在於爲人代禱。贖罪和代禱，乃是替人在天主前作中保。

聖保祿宗徒說：「凡是大司祭都是為奉獻供物和犧牲而立定的，因此這一位也必須有所奉獻的。」（希伯來書 第八章第三節）「基督一來到，就作了未來鴻恩的大司祭，他經過那更大更齊全，不是人手所造，不屬於受造世界的帳幕，也不是帶著公山羊和牛犢的血，而是帶著自己的血，一次而為永遠進入了天上的聖殿，獲得了永遠的救贖……為此他作了新約的中保……今後出現在天主前為我們轉求。」（希伯來書 第九章第十一——十二節、第十五節、第二十四節）

司祭奉行天主所賦的使命，為天主所派遣，司祭便由天主所選召。基督身為司祭，也是天主聖父所定，聖保祿說明這端大道：「事實上，每位大司祭是由人中所選拔，奉派為人行關於天主的事，好奉獻供物和犧牲，以贖罪惡。」（希伯來書 第五章第一節）「誰也不能擅取司祭的尊位，而應蒙天主召選，有如亞巴郎一樣，連基督也不是自己取做大司祭的光榮，而是那位向他說過：『你是我的兒子，我今日生了你』的聖父，光榮了他。」（同上，第五章第四節）

基督任大司祭的品位，並不像普通封官拜爵，爵位只是外在的名義和職位。大司祭的品位，乃是基之於基督的本體，司鐸是人在天主前的中保，應有人的特性和天主的特性；天主聖子降生為人，取了人性，乃成為天主而人的救主。在基督以內，人性和天主性的結合；是本體的結合，基督在本體上既是天主又是人。基督的鐸品就是建築在這種本體的結合上，他也因著這種結合，而成為人的中保。

我們幸而有了這等尊貴而崇高的司祭，我們的罪惡既能蒙天主的寬恕，我們的祈求也能蒙天主的垂允，同時我們獻於天主的祭祀和讚頌，能為天主所聽納。聖保祿宗徒說：「本來這等的大司祭對我們很相合。他是聖善的、無辜的、無玷的、不染於罪的、高過諸天的。他無須像普通的大司祭，梅瑟要先為自己的罪，後為人們的罪祭犧牲；因為他奉獻了自己，只一次而為永遠將這事完成了。因為法律所立為大司祭的人，都有弱點；在梅瑟法律以後，天主恩許所立的聖子，卻是成全的，永遠存在。」（希伯來書 第七章第二十六節、第二十八節）

教會與人類的救恩

一九七二年正月二日在基督生活團冬令營講

日本佛學專家鈴木大拙在所著《禪與生活》一書裡，曾經說：「如果我們以爲任何現存宗教體系都是它的教祖完全成熟的心靈產物而傳給後代的，因而後繼者對其教祖及其教訓應做的事，只是接受教祖及其教訓而視之爲神聖不可侵犯的遺產—不可爲信徒個人的精神體驗之內容所侵犯的一種寶藏，那麼，這就是一個大大的錯誤，因爲這種看法沒有考慮我們自己的精神生活是什麼，並且把宗教徹底僵化了。」（禪與生活　劉大悲譯　志文出版社印行　民六十年　頁四七）

又說：「因此，基督教不但是由基督本人的教訓構成的，也是由耶穌死後關於耶穌的人格及其教義所累積的一切教條的或思辨的解釋構成。換句話說，基督並沒有創立所謂基督教，只是祂的追隨者把祂看成基督教創始者。……但是從現代基督徒的觀點來看，他們非常確切地使我們相信，他們的宗教要歸源於『唯一的起點並歸功於最初的主要人物』，即耶穌

基督，並使我們相信，不論在其宗教內容中看到的解釋和變化有多少，都不阻礙他們特有的基督信仰。」（同上 頁五一）

鈴木大拙的思想，不是新的思想，十九世紀法國的勒南（Renan）和洛亞西（Roisy）早已說過：「天主教的信仰和教會不是基督本人所立，是後世信徒的信仰之結晶。」法國哲學家柏格森常主張人的自我人格在於蓬勃的生氣，人的宗教生活是自我精神和天主相結合的經驗，經驗日新月異，不能由有組織的宗教去制裁。目前這種思想很盛行歐美社會，印度和日本研究宗教的學者，也受這種思想的影響。鈴木大拙更以這種思想來解釋佛教的「禪」。

我們今天要研究的題目，即是教會與人類救恩的關係。人類的得救要通過教會，教會乃是人類救恩的聖事和標誌。

一、教會為人類救恩的聖事

要一個人信有天主，並不是難事。中國人從古就信有上帝或上天，《詩經》《書經》很明顯地表現這種信仰。歷代皇帝祭天，歷代詩人信造物主，歷代農夫信靠天吃飯，歷代社會的一般人都信上天賞善罰惡。到了今天雖然科學思想盛行，但是信宇宙有一造物主，在理論上說並沒有困難，並沒有衝突。

但是要使人信天主降到了世上，在童貞女的胎內成了人，這個人乃是耶穌基督，基督爲人類的救主，這種信仰便難了。每個人都可以有許多問題。

再進一步，要人信仰基督施給人救恩，創立了教會，教會乃是唯一的橋樑，使人得救；這種信仰便更難了，每個人可以有的難題很多。

我們現在一步一步地說明這種信仰的理由。

1. 救恩

什麼稱爲救恩？或者說救恩是什麼呢？救恩是人的得救。人的得救又是什麼呢？人的得救是人和天主相結合。

人因著罪惡脫離了天主，追求現世的不合理的享受，死後永遠遭受與天主分離的痛苦。天主造生人類的宗旨，本來規定人是天主的子民，經過了現世的生活以後，永遠和天主在一起，享受同居的快樂。人類犯了罪，人心不知道歸向天主，而歸向世物，不管合理不合理，一心追求世物中的享受。但是人越追求事物，心理越感到不滿足。人心生來有求真、求美、求善的傾向，但是世物中沒有一件可以在這方面滿足人心的需要。

同時人心因著慾情的蒙蔽，看不清楚真美善的所在；而且受著慾情的趨使，向著假的真善美去追求快樂，墮入罪惡的深淵，愈墮愈深，終至不能自拔。

爲救人拔出罪惡的深淵，第一要使人心向善，第二要使人知道真善美的所在，最後使人和天主相結合。天主乃是真善美的主體，人心歸向天主而和天主相結合，乃能安定，乃能滿足。這就是人的救恩。

2. 基督是人的救恩

天主和人，中間的距離超過天地的懸離。若不是天主自己願意人成爲祂的子民，享受和祂同居的快樂，人自己本身不能想也不能達到這種境界。成爲天主的子民或成爲天主的鏡子，乃是享有天主的生命。天主的生命是天主所有，祇有天主能夠賜給人。

在造生人類之始，天主決定以自己的生命給人；可是人竟愚昧地輕視這種神聖生命，拋棄了不要，甘願在罪惡和痛苦裡去生活，誰能再以天主的生命給人呢？仍舊祇有天主可以把自己的生命給人，天主爲救拔墮落的人，乃遣聖子降生人世，取名基督耶穌。

基督耶穌由童貞女瑪利亞誕生，在猶太宣傳福音，啓示人以追求真善美的正道，然後捨身爲贖人類罪惡的犧牲，死在十字架上，使人類可以脫除罪惡，重新成爲天主的子民，和天主相結合。人類因此得了救恩。

基督本人聲明自己是天主聖子，自己和聖父同體，並且聲明自己和聖父一樣要給人生命的權能，也聲明自己將審判全人類的善惡。

爲作證自己的聲明是真的，基督顯行靈蹟。靈蹟是一種記號，是一種標誌，也是一種證明：表明基督是天主聖子。靈蹟不是我們人的工作，而是天主的工作；基督既是天主，當然祂的工作都是靈蹟。從我們一方面去看，我們既看到了基督顯行靈蹟，我們便可以知道祂是天主。

基督的整個一生，乃是一個大靈蹟，同時也是一種大啓示。因爲天主成人，度著人的生活；人成天主，度天主的生活；這豈不是一個大靈蹟嗎？天主成人，度人的生活，豈不是給人們啓示天主的生活嗎？靈蹟和啓示，不單單證明基督是天主，賜給了人類救恩，而是基督本人就是救恩；因爲人性和天主性在基督身上相結合成爲一位，就象徵人類的得救，就是救恩的標誌。

3. 教會是救恩的聖事

基督本身就是人類的救恩，因爲祂賜給人救恩；基督本身是救恩的標誌，因爲祂象徵救恩的生活；這兩椿事實，都由教會來繼續，教會因此就成爲救恩的聖事，成爲救恩的標誌。

基督既然是降生成人的天主，給人類得救的救恩；祂從祂自己方面和人類方面去看，祂的救恩工作便要按著人的方式去進行。在基督自身方面，祂是人，便有離開世界的一天；祂就要計劃怎樣繼續自己的事業；在人類方面，救恩是使人得救，便要用人去把救恩給人。因此基督創立了教會，教會是祂救人工作的繼承者，教會是把救恩給人的工作者。

教會是什麼呢？教會是基督創立的團體，由天主子民而組成，作爲救恩的聖事和標誌。天主子民因著聖洗取得基督的生命，和基督結成一體；基督便繼續在天主子民裡生活，教會便是基督的奧體；而且又就是基督。

甲、教會給人以救恩

教會宣講基督的福音，給人信仰基督的信仰；因著信仰而給人授洗，賜給人以基督的神性生命，使人和天主相結合而取得救恩，再又繼續培養人的救恩生命，給人施行其他聖事。

教會施行聖事，乃是做基督的工作。教會做基督的工作時，在內部由天主聖神去執行，在外部用聖職人員去執行，這是基督自己規定的方式。沒有聖神，不能有救恩的工作；沒有聖職員，也不能有救恩的工作；聖神和聖職員，合成教會的救恩工作。因此，教會乃是人類救恩的聖事。聖事是什麼？聖事是救恩聖寵的形式代表。有聖事，便有救恩聖寵；教會賜給人救恩，便可稱爲救恩的聖事。

人爲取得救恩，就要經過教會。當然每個人在自己心靈內可以直接和天主相近，用不著外面的教會制度；但爲認識天主，需要教會所宣傳的信仰；爲接近天主，需要先領聖洗；爲培養自己的精神生活，需要教會的聖事。教會供給人救恩，使人與天主相結合；但每個人要自己去發揚這種與天主相結合的生活。這就是每個人的宗教生活，或精神生活。這種精神生活是每個人內心最隱密、最深淵的活動，教會不能予以操縱，或加以限制。

乙、教會是領有救恩的子民

天主造生了人，不是一個人，而是一個人類。天主願意提拔人類，授與神性的生活，和天主相結合，集成一個整體。在天主方面，人類的整體，不是因爲人都是人，都有人性，而是因爲人有天主的神性生命，有如同一父母的子女，因著血肉的關係，互相結成一個整體。

人犯了罪，破壞了天主的計劃，和天主相分離，彼此也成爲不相識或互相仇視的個體。

天主聖子降生，給人救恩，重新按照天主聖父的計劃，使人因著神性的生命而成一個整體。這種整體，就是得有救恩的天主子民。

爲象徵救恩裡的天主子民，舊約裡有天主所選的以色列民族，即猶太民族。猶太民族在舊約時期代表並象徵新約的天主子民。基督降生，開始救恩的工作，便招收信仰祂的人，作爲天主的義子。聖若望福音第一章開端便說明基督爲天主聖言，聖言降世成人，給信仰祂的人，以天主義子的身份。天主義子結合成一個整體，稱爲天主的子民。天主的子民就是基督創立的教會。

因此，第二屆梵蒂岡大公會議在傳教法令裡聲明：天主給人救恩，不是使領受救恩的人各成一個單體，而是使他們結成一個新的團體，成爲天主的子民。救恩的來，由天主子民的國而來；人得救恩，是加入天主子民的團體。可見，人得救恩是經過教會，成爲教會的肢體。目前，我們常講教會團體意識，提倡教會團體生活，理由就在發揮天主子民的意義。

我們並不說，在天主教會以外，人便不能得到救恩。天主是全能的，祂要救誰，可以在所規定的通常領受救恩的途徑以外，予以非常的領取救恩的方法。但是教會乃是人爲領受救恩的通常途徑。

二、教會是人類救恩的標誌

領有救恩的人，結成天主子民；天主子民即是教會，教會便是領有救恩的人。

領有救恩的人究竟怎樣？即是說天主的子民究竟怎樣？他們和沒有領受救恩的人有什麼不同？他們有什麼特徵？天主子民的特徵，使人看出來何者是領有救恩的子民，也就是使人可以分辨出來何者真真是基督所創的教會。

我們唸信經時，信經上說「我信唯一、至聖、至公、由宗徒傳下來的教會。」教會神父常以這四點爲基督所創立的教會之特徵。但別的基督教派別，都不承認，加以猛烈的攻擊。我們可以說這四種特徵，是教會理論上的特徵；在實際上教會表現得有救恩的天主子民所有特徵，則是第二屆梵蒂岡大公會議和教宗若望第二十三世所稱的在相愛中的合一。

天主子民的特徵便是合一，便是相愛。

1. 合一

領有救恩的人，是領了洗的人，是度基督奧體生活的人。聖保祿很嚴重地聲明：一個人的身體只有一個，身上的肢體當然很多。同樣，基督的奧體也祇有一個，不能有兩個，更不能有許多個，因此基督的教會便是唯一的。

社會上的每種團體，都可以稱爲唯一的，這個團體不是那個團體。但是在社會的團體裡，有些可以是同一性質的，例如大專同學的同學會，可以有好幾個。大專同學會雖和別的會社不同，在大專同學會裡則可以有許多各不相屬的同學會。這些同學會都稱爲大專同學會，誰也不能說不對。

基督教會現在多的很，數目在兩百以上，就好似大專同學會都稱爲大專同學會，這些各種不同名目的基督教會都稱爲基督教會，誰能說他們不對呢？

但是基督的奧體，天主的子民，祇能有一個，於是在這麼多的基督教會中，怎麼樣可以指出這個教會是救恩的象徵，即是基督的教會呢？

基督的教會既祇能有一個，這種「唯一」有縱有橫，基督教會的縱的「唯一」，是能上溯到基督，一脈相傳沒有中斷。這種縱的唯一，在信經上稱爲「由宗徒傳下來的」教會。橫的「唯一」，在信經上稱爲「至大的」教會。

縱的唯一，爲歷史事實，但也是神學的事實。因爲所謂由宗徒傳下來的究竟是什麼呢？是由宗徒傳下的主教職位，是由宗徒傳下來的教義，是由聖伯多祿傳下來的教宗，但是歷史上的唯一，含有各種變化，在各種變化中，這三點的本身可以直溯到宗徒，再上溯到基督。

橫的唯一，為神學事實，所謂教會的至公，包含有一致，也包含有分別，教會的聖職制是一致的，卻有地方教會的分治；教會的教義是一致的，卻有各種不同的神學派系；教會的聖事是一致的，卻有各種不同的教會禮儀。在橫的分別中，教會的中心則是一個。

這種縱橫的唯一物，中間既然包含有變化和分別，因此便不阻礙和別的基督教派別追求合一；祇有教會的中心是一個，外面的表現可以有不同的形式。

2. 相愛

天主的子民，乃是領有救恩和基督結成一體的人。他們的生活和基督結合很密切，好像肢體和頭腦。同時他們彼此的生活也密切結合，好像一個身體的肢體。這種縱橫的結合，即是和基督相愛，即是和旁人相愛。這個相愛當然成為天主子民的象徵，就是基督教會的象徵。因為教會以及聖保祿、聖若望等都以基督的教訓為中心，可以用一個愛字作代表。

但是普通的相愛，各種教會都有。作為基督教會標誌的愛，應是一種特別的愛，即是基督在最後晚餐所說的愛：「我給你們一條新誡命，你們應該彼此相愛，如同我愛了你們。」基督的愛是捨棄自己生命而相愛的超等的愛。因著這種相愛，天主的子民乃成為聖的子民，教會成爲聖的教會，教會中便有聖人，聖人就是實行基督的愛的人。信經中因此說教會是至聖的教會。

捨生殉道的聖人，很明顯地實行了基督的愛的人。我們教會在慶賀了耶穌聖誕的次日，就慶祝第一位殉道的聖斯德望。然而其他的聖人，在他們的一生中，也實行了基督的愛。在聖斯德望節的次日，教會慶祝聖若望宗徒，聖若望號稱愛的宗徒。

救恩的效果在於和天主相結合，結合就是愛，救恩使人愛天主。領有救恩的人和天主結合了，因著天主又彼此相結合；彼此相結合，即是彼此相愛，救恩使人彼此相愛，而且愛天主愛人的程度，達到可以犧牲自己的性命。天主的子民便是愛的子民，基督的教會便是愛的教會。

有了愛，便不犯罪得罪天主得罪人，便是有德的善人。

三、天主子民要爲救恩作證

在愛中的合一，證明教會是救恩的聖事。可是在事實上，別人批評我們教會，就在於說天主教會並不表現相愛合一，因爲天主教的信友並不較比別人好，天主教會也有爭執和不道德的罪行。

這是事實，我們不能否認。但是天主教會的目標在於教人成聖；天主教會有基督所定的方法，可以助人成聖；天主教會的本身是基督，天主教會的生活是聖神的活動，教會自身便是至聖。

話又說回來，救恩不是爲基督，不是爲聖神，而是爲天主子民。有了救恩的人，應該表現救恩的效果，使別人可以看得出來救恩的優點。

因而每一位教友有爲救恩作證的義務。第二屆梵蒂岡大公會議提醒教友善盡這種義務。你們基督生活團團員常常聽到爲基督作證的標語。

爲救恩作證，就是爲基督作證，作證祂是救主；爲救恩作證，就是爲福音作證，作證福音是救恩的福音；爲救恩作證，就是爲教會作證，作證教會爲救恩的聖事。

教會爲救恩的聖事，因爲施行基督的救恩聖事，使人領受救恩的聖事。聖事由領有聖品的聖職員去施行，因此你們爲教會作證，第一便要有爲教會職員的心願。作教會的聖職員雖不是每個人的事，需要有天主的召喚；可是你們可以預備你們的心，接受天主的召喚。同時，你們教友也分有基督的鐸品，你們所以宣講福音，可以給人授洗，你們便努力在同學中作宣道的使者。

爲教會作證的第二種義務，在於在愛中合一，在於成聖。聖伯多祿曾經勉勵初期的教友，要用他們的善表，使教外人佩服基督的福音。你們各位青年在自己的生活上，在自己的人格上，大膽地表現基督的愛，表現肯犧牲的精神。

因著你們的作證，別人認識基督，認識教會；因著你們的作證，別人信仰基督，加入教會，領受救恩，成爲天主的子民。你們每個人便成爲救恩的標誌，成爲救恩的象徵，你們每個人便是世界上的光，人類中的鹽。

祝你們在救恩中，新年快樂！

司鐸的鐸品

一、鐸品意義的演進

上主，祢在無始之始，以無限的慈愛愛了我們，召喚我們作祢的司鐸，分享聖子耶穌的鐸品。祢把我們立在祢和世人之間，使世人因著我們和祢相聯繫而成一體。人世的稱頌和祭祀，由我們的手上達於祢。祢的聖寵恩惠，由我們的手而下到人寰。上主，祢的無限慈愛賞賜我們這樣尊高的身份，我們將歌頌祢於無窮之世。

1. 爭　論

但是，目前有人對司鐸品位（Sacerdotium）的意義，有些懷疑了，而且在教會內引起了爭論。

爭論的焦點，即是在於司鐸是否是司祭（即是說 Praesdgter 可不可以不是 Sacerdos）。爭論的起點，導源於誓反教人對於彌撒聖祭和聖體聖事的思想，因爲若不相信基督在聖體聖事內，彌撒便祇是一種紀念耶穌死亡的儀式，或者祇是紀念耶穌的最後晚餐，而不是祭祀，因此便用不著司祭，所有的聖職員，祇是宣講福音的先知。天主教的神學家爲攻擊這一派的學說，乃特別強調彌撒的祭祀性，脫利騰大公會議也特加聲明。天主教的神修學講論司鐸的神修生活時，也以彌撒聖祭爲中心，強調犧牲的重要性。

但是第二屆梵蒂岡大公會議制定禮儀憲章時，卻很重視聖餐的觀念。當然，也不輕忽彌撒聖祭的意義，推崇它是教會生活的中心。

有些神學家由新約研究司鐸鐸品的意義，他們發現在宗徒大事錄和書信裡，從來不稱司鐸是司祭，而祇稱爲天主的職員（Minister Dei vel Christi）。同時，他們因爲大公會議稱司鐸的鐸品爲「公務鐸品」（或職員鐸品）（Sacerdotium ministeriale），以別於教友們的「通常鐸品」（Sacerdotium commune），於是便主張司鐸鐸品的意義，在於爲人類服務，而不在於奉獻聖祭；或者主張奉獻聖祭不是司鐸的第一任務，司鐸的第一任務在於宣講福音，即是爲聖言服務（Ministerium Verbi）。

我現在就我所有的淺薄神學知識和所有的少數參考書，很簡單地，但也很系統地來討論這個問題。

2. 基督的鐸品

基督在生時對自己的稱呼，記在福音上的有兩個：「人子」、「聖父所遣派者」。在舊約裡，用爲稱呼救主的名號，則是意撒依亞先知所用的「上主的僕人」。這三個名詞的意義互相聯繫，互相完成。

人類因著原罪脫離了天主，天主爲重訂人類得救的計劃，遣派聖子降生。聖子降生爲人，重新引導人類歸皈天主，立在人和天主中間的障礙物，乃是罪惡；罪惡是人所犯的罪，要由人去消除。但是人沒有消除罪惡的能力，天主聖子降生成人，以在祂自己人性內的天主性之能力，消除人的罪惡，人才能完全承受天主之愛，成爲天主的子女。基督因此自稱爲「人子」，代表整個負罪的人類，同時又代表和天主同歸和好的人類，作爲天主的僕人。而這一切的任務，都是天主聖父委託給祂的，所以祂是「聖父所遣派者」。

基督怎樣完成了聖父所委託給祂的任務？第一，祂宣講了天國的真理，把聖父給祂的話告訴了弟子們。「父所給予之訓，悉已授諸若輩。若輩亦已領受，且體認予之出於吾父，而恪信父之實曾遣予矣。」（若望福音 第十七章第八節）。第二，完結舊約所有的啓示。基督曾經好幾次聲明：先知對祂所有的預言，都要實現。祂復活以後，顯現給厄瑪烏村的兩個門徒時，「自摩西以至歷代先知，凡經中之有關於己者，悉爲詳釋。」（路加福音 第二十四章第二十七節）。但是舊約關於基督的啓示，不僅是關於救主本人所有的預言；整個舊約全書都是關於基督的啓示，因爲以色列民族的被選，乃是爲預備基督的誕生，舊約是新約的象徵，象徵在新約中得以完成。舊約象徵人類的救恩，以色列民族象徵基督所立的天主子民，以色列獻給天主的祭祀象徵基督的十字架聖祭。

聖保祿宗徒在致希伯來人書上明白地啓示，舊約的祭祀祇是新約祭祀的象徵，因著新約的祭祀而得完成。新約祭祀乃是基督在十字架上所行的奉獻，在十字架上基督奉獻了自己的體血。這項祭祀的價值，遠遠超過舊約的一切祭祀，祇舉行一次就完成了祭祀的意義。基督奉獻祭祀，乃是聖父所選任的司祭，在祂的司祭鐸品中，也總結了舊約司祭的意義。新約的祭祀祇有一個，新約的司祭也祇有一位；新約祭祀的價值永遠長存，新約的司祭也永久長在。

「一般司祭，雖朝朝束身奉事，而供獻千篇一律之祭祀，終不能脫吾人於罪累也。惟基督之獻身贖罪，則一勞永逸，而坐於天主之右，以俟諸敵之屈伏。蓋一經基督之自獻，而受聖者咸得成全於千古矣」（希伯來人書 第十章第十一──第十四節）。「昔日之爲司祭者，不一而定，蓋以有死之身任之，其不能恆久固矣。耶穌則永生而無死，故其司祭職位，亦永世而弗替。……一般大司祭必須逐日爲己爲人，獻贖罪之祭；至耶穌則已既無罪可贖，即眾人之罪，彼亦已獻身以爲之贖，一勞而永逸矣。蓋律法所立之大司祭，皆屬荏弱之人；而後來誓約所立者，則爲永生至善之聖子也。」（希伯來書 第七章第二十三──二十七節）

從這一點去看，也就可以懂得福音和宗徒書信中對耶穌受難的重視。耶穌在生曾經多次預言自己將受難，而且說明是祂自己甘心情願。聖若望宗徒在書信裡強調天主的愛，而天主的愛在遣派聖子捨身贖罪上彰明昭著。聖保祿宗徒在書信裡常常提到基督。提到基督時，常常提到基督捨身贖我們的罪，並且在致羅馬人書裡把基督和亞當並列，罪惡因亞當一人而流傳後代，救恩也因基督一人而施予眾人。

「總之，眾人皆因一人之罪而處死，亦因一人之義得免罪責，而獲生命。蓋因一人之逆，而眾皆獲罪；亦因一人之順，而眾皆成義也。」（羅馬書第五章第十八──十九節）

天主聖父遣派聖子，降生成人，不僅是爲宣講天國之道，而是爲引人歸皈天主，爲引人歸皈天主，先應贖補人的罪惡。因此「贖罪」就成了聖子被遣派來世的目的。贖罪是司祭的任務，雖說他們所獻的祭祀，不能贖補罪惡，但是象徵著一項真正可以贖補罪惡的祭祀，就是十字架的奉獻。基督所以真正是司祭，而只是唯一的真正司祭；祂所行的奉獻，乃是真正的祭祀。基督的司祭品位不是舊約的司祭品位；舊約的司祭品位祇是基督的司祭品位的象徵。

3. 宗徒時代

「天上地下一切諸權，已賦於我。爾其往誨萬民，服膺聖教，因父及子及聖神之名，為之行洗。凡予所諭於爾者，爾亦當教之其守。予日與爾俱，迄於世末。」（瑪竇福音 第二十八章第十八——第二十節）

基督爲聖父所遣派者，宗徒們又是基督的遣派者。基督遣派他們的職務：宣講福音，使人相信；給人授洗，使成天主子民；教人遵守誡命，爲聖道作證。

在這些任務中，並沒有司祭的任務，但是福音記載耶穌最後晚餐，祝聖聖體血以後，耶穌明明白白地命令宗徒們：「爾當恆行此典，以誌永懷。」（路加福音 第二十二章第十九節）

還有一種赦罪的任務，也沒有包括在瑪竇福音裡；但是若望福音則記載耶穌復活後，顯現給宗徒們，向他們噓氣說：「領受聖神！爾赦人罪，其罪見赦；爾所不赦，其罪留存」（若望福音 第二十三章第二十三節）

宗徒們曾舉行彌撒（或稱主的晚餐），是不容懷疑的事。聖保祿宗徒致格林多人第一書第十一章，明明說到舉行聖餐事。聖保祿愷切聲明：

「夫吾所授於爾者，乃吾所受於主也。主耶穌於被逮之夕，取餅祝而分之曰：此乃吾體，為爾等所捨者；爾等當行此典，以誌永懷。食後取爵亦然，曰：此爵乃吾血所立新約，爾等每飲，當行此禮，以誌永懷。是故爾每食此餅，每飲此爵，即係紀念主之彌留，以待其重臨。」（格林多人第一書 第十一章第二十三——第二十六節）

宗徒們當時舉行聖餐，他們的助手也舉行聖餐。所行的聖餐，就是今日的彌撒。宗徒們自認有司祭的職務，也把這種職務分給自己的助手。

宗徒們的助手，在宗徒大事錄和書信裡，有先知、有長老、有司鐸、有執事（六品）。宗徒們自己的職務是：「我們專事祈禱、傳道」（宗徒大事錄 第六章第四節）。聖保祿宗徒說：「蓋予所受於基督之使命，非爲付洗，乃爲傳道。」（格林多人第一書 第一章第十七節）

宗徒們爲各地教會的創立人，他們是使者，是先知。當時各處的人都沒有聽到基督的福音，若沒有人向他們宣講，怎麼能夠使人相信。宗徒們乃以宣講福音爲自己的重要職務。同樣，在第二屆梵蒂岡大公會議的論傳教工作法令裡，講論地方教會時，也特別強調本地聖職人員的宣講福音職務，以至於有人懷疑大公會議的文獻互有矛盾㈠，因爲在論教會憲章和論禮儀憲章裡都以彌撒聖祭（即聖體聖事）爲地方教會的中心，論傳教工作法令卻以宣講福音爲地方教會的重點，殊不知，兩者的出發點不同，宣講福音爲建立地方教會的出發點，彌撒聖祭乃是地方教會生活的中心。

因此，宗徒們每到一地，便宣講福音，每到一地也舉行主的聖餐，兩種職務互相聯繫，互相完成。

為什麼宗徒們從來不稱自己是司祭呢？又為什麼在宗徒們的助手裡也沒有司祭的名稱或職務呢？這個問題，祇是一個名稱的問題，而不是實質的問題，在上面我們說了宗徒們和助手們行使司祭的職務，但不用司祭的名稱。原因，在於不願意和舊約的猶太教混在一起。當時猶太人的司祭就是舊約的司祭，猶太人的祭祀就是舊約的祭祀，宗徒們不願意人家把他們和猶太的司祭混為一談，便極力避免這種稱呼。他們也從來不稱呼「主的聖餐」為祭祀，也是為避免和猶太人的祭祀相混。再者，猶太的司祭職司獻祭，沒有別的職務，宣講教規教義。另外有經師和法律博士等。宗徒們和他們的助手，沒有一個是專門祇司祭祀的人，他們除獻祭以外，還有宣講福音、聖化信友的職務，所以他們不稱自己是司祭。而且，新約的司祭祇有一位，就是基督；所以他們不敢稱呼自己是司祭，而稱自己是「基督的使者」、「主的職員」、「基督的僕人」。㈡

4. 初期教會

福音傳到希臘羅馬以後，希臘和羅馬的風俗和宗教與猶太人不同，希臘羅馬的宗教都有祭祀，都有司祭，而且以祭祀為宗教生活的中心。福音傳入羅馬城，羅馬皇帝就開始迫害教會，殺害了聖伯多祿宗徒，以及繼承聖伯多祿位的歷任教宗和成千成萬的信友。羅馬城內當然沒有宣講福音的自由，教友祇能在郊荒地下的墟墓裡集會，舉行彌撒聖祭。羅馬城現存的地下墟墓，有如地下街巷，深可三層，墟墓裡有大小聖堂，牆壁飾有壁畫。在這些墟墓的聖堂裡，造成了拉丁系的彌撒禮儀。宗徒們曾保留了一些猶太教的祈禱儀式，習慣歌誦聖詠詩篇，誦讀聖經。羅馬教宗當教會被迫害的時期，和教友們在墟墓中集會，常在深夜，整夜祈禱，黎明行祭，這種儀式就是後代所有復活節前夕的守夜儀式。這時，教會的生活以彌撒聖祭爲中心。正當殉道者義血橫流之時，遺體安葬墟墓之內，教宗和教友們在墟墓內行祭。在殉道者的墓石上，奉獻耶穌的體血，犧牲的意義和精神非常沈重；同時，教友們在患難中，深感「患難之友」的友情，耶穌的聖體聖血成爲友情溶洽的洪爐；因此，在羅馬不習慣稱彌撒爲聖餐，而用希臘語稱呼爲 Eucharistia 感恩禮。「感恩」一語出自福音對於最後晚餐的記述，福音記述基督在祝聖聖體聖血以前，感謝了聖父。「彌撒」一語，則爲拉丁文。在做完彌撒前半段「聖言禮儀」後，遣散望教者，請他們退出，然後舉行聖祭禮儀，這項禮節稱爲彌撒，意即遣散。後來乃用「彌撒」一語，代表整個聖祭典禮。這種演變表示福音傳入羅馬以後，宗教生活漸以彌撒爲主，彌撒的意義也漸以祭祀爲重，教士的職務也漸以司祭爲要。

羅馬當時的彌撒聖祭，常由教宗一人主祭，其他職員都為輔祭，但是羅馬郊外的信友不能到城內集會，教宗乃派一位神父到郊外行祭，行祭以前，從教宗在彌撒中所祝聖的聖體中，分帶一小塊，以摻入神父所祝聖的聖血中，象徵神父的彌撒和教宗的彌撒互相結合為一。公斯當定皇奉教以後，教會享有自由，羅馬城中才分堂區，分由神父負責。其他各處初期的教會，當時都和在羅馬京城的教會情況相彷彿。

因此，當教會在第四世紀獲有自由時，教會的制度已經形成了定形：教宗、主教、司鐸的三級制，三級的人士都有司祭的鐸品。

鐸品的形成，已經有規定的祝聖典禮。在新約聖經裡我們有幾項祝聖典禮：聖馬提雅的遞補為宗徒（宗徒大事錄 第一章第二十四節），聖保祿和聖巴爾納伯的接受傳道使命（宗徒大事錄 第十三章第二節），聖斯德望等執事的當選（宗徒大事錄 第二章第五節），在這幾次最初的祝聖典禮中，祗有祝聖典禮的本質而無文飾—就是按手禮和求聖神予以職務的恩寵。但現在所有的第三世紀初期祝聖主教典禮的祝聖詞中㈢，則有一點新觀念，即在舊約和新約的鐸品中，建立一個相同的觀念，天主曾給梅瑟制定了司祭和長老，同樣也給基督的教會制定了主教和司鐸的鐸品，在天主的意念中，兩者互相聯繫。

這種祝聖的經文，在最近教廷改訂的祝聖主教典禮中又被採用。同時，現在所用的祝聖司鐸和執事的祝聖詞中，也有把新約鐸品和舊約的鐸品相比配的觀念。

由此可見，教會從初期，最少從第三世紀到如今，常以鐸品的職務和司祭的職務互相關聯，沒有司祭的職務就沒有鐸品；但鐸品除司祭的職務以外，尚有其他的職務。

5. 教父時期

初期的教父，沒有專門討論鐸品的問題，祗在討論別的問題時，附帶提到。

聖額我略・納齊盎（S. Gregorius Nazianzenus）曾在演講集內間接提到一位司鐸應該有的神修生活，他對司鐸的職務說到三點：牧靈（Animarum cura），統治（Imperium），天人中介（Mediator inter Deum et homines）。㈣又在另一處提到司鐸職務：牧靈，執行神聖的事務。㈤

聖熱羅尼莫稱一般領有聖品的人為聖職員（Clericus），嚴詞訓誡他們應甘貧樂道，少與女人來往，研究學問，準備講道。㈥

聖金口若望（S. Joannes Chrysostomus）曾著《論鐸品》一書（De sacerdotio），又在其他著作中，講《論鐸品》，可算是教父中講鐸品最詳細的一位聖師。我們擇要引用他的文字：

「那裡有信德，便有教會；那裡有教會，便有司鐸（Sacerdos）；那裡有司鐸，便有聖洗；那裡有聖洗，便有基督信友。若是那裡沒有信德，便沒有教會；那裡沒有教會，便沒有司鐸；那裡沒有司鐸，便沒有聖洗，也就沒有信友。」㈦

「教友，你看見司鐸奉獻聖祭，不要想是司鐸在獻祭，乃是基督無形的手伸在那裡。同樣，你領受聖洗時，不是他給你授洗，乃是基督無形的大能抱住你的頭，使天使或總領天使或任何人都不敢動你的頭，你新生於天主，乃是唯一天主的大恩。」㈧

聖奧斯定著作最多，思想高超，內容豐富，屢次提到司祭鐸品和彌撒祭祀：

「那位眞正的中保，祂既然取了僕役的身體，成為天主而人的基督，也成了天主和人的中保。祂既然是天主和聖父同為一天主，但不願意在天主的神性上向天父獻祭，而願意在人性上獻祭，使人知道不是任何人都可獻祭。基督所以是司祭，祂自己是奉獻者，也是自己奉獻的祭品。這項奧妙成了教會每天的祭祀，因為基督既然是首領，教會既然是肢體，教會便由基督，又從基督學習奉獻。已往的許多聖賢所行的祭祀，都是這個唯一祭祀的象徵，就如許多不同的言語，指著同一的實事。這樣，眞正的祭祀一出現，一切假的祭祀便都消失。」(九)

在同一書內的第十七卷中，聖奧斯定詳細講論舊約「亞倫」的鐸品已經改變爲新約的鐸品。聖良第一世教宗，羅馬人氏，拉丁文通順明達，他屢次在講道中提到彌撒聖祭和鐸品：

「現在，一切肉體的各項祭祀都停止了，所有祭祀的各種意義由唯一的祭祀予以完成，這唯一祭祀乃是主，你的聖體聖血之祭祀，因此，你是純淨的羔羊，肩負了人類的罪惡。這樣，為一切的犧牲祇有一個祭祀，為一切的民族祇有一個神國。」(十)

「然後，因為這種神聖鐸品（基督的鐸品）也有人間的任務，這種鐸品不由生育而流傳，不因血肉的關係而受選，廢除了先祖的特權，放棄了家族的繼承，教會接受聖神所預選的主管，使主管人在享有通常鐸品和牧權的天主子民中，不因人間的特權而受祝聖，乃因天主的特恩而成神長。」⑴

可惜，我家中所藏的教父全集有限，我的時間也少，不能詳細從教父的著作裡，研究鐸品的意義。但我們大家都知道，在教父時代，彌撒早已成爲教會的唯一祭祀，教會的教士爲聖職員，聖職員領受聖品，聖品授給聖職員行聖祭、行聖事、和宣講福音的神權。

二、鐸品的意義

1. 教會的鐸品

基督奉聖父的命，降生成人，爲給人類救恩。相信祂的人，因著聖洗而成爲天主的子女，合成天主的子民，也結成基督的妙體：基督是頭，信友是肢體。基督的妙體，就是基督的教會，也就是天主的子民。但是天主的子民，雖因聖洗和基督相結合，但尙在人世，並不享再不犯罪的特恩，仍舊保持人的本來面目，具有自由，因此，仍舊隨時可以離開天主而犯罪。這種天主子民，稱爲戰鬥的教會，稱爲旅途的教會。要等到基督第二次降臨時，結束了人類的歷史，審斷了人類，分別了善惡；善人合成天主子民，稱爲勝利的教會，千古永久服膺天主。

旅途的教會需要基督時常施以救恩；需要基督使不信從祂的人信從祂，以增加天主子民的數目；需要基督寬赦他們的罪惡，使能回來服膺天主；需要基督在各種機會上予以神力，使能克服罪惡的誘惑；需要基督時刻訓誨啓迪，以免陷入迷途；更需要基督爲他們代禱，稱頌感謝天主，舉行祭祀。

旅途的教會需要救恩，同時也是人類需要救恩，而救恩的來，要來自教會，因爲救恩來自基督，基督升天以後，祂仍舊留在地上，活在自己的妙體內，基督用自己的妙體施行救恩。

因此，教會是救恩的標誌：從天主的子民來說，基督是救恩的實效，是救恩的見證；從基督爲教會的頭去說，教會爲救恩的施予者，爲救恩的源泉。

教會怎樣完成這種施行救恩的職務呢？即是說，基督怎樣使教會去施行救恩呢？基督自己規定了施行救恩的方式，也制定了施行救恩的人，也立定了教會的祭祀：救恩的方式為七件聖事，施行救恩的人為司鐸，教會的祭祀為彌撒聖祭（聖餐）。

這些職務為救恩的職務，是聖子奉聖父派遣來世的使命，概括來說，就是基督的鐸品。基督的鐸品在教會內實行，經過教會，也用教會去實行，因此我們說教會享有基督的鐸品。基督在教會以內，尚不是第二次來臨時的勝利者和法官，而是繼續為人類服務的基督。基督奉聖父的命而成為司鐸，基督的鐸品乃是服務的鐸品，教會的鐸品也是服務的鐸品。

2. 普通的鐸品和公務的鐸品

在第二屆梵蒂岡大公會議的文件裡，講論兩種鐸品：普通的鐸品和公務的鐸品。普通的鐸品為教友的鐸品，公務的鐸品為司鐸的鐸品，兩者也都是教會的鐸品。

這兩個名詞乃是這次大公會議正式提出來的，在以往，有教父們用第一級鐸品和第二級鐸品的名詞：第一級鐸品為主教鐸品，第二級鐸品為神父鐸品。這次大公會議雖正式聲明，主教鐸品為一獨立的聖品，和司鐸的聖品相分離，但並沒有運用教父們所用的第一級和第二級鐸品的名稱。大公會議卻特別隆重的提出了普通的鐸品和公務的鐸品的名詞，而且鄭重地聲明這兩種鐸品，不僅是名稱不同，本質也有分別。但是大公會議卻沒有解釋本質的區別究竟何在。

我們若從教會的鐸品去看，就可以看到這兩種鐸品在本質上的區別。

普通的鐸品，乃是天主子民的鐸品，是救恩的實效，是救恩的見證。這種鐸品在人世上開始，在天堂上完成，是旅途的教會和勝利的教會共有的鐸品，當然也是基督妙體的鐸品。公務的鐸品，乃是基督救主，教會的頭所有的鐸品，是救恩的施予，是救恩的服務，祗在旅途的教會內實行，在勝利的教會內便停止。公務的鐸品由基督授予祂所召選的人，施予的形式爲聖品聖事或聖秩聖事。

普通鐸品的根基在於聖洗，公務的鐸品在於聖品；普通鐸品的理由，是爲稱謝天主的救恩，目標是向天主；公務鐸品的理由，是使人可得救恩，目標是向人。

爲講論普通鐸品，教會常以聖伯多祿前書第二章第九節爲根據：「你們乃是蒙選的種族，王室的司祭，聖潔的國民，歸順的民衆。」教友因著聖洗加入基督的妙體，成爲天主的義子，合成天主的子民，所以是蒙選的種族，是聖潔的國民，是歸順天主的民衆。這樣，教友對於天主該做什麽呢？該成爲天主的司祭。天主的司祭該做什麽？該稱頌、感謝、讚揚，這是天主子民的團體行動，是基督妙體的行爲，即是教會的行爲，也是基督的行爲。因爲救恩的實效，在於萬物歸於人，人歸於基督，基督歸於聖父。使萬物和人歸於基督，即是基督的使命，是基督的鐸品，然而基督的這種鐸品乃是和受有救恩的人共有的鐸品，也和他們共同實行。因此教會應該有稱頌、感謝、讚揚天主的團體行動，而制定禮儀節儀，教友便是這些禮儀禮節的主動者。但是這些禮儀禮節，有一部份被基督用爲施予救恩的方式，應由基督所選爲施予救恩的聖職員去執行，教友則成爲參與的人，而不主動，然而又因爲旅途的教會乃在人世，不僅有感謝、稱揚天主的職務，也有繼續施予救恩的職務。施予救恩，本是爲光榮天主，爲主國降臨，爲顯揚主名，因此，教友的普通鐸品也有了施予救恩的事，但不是因爲有施行救恩的鐸品，而是因普通鐸品在人世應有的範圍。

公務鐸品是基督本人所有爲施予救恩的鐸品，一切都屬於基督本人。祂沒有把這種鐸品授與全體天主子民，然後由天主子民授予所選的人，有如治國的主權，由天主授予全體國民，由國民授與所選的政府。公務鐸品直接來自基督，由基督授予自己所選的人，公務鐸品所行職務，不僅用基督的名字，也用基督的神力—即是聖神。當然基督爲召選聖職員，爲授予鐸品，既用聖神也要用教會的人，但所用的人是祂所規定的人，即是教宗和主教，而不是全體天主子民。

公務鐸品爲施予救恩，爲基督的雇員，有兩層的服務關係：爲自己的主人—基督做主人所命的事，有忠信的關係；爲人服務使能得到救恩，有愛惜的關係。

3. 司鐸的鐸品

司鐸的鐸品爲公務鐸品，一位司鐸是基督選雇爲施予救恩的職員。司鐸的鐸品，是基督救主的鐸品之延續，是使人得救的職務，是基督所授的使命，也就是基督所受於聖父的使命之延續。基督曾向宗徒們說：「如同父怎樣派遣了我，我也同樣派遣你們。」（若望福音 第二十章第二十一節）

鐸品也稱爲聖品，是天主授予的聖職，因著聖品，領品的人有權利和義務去執行爲救恩所做的事，在教會開始的時候，天主聖神激發一些人的心，爲救恩服務，也分給他們職務，賜給他們神恩。聖保祿宗徒說：「或感受聖神而受妙諦，或感同一聖神而受智辯，或受篤信，或受療疾之能，或行靈蹟，或作預言，或識別神之真僞，或操方言，或譯方言；凡此皆同一聖神之妙工，隨意所悅，以施於人。」（格林多前書 第十二章第八節—第十一節）。「天主在教會內所建立者，一爲宗徒，二爲先知，三爲教師，次則聖蹟、異能、醫道、賑濟、管理及各種方言。」（同上 第二十八節）聖神所激發而服務的人，都是天主所立的人，但也經過宗徒或爲宗徒助手的人所承認。

司鐸聖器雖是基督的鐸品，由基督授予，然基督在教會內的工作，都由聖神工作。聖品的授予以及聖品的職務都出自聖神。

司鐸聖品爲救恩服務，救恩的開始在宣講福音而使人相信，救恩的成長在爲相信的人施行各項聖事，救恩的完成在將天主的子女連同基督的祭祀奉獻於聖父。這三項大事乃是救恩的三種服務，也就是鐸品的三項職務：聖言的職務（先知職務）（Ministerium Verbi），聖化的職務（Ministerium sanctificationis）及牧靈的職務（Ministerium pastorale）。

舊約的鐸品，祗有奉獻祭祀的職務，鐸品和祭祀相連，司鐸就是司祭。新約的鐸品，乃是基督所受於聖父的使命，爲給人救恩。基督的鐸品和救恩相連，所以基督是救主。救恩的鐸品，具有多項的職務，爲施給人救恩、宣講福音、施行聖事、舉行聖祭、牧管教友。舊約和新約所有的鐸品，性質不同：新約的鐸品高於舊約的鐸品，新約鐸品職務的範圍也廣於舊約鐸品的範圍。

公務鐸品是天主的僕人、基督的職員、救恩的使者，由聖神召選，由聖神完成。

三、司鐸鐸品的職務

司鐸鐸品爲救恩而服務，救恩服務的職務分爲三大項：聖言的職務、聖化的職務、牧靈的職務。這三項職務包括聖保祿宗徒在致格林多人前書所述說，在初期教會內聖神所分派的職務：「宗徒、先知、教師、聖蹟、異能、醫道、賑濟、管理、及各種方言。」宗徒的職務現在由主教繼承，但是宗徒們所有的特權，則爲宗徒們本人所有，並不流傳後代。先知和教師的職務，即是聖言的職務；聖蹟、異能、醫道，包括在聖化的職務內。管理則爲牧靈職務；至於說方言和解釋方言，可以歸併在聖言的職務裡。因此，講論司鐸鐸品或公務鐸品的學者，都分鐸品的職務爲上面所說的三項職務。(十一)

1. 聖言的職務

甲、聖經的文籍

聖言的職務，來自基督。基督自己常常體驗所受於聖父的使命，有聖言的職務。基督在納匝肋會堂第一次公開講道，聲明自己是先知依撒意亞所預言的「被派遣者」，「天主遣我，所爲何因？窮苦無靠，得聆福音」，「基督被遣來世，教告福音。」（路加福音 第四章第十八節）。基督在升天以前，訓令宗徒們說：「爾其往勸萬民，服膺聖教」（瑪竇福音 第二十八章第十八節）。聖保祿宗徒常常強調自己的使命，在於宣講福音。「保祿，耶穌基督之僕，蒙召爲宗徒，而負有宣傳天主福音之使命」（羅馬人書 第一章第一節）。「蓋余所受於基督之使命，非爲付洗，乃爲傳道」（格林多前書 第一章第十七節）。在致弟茂德的書信裡要囑咐說：「凡善理教務之長老，理當受人尊敬，尤其爲聖言及訓導而受迫害者，更受尊敬。」（弟茂德書前 第五章第十七節）。在致格林多前書第十二章裡，聖保祿列舉聖神在教會所分派的職務，有宗徒、有先知、有教師。宗徒當然奉有宣傳福音的使命，先知和教師也負有宣講福音的使命，因此，宣講福音的職務，爲司鐸的最重要的職務，聖保祿說：「禍哉！若我不宣講福音！我不能以宣傳福音而自豪，因宣傳福音乃我刻不容辭之事。」（格林多前書 第九章第十二節）。第二屆梵蒂岡大公會議論主教的職務時，以宣傳福音爲第一。（論教會憲章 第二十五段）

乙、宣講福音

基督常向猶太人說，祂所講的道，不是祂自己的道，而是聖父所願意祂講的道，「凡予

所傳於世者，莫非所聞於聖父者。」（若望福音 第十七章第八節）

新約稱呼初期教會中的宣講者爲先知。先知爲舊約習用的名稱，舊約先知專爲宣講天主的啓示，以訓誨猶太人。新約中的先知，不在於預言未來的事，而在於宣講啓示，新約時代的啓示，就是基督的福音。

因此，司鐸所該宣講的道，乃是天主的聖言，天主的聖言，存留於聖經中。司鐸所該宣講的道，即是福音。聖保祿勉勵弟茂德說：「予在眾證人前所傳授爾之道，爾亦當傳授於忠實之信徒。……務將予所傳之福音，存之於心！一言以蔽之，即大維之裔，耶穌基督，確自死者中復活是也。予之所以身被桎梏，一若匪徒者，惟爲斯福音而已。」（弟茂德書 第二章第二—八節）。「予在爾中，未宣講別事，惟宣講基督，即被釘於十字架之基督」（格林多前書 第二章第二節）。

丙、宣講的方式

天主的聖言，存留在福音經書裡；聖言的宣傳，則有時間和空間的外形。每一地域和每一時代，各有宣傳福音的方式。聖保祿宗徒說：「故於猶太人，吾亦以猶太人自居，所以感化猶太人也。於法內之人，吾亦儼然以法內之人自居，所以感化法內之人也；實則法律於我無關。於法外之人，吾亦儼然以法外之人自居，所以感化法外之人也。實則就天主與基督之妙法言之，吾亦法內之人也。而於弱者，吾亦以弱者自居，所以感化弱者也。蓋我甘爲一切人之一切，所以拯救一切人也。」（格林多前書 第九章第二十節──第二十三節）。

近幾世紀來，司鐸們疏忽了這項原則。世界各地的社會生活有了重大的變化；但是宣講聖言的人，或者忽略了宣講福音的職業，或者忽略宣講的方式，以中古時代的語言，來向現代人講論福音，現代的人既不懂又不樂意聽，以致於教會和社會脫節，歐洲的社會完全世俗化。

第二屆梵蒂岡大公會議以後，乃有提倡教會世俗化的風氣。世俗化（Secularizatio）一詞，若譯爲「社會化」，主張教會應和時代的社會相接近，這種風氣是對的；若譯爲「世俗化」，主張教會，迎合世俗喜好，廢棄一切神聖的意義，而僅有人文的意義，則有違正道。宣講福音應該社會化，用今日社會的言語，向今日的人宣講福音。

第二屆梵蒂岡大公會議，另外又提倡一個新名詞，即是「作證」，教友應爲聖言作證，因此，宣講福音的人，應爲福音作證。作證的名詞，源出新約。聖伯多祿特別囑咐教友：「爾等與異邦人雜處，尤宜愼自檢點，勉立善表，務使謗爾者見爾善行，而頌揚天主於眷顧之日。」（伯多祿前書 第二章第十二節）。中國古代也常談身教，孔子極力勉勵在上的人要身正。爲基督作證，乃爲光榮基督和天主，爲天主子民普通鐸品的職務；司鐸因要宣講福音，從公務鐸品和普通鐸品中領有雙重的「作證職務」宣講福音，自身不按福音而行，則是自欺欺人。在今日作證的職務裡，最重要一點，在於以福音精神從事社會工作。

2. 聖事的職務

甲、培養生命

基督曾說：「我來，爲使他們得有生命，且爲得有豐富的生命。」（若望福音 第十章第十節）

基督賜給人一種天主性的生命，使人和祂結成一體。這種天主性的生命，由聖洗聖事而產生，由其他聖事去培養。司鐸的鐸品乃有施行聖事的職務。

基督認識人的弱點，人享有自由而能妄用自由，與天主結合以後能夠脫離天主；基督乃制定聖事爲施給人們聖寵神力。聖事的重要，有如生命的食糧和方法。司鐸爲培養信友的天主性生活，常有施行聖事的義務。

乙、聖事的義理

聖事爲基督制定施與聖寵的方式，凡按照方式而行的聖事，直接由聖神施予聖寵；但爲增加聖事的實效，信友應明瞭聖事的意義。嬰孩可以受洗，不必先受聖事的教育，但是父母和代父母負有將來給予受洗嬰孩應有的聖事教育。其他一切聖事，領受者先該預備心身。

司鐸便有教育信友領聖事的職務，絕不能以聖事自身授與聖寵，司鐸便祗施行聖事而不給予信友以聖事的教育。

丙、聖事的實效

聖事的實效，在於聖化，聖化使人的生活和天主的生活，結合為一，人則一心順從天主的聖意。

司鐸施行聖事的目的，求使人成聖。孔子曾說：「己立立人，己達達人。」司鐸既有使人成聖的職務，首先便有使自己成聖的義務。

成聖的實現在於和天主結合為一。彌撒聖祭乃成為聖事實效的象徵，也成為教會生活的中心。教會為天主的子民，子民和救主相合為一體，奉獻於天主聖父。基督為教會的頭，於彌撒中親自降臨，和領聖體的信友合而為一。彌撒實現了救恩的意義，因此，彌撒聖祭被認為鐸品的目標，司祭（Sacerdos）的名稱，成為司鐸的名稱。

3. 牧靈的職務

甲、牧職的意義

基督集合信祂的人創立了教會，又制定了教會的聖統制，賦給聖職員以牧理教友的職務。

凡是一個團體，必定要有次序，又要有維持次序的人。基督的教會爲天主的子民，天主子民是尚在人世活著的子民，既在人世裡生活，便要有適應人世的制度，基督乃制定了聖統制，以治理教會。

教會的建立，雖由天主子民而結成，以彰顯救恩的實效，但同時也是爲給人施予救恩。教會的聖統制也是以施予救恩爲目的，因此治理教會的職務稱爲牧靈職務。基督曾自稱爲牧人，而且自稱爲善牧，爲羊群供應豐富的水草，爲保護羊群，甘願犧牲性命（若望福音 第十章）。牧靈的職務，所以是愛的職務，而不是權力的表現。

牧靈的職務當然也有統治權，這種統治權出自基督，由聖神在聖品中授予。但是牧靈的性質，和政府的權力不同，是爲愛人，使人得救，不是爲握有權力者有所享受。牧靈職務偏重在義務而不偏重在權力，牧人祇知對於羊群負責，而不知道對自己的羊顯露權力。

乙、牧靈的職務的執行

公務鐸品是基督的鐸品，基督以救主的身份而有這鐸品，基督用這鐸品爲救人。司鐸即是基督所選的人，爲執行祂的鐸品的職務，司鐸執行鐸品便是爲人的得救。因此牧靈職務的執行，應有服務的精神。

基督雖爲天主聖子，但爲救人，他甘願取了奴僕的形態，犧牲性命，成爲人類的救主。救主不是在世爲王，救主不願自居尊榮。作基督救恩職員的人，便分有基督奴隸的形態，和基督一同居在人下，而不是發號施令，乃是動輒求人的福利。

丙、牧靈職務的雙層義務

牧靈職務使負有牧靈職責的神長，負有雙層義務：第一，對於基督；第二，對於受牧的人。

牧靈職務爲基督所賦，基督是主人，牧靈者是基督的雇員，雇員當對於主人盡忠，牧靈者對於基督該有忠信。羊群是基督的羊，牧人對於基督負責，不能有所疏忽。聖伯多祿囑咐說：「望爾等勉爲天主羊群之良牧，勿用霸道，當用仁道。毋唯利是圖，當以善爲樂。勿用高壓手段，凌逼所管教友。當愛之勞之，以身作則，循循善誘，則於基督元牧顯現之日，爾等必獲永久不敝之榮冕矣。」（伯多祿前書 第五章第二—四節）。孟子曾問梁惠王說：「若一個人出外遠行，把妻兒子女托付一個朋友照顧，朋友卻使他的妻兒子女受凍受餓，這個人回來後，對他的朋友怎樣？」梁惠王說：「斷絕交情，那個朋友太不夠做朋友。」（孟子梁惠王上）。這樣我們也可以想像基督對於疏忽懶惰的牧人，將有什麼態度。

牧靈的職務使牧人對於受牧的人，負有生死的責任。基督在最後晚餐向聖父說：「凡父所賜給祂的人，祂都守護了他們，不使喪亡；祇有一個喪亡之子，自取喪亡。」（若望福音第十七章第十二節）。牧人對於受牧的人，負有培養的責任，猶如父母培養子女。保祿宗徒在書信中，常流露這種精神：「苟能有補於爾等之信德，即傾流吾血，以作獻祭之酒，亦所甘心，且以爾等之樂而樂焉。所望爾等亦能怡怡欣欣，而樂予之樂也。」（斐里伯書 第二章第十七—十八節）

四、結 語

司鐸鐸品，爲基督救主所受於聖父的使命，因聖神的交流而賜給所選的人，因鐸品而負有施予救恩的職務，宣講福音，啓人信仰，以聖洗給人生命，使和基督結成一體，再以其他聖事，使信友所取得的基督生命，滋養發育，以達到永遠的生境。然而在現世，我們已經表現永遠生境的先兆，舉行彌撒聖祭，我們司鐸處於基督的地位，以基督的聖言，奉獻基督的體血，同時使整個教會的天主子民團結一體，連同基督的體血，一併奉獻，我們牧靈的職務乃具有高超的意義，在愛的結合中，底於完成。

（此文在忙中趕出，缺漏甚多，尚請各位同道見諒）

民六十一年六月三日　耕莘醫院

註：

㈠ Emmanuel Lanne 在 J.J. von Allmen. Saggio sulla Cena del Signore 書中的序文中，頁十九。ediz. Ave. 1968。
㈡ Max Thurian-Sacerdozio e Ministerio. Ed. Ave. 1971, P.131
㈢ Traditio apostolica. Hippolytus Romanus.
㈣ Cfr. Enchiridion asceticum. 299 號，施安堂神父的譯文與原文頗有出入。
㈤ 同上，307 號，施神父的譯文也有出入。
㈥ 同上，506，508，512，513 號。

㈦ Homelia VI in Caput Mathaei VII (Opera omnia Tom. II. P.327)

㈧ Homelia LX, ex Mathaeo (De sumentibus indigne divina mysteria)

㈨ De Civitate Dei Lib. X, Cop. XX

㈩ Sermo LX, cap. VII.

(十一) Sermo III.cap、I.

(十二) Max Thurian-Sacerdozio e Ministerio, Karl Rahner S.J. Serviteur de Dieu. éd. Mame 1963.

Karl Rahner S.J.-Le courage d'etre prêtre, éd. Desclée 1971.

Karl Rahner S.J.-Sul sacerdozio ed. queriniana 1969.

R. Coste L'homme-prêtre, éd. Desclée 1960.

大公會議與傳教工作

民五十五年八月三日講

第二屆梵蒂岡大公會議，是聖教會的二十次大公會議裡第一次討論傳教工作的大公會議。這次大公會議不僅是公佈了傳教法令，而且在論教會憲章，在論主教牧靈職責，論司鐸職責和生活，論教友使徒工作等法令裡，都提到有關傳教的部份。

但是對於傳教問題最重要的文件，當然是論傳教工作的法令。我們根據這宗法令，來研究大公會議對於傳教工作的指示。我們的研究分成兩部份：第一，什麼是傳教工作？第二，怎麼樣去做傳教工作？

一、什麼是傳教工作？

大公會議的傳教委員會，在五年草寫傳教法令的集會中，常常提出了什麼是傳教工作的問題，每次提出時，都發生很長的爭論，不能得到結論。我們委員們因此決定在傳教法令裡不講什麼是傳教工作。但是大公會議的主教們，在討論傳教法令時，要求法令解釋什麼是傳教工作。因爲近幾年在法國產生了工人區的佈道工作，法國人稱呼這種工作爲傳教工作。同時中南美的許多傳教士，竭盡心力，要使他們的工作，被認爲是傳教工作，以能分得教廷的傳教津貼費。傳教委員會乃在最後一次的傳教法令草案裡，對於傳教工作，予以解釋。

傳教法令第一章第六節，解釋傳教工作說：「在尙未信仰基督的民族或民眾裡，宣傳福音，建立教會，乃是傳教工作。這類工作通常是在教廷所認爲傳教區以內進行。對於這項解釋，我們應注意三點。

1. 在尚未信仰基督的民族或民眾中

以往的傳教工作，以地區爲根據。教會法典第二百五十二條承認隸屬教廷傳信部的地區爲傳教區。隸屬傳信部的地區，乃是尚未建立聖統制的地區，或是雖已建立聖統制，但是一切都還是在開創階段的地區。在這種區域內工作的神父，稱爲傳教士，他們的工作稱爲傳教工作。簡單說來，就是在傳教區的教會工作。

關於這一點，大公會議有了改變，傳教工作應該以人爲根據，不該以地區爲根據，因爲宣傳福音是向人宣傳，不是向地區宣傳，因此，傳教法令乃說「在尚未信仰基督的民族或民眾中」。

所說「民族或民眾」，因爲傳教的工作，以民族或民眾爲對象，不以單人爲對象。雖說在傳道時，屢屢向一個人一個人去講；然而整個的傳教工作，則是一個一個的民族，或至少向多數的民眾。

「在尚未信仰基督的民族或民眾中」，所最重要的一點，是「尚未信仰基督」。這一點看來很簡單，也很明瞭；可是這一點所引起的爭論很多。首先是中南美的傳教主教們，提議要求修改。因爲他們所轄的區域內的人，都是領洗的教友，他們的工作便不是傳教工作了。

但實際上，他們轄區內的教友，除了領了洗禮以外，則和外教人一樣，不懂教義，不守教規。他們的轄區內又沒有神父，又沒有教區的組織，較之於亞洲和非洲的傳教區還趕不上。可是中南美洲的國家，號稱天主教國家，以稱傳教區爲恥，不允許國內的教會落後區域，或者說教會不開發的區域，隸屬傳信部。這些區域內的主教們在大公會裡大聲疾呼，說他們的工作是傳教工作。他們聯合中南美和歐洲的主教，一共七百多人，建議把法令所說「在尙未信仰基督的民族或民眾中」，改爲「特別在尙未信仰基督的民族或民眾中」。一說「特別」，言外便說「也可以在已經信仰基督的民族或民眾中」，把他們的地區人民就包括在內了。傳教委員會認爲不能採納這項建議，否則在法令裡傳教工作等於沒有定義……。但是我們爲體貼中南美傳教士的困難，在法令第六節，加一註釋，說明中南美的傳教士的工作，乃爲建立當地教會，他們的工作，便也可稱爲傳教工作。

還有近年法國的工人區傳道工作，雖說法國工人有成千成萬不信基督的人，不過，法國民族是一個信仰基督的民族，法國工人區傳道工作，只可稱爲牧靈工作，不可稱爲傳教工作。

2. 宣傳福音

傳教的工作是基督的救世工作；人的得救在於信德。人若不信天主和救世主，人就不能得救。人爲能有信仰，先要聽先人宣講天主和救世主，然後因著天主的恩寵，總可以有信德。因此，救世的工作，首先在宣傳對於天主和救世主的信仰。宗徒們當時傳教，分行歐亞，宣傳耶穌的福音，這次大公會議特別強調宣講福音的重要。傳教士在傳教方面有多種工作，如創辦施診所，設立醫院，建造學生中心，建設各級學校，發行天主教書報。這些工作，對於傳教都是很重要的工作；但是這些工作，都不能代替宣講福音的工作，只能協助宣講福音，宣講福音是要用口去講，或講教義，或講聖經，或向少數人講，或向多數人講。那麼身爲傳教士的神父，便要勉力滿全這項職責。

傳教士所講的，常是教義要理。教義要理可以說是信仰的大綱。不明大綱不能領受洗禮。但是教義要理因爲是信仰的大綱，便不足以代表全部的宗教信仰。尤其不能表現耶穌基督的精神。爲充實教友的信仰，爲提高教友的精神生活，便要緊多講福音，勉勵教友讀聖經。

傳教而不講福音，或是忽略了聖經，便是沒有走在傳教的正當道途上。以往的傳教士不大注意這一點，今後應該改正。

3. 建立本地教會

天主爲救世人，以得救者爲天主的子民。天主的子民結成一個團體，稱爲教會。教會是得救的標識，也是得救的門戶。基督在升天時，遣發宗徒，散佈各國，宣傳福音，授給他們一切應有的權力，又指定伯多祿爲他們的首領。宗徒們到近東亞洲和歐洲各國的大城市，宣道授洗，組織教會團體，從當地信友中，選擇治理教會的人，以繼承他們的職位，繼續救世的工作。這樣教會總能逐漸發達，救世的工作總能繼續不斷。

後代傳教士的工作，首先是在於宣傳福音，使人領洗。有了領洗的人，便要組織教會團體。教會團體之能自立，而能代表教會的，是一個教區；教區的自立，在於有本區的主教，有本區的足以應用的司鐸，又有本區各項的教會機關。傳教士傳教的工作，便是在於籌備這些爲建立教區所應有的條件。

近四百年來，傳教的工作，都由歐洲的神父擔任，到了最近的半世紀，才有北美的傳教士。在當時的傳教士心目中，以爲傳教是他們的責任，傳教地區便是他們的領域，他們沒有注意建立本地教會的工作，到了第二十世紀，羅馬教宗屢次鄭重聲明，傳教工作應該注重建立本地教會。庇護第十一，親身在羅馬祝聖第一批中國主教、日本主教、印度主教、越南主教、非洲主教，庇護第十一更任命第一位中國樞機和第一位印度樞機。於是，在傳教區建立本地教會的工作，急轉直下，有如長江出了三峽，澎湃奔流，再沒有阻礙。在近四十年內，亞洲和非洲的教區主教，百分之九十，都是正式教區主教，而不是宗座代牧了，而且主教中之百分之四十，已是本國人。

但是爲建立本地教會，不僅僅是建立聖統制，也不僅是選位本地人爲主教，要緊的還是培植神父，增加教友，加增修士修女，使能滿足教區的需要。目前傳教區的傳教工作，都是向著這方面走。

從此看來，傳教工作是聖教會的工作，傳教工作的性質和目的，和聖教會的性質和目的，是同樣的，聖教會既是基督的奧體，是基督的本身，傳教的工作乃是基督的工作，那便也是教會自己的工作了。

4. 傳教工作的緊要和神學基礎

最近有些研究神學的人，倡言基督是爲救一切的人而死，每個人便都是天主的子民。不信仰基督的人，不知道自己是屬於基督的，實際上他們也是屬於基督；領洗信仰基督，則是自己知道是屬於基督了，自己也聲明是屬於基督，既然人都是屬於基督，自己聲明不聲明，並不是絕對緊要的事。而且若是要他們聲明自己信基督，而他們不願意接受，反倒使他們犯罪了。這樣說來，傳教工作便不是很要緊的事了。

可是在宗徒大事錄和宗徒的書信，以及先期教父的典籍裡，常常說到宣傳福音是絕對要緊的事。

沒有信仰，必不能得救，信仰通常是由於聽講福音而啓發的。爲能聽講福音，必定要有宣講的人，因此傳教是不能缺少的工作。

信仰通常由聽講而啓發；但是天主的全能是無限的，天主在聽講以外，能用其他方法以啓發信仰，所以我們不能說凡是沒有聽講福音的人，都不能得救。教外人只要自己盡力做好人，也沒有故意不聽從福音，天主能有其他方法，啓發他們的信仰，使他們因著信仰而得救。我們絕對不能說我們沒有領洗的祖先，都不能得救，一個人自己沒有犯罪，天主不會讓他下地獄，天主能用許多奧妙的方法，啓發他們的信仰。

可是這種啓發信仰的途徑，不是通常的途徑，而且一個人能夠遵循良心的天理，不陷於罪，更不是容易的事。因此，天主耶穌降生成人，教給我們得救之道，又賜給我們得救的方法，使我們有信望愛三德，有行善之聖寵。所以信仰耶穌，領洗入教，再領其他聖事，乃是得救的通常途徑。爲能走上這條通常的途徑，便要緊有傳教的工作。

傳教工作的神學根基，是基之於天主願意救援人類的聖意，因著這項聖意，天主聖父遣發聖子，予以贖罪救世的使命。天主聖子奉命降世，取了人性，以成爲人，在人群中宣講福音，甘願受誣告而捐軀，代贖人罪。復活後將升天時，遣發宗徒，傳道授洗。升天後，又與聖父，遣發聖神，以助宗徒們聖化信徒。聖神降臨信徒心中，以德能和神恩振起教友的信仰，鼓勵教友的望德，激勵教友的愛心，尤其光照教友的心靈，使明白得救的大義，勇往行善，不畏難而退。

聖子和聖神的救贖工作，都由聖教會繼承，聖子和聖神且同在聖教會以內而工作。因此聖教會的傳教工作，便是天主聖子和天主聖神的救贖工作。

天主聖子和天主聖神的救贖工作，在舊約裡已經預先報告。爲保全這種報告，天主選擇了以色列民族，天主稱這種被選的民族爲天主子民。這種被選的以色列人，象徵仗著天主聖子和聖神救贖工作而得救的人。仗著救贖而得救的人，纔真真是天主的子民，因爲他們藉著洗禮而取得耶穌的生命，合成耶穌的奧體。傳教工作是使人受洗禮，再集合受洗禮的人而結成本地教會，傳教工作的神學根基，便是根之於天主選擇子民的聖意。天主願意救人，又願意所救的人，合成爲自己的子民。

我們看到傳教的神學根基，以天主救拔人類而選擇子民的聖意爲根源，以聖子聖神的救贖工作爲基礎，我們便可以斷定傳教的工作，乃是絕對必要的救世工作，使人類歸向天主，預備歡迎基督第二次降臨。以上所講的，是傳教工作法令的第一章。

二、怎樣去做傳教工作

傳教法令一共六章，第一章講傳教工作的神學學理，其餘五章都講傳教的方法。把這五章綜合起來，傳教法令指示我們推行傳教工作的方法，第一應該培植傳教士，第二應該組織傳教的工作，第三應該集合全教會的人來推進，第四應該有傳教工作的步驟。

1. 培植傳教士

傳教法令第四章論傳教士，章中所講的，特別偏重在傳教士的培植和傳教修會的重要。誰是傳教士呢？凡是得蒙天主召選，在尚未信仰的民族或民眾中去宣傳福音的，無論是本地的，或外籍的，也無論是神父或是修女，甚至於負有這種使命的教友，都稱爲傳教士。這一點，是這次大公會議的新主張。

傳教士的培植，一方面是精神訓練，一方面是學識訓練。傳教的精神訓練，重之在效法耶穌博愛和犧牲的精神。傳教士的生活和工作，通常是在困難中進行，因爲他們是開荒建設。大公會議指示傳教士應以耶穌的博愛和犧牲精神，作自己的精神。傳教士的學識訓練，應以傳教地區的文化智識爲最重要。外籍傳教士固然要充分研究傳教地區的語言、歷史、宗教和哲學思想，本籍傳教士也應當充分研究這些學術。大公會議指令在傳教區設立本地宗教和哲學的研究中心。

傳教士的訓練，不單是對於傳教神父而言，對於傳教修女，也是有同樣的要求。傳教教友也應受相當的訓練。

歐美所有的傳教修會，在目前傳教工作多由本籍主教負責時，是不是還有存在的必要？

傳教法令鄭重聲明，所有的傳教修會在目前仍舊是很重要的，因爲傳教區的教區，還有一大部份由傳教修會負責。在由本籍主教負責的教區裡，神父同修女的數目不夠，需要外籍修會傳教士協助。還有一些傳教地區內情形特殊，有些特殊的問題，應有特殊訓練的人去應付，這些特別工作，也可以由歐美傳教士去執行。

2. 組織傳教工作

在現代的社會裡，各種事業都靠組織。爲能推進傳教工作，要緊加強傳教工作的組織。傳教法令對於傳教工作的組織，在第五章裡由上到下，分段加以說明：上有全球的中心組織，中有主教會議，然後有教區，最後有修會。

全球性的傳教中心組織，乃是教廷的傳信部。大公會議決定加強傳信部的指導力，規定一切傳教工作，由該部指導。中南美和菲律賓雖不屬於傳信部，而該區內的傳教工作，卻由主管該區的各部，與傳信部取得聯絡。在傳信部的最高指導機構內，設指導委員廿四人：十二人爲傳教區的主教，四人爲歐美的主教，四人爲傳教修會的會長，四人爲勸募傳教經費的組織的代表。指導委員每年開會兩次，決定全球傳教的計劃。在指導委員會以下，設一專家顧問會。

各國的主教會議，負責商量並決定本國內的共同傳教工作。歐美各國的主教會議，應設一傳教組，研究協助傳教工作的方法和工具。在傳教區的各國主教會議，更要研究共同的方針和共同的工作，而且一國的主教會議和鄰國的主教會議，也應互相關連。

在一教區內，傳教的工作，由主教指揮。主教爲教區的首腦和中心，無論修會的神父或是教區的神父，在傳教工作上，都要服從主教。然而所謂服從，不是被動的服從，而是積極的自動服從，因爲主教的指揮，並不摧毀神父和修會的創作精神。

主教和修會的關係，在傳教區內，和歐美的情形不同。非洲的本籍主教，在大公會議裡，曾經要求在法令內加以規定。傳教法令乃規定由各國主教團和修會會長，共同商訂這種關係的章程；但是章程的原則，可由教廷釐訂。

還有各國將設立或已經設立的傳教研究中心或傳教學院，彼此之間，也應該有連繫。

3. 傳教合作

傳教法令第六章，討論傳教合作

傳教的工作既是全教會的工作，大公會議便勸告全教會的人，都該負起傳教的責任。凡是領了洗的人，都是基督奧體的肢體，再以堅振和聖體聖事，更加強了和耶穌的結合，便應該從事基督奧體的發育長大，而從事傳教工作。可是並不是全教會的人都要做傳教士，傳教士乃是得有天主特別召選的人；但是全教會的人都要協助傳教士去做傳教工作。這就是普通所說的傳教合作。

傳教合作首由教區和堂區團體表現出來。以往不大講這種團體的傳教合作，然而在事實上，已經有些教區和堂區，接濟傳教區的教區或堂區。另外是或一個教區或堂區有出生本地的傳教士在傳教區工作，便特別捐款協助這些傳教士，這些傳教士可以說是代表本教區或本堂區在外做傳教工作。

但是正式對傳教合作的，應該是各教區的主教。全球的主教對全教會負責。傳教工作乃是全教會的工作，全球的主教對於傳教事業便不能不負責。因此，主教在自己的教區內，應盡力提倡協助傳教的各種組織，鼓勵各種傳教修會招收傳教士，量力捐助傳教經費。

主教的助手是神父，爲提倡傳教合作，主教也靠神父。神父分享基督的鐸品，每天舉行救贖的彌撒聖祭，怎麼能不和基督有同一的救世熱忱？要救世就要參加傳教工作。神父在堂區以內，應激發教友們對於協助傳教的熱火，向教友灌輸傳教的消息，讚揚協助傳教的事業。

修會的修士修女，以三願獻身於主，以成全自己的愛德，因爲愛主愛人，修士修女便應特別關心傳教工作，應爲傳教工作多行祈禱，多做刻苦。凡是從事工作的修會都要檢討本會對傳教的貢獻，如在歐美有可減少的工作以加強在傳教區的工作，即設法實行。

教友爲協助傳教，捐款協助傳教經費，祈禱求天主降福傳教事業，並且可以到傳教區直接參加傳教工作，或協助傳教士發揚教會的社會思想，以助成傳教地區的健全社會組織。

4. 傳教工作的原則

自第六章我們回到傳教法令的第二章和第三章。在這兩章裡，大公會議指示了傳教工作的原則。這兩章本來是一章，第三章原來是第二章的最後一節。第二章以傳教工作應分四個步驟：預備、講道、訓練教友團體、組織本地教會。但是本籍主教認爲本地教會不能僅是傳教工作的對象，而且應該是傳教工作的主體，即是本籍主教和神父，應該是傳教工作的工作人，我在去年最後討論傳教法令的大會裡，提議把組織本地教會一節，由第二章分出來，另作一章。

傳教工作在現代的社會裡，是一件很困難的工作。困難既多，我們便要好好計劃。作事而沒有計劃，很難有成就。傳教工作又大又多，怎麼可以沒有計劃。全球的傳教工作，應該有整個的計劃。一個教區的傳教工作，也應該有通盤的計劃。在科學盛行的時代，一切事業都科學化了，傳教工作便也應該科學化。

傳教法令指示傳教工作，應有四個步驟：預備、講道、培植教友團體、組織本地教會。

甲、預備傳教

在尚未信奉基督的民族中，宣傳福音，應先行預備的工作，使教外人士可以接近天主教，使天主教傳教士可以接近教外人。

爲使教外人接近天主教，最好的預備工作，是愛德的工作。傳教士懷著基督博愛的精神，爲教外人服務，設立診所和醫院，組織社會救濟工作，扶助貧苦人，憐恤窮苦兒童。不用救濟物品去吸引人進教，但爲使人知道天主教的博愛。博愛的工作，容易動人的心，容易受人重視，因此是爲宣傳福音的良好預備。

愛德爲基督福音的中心精神，爲作證福音的精神，傳教士和教友便要表現愛德，透過愛德，教外人可以認識基督的福音。

然而愛德工作，在傳教士方面，是一種外在的工作；傳教士爲預備傳教，還要有一種內在的預備，那就是學習傳教區的語言和文化遺傳。不通語言，不懂文化遺傳，無法展開宣傳福音的工作，而且更不能使福音思想深入民心。作好了這種預備，傳教士纔可以和教外人相接近。外籍傳教士應該這樣做，本籍傳教士也應該這樣做。一個民族固有的文化，都應看爲福音的嚮導，沒有一個民族的文化全盤是壞或錯的，其中必有眞理的成份。

乙、宣傳福音

宣傳福音，爲傳教士的第一項工作，工作的目的，爲引人進教。

向教外人宣傳福音，首先向他們宣講教義大綱。在人稍明天主教的信仰以後，便要講述基督的福音。教義的大綱，固然是信仰的基礎；福音，則是信仰的精神。講教義大綱而不講福音，聽道的人和將來進教的教友，只能知道信仰的枯枝枯幹，不能明白天主教信仰的生動力量和內在的精神。

來聽道的人，不能馬上視爲望教人，望教人是聽了教義大綱而願進教受洗的人。因此，望教人和聽道人應該分開，望教人已經可以看爲教會的人。

爲進入望教期，更好有公開的儀禮，使望教人知道望教的意義。望教的意義在預備領洗入教，不但要懂得領洗的高妙意義，還要懂得領洗以後的宗教生活和倫理生活。對於望教人當然要多講福音，但又要講明各項聖事和倫理誡命，並且進一步還要實習。這樣預備好了，纔可領聖洗。

丙、培植教友團體

領受聖洗，新生於基督，取得超性生命。超性生命是基督的生命，領受聖洗便得有基督的生命，和基督結成一體。凡是領洗的人都和基督結成一體，彼此便也都是成了一體。這種「一體」，便是基督的奧體。在奧體內的人因著天主聖子耶穌基督而成爲天主的義子，共成天主的子民。因此領洗是加入一個團體，這個團體乃是天主教會。天主教會的結構有教區有堂區，領洗的人，領了洗就加入一個堂區，加入一個教區。

對於每位領洗的人，要緊培植這個團體意識，使他們能夠身體力行自己的團體生活。領洗的典禮，應在大節日堂區教友聚會的時候舉行，領洗的人可以看到自己所加入的團體，團體的人可以看到新加入的人。

堂區的宗教典禮，是培植教友團體意識最好的方法。聚齊本堂的教友，一心一意，共同參加彌撒祭典，同口同聲，唸誦經文聖詠。尤其是領聖體聖事，大家在耶穌以內，加強團結。

堂區的共同工作，齊合教友去從事愛德工作或傳道工作，融洽人心，鍛鍊合作意志，也是培植教友團體的良好途徑。

教友的團體意識，不能限之於堂區，必定要伸張到教區。教區是教會的縮影，是教會活動的據點，是本地的教會。沒有教區，堂區就無所依附。培植教友有教區意識，從事教區的工作，乃是一種必要的訓練。

有了教區的意識，再進而培植教會意識，每位領洗的教友，應該知道自己是教會的一份子。教會是一個精神相通的團體，信仰相同，宗教生活相同。本地教會由整個教會取得信仰和教儀，本地教會可以向整個教會貢獻信仰的解釋和教儀的儀典，使整個教會的文化遺產可以增高。

丁、本地教會

建立本地教會，爲傳教工作的第二項目的，傳教工作宜傾全力以赴。但是在什麼條件之下，纔可以說是建立了本地教會？建立本地教會的條件，在傳教法令第三章第十九節裡，簡略地條陳了出來：第一，教友數目有相當的多；第二，本籍神父和修士修女，足供本教區之用；第三，教區的各種組織，可以使教區的事業具有發展的力量；第四，教會在本地的文化和社會生活裡，打下了相當的基礎，使教會的生活相當隱定。達到了這四個條件，教會在一地區內，纔是真正地建立了，可以脫離傳教區的名稱和體制。目前所有亞洲非洲的本地教會，還是在初步建業的時期，仍舊是在傳教的階段中。

在傳教階段中，爲建立本地教會，最主要的工作，在培植本籍神父。神父乃教會工作的幹部，沒有神父，不能建立教會。三十幾年以前，教宗和傳信部屢次頒佈訓令，迫令傳教士培植本籍神父。各區建設修院，修院改良教學課目，招收修生，培植陞神父。陞神父後，分與各種傳教工作。到了適當的程度，外籍神父和外籍主教把自己的職位讓於本籍聖職員。因此，在三十年來，亞洲非洲傳教區內繼續成立正式聖統制，任命本籍主教。

爲幫助神父傳教，宜訓練大批的傳教員。傳教員的重要，大公會議很明瞭地予以強調，並且指示教區主教對於傳教員予以適當待遇，又予以精神方面之支持。大公會議內曾有多數主教，提議組織一募捐善會，支持傳教員之培植費和生活費。傳教委員雖沒有完全接受這項提議，但在傳教法令第十七節裡規定，如有必要時，可以組織這種募捐善會。傳教法令又提到「助理傳教員」，稱讚他們的工作。這種助理傳教員，是每一堂區或團體自動出力幫助神父講要理的教友。傳教法令鼓勵神父主教，用心訓練這種助理傳教員。

凡是傳教員，必要接受適當的訓練；不但是在傳教學校受教育，而且應當在任傳教員以後，還要有定期性的訓練。

修會的建設，也是爲建立本地教會的要素，因爲修會生活，是宗教生活成熟的表現，又是宗教生活發揚的酵母。但是新修會的創立，則不宜過濫，在一個國家內，不應多設目的和形式相同的修會。

戊、本地教會的責任

一個教區已經成了本地教區，便是成了一個本地教會；另外是一個國家的教會，已經大多數成了本地教區時，這一國的天主教會，更是成了本地教會。

本地教會是一個新興的教會，他的氣象應當是有朝氣，有生氣的教會。朝氣和生氣由工作去表現，本地教會便該當是工作力很強的教會。

本地教會的工作，第一是傳教工作。本地主教和本地神父要有傳教的意識，他們不是爲保守，而是爲進取，一眼看著已經進教的教友，一眼看著尚未信仰基督的同胞，在工作方面，雙管直下。

在訓練教友方面，本地教會要注意本地的文化遺產。聖教會的血脈，是不變的信仰；聖教會的骨肉，則是各處的本地文化。聖教會每到一地，便是本地教會，不僅僅在組織上是這樣，在精神生活上也是這樣。本地教會用本地的學術思想，講解教會的信仰，結成本地的神學。

本地神學不是分裂的神學，乃是同一神學的本地講解法。本地教會也不是分裂的教會，乃是唯一教會的縮影。本地教會發揚本地的教會工作，就是發揚整個教會的工作，同時在發揚本地教會的工作時，也顧全整個教會的工作，對整個教會的工作負一部份的責任，盡一份的努力。

因此，本地教會應參加整個教會的活動，也應派遣神父修女到他區去傳教。又應有教會的學術機關，和其他處的教會學術機關，共同合作。

在本地教會可以參加整個教會的工作時，本地教會就建立穩固了，傳教階段可以結束了，傳教的目的也就達到了。

傳播福音與促進發展

民國六十一年三月八日在社會講習會講詞

開始我要「正名」，免得在講演裡和討論時發生誤會。「傳教」和「傳播福音」這兩個名詞在拉丁文或英文裡常用爲兩種意義。「傳教」的原文 Missio 或 Mission，有廣義和狹義。廣義是「使命」，常用之於教會的整個使命，例如有人主張教會的 Missio 使命等於「發展」；在狹義則是中文的「傳教」。「傳播福音」原文（拉丁文或英文）Evangelisation 或 Evangelizatio 也有廣狹兩義。廣義是「福音化」，把社會的生活用福音的精神予以聖化；狹義則是宣傳福音。廣狹兩義的意義互相連接，而且在原文同是一個名詞，常能混合不分，在討論傳教與發展或傳播福音與發展時，便能發生誤解。例如拉秧神父（Samuel Rayan S.J.—Development and Evangelization 講稿）。講傳教與發展，所要證明的是狹義的傳教等於發展，而在證明理由中的「傳教」則是廣義的「使命」。在第二屆梵蒂岡大公會議的文件裡，「教會在現在世界中」憲章裡，Missio 是用於廣義，即教會使命，在傳教工作法令裡，Missio 用於狹義，即傳教。因此在這兩件文獻裡，Missio 的意義仍不同，拉秧神父表示驚訝。

在我這篇講詞裡，「傳播福音」廣狹兩義都用。每次我將會加以說明。在次序上說，我先講廣義的傳播福音和促進發展的關係，然後再講狹義的傳播福音與促進發展的關係。至於「發展」這個名詞的意義，我接受教會學者們的意見，「發展」無論是國家的發展或人類的發展，是「發展整個的人」。普通所講發展，重在經濟，又重在物質享受。而真正的發展，是以人爲主體；經濟和物質祇是發展的工具，以這些工具發展整個的人。整個的人是精神和物質相連，成爲這個人，成爲這個我，成爲天主的子民，發展是使人發展的社會工作。

這次講習會研究傳播福音與促進發展，研究的程序分爲四層：先講發展的意義，後講教會應參加社會發展；第三講發展和教會使命的關係，最後講教會怎樣參加社會發展。主講的人，一共四人。第一和第二講，從社會學和教會社會組織方面去講。第三講從神學方面去講。第四講由我主講，從中國哲學方面來說，因爲我們是在中國傳播福音促進中國社會的發展。

一、中國儒家的發展哲學

《中庸》第二十二章說：

「唯天下至誠，為能盡其性。能盡其性，則能盡人之性；能盡人能之性，則能盡物之性；能盡物之性，則可以贊天地之化育；可以贊天地之化育，則可以與天地參矣」。

《大學》第一章說：

「大學之道，在明明德，在親民，在止於至善」。

研究中國的社會發展思想，《中庸》、《大學》的這兩篇文章，乃是基本的理論，再加上《論語》、《孟子》和《禮記》三本書裡的思想，我們可以有一個系統的「發展」哲學。在中國講天主教的「發展」神學，我們不能夠把儒家的「發展」哲學撇開，而且還要把儒家的思想融合在我們的神學裡。

儒家的「發展」哲學，包括有下列的幾點主要思想：

1. 社會的發展在發展人性

儒家的人生哲學，以天為基礎，天為「人道」的根源。《中庸》第一章說：「天命之謂性；」天道又為人道的模範，人的生活應該效法天的動作。

天的動作因天的運行而表現，天的運行即是宇宙間的四季和雨、晴、冷、熱。孔子曾說：「天何言哉，四時行焉，百物生焉。天何言哉！」（論語 陽貨）。《易經》以天的運行，以生為目標，稱為天德。天德使萬物發生、成長，供人的使用，人為宇宙的中心。儒家常講天、地、人三才，人在天地之間，頂天立地。因此，儒家的政治哲學為民本思想。孟子曰：「民為本，社稷次之，君為輕。」（孟子）

在春秋戰國時候，諸侯都以富國強兵為治國的目的，孔子和孟子反對這種思想，提倡仁政，仁政即是謀人民的福利。謀人民福利的步驟，《論語》上說：

「子適衛，冉有僕。子曰：庶矣哉！冉有曰：既庶矣，又何加焉？子曰：富之。曰：既富矣，又何加焉？曰：教之。」（論語　子路）

孟子也說：

「無恆產而有恆心者，惟士為能。若民則無恆產，因無恆心，放僻邪侈，無不為已。及陷於罪，然後從而刑之，是罔民也。焉有仁人在位，罔民而可為也。是故明君制民之產，必使仰足以事父母，俯足以畜妻子，樂歲終身飽，凶年免於死亡，然後驅而之善，故民之從之也輕。」（孟子梁惠王上）

儒家的發展哲學，第一步要使人民富有衣食。每一個男子所得的收入，要能夠養家。這種收入還應該是常有的產業，成為一家的「恆產」。

第二步在「謹庠序之教，申之以孝悌之義。」（梁惠王上），即孔子所謂教，教民以孝悌仁義。

仁義在人性上有基本，教民行仁義。便是發展人性。孟子說：「仁，人心也。義，人路也。」（孟子 告子上）。人心有仁義禮智四端，「人之有是四端，猶其有四體也。」（孟子 公孫丑上）。

教人發展人心的仁義禮智四端，就是發揚人性，明人性所有的明德，也就是《中庸》所講的「誠」。

第三步，勉勵人做君子聖人。孔子教育弟子，所有的目的，在於「下學而上達」，（論語 憲問），從普通日常起居的事上，能夠貫徹人性的天理，則「盡人性」，則是誠，則是聖人，聖人乃是一位成全的人。

2. 人性的發展爲仁

從儒家對人性的發展去研究，各方面都是「仁愛」。

第一，皇帝（政府）爲發展百姓的人性，應施行仁政。仁政也稱爲德政，德政在於愛民，皇帝代天行道，治理百姓。百姓乃是天的子女，皇帝便要愛民如同父親愛兒女。《書經》說：「天子作民父母」（書經 洪範）。愛民則要養民教民。《大學》說：「大學之道，在明明德，在親民。」明明德是發展人性，發展人性便愛親、愛百姓。

第二，人性在百姓心中發展，使百姓彼此相愛。孟子說：「老吾老，以及人之老；幼吾幼，以及人之幼。……故推恩足以保四海，不推恩無以保妻子。」（孟子 梁惠王下）。孔子說：「己所不欲，勿施於人。」（論語 顏淵 衛靈公）

《大學》說：「在明明德，在親民。」

3. 仁愛的發展，使世界大同

《論語》裡說：「子夏曰：商聞之矣。……四海之內，皆兄弟也」（論語 顏淵）。子夏所聽到的這項大道理，必定是從孔子所聽見的。孔子主張四海以內的人，彼此都是兄弟，彼此要互相親愛。

儒家根據這項大道理，主張世界大同。《禮記》裡有大同的正確思想：

「大道之行也，天下為公。選賢任能，講信脩睦。故人不獨親其親，不獨子其子，使老有所終，壯有所用，幼有所長，鰥寡孤獨殘疾者，皆有所養。男有分，女有歸。貨惡其棄於地也，不必藏於己，力惡其不出於身也，不必為己。是故謀閉而不興，盜竊亂賊而不作，古外户而不閉，是謂大同。」（禮記 禮運）

孫中山先生奉〈禮運篇〉的大同思想，作爲三民主義的最高標準。我們現在讀這篇文章，可以認爲是現在的最新「發展」哲學。

4.「發展」的至善，在於天人合一

大同雖然可以奉爲政治的最高標準，但是人性發展的最高境界還要更高，《大學》說：「在明明德，在親民，在止於至善」。人性發展所止的至善，是天人合一。

《中庸》說至誠的人能盡人性，然後能盡物性，最後能贊天地的化育，與天地相參合。儒家主張宇宙萬物相聯接，成爲一體，人爲宇宙一體的一部份。人若能發展自己的人性，便可以和萬物的物性相通。人的動作，不但使自己和別人好，也能使萬物好，即是說使萬物各得其生，各得其用。王陽明稱這種人和萬物相通之道爲仁：

「大人之能以天地萬物為一體也，非意之也，其心之仁本者是其與天地萬物而為一也。豈惟大人，雖小人之心，亦莫不然，彼自顧小之耳。」（王陽明 大學問）

仁爲人性的天德，仁的發展，最後能以天地萬物爲一體，和天地萬物的造物者，即是天相接合，贊襄天的功作，使萬物生生。生生爲天的天德，仁爲人性的天德。

中國的畫和建築，表明這種思想。人和建築都不是獨立的對象，而要和週圍的自然界物體相融合，相調和。

二、歷史哲學的發展論

我們講「發展神學」，以主張爲「發展」的中心。基督降生成人，參加人類的歷史，而且創造人類的新歷史。爲能懂得基督參加人類歷史的意義，更爲講明宣傳福音和促進發展的關係，我們要從歷史哲學去看人類歷史發展的趨勢。

歷史從書本去看，是人類生活的記錄，從記錄的內容去看。是人類的生活。我們爲研究人類的生活，只有從歷史去研究，就以往所有的經驗，推論將來的趨勢。

歷史所揭示的中心思想，即是人類的發展，在發展自己的人性。人類從原始時期，漸漸開化，漸漸認識自己是人，認識人是什麼。人類越進化，越知道自己反省，越有自我的意識。從這種自我意識的發展，人類歷史有幾項重要的趨勢。

1. 尊重人權

在原始時代無所謂人權，隨著社會的進步，人權的思想，逐漸建立，現在聯合國有人權大憲章。

除政治以外，每個人自己現在也知道自己有「自我」，要求別人尊重。

將來的世界，必定是向尊重人權的方向走，一代比一代更加擴充人權的意義。

2. 人人要求更大的享受

人心虛靈，動作靈捷，沒有止境，因此人心自然有無限的要求。老子所主張的歸真反樸，一切自然；乃不合於人性。人類所以有進步，就因於人心要求的促進。人要求更高更深的智識，人類在學術上將繼續前進。人對於自然科學的研究，對於物質的利用，將繼續加增。

人對於物質的享受，必不會以現有者爲滿足，將繼續要求增多。物質文明的進步，也是人類發展的象徵。

在精神方面，人類也要求更高的享受。在精神不能得到享受時，人類感覺苦悶，感覺彷徨，感覺失望。

3. 人類趨向合一

人類本是一家，四海之內皆是兄弟。從人類歷史的發展看，人類由家而進到族，由家族進到部落，由部落進到國家，由國家進到種族，由種族進到洲際，由洲際進向國際，由國際進向星際。各大洲的聯邦，如歐洲聯邦已經在理想之中，百年或幾百年後，必可實現，將來每洲大聯邦，最後地球上將是一個大聯邦，這是人類歷史所表現的趨勢。

4. 爲善之心不因人類發展而繼續上長

荀子稱善爲僞，僞是人爲而不是天生。孟子雖主張性善，但祗主張人心有善端，善端的發育靠人去努力。因此，善是人努力的成就。

智識本也是人努力的成就，可是智識可以記錄在書上，可以表現在建設上，書本和建設可以留給後人，智識便是累積的，隨著時代而加增。

行善是人心的活動，人心的活動屬於每一個人，沒有留給後人的可能。因此，現代的文明人，應不比古代未開化的人更好。臺北市的市民，並不比高山族的山胞更善。每個人應自己努力爲善，而且要從自己的零點開始；所可得於前人的，祗是一些行善的方法和鼓勵。

5. 人類的前進常受罪惡的阻撓

人類的發展不單不足以長進人類爲善的心，而且人類的每項發展，常與罪惡伴隨著。現代的發展，如自由、平等、男女戀愛、原子能造生了多少罪惡。人類的發展推動人類文化往前進，前進的文化階層和後面所留下的階層，雖不是如同馬克思唯物辯證史觀所談的常相衝突，常相鬥爭，但兩階層響常起摩擦，前進的文化常受阻撓。這是因爲人類負有罪惡，即是原罪，原罪的流毒使人失去身心的平衡，造成自身的罪，阻撓人類文化一直前進。

三、福音與促進發展

上面所講的，叫我們明瞭在中國促進社會的發展，還要進一步以基督的福音，使發展有救恩的價值。基督的福音對於儒家的發展哲學有什麼可以補充的地方呢？基督的福音，對於歷史哲學可以有那種指示呢？

我們講在中國傳播福音與促進發展，我們從廣義方面講傳播福音，即是講中國社會發展的基督化。基督化也可以有兩層意義：第一，表示按照福音的思想和精神去作發展的工作。第二，表示以基督的精神從事發展工作。在中國參加社會發展，我們教會不能夠實際地要求常按福音的思想去做，但是我們不能不宣講福音的思想，而且在我們參加發展工作時，必定用基督的精神去做。

1. 福音說明儒家的天

《中庸》說：「天命之謂性」，但對於天命兩字沒有說明。《書經》和《易經》的天字，雖常指上帝，然而在春秋戰國時代，天字也指著自然和命運。而且在《書經》和《詩經》裡，也不講上帝的本性。這一點要等到基督降生成人，祂才啓示了我們。基督的福音便可以說明儒家的上天或上帝，也可以說明人性來自天主，有點相似天主；而且天主提攜人成爲自己的子女，予以天主性的生命。人對於天主不單是敬，而還要愛。

2. 福音說明儒家的人

儒家以人爲萬物之靈，和天地人爲三才；儒家很看重人，福音啓示我們，人不但是造物主所造，而又是救世主所救贖。人雖在天地之中，乃超出天地之上。

儒家以人的心虛靈不昧，神妙莫測。福音啓示我們：人心在受洗以後，享有天主性的生命，不但和天主相似，而是和天主聖子結成一體。

儒家以人的生命，在現世應有幸福。福音則啓示我們：人的生命超乎現世，將來永遠存在。永遠的存在，可以與天主同在，欣享真善美的根源。

福音的人，是個完全的人。人的生命由現世童年、青年、成年繼續發展，雖到老衰敗，抵於死亡，將來仍然復活，永遠長存。

3. 福音加強儒家的仁愛

儒家以仁爲人心所固有，人爲愛人在於發展自己內心的善端，仁愛發展到極端可以「體萬物而無遺」。

福音的仁愛爲天主的愛，由聖神貫注在人心中。人愛別人以天主的愛愛人，又爲愛天主而愛人。

錢穆先生認爲，基督福音的愛爲一外在的愛，來自天主，再轉到天主，然後才轉到別人。儒家的仁愛，則出自人心，由自己的心而到別人的心裡，較比基督福音的愛更高深。（見錢穆著 人生十講——如何探究人生眞理，如何安放我們的心。）

但錢先生的看法並不正確。基督福音的愛雖來自天主聖神，但在人心中所有愛情相合，成爲人的愛。人愛天主，愛發自人心，並不是用天主聖神的愛套在自己面上，而作愛情的表現。爲愛天主而愛人，雖經過天主而到人，然而天主也不在人心以外。我愛天主時，在心裡和天主相接合，同時，我以別人代表天主而愛他，天主也在別人以內，因此，基督福音的愛，不是外在的愛，而是人心的愛；而且把人心的愛，用天主聖神的愛，加以充實，加以擴充，加以潔淨。人心和人心相通時，常能遇到阻礙。一個人愛一個人時，所要求的條件很多；況且情慾的發動，多不順從人心的支配，常不能中節。人與人之間，相愛的機會並不多見。基督福音的愛，以天主爲對象，把旁人附在天主的愛中，眞正能夠達到泛愛眾人，常常因愛天主而有促進加強的力量。

4. 福音洗滌人心

儒家除荀子外，大都主張性善；但同時卻也承認人心有情慾，情慾常逼人爲惡。福音啓示人有原罪，人心向惡。基督降生成人，把人從罪惡中解放出來，賜人可以戰勝罪惡的力量，使人得救。救恩是福音的中心思想。

天主造人的原始計劃，在於人和天主相結合，原罪卻破壞了天主的計劃，但是人的本性尚存，人一步一步地發揚自己的人性，人類文化繼續進步，但是人常自作罪惡，不能歸向天主。天主乃遣聖子降生，重新整理原始的計劃，引人和天主相結，從罪惡中解放出來，成爲天主的義子。聖若望在福音第一章說：「凡信從祂的人，就給他們成爲天主義子的權力」。權力就是聖寵，聖寵洗淨人心，聖寵又使人加入基督妙身。成爲肢體。

儒家教人爲善，人卻缺乏爲善的力量；基督引導人向善，又賜人爲善的能力。爲發展儒家所講人心的仁義禮智四種善端，應有基督所賜的聖寵。於是人性的發展乃能實現，才可以完成。

5. 福音指示歷史的趨勢

歷史哲學推論歷史的趨勢，在求尊重人權，在求享受，在趨向大同。基督降生成人，加入人類的歷史中，更明白地指示人類歷史的趨勢，應向這方向走，而且指示趨勢的正當途徑。人權的解釋，從福音的啓示裡，得到新的意義。人類的享受，在天主的真美善裡才能夠圓滿。大同的理想在福音所啓示人爲天主子女的大道理中，可以完成。

6. 福音啓示天人合一的眞實意義

儒家以發展的至善，在於天下大同，天人合一。這種思想應視爲聖神的原始啓示，不是一般人所可以想到的。但是福音的啓示，則更圓滿，更高深。

基督降生成人，使宇宙萬物重新得到自己存在的意義；因爲在基督以前，萬物由於人類的罪惡，而失去了光榮天主的目標，它們的存在乃爲作人類罪惡的工具。基督降生，引人歸於天主，萬物因著人的歸於天主也重歸於天主。聖保祿宗徒說：「使天地萬有，在基督內合爲一體，而統於一尊」。（厄弗所書 第一章 第十節）「宇宙也，生也，死也，現在也，將來也，一切之一切也，皆屬於爾等，爾等則屬於基督，而基督屬於天主」（格林多前書第三章第二十二——二十三節）

第二屆梵蒂岡的傳教法令說：「天主的計劃要使全人類形成祂的惟一民族，組成基督的一個身體，建造爲聖神的一座聖殿。這項兄弟和樂之情，亦正符合人類的切望。基督爲了派遣祂的聖父的光榮，曾謙順地獻身於聖父的計劃。這項計劃也因傳教工作得以完成。」（第七節）

7. 福音啓示人類歷史的最後目的

人類的歷史有個終點，福音啓示這個終點是基督的第二次降臨。人類的發展史無論是個人，無論是人類整體，都趨向這個終點。

這個終點不是毀滅，不是痛苦，而是光榮，而是福樂，而是完成。

凡是發展不能忘記這個終點，不能撇開這個終點，也不能不承認這個終點。

儒家的發展哲學不知道這個終點，歷史哲學也不知道這個終點，惟有基督啓示這項真理。這項真理使人類生活有目的、有意義，也使人類歷史有歸宿。

四、傳播福音與促進發展

講了上面的三段，我們已經可以看到傳播福音和促進發展的關係。

儒家的發展哲學要有基督的福音，予以充實，予以加強，予以動力，予以圓滿。基督降生成人，參入人類歷史，使人類從罪惡和痛苦中解放出來，基督的福音便要參入儒家的發展哲學中，促進中國社會的發展。

同時，人爲得到救恩，和天主相結合，要經過基督。在天主造人的原始計劃裡，天主決定整個人類和祂的親密關係。原始計劃被罪惡破毀了，基督降生加以整理。基督整理人和天主相結合的計劃，要人自己回向天主，因爲在罪惡裡是人離開天主。人歸向天主，先皈依基督，由基督再同天主結合。爲使發展充份地表現救恩的價值，還使中國人也信奉基督。因此便看到傳播福音和促進發展的密切關係。

1. 傳播福音有兩部份工作

聖瑪竇福音記載耶穌對宗徒所給的傳播福音使命：

「你們去教訓萬民，因父及子及聖神之名給他們授洗，教導他們遵守我對你們所講的一切誡命。」（瑪竇福音 第二十八章第十九節）

在給宗徒們這項使命時，耶穌鄭重聲明天上地下的一切權力，聖父都授給了祂，祂用這種權力給宗徒們傳播的使命。這種使命乃是正式的使命。

在這種傳播福音的使命裡，包含兩個部份；第一部份是教訓萬民，給人授洗；第二部份是教導人遵守規誡。

教訓萬民為預備人領洗，這是宣講福音。聖保祿宗徒說：「我從基督所授的使命，不是為授洗，乃是為傳道。」（格林多前書 第一章第十七節）。保祿以授洗可由他人代行，他的重要使命，則是傳播福音。

教導人遵守規誡，一面是勸導，一面是力行。耶穌曾經告訴門徒說：「經師和法利塞人坐在梅瑟的講壇上所教訓你們的話，你們該當聽從，但不可以效法他們的行爲，因爲他們言而不行。」（瑪竇福音 第二十三章第一—三節）。言而不行，不足以爲訓。聖保祿宗徒乃勸教友們說：「至於我們和你們相處，怎樣潔身自好，正直無私沒有可指摘的行爲；這一點不但是你們知道，天主也可以作證。……你們一聽到我們口中所傳授的天主福音，便不以爲是世俗的教訓，知道真正是天主的聖道，欣然接納。」（得撒洛尼前書 第一章第十—十三節）保祿身體力行，以行爲作證所講的福音，才能使人信服。同時接受了福音的信友，也要以行爲作證所信的福音，使教外人佩服。聖保祿讚美得撒洛尼的教友說：「你們不計危難，勇敢地服膺聖道；且受聖神的靈感，以受苦爲樂。你們不僅認我們作你們的模範，你們更直接以救主爲規範了。因此你們已經成了馬其頓一切信友的模範，主的聖道已經從你們向外傳揚了」（得撒洛尼前書 第一章第六—八節）第二屆梵帝岡大公會議所提倡的爲福音作證，就是聖保祿的思想。

傳播福音包含兩部份：口講福音和力行作證。口講福音是宣講聖道，力行作證可以解釋爲促進發展。因爲力行基督的愛，在現代的社會裡，在於促進社會發展。

2. 宣傳福音和促進發展是同一使命的兩方面工作

宣傳福音和促進發展，是兩種工作，不是兩項抽象原則。這兩種工作，彼此不同，但同屬於一種使命，即是兩相結合，實現傳播福音的使命。

傳播福音的一部份工作，在於宣講。聖保祿宗徒說：「凡呼號上主名號的人，必然獲救。但是人若不信祂，又怎能信祂呢？沒有宣講者，又怎能聽到呢？若沒有奉派遣，又怎能去宣講呢？正如經上所說的：傳佈福音者的足跡是多麼可羨慕啊！」（羅馬書 第十章第十三節）。福音沒有負有傳播福音使命的人去宣講，別人不能知道。既然不能知道，當然也不能信仰基督。因此宣講福音是傳播福音的一部份，是不可缺少的神聖工作。

但是有了信仰，若是不遵守規誡，在行爲上爲福音作證，信仰便是死的，同樣信德沒有行爲也是死的。基督自己也說過：「不是凡向我說：『主啊！主啊！』的人就進天國，而是那承行我天父之旨意的人，纔能進天國。」（瑪竇福音 第七章第二十一節）。奉行天父的旨意，遵行規誡，在行爲上，按照福音的訓示去做，就是爲福音作證。

福音的誡命，總歸於一個「愛」字。聖保祿說：「在一切以上，尤該有愛德，因爲愛德是全德的聯繫。」（哥羅森書 第三章第十四節）。現時代的要求基督之愛的對象，不但是對每一個人，而且另外要對於社會群眾，對於社會群眾實行基督的愛，就是促進社會發展。

3. 兩者不可分，不可缺，互相完成

基督降生，給人救恩。救恩的對象是每一個整體的人，又是整個人類，使每一個人成爲基督的肢體，使人類成爲天主的子民。救恩的實現，要人明瞭天主自始之始，對於人類的愛。天主的愛是一種很高的奧義，由基督啓示我們，由教會向人傳揚。聖保祿宗徒說：「我依照天主所授與我爲你們要盡的職責，作了這教會的公僕，好把天主的道理充分地宣揚出去。這道理就是從世世代代以來所隱藏，而古今卻顯示給祂的聖徒的奧秘。天主願意他們知道，這奧秘爲外邦人是有如何豐盛的光榮。這奧秘就是基督在你們中，作了你們得光榮的希望。我們所傳揚的，就是這位基督。因而我們以各種智慧，勸告一切的人，教訓一切的人，好把一切的人，呈獻於天主前，成爲在基督內的成全人。我就是爲這事而勞苦，按他以大能在我身本所發動的力量，盡力奮鬥。」（哥羅森書 第一章第二十五──二十九節）

教會不能不宣傳福音的奧秘，教會在中國必定也要宣傳基督的福音，使中國人知道由儒家的仁愛進到基督的神愛，教會不宣傳，中國人不能認識基督福音。第二屆梵帝岡大公會議

的傳教法令解釋傳教的意義時，說明是在尚未信仰基督的民族或民眾裡宣傳福音，建立教會（第六節）。這是狹義的傳播福音，適用於中國。近年教廷傳信部（宣道部）因我們常談牧靈工作，便怕我們忽略傳教工作，提醒我們多加注意，勿忘傳教。

但是聖保祿說：他自己宣揚基督，使一切的人成為「在基督內的成全人」。在基督內成為成全人，不但是認識福音，不但是信仰基督，還要遵守基督的一切規誡。在天主的愛裡成熟。

現在實行基督的愛，怎麼可以對社會的不平等、不正義而不求改革呢？怎麼可以看到整個民族的大多數人受窮苦而不想法提高他們的境遇呢？單單談愛德，對於人的窮苦和被欺壓而不動手去幫助他們，別人怎麼可以相信基督的愛呢？福音中撒馬里亞人的譬喻和拉匝祿乞丐的譬喻，都教訓我們以實行去作證愛德，對一個窮人行愛德，稱為救濟；對一個階級或一個民族行愛德，稱為促進發展。

「發展」是使人在基督以內做一個成全的人。有精神的發展而沒有身體的發展，不是成全的人。有身體的發展而沒有精神的發展，更不是成全的人。

因此，促進發展和宣傳福音是傳揚救恩的兩部份，彼此不可分離，不可缺一，若是缺少一部份，宣傳福音要失去救恩的目的，促進發展更要失去救恩的成效。兩者合起來，才可以完成傳播福音的工作。

我不贊成有些神父的主張，他們認為促進發展不是傳播福音的工作；理由我在上面已經說了。我也不贊成另一些神父的主張，他們認為促進發在神學上就是宣傳福音，兩者相同為一，我的理由是這兩種工作在實現上可以分而不合，例如政府和社會團體都在促進發展，他們絕對不是為宣傳福音，促進發展要和宣傳福音互相聯繫，纔成為傳播福音的工作。

4. 兩者的工作者可以不相同，但都為基督

現在有些傳教神父指責促進發展的神父，認為他們是旁門左道，不做傳教工作。有些促進發展的神父輕視傳教的神父，批評他們為落後的保守派，不明瞭新時代的傳教方法。實際上，兩種批評都是偏見。兩方若能充實基督福音的精神，偏見立即可以消除。宣傳福音的神父，既然愛天主的愛很高，就應發揚愛人之愛，注意現代社會的要求，而注意社會發展。促進發展的神父，既然像墨子一樣席不暇煖為人服務，也要發揚愛天主之愛，力求和天主相接近，不敢疏忽彌撒聖祭和祈禱。兩方面的神父便會同在基督的愛中，分工合作。

分工不分地盤，分工不分目標，分工不分精神；宣傳福音和促進發展，同是為實現基督的救恩，使人類和宇宙因著基督而歸於聖父，敬頌天主的光榮。

五、結語

在現在自由中國傳播福音，我們要認清現在自由中國的時代。自由中國現在是復興固有文化的時代，是發展經濟建設的時代。中國固有文化的主流，是儒家思想；爲發揚經濟建設時代的新中國文化，將是復興儒家的文化。我們在自由中國傳播福音，我們便要將福音滲入儒家的發展哲學以內，使儒家的發展哲學得有新的力量，有新的精神，而蔚成一種新儒家文化。

福音滲入儒家的發展哲學，要從兩方面進去：第一，由思想方面進去，這是宣傳的工作，宣傳福音的啓示，尤其宣傳啓示和儒家哲學融合之道。第二，由實行方面進去，這是促進發展的具體工作，加入社會的發展計劃，和政府合作。

自由中國的經濟，正在成長時期，農業的發展進入機械化，早已沒有大地主的剝削現象。工業的發展由輕工業進入重工業，工人待遇逐漸增高。政府的發展計劃向國民福利的方面走，以倫理、民主、科學，三者並重。這一點和福音的思想及精神相合，我們教會便可以和政府合作。

工業時代的社會，是動的社會，是群眾活動的社會，工業社會的發展計劃是整體的計劃。

我們目前的傳教計劃就也應該是整體的計劃；僅僅死守成規的傳道，不足以應付目前的時局。零碎的社會工作，不足以建立福音的作證。我們要集合大家的學識和經驗，平心靜氣，埋頭苦幹，研究出一種整體傳播福音計劃，從思想上怎樣下手，從實際上怎樣下手，在大眾傳播工具上，在學校裡、在教友組織內、在農村、在工廠、分頭進行，通力合作。我們才可以打破近年傳道的停滯關頭，邁向儒家福音化的坦途。請我們大家共同努力，共同祈禱。

愛的祭祀

民六十一年元月十四日，在神學講習會彌撒中講道。這次神學講習會研究聖體聖事，參加者爲神父和修女。當天的彌撒爲光榮十字架的彌撒

一、司鐸的祭祀

耶穌基督被舉在十字架上，完結了人類一切對天主的祭祀，完結了而且完成了以色列人的舊約祭祀，也完結了以色列民族所有宗教的祭祀。十字架的祭祀成了祭祀天主的唯一祭典，完全表現了祭祀天主的意義，也實現了人類救恩的希望。

從十字架上，基督離開了人世，回到派遣祂來世的聖父那裡，坐在聖父的右邊，常常爲我們代禱，但是祂仍舊活在人世，祂用聖洗造成了祂的奧體，結成了天主的子民繼承基督的工作，延長基督在世的生活。十字架的祭祀也由天主子民繼續舉行，教會乃有彌撒聖祭。

十字架祭祀爲愛的祭祀，爲愛的工作。天主聖子愛惜人類，不吝惜自己的獨子，叫祂在

十字架上做了犧牲。聖子愛慕天父，奉獻自己的生命，作爲贖罪的羔羊，又愛惜人類，以自己的體血，充作他們的精神日糧，彌撒聖祭因此是愛的祭祀，是愛的聖事，是天主和人的結合，是人和人的結合。

天主子民奉獻愛的祭祀，以司鐸爲司祭。司祭以基督代表的身份，以天主子民的名義，奉獻彌撒聖祭。司祭在彌撒裡將聖子獻於天主聖父，將聖子的體血分給天主子民，同時將天主子民也奉獻於天主，使他們在基督的體血內結合爲一。

在奉獻天主子民時，司祭將自己也奉獻於天主；因爲他是天主子民之一，而且是天主子民的代表。司祭奉獻自己時，也因爲他是基督舉行祭祀的代表。在十字架聖祭裡，基督向聖父奉獻了整個的自己，一點也沒有爲自己保留；司祭奉獻自己，難道不要效法基督的全燔大祭嗎？所以司祭也奉獻了整個的自己，使彌撒成了他自己的全燔之祭。全燔之祭的表現，便是司鐸的守貞，獨身不娶。司鐸守貞，乃是以自身作爲祭品，獻於天主。司鐸守貞，便是司祭自己的全燔之祭，也就是司祭的愛之祭祀。在守貞裡，司鐸在自己身上實現彌撒聖祭的意義，繼續彌撒聖祭的效力。

司祭奉獻了十字聖架的祭祀，再以基督的體血分給參禮的天主子民。基督在十字架上向聖父奉獻了自己的生命，是爲完成聖父對人類的愛，引導人類和聖父相結合。祂就把自己的體血施給人類，叫人在祂的體血裡，同祂又同聖父結成一體。而且彼此也互相結成一身，以實現聖父愛人的計劃。司鐸在彌撒聖祭中祭獻了自己的身體，目的也在於爲天主子民服務，把自己的血汗，把自己的身體，爲天主子民而用。司祭或是主教或是神父，我們在奉獻彌撒聖祭時，奉獻自己的生命爲愛天主子民。天主子民的精神福利，成爲我們的福利；天主子民的要求，成爲我們工作的目的；天主子民的災禍，，成爲我們的憂慮。所以神修指導者常說：主教和神父的一生，就是一台彌撒，到了去世的一刻，纔向大家說：彌撒禮成。大家也可以答說：感謝天主！感謝天主賞賜他一生完成了司祭的聖職。

二、修女的祭祀

修女爲天主子民的一份子，你們參加彌撒聖祭時，你們將你們自己奉獻與天主：而且你們因著天主的聖名，甘心願意效法基督，把你們自身作爲祭祀天主的全燔之祭。你們宣讀三願時，是在彌撒中宣讀，你們雙眼看著祭壇，心中想著祭壇上的祭品，口中所宣讀的三願把你們自身供在祭壇上，和祭壇上的祭品——即是耶穌，一同獻於天主。你們宣讀三願的心情，即是耶穌在十字架上祭獻自己的心情。耶穌的心情爲愛慕聖父的心情，爲愛惜人類的心情；你們宣讀三願的心情也就在心愛天主愛人。因此修女的三願乃是愛的祭祀，修女的生活，乃是愛的工作。若把三願跟彌撒分開，三願就成爲人類的一種普通諾言，失去了本來的意義，同時三願也要變成一種很重的負擔，沒有人可以負擔得起來。但是你們修女把三願和彌撒聖祭連結在一起，三願變成愛的祭祀，三願的擔子變輕了，背負起來，心中充滿愛的愉快。

以三願把自己作爲愛天主的祭祀，你們修女也是爲愛人；因爲現世，愛天主之情祗有在愛旁人纔可以實踐。你們修女愛同會的姊妹，愛天主的一切子民，你們爲他們服務；爲人服務乃是三願的目的。修女發願時向天主說：主，爲愛你，我把自己奉獻給你。天主回答說：好！我接受你的奉獻，以後你要盡心愛我，我是在你的旁人身上，你愛旁人便是愛我。修女既然以三願把自己作爲愛天主的祭品，難道不願爲愛天主而愛人嗎？基督在彌撒裡把獻於天主的體血，分給天主子民；你們修女便要把用三願獻於天主的一身，爲天主的子民服務。你們修女的生命也成了愛的祭祀，你們修女的生活也成了愛的工作。

那麼，你們修女每天參與彌撒聖祭時，每次都想起你們的三願，重新把自己供到祭壇本，用三願的言詞獻於天主。你們便常是一位新發願的修女，常充滿三願的精神。

三、結 語

彌撒爲愛的祭祀。在舉行彌撒時，天主的子民和基督結成一位司祭，大家同心合意，用同一的口舌，用同一的話語，歌頌唯一的天主。把各自的身靈和基督的身體結成一個祭品，在同一的愛情裡，奉獻於天主聖父。彼此在這同一的愛中，和天主和旁人，相合爲一，實現耶穌最後晚餐中的祈禱：「我將你賜給我的光榮賜給了他們，爲叫他們合而爲一，就如我們原爲一體，我在他們內，你在我內，使他們完全合而爲一，爲叫世界知道是你派遣了我，並且你愛了他們，如愛了我一樣。」（若望福音 第十七章第二十二——二十三節）